Konjunktur-indikatoren

Fakten, Analysen, Verwendung

Herausgegeben von
Prof. Dr. Karl Heinrich Oppenländer
Präsident des ifo Instituts für Wirtschaftsforschung
unter Mitarbeit von
Dipl.-Ök. Annette G. Köhler, M. A.

Zweite, durchgesehene Auflage

R. Oldenbourg Verlag München Wien

Die Deutsche Bibliothek - CIP-Einheitsaufnahme

Konjunkturindikatoren : Fakten, Analysen, Verwendung / hrsg. von Karl Heinrich Oppenländer unter Mitarb. von Annette G. Köhler. - 2., durchges. Aufl. - München ; Wien : Oldenbourg, 1996

ISBN 3-486-23794-2
NE: Oppenländer, Karl Heinrich [Hrsg.]

Gesamtherstellung: R. Oldenbourg Graphische Betriebe GmbH, München

ISBN 3-486-23794-2

Inhaltsverzeichnis

Tabellenverzeichnis

Abbildungsverzeichnis

Vorwort

Konjunkturanalyse und Konjunkturprognose sind für planende Wirtschaftssubjekte und für vorausschauende Wirtschaftspolitiker gleichermaßen unverzichtbar für ihre Tagesarbeit. Die Konjunkturforschung trägt dem Rechnung, indem versucht wird, immer wieder neue Daten über den Konjunkturverlauf zu gewinnen, aufzubereiten und im Vorfeld der Erklärung in stilisierte Fakten umzusetzen. Unverzichtbar sind dabei Konjunkturindikatoren, die meist vorlaufend wertvolle Hinweise geben wollen für Konjunkturanalyse und -prognose.

Der vorliegende Band faßt neue Erkenntnisse zusammen. Nach einer neuen Interpretation des Konjunkturphänomens und der Konjunkturkurve werden die methodische Grundlagenforschung, die Frühindikatorenforschung, die vergleichende Zyklusforschung und die Indikatorforschung für einzelne Nachfragekomponenten systematisch aufgezeigt und weitergeführt. Dabei wird das vom ifo Institut angebotene reichhaltige Material verarbeitet, es werden aber auch qualitative und quantitative Indikatoren zusammengeführt (Gesamtindikatorenforschung).

Der vorliegende Band soll den augenblicklichen Wissensstand vermitteln, er wird aber auch Impulse geben können für weitere Schwerpunkte in der Indikatorenforschung. Diese ist international ausgerichtet. Das ifo Institut versteht sich in der CIRET-Organisation, die von ihm betreut wird, als Mittler und Anreger für diese Forschung. Für unermüdlichen Einsatz in der Organisation, Durchsicht und im Übersetzen der Beiträge danke ich Frau Annette G. Köhler ganz besonders.

Karl Heinrich Oppenländer

Kapitel 1

Einführung

1.1 Zum Konjunkturphänomen

Karl Heinrich Oppenländer

ifo Institut für Wirtschaftsforschung und Universität München, München

1.1.1 Historische Größe

Das *Phänomen Konjunktur* ergibt sich aus der Beobachtung wichtiger Indikatoren, die den Wirtschaftsablauf beschreiben: Dieser Ablauf ist nicht stetig und durch kumulative Auf- und Abwärtsbewegungen geprägt, wobei man gewisse Regelmäßigkeiten zu erkennen glaubt. Jedenfalls wird

> „... das Konjunkturphänomen als ein eigenständiges, erklärungsbedürftiges Phänomen" erachtet (Heubes 1991, S. 28).

Das Phänomen ist *nicht neu.* Seit Ende des 17. Jahrhunderts wird Konjunktur als Ausdruck für das „Auf und Ab der Geschäfte" (Vosgerau 1984, S. 3) verwendet. Juglar beschrieb 1860 erstmals den Konjunkturzyklus, "das wiederkehrende, wenn auch nicht gleichförmige Muster der wirtschaftlichen Aktivität" (Vosgerau 1978, S. 479). Seither ist zur Beschreibung der Konjunkturschwankungen ein Vier-Phasen-Schema angewendet worden: Der Aufschwung endet im oberen Wendepunkt (Boom), gefolgt vom Abschwung, der in einen unteren Wendepunkt (Rezession) mündet. Anschließend beginnt der Aufschwung von Neuem.

Bestätigen läßt sich diese Konjunkturbewegung für Deutschland nur für bestimmte (wohl normale) Zeiten, so die Perioden 1870-1913 und 1950-heute. Die Zwischenkriegszeit „mit ihren tiefen konjunkturellen Einbrüchen" ist dagegen „nicht typisch für das historische Konjunkturphänomen" (Borchardt 1976, S. 9).

1.1.2 Behandlung des Konjunkturphänomens

Die Auseinandersetzung mit dem Phänomen Konjunktur beinhaltet in der Regel folgende Abschnitte: Abgrenzung des Erkenntnisgegenstands, Konjunkturanalyse, Konjunkturprognose und Konjunkturindikatoren.

Erkenntnisgegenstand

Um den *Erkenntnisgegenstand* deutlich zu machen, ist sein zu erklärender Verlauf von Einflüssen zu isolieren, die nicht dem Phänomen zugerechnet werden. Die Ursprungswerte der Reihen über den Wirtschaftsablauf sind, nach gängiger Übung, um saisonale Einflüsse, irreguläre Komponenten, die hier nicht weiter beachtet werden sollen, und um trendmäßige Abläufe zu bereinigen, um zur „Konjunkturkurve" vorstoßen zu können.

Dahinter steht die Vermutung, daß saisonale Abfolgen (kalendermäßige, jahreszeitliche, witterungsbedingte) anderen Gesetzmäßigkeiten unterliegen als konjunkturelle, die auch Zeiten abdecken, die über „das Saisonale" hinausreichen. Damit wird die Konjunktur als mehrjähriger Ablauf definiert. Eine Saisonbereinigung der Reihen ist vorzunehmen. Trendmäßige Abläufe unterliegen offenbar ebenfalls, so die Vermutung, anderen Gesetzmäßigkeiten als konjunkturelle. Oft findet sich auch die Unterscheidung konjunkturell - strukturell. Damit soll zum Ausdruck gebracht werden, daß bestimmte Gesetzmäßigkeiten in der „konjunkturellen Frist" stabil bleiben (bestimmte Verhaltensweisen, institutionelle Gegebenheiten, Kombinationen von Produktionsfaktoren) und erst längerfristig Veränderungen unterliegen, während Konjunktur durchaus das (saisonbereinigte) Tagesgeschäft betrifft. Die Erklärung der trendmäßigen Gesetzmäßigkeiten wird in der Regel der Wachstumsanalyse und der Wachstumstheorie zugeschrieben, der dafür konstruierte Indikator ist das Produktionspotential. Eine Abgrenzung zu dieser trendmäßigen Entwicklung erfolgt dadurch, daß Konjunktur als Nutzungsgrad und Konjunkturschwankungen als Schwankungen in der Nutzung des Produktionspotentials verstanden werden. Die (saisonbereinigte) Kapazitätsauslastung schält sich damit als Indikator für die Beschreibung der Konjunkturschwankungen heraus („Konjunkturkurve").

Konjunkturanalyse

Diese Konjunkturkurve ist nun einer Analyse und Erklärung zu unterziehen. (Das Konjunkturphänomen ist erklärungsbedürftig). Die *Konjunkturanalyse* operiert dabei im Vorfeld der Erklärung; sie sammelt Fakten, die Gemeinsamkeiten betreffen (wiederkehrende Phänomene der Konjunkturkurve). Sie könnte auch als Sammlung von stilisierten Fakten oder Beschreibung des Konjunkturmusters bezeichnet werden. Ob der Vorstoß zur Erklärung, die mit Hilfe der *Konjunkturtheorie*, die die stilisierten Fakten aufnimmt und als Hypothesen verarbeitet, gelingt, ist, gemessen an der Literaturpraxis, als fraglich zu bezeichnen. Da eine „relative Konstanz der Erscheinungsform der Konjunkturschwankungen in den letzten hundert oder hundertfünfzig Jahren" (Tichy 1994, S. 117) festzustellen ist, könnte vermutet werden, daß die Erklärung des Konjunkturphänomens durch die Konjunkturtheorie weitgehend gesichert ist, was beispielsweise in einer *vorherrschenden* Konjunkturtheorie zum Ausdruck kommen könnte. Die Erklärung weist aber immer wieder neue Facetten auf. Dieser Theorienpluralismus ist deshalb äußerst verwirrend („Überzahl von Konjunkturtheorien", „Konjunktur an Konjunkturtheorien"). Die paradoxe Situation ist gegeben, daß nicht der Theoretiker seine Sorgfalt nachzuweisen hat, nur „relevante" Konjunkturmuster in Hypothesenform zu erklären, sondern daß der Empiriker eine Evaluierung der konkurrierenden theoretischen Ansätze vornehmen muß (vgl z.B. den Versuch, Konjunkturmuster zur Diskriminierung zwischen den zahlreichen theoretischen Erklärungsansätzen heranzuziehen, Tichy 1994, S. 154ff.).

Konjunkturprognose

Die Erklärung der Konjunkturkurve, sie typisierend und modellhaft abzubilden, hat nicht nur historisches Interesse, sondern soll Grundlage bilden für Zukunftsaussagen: Die Konjunkturkurve soll damit fortgeschrieben werden können mit Hilfe der *Konjunkturprognose*. Da jede wirtschaftliche Entscheidung auf einer Vorausschau aufgebaut ist, sind diese Prognosen von existentieller Bedeutung für Wirtschaftssubjekte und Wirtschaftspolitik. Eine strenge Deduktion der Prognose aus der Erklärung läßt sich schon deshalb nicht vornehmen, weil Quasitheorien vorliegen. Ihre Muster unterliegen Veränderungen in Zeit und Raum und lassen sich nicht einfach extrapolieren. Somit sind weitere Informationen über die Zukunft einzuholen. Die Konjunkturprognose läßt sich letztlich nur über die deduktive Ableitung aus der Konjunkturanalyse und Konjunkturtheorie und über das Schließen der Induktionslücke (Kluft zwischen der Erklärung der Vergangenheit und dem Wissen über die Zukunft) bewerkstelligen. Diese Prognosen sind bedingte Prognosen, da sie in Ermangelung eines perfekten Schließens der Lücke und einer aus den Gegebenheiten abzuleitenden mangelhaften Deduktionsmöglichkeit mit Prämissensetzung arbeiten müssen (Oppenländer 1992, S. 297). Daneben sind die Modelle zur Konjunkturprognose („ökonometrische Modelle") in der Regel „vergänglich" (zeit- und raumbezogen, Variation von Exogenität und Endogenität der Variablen im Zeitablauf).

Konjunkturindikatoren

Das angestrebte Durchdringen des Konjunkturphänomens mit der Festlegung der Konjunkturkurve, ihrer Analyse und Erklärung sowie ihrer Prognose stößt damit an Grenzen. Man könnte deshalb von Versuchen sprechen, die unternommen werden (Versuch, die Konjunkturkurve zu bestimmen, Konjunkturerklärungsversuch, Konjunkturprognoseversuch). Jedenfalls tut sich manche Konjunktur-Dichotomie auf (Tichy 1976, 1994), weil sich die Fortschritte („Innovation") in der empirischen Konjunkturforschung und in der Konjunkturtheorie unterschiedlich rasch vollziehen.

Der Zwang zur Erklärung und Prognose einerseits und die immer wieder auftretenden Konjunktur-Dichotomien andererseits führen dazu, daß man mit Hilfe von *Konjunkturindikatoren* die Beschreibung, die Analyse und die Prognose des Konjunkturphänomens gleichermaßen abdecken will. Solche Vorgehensweisen sind als Measurement without Theory gebrandmarkt worden (Koopmans 1947, vgl. dazu Oppenländer 1994a), sie sind aber oft weiterführend („innovativ").

1.1.3 Identifizierung der Konjunkturkurve

Um die Konjunkturbewegung in einer typisierten Form aus den Ursprungsreihen, die den Wirtschaftsablauf nachzeichnen, herauszufiltern, sind „Bereinigungsverfahren" anzuwenden, die Saison und Trend separieren.

In Deutschland haben sich *drei Methoden für die Saisonbereinigung* herausgebildet (Goldrian 1972, 1973) und in der Anwendung verfestigt – das modifizierte X-11-Verfahren, das die Deutsche Bundesbank verwendet, das Berliner Verfahren, das beim Statistischen Bundesamt und beim Deutschen Institut für Wirtschaftsforschung, Berlin, zur Anwendung kommt und das ASA-II-Verfahren, das im HWWA-Institut für Wirtschaftsforschung, Hamburg, dem ifo Institut für Wirtschaftsforschung, München, und dem Rheinisch-Westfälischen Institut für Wirtschaftsforschung, Essen, eingesetzt wird. Jede Methode hat ihre Vor- und Nachteile. Ihre „Güte" ist jeweils danach zu beurteilen, ob sie den aktuellen Rand („frühzeitiges Erkennen des Verlaufs der zyklischen Komponenten" und „Korrektur der Schätzwerte nach einer Neubereinigung" (Goldrian 1972, S. 31) genügend zu bereinigen vermag, und ob sie das Problem der immer wieder auftretenden variablen Saison methodisch lösen kann. Die Konjunkturbeurteilung beginnt also schon damit, daß sie sich zunächst mit der Saisonbereinigung und ihrer Problematik auseinandersetzen muß, um überhaupt zu einer überprüfbaren Konjunkturkurve vorstoßen zu können.

Eine weitere Bereinigung bezieht sich auf die Trennung „Konjunktur - Trend". Letzterer sollte als *Wachstum* interpretiert werden, da „Trend" als ein Durchschnitt verstanden werden könnte, der aus den vorliegenden Ursprungsreihen gebildet wird. Darum geht es indessen bei der angestrebten typisierenden[1] Trennung nicht. Vielmehr sollen die originären Kräfte isoliert werden, die hinter den Phänomenen Konjunktur und Wachstum vermutet werden. Dabei wird davon ausgegangen, daß das Wachstumsphänomen einen mehr stetigen Verlauf aufweist, und daß das Konjunkturphänomen mehr oder weniger diesen Pfad unter Schwankungen begleitet.

Der Pfad des wirtschaftlichen Wachstums wird bestimmt durch das verfügbare Arbeitskräftepotential L, den Kapitalstock K, die natürlichen Ressourcen R und das vorhandene Wissen T, was in einer Input-Output-Beziehung auszudrücken ist (Produktionsfunktion), wobei der Output C auch als Produktionspotential bezeichnet werden kann:

$$C = f(L, K, R, T). \tag{1}$$

Das Produktionspotential wird nicht immer voll genutzt. Die Differenz zwischen Potential und seiner Nutzung kommt im Auslastungsgrad λ zum Ausdruck:

$$\lambda = Y/C, \tag{2}$$

wobei mit Y das reale Bruttoinlandsprodukt bezeichnet wird. Die Schwankungen im Auslastungsgrad des Produktionspotentials werden als Konjunkturschwankungen bezeichnet.

[1] Typisierend bedeutet, daß diese Trennung aus analytischen Gründen vollzogen wird; natürlich ist eine enge Verbindung zwischen beiden Phänomenen gegeben.

Die Bestimmung des Auslastungsgrads und seiner Veränderung setzt also die Bestimmung des Produktionspotentials in Höhe und Verlauf voraus (vgl. Oppenländer 1994b, S. 286ff.).

In Deutschland sind drei Methoden bekannt, die das Produktionspotential bestimmen. Die Deutsche Bundesbank schätzt eine makroökonomische Produktionsfunktion nach obigem Muster, wobei erhebliche Daten- und Gewichtungsprobleme überwunden werden müssen. Der Sachverständigenrat zur Begutachtung der gesamtwirtschaftlichen Entwicklung (SVR) begnügt sich mit einem Ansatz, der den Kapitalstock als limitierenden Faktor für das Produktionspotential ansieht. Nur der Unternehmungssektor (ohne Land- und Forstwirtschaft, Wohnungsvermietung) erzeugt Auslastungsschwankungen. Zu bestimmen ist die potentielle Kapitalproduktivität dieses Sektors, C^U/K^U. Sie wird anhand einer einfachen Linearregression aus der empirischen Kapitalproduktivität C_n^U/K_n^U bestimmt[2]:

$$\log\left(\frac{C^U}{K^U}\right) = a_0 + \log\left(\frac{\hat{C_n^U}}{K_n^U}\right). \tag{3}$$

Das Absolutglied a_0 soll die Annäherung an die Vollauslastung markieren:

$$a_0 = \max\left[\log\left(\frac{C_n^U}{K_n^U}\right) - \log\left(\frac{\hat{C_n^U}}{K_n^U}\right)\right]. \tag{4}$$

Einige wenige Jahre lassen sich ermitteln, in denen die Annäherung an die Vollauslastung deutlich wird, z.B. das Jahr 1970 (vgl. zur Methodenbeschreibung SVR 1994, S. 282f., zur Analyse ebenda, S. 62ff.).

Das dritte Verfahren zur Bereinigung des Produktionspotentials stützt sich auf unmittelbare Informationen aus dem Unternehmungssektor. Das ifo Institut für Wirtschaftsforschung erfragt vierteljährlich in 325 Bereichen des Verarbeitenden Gewerbes den Grad der Kapazitätsauslastung und aggregiert diese Werte zu Branchen und zum Verarbeitenden Gewerbe. Die Unternehmen messen die Auslastung an der „betriebsüblichen Vollauslastung". Eine Definition wird nicht vorgegeben (Lindlbauer 1989, S. 135, 143). So lassen sich Veränderungen im Auslastungsgrad unmittelbar erfassen, z.B. kurzfristige Änderungen im Kapitalstock und im Arbeitskräftepotential (Arbeitszeitverkürzungen, Veränderungen im Arbeitskräftemangel, Veränderungen in gefahrenen Schichten, technische Veränderungen im Anlagevermögen, usw.), da die Befragten den Kapazitätsbegriff entsprechend handhaben. Offenbar ist diese Methode den anderen beiden überlegen, was die Information im Jahresverlauf (Vierteljahresdaten versus Jahresdaten), die Schnelligkeit der Verfügbarkeit (in der Regel sind solche Befragungen 14 Tage nach Anfall der Befragungsergebnisse aufbereitet, während Statistiken erhebliche lags aufweisen) und die Unkompliziertheit der Verfahren (Daten- und Gewichtungsprobleme bei Berechnungen) betrifft. Für die Konjunkturbeobachtung eignen sich die Berechnungsergebnisse von Bundesbank und SVR kaum[3], da die Konjunktur nicht „auf Jahresbasis" stattfindet. Beide

---

[2] n beschreibt das *genutzte* Produktionspotential und den *genutzten* Kapitalstock.

[3] Sie dienen der Bestimmung des Produktionspotentials, das z.B. ein Glied in der Vorausschätzung der Geldmenge darstellt.

Gremien verwenden in ihren Konjunkturanalysen die vom ifo Institut veröffentlichten Befragungsergebnisse.

Die vierteljährliche Veränderung der Kapazitätsauslastung unter Ausschaltung der Saisonschwankungen vermittelt somit einen Eindruck von der Konjunkturbewegung. In Abbildung 1.1.1 ist diese Konjunkturkurve, gewonnen nach der ifo Methode, für die Bundesrepublik Deutschland dargestellt.

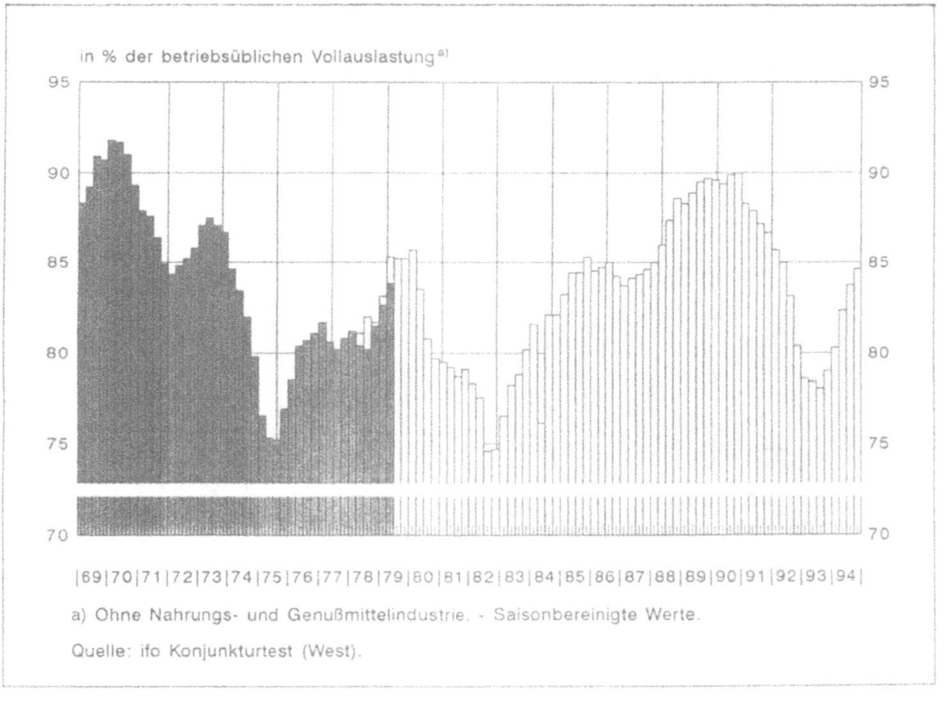

Anmerkungen:
Erhebungszeitpunkte bis II 1979: Januar, April, Juli, Oktober; ab II 1978: März, Juni, September, Dezember. Für den Zeitraum II 78 bis II 79 wurden die Daten im Januar, März, April, Juni, Juli, September, Oktober und Dezember erhoben, deshalb ergeben sich hier aufgrund der unterschiedlichen Stützperioden für die Saisonbereinigung zwei unterschiedliche Werte. Die dunkel schraffierten Balken kennzeichnen die saisonbereinigten Werte für die Erhebungszeitpunkte Januar, April, Juli, Oktober; die hell schraffierten Balken kennzeichnen die saisonbereinigten Werte für die Erhebungszeitpunkte März, Juni, September, Dezember.

Abbildung 1.1.1: Kapazitätsauslastung im Verarbeitenden Gewerbe (Westdeutschland)

Oft findet sich eine Darstellung der Konjunkturschwankungen, in der die Wachstumsraten des realen Bruttoinlandsprodukts (Veränderung gegenüber dem jeweiligen Vorjahreszeitraum, auch vierteljährlich verfügbar) aufgezeichnet und mit Linien verbunden werden.

Das dürfte indessen kein wahres Bild der Konjunkturbewegung abgeben. Die Wachstumsraten drücken die Bewegungen des Outputs aus, vernachlässigen also die Betrachtung des Inputs. Sie können nur Ausdruck der Konjunkturbewegung sein, wenn man davon ausgehen könnte, daß vollkommene Anpassung einer Seite (Angebot oder Nachfrage) erfolgt (Saysches Theorem). Das ist aber in der Regel nicht der Fall: Die wieder zunehmende Nachfrage kann z.B. zunächst noch mit den bestehenden Kapazitäten bedient werden. Einem veränderten Y steht ein nicht verändertes C gegenüber. Die Wachstumsraten von Y können schon ihr Maximum erreichen, wenn die Produktionsfaktoren noch wenig ausgelastet sind, sie können schon sinken, wenn der Auslastungsgrad λ noch steigt.

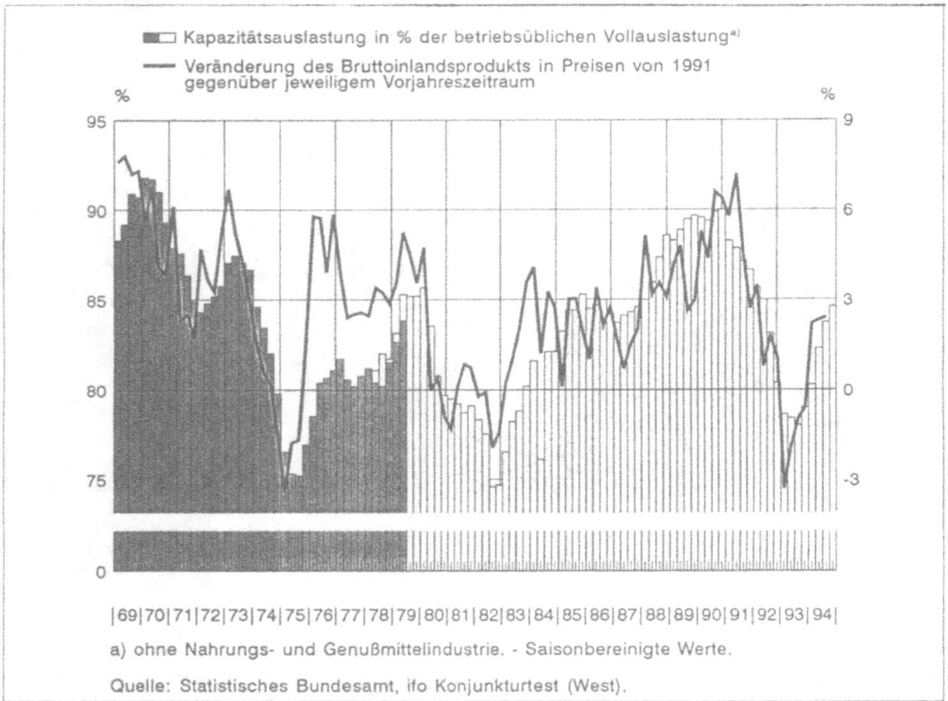

Abbildung 1.1.2: Kapazitätsauslastung im Verarbeitenden Gewerbe und Entwicklung des Bruttoinlandsprodukts (Westdeutschland)

In Abbildung 1.1.2 ist die Wachstumsratenkurve der vierteljährlichen Veränderungsraten des realen Bruttoinlandsprodukts der Veränderung der Kapazitätsauslastung im Verarbeitenden Gewerbe gegenübergestellt worden. Diese Wachstumsratenkurve zeigt einen schnell fluktuierenden Verlauf. Sie eignet sich aus analytischen Gründen (Vernachlässigung von C in Gleichung (2)) und aus praktischen Gründen (starke Volatilität) nicht als „Konjunkturkurve“.

Die Konjunkturbewegungen werden entscheidend durch Unternehmeraktivitäten beeinflußt. Es ist demnach auch die Konstruktion einer Konjunkturkurve denkbar, die sich aus Urteilen und Erwartungen der Unternehmen, was ihren „Geschäftsablauf" betrifft, zusammensetzt. Dabei sollte eine Konjunkturkurve auf Monatsbasis erreicht werden. Das *ifo Geschäftsklima* faßt die Beurteilung der augenblicklichen *Geschäftslage* durch die von ifo monatlich befragten Unternehmen und die *Geschäftserwartungen* der Unternehmen für das nächste Halbjahr zusammen (Gewichtung der Urteile und der Erwartungen nach dem geometrischen Mittel). Dabei handelt es sich um einen qualitativen Indikator, der aufgrund von Häufigkeiten (saldierte Meldungen der Unternehmen) gebildet wird.

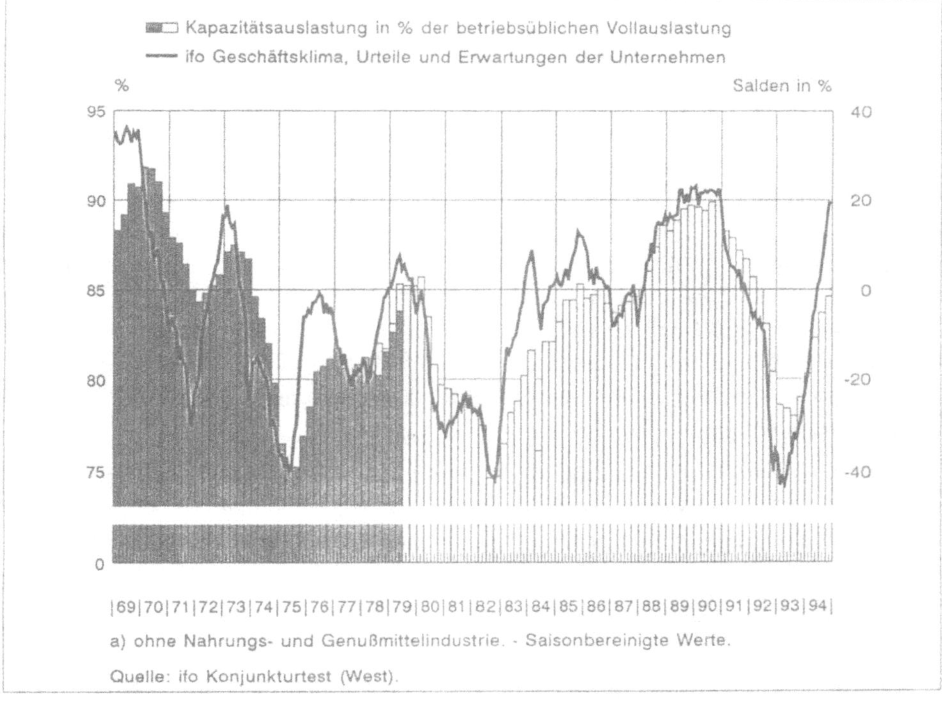

Abbildung 1.1.3: Kapazitätsauslastung und Geschäftsklima im Verarbeitenden Gewerbe (Westdeutschland)

In Abbildung 1.1.3 ist diese Kurve des Geschäftsklimas (monatlich) vergleichbar der Kurve der Veränderung der Kapazitätsauslastung (vierteljährlich) eingezeichnet. Die Werte sind saisonbereinigt. Die Kurve des Geschäftsklimas zeigt *grosso modo* einen ähnlichen Verlauf wie die Konjunkturkurve aus Abbildung 1.1.1.

1.1.4 Charakteristika der Konjunkturkurve

Die Bestimmung der Charakteristika der Konjunkturkurve erfolgt anhand der für den Zeitraum von 1970 bis 1994 vorliegenden Daten über den jeweiligen Grad der Kapazitätsauslastung (vierteljährliche Erfassung im Verarbeitenden Gewerbe der Bundesrepublik Deutschland), wie sie in Abbildung 1.1.1 dargestellt sind.

Die Konjunkturkurve kann anhand zweier Charakteristika beschrieben werden:

- Form und Stärke der Wendepunkte
- Länge und Muster der Aufschwung- und Abschwungbewegungen

Form und Stärke der Wendepunkte

Zunächst können sechs *Hochpunkte* und sechs *Tiefpunkte* in einem fast 25jährigen Zeitraum fixiert werden.[4] Herausragend (gemessen am Grad der Kapazitätsauslastung) sind vier Hochpunkte und drei Tiefpunkte, während, betrachtet man das „Kapazitätsgebirge“, die Hochpunkte I/77 und IV/85 sowie die Tiefpunkte I/72, II/78 und I/87 kaum als erhaben bezeichnet werden können. Demgemäß werden hier die vier Hochpunkte I/70, II/73, I/80 und IV/90 als Boomsituationen, die Tiefpunkte III/75, III/82 und III/93 als Rezessionssituationen beschrieben (sie sind in Abbildung 1.1.4 besonders gekennzeichnet). Boomphasen sind dann erreicht, wenn sie nahe an eine Auslastung von 90% heranreichen oder sie überschreiten; Rezessionsphasen sind durch Auslastungen gekennzeichnet, die bei 78% oder darunter liegen.

In der Regel dauert eine *Boomphase* länger als eine *Rezessionsphase*. Die Form der Hochkonjunktur könnte als Kappe oder Plateau gekennzeichnet werden. Sie dauert ein Jahr oder länger (vgl. im einzelnen Tabelle 1.1.1). Die Rezessionsphasen zeichnen sich dagegen durch eine Trichterform aus. Im Tiefpunkt dauern sie zwei, höchstens drei Quartale (vgl. im einzelnen Tabelle 1.1.2).

Hochpunkt	Boom-phase	Dauer (Quartale)	Spanne in der Kapazitätsauslastung (Prozentpunkte)
I/70	III/69-III/70	5	1,1
II/73	I/73-IV/73	4	0,8
I/80	II/79-I/80	4	0,5
IV/90	III/89-IV/90	6	0,6

Tabelle 1.1.1: Muster der Boomphasen

[4] Der Wert II/84 bleibt als Extremwert außer Betracht (Streiksituation).

Tiefpunkt	Rezessionsphase	Dauer (Quartale)	Spanne in der Kapazitätsauslastung (Prozentpunkte)
III/75	II/75-III/75	2	0,1
III/82	III/82-IV/82	2	0,1
III/93	I/93-III/93	3	0,6

Tabelle 1.1.2: Muster der Rezessionsphasen

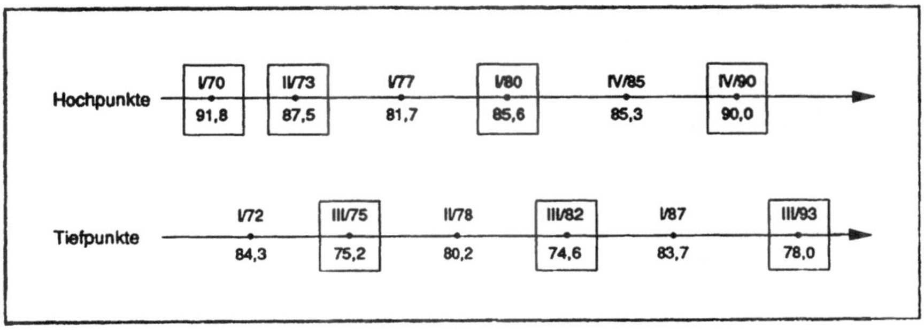

Anmerkungen:
I 70 = 1. Quartal 1970; 91,8 = Grad der Kapazitätsauslastung in % der betriebsüblichen Vollauslastung. Grundlage ist Abbildung 1.1.1.

Abbildung 1.1.4: Identifizierung von Hoch- und Tiefpunkten im Konjunkturverlauf der Jahre 1970 bis 1994

Länge und Muster der Aufschwung- und Abschwungbewegungen

Abschwünge weisen ein weitgehend einheitliches Muster auf. Sie dauern etwa zwei bis zweieinhalb Jahre und durchschreiten in einem stetigen Abwärtstrend einen Unterschied von 11 bis über 12 Prozentpunkte in der Kapazitätsauslastung (Tabelle 1.1.3).

Aufschwünge dauern in der Regel länger, vollziehen sich aber unter Schwankungen. Zuweilen wird dieses „Muster mit Zwischenphasen“ als Wellblechkonjunktur bezeichnet. In der hier betrachteten Zeitperiode können seit III/75 zwei Aufschwungphasen identifiziert werden:

- III/75 →I/80
- III/82 →IV/90.

Abschwung (Perioden)	Dauer (Quartale)	Differenz in der Kapazitätsauslastung (Prozentpunkte)
II/73 → III/75	neun	12,3
I/80 → III/82	zehn	11,0
IV/90 → III/93	elf	12,0

Tabelle 1.1.3: Muster der Konjunkturabschwünge

Sie unterscheiden sich also in ihrer Länge deutlich. Bildet man innerhalb dieser Phasen drei Unterabschnitte, nämlich

- einen Anfangsaufschwung,
- einen Zwischenabschwung und
- einen Endaufschwung,

so lassen sich dennoch gewisse gleichlaufende Muster ermitteln (vgl. hierzu Tabelle 1.1.4).

Aufschwung (Gesamtperiode)	Anfangs-aufschwung	Zwischen-abschwung	End-aufschwung
Perioden			
III/75 → I/80	III/75 → I/77	I/77 → II/78	II/78 → I/80
III/82 → IV/90	III/82 → IV/85	IV/85 → I/87	I/87 → IV/90
Dauer (Jahre, Quartale)			
4 J. 2 Q.	1 J. 2 Q.	1 J. 1 Q.	1 J. 3 Q.
8 J. 1 Q.	3 J. 1 Q.	1 J. 1 Q.	3 J. 3 Q.
Differenz in der Kapazitätsauslastung (Prozentpunkte)			
10,4	6,5	1,5	5,4
15,4	10,7	1,6	6,3

Tabelle 1.1.4: Muster der Konjunkturaufschwünge

So dauerten die beiden Zwischenabschwünge (I/77 → II/78 und IV/85 → I/87) etwas über ein Jahr und verursachten einen Rückgang in der Kapazitätsauslastung von etwa 1,5

Prozentpunkten. Sie lagen in beiden Fällen etwa in der Mitte der gesamten Aufschwungperiode. Während jedoch in der ersten hier betrachteten Aufschwungphase eine etwa gleichlange Dauer der drei Unterabschnitte festzustellen war, dauerten die Anfangsaufschwung- und die Endaufschwungsphase in der zweiten hier betrachteten Gesamtaufschwungsphase (III/82→ IV/90) etwa doppelt so lange. Wiederum für beide Aufschwünge charakteristisch ist, daß in den Unterabschnitten Anfangsaufschwung und Endaufschwung beträchtliche Erholungen in der Kapazitätsauslastung stattfanden, der Zwischenabschwung aber jeweils nur geringfügige Rückgänge in der Kapazitätsauslastung verursachte.

Als Fazit dieser Bestimmung der Charakteristika der Konjunkturkurve läßt sich folgendes festhalten:

- ein strenger, nach mathematischen Gesetzmäßigkeiten geprägter Konjunktur„zyklus" läßt sich nicht feststellen.
- Es ergeben sich ausgeprägte Hoch- und Tiefpunkte, die in Form und Stärke identifizierbar sind: Boomsituationen als Kappen oder Plateaus mit einer Dauer von mehr als einem Jahr; Rezessionssituationen als Trichter und von einer Dauer bis zu höchstens drei Quartalen. Als Grad der Kapazitätsauslastung konnten in der Regel für die Hochpunkte 86% bis über 90% der betriebsüblichen Vollauslastung, für die Tiefpunkte von weniger als 78% ermittelt werden.
- Die Abschwünge weisen ein einheitliches Muster auf; sie sind stetig in eine Richtung verlaufend und dauern etwa zwei Jahre.
- Die Aufschwünge sind zweigeteilt: in eine Anfangsaufschwung- und eine Endaufschwungphase. Dazwischen liegt ein „Zwischenabschwung". Die Gesamtperiode der Aufschwünge hat eine längere Dauer als die der Abschwünge.
- Festzustellen bleibt, daß der Konjunkturverlauf somit gewisse einheitliche Muster zeigt, obwohl doch in einzelnen Phasen teilweise gravierende Einschnitte durch wirtschaftspolitische Maßnahmen oder Angebotsschocks stattfanden. Daraus läßt sich schließen, daß diese Muster robust, offensichtlich der Marktwirtschaft deutscher Prägung immanent sind. Es sind auch keine übertriebenen Ungleichgewichte festzustellen: Weder waren starke Überhitzungen zu beobachten (im Jahr 1970 ergab sich ein Auslastungsgrad von 91,8% als Extremwert), noch konnte bisher ein „besonders tiefer" Extremwert identifiziert werden. Die (oft apostrophierte) besondere Extremsituation der letzten Rezession („tiefste Rezession seit Kriegsende") kann nach den vorliegenden Zahlen nicht bestätigt werden (Auslastung von 78% in III/93 im Vergleich zu den beiden Extremwerten 75,2% in III/75 und 74,6% in III/82).

1.1.5 Beschreibung des Konjunkturverlaufs

Die Charakteristika der Konjunkturkurve dienen als Eckpunkte für die Beschreibung des Konjunkturverlaufs. Festzuhalten ist also, daß sechs Hochpunkte und sechs Tiefpunkte in einem fast 25jährigen Beobachtungszeitraum aufgetreten sind. Zur Beschreibung sind weitere Daten heranzuziehen, und zwar auf Monatsbasis. Es sind Unternehmermeldungen über die Beurteilung der augenblicklichen Geschäftslage und der Geschäftserwartungen für das jeweils nächste halbe Jahr. In einer Matrix werden beide Meldungen nach ihrer Häufigkeit abgetragen (vgl. Abbildungen 1.1.5 und 1.1.6). Die ausgeglichenen Salden dienen dabei als Null-Linie (Beurteilung der Geschäftslage: gut/schlecht; Geschäftserwartungen: besser/schlechter); die Felder der Matrix können als Aufschwungphase (rechts unten, positive Salden der Geschäftserwartungen, negative Salden der Beurteilung der Geschäftslage), als Boomphase (rechts oben, positive Salden beider Kriterien), als Abschwungphase (links oben, positive Salden der Beurteilung der Geschäftslage, negative Salden der Geschäftserwartungen) und als Rezessionsphase (links unten, negative Salden beider Kriterien) bezeichnet werden. Als Begründung für diese Heranziehung kann gelten, daß Unternehmeraktivitäten den Konjunkturverlauf entscheidend beeinflussen. Die Beurteilung der jeweiligen Geschäftslage und die Erwartungen über den weiteren Geschäftsverlauf sind Ausdruck dieser Aktivitäten.

In den Abbildungen 1.1.5 und 1.1.6 sind die sechs Konjunkturverläufe (die durch die Hoch- und Tiefpunkte gekennzeichnet sind) nachgezeichnet, wobei die Quadrate rechts oben an diese Fixpunkte erinnern sollen. Der jeweilige Situationsablauf ist im umgekehrten Uhrzeigersinn, beginnend in der Boomphase (rechts oben) nachzuvollziehen.

Nach einer ausgeprägten Boomphase (III/69-III/70) beginnt ein etwa zweijähriger Abschwung, der in einer relativ milden Rezessionsphase endet (die Salden der Beurteilung der Geschäftslage erreichen ein Minus von etwas über 20%). Die Erwartungen verlaufen anschließend (ab November 1971) auf diesem Niveau stetig in das positive Feld (Aufschwungphase). Diese wird, nachdem die Rezession vergleichsweise mild war, rasch durchschritten (in einem halben Jahr).

Dann beginnt eine neue Boomphase, die in den Hochpunkt II/73 mündet. Interessant ist hier das Wechselspiel zwischen Beurteilung und Erwartung des Geschäftsablaufs. Im Abschwung werden, an den Häufigkeiten der Unternehmermeldungen gemessen, die Beurteilungen laufend „schlechter“, bei kaum „verschlechterter“ Erwartung. Erst ab Mitte 1971 verstärken sich die negativen Erwartungen. Der Tiefpunkt wird im November 1971 erreicht; er ist charakterisiert durch die Koordinate (-22; -44). Danach verbessern sich die Erwartungen, die Beurteilung wird nicht mehr schlechter.

Der Abschwung II/73 bis III/75 zeigt ein davon völlig abweichendes Muster. Das Wechselspiel wird im beginnenden Abschwung immer mehr durch sich rasch verschlechternde Geschäftserwartungen geprägt, während die Geschäftslage nur allmählich schlechter beurteilt wird. Eine Verbesserung in den (noch negativen) Geschäftserwartungen ab November 1973 kommt Anfang 1974 wiederum zum Stillstand. Bei unveränderter Geschäftserwartung verschlechtert sich nunmehr die Geschäftslage in der Beurteilung laufend. Die Rezession ist tief ausgeprägt (III/75 mit 75,2% Auslastung und den Koordinaten im Mai (-57; -20)). Der Aufschwung bleibt auf halbem Wege stecken: Die Kurve erreicht nicht das Feld rechts oben (Boomphase).

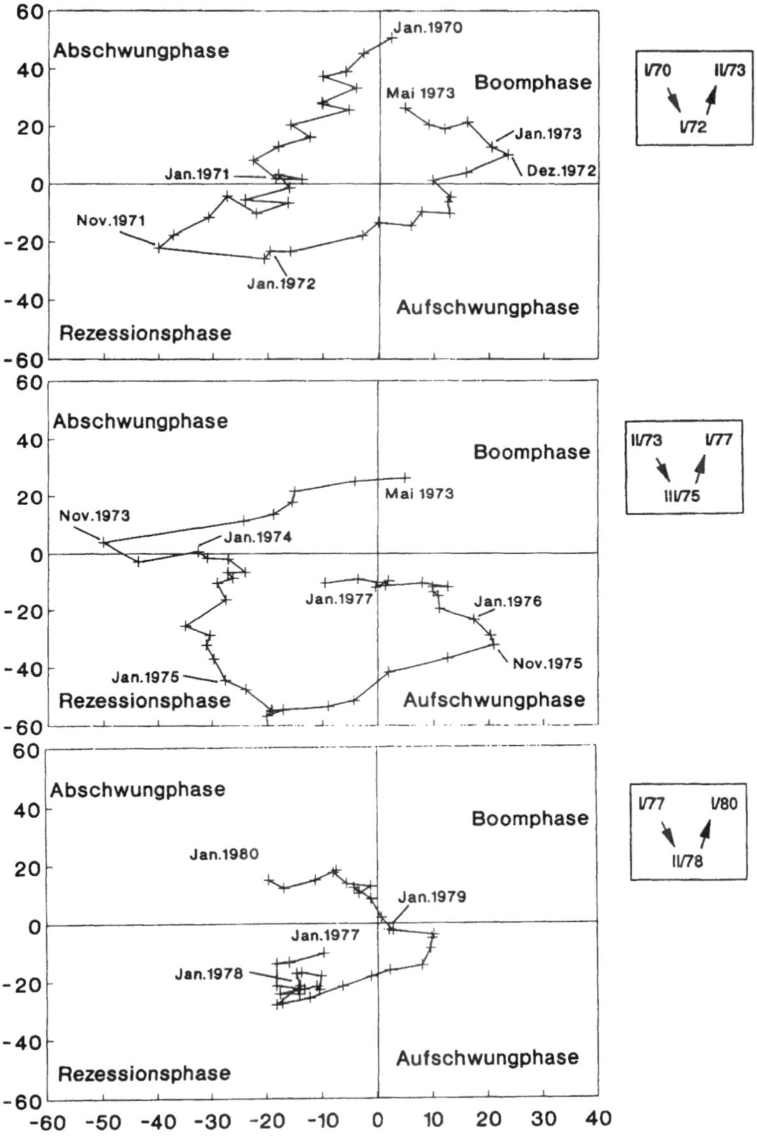

Anmerkungen:
Abszisse: Erwartungen für die nächsten 6 Monate; Ordinate: Beurteilung der Geschäftslage. Alle Angaben beziehen sich auf das Verarbeitende Gewerbe ohne die Nahrungs- und Genußmittelindustrie; die Werte sind Salden und saisonbereinigt.
Quelle: ifo Institut

Abbildung 1.1.5: Konjunkturverlauf anhand der Beurteilung der Geschäftslage und der Geschäftserwartungen von Unternehmen (1970 bis 1980)

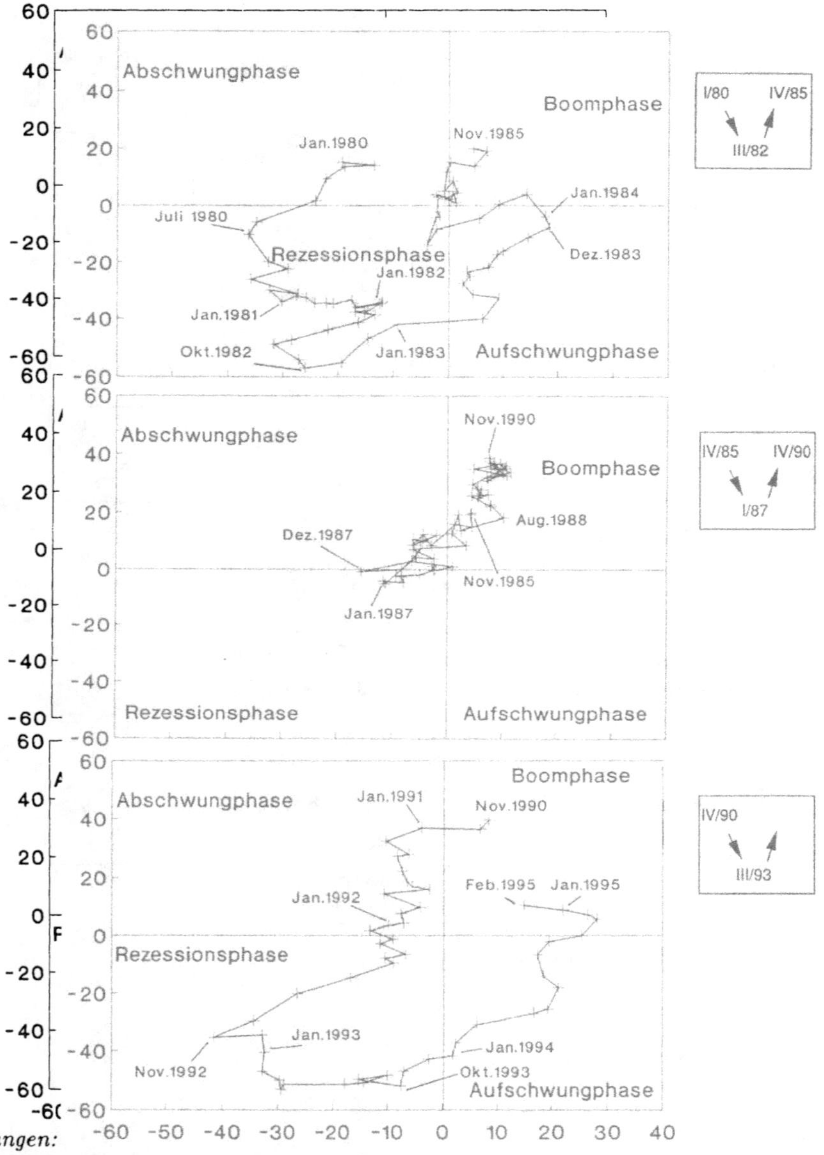

Anmerkungen:
Abszisse: Erwartungen für die nächsten 6 Monate; Ordinate: Beurteilung der Geschäftslage. Alle Angaben beziehen sich auf das Verarbeitende Gewerbe ohne die Nahrungs- und Genußmittelindustrie; die Werte sind Salden und saisonbereinigt.
Quelle: ifo Institut

Abbildung 1.1.6: Konjunkturverlauf anhand der Beurteilung der Geschäftslage und der Geschäftserwartungen von Unternehmen (1980 bis 1995)

Ab Januar 1977 beginnt ein erneuter Abschwung (oben als „Zwischenabschwung“ bezeichnet). Die Boomphase (als I/80 mit 85,6% Auslastung charakterisiert) ist äußerst schwach ausgebildet: Die Kurve durchschreitet das Feld rechts oben nur im Januar 1979. Der als Hochpunkt bezeichnete Wert I/80 liegt nach den Informationen über Beurteilung und Erwartung bereits im Feld der Abschwungphase.

Der Abschwung I/80 bis III/82 ist wiederum charakterisiert durch eine rasche Verschlechterung der Erwartungen zu Beginn und einem anschließenden stetigen Abstieg im weiteren Verlauf in der Beurteilung. Auch hier wird der Tiefpunkt mit einer Koordinate erreicht (November 1982), die der in der vorhergehenden Rezession (III/75) in etwa entspricht: Saldiert bewerten mehr als 55% der Unternehmen ihre Geschäftslage als schlecht, etwa 20% erwarten eine weitere Verschlechterung im nächsten halben Jahr. Der Aufschwung vollzieht sich dann wieder fast „mustergültig“. Wiederum wird aber die Boomphse zunächst nur kurz erreicht (Februar und März 1984), da sich die Geschäftserwartungen ab Februar 1984 wieder zunehmend ins Negative wenden. Dann aber erfolgt ein ziemlich geradliniger Aufschwung bis IV/85, der getragen ist von einer Besserung in der Beurteilung der Geschäftslage.

Die weitere Entwicklung der Konjunkturkurve stellt sich einigermaßen chaotisch dar. Sie war oben mit einem Zwischenabschwung (IV/85→I/87) und dann mit einem Endaufschwung (I/87→IV/90) beschrieben worden. Indessen zeigt es sich hier, daß, gemessen an der Häufigkeit der Unternehmermeldungen über Beurteilung der Geschäftslage und der Geschäftserwartungen, sich eine Punktwolke feststellen läßt, die sich auch noch teilweise im Uhrzeigersinn bewegt. Die Boomphase ist besonders lang (Effekt durch die Wiedervereinigung).

Der Abschwung IV/90 bis III/93 entspricht in der Form am ehesten dem zuerst beschriebenen von I/70 bis I/72: Die Erwartungen verschlechtern sich lange Zeit nicht, wohl aber die Beurteilung der Geschäftslage. Ab Sommer 1992 „bricht“ die Geschäftserwartung weg, um im November einen äußeren Extremwert zu erzielen (-37; -43). Danach setzt sich aber, im Gegensatz zum oben zitierten Verlauf, der Abschwung fort, da zwar die Erwartungen nicht mehr derart verschlechtert sind, wohl aber die Beurteilung der Geschäftslage. Der Aufschwung geht dann, bei laufend sich verbessernder Erwartung und letztlich auch bei sich verbessernder Beurteilung, zügig voran. Im Oktober 1994 wird die Null-Linie zwischen Aufschwungphase und Boomphase erreicht. Seither verläuft die Konjunkturkurve in der Boomphase.

Welches Fazit läßt sich aus dieser vertieften Betrachtung des Verlaufs der Konjunkturkurve ziehen?

- Zunächst ist evident, daß durch diese weiteren Informationen eine genauere Beschreibung der Konjunkturbewegung gelingt. Die über die Betrachtung des jeweiligen Grades der Kapazitätsauslastung bereits gewonnenen Erkenntnisse über einige Charakteristika (Wendepunkte, Muster von Auf- und Abschwüngen) wurden bestätigt. Die monatliche Verfolgung der Konjunkturbewegung zeigt aber, daß die Vorstellung eines glatten Verlaufs vollends aufgegeben werden muß: Zwischen den Wendepunkten sind enorme, teilweise „chaotische“ Bewegungen auszumachen. Mehr als die vierteljährlichen Bestimmungen des Grades der Kapazitätsauslastung zum Ausdruck bringen können, ist die monatliche Nachzeichnung der Konjunktur durch Schwankungen gekennzeichnet. So ergibt sich z.B. ein weiterer „Zwischenabschwung“ (1984/-1985), der in der Betrachtung der Eckpunkte nach dem Grad der Kapazitätsauslastung nicht zu identifizieren war. Außerdem ist dem Phänomen Wellblechkonjunktur weiter nachzuspüren. Es ist nicht nur durch Zwischenabschwünge identifiziert, sondern auch durch Punktwolken. Hier müßte weiteres analytisches Material zur Aufklärung eingesetzt werden.

- Der Konjunkturverlauf kann wohl durch Beurteilung und Erwartung der Unternehmen exakt beschrieben werden, da diese Daten in besonderem Maße Hinweise auf die Unternehmungsaktivitäten geben können. Man kann geradezu von einem Wechselspiel beider Kriterien sprechen. Entweder beginnt der jeweilige Abschwung durch ein rasches „Wegbrechen“ der Erwartungen, oder, ein zweites Muster, zunächst bleiben die Erwartungen relativ stabil, die Beurteilung der Geschäftslage wird aber laufend schlechter. Man wird hier in der Analyse den jeweiligen Gründen nachzuspüren haben. Dies könnte dazu führen, den beginnenden Abschwung zu „verstehen“ und möglicherweise dann auch rechtzeitig zu therapieren.

- Ein weiteres bringt die Beschreibung des Konjunkturverlaufs. Manchmal werden Eckpunkte (charakterisiert durch Höhe des Grades der Kapazitätsauslastung oder auch durch die Koordinaten eines herausragenden Punktes) gar nicht erreicht: die Rezession „läßt an Tiefe vermissen“ oder sie ist eindeutig weniger durch eine verschlechterte Erwartung als durch eine schlechte Beurteilung charakterisiert. Auch hier könnte die Frage gestellt werden, warum die Erwartungen relativ „eindeutig“ optimistischer sind als die retrograde oder jeweils augenblickliche Beurteilung.

- Der Tiefpunkt der Konjunkturkurve läßt sich durch die Beurteilung der Geschäftslage relativ eindeutig charakterisieren. Nach Tabelle 1.1.5 lagen die Häufigkeiten in diesem Punkt bei etwa -55%, die der Geschäftserwartungen bei etwa -20% (der Punkt Oktober 1993 ist nicht eindeutig identifiziert. Er liegt etwa auf gleichem Niveau wie Mai 1993; hier war eine Häufigkeit von über -30% erreicht.) Dagegen sind die Hochpunkte weniger einheitlich, wie Tabelle 1.1.6 ausweist.

	Beurteilung der Geschäftslage	Geschäfts-erwartungen
Mai 1975	-57	-20
Nov. 1982	-55	-19
Okt. 1993	-54	-4

Tabelle 1.1.5: Kennzeichnung von Tiefpunkten durch Beurteilung der Geschäftslage und Geschäftserwartungen der Unternehmen (gemessen in saldierten Häufigkeiten der Meldungen)

	Beurteilung der Geschäftslage	Geschäfts-erwartungen
Jan. 1970	+51	+2
Mai 1973	+26	+5
Jan. 1980	+15	-19
Nov. 1990	+39	+8

Tabelle 1.1.6: Kennzeichnung von Hochpunkten durch Beurteilung der Geschäftslage und Geschäftserwartungen der Unternehmen (gemessen in saldierten Häufigkeiten der Meldungen)

Literatur

Borchardt, K. (1976): *Wandlungen des Konjunkturphänomens in den letzten hundert Jahren.* München.

Goldrian, G. (1972): Zum Problem der Vorläufigkeit saisonbereinigter Daten. *Wirtschaftskonjunktur*, 24(2), 28-32.

Goldrian, G. (1973): Eine neue Version des ASA-II-Verfahrens zur Saisonbereinigung von wirtschaftlichen Zeitreihen. *Wirtschaftskonjunktur*, 25(4), 26-32.

Heubes, J. (1991): *Konjunktur und Wachstum.* München.

Koopmans, T.C. (1947): Measurement without Theory. *Review of Economic Statistics*, 29, 161-172.

Lindlbauer, J.D. (1989): Die Umfragen des ifo Instituts: Fragestellung, Datenerfassung und Auswertung; hier: Konjunkturtest. In Oppenländer, K.H. und Poser, G. (Hg.): *Handbuch der Ifo-Umfragen.* Berlin. 122-187.

Oppenländer, K.H. (1992): Die Konjunkturprognose: Wesen, Grundlagen, Zukunft. In Hanusch, H. und Recktenwald, H.C. (Hg.): *Ökonomische Wissenschaft in der Zukunft.* Düsseldorf. 295-302.

Oppenländer, K.H. (1994a): Narrowing the Induction Gap: Measurement without Theory? In Oppenländer, K.H. und Poser, G. (Hg.): *The Explanatory Power of Business Cycle Surveys.* Papers presented at the 21st CIRET Conference, Stellenbosch, 1993. Aldershot. 704-726.

Oppenländer, K.H. (1994b): Produktionspotential. In Brümmerhoff, D. und Lützel, H. (Hg.): *Lexikon der Volkswirtschaftlichen Gesamtrechnungen.* München. 286-290.

SVR (1994): *Den Aufschwung sichern - Arbeitsplätze schaffen.* Stuttgart.

Tichy, G. (1976): *Konjunkturschwankungen.* Berlin, Heidelberg.

Tichy, G. (1994): *Konjunktur.* Berlin, Heidelberg.

Vosgerau, H.-J. (1978): Konjunkturtheorie. In *Handwörterbuch der Wirtschaftswissenschaft* (HdWW), Vol. IV. 478-507.

Vosgerau, H.-J. (1984): Einige Problemkomplexe der Konjunkturforschung. In Bombach, G., Gahlen, B. und Ott, A.E. (Hg.): *Perspektiven der Konjunkturforschung.* Tübingen. 3-9.

1.2 Eigenschaften und Einteilung von Konjunkturindikatoren

Karl Heinrich Oppenländer

ifo Institut für Wirtschaftsforschung und Universität München, München

Wenn einerseits das Konjunkturphänomen als wichtige zu erklärende Größe identifiziert wurde und andererseits Konjunkturindikatoren Bedeutendes zur Charakterisierung der Konjunkturkurve und ihrer Beschreibung beitragen können, dann lohnt es sich, sie weiter zu erforschen, nach ihren Eigenschaften zu fragen und sie nach bestimmten Kriterien einzuteilen.

1.2.1 Eigenschaften

Es ist bereits bemerkt worden, daß Konjunkturindikatoren nicht nur zur Beschreibung und Analyse, sondern auch zur Konjunkturprognose herangezogen werden. Eine ihrer Eigenschaften muß also darin bestehen, möglichst frühzeitig auf Charakteristika im Konjunkturverlauf hinzuweisen (bevorstehende Wendepunkte, Ab- und Aufschwünge). In der Regel macht man sich zunutze, daß, ehe es im Geschäftsleben zu Bestellungen und Umsatz kommt, eine Meinungsbildung stattfindet, die man als „Stimmung" bezeichnen könnte. Wenn bisweilen geäußert wird, die Stimmung sei besser als die Lage, so deutet das auf einen Konjunkturaufschwung hin. Ist die Lage allerdings besser als die Stimmung, so deutet das auf einen Abschwung hin. Gelänge es, diese Stimmung durch Konjunkturindikatoren auszudrücken, so wäre ein vorlaufender Indikator (leading indicator) gewonnen. Ein Schema (Abbildung 1.2.1) veranschaulicht dies (Strigel 1979).

Die Umsetzung der Stimmung ist allerdings ungewiß (instabile Situation), da sich Stimmungen leicht beeinflussen lassen. Dadurch wird die Vorlaufzeit dieses leading indicator nicht immer verläßlich sein, eine Durchschnittsbildung von Vorlaufzeiten ist demnach nicht zu empfehlen. Immerhin wird man gewisse Eigenschaften herausfiltern können, so z.B., daß der Vorlauf vor dem oberen Wendepunkt früher erfolgt als beim unteren Wendepunkt.

Beispielhaft läßt sich eine Vorlaufkurve darstellen. Als Basis dient die Konjunkturkurve (Veränderung des Grades der Kapazitätsauslastung), zu der die Vorlaufkurve (= leading

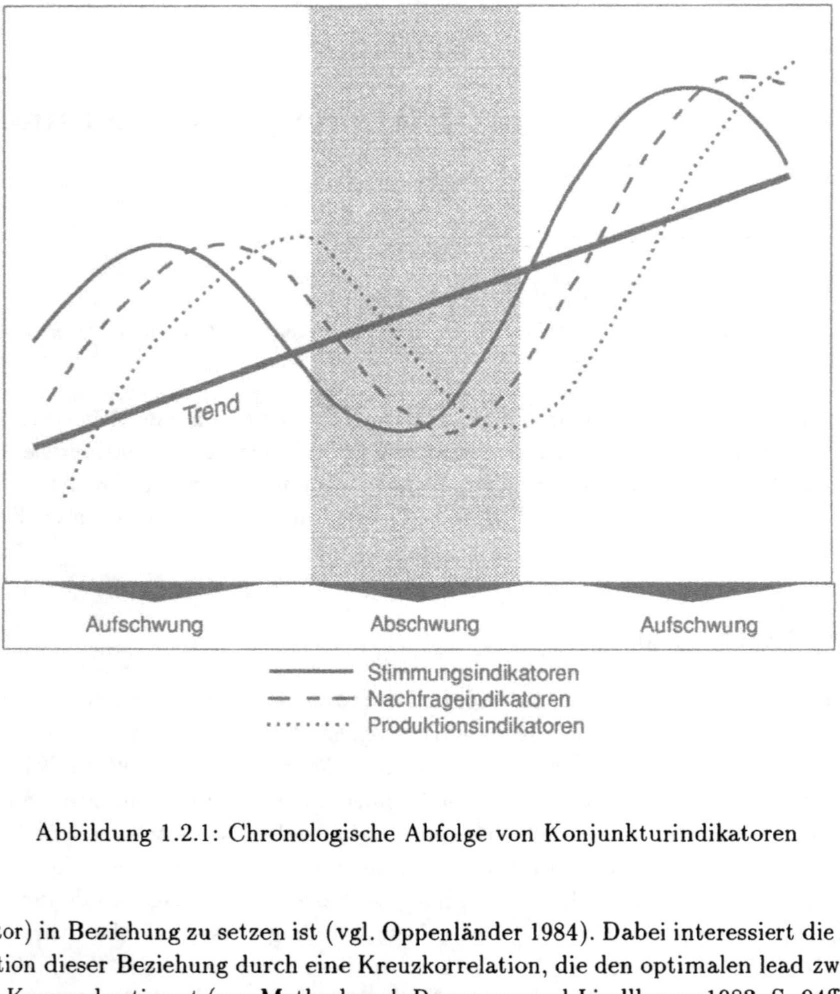

Abbildung 1.2.1: Chronologische Abfolge von Konjunkturindikatoren

indicator) in Beziehung zu setzen ist (vgl. Oppenländer 1984). Dabei interessiert die Dokumentation dieser Beziehung durch eine Kreuzkorrelation, die den optimalen lead zwischen beiden Kurven bestimmt (zur Methode vgl. Dormayer und Lindlbauer 1983, S. 94ff.). Als Beipiel dient der Lagerzyklus. Er wird deshalb herangezogen, weil er offenbar vor allem im beginnenden Aufschwung, wenn die Unternehmen ihre Läger wieder auffüllen, zum Konjunkturträger wird. Aber auch im übrigen Konjunkturverlauf ist er konjunkturrelevant, da die Unternehmer, aus Kostengesichtspunkten, die Lagerhaltung möglichst gering halten. Es interessiert hier, ob eine zeitliche vertikale Abfolge (Einzelhandel vor Industrie) in der Veränderung der Fertigwarenlagerhaltung üblich ist, und wie dadurch eine Vorlaufkurve gewonnen werden kann.

In Abbildung 1.2.2 sind die Salden der Fertigwarenlagerbestände im Einzelhandel der Konjunkturkurve gegenübergestellt.

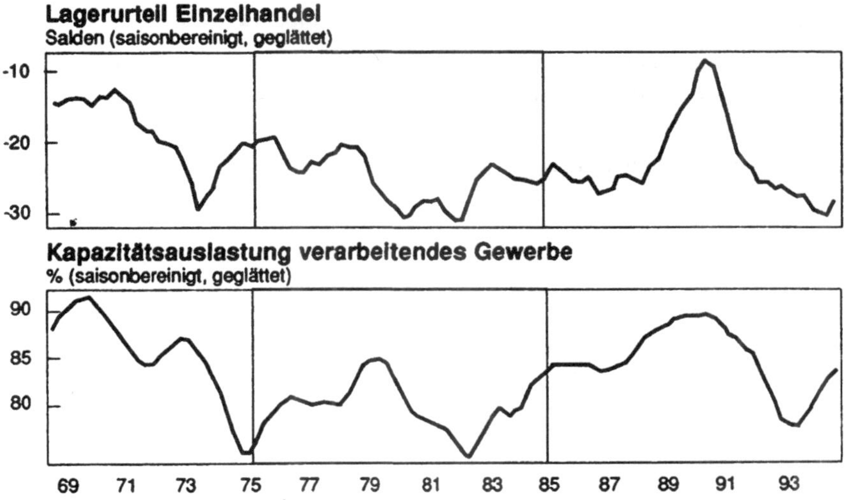

Abbildung 1.2.2: Beurteilung der Fertigwarenlager im Einzelhandel und Konjunkturkurve

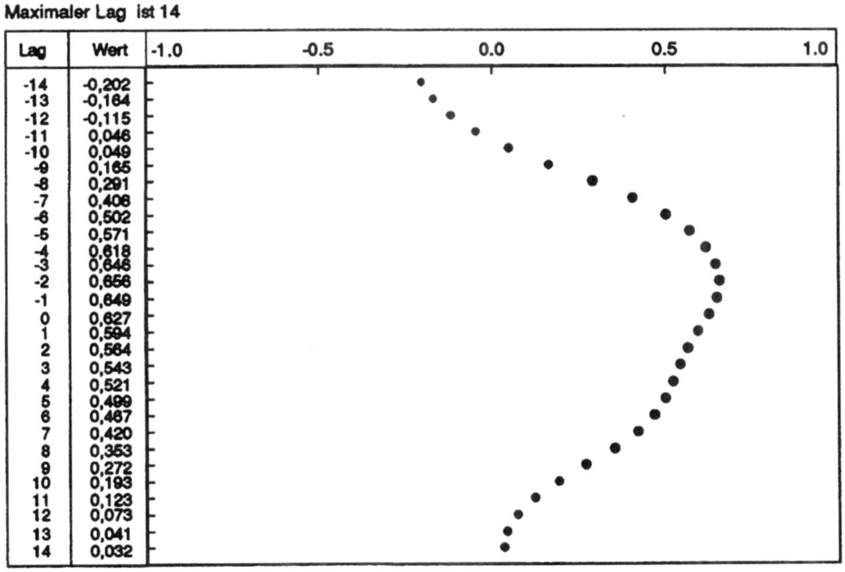

Abbildung 1.2.3: Korrelation zwischen der Beurteilung der Fertigwarenlager im Einzelhandel und der Konjunkturkurve

Es ergab sich durch Regressionsrechnungen und Verschiebungen zwischen beiden Kurven bis maximal 14 Quartale ein optimaler lead von zwei Quartalen, d.h. bei einem Vorlauf der Lagerbeurteilungskurve von zwei Quartalen vor der Konjunkturkurve wird der beste Korrelationskoeffizient erreicht ($R = 0{,}656$; vgl. Abbildung 1.2.3).[1]

Sowohl die oberen als auch die unteren Wendepunkte der Konjunktur sind mit entsprechendem Vorlauf durch die Lagerbeurteilungskurve im Einzelhandel abgebildet worden. Offensichtlich eignet sich die Hypothese, wonach aus Lagerbewegungen auf die Konjunkturkurve geschlossen werden kann, für eine weitere und vertiefte Analyse (Oppenländer 1984, S. 198).

1.2.2 Einteilung

Ein Einteilungskriterium für Konjunkturindikatoren knüpft an ihren Vorlaufeigenschaften an. Es ist relativ einfach, eine Einteilung in

- vorlaufende Indikatoren
- Spannungsindikatoren
- gleichlaufende Indikatoren
- nachlaufende Indikatoren

vorzunehmen. In Tabelle 1.2.1 sind einige Beispiele aufgeführt worden.

Zur Konjunkturbeurteilung ist relativ bedeutsam, die einzelnen Geschäftsvorgänge in ihren Erwartungen zu erfassen. Es wird vermutet, daß mit den Aktienkursen und den Geschäftserwartungen Schlüsse auf die Gewinnerwartungen gezogen werden können. Die Spannungsindikatoren (Auftragsbestände, Lager, Preise) sagen etwas über Erhitzungs- und Entspannungserscheinungen aus, die sich ergeben, wenn die Nachfrage durch die Produktion nicht prompt bedient werden kann oder wenn Märkte nicht geräumt werden können. Gleichlaufende Indikatoren sind Normindikatoren für die Konjunktur wie der Grad der Kapazitätsauslastung oder die industrielle Nettoproduktion. Nachlaufende Indikatoren sagen zunächst wenig zur Konjunkturprognose aus. Sie sind aber wichtige Indikatoren für die Wirtschaftspolitik.

Ein zweites Einteilungskriterium knüpft an der Art der Entstehung von Konjunkturindikatoren an:

- quantitative Indikatoren
- qualitative Indikatoren

[1] Über die Stabilität der Lead-Struktur sagt die Korrelationsanalyse nichts aus.

Geschäfts-aktivität	Konjunkturindikatoren quantitative	qualitative
	vorlaufende Indikatoren	
Stimmung (Erwartungen)	Index Aktienkurse	Geschäftserwartungen (-6) Produktion (-3) Export (-3) Preise (-3) Beschäftigung (-3) Konsumerwartungen
↓		
Nachfrage	Index Auftragseingang (Inland, Ausland) Index der Baugenehmigungen	Veränderung Auftragseingang
↓		
	Spannungsindikatoren	
Pufferzone Nachfrage/Produktion	Index Auftragsbestand Index Preise	Veränderung Auftragsbestand Urteil Auftragsbestand Veränderung Fertigwarenlager Urteil Fertigwarenlager Veränderung Preise
↓		
	gleichlaufende Indikatoren	
Produktion, Umsatz	Index Nettoproduktion Einzelhandelsumsatz Außenhandelsumsatz	Veränderung Kapazitätsauslastung Urteil Kapazitätsauslastung Veränderung Produktion
↓		
	nachlaufende Indikatoren	
Beschäftigung, Unternehmens-zusammenbrüche	Zahl der Beschäftigten Zahl der Arbeitslosen Zahl der offenen Stellen Zahl der Kurzarbeiter Zahl der Konkurse	Veränderung der Beschäftigtenzahl

Anmerkungen: Die Angaben in Klammern beziehen sich auf den Vorlauf (-) in Monaten.

Tabelle 1.2.1: Abfolge der Geschäftsaktivitäten und ihre Erfassung durch Konjunkturindikatoren (beispielhaft)

In der statistischen Meßgenauigkeit sind die *quantitativen* im Vorteil, zumal sie numerische Daten liefern. Der Vorteil wird aber zum zeitlichen Nachteil: Es dauert geraume Zeit, bis der Index der Auftragseingänge oder der Produktion erhoben und berechnet ist, und er kann nachträglich abgeändert werden.

Die *qualitativen* Indikatoren sind auf dem Vormarsch, da sie relativ rasch erhoben und aufbereitet werden können (bei monatlich erhobenen Indikatoren: 14 Tage nach Monatsschluß). Sie werden nach Häufigkeiten gewonnen (gewichtete Zahl der meldenden Unternehmen; Saldobildung). Um ihre Repräsentativität zu erreichen und zu wahren, ist eine große Zahl zu erfassen; die Antwortquote muß hoch sein. Beides ist bei den Befragungen des ifo Instituts für Wirtschaftsforschung gegeben, so daß die qualitativen Indikatoren mindestens gleichrangig (zu den quantitativen) zu behandeln sind. Hinzu kommt, daß die Konjunkturbeobachtung oft mit Veränderungen arbeitet (absolute Größen sind nicht unbedingt erforderlich). Weitere Vorteile der qualitativen Größen liegen in ihrer Messung der Stimmung und der Spannung: Es werden – über die amtliche Statistik hinaus – Erwartungen und Urteile der Unternehmen eingefangen. Ein weiterer Vorteil ergibt sich dadurch, daß die „Konjunkturkurve" direkt erfaßt wird. Der Trend ist von vornherein ausgeschaltet (Saldobildung von mehr oder weniger-Meldungen, von Urteilen). Das könnte man auch als „horizontalen Ablauf" (Normmaß ist die Null-Linie zwischen mehr und weniger oder gut und schlecht) bezeichnen.

Ein drittes Einteilungskriterium ergibt sich daraus, daß vorlaufende Indikatoren zuweilen nur in Kombination gewonnen werden können: Nicht ein Einzelindikator ist vorlaufend, sondern nur in Kombination mit anderen. Auch ist es denkbar, daß die Vorlauf-Stabilität durch Kombination zunimmt. Man unterscheidet daher

- Einzelindikatoren
- Gesamtindikatoren

Einzelindikatoren haben den großen Vorteil, daß sie allein stark sein können in der Erklärung. Sie bedürfen vor allem keiner Gewichtung. Bei Gesamtindikatoren spielt die Gewichtung eine große Rolle. In welcher Bedeutung geht die Aussagekraft des einzelnen Indikators in den Gesamtindikator ein? Sind diese Gewichte stabil oder im Zeitablauf variabel? Aufgrund dieser Probleme sind manche Gesamtindikatoren wieder aufgegeben worden (so z.B. ein Gesamtindikator des SVR). „Lebende" Beispiele von Gesamtindikatoren sind die der EU-Kommission, der OECD und des US Department of Commerce (vgl. z.B. OECD 1987, Green und Beckman 1993). Oft werden in Gesamtindikatoren sowohl qualitative als auch quantitative Indikatoren verwendet.

Literatur

Dormayer, H.-J. und Lindlbauer, J.D. (1983): Branchenspezifische Konjunkturindikatoren. In Anderson, O. (Hg.): *Qualitative und quantitative Konjunkturindikatoren.* Göttingen. 85-102.

Green, G.R. und Beckman, B.A. (1993): Business Cycle Indicators: Upcoming Revision of the Composite Indexes. *Survey of Current Business*, 73(10). 44-51.

OECD (1987): *OECD Leading Indicators and Business Cycles in Member Countries 1960-1985.* Paris.

Oppenländer, K.H. (1984): Zu aktuellen Fragen der Konjunkturbeobachtung. In Bombach, G., Gahlen, B. und Ott, A.E. (Hg.): *Perspektiven der Konjunkturforschung.* Tübingen. 189-204.

Strigel, W.H. (1979): Qualitative Konjunkturindikatoren. *ifo Schnelldienst*, 32(35/36), 15-21.

Kapitel 2

Geschichtlicher Überblick

2.1 Die Konjunkturindikatoren des NBER – Measurement without Theory?

Philip A. Klein*

Pennsylvania State University, University Park

Ein Blick auf Mitchells beruflichen Werdegang macht deutlich, daß seine Vorgehensweise bei der Analyse und Prognose des Konjunkturverlaufs theoretisch verankert ist. Allerdings beruft er sich dabei nicht auf eine monokausale oder einfache Theorie, sondern vielmehr auf einen realistischen Ansatz, der in der Wissenschaft seit mehreren Generationen verfolgt wird.

Wie allgemein bekannt, wurde das wegweisende Buch „Measuring Business Cycles" von Burns und Mitchell, in dem die Konjunkturanalysemethoden des National Bureau of Economic Research (NBER) dargestellt werden, von Koopmans als „Measurement without Theory" abqualifiziert. In Wirklichkeit sind Mitchells Konjunkturtheorie und -analyse aus einem Guß. Im vorliegenden Beitrag wird diese These erläutert und begründet.

2.1.1 Mitchell, der Institutionalist

Viele Ökonomen, vor allem diejenigen, die sich mit den von Mitchell angewandten Methoden beschäftigen, vergessen heute oftmals, daß Mitchell zunächst einen entscheidenden Beitrag zu der in den USA entstandenen Bewegung des Institutionalismus leistete. Diese Bewegung beschreibt in erster Linie eine Einstellung zur ökonomischen Theorie und deren Stellung innerhalb der Wirtschaftswissenschaften. Schwankungen im Wirtschaftsverlauf werden danach als Reaktionen auf die ständigen Veränderungen des kulturellen Umfelds betrachtet und die ökonomische Theorie als eine Form der normativen ökonomischen Analyse.

Beim National Bureau of Economic Research, das Mitchell gründete, um dort u.a. seinen Forschungsansatz weiterentwickeln zu lassen, sind heute allerdings hauptsächlich Ökonomen beschäftigt, die zwar wie Mitchell vorwiegend quantitativ ausgerichtet sind, aber

* Die ursprüngliche Fassung dieses Beitrags trägt den Titel „The Theoretical Basis of Cyclical Indicators" und wurde von Annette G. Köhler übersetzt.

keinerlei Interesse am Institutionalismus zeigen. Im Gegensatz zu der in der Volkswirtschaftslehre heute weitgehend üblichen abstrakten Konstruktion ökonomischer Modelle, ziehen Institutionalisten die Analyse beobachtbarer Phänomene in ihrem historischen Kontext vor. So bietet die in der Ökonomie vorherrschende Meinung auch keinen Platz für Mitchells Interesse an der Wirtschaftsgeschichte. Mitchell selbst rückte jedoch nie von seiner Sichtweise ab:

> "The theory of evolution begun by biologists must be continued by students of culture and primarily by economists... orthodox economics belongs to the 'taxonomic' stage of inquiry represented by the pre-Darwinian botany of Asa Gray... if political economy is to modernize itself, it must become an 'evolutionary science,' and it can become an evolutionary science only by addressing itself to the problem: How do economic institutions evolve?" (Mitchell 1936, S. xxii-xxiv, vgl. auch Klein 1994, S. 245)

Diese von Mitchell als kulturell bedingt betrachtete Evolution verläuft jedoch nicht reibungslos, und somit sind konjunkturelle Schwankungen sowohl Ergebnis als auch Auslöser evolutionärer Irregularitäten.

Der von Mitchell gewählte Forschungsansatz kann also direkt aus seiner institutionalistischen Sichtweise abgeleitet werden, wonach sich die Natur des Menschen nicht verändert, sondern nur seine Lebensweise: "... changes in human life are due mainly to the evolution of culture". Daraus ergibt sich seiner Ansicht nach, daß

> "... the quantitative workers will have a special predilection for institutional problems, because institutions standardize behavior, and theory facilitates statistical procedure" (Mitchell 1937, S. 30) .

Mitchell sollte hier nicht recht behalten. Quantitative Ökonomen haben stattdessen sehr viel Zeit und Energie darauf verwendet, institutionelle Probleme zu umgehen. In der Überzeugung, ökonomische Theorie könne sich ohne Rücksicht auf die „real facts“ auf die Erklärung von „stylized facts“ beschränken, haben sie sich auf das abstrakte Entwickeln von Modellen konzentriert und immer neue Methoden entwickelt, die es ermöglichen, einen wesentlichen Teil der ökonomischen Irrationalität des täglichen Lebens auszuklammern. Es muß jedoch deutlich gemacht werden, daß die Untersuchung konjunktureller Zyklen ein Gebiet der Volkswirtschaftslehre darstellt, das an sich mit den Annahmen und Restriktionen der herkömmlichen ökonomischen Theorie nicht vereinbar ist. Die zentrale Annahme, wonach sich alle Marktungleichgewichte automatisch selbst korrigieren, widerspricht nämlich dem empirischen Befund, der belegt, daß Rezessionen über Jahre hinweg andauern können.

So versucht der Ansatz der „rationalen Erwartungen“, die makroökonomische Theorie auf ihren präkeynesianischen Stand zurückzuversetzen, wenn beispielsweise von der Annahme ausgegangen wird, daß sich in einer Volkswirtschaft mehr oder weniger automatisch

Vollbeschäftigung (nunmehr als „natürliche" Arbeitslosigkeit bezeichnet) einstelle. Die implizierte unverzügliche Markträumung der Theorie der rationalen Erwartungen dauerte bei der Weltwirtschaftkrise der 30er Jahre allerdings mehr als zwölf Jahre!

Es kann also durchaus behauptet werden, daß Keynes - wie auch heute noch Ökonomen verschiedener Überzeugungen - versuchte, ein realistisches Bild vom wirtschaftlichen Handeln mit all seinen Unzulänglichkeiten abzugeben, anstatt von einer perfekt funktionierenden Wirtschaft auszugehen, wie sie von Klassikern und Neoklassikern beschrieben und auch von „neuen klassischen" Ökonomen propagiert wird.

Es ist klar, daß Mitchells Definition zyklischer Schwankungen von seinem Erklärungsansatz für wirtschaftliche Instabilitäten abgeleitet ist. Von Anfang an betonte Mitchell die Notwendigkeit, bei der Erforschung von Natur und Ursachen wirtschaftlicher Instabilität sowohl Theorie und Statistik als auch Geschichte miteinander zu verbinden. In *Business Cycles, The Problem and its Setting*, seinem Hauptwerk über die Eigenschaften von Konjunkturzyklen, schrieb Mitchell 1927:

> "From the outset of this inquiry into business cycles, the need of statistical work has been clear. The first demonstration came from a quarter which few might expect - a review of theories made on non-statistical lines. By showing how many processes are involved in business cycles, these theories raised a series of essentially quantitative problems. Which of the causes of cyclical fluctuations stressed by different theorists are the most important? How considerable are the effects produced by these causes, directly and indirectly? What changes occur simultaneously? In what sequence, and after what intervals do other changes follow? How irregular are cyclical fluctuations?" (Mitchell 1927, S. 357)

Mitchell war immer der Ansicht, daß Konjunkturschwankungen Ausdruck eines strukturierten Zusammenhangs vieler ökonomischer Variablen seien, und daß viele Abläufe innerhalb einer Volkswirtschaft mit Konjunkturzyklen verbunden seien. Dies bedeutete allerdings keinesfalls, daß Mitchell atheoretisch vorging, Theorien hatten nur historisch belegbar zu sein. Obwohl jeder Konjunkturzyklus in mehrfacher Hinsicht einzigartig ist, muß sich die Theorie auf deren Gemeinsamkeiten konzentrieren.[1] Das explizite Isolieren dieser Charakteristika war deshalb so bedeutsam, weil es Mitchell um die Ableitung wirtschaftspolitischer Maßnahmen ging, die sowohl Stabilität als auch Wachstum fördern sollten. Er war der Ansicht, daß gute Politik nur einer Theorie entspringen könne, die auf Tatsachen beruhe. Mitchell legte also äußerst großen Wert darauf, daß sein Ansatz alles andere als „Measurement without Theory", sondern vielmehr „Measurement *with* Theory" darstellte. Im folgenden sollen sein Standpunkt und seine Vorgehensweise näher betrachtet werden.

[1] Dies bedeutet natürlich, daß zunächst die verschiedenen Eigenschaften der Zyklen herausgearbeitet und dargestellt werden müssen - ein Problem, dem Mitchell sehr viel Zeit und Beachtung widmete.

2.1.2 Konjunkturzyklen: Mitchells Sichtweise

Es gibt bis heute keine bessere Definition des Begriffes „Konjunkturzyklus“ als die von Burns und Mitchell:

> "Business cycles are a type of fluctuation found in the aggregate economic activity of nations that organize their work mainly in business enterprise: a cycle consists of expansions occurring at about the same time in many economic activities, followed by similarly general recessions, contractions, and revivals which merge into the expansion phase of the next cycle; this sequence of changes is recurrent but not periodic; in duration business cycles vary from more than one year to ten or twelve years; they are not divisible into shorter cycles of similar character with amplitudes approximating their own" (Burns und Mitchell 1946, S. 3).

Diese Definition paßt zu einer ganzen Reihe von Konjunkturtheorien, obwohl sie im wesentlichen nur beschreibt, was sich während eines Konjunkturzyklus abspielt. Burns und Mitchell berufen sich dabei auf ihre Forschungsergebnisse aus der Gründungszeit des National Bureau um 1920, denn Mitchell hatte diesen Ansatz bereits einige Zeit vorher an der University of California verfolgt. Die Erwähnung von „ungefähr gleichzeitig eintretender Expansion in verschiedenen Bereichen...“, begründet außerdem die Ableitung von vor-, nach, und gleichlaufenden Konjunkturindikatoren: Es muß nämlich ökonomische Abläufe geben, die dem, was als das Herz des Zyklus bezeichnet wird, vorangehen oder nachfolgen müssen. Aus dieser Definition wird deutlich, daß es sich bei dem, was Burns und Mitchell als Konjunkturzyklus betrachteten, um ein komplexes Phänomen handelt. Sie selbst räumten ein, daß „every clause suggests hard questions...." (Burns und Mitchell 1946, S. 5). Es ist übrigens wichtig, daß Burns und Mitchell von Anfang an darauf hinwiesen, daß die Bezeichnung der konjunkturellen Schwankungen als „Zyklen“ nicht korrekt ist, da sie keine Periodizität aufweisen.[2]

Die Ableitung vor-, gleich- und nachlaufender Indikatoren basiert also auf der Vorstellung, daß im Konjunkturverlauf eine Phase die nächste nach sich ziehe, ohne daß eine exakte Abgrenzung erkennbar wäre. Rezession, Abschwung, Erholung und Aufschwung gehen also fließend ineinander über. Es müssen deshalb vor jeder Indikatorenanalyse zunächst einmal die Wendepunkte des Konjunkturverlaufs identifiziert werden. Da die Wendepunkte über die zeitliche Verschiebung der Reihen Aufschluß geben, sollte an dieser Stelle betont werden, daß es dazu immer noch des persönlichen Urteilsvermögens bedarf, obwohl mittlerweile Computerprogramme zur vorläufigen Bestimmung der Wendepunkte herangezogen werden können. Allerdings können selbst sorgfältig entwickelte Regeln zur Wendepunktbestimmung, die alle Informationen der vergangenen Konjunkturzyklen berücksichtigen,

---

[2] Periodizität ist aber ein wesentliches Merkmal eines Zyklus.

nur unangemessen die entscheidenden Elemente und deren Gewichtung zur Bestimmung des aktuellen Wendepunktes wiedergeben, da jeder Zyklus anders verläuft.[3]

Zusammenfassend läßt sich feststellen, daß innerhalb des theoretischen Ansatzes von Mitchell, der auch oft als „Business Economy"-Ansatz bezeichnet wird, Indikatoren nützlich sind, weil sie die zeitliche Abfolge des wirtschaftlichen Geschehens abbilden und darüber hinaus die eklektische Theorie hinter der Mitchell'schen Definition verdeutlichen.

2.1.3 Konjunkturindikatoren: Measurement with Theory

Die Veröffentlichung von Burns' und Mitchells „Measuring Business Cycles" verursachte eine der bekanntesten Diskussionen in der jüngeren Geschichte der Wirtschaftswissenschaften. In diesem Buch hatte das Wissen zum Ausdruck kommen sollen, das in den 25 Jahren im NBER über konjunkturelle Zusammenhänge gesammelt worden war. Der bekannte Ökonometriker der Cowles Commission, Tjalling Koopmans, hob sowohl die ausführliche Untersuchung der Zeitreihen und deren Darstellung in Abbildungen und Tabellen als auch die differenzierte und sektorspezifische Berechnung von durchschnittlichen Amplituden, Zykluslängen und zeitlichen Strukturen anhand der Ermittlung von Wendepunkten hervor. Für Burns und Mitchell war dies nur Teil ihrer Bemühung, in einem historischen Kontext für jede Zeitreihe den typischen Verlauf innerhalb des Konjunkturzyklus der USA festzustellen. Im Mittelpunkt ihrer Analyse standen also „durchschnittliche Verhaltensmuster". In Anlehnung an die beiden Astronomen Kepler und Newton unterschied Koopmans zwischen dem „Kepler-Stadium", in dem die Wissenschaft nach empirischen Regelmäßigkeiten suchte, und dem „Newton-Stadium", in dem fundamentale Gesetzmäßigkeiten erforscht werden sollen. Nach Ansicht von Koopmans sollten in der Volkswirtschaftslehre diese beiden Ansätze miteinander verbunden werden:

> "Fuller utilization of the concepts and hypotheses of economic theory... as a part of the processes of observation and measurement promises to be a shorter road, perhaps even the only possible road, to the understanding of cyclical fluctuations" (Koopmans 1947).

[3] Ein Beispiel aus der jüngeren US-Geschichte liefert der Zeitraum 1979-1982. Aus langjährigen Erfahrungen waren wir bis dahin der Überzeugung gewesen, daß der obere Wendepunkt eines Wachstumszyklus dem oberen Wendepunkt eines klassischen Zyklus vorausgehen müsse ("slowdowns precede downturns"), aber nicht notwendig umgekehrt. Im erwähnten Zeitraum konnte man zwar zwei klassische Rezessionen feststellen, in bezug auf den Zyklus der Wachstumsraten verzeichnete man jedoch nur eine Rezession. Die Erklärung beruht auf dem Phänomen, daß 1980 die Erholung absolut gesehen groß genug war, um als klassische Expansionsphase registriert zu werden, an deren oberen Wendepunkt jedoch die Wachstumsraten immer noch unter denen der vorangegangenen Erholung lagen. Die Wirtschaft hatte ihren vorhergehenden Wachstumspfad nicht überschritten und demnach keine Expansion des Wachstumszyklus bewirkt.

Koopmans' Angriff wurde von Rutledge Vining, einem Ökonomen an der University of Virginia, erwidert.[4] Vining behauptete, daß alle „Mainstream"-Ökonomen, zu denen er auch Koopmans zählte, jede quantitative Arbeit, die nicht auf dem neoklassischen Paradigma beruht, als atheoretisch betrachteten und wiederholte auf diese Weise den „institutionellen" Angriff auf die Hauptvertreter der Ökonomie. Vinings zentrales Argument war, daß jeder empirischen Arbeit das Aufstellen von Hypothesen vorangehen müsse. Die meisten Forschungsbereiche, vor allem auch die Konjunkturforschung, befänden sich daher immer noch in einem präkeplerschen Stadium. Nach einigem Hin und Her in diesem Schlagabtausch räumte Koopmans schließlich folgendes ein:

> "The processing of a larger number of observations places a premium on simple methods of statistical inference, possibly at some sacrifice in information extracted. Suggestions in that direction are contained in the work of the National Bureau of Economic Research, which has studied various order statistics such as leads and lags in turning points, and amplitudes and periods for a large number of available time series... At first sight, the selection of just a few items out of a time series may appear as a somewhat wasteful use of information. However in regard to nonlinear models that recognize ceilings and floors to the movements of some variables, the theory of statistical inference might show such measures to be reasonably efficient summaries of large part of relevant information..." (Gordon und Klein 1965, S. 231).

Koopmans war mit dem Ansatz von Mitchell also letztlich im Grundsatz einverstanden. Es dauerte noch etliche Jahre, bis dieser anfängliche (und nach meiner Überzeugung vollkommen künstlich heraufbeschwörte und ungerechtfertigte) Streit beigelegt wurde. Mittlerweile werden Frühindikatoren in eine Vielzahl ökonometrischer Modelle eingebunden, wobei die Anzahl der Variablen in „einfachen aggregierten" (keynesianischen) Modellen zu- und im traditionellen Indikatorensystem abnimmt. Dies hat zur Folge, daß die Unterscheidung zwischen „aggregierter" und „disaggregierter" Analyse, die früher getroffen wurde, um keynesianische makroökonomische Analysen von den Mitchellschen zu unterscheiden, so gut wie hinfällig geworden ist.

2.1.4 Internationale Indikatoren: Belege für die „Business Economy" -Theorie

Die bisherigen Ausführungen sollten deutlich gemacht haben, daß Frühindikatoren einen zeitlichen Vorlauf besitzen, weil sie von wirtschaftlichen Abläufen abgeleitet werden, deren Schwankungen den Schwankungen der gleichlaufenden Indikatoren vorausgehen. Letztere sind Größen, die so weite Wirtschaftsaggregate wie Einkommen, Output, Beschäftigung und Umsätze umfassen, also Größen, die im wesentlichen den Konjunkturzyklus konstituieren. In ähnlicher Weise beziehen sich nachlaufende Indikatoren auf Wirtschaftsabläufe,

[4] Vgl. Vining (1949).

die erst auf den eigentlichen Zyklus reagieren. Die Größen (z.B. Auftragseingänge (vorlaufend), Produktion (gleichlaufend), Lagerbestände (nachlaufend)) sind also *sequentiell* miteinander verknüpft. Geoffrey H. Moore stellte fest:

> "The leading indicators have a noteworthy record. The business composite index of twelve indicators now published by the Department of Commerce has turned down before every business cycle peak and turned up before every business cycle trough since 1948. Further, if the definition of recession is extended to include retardations in growth, then the leading index shows a one-to-one match at every peak and trough since 1948; it leads at nearly every turning point and does not lag at any." (Moore und Shifkin 1978, vgl. Moore 1983).

Heute zählen zu den „zuverlässigsten" Indikatoren einige wenige Zeitreihen, die wiederholte Testverfahren überlebt haben. Praktisch alle diese Indikatoren waren Gegenstand unabhängiger Untersuchungen, die von Mitarbeitern des NBER oder von anderen sich der Mitchellschen Tradition verpflichteten Ökonomen durchgeführt worden sind. Bei Moore findet man eine Tabelle, die auf der Liste von zwölf vor-, fünf gleich-, und sechs nachlaufenden Indikatoren beruht und die 1966 aufgestellt wurde. Sie enthält die wichtigsten Studien über jeden der aufgeführten Indikatoren. Es gibt keinen einzigen Indikator, der nicht Gegenstand eingehender Analysen gewesen wäre. Im Gegensatz zur Kaffeesatzleserei, mit der die Verwendung von Indikatoren in der Vergangenheit gelegentlich verglichen wurde, ist das chronologische Muster dieser Indikatoren weder zufällig noch übersinnlich. Sie basieren vielmehr auf solider ökonomischer Logik.[5]

Viele der nachlaufenden Indikatoren wie beispielsweise die langfristigen Zinsen können auch umgekehrt als langfristige Frühindikatoren betrachtet werden, die die darauffolgenden Umschwünge der vorlaufenden Indikatoren, wie hier beispielsweise die Investitionen, beeinflussen. Damit wird die Abfolge der Wendepunkte zu einem kontinuierlichen System. Neuere Arbeiten am Center for International Business Cycle Research (CIBCR) zeigen beispielsweise, daß der Nachlauf der Leitzinsen eng mit dem darauffolgenden Umschwung bei den Investitionen und Aufträgen verbunden ist.

1983 untersuchte ich selbst die zuverlässigsten US-amerikanischen Indikatoren (die Listen dieser Indikatoren stammen von 1938, 1950, 1966 und 1975). Die zahlreichen Überarbeitungen dieser Listen bezogen sich immer auf den Geltungsbereich der Zeitreihen, die Verläßlichkeit der Daten, die Einführung neuer, umfassenderer Reihen etc. In nur wenigen Fällen wurde die Eingruppierung der Reihen geändert. Die „Relationsmuster", die die Indikatoren wiedergeben, sind aus den Grundzusammenhängen wettbewerbsorientierter Wirtschaftssystme abgeleitet.[6] Das wurde in den letzten Jahren durch internationale Arbeiten über Wachstumszyklen bestätigt. Es wurde gezeigt, daß die chronologischen Strukturen der „klassischen Zyklen" der Vereinigten Staaten mindestens ebenso für die

[5] Vgl. Moore (1983, S. 347-348).

[6] Vgl. Klein (1994, Kapitel 14).

Wendepunkte der Wachstumszyklen in den USA wie auch in allen anderen marktwirtschaftlich orientierten Industrieländern Gültigkeit besitzen.[7] Die Indikatoren sind nämlich mit den grundlegenden Ablaufmechanismen moderner Marktwirtschaften eng verknüpft. Genau dies versuchen Konjunkturtheorien zu erklären; dabei wird inzwischen eine Vielzahl möglicher Ursachen für Instabilitäten angeboten.

Es gibt schließlich eine weitere Möglichkeit, die enge Verbindung zwischen Konjunkturindikatoren und Konjunkturtheorien zu verdeutlichen. Offensichtlich können die derzeitigen Konjunkturtheorien nach mehreren Kriterien klassifiziert werden. Die Klassifikation in den Tabellen 2.1.1 bis 2.1.3 ist relativ einfach. Ohne Anspruch auf Vollständigkeit wurden alle aktuellen Konjunkturindikatoren (die Liste der „eleven leading indicators") den einzelnen Klassen zugeordnet. In einigen Fällen können die Indikatoren auch zur Überprüfung von mehrerer Theorien herangezogen werden. Diese Möglichkeit wird allerdings kaum ausgeschöpft. Hier sollte angefügt werden, daß diese Tabelle viele Konjunkturtheorien beinhaltet, in denen „keplersche" Hypothesen, wie von Koopmans ursprünglich gefordert, formuliert werden. Viele der Theorien sind weit mehr anhand von Hypothesen spezifiziert als irgend eine der Theorien von Mitchell. Dies ist auch der Grund, weshalb Mitchells Ansatz oftmals als „eklektisch" bezeichnet wird. Ich glaube allerdings, daß er ebenso realistisch ist – außerdem hat er den Test der Zeit bestanden.

Die Tabelle zeigt, daß die systematische Erfassung der „Relationsmuster", um die es Mitchell ja ursprünglich ging, und die sich offensichtlich auch nachweisen lassen, in eine Form gebracht werden kann, in der jeder einzelne Indikator zur Überprüfung einer oder mehrerer genau spezifizierter und explizit formulierter Theorien herangezogen werden kann.

2.1.5 Schlußfolgerungen

Moore kam jüngst zu folgendem Schluß:

> "The types of economic processes that Mitchell considered crucial to his hypothesis were largely identified in his first major work on the subject, Business Cycles (1913). The variables included costs, prices, profits; investment decisions and investment expenditures; interest rates, the volume of money and credit, and bank reserves; inventories and sales." (Moore 1987, S. 481).

Während seiner gesamten Laufbahn arbeitete Mitchell an der Isolierung typischer „Relationsmuster" aus vorhanden Zeitreihen. Es waren dieses Muster und dessen Entwicklung im Zeitablauf, die die Veränderungen der ökonomischen Umgebung widerspiegelten, die er herausarbeiten wollte und die in der Tat seine Konjunkturtheorie begründeten. Einzeln betrachtet spielen Indikatoren eine wichtige Rolle – sowohl in der Erklärung konjunktureller Schwankungen als auch in bezug auf Möglichkeiten, diese abzubilden, vorherzusagen,

[7] Vgl. Klein und Moore (1985).

und im Hinblick auf stabilisierungs- und wachstumspolitische Ziele zu interpretieren. Es ist offensichtlich, daß für einen Ökonomen wie Mitchell eine fundierte und anwendungsorientierte Konjunkturtheorie nicht einfach sein konnte. Konjunkturzyklen sind an sich bereits komplex, und so müssen die entsprechenden Theorien *a priori* ähnlich kompliziert sein. Natürlich existieren auch einfache Theorien, wie die von Henry Moore beispielsweise, die moderne Konjunkturzyklen mit wiederkehrenden Wetterwechseln und „Sonnenflecken" in Verbindung bringt. Diese Theorie ist zwar einfach, sie ist jedoch mittlerweile in Vergessenheit geraten und nutzlos geworden.[8]

Das System der Konjunkturindikatoren, das heute in jeder bedeutenden marktwirtschaftlich orientierten Wirtschaft in irgendeiner Ausprägung angewendet und ständig aktualisiert wird, steht für ein, wenngleich auch komplexes, Muster von Relationen, das konjunkturelle Schwankungen charakterisiert. Als solches verdient es sicherlich, als Theorie bezeichnet zu werden, und die Konjunkturindikatoren spiegeln dies in einer beachtenswerten Weise wider.

Literatur

Burns, A.F. und Mitchell, W.C. (1946): *Measuring Business Cycles.* New York.

Gordon, R.A. und Klein, L.R. (Hg.) (1965): *A.E.A. Readings in Business Cycles.* Homewood, Ill.

Klein, P.A. (1994): *Beyond Dissent, Essays in Institutional Economics.* Armonk, N.Y.

Klein, P.A. und Moore, G.H. (1985): Monitoring Growth Cycles in Market-oriented Countries. *NBER Studies in Business Cycles*, 26, 363-369.

Koopmans, T.C. (1947): Measurement without Theory. *Review of Economics and Statistics*, 29, 161-172.

Mitchell, W.C. (1927): *Business Cycles. The Problem and its Setting.* New York.

Mitchell, W.C. (1936): *What Veblen Taught.* New York.

Mitchell, W.C. (1937): *Quantitative Analysis in Economic Theory. The Backward Art of Spending Money and Other Essays.* New York.

Moore, G.H. (1983): Business Cycles, Inflation, and Forecasting. *NBER Studies in Business Cycles*, 24, 339-351.

Moore, G.H. (1987): Mitchell, W.C.. In Eatwell, J., Milgate, M. und Newman, P. (Hg.): *The New Palgrave Dictionary of Economics*, Vol. III. London. 481-482.

[8] Vgl. Moore (1914).

Moore, G.H. und Shifkin, J. (1978): Why the Leading Indicators Really Do Lead. *Across the Board*, 5, 71-75.

Moore, H.L. (1914): *Business Cycles: Their Law and Cause.* New York.

Vining, R. (1949): Methodological Issues in Quantitative Economics. A Reply. *Review of Economics and Statistics*, 31, 86-91.

Klassifikation der Theorien	Klassifikation der Indikatoren		
	Vorlaufend	Gleichlaufend	Nachlaufend
I. Monokausale Theorien			
A. *Agrarwissenschaftliche* (W.S. Jevons, H.S. Jevons, H.L. Moore)	-	-	-
B. *Psychologische* (Mills, Pigou)	Aktienkurse	-	-
C. *Monetaristische* (Hawtrey)	Geldmenge M2*	-	1. Veränderungen des Konsumentenpreisindices für Dienstleistungen* 2. Durchschnittlicher Kreditzins für erste Adressen* 3. Ausstehende Geschäftskredite*
II. "Business Economy"-Theorien			
A. *Preis/Kosten-Relationen, Gewinnspannen* (Mitchell, Lescure)	Veränderung der Rohstoffpreise	Umsätze im Verarbeitenden Gewerbe und Handel*	1. Veränderung der Lohnstückkosten 2. Veränderungen des Konsumentenpreisindices für Dienstleistungen*
B. *Lagerzyklen* (Abramowitz, Stanback)	Veränderung der Auftragsbestände für dauerhafte Konsumgüter*	-	Verhältnis von Lagerbeständen zu Umsatz im Verarbeitenden Gewerbe und Handel
III. Theorien mit Betonung des Sparen-Investitionen-Prozesses			
A. *Präkeynesianische* 1. Überinvestition a) Monetaristische (Wicksell, Hayek, Mises, Machlup, Robbins, Ropke, Strigel)	-	-	1. Durchschnittlicher Kreditzins für erste Adressen* 2. Ausstehende Geschäftskredite*

Tabelle 2.1.1: Konjunkturindikatoren, nach Konjunkturtheorien klassifiziert I

Klassifikation der Theorien	Klassifikation der Indikatoren		
	Vorlaufend	**Gleichlaufend**	**Nachlaufend**
b) Nichtmonetaristische - Kapitalmangel - Innovation	1. Aufträge für Gebäude- und Ausrüstungsinvestitionen* 2. Anzahl der privaten Baugenehmigungen 3. Auftragseingänge im Verarbeitenden Gewerbe 4. Durchschnittliche Anzahl der Wochenarbeitsstunden im Verarbeitenden Gewerbe 5. Anzahl aller Baugenehmigungen	1. Umsätze im Verarbeitenden Gewerbe und Handel* 2. Industrieproduktion*	-
2. Unterkonsum (Lauderdale, Malthus, M. Douglas, Sismondi, Foster/Catchings, Lederer, Hobson)	1. Anträge auf Arbeitslosenunterstützung (invers) 2. Konsumentenerwartungen	1. Anzahl der Beschäftigten im Industrie- und Dienstleistungssektor* 2. Volkseinkommen abzügl. Transferleistungen* 3. Industrieproduktion* 4. Umsätze im Verarbeitenden Gewerbe und Handel*	1. Durchschnittliche Dauer der Arbeitslosigkeit (invers) 2. Verhältnis von Konsumentenkrediten zu Volkseinkommen
3. **Marxistische**	-	-	-
B. Keynesianische	-	1. Anzahl der Beschäftigten im Industrie- und Dienstleistungssektor* 2. Volkseinkommen abzügl. Transferleistungen* 3. Industrieproduktion* 4. Umsätze im Verarbeitenden Gewerbe und Handel*	-

Tabelle 2.1.2: Konjunkturindikatoren, nach Konjunkturtheorien klassifiziert II

Klassifikation der Theorien	Klassifikation der Indikatoren		
	Vorlaufend	**Gleichlaufend**	**Nachlaufend**
C. *Postkeynesianische*	-	-	-
1. Dynamische Modelle	-	-	-
a) Multiplikator-Akzelerator-Modelle (J.M. Clark, Aftalion, Samuelson, Fellner)	1. Diffusionsindex für Lieferverzögerungen* 2. Auftragseingänge im Verarbeitenden Gewerbe* 3. Geldmenge M2*	-	-
b) Wachstumszyklus (Harrod, Hicks, Domar, Lundberg, Kalecki, Kaldor)	1. Gewinnsituation - Diffusionsindex für Lieferverzögerungen* 2. Auftragseingänge im Verarbeitenden Gewerbe* 3. Geldmenge M2*	-	-
c) Neo-Marxistische (Sherman, Evans)	-	-	-
d) Chaostheoretische (Baumol/Quandt, Brock/Sayers)	-	-	-
IV. Neue klassische Theorien			
A. *Monetaristische Theorien* (Friedmann, Brunner, Meltzer, Schwartz, Cagan)	Geldmenge M2*	-	-
B. *Theorie der "realen Konjunkturzyklen"* (King, Plosser, Walsh)	-	-	-
C. *Angebotsorientierte Theorien* (Laffer, Craig, et al.)	-	-	-
D. *Politische Konjunkturzyklen* (Kalecki, Nordhaus, McRae, Meiselman)	Geldmenge M2*	-	-
E. *Rationale Erwartungen* (Muth, Lucas, Sargent, Wallace, Barro)	-	-	-

*Für mehr als eine Theorie klassifiziert

Tabelle 2.1.3: Konjunkturindikatoren, nach Konjunkturtheorien klassifiziert III

2.2 Die Entwicklung von „Tankan" durch die japanische Nationalbank

---

Toshihiko Yoshino*

Yamaichi Research Institute, Tokio

2.2.1 Erste Ansätze einer Konjunkturbeobachtung durch die japanische Nationalbank

Die Entwicklung der japanischen Wirtschaft seit der Gründung der Bank of Japan im Jahre 1882 zeigt, daß konjunkturelle Schwankungen teilweise auf Überhitzungserscheinungen infolge übermäßiger Firmeninvestitionen zurückzuführen waren. Auf Konjunkturerholungen folgten stets Preisanstieg und Verschlechterung der Leistungsbilanz. Die japanische Nationalbank verfolgte jeweils eine straffe Geldpolitik, um diesen Erscheinungen entgegenzuwirken.

Ziel der Geldpolitik war es also, durch die Vermeidung starker Wirtschaftsschwankungen ein stabiles Wirtschaftswachstum sicherzustellen. Dazu benötigte die japanische Nationalbank sowohl ein wirksames geldpolitisches Instrumentarium als auch genaue Prognosen über zukünftige Konjunkturschwankungen. Darüber hinaus sollten die geldpolitischen Entscheidungsträger auch den zukünftigen Wachstumstrend der Wirtschaft möglichst zuverlässig prognostizieren können.

Aus diesem Grund erstellte die japanische Nationalbank seit 1905 eine Reihe von Statistiken unter dem Titel „Investitionen nach Branchen". Allerdings waren diese nur eine Zusammenstellung der Informationen aus den Pressemitteilungen der Unternehmen, bzw. aus den während des Krieges von der Regierung genehmigten Kapitalerhöhungen und Anleiheemissionen. Was die Durchführung von Umfragen zur Prognose der Geschäftslage und der Investitionstätigkeit angeht, hat die Bank vieles den Anregungen zu verdanken, die ich durch meinen Kontakt zum ifo Institut und die regelmäßige Teilnahme an den CIRET-Konferenzen gewonnen habe.

---

* Die ursprüngliche Fassung dieses Beitrags trägt den Titel „The History of Tankan" und wurde von Annette G. Köhler übersetzt. Die Tabellen sind am Ende des Beitrags zusammengefaßt.

1965 veröffentlichte die Statistik-Abteilung der japanischen Nationalbank das Buch „Hundert Jahre Statistik der japanischen Wirtschaft". Dieses Buch beinhaltete Angaben zu den Investitionen des industriellen Sektors der japanischen Wirtschaft für den Zeitraum 1905-1948. Sie stellen ein Zeugnis der Vorgeschichte von „Tankan" dar, der nach dem Krieg von der japanischen Nationalbank eingeführten Konjunkturumfrage (vgl. Tabellen 2.2.8 und 2.2.9).

2.2.2 Die kurzfristige Konjunkturprognose der Industrial Bank of Japan (1951-1957)

Erste Kontakte zum ifo Institut ergaben sich 1953 auf Anraten von Professor Ichiro Nakayama von der Hitotsubashi Universität, einem Berater der japanischen Nationalbank. Er empfahl mir, „Fünf Jahre Deutsche Mark", das vom ifo Institut herausgegeben worden war, zu lesen und ins Japanische zu übersetzen. 1954 erschien dann die japanische Ausgabe, die ich gemeinsam mit einigen jungen Mitarbeitern der volkswirtschaftlichen Abteilung der japanischen Nationalbank verfaßt hatte. Allerdings hatte zu diesem Zeitpunkt die Nationalbank noch nicht erkannt, daß das ifo Institut die Umfragemethode zur Erforschung der Geschäftslage und der Investitionstätigkeit entwickelt hatte. Zu dieser Zeit reiste Herr Kajiura, der damalige Leiter der volkswirtschaftlichen Abteilung der Industrial Bank of Japan, nach Westeuropa und erkannte den Wert des ifo Konjunkturtests. Nach seiner Rückkehr 1951 initiierte er eine kurzfristige Geschäftsprognose für die Industrie unter Anwendung der Konjunkturtestmethode. Diese Umfrage der Industrial Bank of Japan war auf 31 Fragen und die Tendenzantworten „schlechter", „besser" und „unverändert" begrenzt und wurde bei ca. 300 Unternehmen durchgeführt. Ich muß also einräumen, daß die Institution, die erstmals Konjunkturumfragen für die japanische Wirtschaft eingeführt hat, nicht die japanische Nationalbank, sondern die Industrial Bank of Japan war.

Es vergingen schließlich fünf Jahre, bis anerkannt wurde, daß diese Methode die Entwicklungen der privaten Investitionen zuverlässig vorausschätzen konnte. Danach wurden Verhandlungen zwischen der japanischen Nationalbank und der Industrial Bank of Japan aufgenommen, und im Mai 1957 wurde die Konjunkturumfrage der japanischen Nationalbank übertragen.

2.2.3 Die Einführung von „Tankan" durch die japanische Nationalbank

Im August 1957 erweiterte die japanische Nationalbank zum ersten Mal ihre kurzfristigen Umfragen und legte ihre Ergebnisse dem Verwaltungsrat der japanischen Nationalbank vor, der über Leitzinsänderungen, Offenmarktgeschäfte und andere grundlegende geldpolitische Interventionen entscheidet. Auch der Wirtschaftspresse und den teilnehmenden Unternehmen wurden die Ergebnisse zugänglich gemacht. Nach und nach wurde diese kurzfristige Konjunkturumfrage, die allgemein „Nichigin Tan-Kan“ genannt wurde, berühmt. „Nichigin“ bedeutet „japanische Nationalbank“, „Tan“ ist der japanische Ausdruck für „kurzfristig“ und „Kan“ für „Umfrage“.

Der Kreis der befragten Unternehmen wurde zunächst so ausgewählt, daß die Unternehmen von ihrer Größe her den Trend in den einzelnen Branchen wesentlich bestimmten. In der Regel waren dies Großunternehmen mit mehr als 1 Mrd. Yen Stammkapital; die Zahl der befragten Unternehmen stieg im Laufe der Zeit auf bis zu 524 an. Im Hinblick auf die wichtige Rolle der klein- und mittelständischen Betriebe (mit weniger als 300 Mitarbeitern) innerhalb der japanischen Wirtschaft begann die Nationalbank 1961 im Rahmen ihrer kurzfristigen Konjunkturumfrage verstärkt mit der Befragung von kleinen und mittleren Firmen.

Alle Umfragen werden quartalsmäßig durchgeführt. Die Antworten der Unternehmen gehen in der Mitte eines Quartals bei der Bank ein, die diese sammelt, auswertet und unverzüglich veröffentlicht. Dabei werden jeweils drei Angaben zur Geschäftslage der Unternehmen zusammengestellt: die tatsächliche Lage im vorhergehenden Quartal, die revidierte Vorausschätzung für das laufende Quartals und die Prognose für das nachfolgende Quartal.

Drei Merkmale der Konjunkturumfrage „Tankan“ sollen besonders hervorgehoben werden:

- Das Augenmerk liegt nicht allein auf der Beobachtung von Produktion, Umsätzen und Investitionen, sondern auch auf der Beobachtung monetärer und finanzieller Aspekte wie Kredite, Kassenbestände, Bareinlagen und Verbindlichkeiten. Aufbauend auf diesen Umfragen kann die Bank die monetären und realwirtschaftlichen Phasen des Wirtschaftsverlaufs und deren Zusammenhänge analysieren.

- Im quantitativen Teil der Umfrage geht es um die Beurteilung der aktuellen Geschäftslage und der erwarteten Geschäftslage. Die betrachteten Komponenten der volkswirtschaftlichen Aktivität beinhalten u.a. Produktion, Umsätze und Kreditaufnahme. Dieser quantitative Teil stellt eine Besonderheit von „Tankan“ dar, denn die meisten anderen Umfragen beschränken sich auf Tendenzfragen mit den Antwortkategorien wie „besser“, „unverändert“, oder „schlechter“. Selbst quantitative Befragungen bleiben auf die Beobachtung von sehr wenigen Größen wie beispielsweise Investitionen begrenzt. Die japanische Nationalbank hingegen bittet in „Tankan“ die Unternehmen sowohl um absolute quantitative Angaben als auch um Angaben über Veränderungen.

- Nachdem der Beobachtungszeitraum nicht nur das laufende, sondern auch das darauffolgende Quartal abdeckt, können Informationen über insgesamt sechs Monate gesammelt werden. Darüber hinaus wird jedes Quartal von der Umfrage in dreifacher Weise erfaßt: in der ursprünglichen Prognose, der revidierten Prognose und der aktuellen Beurteilung. Durch die Befragungsmethode kann „Tankan“ einerseits die gegenwärtige Situation als auch den Prozeß der Revision der Prognosen analysieren.

Es wird also eine dynamische Analyse der Geschäftsbeurteilung durch die Unternehmen ermöglicht.

2.2.4 Die Weiterentwicklung von „Tankan“

Nach dem zweiten Weltkrieg hatten sich innerhalb der japanischen Nationalbank einige organisatorische Veränderungen ergeben, die die Durchführung und Auswertung von „Tankan“ betrafen. Vor dem Krieg waren die statistischen Erhebungen der japanische Nationalbank noch von der Statistik-Gruppe der volkswirtschaftlichen Abteilung durchgeführt worden. Im Jahre 1949 wurde jedoch wegen der wachsenden Bedeutung statistischer Erhebungen eine eigene Statistik-Abteilung gegründet. Danach wurden die Daten von der statistischen Abteilung erhoben und von der volkswirtschaftlichen Abteilung ausgewertet. Selbstverständlich bestand auch weiterhin eine enge Zusammenarbeit zwischen den beiden Abteilungen. Im Jahre 1974 schließlich wurde der organisatorische Aufbau der Bank geändert, und die beiden genannten Abteilungen wurden in der Abteilung für Volkswirtschaft und Statistik zusammengefaßt. Danach wurde „Tankan“ von dieser Abteilung durchgeführt.

Aber auch die Umfrage selbst wurde im Laufe der Zeit fortentwickelt und ausgebaut. Hier einige Beispiele wichtiger Veränderungen:

- Im Februar 1968 wurde eine Frage über Investitionen in Wertpapiere eingeführt. Die Liquidität von Unternehmen war ursprünglich anhand der Kassenbestände und der Bankeinlagen und deren Veränderungen beurteilt worden. Um die Unternehmensliquidität vollständig beurteilen zu können, wurde es notwendig, auch Informationen über Wertpapieranlagen einzuholen.

- Im November 1968 wurde der Berichtskreis erneut erweitert; in den Sektoren Groß- und Einzelhandel sowie Bau wurde die Anzahl der befragten Unternehmen erhöht. Eine besonders deutliche Erhöhung wurde u.a. bei den Autohändlern vorgenommen. Damit wurde den Strukturveränderungen der entsprechenden Sektoren Rechnung getragen.

- Ebenfalls im November 1968 wurde die Gruppe der Kreditinstitute neu klassifiziert: Der Kreditumfang wurde von der Umfrage nur als Gesamtsumme erfaßt; die Kreditgeber wurden jedoch in insgesamt sechs Gruppen eingeteilt.

- Neu eingeführt wurde auch eine Umfrage zur Beurteilung des Lagerbestandes im Handel. Zunächst hatte die japanische Nationalbank die Lagerbestände der Umfrageteilnehmer nur für Fertigprodukte erfaßt. Um dem Einfluß der Lagerbestände auf die Produktionstätigkeit Rechnung zu tragen, wurden schließlich die Lagerbestände im Handelssektor in den Fragebogen aufgenommen.

- Auch später wurde der Berichtskreis immer wieder erweitert. Besonders erwähnenswert ist die Erhöhung der Teilnehmer bei der 79. Umfrage im November 1993: Die

Anzahl der Teilnehmer wurde von 7 376 auf 10 011 (darunter 5 960 Kleinbetriebe) erhöht!

2.2.5 Zur Verwendung von „Tankan" bei der japanischen Nationalbank

Die Ergebnisse der kurzfristigen Konjunkturumfragen werden zunächst gesammelt, dann unverzüglich an den Verwaltungsrat, dem höchsten Gremium der japanischen Nationalbank, und danach an die volkswirtschaftliche und andere Abteilungen der Bank weitergegeben. Innerhalb der Bank bieten die Umfrageergebnisse eine der Hauptinformationsquellen zur Beurteilung der wirtschaftlichen Lage, und auch bei Entscheidungen über die Höhe der Leitzinsen und der Mindestreservesätze spielen die Ergebnisse von „Tankan" eine wesentliche Rolle. Alle Umfrageergebnisse werden gleichzeitig veröffentlicht und von staatlichen Planungsinstanzen, Banken, Sparkassen etc. eingehend zur Beurteilung der wirtschaftlichen Entwicklung herangezogen. Auf dem Verteiler stehen außerdem die Presse, Ministerien, Wirtschaftsverbände, Universitäten, Finanzinstitutionen, die befragten Unternehmen selbst und weitere Experten. Darüber hinaus wird die englische Übersetzung an ausländische Wirtschaftsforschungsinstitute weitergegeben. Die kurzfristigen Konjunkturumfragen konzentrieren sich hauptsächlich auf die Hauptkomponenten der volkswirtschaftlichen Aktivität wie Produktion, Angebot, Nachfrage, Investitionen aber auch auf die Kapitalstruktur der Unternehmen. Zunächst untersucht die Bank die makroökonomischen Aktivitäten anhand der offiziellen Geschäfts- und Finanzstatistiken; die mikroökonomische Perspektive wird durch die Ergebnisse der kurzfristigen Umfrage ergänzt. Die Umfragen decken sowohl die Beurteilung der Geschäftslage ab (Beurteilung der allgemeinen wirtschaftlichen Lage, Einschätzung der zukünftigen Entwicklung, eigene Pläne) als auch die Revisionen der unternehmerischen Beurteilungen im Zeitverlauf; beide Größen sind in den offiziellen Geschäfts- und Finanzstatistiken nicht erfaßt. Durch die Einbeziehung sowohl der offiziellen Daten als auch der Umfrageergebnisse kann die wirtschaftliche Lage umfassend und dynamisch analysiert werden.

Die Umfrage über das unternehmerische Verhalten ist sehr wichtig, da, wie bereits oben angedeutet, Veränderungen der Investitionen beträchtliche konjunkturelle Schwankungen hervorrufen können. Vor diesem Hintergrund werden die quantitativen Angaben über Produktion, Investitionen, Kreditaufnahme etc. analysiert. Darüber hinaus werden aber auch die Einschätzungen der Unternehmen in bezug auf Produktions- und Lagerüberschüsse oder -engpässe, die zukünftige Entwicklung der Geldpolitik und der Liquidität sowie die Angebots- und Nachfragesituation für Fertigprodukte verwendet.

2.2.6 Dokumentation von „Tankan“ und internationale Kooperationen

Die statistische Abteilung der japanischen Nationalbank veröffentlichte im Mai 1964 eine kleine Broschüre unter dem Titel „Sieben Jahre kurzfristige Konjunkturumfrage bei Großunternehmen“. Sie beinhaltet nicht nur eine kurze Beschreibung der Entwicklung der Umfrage seit deren Einführung im Jahre 1957, sondern auch die Zeitreihen der bis dahin 27 durchgeführten Umfragen. Im Juli 1982 veröffentlichte die Abteilung für Volkswirtschaft und Statistik anläßlich der 100. Umfrage das „Handbuch der kurzfristigen Konjunkturumfrage der japanischen Nationalbank“. Danach wurden die Zeitreihen der Umfrageergebnisse für den Zeitraum August 1957 bis Februar 1987 veröffentlicht (vgl. Tabellen 2.2.1 bis 2.2.7). Im Oktober 1987 schließlich erschien zum 30. Jahrestag der Einführung dieser Umfrage das Buch „30 Jahre Erfahrung und das neue Handbuch der kurzfristigen Konjunkturumfragen“.

Wichtig für die Entwicklung von Tankan waren stets auch internationale Kooperationen. Nach der Einführung von „Tankan“ entsandte die japanische Nationalbank regelmäßig Mitarbeiter ihrer statistischen Abteilung zu CIRET-Konferenzen, wo sie Ergebnisse der Umfragen vortrugen und mit anderen Konjunkturforschern diskutierten. Beispiele:

- Takayoshi Shimamura: „Some Analytical Remarks on the Japanese National Bank Business Survey“ (6. CIRET-Konferenz, Wien 1963)
- Koji Asao: „Business Forecast Shown in Business Survey Data“ (8. CIRET-Konferenz, Paris 1967)
- Toshihiko Yoshino: „Utilization of Short-Term Economic Survey by the Bank of Japan“ (9. CIRET-Konferenz, Madrid 1969)

Damit hatten insbesondere CIRET und dessen enge Verbindungen zur japanischen Nationalbank große Bedeutung für die Entwicklung von „Tankan“. Auch ich selbst habe nach meinem Rückzug aus meinem 36jährigen Dienst für die japanische Nationalbank weiterhin CIRET-Konferenzen besucht und Mitarbeiter der japanischen Nationalbank begleitet. Ich hoffe, daß „Tankan“ und andere Konjunkturumfragen weiterhin eine wichtige Rolle bei der Vorbereitung wirtschafts- und geldpolitischer Maßnahmen spielen werden, und zwar nicht nur in Japan, sondern in vielen Ländern dieser Erde.

Kurzfristige Konjunkturumfrage bei Großunternehmen aller Branchen
- in prozentualen Veränderungen gegenüber Vorjahr -

Umfrageergebnisse	Zeitraum	1959 I	1959 II	1959 III	1959 IV	1960 I	1960 II	1960 III	1960 IV	1961 I	1961 II	1961 III	1961 IV	1962 I	1962 II	1962 III	1962 IV
Produktion	A	-	17,0	21,6	29,7	32,4	28,2	29,8	27,5	25,2	22,7	22,4	24,0	19,0	13,6	5,1	0,0
	B	-	15,0	21,6	28,7	29,5	28,2	28,2	27,5	25,2	25,3	22,4	24,0	20,1	17,9	8,1	1,0
	C	-	10,0	15,7	25,7	25,7	25,6	25,8	25,2	23,7	25,3	22,4	24,0	21,3	20,6	14,7	4,8
Gesamtumsatz	A	6,5	16,9	23,4	31,2	33,3	27,9	28,4	24,6	22,0	25,6	24,2	21,7	17,4	10,8	4,9	4,9
	B	3,2	18,0	19,1	30,1	28,3	30,8	24,1	25,4	21,2	27,1	23,5	25,7	16,1	16,8	4,9	7,0
	C	2,2	11,2	14,9	23,7	24,2	26,9	23,3	18,9	19,7	24,8	22,8	27,0	21,1	16,2	10,8	8,1
Lagerbestände, Vorratsvermögen	A	-9,6	-4,9	0,0	6,2	14,9	19,6	19,2	21,4	19,4	21,6	25,4	28,0	26,4	20,6	12,8	5,6
	B	-7,7	-5,9	-1,0	4,1	10,6	13,4	18,2	18,4	16,7	15,5	22,0	21,6	24,0	17,0	14,9	4,4
	C	-6,7	-4,9	-2,0	2,1	7,4	9,3	12,1	15,5	13,9	12,9	16,1	20,0	19,4	15,6	11,5	7,5
Anlageinvestitionen	A	5,5	5,8	18,1	34,4	31,2	43,9	41,4	34,4	49,2	35,1	30,6	29,1	7,5	5,1	-7,3	-13,4
	B	9,9	20,9	37,3	50,5	52,1	69,2	52,2	49,6	61,1	72,5	49,1	38,1	17,6	24,3	1,5	-7,4
	C	4,4	19,8	20,2	38,7	46,9	70,4	56,7	32,8	54,0	61,1	56,7	47,6	14,9	26,0	10,7	-6,0
Kredite	A	15,6	15,0	15,2	15,1	17,7	19,2	21,3	21,9	21,1	21,3	21,7	20,5	22,9	22,7	20,1	21,3
	B	16,4	15,7	15,2	15,1	17,7	19,2	20,4	21,9	22,3	21,3	21,7	20,5	22,9	22,7	21,4	20,0
	C	14,8	14,2	13,6	13,7	17,0	19,2	19,1	18,7	22,3	21,3	21,7	21,5	21,4	21,8	20,1	21,7
Liquidität	A	-	-	-	-	-	-	-	-	-	-	-	-	-	-	-	-
	B	-	-	-	-	-	-	-	-	-	-	-	-	-	-	-	-
	C	-	-	-	-	-	-	-	-	-	-	-	-	-	-	-	-
Kassenbestände und Bareinlagen	A	22,4	20,0	23,4	17,3	28,9	19,4	20,9	20,9	30,1	34,3	23,6	23,3	-10,1	11,3	22,9	30,0
	B	11,2	12,5	9,4	10,1	12,7	16,7	10,1	13,5	7,7	27,3	16,2	17,3	-4,2	5,6	4,7	15,6
	C	1,7	7,5	6,3	3,6	5,6	5,6	6,0	4,9	2,2	13,4	12,6	14,7	-3,8	-3,5	4,2	-0,4
Wertpapiere, Sicherheiten	A	-	-	-	-	-	-	-	-	-	-	-	-	-	-	-	-
	B	-	-	-	-	-	-	-	-	-	-	-	-	-	-	-	-
	C	-	-	-	-	-	-	-	-	-	-	-	-	-	-	-	-

A: Aktuelle Beurteilung - B: Berichtigte Prognose - C: Ursprüngliche Prognose

Tabelle 2.2.1: Kurzfristige Konjunkturumfrage bei Großunternehmen I

Kurzfristige Konjunkturumfrage bei Großunternehmen aller Branchen
- in prozentualen Veränderungen gegenüber Vorjahr -

Umfrageergebnisse / Zeitraum		1963 I	1963 II	1963 III	1963 IV	1964 I	1964 II	1964 III	1964 IV	1965 I	1965 II	1965 III	1965 IV	1966 I	1966 II	1966 III	1966 IV
Produktion	A	1,0	7,2	15,0	20,8	24,4	21,4	17,6	14,0	9,2	3,3	2,5	0,7	5,3	11,7	16,0	22,3
	B	1,0	6,2	15,0	19,8	23,0	22,3	19,7	16,0	10,8	7,7	3,9	0,3	2,5	10,3	14,3	18,8
	C	1,9	4,8	12,6	18,4	20,6	21,9	19,3	16,8	12,7	9,2	8,6	2,8	1,4	7,1	12,2	15,7
Gesamtumsatz	A	9,0	14,6	20,6	24,7	23,8	19,8	18,4	13,2	9,8	7,1	5,4	3,6	7,5	10,7	14,7	18,3
	B	6,9	15,7	17,5	24,2	21,8	22,6	17,5	17,4	12,5	11,0	6,1	5,8	5,7	9,9	10,6	15,5
	C	5,8	13,5	17,0	20,6	20,4	23,6	16,7	16,5	13,3	14,6	7,2	7,3	6,1	9,9	8,6	13,7
Lagerbestände, Vorratsvermögen	A	0,6	-1,2	1,2	5,3	10,4	17,9	16,0	18,0	14,4	9,1	7,1	2,9	2,4	0,5	2,4	4,6
	B	3,7	-1,8	1,8	3,0	8,5	8,9	14,8	14,6	14,4	8,1	7,7	1,4	1,9	-1,4	2,4	1,4
	C	1,2	1,2	1,2	3,0	6,1	7,1	10,1	10,7	11,1	7,6	7,1	1,4	1,0	0,0	1,4	0,9
Anlageinvestitionen	A	-15,3	-12,9	-10,0	-2,7	18,7	15,4	32,7	19,7	4,9	7,0	-4,0	-6,9	-2,8	-6,0	-0,5	12,7
	B	-7,4	0,0	1,6	3,2	25,1	30,3	35,7	28,4	15,3	21,4	6,2	0,5	-1,9	5,0	3,2	15,2
	C	-2,5	1,1	0,0	5,9	19,3	28,4	32,2	26,8	14,3	21,9	3,5	3,2	-1,9	3,0	-0,5	3,4
Kredite	A	21,1	20,5	21,2	20,4	19,1	19,2	18,1	16,0	16,0	14,5	14,3	14,3	11,1	8,5	5,9	4,8
	B	19,8	20,1	20,1	20,0	18,4	18,6	17,8	16,3	14,6	14,5	13,2	13,3	11,1	8,5	5,7	4,2
	C	17,4	17,8	19,0	17,2	18,1	17,3	16,6	15,5	14,6	12,6	13,5	12,6	10,4	8,9	5,7	3,7
Liquidität	A	-	-	-	-	-	-	-	-	-	-	-	-	-	-	-	-
	B	-	-	-	-	-	-	-	-	-	-	-	-	-	-	-	-
	C	-	-	-	-	-	-	-	-	-	-	-	-	-	-	-	-
Kassenbestände und Bareinlagen	A	32,8	44,7	42,8	37,7	31,9	19,6	13,0	11,0	12,0	20,0	23,9	25,9	23,9	16,9	11,2	5,6
	B	13,4	31,5	29,0	30,7	21,3	19,1	6,8	4,8	1,5	12,4	12,8	17,6	15,2	14,6	5,7	3,1
	C	3,0	14,4	16,6	20,3	15,8	12,4	5,8	1,6	-1,5	3,8	7,1	9,7	10,5	8,2	5,0	0,2
Wertpapiere, Sicherheiten	A	-	-	-	-	-	-	-	-	-	-	-	-	-	-	-	-
	B	-	-	-	-	-	-	-	-	-	-	-	-	-	-	-	-
	C	-	-	-	-	-	-	-	-	-	-	-	-	-	-	-	-

A: Aktuelle Beurteilung - B: Berichtigte Prognose - C: Ursprüngliche Prognose

Tabelle 2.2.2: Kurzfristige Konjunkturumfrage bei Großunternehmen II

Kurzfristige Konjunkturumfrage bei Großunternehmen aller Branchen
- in prozentualen Veränderungen gegenüber Vorjahr -

Zeitraum / Umfrageergebnisse		1967 I	1967 II	1967 III	1967 IV	1968 I	1968 II	1968 III	1968 IV	1969 I	1969 II	1969 III	1969 IV	1970 I	1970 II	1970 III	1970 IV
Produktion	A	22,4	23,2	22,8	23,1	20,5	20,7	17,6	14,8	15,2	16,1	19,7	23,4	23,4	21,0	18,5	11,9
	B	18,7	21,3	22,5	19,4	18,9	18,1	17,4	14,6	13,8	16,3	18,9	19,4	22,4	21,0	20,0	13,6
	C	14,4	17,5	18,6	18,5	16,4	16,5	14,4	13,2	14,5	13,9	15,2	18,3	19,5	21,8	19,0	16,9
Gesamtumsatz	A	18,3	18,9	17,0	17,3	16,9	15,6	14,0	14,7	14,2	16,4	23,3	22,6	26,3	23,6	20,1	16,3
	B	14,6	17,9	14,3	16,7	14,9	15,6	13,5	14,7	13,2	18,4	19,0	21,0	22,5	24,4	20,6	20,0
	C	13,3	15,3	13,4	14,9	14,6	14,8	11,7	13,5	12,5	15,9	16,1	17,9	20,6	21,8	19,7	21,4
Lagerbestände, Vorratsvermögen	A	9,0	13,8	18,6	22,1	22,1	21,5	18,8	16,7	14,9	16,3	18,2	20,5	25,4	27,0	29,3	26,5
	B	5,2	7,4	14,4	15,5	18,6	16,6	16,1	12,3	13,5	12,7	17,5	14,0	20,1	20,3	24,8	21,3
	C	2,4	4,6	8,8	11,1	13,4	13,4	12,5	9,8	9,9	10,3	13,2	13,7	14,5	16,3	20,1	17,4
Anlageinvestitionen	A	20,8	38,3	47,0	35,2	42,0	29,2	17,2	27,3	13,2	22,0	23,0	24,8	29,4	19,3	24,7	13,4
	B	19,3	49,0	46,1	37,4	39,2	35,8	31,0	26,4	18,3	32,4	36,4	23,2	32,1	32,2	37,3	19,3
	C	12,1	39,4	31,8	33,5	24,8	36,2	19,1	19,9	10,4	25,0	24,6	17,2	26,1	31,2	26,0	18,0
Kredite	A	5,7	7,6	9,9	12,6	14,8	16,5	16,8	16,8	16,0	16,1	16,9	17,1	17,9	18,7	19,0	19,7
	B	5,2	7,4	9,0	11,5	14,2	16,7	17,2	16,8	16,3	16,8	17,1	17,4	18,0	19,3	19,2	19,7
	C	4,1	6,1	8,2	9,2	12,6	15,1	17,4	16,0	15,8	16,2	17,2	16,6	18,0	18,2	19,1	19,1
Liquidität	A	-	-	-	-	-	-	-	-	-	-	15,8	16,5	15,7	15,6	17,6	19,3
	B	-	-	-	-	-	-	-	-	-	-	9,0	11,1	7,9	10,2	9,3	15,6
	C	-	-	-	-	-	-	-	-	-	-	7,6	7,9	7,2	4,8	8,1	8,5
Kassenbestände und Bareinlagen	A	4,4	6,4	8,1	10,9	12,5	15,1	13,3	12,8	12,7	12,6	14,7	16,7	17,4	19,0	20,9	21,7
	B	-0,9	4,3	2,8	7,6	5,7	8,9	8,2	10,0	7,5	8,4	8,6	11,1	9,8	13,2	13,1	17,7
	C	-1,7	0,8	1,1	3,7	3,6	5,3	3,9	5,9	6,0	6,5	8,1	8,0	8,8	7,7	11,8	10,8
Wertpapiere, Sicherheiten	A	-	-	-	-	-	-	-	-	-	-	22,0	15,5	6,5	-2,6	0,3	4,8
	B	-	-	-	-	-	-	-	-	-	-	11,0	11,3	-2,8	-6,1	-11,5	3,2
	C	-	-	-	-	-	-	-	-	-	-	5,0	7,2	-1,8	-10,4	-11,5	-5,4

A: Aktuelle Beurteilung - B: Berichtigte Prognose - C: Ursprüngliche Prognose

Tabelle 2.2.3: Kurzfristige Konjunkturumfrage bei Großunternehmen III

Kurzfristige Konjunkturumfrage bei Großunternehmen aller Branchen
- in prozentualen Veränderungen gegenüber Vorjahr -

Umfrageergebnisse / Zeitraum		1971				1972				1973				1974			
		I	II	III	IV	I	II	III	IV	I	II	III	IV	I	II	III	IV
Produktion	A	7,3	4,3	3,8	3,5	4,7	5,5	6,7	12,3	18,5	23,4	26,7	31,1	38,1	35,6	33,3	21,9
	B	8,5	7,1	5,5	3,4	4,3	5,3	6,1	9,6	15,0	20,0	23,7	26,1	26,0	32,7	32,0	24,5
	C	12,2	8,8	7,3	7,7	5,3	5,4	4,8	8,2	10,9	16,3	17,7	19,4	21,4	23,7	23,4	25,5
Gesamtumsatz	A	11,7	9,0	8,6	5,2	6,5	5,1	10,8	16,5	25,2	29,3	33,1	36,5	36,5	36,3	30,5	20,1
	B	13,7	12,8	10,8	5,9	5,8	7,3	7,4	12,6	16,1	23,9	22,3	27,8	27,2	34,3	30,2	24,5
	C	15,6	14,3	11,5	12,0	7,0	6,9	5,5	10,8	14,2	21,1	18,5	20,5	23,2	30,1	28,6	25,6
Lagerbestände, Vorratsvermögen	A	22,3	16,9	11,8	9,2	6,0	4,9	5,0	6,0	12,0	17,3	25,5	33,4	46,2	54,4	55,9	48,4
	B	21,3	15,8	13,2	8,1	7,8	4,6	5,5	5,2	8,6	12,6	18,4	24,0	30,5	40,0	46,8	43,0
	C	17,3	15,0	12,1	9,3	7,7	5,9	6,8	4,5	8,0	8,5	15,1	17,4	22,3	25,1	32,6	35,4
Anlageinvestitionen	A	13,4	12,7	6,1	-1,0	-0,8	-8,6	-9,9	-1,7	10,6	16,7	23,1	26,3	15,9	17,1	20,2	12,0
	B	23,2	20,4	15,2	6,7	7,9	4,8	3,9	12,3	18,8	32,3	41,3	35,5	17,4	36,6	28,4	19,2
	C	17,9	24,7	9,5	10,9	4,8	9,1	-0,1	5,5	10,1	22,5	27,3	28,1	24,9	23,5	18,8	23,0
Kredite	A	21,1	22,3	21,8	20,5	18,0	14,1	12,6	11,7	11,7	12,2	12,6	12,2	13,6	15,9	16,9	17,5
	B	20,1	21,6	22,2	19,7	17,9	13,8	12,3	10,8	11,5	12,4	12,5	12,6	13,3	16,4	17,3	18,8
	C	19,8	19,5	21,0	20,7	17,1	14,2	11,8	10,3	10,0	11,9	12,3	11,5	12,4	14,8	17,5	17,7
Liquidität	A	22,6	31,4	43,0	43,9	42,7	29,1	17,9	20,7	21,2	19,5	12,3	1,7	-5,7	-5,1	-4,5	-0,9
	B	11,2	18,4	22,4	32,5	29,4	24,9	11,1	11,6	11,9	16,5	8,7	-0,2	-11,1	-10,3	-9,5	-8,0
	C	11,7	9,5	13,4	18,9	21,2	16,9	8,0	5,1	5,2	10,2	8,1	0,2	-8,7	-11,7	-11,2	-8,0
Kassenbestände und Bareinlagen	A	23,9	31,3	36,9	36,8	34,3	22,3	15,7	15,5	15,6	14,3	8,4	2,6	-1,0	0,3	1,6	4,6
	B	13,7	19,1	22,0	26,7	25,0	18,9	10,8	9,6	9,1	12,4	6,0	1,1	-6,4	-4,3	-3,2	-2,2
	C	13,6	11,6	14,0	18,3	18,1	14,4	8,1	5,1	5,5	7,8	6,8	2,3	-4,7	-6,2	-4,3	-2,3
Wertpapiere, Sicherheiten	A	14,9	32,0	82,4	93,7	98,5	73,5	28,6	46,4	46,6	43,1	29,2	-1,9	-22,6	-25,1	-26,5	-23,3
	B	-4,5	13,7	24,9	73,9	58,2	64,3	12,1	21,5	24,8	35,2	20,2	-5,5	-28,0	-32,6	-32,4	-31,5
	C	0,2	-3,9	10,0	23,3	42,0	33,2	7,4	5,4	4,0	21,0	14,1	-8,2	-23,3	-32,3	-36,5	-31,0

A: Aktuelle Beurteilung - B: Berichtigte Prognose - C: Ursprüngliche Prognose

Tabelle 2.2.4: Kurzfristige Konjunkturumfrage bei Großunternehmen IV

Kurzfristige Konjunkturumfrage bei Großunternehmen aller Branchen
- in prozentualen Veränderungen gegenüber Vorjahr -

Zeitraum / Umfrageergebnisse		1975 I	1975 II	1975 III	1975 IV	1976 I	1976 II	1976 III	1976 IV	1977 I	1977 II	1977 III	1977 IV	1978 I	1978 II	1978 III	1978 IV
Produktion	A	1,4	-2,4	-2,4	-3,0	10,1	14,0	13,5	16,2	11,5	6,7	2,2	1,9	2,0	2,0	3,1	2,6
	B	4,1	-0,5	-2,6	-2,1	7,1	12,2	13,7	16,8	10,8	7,1	4,0	2,7	0,9	1,9	4,4	2,1
	C	13,5	3,8	-0,6	0,3	7,5	8,8	9,1	18,0	12,1	8,5	5,4	5,5	2,2	3,2	2,7	2,8
Gesamtumsatz	A	7,8	0,4	-1,2	-1,2	9,6	10,5	12,2	13,2	9,9	6,0	2,6	0,5	-1,5	0,7	-1,7	1,7
	B	11,2	5,7	-1,3	1,6	6,2	16,3	11,2	15,6	9,5	10,3	6,6	4,1	-0,1	2,6	0,8	2,1
	C	18,1	11,1	2,1	5,3	5,5	10,9	7,4	17,5	8,6	14,6	5,0	5,2	1,2	4,3	0,0	2,8
Lagerbestände, Vorratsvermögen	A	30,5	17,0	8,5	3,8	1,3	1,6	1,8	4,0	3,1	4,3	2,6	-0,4	-3,4	-6,4	-6,9	-6,5
	B	28,9	15,4	7,1	3,0	1,9	0,8	1,9	1,7	3,2	2,4	2,4	-1,0	-0,2	-5,7	-4,9	-6,9
	C	26,8	14,8	6,8	3,2	1,7	1,7	1,0	0,7	2,0	1,8	1,5	-0,9	0,0	-2,8	-4,7	-5,2
Anlageinvestitionen	A	5,8	-3,1	-9,1	-13,7	-5,6	-4,3	-0,2	15,1	26,4	0,8	4,1	-8,7	-16,0	6,2	3,8	23,6
	B	8,0	15,0	13,3	5,6	9,6	13,8	26,9	41,8	48,5	16,3	24,6	8,7	-4,3	20,7	21,3	44,2
	C	17,2	15,3	3,6	5,8	10,8	21,8	12,7	34,0	40,2	21,5	11,1	5,1	-6,7	21,3	10,3	26,9
Kredite	A	17,5	15,4	14,6	14,0	12,5	11,6	9,9	8,9	6,9	5,9	4,9	3,8	1,7	0,7	-1,2	-1,1
	B	16,7	15,8	14,6	14,2	12,1	11,5	10,0	8,9	7,3	5,9	4,5	3,5	2,6	0,8	-0,5	-1,3
	C	17,8	14,6	14,3	13,9	11,9	11,3	9,4	8,9	7,3	6,5	5,1	3,3	2,6	2,1	0,1	-0,9
Liquidität	A	5,3	10,5	19,9	24,1	28,9	25,9	17,9	13,5	6,9	5,6	2,9	5,8	4,4	7,6	8,8	6,3
	B	-5,6	3,1	8,4	16,1	14,6	19,4	12,0	9,8	1,6	1,0	-0,3	1,6	-1,3	1,1	3,2	1,8
	C	-6,1	-5,5	3,2	7,4	9,9	9,4	8,8	8,1	-0,3	-0,5	-1,7	-0,7	-3,1	-2,0	0,9	0,1
Kassenbestände und Bareinlagen	A	8,7	11,3	16,8	19,2	17,5	14,8	9,1	5,5	2,7	3,8	1,8	3,3	2,2	2,8	2,1	1,0
	B	-1,5	5,9	8,8	12,4	9,4	11,5	6,1	3,8	0,1	0,5	-0,4	1,3	-0,8	-0,8	0,6	-1,1
	C	-1,8	-2,0	5,9	7,1	6,6	6,8	4,9	3,1	-0,4	0,5	-0,2	-0,2	-1,6	-2,1	0,2	-0,7
Wertpapiere, Sicherheiten	A	-10,2	6,7	35,3	51,5	91,9	83,0	56,2	48,3	20,9	11,4	6,1	13,6	10,8	22,2	28,2	21,4
	B	-24,3	-10,9	6,4	37,1	43,6	60,1	37,9	36,1	6,7	2,8	0,0	2,3	-2,7	7,0	11,0	9,9
	C	-25,9	-23,3	-10,9	8,6	28,4	22,9	25,5	29,8	-0,1	-3,7	-6,1	-2,5	-7,5	-1,5	3,0	2,1

A: Aktuelle Beurteilung - B: Berichtigte Prognose - C: Ursprüngliche Prognose

Tabelle 2.2.5: Kurzfristige Konjunkturumfrage bei Großunternehmen V

Kurzfristige Konjunkturumfrage bei Großunternehmen aller Branchen
- in prozentualen Veränderungen gegenüber Vorjahr -

Zeitraum / Umfrageergebnisse		1979 I	1979 II	1979 III	1979 IV	1980 I	1980 II	1980 III	1980 IV	1981 I	1981 II	1981 III	1981 IV	1982 I	1982 II	1982 III	1982 IV
Produktion	A	4,2	9,1	12,7	21,6	28,2	25,8	19,6	11,0	4,0	1,1	4,9	6,8	5,8	4,0	2,1	-1,8
	B	2,2	6,3	11,7	16,5	22,6	24,4	20,3	12,3	4,5	1,5	5,8	5,5	6,5	5,8	3,5	0,0
	C	1,0	3,5	7,7	12,1	13,8	19,5	20,1	13,2	4,5	2,8	6,0	6,3	7,4	7,3	4,8	3,3
Gesamtumsatz	A	5,0	11,6	20,9	25,6	34,1	28,9	18,4	11,6	7,0	2,2	9,6	9,4	8,4	4,9	4,0	1,3
	B	1,1	9,2	13,1	18,8	21,1	28,2	20,1	13,5	5,1	4,9	9,1	10,4	7,0	8,2	4,6	3,8
	C	0,9	6,5	9,4	13,2	16,4	23,4	20,3	14,8	5,0	6,5	7,5	9,8	7,1	9,7	4,0	5,1
Lagerbestände, Vorratsvermögen	A	-3,2	1,1	9,8	16,4	24,5	27,3	26,8	20,0	15,5	12,6	7,4	6,4	5,4	2,4	3,3	3,1
	B	-3,9	-2,2	3,7	10,5	18,9	23,1	20,0	17,6	13,0	10,0	7,3	6,8	3,9	2,5	1,8	3,2
	C	-3,1	-3,8	-0,1	4,1	11,7	16,3	17,3	13,0	11,4	6,4	5,9	6,9	5,5	0,3	1,5	1,6
Anlageinvestitionen	A	26,7	18,2	24,0	5,3	-2,7	17,8	5,8	26,9	31,1	12,9	10,6	3,5	4,7	4,8	5,4	3,0
	B	39,3	34,7	39,0	14,7	11,6	33,9	28,3	35,1	44,3	27,6	31,1	17,8	13,5	16,1	18,0	13,1
	C	35,0	27,2	19,1	7,4	4,6	29,4	15,2	29,8	38,1	24,8	13,8	6,3	5,7	19,1	12,0	6,5
Kredite	A	-0,6	0,7	3,3	5,4	7,5	9,8	8,5	7,8	6,4	5,7	7,0	6,6	5,9	5,1	4,2	5,0
	B	-0,5	0,0	2,9	4,2	7,0	9,4	8,9	8,0	6,7	5,1	6,8	6,7	5,6	4,4	3,8	4,5
	C	-0,4	-0,4	1,3	2,5	4,8	7,3	9,5	7,4	6,6	4,7	5,9	5,9	6,3	3,8	3,3	2,9
Liquidität	A	5,9	5,4	6,0	5,9	5,0	5,9	3,2	4,3	5,6	5,6	8,2	7,5	7,8	7,8	2,8	3,4
	B	1,2	0,1	2,1	2,3	-0,1	0,7	0,4	0,5	-0,4	-0,7	2,5	3,5	2,5	1,8	0,1	-1,1
	C	-1,4	-2,7	-1,6	0,4	-1,5	-2,9	-2,3	-0,7	-2,4	-4,1	-1,1	0,9	1,8	-0,7	-1,7	0,9
Kassenbestände und Bareinlagen	A	1,0	1,5	3,7	5,9	5,9	7,8	5,8	8,0	7,0	7,0	11,9	8,7	9,0	6,9	2,2	2,8
	B	-1,9	-2,0	0,3	1,4	1,9	3,6	3,5	2,3	3,1	0,9	4,0	3,4	3,5	1,2	-3,7	-3,3
	C	-2,5	-2,9	-1,5	0,0	-0,2	0,0	2,0	1,6	0,2	-1,0	0,6	-0,6	1,5	-0,4	-4,5	-4,2
Wertpapiere, Sicherheiten	A	19,2	15,2	11,5	6,1	3,2	1,5	-2,4	-4,3	2,5	2,3	-0,4	4,5	4,8	10,2	4,4	4,9
	B	9,4	5,3	6,3	4,6	-4,6	-5,6	-6,5	-3,7	-8,6	-4,6	-1,0	3,9	0,1	3,3	10,3	5,0
	C	1,4	-2,1	-2,0	1,4	-4,5	-9,4	-11,7	-6,3	-8,5	-11,4	-5,1	5,1	2,5	-1,3	5,6	15,2

A: Aktuelle Beurteilung - B: Berichtigte Prognose - C: Ursprüngliche Prognose

Tabelle 2.2.6: Kurzfristige Konjunkturumfrage bei Großunternehmen VI

Kurzfristige Konjunkturumfrage bei Großunternehmen aller Branchen
- in prozentualen Veränderungen gegenüber Vorjahr -

Zeitraum / Umfrageergebnisse		1983 I	1983 II	1983 III	1983 IV	1984 I	1984 II	1984 III	1984 IV	1985 I	1985 II	1985 III	1985 IV	1986 I	1986 II	1986 III	1986 IV
Produktion	A	-1,1	-0,6	2,6	5,4	9,1	9,1	8,5	8,9	4,2	6,0	1,5	-0,6	-2,7	-8,7	-10,1	-10,3
	B	-0,6	-0,8	1,0	3,9	5,1	7,6	7,0	8,6	4,7	6,5	3,5	1,3	-0,4	-6,8	-9,0	-9,4
	C	0,7	1,0	0,5	3,1	5,1	7,7	5,7	7,5	4,3	6,3	3,7	3,6	2,4	-1,5	-6,7	-7,1
Gesamtumsatz	A	-1,6	-1,8	1,5	1,9	7,4	7,4	6,7	6,9	6,7	5,1	5,0	0,5	-2,9	-9,3	-13,0	-13,2
	B	0,4	1,3	0,9	2,0	4,8	7,8	4,5	8,8	3,9	8,4	4,1	0,8	-2,6	-3,3	-8,3	-9,8
	C	1,2	3,1	-0,4	3,4	4,0	7,8	3,5	7,5	2,3	7,8	3,3	4,1	-0,4	3,2	-9,5	-6,0
Lagerbestände, Vorratsvermögen	A	-1,2	-2,0	-4,9	-3,3	-4,3	-1,3	0,5	0,4	3,4	2,4	0,1	-0,1	-3,2	-6,4	-8,8	-8,6
	B	-0,1	-1,7	-4,5	-4,8	-1,8	-3,1	-0,6	-1,4	1,5	0,6	0,8	-0,7	-1,0	-5,1	-6,5	-9,7
	C	2,2	-0,9	-4,2	-4,9	-2,3	-1,1	-3,3	-2,6	1,4	0,0	-0,5	0,1	-0,5	-2,8	-4,9	-6,3
Anlageinvestitionen	A	3,0	4,1	0,9	-8,0	1,4	-4,8	1,1	16,1	4,5	15,7	12,0	5,0	1,4	-6,1	0,3	-2,8
	B	1,0	17,8	19,7	15,9	28,9	6,7	17,6	26,5	16,2	23,5	26,2	12,1	6,4	4,6	10,1	8,1
	C	-2,4	7,2	9,6	2,3	9,4	8,5	6,7	18,3	7,9	21,0	19,7	6,0	4,2	9,5	3,3	3,7
Kredite	A	4,0	2,7	1,6	1,1	0,8	0,3	0,6	-0,7	-0,1	0,4	-0,2	1,3	-0,2	-1,4	-1,9	1,1
	B	4,5	2,3	2,2	0,3	1,3	-0,4	0,4	-1,0	-0,1	0,2	-0,2	0,9	0,5	-1,6	-2,2	-3,5
	C	5,3	2,8	1,5	0,7	1,3	0,2	-0,3	-1,8	-0,5	-0,5	-0,3	-0,1	0,4	-0,7	-1,8	-3,8
Liquidität	A	1,1	0,1	2,4	2,7	6,8	6,7	7,7	7,1	3,7	4,2	0,8	3,5	1,0	3,1	10,0	14,6
	B	-3,2	-3,0	0,0	0,0	0,4	3,2	5,9	3,4	-0,1	1,1	0,9	-1,2	-1,1	-2,8	3,5	5,9
	C	-5,0	-4,9	-1,8	-0,4	-0,6	-1,3	2,6	3,9	-2,1	-0,9	0,0	-0,1	-3,3	-3,8	-0,3	-0,3
Kassenbestände und Bareinlagen	A	2,0	1,9	3,5	2,6	7,1	5,9	3,8	3,6	1,5	0,5	0,5	4,4	-0,2	4,6	7,5	12,7
	B	-3,4	-3,5	1,2	-0,8	-0,8	1,4	1,5	-0,7	-3,9	0,2	-0,6	-1,9	-1,6	-1,4	1,4	1,9
	C	-5,0	-4,9	-5,0	-2,3	-1,3	-1,9	-0,6	0,4	-5,3	-3,0	-0,1	-0,9	-4,0	-1,5	-1,2	-3,8
Wertpapiere, Sicherheiten	A	-1,1	-4,2	-0,7	3,0	6,2	9,0	18,1	16,5	9,4	13,3	1,5	1,1	3,8	-0,2	15,7	19,5
	B	-2,7	-1,8	-3,0	2,2	3,5	7,6	17,6	14,5	9,7	3,3	4,3	0,4	0,2	-5,8	8,4	15,8
	C	-5,0	-4,9	6,3	4,7	1,3	0,2	11,2	13,5	6,3	4,4	0,1	1,9	-1,4	-9,1	1,9	8,5

A: Aktuelle Beurteilung - B: Berichtigte Prognose - C: Ursprüngliche Prognose

Tabelle 2.2.7: Kurzfristige Konjunkturumfrage bei Großunternehmen VII

Jahr	Neue Ausrüstungen	Zusätzliche Investitionen	Gesamt	KLASSIFIKATION NACH BRANCHEN			
				Banken	Baumwollspinnereien	Energieversorgung	Bergbau
Jul.1905-Dez.1906 Gesamt	842.618	310.901	1.153.519	64.202	51.022	118.765	59.170
1907	458.091	216.686	674.777	86.490	38.986	56.605	52.450
1908	75.343	59.889	135.232	18.952	2.200	15.170	4.850
1909	63.393	64.865	128.258	27.390	15.350	8.305	8.583
1910	271.610	215.391	487.001	58.568	14.000	91.580	22.200
1911	216.208	144.932	361.140	61.064	2.650	85.448	13.050
1912	333.485	187.624	521.109	73.437	23.715	43.525	27.020
1913	183.390	196.983	380.373	84.734	10.700	36.230	16.800
1914	117.118	133.679	250.797	52.002	1.700	30.990	16.685
1915	95.753	196.831	292.584	30.918	10.500	41.469	1.970
1916	272.165	385.632	657.797	39.338	67.460	75.309	66.350
1917	866.680	695.850	1.562.530	188.449	22.650	92.618	187.995
1918	1.655.240	1.021.661	2.676.901	240.458	33.470	155.815	297.790
1919	2.680.522	1.387.953	4.068.475	642.620	457.773	460.963	289.430
	Neue Ausrüstungen	Zusätzliche Investitionen	Gesamt	KLASSIFIKATION NACH BRANCHEN			
				Banken	Treuhänder und Finanzdienstleister	Beteiligungen	Versicherungsgewerbe
1920	3.048.097	2.065.532	5.113.629	658.959	224.877	26.246	52.500
1921	1.411.105	825.090	2.236.195	191.872	105.500	5.150	33.000
1922	953.455	538.245	1.491.700	158.890	103.000	15.570	28.000
1923	760.282	721.962	1.482.244	157.419	60.000	30.400	9.700
1924	372.886	630.904	1.003.790	42.740	24.090	1.270	.500
1925	596.674	733.584	1.330.258	20.947	89.385	7.817	9.600

KLASSIFIKATION NACH BRANCHEN						Jahr
Fischerei	Eisenbahn-verkehr	Verarbeiten-des Gewerbe	Versand	Versiche-rungsgewerbe	Handel. u.a.	
21.935	395.730	296.352	13.600	47.300	85.443	Jul.1905-Dez.1906 Gesamt
12.400	65.274	196.287	38.550	10.550	117.185	1907
1.600	11.140	31.643	10.850	8.400	30.428	1908
2.350	13.800	31.020	3.000	1.900	16.560	1909
4.285	90.957	139.245	8.425	4.500	53.240	1910
8.018	59.790	68.675	7.300	12.500	42.645	1911
8.700	58.545	145.982	4.550	2.000	133.635	1912
3.200	50.230	83.744	6.581	15.400	72.755	1913
7.500	31.180	38.515	19.300	9.400	43.525	1914
1.675	37.240	96.773	27.950	12.400	31.690	1915
3.100	23.155	245.050	59.300	25.500	53.735	1916
10.650	56.400	552.911	155.200	15.500	280.158	1917
8.980	73.725	880.915	195.950	60.500	729.299	1918
32.590	217.125	1.128.169	195.500	76.800	765.080	1919

KLASSIFIKATION NACH BRANCHEN							Jahr
Transport-wirtschaft	Bergbau	Energie-versorgung	Verarbeitende Industrie	Fischerei	Land- u. Forst-wirtschaft	Handel. u.a.	
534.866	252.695	196.395	1.758.472	52.050	184.220	1.172.348	1920
349.119	134.710	372.910	473.378	8.275	117.550	444.732	1921
244.945	28.842	293.195	249.921	23.150	16.595	329.592	1922
238.917	11.050	330.314	384.512	1.250	5.960	252.422	1923
193.786	12.600	219.892	272.905	1.000	4.560	230.447	1924
298.057	20.868	300.411	379.408	7.100	6.210	190.455	1925

Tabelle 2.2.8: Investitionen in der Industrie I (in Tausend Yen)

Jahr	Neue Ausrüstungen	Kapitalerhöhungen	Schuldverschreibungen	KLASSIFIKATION NACH BRANCHEN			
				Gesamt	Banken und Kreditanstalten	Treuhänder und Finanzdienstleister	Beteiligungen
1926	757.775	518.167	382.475	1.658.418	40.969	70.660	11.500
1927	714.467	376.373	432.288	1.523.129	39.375	131.595	2.300
1928	645.278	390.137	421.750	1.457.165	22.378	16.260	3.800
1929	715.018	202.516	124.685	1.042.220	62.330	500	7.900
1930	312.179	108.121	36.669	456.969	1.227	5.378	2.650
1931	308.885	201.360	47.400	557.645	7.220	1.890	3.500
1932	211.081	158.317	70.100	439.499	21.350	14.050	300
1933	432.913	641.350	61.455	1.135.718	-	4.625	2.000
1934	583.955	510.747	239.750	1.334.452	-	1.000	-
1935	747.569	442.892	236.450	1.426.911	1.000	1.200	7.200
1936	743.143	1.000.037	257.228	2.000.409	1.000	9.500	1.900
1937	1.908.899	1.582.649	135.685	3.627.234	1.000	6.090	11.600
1938	1.692.457	1.798.809	561.183	4.052.449	40.000	-	8.400
1939	2.762.542	1.685.696	1.186.440	5.634.678	150.000	2.850	950
1940	1.179.599	2.520.627	1.202.020	4.902.247	21.906	1.695	1.510
1941	1.608.716	1.466.934	1.698.950	4.774.600	20.000	200.810	5.823
1942	2.279.175	1.849.639	2.228.455	6.357.269	434.740	560	1.180
1943	3.081.332	4.139.324	2.075.550	9.296.206	43.500	599	19.620
1944	2.370.032	3.846.235	2.905.310	9.121.578	100.442	500	1.888
1945	547.644	2.538.231	1.931.000	5.016.875	-	-	1.000
1946	1.694	1.936	626	4.256	50	-	1
1947	2.869	6.776	315	9.960	188	1	43
-"-	835	45.000	-	45.835	45.000	-	-
-"-	-	-	39.595	39.595	39.595	-	-
Jan-	1.120	3.759	80	4.959	...	...	...
März	170	15.000	-	15.170	...	...	...
1948	-	-	18.332	18.332	18.332	-	-

KLASSIFIKATION NACH BRANCHEN								Jahr
Versicherungsgewerbe	Transportwirtschaft	Bergbau	Energieversorgung	Verarbeitende Industrie	Fischerei	Land- und Forstwirtschaft	Handel. u.a.	
-	353.550	40.040	452.454	526.040	12.192	17.150	133.861	1926
-	353.794	33.175	290.551	376.772	51.973	20.778	222.814	1927
6.000	468.208	40.070	272.125	376.329	9.050	15.230	227.714	1928
1.400	162.065	90.720	87.950	342.936	38.400	39.900	208.119	1929
2.500	41.780	11.700	117.825	104.033	4.211	7.158	158.506	1930
-	54.590	18.000	31.260	270.850	3.225	1.300	165.810	1931
4.300	54.685	11.030	120	180.665	31.681	2.900	118.417	1932
45.000	434.522	47.700	50.117	368.119	4.190	1.350	178.094	1933
2.000	222.920	177.720	212.995	549.808	18.400	4.200	145.409	1934
2.000	133.390	118.165	102.825	682.142	5.100	8.200	365.639	1935
-	276.488	122.745	444.610	651.428	81.421	17.000	394.316	1936
-	221.835	317.290	227.535	2.077.433	32.520	64.000	667.880	1937
-	242.495	741.440	129.025	2.017.035	35.350	7.010	755.658	1938
-	534.382	503.235	1.276.870	2.409.646	33.563	21.320	701.861	1939
50.000	1.114.037	422.701	364.760	1.816.796	10.570	26.146	1.072.124	1940
4.500	535.812	267.706	399.767	2.208.397	43.800	53.335	1.034.650	1941
600	586.890	508.341	615.400	2.588.325	71.100	14.942	1.535.191	1942
10.254	867.149	332.858	680.730	5.794.576	32.645	8.530	1.505.743	1943
4.250	825.508	571.025	-	4.780.555	204.131		2.103.155	1944
-	350.418	232.130	321.300	2.982.292	44.445	13.620	1.071.670	1945
1	1.259	53	324	1.159	412	206	791	1946
10	1.102	127	1.318	3.922	682	163	2.404	1947
-	-	-	-	-	-	-	835	-"-
-	-	-	-	-	-	-	-	-"-
...	...	...	...	...	...	...	...	Jan.-
...	...	...	...	...	...	...	...	März
-	-	-	-	-	-	-	-	1948

Tabelle 2.2.9: Investitionen in der Industrie II (1926-1945 in Tausend Yen, 1946-1948 in Mio. Yen)

2.3 CIRET – ein Forum für die Indikatorenforschung

Annette G. Köhler

ifo Institut für Wirtschaftsforschung, München

CIRET (Centre for International Research on Economic Tendency Surveys) ist ein Forum für führende Wirtschaftswissenschaftler und Institutionen, die sich mit der Analyse und Prognose des Konjunkturverlaufs beschäftigen und in diesem Zusammenhang Konjunkturumfragen durchführen und/oder Daten aus Konjunkturumfragen auswerten. Dies sind sowohl Wirtschaftsforschungsinstitute, Universitäten und Zentralbanken als auch Unternehmen und Verbände. CIRET fördert deren Erfahrungsaustausch und trägt somit nicht nur den theoretischen, sondern auch den operationalen Aspekten der Konjunkturforschung Rechnung. Neben Fragestellungen zur Durchführung, Harmonisierung und Auswertung von Befragungen finden die Entwicklung und theoretische Fundierung von Konjunkturindikatoren besondere Beachtung.

2.3.1 Die Verwendung von Befragungsergebnissen zur Entwicklung von Konjunkturindikatoren

Die Ergebnisse aus Konjunktur-, Investitions-, Innovations- und Verbraucherumfragen beinhalten Informationen über Pläne, Erwartungen und Einschätzungen der Wirtschaftssubjekte, die von der amtlichen Statistik nicht zur Verfügung gestellt werden, aus denen sich aber wichtige Erkenntnisse über wirtschaftliche Zusammenhänge und insbesondere konjunkturelle Entwicklungen ableiten lassen.[1] Entscheidend sind dabei einerseits die Auswahl und Gestaltung der Fragen und andererseits die Auswertung, Aggregierung und Interpretation der Ergebnisse. In der Regel beziehen sich die Fragen sowohl auf die aktuelle Situation als auch auf zukünftige Entwicklungen der eigenen und allgemeinen Wirtschaftslage. Die Informationen sind deshalb meist qualitativ. Mithilfe ausgereifter Verfahren werden diese qualitativen, auf Mikroebene erfaßten Daten in quantitative Da-

[1] Vgl. OECD (1983, S. 7).

ten transformiert und auf geeignete Weise aggregiert, um Aussagen über Entwicklungen einzelner Sektoren oder über die gesamtwirtschaftliche Entwicklung treffen zu können.[2]

Die Einführung von Konjunktur-, Innovations- und Investitionsumfragen geht auf die USA der frühen 20er Jahre zurück. Erst nach dem zweiten Weltkrieg wurde dieses Instrumentarium zunehmend in Europa zur Konjunkturanalyse und -prognose herangezogen. Verstärkte Beachtung finden inzwischen auch Verbraucherumfragen. Die einzelnen Umfragetypen haben dabei folgende Schwerpunkte:

- **Konjunkturumfragen:** Im Mittelpunkt dieser Umfragen steht die unternehmerische Einschätzung der gesamtwirtschaftlichen Lage und der eigenen Geschäftsentwicklung. Daraus läßt sich ein Geschäftsklima-Indikator ableiten, der als Frühindikator für die konjunkturelle Entwicklung verwendet werden kann.

- **Investitionsumfragen:** Hier werden sowohl die geplanten und realisierten Investitionen als auch die Investitionsmotive der Unternehmen erfaßt, differenziert nach Kapazitätserweiterung, Rationalisierung, Ersatzbeschaffung und Einführung neuer Produkte und Technologien. Da die Entwicklung der Investitionstätigkeit direkte Auswirkungen auf Arbeitsplätze, Produktivität und Produktionskapazität hat, beeinflußt sie letztlich neben der Güternachfrage auch das Güterangebot und bestimmt damit den Wirtschaftsverlauf in großem Maße. Indikatoren, die das Investitionsverhalten der Unternehmen abbilden, sind somit Frühindikatoren.

- **Innovationsumfragen:** Bei Innovationsumfragen werden Unternehmen zu Motiven, Zielen, Art und Umfang ihrer geplanten und realisierten Innovationstätigkeit befragt. Die Ergebnisse können ebenfalls zur Bildung von Indikatoren verwendet werden und ermöglichen damit Rückschlüsse auf den Prozeß des technischen Fortschritts in einer Volkswirtschaft, der deren Entwicklung und Wachstum maßgeblich beeinflußt. Sie bieten deshalb wichtige Orientierungshilfen für die Entscheidungsträger der Forschungs- und Technologiepolitik.

- **Verbraucherumfragen:** Die Befragung der Haushalte gibt Auskunft über deren Konsum- und Sparverhalten und die Einschätzung der gesamtwirtschaftlichen Lage. Ein daraus abgeleiteter Konsumklima-Indikator kann zusammen mit dem Geschäftsklima-Indikator zur Entwicklung eines allgemeinen Wirtschaftsklima-Indikators herangezogen werden.

> "The *Center for International Research on Economic Tendency Surveys*, Munich, had and still has a prominent role in promoting such surveys and stimulating the development of their theoretical background.“ (OECD 1983, S. 7)

---

[2] Eine Übersicht über Befragungen als Instrumente der Konjunkturanalyse bieten Oppenländer und Poser (1989).

2.3.2 CIRET-Aktivitäten und -Veröffentlichungen

1952 begann eine informelle Gruppe französischer, deutscher und italienischer Wirtschaftswissenschaftler, unter dem Namen CIMCO (Comité International pour l'Etude des Méthodes Conjoncturelles) die Zusammenarbeit auf dem Gebiet der Konjunkturumfragen zu vertiefen. 1960 wurde mit der Gründung von CIRET (Contact International des Recherches Economiques Tendancielles) diese Vereinigung institutionalisiert, dem Econometrisch Instituut, Rotterdam, angegliedert und mit einem zusätzlichen Informations- und Dokumentationszentrum am ifo Institut für Wirtschaftsforschung, München, ausgestattet. 1971 wurden beide Teile zusammengeführt und dem ifo Institut für Wirtschaftsforschung angeschlossen. Seitdem steht CIRET für „Centre for Economic Tendency Surveys".[3] Die schnell anwachsenden Mitgliederzahlen der letzten Jahre belegen das steigende Interesse an CIRET. Kurz nach seiner Gründung hatte CIRET 27 Mitglieder in 18 Ländern. Derzeit steht CIRET mit mehr als 180 Mitgliedern und 300 Partnern in 55 Ländern in Verbindung.

Um den regelmäßigen wissenschaftlichen Ideen- und Erfahrungsaustausch der Mitglieder zu unterstützen, findet alle zwei Jahre eine internationale Konferenz statt, auf der CIRET-Mitglieder und andere Experten die Gelegenheit haben, aktuelle Forschungsergebnisse und wissenschaftliche Problemstellungen in bezug auf Konjunkturumfragen vorzutragen und zu erörtern (vgl. Tabelle 2.3.1). Außerdem geht seit 1975 jeder Konferenz ein eintägiger Workshop voraus, auf dem ausgewählte Themen in einer kleinen Expertenrunde ausführlich diskutiert werden. Dabei werden folgende Themenkomplexe abgedeckt:

- Indikatoren für die Konjunkturanalyse und -prognose
- Quantifizierung qualitativer Daten
- Statistische und ökonometrische Methoden der empirischen Wirtschaftsforschung
- Bedeutung von Einschätzungen und Erwartungen der Wirtschaftssubjekte innerhalb der Wirtschaftswissenschaften; Analyse des Unternehmer- und Konsumentenverhaltens
- Neue Ergebnisse der Konjunkturtheorie
- Aufbau, Durchführung und Regionalisierung von Befragungen; Aufbereitung, Interpretation und Verwendung von Befragungsergebnissen; *ex-post*-Vergleiche mit Daten der amtlichen Statistik

[3] Die Leitung von CIRET hatten bis Ende 1981 Prof. Dr. O. Anderson, Universität München, und Dr. W.H. Strigel, ifo Institut, inne. Seit 1982 wird CIRET von Prof. Dr. K.H. Oppenländer, Präsident des ifo Instituts, geleitet. Direktor ist Dr. G. Nerb, ifo Institut; Prof. Dr. G. Poser, Technische Hochschule Darmstadt, ist wissenschaftlicher Berater.

	Ort	Jahr	Anzahl der Beiträge
1.	München	1953	6
2.	Kiel	1955	14
3.	München	1957	11
4.	München	1959	23
5.	Noordwijk	1961	15
6.	Wien	1963	23
7.	Rom	1965	18
8.	Paris	1967	21
9.	Madrid	1969	20
10.	Brüssel	1971	31
11.	London	1973	26
12.	Stockholm	1975	35
13.	München	1977	27
14.	Lissabon	1979	34
15.	Athen	1981	30
16.	Washington, D.C.	1983	40
17.	Wien	1985	36
18.	Zürich	1987	42
19.	Osaka	1989	39
20.	Budapest	1991	63
21.	Stellenbosch	1993	66
22.	Singapur	1995	69

Tabelle 2.3.1: CIRET-Konferenzen

- Seit der 20. CIRET-Konferenz in Budapest 1991: Ein- und Durchführung von Konjunkturumfragen in Transformationsländern; Theorie der Transformation und deren empirische Überprüfung

Seit 1980 werden die wichtigsten Vorträge der CIRET-Konferenzen in Sammelbänden bei Avebury, Aldershot (Großbritannien), veröffentlicht.[4] Darüber hinaus veröffentlicht CIRET regelmäßig eine wissenschaftliche Fachserie mit Papieren über aktuelle Fragestellungen der empirischen Wirtschaftsforschung – die CIRET-Studien. Bisher wurden in dieser Reihe 48 Bände veröffentlicht.[5] Alle Beiträge der Konferenzbände und der CIRET-Studien seit 1988 sind in einer CIRET-Datenbank (Teil der ifo Literaturdatenbank) aufbereitet und können über die Dienste GENIOS und GBI abgerufen werden. Eine vollständige Liste ist beim CIRET-Sekretariat erhältlich.

[4] Dies sind Strigel (1980), Laumer und Ziegler (1982) sowie Oppenländer und Poser (1984, 1986, 1988, 1990, 1992, 1994).

[5] Beispiele sind Cullity, Moore, Goldrian und Piatier (1988); Oppenländer, Pusse, Ruppert und Scholz (1991); Oppenländer, Poser und Nerb (1992, 1993).

Literatur

Cullity, J.P., Moore, G.H., Goldrian, G. und Piatier, A. (1988): New Composite Indicators and Long-term Analysis of the Business Cycle. *CIRET-Studien*, 38.

Laumer, H. und Ziegler, M. (Hg.) (1982): *International Research on Business Cycle Surveys.* Papers presented at the 15th CIRET Conference, Proceedings, Athens 1981. Aldershot.

OECD (1983): *Main Economic Indicators. Sources and Methods*, 37.

Oppenländer, K.H. und Poser, G. (Hg.) (1984): *Leading Indicators and Business Cycle Surveys.* Papers presented at the 16th CIRET Conference, Proceedings, Washington, D.C. 1983. Aldershot.

Oppenländer, K.H. und Poser, G. (Hg.) (1986): *Business Cycle Surveys in the Assessment of Economic Activity.* Papers presented at the 17th CIRET Conference, Proceedings, Vienna 1985. Aldershot.

Oppenländer, K.H. und Poser, G. (Hg.) (1988): *Contributions of Business Cycle Surveys to Empirical Economics.* Papers presented at the 18th CIRET Conference, Proceedings, Zurich 1987. Aldershot.

Oppenländer, K.H. und Poser, G. (Hg.) (1989): *Handbuch der Ifo-Umfragen.* Berlin, München.

Oppenländer, K.H. und Poser, G. (Hg.) (1990): *Business Cycle Surveys with Special Reference to Pacific Basin Economies.* Papers presented at the 19th CIRET Conference, Proceedings, Osaka 1989. Aldershot.

Oppenländer, K.H. und Poser, G. (Hg.) (1992): *Business Cycle Analysis by Means of Economic Surveys.* Papers presented at the 20th CIRET Conference, Proceedings, Budapest 1991. Vol. I, Vol. II. Aldershot.

Oppenländer, K.H. und Poser, G. (Hg.) (1994): *The Explanatory Power of Business Cycle Surveys.* Papers presented at the 21st CIRET Conference, Proceedings, Stellenbosch 1993. Aldershot.

Oppenländer, K.H., Poser, G. und Nerb, G. (Hg.) (1992): New Development of Business Surveys in the Transition Process in Central and Eastern European Countries. *CIRET-Studien*, 42.

Oppenländer, K.H., Poser, G. und Nerb, G. (Hg.) (1993): The Use of Business Survey Data: New Insights. *CIRET-Studien*, 46.

Oppenländer, K.H., Pusse, L., Ruppert, W. und Scholz, L. (1991): The Impact of Innovations on Productivity, Growth and Employment. *CIRET-Studien*, 41.

Strigel, W.H. (Hg.) (1980): *Business Cycle Analysis.* Papers presented at the 14th CIRET Conference, Proceedings, Lisbon 1979. Aldershot.

Kapitel 3

Beispiele für Konjunkturindikatoren

3.1 Ausgewählte Einzelindikatoren

Jürg D. Lindlbauer
ifo Institut für Wirtschaftsforschung, München

3.1.1 Auswahl der Referenzgröße: Ökonomische Logik und statistischer Hintergrund

Wenn von „der Konjunktur" gesprochen wird, diese jedoch in den einzelnen Zeitreihen verschiedener Wirtschaftsbereiche oder Aggregationsstufen unterschiedliche Ausprägungen besitzt, so ist festzulegen, welche Zeitreihe „die Konjunktur" repräsentieren soll.

Kapazitätsauslastung

Häufig wird die Kapazitätsauslastung als Referenzgröße für konjunkturelle Entwicklungen herangezogen.

> „Hinter der klassischen Konjunkturdefinition stand unausgesprochen stets der Grad der gesamtwirtschaftlichen Kapazitätsauslastung" (Tichy 1976, S. 36). „Konjunkturschwankungen sind Schwankungen des ... Auslastungsgrades" (Sachverständigenrat zur Begutachtung der gesamtwirtschaftlichen Entwicklung 1968, S. 9, Zf. 31).

Originäre Daten über die Kapazitätsauslastung werden in der Bundesrepublik vom ifo Institut für das Verarbeitende Gewerbe und das Baugewerbe im Rahmen des Konjunkturtests erfaßt. Den an der monatlichen Erhebung teilnehmenden Betrieben aus dem Verarbeitenden Gewerbe wird dazu jeweils zum Quartalsende (also für März, Juni, September und Dezember) folgende Frage gestellt:

> „Die Ausnutzung unserer Anlagen zur Herstellung von XY[1] (betriebsübliche Vollausnutzung = 100%) beträgt z.Z. bis 30% / 40% / 50% / 60% / 70% / 75% / 80% / 85% / 90% / 95% / 100% / mehr als 100% und zwar ... %."

[1] Erhebungseinheit im Konjunkturtest ist der fachliche Unternehmensteil nach ca. 300 speziell definierten und für das Verarbeitende Gewerbe repräsentativen Produktgruppen.

Die Frage setzt die tatsächliche Produktion (nach Möglichkeit in physischen Einheiten) in Beziehung zu der „normalen" d.h. im praktischen Betrieb erreichbaren bzw. tatsächlich erreichten Produktion. Damit wird der komplexe und uneinheitlich definierte Begriff „technische Maximalkapazität" umgangen. Die Ergebnisse zeigen den gewichteten Durchschnitt der Einzelmeldungen. Der Hauptvorteil der Ermittlung von Zahlen zur Kapazitätsauslastung durch eine Befragung der Unternehmen besteht gegenüber jeder Berechnung aus bereits aggregierten Ergebnissen darin, daß Kapazitätsänderungen wie Erweiterungen oder Stillegungen sofort nach ihrem Wirksamwerden in der einzelbetrieblichen Meldung zum Ausdruck kommen. Bei Berechnungen ist diese präzise Erfassung von Angebotsänderungen nicht möglich. Beim Vergleich von berechneten und erhobenen Daten über die Kapazitätsauslastung sind deshalb Unterschiede im zeitlichen Auftreten von konjunkturellen Wendepunkten nicht auszuschließen. Werden etwa bei fortgesetztem Rückgang der Nachfrage weniger leistungsfähige Anlagen von einem zunehmenden Teil von Betrieben stillgelegt oder geht der Betrieb von zwei Schichten und Unterauslastung auf eine Schicht bei Vollauslastung über, so kann das selbst bei noch sinkender Produktion zu einem Anstieg des Nutzungsgrades der Anlagen führen (vgl. Lindlbauer 1989, S. 165.) Läßt sich der nach der Einschränkung der Befragten erreichte Auslastungsgrad halten oder steigt er sogar wieder an, so besteht für das Unternehmen kein Anlaß mehr zu kontraktiven Maßnahmen, und ein neuer Aufschwung kann beginnen - möglicherweise hat die Branche insgesamt dabei allerdings dauerhaft etwas von ihrem Anteil an der volkswirtschaftlichen Produktion eingebüßt (Strukturbereinigung).

Zweifel an der Nutzbarkeit solcher Kapazitätsauslastungszahlen als Repräsentanten der gesamtwirtschaftlichen Konjunktur könnten auf der Tatsache beruhen, daß sie lediglich für Teilbereiche einer Wirtschaft erhoben werden können. Nach den bisherigen Erfahrungen behindert dies die Konjunkturbeobachtung jedoch nicht, da das Verarbeitende Gewerbe trotz seines sinkenden Beitrags zur gesamten Leistungserstellung die konjunkturellen Schwankungen in Deutschland noch immer maßgeblich beeinflußt. Eine weitere Einschränkung wird darin gesehen, daß die Daten nicht monatlich, sondern vierteljährlich vorliegen, die Öffentlichkeit jedoch in möglichst kurzen Abständen Aufschluß über die aktuelle Entwicklung erwartet. Dagegen läßt sich wiederum einwenden, daß bei dem Einsatz einer monatlich veröffentlichten Größe zunächst geklärt werden muß, ob die Ausprägung ihrer kurzfristigen Schwankungen nicht so stark ist, daß bei der für eine entsprechend sichere Aussage über den Konjunkturverlauf notwendigen Glättung der vermeintliche Informationsvorsprung wieder verloren geht.

Konjunkturkomponente des Bruttoinlandsprodukts

Als Repräsentant der gesamten inländischen Wertschöpfung wird ferner das Bruttoinlandsprodukt als mögliche Referenzreihe in Betracht gezogen. Als aktueller Konjunkturindikator hat diese Größe jedoch erhebliche Nachteile: Sie wird nur vierteljährlich ausgewiesen, ihr vorläufiger Wert wird erst mit mehrmonatiger Verspätung veröffentlicht und beruht dann zu einem erheblichen Teil auf Schätzungen für Teilaggregate, die nachträglich starke

Korrekturen erforderlich machen. Der Bereich der Revisionen erstreckt sich über mehrere Jahre und schränkt damit die Brauchbarkeit dieser Daten am aktuellen Rand stark ein. Dagegen ist die Reihe für den historischen Vergleich mit den anderen relevanten Variablen durchaus geeignet.

Als Referenzreihe für den Konjunkturzyklus müssen die Konjunkturkomponenten jedoch erst aus der Gesamtbewegung, die darüber hinaus einen langfristigen Trend sowie die Einflüsse saisonaler und zufälliger Faktoren aufweist, herausgefiltert werden. Unterstellt man, daß der dabei errechnete langfristige Trend in einem weitgehend konstanten Verhältnis zur Entwicklung des wirksamen gesamtwirtschaftlichen Produktionspotentials steht, so nähert man sich prinzipiell mit der Trendbereinigung wieder der Vorstellung von einem gesamtwirtschaftlichen Auslastungsgrad, allerdings mit dem Unterschied, daß die resultierende Kurve nicht um einen mittleren Auslastungsgrad schwingt, sondern um Null.

Produktionsindex

Für Aussagen über die monatliche Entwicklung der Konjunktur ist der Produktionsindex für das produzierende Gewerbe die erste Wahl: Er repräsentiert die Leistungserstellung des industriellen Bereiches und wird monatlich erhoben. Allerdings hat auch diese Größe gewisse Nachteile. So muß die Konjunkturkomponente erst durch Trend- und Saisonbereinigungsprozesse sowie Glättung aus der Gesamtbewegung der Reihe ausgefiltert werden, wobei gewisse Verzerrungen nicht auszuschließen sind. Außerdem muß zumindest durch entsprechende Vergleiche bestätigt werden, daß die Gesamtkonjunktur durch die Konjunktur des produzierenden Gewerbes hinreichend genau wiedergegeben wird. Natürlich wird analog zum Bruttoinlandsprodukt die Annahme getroffen, daß die Entwicklung des Angebots(potentials) dem Trend der Produktion folgt, bzw. ihn zu antizipieren versucht, daß also die Kapazität in jeder Periode in einem konstanten Verhältnis zum Produktionstrend steht. Unter dieser Prämisse muß eine hohe Korrelation zwischen der Kapazitätsauslastung und der Konjunkturkomponente der Produktion bestehen. Allerdings ist auch hier wieder anzumerken, daß der errechnete Trend nicht in der Lage ist, die genauen Zeitpunkte von betrieblichen Kapazitätsausweitungen oder -einschränkungen zu berücksichtigen.

Der Produktionsindex wird von der amtlichen Statistik auf der Basis einer quantitativen Befragung erstellt. Seine Aufgaben und sein Zustandekommen – das insbesondere im Hinblick auf die Repräsentativität für Vergleiche mit anderen Indikatoren von erheblicher Bedeutung ist – lassen sich entsprechenden Beschreibungen des Statistischen Bundesamts entnehmen (vgl. Bald und Herbel 1983, S. 931, und Herbel 1986, S. 374-382). Die Aufgabe der Produktionsindices ist die von Preisveränderungen nicht beeinflußte Beschreibung der monatlichen Entwicklung der Leistungsgrößen des Basisjahres. Bei den Nettoproduktionsindices wird der Census-Value-Added bzw. die Bruttowertschöpfung der Wirtschaftsbereiche zu Marktpreisen fortgeschrieben. Die indices für fachliche Unternehmensteile bieten die Darstellung individueller Branchenkonjunkturen. Als fachlicher Unternehmensteil wird der Teil eines Unternehmens bezeichnet, der eine homogene, über die Art der Güter nach der SYPRO (Systematik der Wirtschaftszweige, Fassung für die Statistik im Produzierenden Gewerbe) definierte Tätigkeit ausübt. Die Entwicklung der Nettoproduktion für fachliche Unternehmensteile wird sowohl monatlich – durch den Index der Nettoproduktion für das Produzierende Gewerbe – als auch vierteljährlich – durch den Vierteljährlichen Produktionsindex für das Produzierende Gewerbe – beschrieben.

Basis des monatlichen Index sind die Ergebnisse des Produktions-Eilberichts. Darin werden für die rund 1 000 wichtigsten Erzeugnisse des Güterverzeichnisses für Produktionsstatistiken (GP) Produktionsmengen und zum Teil Produktionswerte erfragt und Meßzahlen gebildet. In der vierteljährlichen Produktionserhebung wird die gesamte Breite der güterwirtschaftlichen Erzeugung – sofern es sich um materielle Produkte handelt – (etwa 5 700 Erzeugnisse) bei Betrieben von Unternehmen mit 20 und mehr Beschäftigten statistisch erfaßt. Da die Wirtschaftszweige der SYPRO durch die Positionen der GP „erklärt“ werden, ist von der Systematik her genau definiert, welche Erzeugnisse einem Wirtschaftszweig zugeordnet sind.

Die Einzelindizes (4-Steller der SYPRO) werden über den anteiligen Census-Value-Added zu zweistelligen Wirtschaftszweigen, den Hauptgruppen und übergeordneten Aggregaten verdichtet. Der wesentliche Unterschied zwischen vierteljährlicher und monatlicher Berechnung liegt in der Repräsentationsproblematik des monatlichen Produktionsindex. (Die im Eilbericht erfaßten Güter decken rund 77% der gesamten Produktion ab – bezogen auf die Produktionswerte des Jahres 1985 für den Bergbau und das Verarbeitende Gewerbe.) Eine weitere wichtige Quelle eventueller Differenzen zwischen beiden besteht darin, daß der monatliche Index zu etwa 65% auf preisbereinigten Wertreihen und für den Rest auf Mengen basiert, der vierteljährliche Index dagegen nahezu vollständig auf preisbereinigten Wertreihen. Der monatliche Index steht als kalendermonatlicher und als arbeitstäglich bereinigter Wert zur Verfügung. Die Bereinigung soll die aus den Kalenderunregelmäßigkeiten resultierenden Einflüsse aus den Produktionsergebnissen entfernen. Maßgeblich für die Berechnung dieser „Arbeitstagekomponente“ ist neben der festgestellten Zahl der Arbeitstage auch deren Verteilung im Berichtsmonat. Für die Untersuchung wurde der monatliche Index der Nettoproduktion für das produzierende Gewerbe in arbeitstäglicher Bereinigung verwendet.

Beziehungen zwischen den Referenzgrößen

Die Referenzgrößen sind gleichzeitig gleichlaufende (coincident) Indikatoren, die sich durch eine hohe Korrelation und konjunkturelle Parallelität auszeichnen sollten. Tabelle 3.1.1 ebenso wie Abbildung 3.1.1 zeigen jedoch, daß es im Untersuchungszeitraum (I/1970 - I/1994) deutliche Unterschiede zwischen den drei Reihen gibt.

Während die Konjunkturkomponenten aus den beiden Reihen der amtlichen Statistik einen engen Zusammenhang zeigen, ist die Beziehung zwischen diesen und der Kapazitätsauslastung weniger bestimmt. Außerdem läuft die Kapazitätsauslastung sowohl gegenüber dem Bruttoinlandsprodukt wie auch der Industrieproduktion im Schnitt über die

Beziehung (Zielgröße - Einflußgröße)	Höchster Korrelationskoeffizient R	Vorlauf der Größen (in Quartalen)
Bruttoinlandsprod.- Kapazitätsauslast.	0,605	1
Bruttoinlandsprod.- Nettoproduktion	0,903	0
Kapazitätsauslast.- Nettoproduktion	0,559	-1

Tabelle 3.1.1: Beziehungen zwischen den möglichen Referenzgrößen

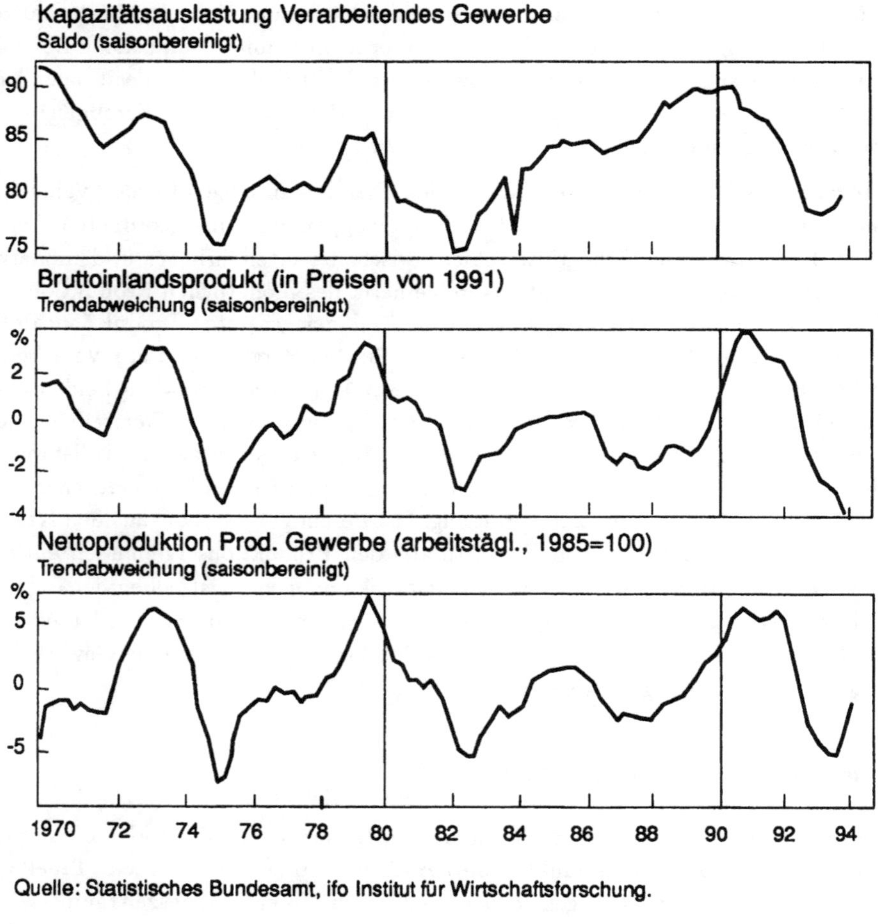

Abbildung 3.1.1: Mögliche Referenzreihen (auch gleichlaufende Indikatoren)

betrachtete Periode ein Quartal voraus. Der weniger enge Zusammenhang zwischen der

Kapazitätsauslastung und den Bundesamtsdaten könnte darauf zurückzuführen sein, daß der für letztere errechnete Trend nicht der wahren Ausweitung des Angebots entspricht. Mit Ausnahme der gefundenen Zeitverschiebung, die bei den Vergleichen mit den übrigen Indikatoren zu berücksichtigen ist, stimmen die fünf in die untersuchte Periode fallenden Umkehrpunkte weitgehend überein.

An den einzelnen Umkehrpunkten sind in mehreren Fällen Verschiebungen festzustellen, die allerdings auf Änderungen in der Bearbeitung der Reihen (z.B. Saisonbereinigung vor oder nach dem Übergang von den monatlichen auf die Quartalsdaten, Stützbereich der Saisonbereinigung und der Trendbereinigung) sehr empfindlich reagieren. Die flacheren Zwischenbewegungen in den Jahren 1983 - 1990 sind nicht als konjunkturell zu werten. Diese Auffassung wird durch die Darstellung der Konjunkturzyklen in der monatlichen Veröffentlichung „Saisonbereinigte Wirtschaftszahlen" (z.B. August 1994, S. 19-27) der Deutschen Bundesbank gestützt.

3.1.2 Wichtige Indikatoren im einzelnen

Geschäftslage, Geschäftserwartung

Die quantitativ erfaßten Indikatoren, wie beispielsweise die Produktion, sind erst letzter Ausdruck des Informations- und Entscheidungsprozesses der wirtschaftlich Handelnden. Deren Aktionen hängen wesentlich von ihrer subjektiven Lagebeurteilung ab wie u.a. Keynes (1936) und Jöhr (1952) betonten. Die Unternehmen beurteilen in der Regel gleiche ökonomische Datenkonstellationen nicht stets gleich, da sie andere Erwartungen für die Zukunft haben. Ihre Reaktion auf gleiche Datenkonstellationen fällt dementsprechend unterschiedlich aus, was einen jeweils verschiedenen Konjunkturverlauf zur Folge haben kann. Zur Analyse einer gegebenen konjunkturellen Situation ist es daher unerläßlich, die Urteile und Erwartungen der Unternehmer in die Untersuchung einzubeziehen (vgl. Lindlbauer et al. 1973). Da unterstellt werden kann, daß Urteile und Erwartungen Auslöser für unternehmerische Handlungen darstellen, sind diese Größen vorzugsweise als Frühindikatoren einzustufen.

Die Urteile und die Erwartungen zur allgemeinen Geschäftslage werden im Rahmen des monatlichen ifo Konjunkturtests mit Hilfe der beiden folgenden Aussagen, die durch die Befragten getroffenen werden, erfaßt:

> „Wir beurteilen unsere Geschäftslage für XY[2] z.Z. als gut / befriedigend (saisonüblich) / schlecht."

> „Unsere Geschäftslage für XY[3] wird in den nächsten 6 Monaten in konjunktureller Hinsicht - also unter Ausschaltung rein saisonaler Schwankungen - eher günstiger / etwa gleich bleiben / eher ungünstiger."

---

[2] Definierte Produktgruppe.

[3] Definierte Produktgruppe.

Die Einzelangaben werden zu Produktgruppenergebnissen und den Resultaten der höheren Aggregate zusammengewichtet. Das Ergebnis drückt aus, welcher Prozentsatz der Befragten eine günstige, welcher eine indifferente und welcher eine negative Meldung abgegeben hat (z.B. gut: 40%, befriedigend: 50% und schlecht: 10%). Für die praktische Arbeit wird aus den positiven und den negativen Prozentsätzen der Saldo gebildet (im Beispiel: +40% - 10% = +30%). Durch Aneinanderreihen der Salden entstehen Zeitreihen, deren Verläufe mit dem anderer Reihen, z.B. aus quantitativen Erhebungen, optisch und mathematisch verglichen werden können. Zu beachten ist, daß die Daten aus dem ifo Konjunkturtest die Konjunktur bereits sehr ausgeprägt wiedergeben: Sie enthalten keinen langfristigen Trend und kurzfristige nichtkonjunkturelle Schwankungen haben, vor allem in den Urteilsreihen, einen wesentlich geringeren Anteil an der Gesamtstreuung als in den meisten quantitativen Reihen.

Beurteilung des Lagerbestandes

Da in der amtlichen Statistik wenig Information zur Lagerentwicklung zu finden ist, andererseits der Lagerhaltung in der Literatur große Bedeutung als Auslöser und Verstärker von Konjunkturzyklen zugesprochen wird (vgl. Metzler 1941 und Tichy 1976, S. 96ff.), wird die Größe „Beurteilung des Lagerbestandes" aus dem ifo Konjunkturtest in diese Indikatorbetrachtung einbezogen. Die zu treffende Konjunkturtest-Aussage für das Verarbeitende Gewerbe lautet:

> „Unseren Bestand an unverkauften Fertigwaren von XY[4] empfinden wir z.Z. als zu klein / ausreichend (saisonüblich) / zu groß / Lagerhaltung nicht üblich."

Für den Groß- und Einzelhandel lautet sie:

> „Wir beurteilen unsere Lagerbestände zur Zeit als zu klein / befriedigend (bzw. saisonüblich) / zu groß."

Auftragseingangsindex

Der Auftragseingangsindex dient als Frühindikator zur Analyse und Prognose der Konjunkturentwicklung. Dementsprechend werden im wesentlichen die auf Bestellung produzierenden Wirtschaftsbereiche des Verarbeitenden Gewerbes erhoben. Durch die Erfassung der Nachfrage zum Zeitpunkt der Auftragserteilung sind frühzeitig Rückschlüsse auf die zukünftige Produktions- und Beschäftigungsentwicklung möglich (vgl. Schaff-Bohinger 1989, S. 477). Diese Ansprüche, die die deutsche amtliche Statistik an den Auftragseingangsindex stellt, sichern dieser Größe einen Platz in der vorliegenden Untersuchung.

[4] Definierte Produktgruppe.

Zum Hintergrund der Erhebung dieser Größe sollen auch wieder die entsprechenden Veröffentlichungen des Statistischen Bundesamtes herangezogen werden (vgl. Statistisches Bundesamt, Fachserie 4, Reihe 2.2. und Schaff-Bohinger 1989, S. 475-482). Die Auftragseingangsstatistik wird im Rahmen des Monatsberichts für Betriebe im Bergbau und Verarbeitenden Gewerbe bundesweit in 108 von 205 Wirtschaftszweigen des Verarbeitenden Gewerbes durchgeführt. Dabei ist das Nahrungs- und Genußmittelgewerbe, das 30 Wirtschaftszweige umfaßt, vollständig von der Erhebung ausgenommen. Der Berichtskreis umfaßt Betriebe des Bergbaus und des Verarbeitenden Gewerbes mit im allgemeinen 20 oder mehr Beschäftigten sowie Betriebe des Bergbaus und des Verarbeitenden Gewerbes mit im allgemeinen 20 oder mehr Beschäftigten von Unternehmen außerhalb des Produzierenden Gewerbes. Der Auftragseingang wird in der Gliederung der „Systematik der Wirtschaftszweige", Ausgabe 1979, Fassung für die Statistik im Produzierenden Gewerbe (SYPRO) nach fachlichen Betriebsteilen erfaßt und ausgewertet. Der Berichtskreis des Index auf der Basis 1985 repräsentiert ca. 84% des Gesamtumsatzes des Verarbeitenden Gewerbes ohne Nahrungs- und Genußmittelgewerbe im Basisjahr 1985. Der Auftragseingang ist definiert als der Wert (ohne Umsatzsteuer) aller im Berichtsmonat vom Betrieb fest akzeptierten Aufträge auf Lieferung selbst hergestellter oder in Lohnarbeit gefertigter Erzeugnisse. Die Indices werden in jeweiligen Preisen als Wertindices und preisbereinigt als Volumenindices berechnet. Zur Ermittlung der Volumenindices aus den Wertindices werden Erzeugerpreisindices für gewerbliche Produkte (Inlands-Auftragseingang) sowie Preisindices für die Ausfuhr (Auslands-Auftragseingang) verwendet. Methodisch handelt es sich bei den Wertindices um Meßzahlen, bei den Volumenindices um Paasche-Indices.

Beschäftigtenentwicklung

Arbeitsmarktreihen gelten im allgemeinen als nachlaufende Indikatoren (vgl. Tichy 1976, S. 124). Hauptursache der Tendenz zum Nachlaufen dürfte neben den steigenden Kosten eines „Hire and Fire" durch die Sozialgesetzgebung und Ausbildungskosten die stärkere Anspannung des Arbeitsmarktes sein. Je angespannter der Arbeitsmarkt ist, desto schwieriger und kostspieliger ist es, entlassene Arbeitskräfte wiederzugewinnen und desto rentabler wird es, sie über vorübergehende Perioden schwächerer Nachfrage zu halten, auch wenn sie unterbeschäftigt sind (vgl. Tichy 1976, S. 125). Damit geht die Beschäftigtenentwicklung in diese Darstellung mit der Vermutung ein, daß es sich hier auch für Deutschland um einen nachlaufenden Indikator handle, der nur bestätigt, daß eine konjunkturelle Aufwärts- oder Abwärtsentwicklung ihr Ende gefunden hat. Dies dürfte zumindest für zurückliegende Jahre gelten, in denen die Arbeitslosigkeit noch einen geringeren Umfang aufwies. „Beschäftigte" können wie folgt abgegrenzt werden: Die Zahl der Beschäftigten umfaßt alle am Monatsende im Betrieb / im Unternehmen tätigen Personen einschließlich tätiger Inhaber und mithelfender Familienangehöriger (auch unbezahlt mithelfende Familienangehörige, soweit sie mindestens ein Drittel der üblichen Arbeitszeit im Betrieb tätig sind) aber ohne Heimarbeiter. Einbezogen werden u.a. Erkrankte, Urlauber, Streikende und von Aussperrung Betroffene, Saison- und Aushilfsarbeiter sowie Teilzeitbeschäftigte und Kurzarbeiter. Die Angestellten umfassen auch die kaufmännisch Auszubildenden (einschließlich der Auszubildenden in den übrigen nichtgewerblichen Ausbildungsberufen), die Arbeiter auch die gewerblich Auszubildenden (vgl. Statistisches Bundesamt, Fachserie 4. Reihe 4.1.1.).

Geldmenge

Die Feststellungen von Friedman (1973):

> „Eine Änderung der monetären Wachstumsrate führt im Durchschnitt etwa zwei bis drei Quartale später zu einer Änderung der Wachstumsrate des nominellen Einkommens ...“ und „Eine Änderung der Wachstumsrate des nominellen Einkommens zeigt sich typischerweise zuerst beim Output und fast gar nicht bei den Preisen ... (S. 63f.)“

lassen die Geldmenge als idealen Frühindikator erscheinen. Zur Festlegung und Überprüfung des Geldmengenziels grenzt die Deutsche Bundesbank die Geldmenge wie folgt ein[5]: Die Geldmenge M3 enthält den Bargeldumlauf sowie Sichteinlagen, Termingelder bis unter 4 Jahren und Spareinlagen mit dreimonatiger Kündigungsfrist von inländischen Nichtbanken bei inländischen Kreditinstituten. Es handelt sich bei den Daten um Monatsdurchschnitte.

Aktienindex

Der Versuch der Anleger, vermuteten Kursänderungen zuvorzukommen, läßt sie mit raschen Käufen bzw. Verkäufen auf alles reagieren, was eine Kursänderung verursachen könnte. Zu diesen Ursachen gehört zweifellos die Konjunkturentwicklung mit ihren Einflüssen auf die fundamentalen Fakten wie Gewinnentwicklung, Änderung des Unternehmenswertes, Änderung der Stabilität von Unternehmen etc.. Das könnte die Börsenkurse zu konjunkturellen Frühindikatoren machen. Durch die Notwendigkeit, rasch zu reagieren, fallen die Anleger allerdings häufig auf bloße Gerüchte herein, oder sie reagieren auf nichtkonjunkturelle Ereignisse wie Kriege, Verlautbarungen von Defiziten im Staatshaushalt etc.. Obwohl also von vorneherein gewisse Zweifel an der Zuverlässigkeit der Aktienkurse als Konjunkturindikatoren bestehen, ist das Interesse an der Darstellung dieser Beziehung groß genug, um ihren Platz in dieser Untersuchung zu rechtfertigen. Verwendet wird der Index der Aktienkurse des Statistischen Bundesamtes.

Der Index der Aktienkurse des Statistischen Bundesamtes gibt die auf repräsentativer Basis ermittelte durchschnittliche Kursentwicklung für die börsennotierten Aktiengesellschaften mit Sitz in der Bundesrepublik Deutschland wieder. Bei der Berechnung des

[5] Vgl. z.B.: Deutsche Bundesbank (1994), Überprüfung des Geldmengenziels 1994, *Monatsbericht*, August, S. 19ff.

Index der Aktienkurse werden Kursabschläge und Kursverzerrungen, die sich bei Kapitalveränderungen (Kapitalerhöhungen mit Bezugsrecht, Kapitalberichtigungen, Ausgabe von Gratisaktien, Kapitalherabsetzungen, Neuaufnahme und Ausscheiden von Aktiengesellschaften) ergeben, mit Hilfe von Ausgleichsfaktoren ausgeschaltet. Nicht eliminiert werden dagegen die Kursbewegungen infolge von Dividendenausschüttungen.

Zinsentwicklung, Zinsstruktur

Es sollen hier zwei Zinssätze einer näheren Betrachtung unterzogen werden: Die Umlaufrendite festverzinslicher Wertpapiere inländischer Emittenten insgesamt und der Zinssatz für Dreimonatsgeld, also ein Repräsentant der Zinsen am Kapitalmarkt und einer für die Zinsen auf dem Geldmarkt. Generell gilt, daß hohe Sätze Investitionen und Konsum drosseln und zum Sparen anregen. Niedrige Sätze dagegen machen auch Investitionen mit geringerem Ertrag rentabel und beleben damit die Investitionen. Die Konsumenten können bei niedrigen Zinsen einerseits eine höhere Verschuldung in Kauf nehmen, während sich gleichzeitig das Sparen weniger lohnt.

Zum Einsatz der Zinsreihen als Konjunkturindikatoren ergibt sich die Frage, inwieweit die Entwicklung dieser Größen lediglich die Politik der Bundesbank widerspiegelt und wieviel die Marktkräfte dazu beitragen. Das deutlichste Signal zur Beeinflussung der Zinsentwicklung durch die Bundesbank geht zweifellos von der Änderung des Diskontsatzes aus.

Abbildung 3.1.2 zeigt den unterschiedlich starken Einfluß dieses Instruments auf die beiden hier betrachteten Zinsreihen. Korrelationsrechnungen erbrachten für die Beziehung des Diskontsatzes zum Zins für Dreimonatsgeld (Quartalswerte; Untersuchungsperiode I/1970 - I/1994) ein R von 0,903 – also einen rechnerisch sehr engen Zusammenhang – und zur Umlaufrendite ein R von 0,640, was auf einen geringen Einfluß hindeutet. Obwohl rechnerisch der Diskontsatz um ein Quartal gegenüber dem Dreimonatsgeld nachläuft, ist die starke unmittelbare Signalwirkung besonders von Diskonterhöhungen nicht zu leugnen. Während der Hochzinsphasen 1973-1974 und 1980-1982 gab es beim Diskontsatz keine ausgeprägten Höhepunkte, ein Vor- oder Nachlauf ist deshalb in diesen Perioden nicht zu erkennen. Zum Indikatorverhalten wird festgestellt, daß die meisten Zinssätze gegenüber der Wirtschaftsaktivität nachlaufen (vgl. Tichy 1976, S. 143).

Stärkeres Interesse als den Zinsen selbst räumten die Konjunkturbeobachter in den letzten Jahren allerdings der Zinsstruktur als Differenz zwischen der Rendite der längerfristigen und der kurzfristigen Finanzanlagen ein, etwa der Umlaufrendite und dem Zins für Dreimonatsgeld. Diese Größe wurde in einfache Prognosemodelle für das gesamtwirtschaftliche Wachstum eingebracht.[6] Der Ansatz basiert auf folgenden Hypothesen: Investoren, im vorliegenden Falle Wertpapierkäufer, möchten für die Zukunft ein stabiles Einkommen sichern. Ein erwarteter Abschwung wird sie dazu veranlassen, verstärkt Pfandbriefe u.ä. Papiere, die eine feste Verzinsung gewährleisten, zu kaufen. Deren Kurse werden steigen

[6] Vgl. z.B.: Harvey (1991, S. 701ff.) und Langfeldt (1994).

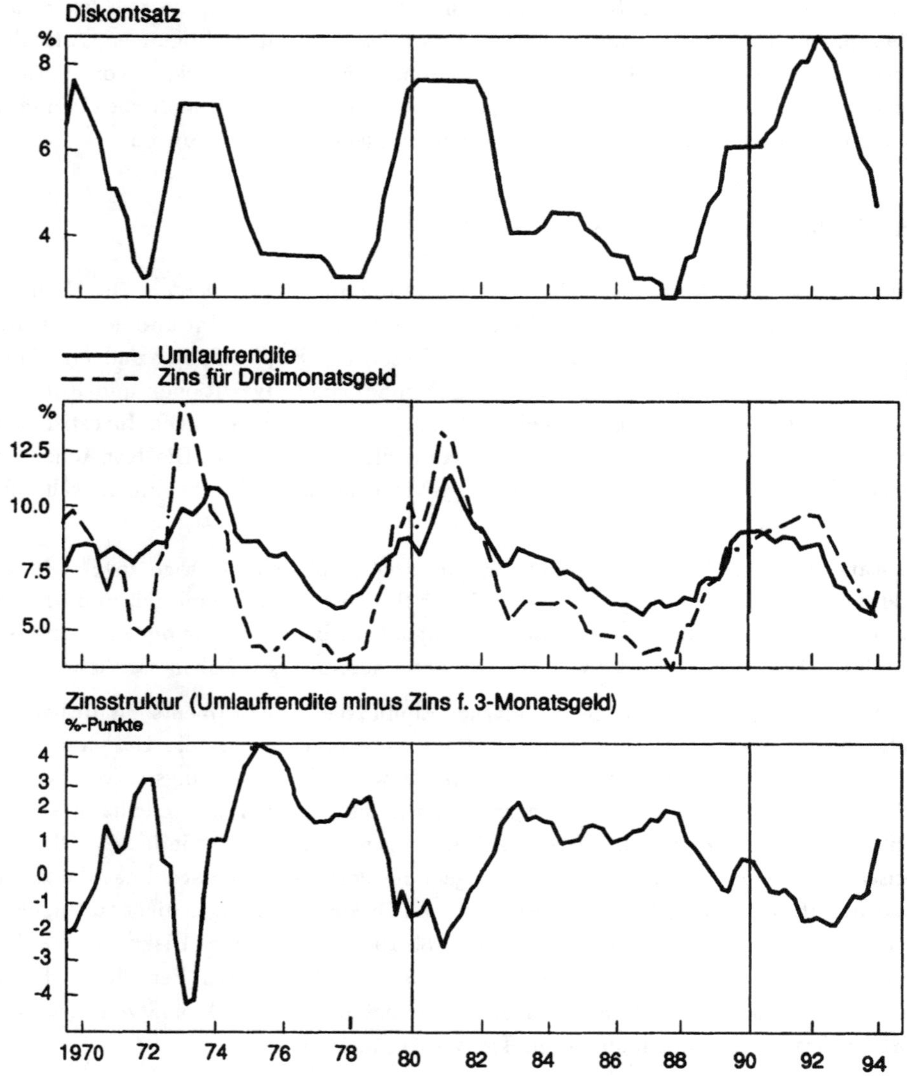

Quelle: Deutsche Bundesbank, ifo Institut für Wirtschaftsforschung.

Abbildung 3.1.2: Zinsentwicklung

und ihre Renditen somit sinken. Zum Kauf der Pfandbriefe werden Mittel eingesetzt, die bis dahin mit kurzer Laufzeit angelegt waren – also etwa Dreimonatsgelder. Der starke Abzug dieser Mittel führt zu einem Zinsanstieg in diesem Bereich. So werden in Erwartung einer Rezession die Renditen für langfristige Anlagen sinken und die für kurzfristige

Anlagen steigen. Die Differenz zwischen langfristiger und kurzfristiger Rendite wird sinken oder negativ. Daraus wird eine Prognose für die kommende gesamtwirtschaftliche Entwicklung abgeleitet (vgl. Harvey 1991, S. 701).

Literatur

Bald, C. und Herbel, N. (1983): Zur Neuberechnung der Produktions- und Produktivitätsindices im Produzierenden Gewerbe auf Basis 1980. *Wirtschaft und Statistik*, 12, 931-946.

Deutsche Bundesbank: *Monatsberichte der Deutschen Bundesbank.* Verschiedene Jahrgänge.

Friedman, M. (1973): Die Gegenrevolution in der Geldtheorie. In Kalmbach, P. (Hg.): Der neue Monetarismus. *Nymphenburger Texte zur Wissenschaft*, 47-69.

Harvey, C.R. (1991): Interest Rate Based Forecasts of German Economic Growth. *Weltwirtschaftliches Archiv*, 127, 701-718.

Herbel, N. (1986): Erfahrungen mit dem neuen System der Produktionsindices. *Wirtschaft und Statistik*, 5, 374-382.

Jöhr, W.A. (1952): *Die Konjunkturschwankungen.* Tübingen.

Keynes, J.M. (1936): *The General Theory of Employment, Interest and Money.* London.

Langfeldt, E. (1994): Die Zinsstruktur als Frühindikator für Konjunktur- und Preisentwicklung in Deutschland. *Kieler Arbeitspapiere*, 615.

Lindlbauer, J.D. (1989): Konjunkturtest. In Oppenländer, K.H. und Poser, G. (Hg.): *Handbuch der Ifo-Umfragen.* Berlin, München. 122-187.

Lindlbauer, J.D., Nerb, G. und Roberts, Ch.C. (1973): Ansätze zu einem Konjunkturindikatorsystem für die Bundesrepublik Deutschland. *CIRET-Studien*, 20.

Metzler, L.A. (1941): The Nature and Stability of Inventory Cycles. *Review of Economics and Statistics*, 23(3), 113-129.

Sachverständigenrat zur Begutachtung der gesamtwirtschaftlichen Entwicklung (1968): *Jahresgutachten.* Bonn.

Schaff-Bohinger, A. (1989): Indexneuberechnung auf Basis 1985 – Auftragseingang und Umsatz im Verarbeitenden Gewerbe, Auftragseingang und -bestand im Bauhauptgewerbe. *Wirtschaft und Statistik*, 8, 475-482.

Statistisches Bundesamt Fachserie 4, Reihe 2.2., verschiedene Jahrgänge.
Fachserie 4. Reihe 4.1.1., verschiedene Jahrgänge.

Tichy, G. (1976): *Konjunkturschwankungen.* Berlin, Heidelberg, New York.

3.2 Ausgewählte Gesamtindikatoren des ifo Instituts für Wirtschaftsforschung

Diana Brand, Wolfgang Gerstenberger und Jürg D. Lindlbauer*
ifo Institut für Wirtschaftsforschung, München

3.2.1 Das ifo Geschäftsklima

Der auch durch regelmäßige Veröffentlichungen in der Presse bekannte Gesamtindikator des ifo Instituts ist das „ifo Geschäftsklima". Das Geschäftsklima (KL) wird aus den Salden für die aktuelle Geschäftslage (GL) und deren erwartete Änderung (GE) errechnet. Um reale Werte aus dem Wurzelausdruck zu erhalten, werden die zunächst um Null schwankenden Salden um 200 erhöht:

$$KL = (GL + 200) * (GE + 200)^{1/2} - 200. \tag{1}$$

Die Verbindung einer *ex-post-* mit einer *ex-ante*-Variablen zu der Größe „Geschäftsklima" geschieht aus folgendem Grund: Es ist notwendig, die Ergebnisse für die Erwartungsvariable mit einer „Niveau"-Variablen (Beurteilung der gegenwärtigen Geschäftslage) zu gewichten, damit erkennbar wird, aus welcher konjunkturellen Situation heraus die Antizipationen abgegeben werden: so wird beispielsweise deutlich, daß die Antizipationen „etwa gleich bleiben" in einer Boomphase etwas völlig anderes bedeuten als in einer Rezession, nämlich die Fortdauer des Booms oder Fortdauer der Rezession (vgl. Goldrian und Strigel 1989, S. 360). Neben dem Geschäftsklima für die Industrie und ihre Teilbereiche werden monatlich entsprechende Reihen für das Bauhauptgewerbe, den Groß- und den Einzelhandel berechnet. Die Zusammenfassung der Klimawerte für diese Wirtschaftsbereiche ergibt das „Geschäftsklima für die gewerbliche Wirtschaft". Den Verlauf dieser Reihen zeigt Abbildung 3.2.1.

Entsprechend dem hohen Gewicht, das das Verarbeitende Gewerbe gegenüber Bau und Handel in Deutschland hat, wird der Verlauf der Gesamtreihe stark von den Ergebnissen für die Industrie bestimmt. Die Vorbehalte gegenüber allen Gesamtindikatoren gelten

* Die Abbildungen sind am Ende des Beitrags zusammengefaßt.

natürlich auch gegenüber den Klimareihen. Der Gesamtindikator erlaubt lediglich eine erste rasche Information über die vermutliche weitere Entwicklung. Für eine genaue Analyse, die auch Hinweise darauf geben muß, ob in der dargestellten Situation Maßnahmen angezeigt sind, die dazu beitragen einen gewollten Verlauf zu stärken oder einem ungewollten entgegenzusteuern, muß die Gesamtreihe wieder in ihre Bestandteile zerlegt werden. Hat man die Tendenz des Klimas zur Kenntnis genommen, wendet man sich den Teilinformationen zu: Der Entwicklung in den verschiedenen Wirtschaftsbereichen und der Frage, ob eine eventuelle Veränderung des Indikators der Einschätzung der aktuellen Lage oder den Erwartungen der Unternehmen zuzuschreiben war.

Ein Diskussionspunkt bei der Konstruktion des Geschäftsklimas ist die Frage, mit welchen Gewichten die Einzelkomponenten „Geschäftslagebeurteilung" und „Geschäftserwartungen" in das Geschäftsklima eingehen sollen. Die Fragestellung, die den Geschäftserwartungen zugrunde liegt, bietet einen Ansatzpunkt zur Beantwortung: Sie bezieht sich direkt auf die zukünftige Geschäftslage.[1] Da die Geschäftserwartungen mithin unmittelbar eine Prognose der Veränderung der zukünftigen Geschäftslage darstellen, können die Gewichte der beiden Komponenten auch regressionsanalytisch bestimmt werden. Tabelle 3.2.1 zeigt die Schätzergebnisse unter der Annahme einer additiven Beziehung zwischen dem Saldo der Geschäftslagebeurteilung in einer Periode und der Geschäftslagebeurteilung sowie dem Saldo der Geschäftserwartungen der Vorperiode. Ein enger Zusammenhang konnte nur für die Geschäftserwartungen des Vorquartals und - bereits mit Einschränkungen - des vorletzten Quartals gefunden werden. Diese Zeitstruktur entspricht der Fragestellung.

Die ermittelten Gewichte für die beiden Komponenten des Geschäftsklimas bewegen sich zwischen Werten von 0,8 und 0,2. Bei den Ansätzen mit einer Verzögerung von einem Quartal, liegen die Gewichte der Geschäftserwartungen niedriger als bei einer Verzögerung von zwei Quartalen. Bei den Gewichten für die Geschäftslagebeurteilung verhält es sich umgekehrt. Dies erscheint plausibel, da mit der Länge des Erwartungshorizonts das autoregressive Element in der Geschäftslagebeurteilung an Bedeutung verliert. Nach den Schätzergebnisse ist demnach die Gewichtung von 0,5 für beide Komponenten, die bei der Berechnung des Geschäftsklimas üblicherweise verwendet wird, durchaus vertretbar. In einigen Fällen unterscheiden sich die regressionsanalytisch ermittelten Gewichte jedoch signifikant von dem Wert von 0,5. Für diese Untersuchung werden deshalb bei der Berechnung des Geschäftsklimas die für die einzelnen Wirtschaftsbereiche ermittelten Gewichte der Komponenten verwendet. Zurückgegriffen wird auf die Schätzwerte, die für die Verzögerung um ein Quartal ermittelt worden sind.

[1] Vgl. dazu auch die Beiträge von Lindlbauer zu einzelnen Indikator-Beispielen und von Entorf über intersektorale Informationsdiffusion und sektorale Frühindikatoren in diesem Band.

Bereich z	Lag i	Regressionsparameter (t-Werte darunter) a_0	a_1	a_2	D.W.	R^2
Verarb. Gewerbe	1	2,56	0,766	0,441	1,592	0,942
		(3,6)	(25,3)	(8,6)		
Verarb. Gewerbe	2	3,855	0,536	0,724	0,942	0,823
		(3,0)	(10,0)	(7,8)		
Baugewerbe	1	-0,839	0,757	0,43	1,554	0,949
		(-0,8)	(26,9)	(10,6)		
Baugewerbe	2	-5,04	0,634	0,469	1,238	0,794
		(-2,4)	(11,3)	(5,8)		
Großhandel	1	0,699	0,563	0,486	1,909	0,902
		(1,1)	(10,6)	(7,7)		
Großhandel	2	-0,092	0,384	0,598	1,028	0,784
		(-0,1)	(4,8)	(6,3)		
Einzelhandel	1	-1,374	0,644	0,368	2,021	0,849
		(-1,8)	(8,2)	(3,7)		
Einzelhandel	2	-2,194	0,484	0,487	1,167	0,752
		(-2,3)	(4,7)	(3,8)		

Tabelle 3.2.1: Zum prognostischen Gehalt der Geschäftserwartungen

Anmerkungen: Ansatz: $GL_{zt} = a_0 + a_1 GL_{z(t-i)} + a_2 GE_{z(t-i)}$;
GL = Saldo der Geschäftslagebeurteilung (Quartalsdurchschnitt, sainsonbereinigt)
GE = Saldo der Geschäftserwartungen (Quartalsdurchschnitt, saisonbereinigt).
Quelle: ifo Konjunkturtest, eigene Berechnungen

3.2.2 Konjunkturtest International – Economic Survey International

Zielsetzung und Entwicklung

Der Konjunkturtest International (KTI) wird vom ifo Institut seit 1981 durchgeführt. Ziel ist es auch hier, in Ergänzung zu den oftmals nicht genügend aktuellen amtlichen Wirtschaftsstatistiken vierteljährlich ein möglichst aktuelles Bild über die Wirtschaftslage sowie Prognosen für bedeutende Industrie-, Schwellen- und Entwicklungsländer zu erhalten.[2] Die Befragung wurde im Laufe der vergangenen Jahre auf immer mehr Länder ausgedehnt und stellt heute Informationen aus 67 Ländern bereit (vgl. Tabelle 3.2.2).

Die einheitliche Fragestellung (vgl. Abbildung 3.2.2) ermöglicht die Aggregation der Ländenergebnisse und damit den Ausweis von Resultaten für beliebige Ländergruppierungen.

[2] Bis einschließlich 1987 wurde die Umfrage nur dreimal pro Jahr durchgeführt.

Beteiligung und Repräsentation

Der Konjunkturtest International unterscheidet sich von den anderen ifo Umfragen dadurch grundlegend, daß er nicht Stand und Entwicklung von Produktgruppen, Branchen oder Unternehmen erfaßt, sondern die ökonomische Lage von Ländern, also ganzen Volkswirtschaften, abbildet. Es ist deshalb entscheidend, als Testteilnehmer Experten zu gewinnen, die die wirtschaftliche Situation des jeweiligen Landes gut beurteilen können. Die Frage der Repräsentativität im Sinne der üblichen Erhebungen stellt sich dabei nicht. Es kommt vielmehr auf die Kompetenz der „Testpartner" in volkswirtschaftlichen Fragen an. Es werden folglich große multinationale Unternehmen (gleich welcher Nationalität) und sonstige Organisationen (z.B. Handelskammern) um Mitwirkung ihrer jeweiligen Repräsentanten in den ausgewählten Ländern gebeten. Besonderer Wert wird dabei auf direkte Meldungen durch Experten vor Ort gelegt und nicht auf Berichte der entsprechenden Zentralabteilung am Stammsitz des Unternehmens. Die Beteiligung an der Umfrage liegt bei ca. 470 Antworten. Die Erfahrung zeigt, daß die Antworten der Experten die ökonomischen Verhältnisse in den einzelnen Ländern recht zuverlässig wiedergeben (darauf wird im letzten Abschnitt ausführlich eingegangen).

Frageprogramm und Aufbereitung der Ergebnisse

Die Internationalität der Umfrage machte es notwendig, aus Kosten- und Zeitgründen eine einheitliche Sprache zu wählen, wobei man sich aus praktischen Erwägungen für Englisch entschieden hat. Das Frageprogramm besteht aus jeweils neun Standardfragen und fallweisen Zusatzerhebungen. Die Standardfragen umfassen folgende Themen:

- Wirtschaftliche Entwicklung,
- Import- und Exportentwicklung,
- Handelsbilanz,
- Inflationsrate,
- kurzfristige Zinsen,
- Beurteilung führender Weltwährungen in bezug auf die jeweilige Landeswährung,
- erwartete Entwicklung des Dollarkurses gegenüber der Landeswährung,
- wichtigste Wirtschaftsprobleme des jeweiligen Landes,
- Klima für ausländische Direktinvestitionen im jeweiligen Land.

Um das Klima für ausländische Direktinvestitionen besser als bisher zu erfassen, wurde die entsprechende Fragestellung 1991 präzisiert. Die KTI-Teilnehmer beurteilen seitdem, inwieweit das wirtschaftliche Klima auf rechtliche und administrative Hemmnisse für Auslandsinvestitionen und die Gewinnrückführung sowie auf die politische Stabilität des Landes zurückzuführen ist. Bei jeder Umfrage wird eine Zusatzfrage zum Standardprogramm gestellt:

- Erwartete wirtschaftspolitische Maßnahmen (im Januar und Juli),
- BIP-Vorausschätzung für das laufende Jahr (im April),
- BIP-Vorausschätzung für die nächsten drei bis fünf Jahre (im Oktober).

Die genaue Fragestellung ist dem beigefügten Fragebogen (Abbildung 3.2.2) zu entnehmen. Die Aggregation der Urteils- und der Tendenzfragen im Konjunkturtest International weicht formal von dem Vorgehen bei den übrigen ifo Umfragen ab: Die individuellen Antworten werden hier zunächst in Noten zwischen 1 und 9 umgesetzt, wobei die Note 1 bei einer negativen Antwort – negativ im Sinne der Fragenformulierung, nicht unbedingt im ökonomischen Sinne –, die Note 5 bei einer indifferenten (befriedigend, gleichgeblieben etc.) und die Note 9 bei einer positiven Meldung vergeben wird. Zur Bildung der Gesamtergebnisse für einzelne Länder werden anschließend aus diesen Noten ungewichtete arithmetische Mittelwerte errechnet. Bei einem Notendurchschnitt über 5 überwiegen die positiven Meldungen, und zwar umso stärker, je mehr er sich dem Wert 9 nähert. Entsprechendes gilt für den Bereich zwischen 5 und 1: Je niedriger der Durchschnittswert ausfällt, umso deutlicher überwiegen die negativen Meldungen. Ein Ergebnis von 5,0 deutet auf indifferente (befriedigend, gleichgeblieben etc.) Antworten hin. Dieses Verfahren vermeidet den irreführenden Anschein der Exaktheit von Prozentzahlen, die auf nur wenigen Meldungen beruhen.

Bei der Zusammenfassung der Ergebnisse einzelner Länder zu Ländergruppen oder Regionen werden die von der UNO veröffentlichten Außenhandelszahlen (auf Dollar-Basis) als Gewichte verwendet. Der Grund für dieses Verfahren liegt darin, daß für eine weltweite Konjunkturbeobachtung die Bedeutung der zwischenstaatlichen Handelsverflechtungen eine sinnvollere Basis für die Gewichtung abgibt als etwa das Bruttosozialprodukt eines Landes.

Berichte für beteiligte Unternehmen und Veröffentlichung der Ergebnisse

Die Einzelergebnisse für die knapp 70 in die Erhebung einbezogenen Länder werden nicht veröffentlicht; sie stehen nur den Umfrageteilnehmern in Form des englischen Economic Survey International-Berichts kostenlos zur Verfügung. Die zusammengefaßten Resultate werden jedoch jeweils im ifo Schnelldienst publiziert. Grafiken sorgen dabei für die Veranschaulichung wichtiger Trends (vgl. Abbildung 3.2.3).

Aussagefähigkeit der Ergebnisse

Die Aussagefähigkeit der Umfrageergebnisse wurde in verschiedenen empirischen Studien getestet. In einer 1990 durchgeführten Untersuchung konnte gezeigt werden, daß die Ergebnisse des KTI zusammen mit Frühindikatoren bedeutender Länder dazu beitragen, die Entwicklung von Welthandel und Weltsozialprodukt zu erklären.[3] 1993 wurde überprüft, inwieweit die Umfrageergebnisse für sich genommen Konjunkturbewegungen einzelner Länder und Ländergruppen erklären oder vorhersagen können.[4] Die Ergebnisse der letztgenannten Studie lassen sich wie folgt zusammenfassen:

- Die Umfrageergebnisse sind wertvolle Indikatoren zur Erklärung weltwirtschaftlicher Entwicklungen. In der Mehrzahl der Testländer, ebenso wie im Durchschnitt der OECD-Länder, wird die gegenwärtige Lage im Hinblick sowohl auf die Gesamtwirtschaft als auch auf Investitionen und privaten Konsum wirklichkeitsgetreu eingeschätzt. Auch die Beurteilung internationaler Schlüsselwährungen (insbesondere US-Dollar, DM, Yen) durch die Umfrageteilnehmer stimmt mit der tatsächlichen Wechselkursentwicklung sehr gut überein.

- Die Umfrageergebnisse eignen sich auch zur Prognose konjunktureller Entwicklungen, obwohl natürlich die Prognosefähigkeit der KTI-Indikatoren schwächer ist als ihr Erklärungswert. Die Frühindikatoreigenschaft konnte insbesondere für folgende Variable nachgewiesen werden:

  - Allgemeine Wirtschaftslage im Durchschnitt der OECD-Länder,
  - Entwicklung der kurstfristigen Zinsen weltweit,
  - Entwicklung der Importe im OECD-Durchschnitt und weltweit,
  - Konsumentenpreisentwicklung weltweit.

- Die Anzahl der Umfrageteilnehmer - welche von Land zu Land unterschiedlich ist - scheint keinen signifikanten Einfluß auf die Qualität der Umfrageergebnisse zu haben.

Abbildung 3.2.4 und Abbildung 3.2.5 illustrieren beispielhaft den Prognose– und Erklärungswert der KTI-Ergebnisse.

Literatur

Brand, D., Nerb, G., Klein, F.J. und Stock, K. (1990): Construction and Performance of a World Economy Leading Indicator. In Oppenländer, K.H. und Poser,

[3] Vgl. Brand et al. (1990)

[4] Vgl. Brand und Pouquet (1993).

G. (Hg.): *Business Cycle Surveys with Special Reference to Pacific Basin Economies*. Papers presented at the 19th CIRET Conference, Proceedings, Osaka 1989. Aldershot. 249-290.

Brand, D. und Pouquet, L.: (1993) *The Explanatory and Forecasting Power of the Economic Survey International*, ifo Institut für Wirtschaftsforschung, München. Mimeo.

Goldrian, G. und Strigel, W.H. (1989): Nationale Gesamtindikatoren auf der Basis von Konjunkturumfragen. In Oppenländer, K.H. und Poser, G. (Hg.): *Handbuch der Ifo-Umfragen*. Berlin, München. 358-372.

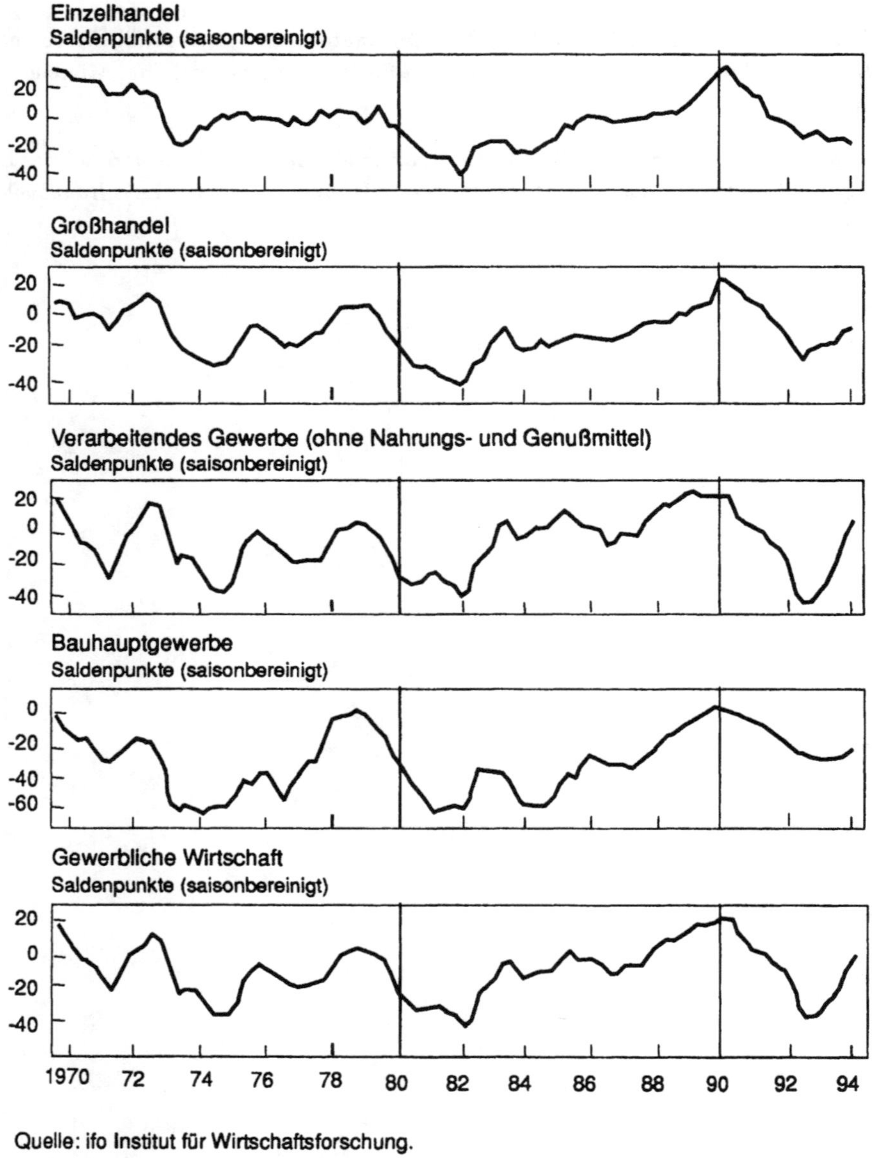

Quelle: ifo Institut für Wirtschaftsforschung.

Abbildung 3.2.1: ifo Geschäftsklima: Gewerbliche Wirtschaft und Komponenten

Länder hohen Pro-Kopf-Einkommens (1990 BIP pro Kopf ≥ $ 7620)		Länder mittleren Pro-Kopf-Einkommens ($ 610 < 1990 BIP pro Kopf < $ 7620)		Länder niedrigen Pro-Kopf-Einkommens (1990 BIP pro Kopf ≤ $ 610)	
Australien	1,18	**OECD-Länder**		Bangladesch	0,08
Bahrain	0,10	Griechenland	0,45	China-V.R.	2,29
Belgien/Luxemb.	3,44	Portugal	0,68	Indien	0,57
Dänemark	1,01	Türkei	0,52	Indonesien	0,76
Deutschland	11,63			Kenya	0,04
Finnland	0,61	**Öl-Importeure**		Nigeria	0,28
Frankreich	6,53	Argentinien	0,30	Pakistan	0,23
Großbritannien	5,72	Bolivien	0,03	Sri Lanka	0,09
Hongkong	3,37	Brasilien	0,79		
Irland	0,70	Chile	0,27		
Israel	0,40	Elfenbeinküste	0,07		
Italien	5,09	Estland	0,12		
Japan	7,96	Jugoslawien	0,30		
Kanada	3,56	Kolumbien	0,17		
Neuseeland	0,26	Korea, Rep.	2,19		
Niederlande	3,81	Lettland	0,18		
Norwegen	0,85	Litauen	0,32		
Österreich	1,37	Malaysia	1,12		
Saudi Arabien	0,95	Marokko	0,16		
Schweden	1,47	Paraguay	0,03		
Schweiz	1,83	Polen	0,40		
Singapur	1,88	Philippinen	0,35		
Spanien	2,28	Rumänien	0,15		
Taiwan	1,62	Rußland	1,04		
USA	13,90	Simbabwe	0,05		
		Slowakei	0,09		
		Slowenien	0,11		
		Südafrika	0,56		
		Thailand	1,02		
		Tunesien	0,15		
		Tschechische Rep.	0,20		
		Ungarn	0,30		
		Uruguay	0,05		
		Öl-Exporteure			
		Algerien	0,33		
		Ägypten	0,16		
		Mexiko	1,05		
		Venezuela	0,34		

Gewichtungsfaktoren:
Anteil der Exporte und Importe eines Landes an der Summe der Exporte und Importe aller Länder (Quelle: UN Monthly Bulletin of Statistics, November 1992, und Weltbank-Statistiken über GUS-Länder)
Öl-Exporteure:
Anteil der Erdöl- und Gasexporte (inkl. Reexporte) an den Gesamtexporten von mindestens 30 % (Weltbank).

Tabelle 3.2.2: Verzeichnis der KTI-Länder und deren Gewichtungsfaktoren

ifo Institute for Economic Research

P.O. Box 860460 • Poschingerstr.5 • 81631 München
Tel.: (089)9224-0 • Telex: 5-22 269 • Telefax: (089)985369

Economic Survey International ESI

The individual survey results will be treated as absolutely confidential. Please mark the appropriate boxes. No mark means "Not applicable" or "no judgement". The answer "no change" implies no remarkable change.

Response Code: ....

1. This country's **general situation** regarding

	present judgement			compared to same time last year			from now on: expected situation by the end of the next 6 months		
	good	satis-factory	bad	better	about the same	worse	better	about the same	worse
- overall economy	☐	☐	☐	☐	☐	☐	☐	☐	☐
- capital expenditures	☐	☐	☐	☐	☐	☐	☐	☐	☐
- private consumption	☐	☐	☐	☐	☐	☐	☐	☐	☐

2. Expected **foreign trade volume** by the end of the next 6 months (in convertible currency)

	higher	about the same	lower
exports	☐	☐	☐
imports	☐	☐	☐

3. Expected **trade balance** within the next 6 months (in convertible currency)

improvement a)	no change	deterioration b)
☐	☐	☐

a) increasing surplus or decreasing deficit
b) decreasing surplus or increasing deficit

4. Expected **inflation rate** by the end of the next 6 months (change of consumer prices compared to same month previous year)

higher	about the same	lower
☐	☐	☐

The rate of inflation on average of this year will be ________% (p.a.) (compared to average of previous year)

5. Expected **short-term interest rates** by the end of the next 6 months

higher	about the same	lower
☐	☐	☐

6. At present, how do you judge these **currencies** - (US-$; DM; UK £; Yen) in relation to this country's currency?

	US $	DM	UK £	Yen
overvalued	☐	☐	☐	☐
about at proper value	☐	☐	☐	☐
undervalued	☐	☐	☐	☐

7. The **value of the US-$** in relation to this country's currency by the end of the next 6 months will be

higher	☐
about the same	☐
lower	☐

8. Please try to assess the **importance** of the following **problems** the economy of your country is facing **at present**:

	most important	also very important	not so important/ not relevant
- Lack of confidence in the government's econ. policy	☐	☐	☐
- Insufficient demand	☐	☐	☐
- Unemployment	☐	☐	☐
- Inflation	☐	☐	☐
- Lack of international competitiveness	☐	☐	☐
- Trade barriers to exports	☐	☐	☐
- Lack of skilled labour	☐	☐	☐
- Public deficits	☐	☐	☐
- Foreign debts	☐	☐	☐
- Capital shortage	☐	☐	☐
- Others:			

9. Please try to assess the importance of the following factors which influence the **climate for foreign investors** in this country :

At present,

	absent	low	high
-legal/administrative restrictions for foreign firms to invest in this country and/or to repatriate profits are	☐	☐	☐
-political instability is	☐	☐	☐

By the end of the next 6 months,

	lower	about the same	higher
-legal/administrative restrictions for foreign firms to invest in this country and/or to repatriate profits will be	☐	☐	☐
-political instability will be	☐	☐	☐

10. Are there any important **measures of economic policy** to be expected in this country for the next 6 months (Example: devaluation, import restrictions, ect.)?

no ☐

yes ☐ namely ____________________

____

Please answer questions in the first 2 weeks of January and return the questionnaire by January 15, 1995!

Abbildung 3.2.2: KTI-Fragebogen-Muster (November 1994)

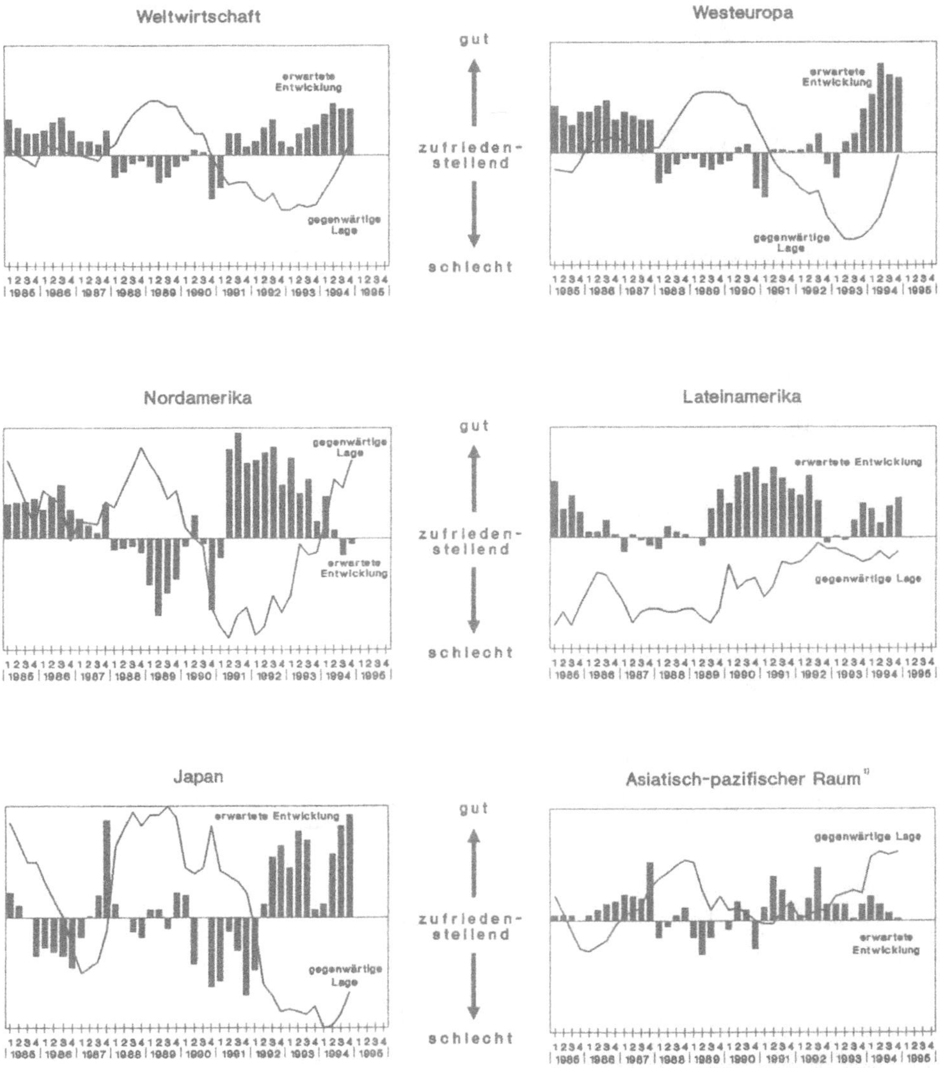

ESI 46, 4/1994

Abbildung 3.2.3: Wirtschaftliche Lage in fünf KTI-Ländergruppen

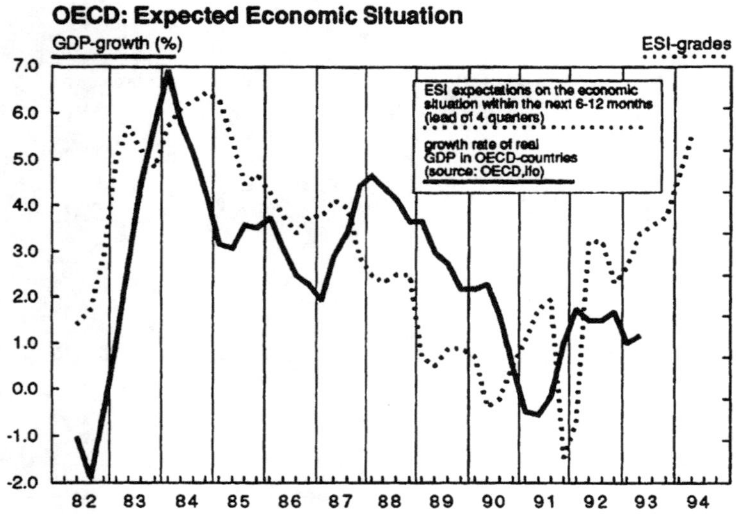

Abbildung 3.2.4: Prognose- und Erklärungswert des KTI I

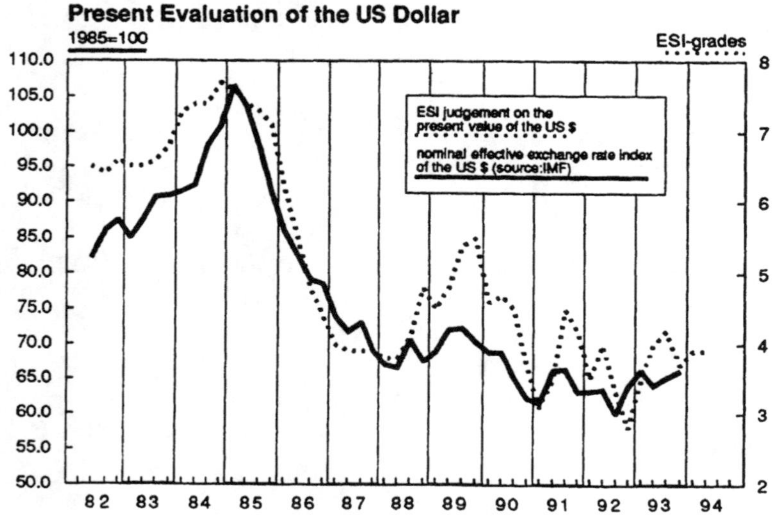

Abbildung 3.2.5: Prognose- und Erklärungswert des KTI II

3.3 Ausgewählte internationale Gesamtindikatoren

Annette G. Köhler

ifo Institut für Wirtschaftsforschung, München

3.3.1 Einleitung

Zur Analyse und Prognose der konjunkturellen Entwicklung werden der zeitliche Verlauf ökonomischer Größen festgestellt und deren zeitliche Abfolge sowie ihre Interdependenzen untersucht. Die zeitliche Verschiebung der einzelnen Zeitreihen beruht auf wirtschaftssysteminhärenten, logischen Zusammenhängen, die nicht nur kurzfristig, sondern auch langfristig keinen wesentlichen Veränderungen unterworfen sind. Der jeweilige zeitliche Vorlauf einzelner Reihen gegenüber anderen ist deshalb im Zeitablauf weitgehend gleichbleibend.

Ziel der Frühindikatorenforschung ist es, diejenigen gesamtwirtschaftlichen Größen zu isolieren, die einen besonders langen und stabilen zeitlichen Vorlauf gegenüber einer den Konjunkturverlauf beschreibenden Referenzgröße besitzen. Durch geeignete Aggregation dieser Frühindikatoren kann dann ein Gesamtindikator ermittelt werden, der zuverlässig Aufschluß über zukünftige wirtschaftliche Entwicklungen gibt. Dabei lassen sich zwischen der amerikanischen und der europäischen Vorgehensweise einige Differenzen feststellen, die auf die unterschiedliche Messung des Konjunkturverlaufs zurückzuführen sind.[1] Die in den USA für den Wirtschaftsverlauf wesentlichen und eingehend analysierten Größen sind der Referenzzyklus (zur Messung der Wendepunkte) und der Diffusionsindex (zur Messung der Amplitude konjunktureller Schwankungen). Vor allem die Ableitung der Referenzreihe – also derjenigen Zeitreihe, die „die Konjunktur" abbildet – ist in den USA weitaus komplexer und uneinheinheitlicher als in europäischen Staaten. So wird in den USA Konjunktur als ein Konglomerat derjenigen ökonomischen Größen verstanden, die der realen Sphäre eines Wirtschaftssystems *Impulse* geben, während in Europa in der Regel eine besonders ausgezeichnete Größe (wie die Kapazitätsauslastung oder das Bruttosozialprodukt) als *Abbild* der Konjunktur betrachtet wird.

Derzeit werden vom US Department of Commerce monatlich 22 für die Konjunkturanalyse relevante Zeitreihen veröffentlicht; davon werden 11 als dem Referenzzyklus zeitlich

[1] Eine ausführliche Gegenüberstellung und Diskussion bietet Tichy (1994, S. 13-25).

vorauslaufend (also als Frühindikatoren) betrachtet. Der Referenzzyklus selbst wird durch ein iteratives Verfahren bestimmt; dazu werden konjunkturreagible Zeitreihen zunächst standardisiert und anschließend aggregiert. Zur Anwendung kommen dabei zunehmend auch moderne statistisch-ökonometrische Verfahren der Zeitreihenanalyse. Die Weiterentwicklung dieser Methoden hat in den letzten Jahren auch die Bestimmung alternativer Referenzzyklen – und Frühindikatoren – vorangetrieben. Hingewiesen sei vor allem auf Arbeiten von Stock und Watson (1989, 1991, 1993), die US-amerikanische Konjunkturschwankungen anhand differenzierter vektorautoregressiver Modelle analysieren und prognostizieren.[2] Von Interesse ist auch der Diffusionsindex, der den Anteil derjenigen Zeitreihen (innerhalb einer bestimmten Gruppe von für das konjunkturelle Geschehen interessanter Zeitreihen) angibt, die zum jeweiligen Zeitpunkt einen ansteigenden Verlauf aufweisen. Er dient damit sowohl als Ergänzung zur Referenzzyklusanalyse bei der Bestimmung von Wendepunkten als auch der Untersuchung des Ausmaßes und der Ausbreitung konjunktureller Schwankungen über verschiedene Sektoren und Komponenten der gesamtwirtschaftlichen Leistung hinweg. In Europa ist die Beobachtung und Prognose wirtschaftlicher Abläufe im wesentlichen beeinflußt durch die „... keynesianische Sicht der Konjunkturschwankungen als Schwankungen der gesamtwirtschaftlichen Nachfrage ...“ (Tichy 1994, S. 20) und durch das Interesse an Schwankungen der Wachstumsraten der Gesamtwirtschaft – anstelle der in den USA üblicherweise analysierten Schwankungen absoluter Werte. Im Mittelpunkt steht die Analyse der Abweichungen vom Wachstumstrend; als Referenzreihe dienen häufig das saisonbereinigte reale Bruttoinlandsprodukt oder die Industrieproduktion. Als weiteres Maß für die konjunkturelle Situation einer Volkswirtschaft wird die Kapazitätsauslastung herangezogen. Daraus ergeben sich im internationalen Vergleich eklatante Unterschiede bei der Abgrenzung der Konjunkturphasen und der Bestimmung der Wendepunkte. Deshalb erfordert eine globale Analyse und Interpretation der einzelnen nationalen Gesamtindikatoren unbedingt die Beachtung derer unterschiedlichen Zusammensetzungen.

In den folgenden Abschnitten werden drei aus Frühindikatoren gebildete Gesamtindikatoren näher dargestellt, die regelmäßig von der OECD, der Kommission der Europäischen Union sowie vom US Department of Commerce veröffentlicht werden.[3] Anhand des letztgenannten Gesamtindex soll zunächst aber noch veranschaulicht werden, welche grundlegenden ökonomischen Zusammenhänge die Aufnahme einzelner Zeitreihen in einen Gesamtindex von Frühindikatoren motivieren.[4] In der folgenden Übersicht sind einige derartige Zusammenhänge aufgeführt; dazu sind in Klammern Beispiele der entsprechenden Frühindikatoren aus dem „Index of Eleven Leading Indicators“ des US Department of Commerce angegeben.

---

[2] So entwickeln sie beispielsweise einen „Rezessionsindex“, der angibt, mit welcher Wahrscheinlichkeit innerhalb der nächsten k Monate eine Rezession eintreten wird. Oppenländer (1994, S. 719) stellt dazu allerdings fest: "Ironically, the best fit can be found for $k = -1$, namely the measure of whether the economy *was* in a recession one month ago.“

[3] Einen kurzen Überblick hierzu gibt auch das Kapitel 4.2.3 in Oppenländer und Poser (1989).

[4] Vgl. de Leeuw (1989, S. 16-17).

- Für zahlreiche Produkte kann eine beträchtliche Zeitspanne zwischen der Produktions*entscheidung*, der tatsächlichen Herstellung und der Auslieferung beobachtet werden. Die Produktionsentscheidung hängt in der Regel wiederum von den Aufträgen potentieller Abnehmer ab *(Auftragseingang, Veränderungsrate der unerledigten Aufträge, Verlängerung der Lieferfristen)*. Für bestimmte Sektoren, wie beispielsweise den Bausektor, spielen zusätzlich auch Genehmigungen der zuständigen Behörden eine Rolle *(Baugenehmigungen)*.

- Einige Produktionsfaktoren sind „quasi-fix“, d.h. sie lassen sich in ihrer Einsatzhöhe kurzfristig nur unter hohen Kosten an veränderte Produktionsmengen anpassen (so kann z.B. der Kapitalstock eines Unternehmens durch (Dis-)Investitionen nur relativ langsam verändert werden). Unternehmen verändern deshalb zunächst die „variablen“ Produktionsfaktoren, also diejenigen, deren Einsatzhöhe unter relativ geringem Aufwand variiert werden können *(Wochenarbeitszeit)* – die Veränderungen der variablen Faktoren geht den Veränderungen der quasi-fixen Faktoren zeitlich voraus.

- Die Erwartungen der Wirtschaftssubjekte in bezug auf die zukünftige wirtschaftliche Entwicklung geben Aufschluß über deren zukünftige Entscheidungen und Handlungen *(Aktienindex, Geschäfts- und Konsumklima)*.

- Wirtschaftliche Entwicklungen werden durch wirtschaftspolitische Interventionen (z.B. geldpolitischer Art) gezielt beeinflußt *(Geldmenge M2)*.

3.3.2 Das Frühindikatorensystem der OECD

Der Gesamtindex der OECD-Frühindikatoren wird vom OECD-Sekretariat und den einzelnen Mitgliedsstaaten zur Prognose der konjunkturellen Entwicklung – und hauptsächlich der Wendepunkte – verwendet. Die zugrundegelegte Referenzreihe ist nicht das Bruttosozialprodukt (BSP) der einzelnen Länder, da die entsprechenden Daten in vielen OECD-Mitgliedsstaaten nur jährlich erhoben werden und deshalb nur mit großer Verzögerung erhältlich sind. Stattdessen wird der Index der gesamtwirtschaftlichen Produktion – also der Summe aller erstellten Güter und Leistungen im Bergbau, Verarbeitenden Gewerbe und Bausektor – herangezogen. Unter Analysegesichtspunkten ergibt sich daraus kein Nachteil, da dieser Index ein dem BSP sehr ähnliches zyklisches Verhalten aufweist und somit die ermittelten Frühindikatoren auch gegenüber dieser Größe einen zeitlichen Vorlauf besitzen.

Das OECD-Frühindikatorensystem ist nach Ländern differenziert, da sowohl die Wirtschaftssysteme als auch die Systeme der jeweiligen Zentralstatistik der betrachteten Länder sehr verschieden sind. Eine Reihe von Indikatoren wird allerdings in fast allen Mitgliedsstaaten ermittelt und veröffentlicht; darunter auch die Ergebnisse von Unternehmensbefragungen zur Beurteilung der aktuellen Lage und der Einschätzung der zukünftigen Entwicklung von Preisen, Umsätzen, Lager- und Auftragsbeständen, monetären Größen und der Außenhandelssituation. Diese Zeitreihen werden in jedem Land und für einzelne Ländergruppen zu einem Gesamt-Frühindikator zusammengefaßt (vgl. Abbildung 3.3.1).

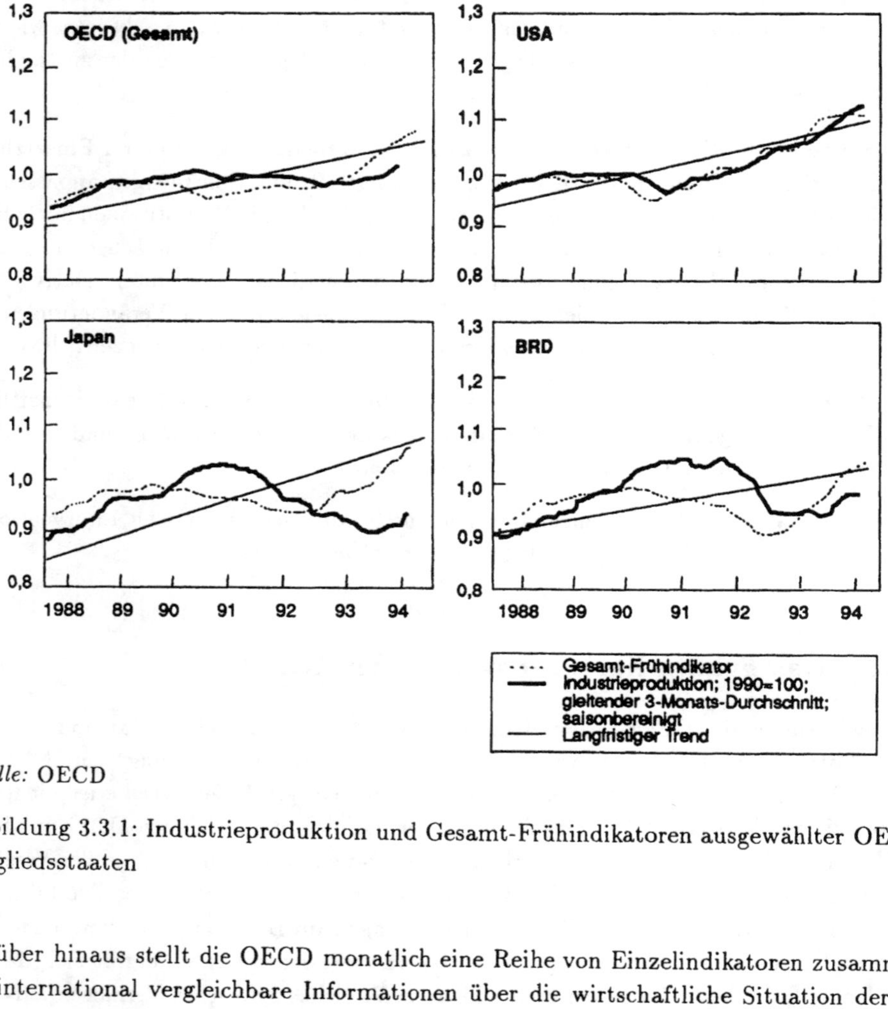

Quelle: OECD

Abbildung 3.3.1: Industrieproduktion und Gesamt-Frühindikatoren ausgewählter OECD-Mitgliedsstaaten

Darüber hinaus stellt die OECD monatlich eine Reihe von Einzelindikatoren zusammen, die international vergleichbare Informationen über die wirtschaftliche Situation der betrachteten Länder enthalten.[5] Diese umfassen

- Beurteilung der allgemeinen Wirtschaftslage („General Indicator"),
- erwartete Richtung der Produktionsveränderungen innerhalb der folgenden 3 Monate („Production: Future Tendency"),

[5] Die Veröffentlichung erfolgt in der Reihe *Main Economic Indicators*, die von der OECD monatlich herausgegeben wird.

- Beurteilung des Auftragseingangs („Orders Inflow: Tendency"),
- Beurteilung des Auftragsbestands („Order Books: Level"),
- Beurteilung des Fertigwarenlagers („Finished Goods Stocks: Level"),
- Beurteilung der Kapazitätsauslastung („Capacity Utilization").

Die Befragungen werden nur in sieben OECD-Mitgliedsstaaten von der OECD selbst durchgeführt. In allen anderen Ländern sind Zentralbanken, statistische Ämter, Wirtschaftsforschungsinstitute oder Unternehmerverbände damit beauftragt. Diese dezentrale Organisation hat zur Folge, daß sowohl die Ausgestaltung der Fragen und die Größe der Berichtskreise als auch die statistischen Verfahren zur Auswertung der Antworten teilweise uneinheitlich sind. Dies ist insbesondere im Hinblick auf die Gewichtung der Antworten von Unternehmen – etwa mit dem Umsatz, der Produktion oder der Anzahl der Beschäftigten – zu beachten. Die Antworten werden in allen Ländern nach der Saldenmethode (bei qualitativen Fragestellungen) oder nach der Durchschnittsmethode (bei quantitativen Fragestellungen) ermittelt. Tabelle 3.3.1 enthält einen Überblick über die in *Main Economic Indicators* veröffentlichten Zeitreihen.

3.3.3 Frühindikatoren der Europäischen Union

Die Europäische Union verwendet ein Frühindikatorensystem, das im wesentlichen auf qualitativen Daten beruht, die durch Unternehmens- und Haushaltsbefragungen in den Mitgliedsstaaten ermittelt werden. Der monatlich veröffentlichte aggregierte „Indikator der wirtschaftlichen Einschätzung" setzt sich aus den folgenden Komponenten zusammen:[6]

- „Indikator für das Vertrauen in der Industrie": Arithmetisches Mittel der Antworten (Salden) auf Fragen bezüglich
  - Produktionserwartungen,
  - Auftragsbestand,
  - Bestand an Auslandsaufträgen,
  - Fertigwarenlager (invers);
- „Indikator für das Vertrauen in der Bauwirtschaft": Arithmetisches Mittel der Antworten (Salden) auf Fragen bezüglich
  - Auftragsbestand,
  - Beschäftigungserwartungen;
- „Verbrauchervertrauen": Arithmetisches Mittel der Antworten auf Fragen bezüglich

[6] Die Ergebnisse werden in *Europäische Wirtschaft*, Beiheft B, zusammengefaßt.

Land	Allgemeine Wirtschaftslage	Produktion	Auftrags-eingang	Auftrags-bestand	Fertig-warenlager	Kapazitäts-auslastung
Kanada	-	F	T	L	L	-
Japan	T F	-	-	-	L	A
Australien	F	F	T	-	T	U
Neuseeland	F	F	T	-	T	U
Österreich	-	F	-	L	L	U
Belgien	X	-	T	L	L	R
Dänemark	-	F	T	L	L	A
Finnland	F	F	-	L	T	U
Frankreich	F	F	T	L	L	R
Deutschland	X	F	T	L	L	R
Griechenland	-	F	-	L	L	R
Irland	-	F	T	L	L	R U
Italien	F	F	-	L	L	R
Luxemburg	-	F	T	L	L	R
Niederlande	-	F	T	L	L	R
Norwegen	F	F	T	L	L	U
Portugal	-	F	-	L	L	R
Spanien	-	F	-	L	L	R
Schweden	-	F	T	L	L	U
Schweiz	X	F	T	L	L	R
Großbritannien	F	F	T	L	L	U

A: Beurteilung der aktuellen Kapazität
L: Aktueller Stand
T: Aktuelle oder zurückliegende Tendenz
X: Gesamtindikator
F: Erwartete Tendenz
R: Kapazitätsauslastungsquote
U: Kapazitätsvollauslastung

Quelle: OECD (1983, S. 57)

Tabelle 3.3.1: *Main Economic Indicators* der OECD

- (erwartete) finanzielle Lage der Haushalte (in den letzten 12 Monaten und in den nächsten 12 Monaten),
- (erwartete) allgemeine Wirtschaftslage (in den letzten 12 Monaten und in den nächsten 12 Monaten),
- Neigung, größere Anschaffungen zu tätigen.

Die Ergebnisse der Umfragen bei den Unternehmern und Verbrauchern vom Oktober 1994 sind in Abbildung 3.3.2 zusammengefaßt.

Die Umfragen werden in den einzelnen Mitgliedsländern der EU (Stand: Ende 1994) von folgenden Institutionen durchgeführt:

- Belgien: Banque Nationale de Belgique
- Dänemark: Danmarks Statistik

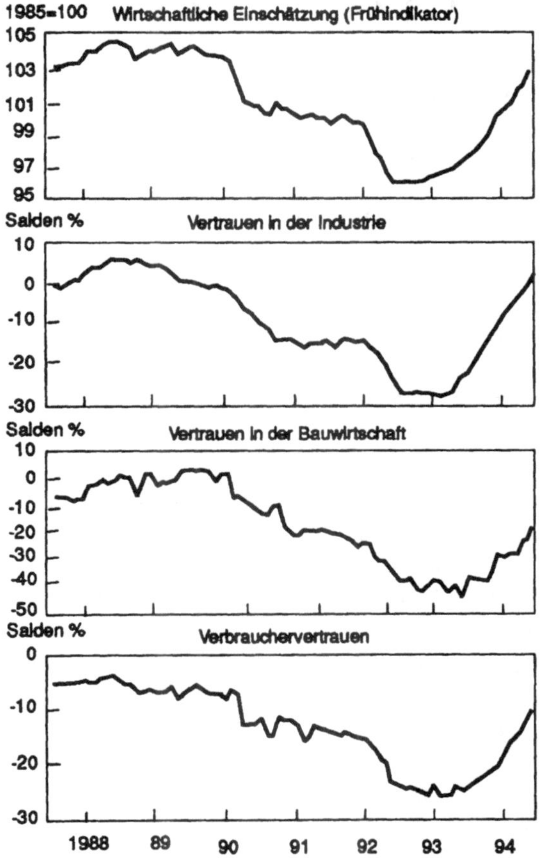

Anmerkungen: Die einzelnen Zeitreihen sind saisonbereinigt; Angaben für die Bundesrepublik beziehen sich auf Westdeutschland.
Quelle: Konjunkturumfragen der Kommission der Europäischen Union, *Europäische Wirtschaft*, Beiheft B, 11/1994.

Abbildung 3.3.2: Indikatoren der wirtschaftlichen Einschätzung der EU

- Deutschland: ifo Institut für Wirtschaftsforschung
- Griechenland: Institute of Economic and Industrial Research (IEIR)
- Spanien: Ministerio de Industria y Energia (MIE)
- Frankreich: Institut National de la Statistique et des Etudes Economiques (INSEE)

- Irland: Confederation of Irish Industry (CII) und Construction Industry Federation (CIF)
- Italien: Nazionale per lo Studio della Congiuntura (ISCO)
- Luxemburg: Service Central de la Statistique et des Etudes Economiques (STATEC)
- Niederlande: Centraal Bureau voor de Statistiek (CBS) und Economisch Instituut voor de Bouwnijverheid
- Portugal: Instituto Nacional de Estatistica (INE) und Associacao de Empresas de Construcao e Ombras Publicas do Sul (AECOPS)
- Vereinigtes Königreich: Confederation of British Industry (CBI) und Construction Forecasting and Research

Darüber hinaus findet seit 1991 eine harmonisierte Konjunkturumfrage in den Reformländern Ost-Mitteleuropas statt.[7] Ziel ist es, quantitative und qualitative Indikatoren zu entwickeln, die neben der Analyse des Konjunkturzyklus vor allem Informationen für wirtschaftspolitische Entscheidungsträger liefern. Die schnelle Verbreitung wirtschaftlicher Unternehmens- und Haushaltsbefragungen in den östlichen Transformationsländern machte hierzu die Vereinheitlichung der Fragestellungen und Auswertungsmethoden erforderlich. Nach zahlreichen Tagungen haben sich Vertreter der betreffenden Staaten mit Experten der EU und OECD auf einen Fragenkatalog geeinigt, der sowohl Elemente der harmonisierten EU-Umfragen als auch speziell auf die Probleme und Entwicklungen der Transformationsprozesse zugeschnittene Fragen (wie beispielsweise nach Hemmnissen der Produktions- und Investitionstätigkeit) beinhaltet.[8]

3.3.4 Der Index der „Eleven Leading Indicators“ des US-amerikanischen Handelsministeriums

Der Gesamtindikator des US-Handelsministeriums besteht aus elf Frühindikatoren. Er geht auf das Jahr 1937 zurück; in diesem Jahr beauftragte der damalige Finanzminister Henry Morgenthau das National Bureau of Economic Research (NBER) mit der Entwicklung eines statistischen Modells, das das Ende der großen Depression verläßlich prognostizieren sollte. 1938 wurde der Indikator erstmals veröffentlicht. Seither wurde er mehrfach revidiert, wobei die einzelnen Revisionen jeweils sowohl die Integration revidierter Daten der einzelnen Zeitreihen als auch methodische Modifikationen umfaßt haben

[7] Vgl. *Europäische Wirtschaft*, Beiheft B, 6/1993, S. 9-12.

[8] Einzelheiten über erste Ergebnisse und strukturelle Merkmale der teilnehmenden Institutionen und Länder können der Ausgabe 6/1993 der Reihe *Europäische Wirtschaft*, Beiheft B, S. 11-12, entnommen werden.

(wie beispielsweise eine Veränderung der Gewichte, Bereinigungs- oder Standardisierungsverfahren). Die letzte Revision erfolgte im Oktober 1993 und wurde notwendig, nachdem der Indikator konjunkturelle Wendepunkte immer später erkennbar werden ließ.[9] So wurde der Beginn der Rezession vom Juni 1990 erst zwei Monate vorher angezeigt – nach den eigenen Vorgaben ein halbes Jahr zu spät. Die Revision umfaßt die Zeitreihen ab 1948 und „...corrects a flaw in the ...formula that tends to distort the cyclical pattern of the composite indexes in periods of slow growth ...“ (Green und Beckman 1993, S. 44). Sie beinhaltet darüber hinaus eine Umbasierung auf das Jahr 1987 und berücksichtigt die umbasierte Deflationierung einiger Komponenten, die Revision verschiedener Warenkörbe sowie einen längeren Zeitraum für die Schätzung der Standardisierungsfaktoren.[10] Außerdem wurden eine Neugewichtung der einzelnen Komponenten vorgenommen und die Trendbereinigung modifiziert. Die Zusammensetzung des Index blieb im Gegensatz zu der Überarbeitung von 1989 unverändert.

Die aktuelle Version des Systems von 11 Frühindikatoren, deren Werte monatlich vom Bureau of Economic Analysis des US Department of Commerce in der Reihe *Survey of Current Business* veröffentlicht werden, ist in Tabelle 3.3.2 zusammengefaßt. Die Entwicklung des US-Gesamt-Frühindikators ist in Abbildung 3.3.3 dargestellt.

Component Series	Weights		Standardization Factors
Leading Index Components	1948-77	1978-89	1948-77
Average weekly hours worked (manufacturing)	0,146	0,156	0,0454
Average weekly claims for unemployment insurance (inverted)	0,013	0,015	5,388
Manufacturers' new orders ($)	0,023	0,033	2,922
Vendor performance, slower deliveries (diffusion index)	0,008	0,015	7,907
Contracts and orders for plant equipment ($)	0,01	0,012	6,592
Index of new private housing units	0,014	0,012	4,771
Change in manufacturers' unfilled orders ($, smoothed)	0,133	0,158	0,5
Change in sensitive materials prices (smoothed)	0,438	0,405	0,152
Index of stock prices (500 common stocks)	0,026	0,023	2,606
Money Supply M2 ($)	0,149	0,158	0,446
Index of consumer expectations	0,04	0,013	1,644

Quelle: Bureau of Economic Analysis (US Department of Commerce)

Tabelle 3.3.2: Die elf vom US Department of Commerce veröffentlichten Frühindikatoren

[9] Die Revision von 1989 wird von Hertzberg und Beckman (1989) beschrieben; diejenige des Jahres 1993 von Green und Beckman (1993).

[10] Der Standardisierungsfaktor gibt den Prozentsatz der Einzelreihenwerte an dem zugrundegelegten Referenzzyklus an und stellt somit sicher, daß der Wert jeder durchschnittlichen prozentualen Veränderung eines Frühindikators demjenigen des Referenzzyklus entspricht (vgl. Green und Beckman 1993, S. 46).

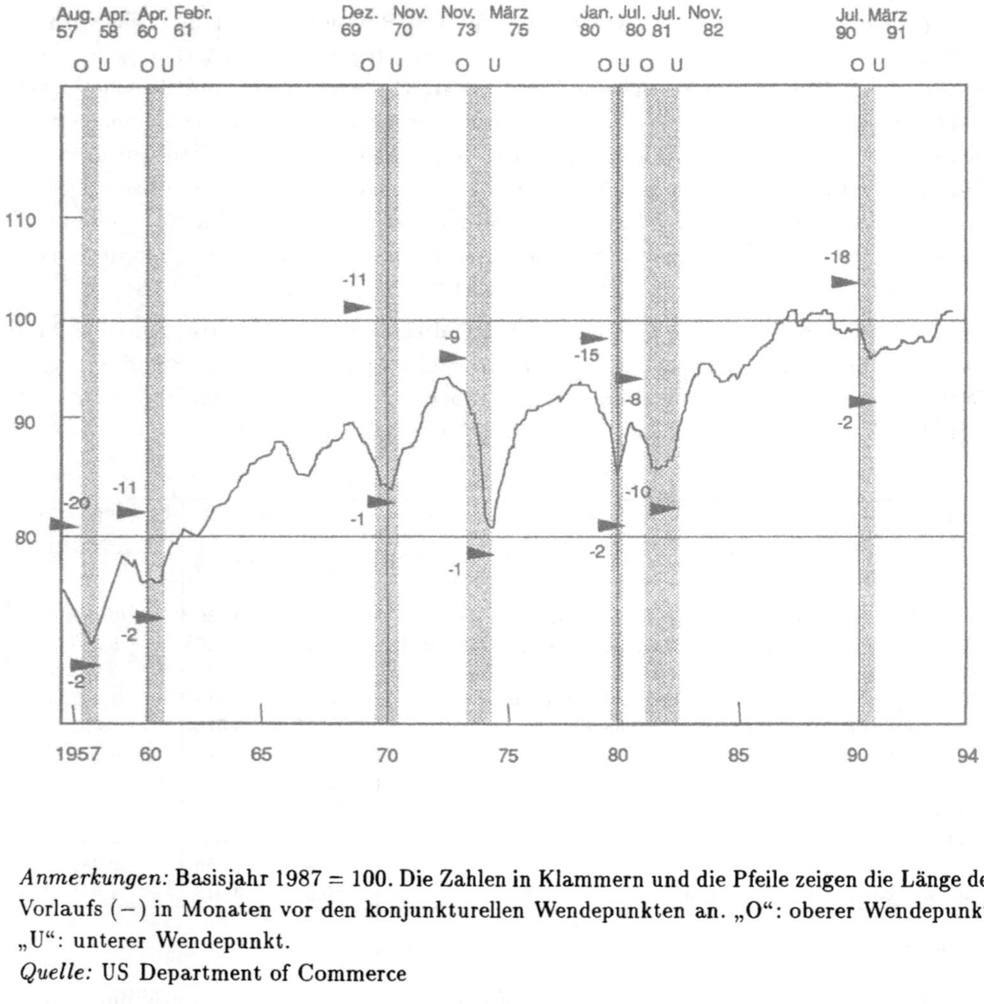

Anmerkungen: Basisjahr 1987 = 100. Die Zahlen in Klammern und die Pfeile zeigen die Länge des Vorlaufs (−) in Monaten vor den konjunkturellen Wendepunkten an. „O“: oberer Wendepunkt; „U“: unterer Wendepunkt.

Quelle: US Department of Commerce

Abbildung 3.3.3: Verlauf des Gesamtindikators der elf US-Frühindikatoren

3.3.5 Zusammenfassung

Zusammenfassend läßt sich feststellen, daß Konjunkturindikatoren weltweit eine große Bedeutung bei der Beobachtung, Analyse und Prognose gesamtwirtschaftlicher Entwicklungen beigemessen wird. Unterschiede bei der Bestimmung der Referenzzyklen sowie der Auswahl und Gewichtung der Einzelkomponenten erschweren nach wie vor den direkten Vergleich der Gesamtindikatoren über verschiedene Länder hinweg. Dennoch lassen die inhaltlichen Veränderungen infolge wiederholter Revisionen der internationalen Gesamtindikatoren folgende Schlußfolgerungen zu:

- Die qualitativen und oftmals durch Befragungen ermittelten Komponenten konjunktureller Gesamtindikatoren haben sich etabliert und werden als Essenz aller zur Verfügung stehenden Informationen über zukünftige Entwicklungen im Rahmen der Konjunkturprognose eingesetzt.
- Bei weitgehend einheitlicher Ausgestaltung lassen sich Konjunkturindikatoren zum Vergleich nationaler Wirtschaftsabläufe heranziehen und somit als zusätzliche Informationsquellen für nationale und internationale Konjunkturprognosen nutzen.
- Indikatoren können nicht nur zur Beobachtung und Analyse struktureller Veränderungen innerhalb einer Volkswirtschaft, sondern auch zur Untersuchung des Transformationsprozesses von Wirtschaftssystemen eingesetzt werden. Sie sind damit vor allem in Ländern, deren offizielle Statistik häufig noch unzureichend über die tatsächlichen wirtschaftlichen Gegebenheiten informiert, ein wertvolles Instrument der empirischen Wirtschaftsforschung.

Literatur

Green, G.R. und Beckman, B.A. (1992): The Composite Index of Coincident Indicators and Alternative Coincident Indicators. *Survey of Current Business*, 72(6), 42-45.

Green, G.R. und Beckman, B.A. (1993): Business Cycle Indicators: Upcoming Revision of the Composite Indexes. *Survey of Current Business*, 73(10), 44-51.

Hertzberg, M.P. und Beckman, B.A. (1989): Business Cycle Indicators: Revised Composite Indexes. Survey of Current Business, 69(1), 23-28.

Kommission der Europäischen Union: *Europäische Wirtschaft*, Beiheft B, verschiedene Jahrgänge.

Leeuw de, F. (1989): Toward a Theory of Leading Indicators. In Lahiri, K. und Moore, G.H. (Hg.): *Leading Economic Indicators: New Approaches and Forecasting Methods.* Cambridge, UK. 15-56.

OECD: *Main Economic Indicators. Sources and Methods*, verschiedene Jahrgänge.

Oppenländer, K.H. und Poser, G. (Hg.) (1989): *Handbuch der Ifo-Umfragen.* Berlin, München.

Oppenländer, K.H. (1994): Narrowing the Induction Gap: Measurement without Theory? In Oppenländer, K.H. und Poser, G. (Hg.): *The Explanatory Power of Business Cycle Surveys.* Papers Presented at the 21st CIRET Conference, Proceedings, Stellenbosch, 1993. Aldershot. 703-726.

Stock, J.H. und Watson, M.W. (1989): New Indexes of Coincident and Leading Economic Indicators. In Blanchard, O.J. und Fischer, S. (Hg.): *NBER Macroeconomics Annual.* 351-394.

Stock, J.H. und Watson, M.W. (1991): A Probability Model of the Coincident Economic Indicators. In Lahiri, K. und Moore, G.H. (Hg.): *Leading Economic Indicators. New Approaches and Forecasting Records.* Cambridge, MA. 63-89.

Stock, J.H. und Watson, M.W. (1993): A Procedure for Predicting Recessions with Leading Indicators: Econometric Issues and Recent Experience. In Stock, J.H. und Watson, M.W. (Hg.): *Business Cycles, Indicators, and Forecasting.* Chicago. 95-153.

Tichy, G. (1994): *Konjunktur. Stilisierte Fakten, Theorie, Prognose.* Berlin, Heidelberg, New York.

US Department of Commerce: *Survey of Current Business*, verschiedene Jahrgänge.

Kapitel 4

Methodische Grundlagen

4.1 Quantifizierung qualitativer Daten

Peter Geil und Klaus F. Zimmermann

SELAPO, Universität München, München, und CEPR, London

4.1.1 Einleitung

Daten werden als qualitativ bezeichnet, wenn sie nicht-stetig gemessen werden. Dies ist bei beschränkt-abhängigen, kategorialen oder diskreten Daten der Fall. Typische Beispiele sind: (i) genuin kategoriale Variable wie die Zahl der Patentanmeldungen oder die Übernahme einer Technologie (ja/nein bzw. 1/0), (ii) beschränkt-abhängige Variable wie die (nicht-negativen) Investitionsausgaben, (iii) aus pragmatischen Gründen kategorisierte stetige Variable wie die Tendenzaussagen „Unsere Produktionstätigkeit war gegenüber dem Vormonat lebhafter (+), unverändert (=) oder schwächer (-)“ oder „Unsere Inlandsverkaufspreise wurden gegenüber dem Vormonat erhöht (+), nicht verändert (=) oder gesenkt (-)“ und (iv) latente, d.h. prinzipiell unbeobachtbare Variable, die in irgendeiner qualitativen Form gemessen werden.

Tendenzfragen werden typischerweise im Konjunktur-, Innovations- und Investitionstest gestellt. Dies sind Instrumente der Unternehmensbefragung, die zur konjunkturellen Beobachtung dienen. Diese Befragungen haben in der empirischen Wirtschaftsforschung eine lange Tradition. In regelmäßigen Abständen werden Unternehmen zu Erwartungen, Plänen, Beurteilungen und Realisationen zentraler ökonomischer Variablen befragt, um daraus wesentliche Aufschlüsse über die derzeitige und – soweit möglich – auch die künftige wirtschaftliche Lage zu gewinnen. Das erhobene Datenmaterial wird also im wesentlichen charakterisiert durch: (i) Die Untersuchungseinheiten sind Unternehmen. (ii) Die Merkmalsausprägungen werden weit überwiegend kategorial, speziell trichotom, erhoben. (iii) Die qualitative Ausprägung entspricht der Kategorisierung einer zugrundeliegenden quantitativen Variablen. (iv) Die Kategorien lassen sich ordinal anordnen. (v) Die Befragung findet regelmäßig statt.

Man kann grundsätzlich zwei Wege beschreiten, um qualitative Daten zu quantifizieren: (i) Die Informationsbreite des Datenmaterials wird auf ein Aggregat konzentriert und mithilfe geeigneter statistischer Annahmen in eine stetige Variable transformiert. (ii) Die Daten werden auf individueller Basis mit speziellen ökonometrischen Verfahren analysiert und damit quantifiziert. Es ist dann häufig unter gewissen Restriktionen auch möglich, Schätzungen für nicht beobachtete und latente stetige Variablen zu finden. Für beide Ansätze steht eine sich rasch vergrößernde Zahl an Analyseinstrumentarien zur Verfügung, über die dieser Beitrag einen Überblick gibt. Abschnitt 2 stellt Quantifizierungstechniken auf aggregierter Basis dar. Abschnitt 3 behandelt dann die Quantifizierung auf Individualdatenbasis mit diskreten mikroökonometrischen Entscheidungsmodellen. Abschnitt 4 befaßt sich mit der Problematik quantitativer versus qualitativer Datenerhebungen. Abschnitt 5 faßt die Ergebnisse zusammen.

4.1.2 Quantifizierung auf aggregierter Basis

Ein Überblick über die Quantifizierung von Tendenzdaten beginnt traditionell mit der Darstellung der Quantifizierungsmethoden anhand von Aggregatgrößen. Gegenstand dieser Methoden ist die Aggregation der individuellen Tendenzmeldungen und die Bildung von Anteilsdaten. Hinter diesem Vorgehen steht die Intention, aus den Anteilen aussagekräftige Salden gewinnen zu können, anhand derer sich die qualitative Information zu einer einzigen Zeitreihe für den Prozeß quantifizieren läßt. Zunächst stellen wir die theoretischen Überlegungen vor, die hinter dem Aggregationsprozeß stehen. Anschließend werden die wesentlichen Saldenmethoden und deren zugrundeliegende Annahmen dargestellt. Den Abschluß bildet ein kurzer empirischer Vergleich der Methoden.

Der Aggregationsprozeß individueller Tendenzdaten

Die folgende Darstellung geht von der Vorstellung aus, qualitative Erwartungsdaten zu quantifizieren. Dies ist der häufigste Anwendungsfall. Die Darstellung gilt aber auch analog für die Quantifizierung qualitativer Realisationen. Der datenerzeugende Prozeß der betrachteten Variablen läßt sich plausibel als Aggregationsprozeß modellieren, wenn man mit Batchelor (1986) das folgende Konzept über die zugrundeliegenden Verteilungen einführt: Jedes Individuum i hat zu jedem Zeitpunkt t eine subjektive Erwartung bezüglich der künftigen Entwicklung der betrachteten Variablen gemäß einer subjektiven Wahrscheinlichkeitsverteilung $f_{it}(\mu_{it}, \sigma_{it}^2)$ mit Erwartungswert μ_{it} und Standardabweichung σ_{it}. Die subjektiven individuellen Parameter μ_{it} sind gemäß einer „Verteilung der Erwartungswerte" über die gesamte Population zu einem bestimmten Zeitpunkt t verteilt als $\mu_{it} \sim f_t(\mu_t, \sigma_t^2)$. Diese Verteilung beschreibt mit ihrem Erwartungswert die durchschnittlich erwartete Entwicklung der betrachteten Variablen über alle Individuen und mit der Standardabweichung die Streuung dieser Erwartungen. Das Quantifizierungsproblem besteht darin, Schätzungen für diese Parameter zu finden. Hierfür ist das Konzept der Antwort- bzw. Responsefunktion, welche die Antworten kategorisiert, praktikabel. Es wird angenommen, daß ein Individuum dann mit „höher" oder „niedriger" antworten wird, wenn sein individueller Erwartungswert einen bestimmten Schwellenwert über- oder unterschreitet. Die Quantifizierung ist dann erfolgreich, wenn es gelingt, die Parameter der

„Verteilung der Erwartungen“ aus den vorliegenden Antworten bzw. aus den vorliegenden Stichprobenanteilen der Antwortkategorien korrekt zu schätzen.

Quantifizierung ohne Indifferenzintervall

Ausgangspunkt der nachfolgend dargestellten Quantifizierungsmethoden ist die Betrachtung eines Indexes bzw. einer makroökonomischen Variablen, deren Zeitreihe aus den vorliegenden kategorialen Individualdaten geschätzt werden soll. Es soll sich dabei um einen Index handeln, der sich aus den gewichteten Anteilen der Antworten der einzelnen Unternehmen zusammensetzt. Die Veränderung dieses Indexes ist damit eine Funktion der individuellen Veränderungen (Theil 1971), wobei aus der Fragestellung im Fragebogen des Konjunkturtests nicht herauszulesen ist, ob der Antwortgeber absolute oder relative Veränderungen bekanntgibt. In der empirischen Anwendung wird die Form angenommen, die im jeweiligen Zusammenhang modelltheoretisch zweckmäßiger ist.

Die Veränderung einer betrachteten Variablen Y_{it} der Firma i zum Zeitpunkt t lautet also

$$y_{it} = \Delta Y_{it} \qquad \text{oder} \qquad y_{it} = \log \frac{Y_{it}}{Y_{it-1}}, \tag{1}$$

wobei die erste Formulierung die absolute Veränderung und die zweite die prozentuale Veränderung darstellt. Ein Beispiel für die Verwendung beider Formulierungen innerhalb eines Modells ist die Studie von Arminger und Ronning (1991). Sie betrachten ordinal gemessene Preis- und Outputveränderungen als absolute Veränderungen und metrisch, in Wochen gemessene Lagerbestandsangaben als Log-Veränderungen. Beiden Variablen legen sie eine Normalverteilungsannahme zugrunde. Die folgenden Ausführungen werden „Veränderungen“ nicht näher präzisieren.

Sei x_t^+ der Anteil an insgesamt N befragten Firmen, der eine Erhöhung von Y meldet, x_t^- der Anteil, der eine Senkung meldet und $x_t^=$ der Anteil der Meldungen „unverändert“. Angenommen, alle Firmen gehen mit dem gleichen Gewicht in den Index ein und erwarten eine Veränderung nach oben oder unten im gleichen absoluten Ausmaß α, dann gilt $y_{it} = \alpha d_{it}$ und für die durchschnittliche Veränderung des Indexes

$$y_t = \alpha \frac{1}{N} \sum_{i=1}^{N} d_{it}, \tag{2}$$

wobei d_{it} eine Indikatorfunktion für das Vorzeichen mit den Werten $\{-1, 0, +1\}$ ist. Interpretiert man die abgegebenen Meldungen in dieser Weise, so ergibt sich als einfache Methode zur Ermittlung des gesuchten Indexes die Gleichung

$$y_t = \alpha \left(x_t^+ - x_t^- \right). \tag{3}$$

Dies entspricht der von Anderson (1951, 1952) vorgeschlagenen einfachen Saldenmethode. Theil (1971) zeigt, daß diese Quantifizierung gleichbedeutend mit der Annahme ist, daß die Veränderung y_t einer „Signum-Verteilung“ folgt. Diese Verteilung ist diskret und hat an den Punkten $-\alpha, 0, +\alpha$ die Wahrscheinlichkeiten $x_t^-, x_t^=$undx_t^+. Erwartungswert und Varianz lassen sich gemäß

$$\mu_t = \alpha x_t^+ + 0x_t^= - \alpha x_t^- = \alpha\left(x_t^+ - x_t^-\right) \tag{4}$$

und

$$\sigma_t^2 = \alpha^2\left[\left(x_t^+ + x_t^-\right) - \left(x_t^+ - x_t^-\right)^2\right] \tag{5}$$

berechnen (Batchelor 1986). Der Parameter α ist ein Skalierungsfaktor. Er läßt sich unter der weiteren Annahme schätzen, daß der Erwartungswert der Vorzeichenverteilung im Mittel der tatsächlichen Realisation entspricht, also wenn die Individuen korrekte Erwartungen im Sinne von

$$\sum_{t=1}^{T} \mu_t = \sum_{t=1}^{T} \bar{y}_t \tag{6}$$

haben. $\bar{y}_t$ sind jetzt die beobachteten Makrorealisationen des Prozesses. Dann lautet die Schätzgleichung für den Skalierungsfaktor:

$$\alpha = \frac{\sum_{t=1}^{T} \bar{y}_t}{\sum_{t=1}^{T}\left(x_t^+ - x_t^-\right)}. \tag{7}$$

Eine an die einfache Saldenmethode angelehnte Quantifizierung speziell für die Variable „Preis“ ist das Regressionsmodell von Pesaran (1984). Pesaran kritisiert dabei vor allem die in der einfachen Saldenmethode unterstellte Symmetrie der positiven und negativen Preisveränderungen sowie die Unabhängigkeit des Parameters α von der tatsächlich durch die Unternehmen wahrgenommenen Inflationsrate. Gemäß Pesaran beeinflußt eine hohe durch die Individuen beobachtete Inflationsrate eine positive Inflationserwartung. Dabei wird der Zusammenhang zwischen der tatsächlichen und der vom Befragten in der Vergangenheit wahrgenommenen Inflationsrate als Maßstab für die Erwartungen über künftige Entwicklungen benutzt. Man erhält daraus ein nichtlineares Modell mit unterschiedlichen Parametern für positive und negative Anteile, deren Schätzungen zur Quantifizierung herangezogen werden.

Quantifizierung mit fixem Indifferenzintervall

Ein wesentlicher Aspekt der skizzierten Befragungstechnik ist, daß die Interpretation der mittleren Antwortkategorie „unverändert“ dem Antwortgeber überlassen wird. Damit wird ein Ansatzpunkt für Kritik an der einfachen Saldenmethode deutlich: Es ist nicht damit zu rechnen, daß die Kategorie „unverändert“ tatsächlich nur Meldungen enthält, deren numerischer Wert Null ist. Vielmehr wird es möglicherweise Meldungen geben, deren absoluter Wert positiv oder negativ ist, aber bestimmte Grenzen nach oben bzw. unten nicht überschreitet. Ein Intervall, das derartige Meldungen beinhaltet, nennt man Indifferenzintervall.

Angenommen, die Veränderungen folgen einer Normalverteilung

$$f_t\left(\mu_t, \sigma_t^2\right) = f\left(\mu_t, \sigma_t^2\right) \sim N\left(\mu_t, \sigma_t^2\right), \tag{8}$$

und es gibt einen um 0 symmetrischen Bereich $[-\gamma, +\gamma]$, innerhalb dessen die Veränderungen von allen Antwortgebern als „keine Veränderung“ angesehen werden. Dann können die gesuchten Parameter geschätzt werden, indem angenommen wird, die gesuchte Normalverteilung verteile ihre Wahrscheinlichkeitsmasse exakt gemäß den beobachteten Anteilen. Dies bedeutet, x_t^- der Wahrscheinlichkeitsmasse liegt im Bereich $(-\infty, -\gamma)$, $x_t^=$ im Bereich $(-\gamma, \gamma)$ und x_t^+ im Bereich $(\gamma, +\infty)$.

Carlson und Parkin (1975) haben gezeigt, wie Erwartungswert und Varianz der gesuchten Normalverteilung geschätzt werden können. Der Erwartungswert bestimmt sich gemäß

$$\mu_t = \gamma \frac{\Phi^{-1}\left(x_t^-\right) + \Phi^{-1}\left(1 - x_t^+\right)}{\Phi^{-1}\left(x_t^-\right) - \Phi^{-1}\left(1 - x_t^+\right)}, \tag{9}$$

die Standardabweichung gemäß

$$\sigma_t = \gamma \frac{-2}{\Phi^{-1}\left(x_t^-\right) - \Phi^{-1}\left(1 - x_t^+\right)}. \tag{10}$$

Φ^{-1} ist die Inverse der Standardnormalverteilung. Der Schwellenparameter γ läßt sich schätzen, indem analog zu Gleichung (6) angenommen wird, daß langfristig die Erwartungen unverzerrt sind. Hat man beispielsweise eine zur kategorialen Zeitreihe analoge stetige Zeitreihe der Realisationen, so kann man deren Durchschnittswert heranziehen. Hierzu und zu alternativen Formalisierungen vgl. Marty (1993). Es ergibt sich:

$$\gamma = \frac{\sum_{t=1}^{T} \bar{y}_t}{\sum_{t=1}^{T} \frac{\Phi^{-1}\left(x_t^-\right)+\Phi^{-1}\left(1-x_t^+\right)}{\Phi^{-1}\left(x_t^-\right)-\Phi^{-1}\left(1-x_t^+\right)}} \tag{11}$$

Die Carlson-Parkin-Methode kann bezüglich der zugrundegelegten Verteilung modifiziert werden. So sind für verschiedene Variablen (z.B. Preise, Beschäftigung, Output) durchaus verschiedene empirische Verteilungen plausibel. Alternativen zur Normalverteilung bei der Quantifizierung der Preisentwicklung sind beispielsweise eine skalierte t-Verteilung (Carlson 1977) oder die logistische Verteilung (Fishe und Lahiri 1981, Batchelor und Orr 1988).

Quantifizierung mit variablem Indifferenzintervall

Obwohl die genannten Ansätze sich in der empirischen Anwendung fest etabliert haben, bestehen noch Vorbehalte gegenüber dem Anderson-Verfahren und der Carlson-Parkin-Technik. Eine wichtige Modifikation des Carlson-Parkin-Grundmodells generalisiert die Indifferenzintervallschätzung, indem prinzipiell asymmetrische und über die Zeit variierende Schwellenwerte zugelassen werden. Theil (1971, S. 331ff.) zeigt, daß nicht nur verschiedene Variablen unterschiedliche Intervalle haben, sondern diese zudem individuell verschieden sind.

Insbesondere das Konzept der Antwortfunktion erlaubt es, die Indifferenzintervallparameter so verallgemeinert zu modellieren, daß sie weder für alle Individuen gleich, noch symmetrisch und auch nicht über die Zeit konstant sein müssen. Die auf Pfanzagl (1952) zurückgehende Antwortfunktion läßt sich als die Wahrscheinlichkeit formulieren, daß eine bestimmte Kategorie in Abhängigkeit von der Veränderung y_{it} bei Firma i gemeldet wird. Die Wahrscheinlichkeit, daß „fallend" gemeldet wird, sollte mit wachsender Veränderung y_{it} fallen. Analog sollte die Wahrscheinlichkeit, daß „steigend" gemeldet wird, ansteigen. Die Wahrscheinlichkeit, daß „unverändert" gemeldet wird, sollte zunächst ansteigen, dann fallen. Die Schätzung dieser Antwortfunktionen läßt die gewünschte Variabilität der Indifferenzintervalle zu.

Seitz (1988) schlägt eine Modifikation der Carlson-Parkin-Technik vor, bei der die Schwellenwerte selbst eine stochastische Struktur haben. Zunächst werden Firmenangaben über Realisationen analysiert und die Carlson-Parkin-Schätzer für die Parametervarianzen ermittelt. Für diese Parameter wird eine allgemeine Struktur unterstellt, bei der sie sich sowohl im Querschnitt über einen Standardzufallsterm wie auch in der Zeit über einen Random-Walk-Zufallsterm stochastisch bewegen. Zur Schätzung ihrer stochastischen Eigenschaften wird die Varianz-Kovarianz-Matrix der ursprünglichen Schätzung mit der Methode der kleinsten Quadrate (KQ) herangezogen. Eine Zeitreihe von Parameterschätzungen kann anhand der Kalman-Filter-Technik gewonnen werden.

Generell wird bei allen hier betrachteten Verfahren die quantifizierte Zeitreihe dadurch ermittelt, daß unter der Annahme gleicher Parameter für Pläne und Realisationen die Erwartungsdaten in die Realisationsgleichung eingesetzt werden. Daher ist zu beachten, daß diese Techniken die Gegenüberstellung von Erwartungen und Realisationen nutzen und deshalb nur für Variable anwendbar sind, für die beides erhoben wird. Dies geschieht im Konjunkturtest für die wichtigen Variablen Preise, Produktionstätigkeit und Geschäftslage.

Empirischer Vergleich der Methoden

Dasgupta und Lahiri (1992) vergleichen die einfache Saldenmethode mit der Carlson-Parkin-Technik unter den drei verschiedenen Verteilungsannahmen der Normalverteilung, der logistischen und der t-Verteilung anhand US-amerikanischer Daten. In einer Regression der tatsächlichen auf die jeweils geschätzte Inflationsrate zeigt sich die Überlegenheit der Carlson-Parkin-Technik über die einfache Saldenmethode in einem um 12 Prozentpunkte höheren R^2-Wert im Falle der Verwendung einer t-Verteilung mit 22 Freiheitsgraden anstatt der Normalverteilung oder der logistischen Verteilung. Zugleich ist bei der t-Verteilung die serielle Korrelation der Residuen am geringsten. Jedoch ist ein wesentliches Ergebnis, daß auch die Saldenmethode die tatsächliche Zeitreihe der betrachteten Variable „Inflation" im Durchschnitt sehr gut nachbildet. Sie erfaßt zwar die extremen Ausschläge des Inflationszyklus nicht, verfehlt aber keinen Wendepunkt. Dies veranlaßt die Autoren zu dem interessanten Schluß, daß, wenn man die Inflationserwartung als eine Komponente eines zusammengesetzten Indikators für die Entwicklung des Lebenshaltungskostenindex verwenden will, die Saldenmethode möglicherweise eine geeignete

Quantifizierung ermöglicht, weil sie korrekte Signale gibt. Dieser Schluß läßt sich mit dem Ergebnis von Anderson und Naggl (1989) vereinbaren, in deren Untersuchung bezüglich der Kapazitätsauslastung sich die Saldenmethode ebenfalls gegenüber Quantifizierungen mit der Normalverteilung, der Poissonverteilung und stabilen, d.h. bei Faltung geschlossenen, Verteilungen als nicht unterlegen erweist.

Dasgupta und Lahiri (1992) weisen auch auf die Überlegenheit der zeitvariablen und asymmetrischen Modellierung der Intervallparameter hin. Ein wichtiges Grundproblem der Quantifizierung von Zeitreihen liegt darin, die Autokorrelation korrekt zu erfassen. Die Autoren untersuchen dieses Problem, indem sie unterschiedliche Teilzeiträume betrachten. Es zeigt sich, daß sich bei Schätzung unter der Unverzerrtheitsannahme in den jeweiligen Teilzeiträumen beträchtliche Variabilität in den Koeffizienten einstellt. Die Anpassung mit diesen Koeffizienten bildet Ausschläge der Zeitreihen im einzelnen besser nach, zugleich wird vermutete Autokorrelation weitgehend beseitigt. Die Rangfolge der verwendeten Verteilungen (t-, Normal-, logistische Verteilung) bleibt unberührt.

Es sollte an dieser Stelle erwähnt werden, daß für das zugundeliegende stochastische Modell für die Störgröße die Annahme eines Erwartungswertes von 0 getroffen wird. Für Realisationsdaten ist dies ein plausibles Modell, weil man annehmen kann, daß die Firmen realisierte Zahlen hinreichend gut kennen. Inwieweit diese Annahme aber für Erwartungsdaten gilt, ist theoretisch nicht ohne weiteres begründbar. Selbst bei Gültigkeit der Hypothese der schwach rationalen Erwartungen ist ein Erwartungswert von Null eventuell nicht plausibel, weil Schocks im Aggregat die individuellen Fehler in eine Richtung beeinflussen (Dasgupta und Lahiri 1992). Wie Abschnitt 4 zeigen wird, ist dies jedoch empirisch von untergeordneter Bedeutung. Insgesamt bleibt als wesentlicher Aspekt der genannten Quantifizierungsmethoden festzuhalten, daß aus theoretischen Überlegungen heraus *a priori* keine Methode als überlegen zu identifizieren ist. Es ist eine rein empirische Frage, welche Quantifizierungsmethode für welche Variable vorzuziehen ist.

4.1.3 Quantifizierung auf der Mikroebene

Je nach Art der zugrundeliegenden Variablen gibt es verschiedene Modellklassen, mithilfe derer individuelle qualitative Variable direkt ökonometrisch durch exogene Variable erklärt werden können. Dies ermöglicht einerseits die Prüfung von substanzwissenschaftlichen Hypothesen, andererseits kann auf Basis der Schätzgleichung die endogene Größe quantifiziert werden. Die verschiedenen betrachteten Modellklassen unterscheiden sich im wesentlichen durch die Art der endogenen und exogenen Variablen. Sind beide kategorialer Natur, können Zusammenhänge zwischen ihnen mit log-linearen Wahrscheinlichkeitsmodellen aufgedeckt werden. Sollen kategoriale endogene Variablen auf stetige und/oder kategoriale exogene Variablen regressiert werden, so ist dies mit sogenannten Qualitative Response Models möglich, welche zur Modellierung binärer und multipler Wahlentscheidungen zwischen ungeordneten und geordneten Kategorien geeignet sind. Daneben gibt es

Modelle für beschränkt-abhängige Variable und für Zählprozesse. Wir geben im folgenden einen groben Überblick über diese Verfahren.

Qualitative Response Models

Bei Unternehmerbefragungen wird vom Antwortgeber häufig die Kategorisierung einer stetigen oder latent stetigen Größe verlangt, die durch die Gleichung

$$y_i^* = \beta x_i + \varepsilon_i \tag{12}$$

beschrieben werden soll. Dabei ist x_i ein $(k \times 1)$-dimensionaler Vektor exogener Variablen der Untersuchungseinheit i und β ein $(1 \times k)$-dimensionaler, zu schätzender Parametervektor. Die tatsächliche Beobachtung y_i ist lediglich ein Indikator für die nicht erhobene stetige Variable. Der entscheidende Aspekt des Beobachtungsmodells der Gleichung (12) ist, daß die stetige Variable, beispielsweise die Inflationserwartung, von den individuellen Eigenschaften des Antwortgebers abhängt.

Logit- und Probit-Modell

Eine häufig zu modellierende Entscheidung ist die binäre 0–1 bzw. ja/nein-Wahlentscheidung. Gleichung (12) wird dann zu

$$\begin{aligned} y_i &= 1, \quad \text{wenn} \quad y_i^* > 0, \quad \text{und} \\ y_i &= 0 \quad \text{sonst.} \end{aligned} \tag{13}$$

In dieser Formulierung kann jede einzelne Beobachtung als Eintritt ($y = 1$) und Nichteintritt ($y = 0$) eines Ereignisses interpretiert werden. Der Vorteil dieser Kodierung von y wird deutlich, wenn man für die Wahlentscheidung ein Wahrscheinlichkeitsmodell unterstellt. Die Wahrscheinlichkeit, daß y eintritt, ist durch den konditionalen Erwartungswert

$$\text{Prob}(y_i = 1|x_i) = E(y_1|x_i) \tag{14}$$

gegeben. Dieser bedingte Erwartungswert läßt sich in allgemeiner Form als

$$\text{Prob}(y_i^* > 0) = \text{Prob}(\beta x_i + \varepsilon_i > 0) = \text{Prob}(\varepsilon_i > -\beta x_i) \tag{15}$$

modellieren. Unterstellt man für die Störterme eine symmetrische Verteilung, so gilt allgemein

$$\text{Prob}(\varepsilon_i > -\beta x_i) = 1 - F(-\beta x_i) = F(\beta x_i), \tag{16}$$

wobei F eine beliebige symmetrische kumulierte Dichtefunktion ist. F transformiert jedes Argument βx in eine Zahl im Wahrscheinlichkeitsintervall $[0, 1]$. Die Nichtlinearität der Verteilungsfunktion impliziert, daß einerseits mittels nichtlinearer Verfahren geschätzt werden muß, und daß andererseits die Parameterschätzungen nicht mehr den marginalen Effekten entsprechen. Es gilt:

$$E(y_i^*|x_i) = \beta x_i \neq E(y_i|x_i). \tag{17}$$

Das technische Problem der Schätzung wird mittels der Maximum-Likelihood-Methode gelöst. In allen nachfolgend genannten Modellen führt dieses Verfahren zu asymptotisch effizienten Schätzern mit minimaler Varianz. Aus Platzgründen wird die logarithmierte Likelihoodfunktion nur in allgemeiner Form dargestellt:

$$\log L(\beta; y; x) = \sum_{i=1}^{N} [y_i \log(F(\beta x_i)) + (1 - y_i) \log(1 - F(\beta x_i))]. \tag{18}$$

(Für ausführliche Darstellungen der Likelihoodfunktion binärer Modelle sowie der marginalen Effekte vgl. Greene 1993). Zwei häufig alternativ gewählte Annahmen für die Dichtefunktion der Störterme sind die logistische Verteilung und die Standardnormalverteilung. In der Terminologie der generalisierten linearen Modelle gemäß McCullagh und Nelder (1989) ergeben sich für einen linearen Prediktor βx und der jeweiligen Verteilungsfunktion als Linkfunktion das Probit-Modell

$$E(y_i|x_i) = \int_{-\infty}^{\beta x_i} \phi(t)dt = \Phi(\beta x_i) \tag{19}$$

und das Logit-Modell

$$E(y_i|x_i) = \frac{e^{\beta x_i}}{1 + e^{\beta x_i}}. \tag{20}$$

Die Überlegenheit gegenüber dem linearen Wahrscheinlichkeitsmodell mit der Identitätsfunktion als Link beruht nicht nur in der Beschränkung des Prognoseintervalls auf $(0, 1)$, sondern ist in nahezu allen Fällen auch aus Plausibilitätsüberlegungen gegeben. Auf Probit- und Logit-Modelle lassen sich zur linearen Standardregression analoge Testmethoden anwenden. Zu beachten ist, daß die Parameter aufgrund der gewählten Verteilungsfunktionen nicht in ihrer korrekten Dimension geschätzt werden können. Beispielsweise muß beim Probit-Modell von der Standardnormalverteilung ausgegangen werden. Die endogene latente Variable kann dann nur in der mit der Standardabweichung normierten Größenordnung geschätzt werden. Gleichung (12) würde beobachtungstechnisch das gleiche Modell ergeben, wenn y_i, β und ε_i mit einem konstanten Faktor σ^2 multipliziert würden. Logit und Probit ergeben in der empirischen Anwendung stets sehr ähnliche Parameterschätzungen, wobei die Logitschätzungen um einen Skalierungsfaktor von ca. 1,6 höher liegen.

Tobit-Modell

Der Sonderfall einer endogenen Variablen mit beschränkter Ausprägung ist gegeben, wenn die latent stetige Variable gemäß Gleichung (12) in nur einem Teilbereich gemessen werden kann, ihre Verteilung also entweder zensiert oder gestutzt ist. Bei der Zensierung sind alle Individuen beobachtet, die betrachtete Variable nimmt aber ab einem Schwellenwert eine feste gegebene Größe an. Bei einer Stutzung sind Individuen mit Realisationen über diesem Schwellenwert nicht im Datensatz enthalten. In beiden Fällen ist gemäß der Beobachtungsstruktur

$$\begin{aligned} y_i &= y_i^*, \quad \text{wenn} \quad y_i^* > 0, \quad \text{und} \\ y_i &= 0 \quad\quad\quad \text{sonst.} \end{aligned} \tag{21}$$

zu schätzen, wobei a die Konstante der Stutzung oder Zensierung ist. Die Anwendung der KQ-Methode führt bei zensierten Daten je nach Grad der Stutzung oder Zensierung zu Verzerrungen in den geschätzten Koeffizienten (Davidson und McKinnon 1993, S. 538ff.).

Als Tobit-Modell bezeichnet man im allgemeinen die bei $a = 0$ zensierte Regression. Das Modell verbindet die KQ-Schätzung der Gleichung der latenten Variable mit der Wahrscheinlichkeit, daß die Variable stetig beobachtet wird. Diese Wahrscheinlichkeit wird mit einem Probit-Modell geschätzt, was zu der modifizierten Loglikelihoodfunktion

$$\log L(\beta, \sigma; y, x) = \sum_{y_i=0} \log\left(\Phi\left(-\frac{1}{\sigma}\beta x_i\right)\right) + \sum_{y_i>0} \log\left(\frac{1}{\sigma}\phi\left(\frac{1}{\sigma}(y_i - \beta x_i)\right)\right) \qquad (22)$$

führt.

Ordinales Probit/Logit-Modell

Die binären Modelle lassen sich in einfacher Weise auf den Drei- oder Mehrkategorienfall übertragen. Bei der Erfassung multipler Wahlentscheidungen besteht zum einen ein wichtiger Unterschied darin, ob es sich um nacheinander oder gleichzeitig ablaufende Wahlprozesse dichotomer Art oder einen einmaligen Wahlprozeß polytomer Art handelt. Letzterer Fall liegt beispielsweise bei Konjunkturtestdaten vor. Zum anderen ist streng zu trennen zwischen der Betrachtung ungeordneter (multinomiales Logit/Probit) und geordneter (ordinales Logit/Probit) Kategorien. Der wesentliche Unterschied zwischen ordinalen und multinomialen Modellen liegt darin, daß die zusätzliche Information der Ordinalität der Kategorienstruktur genutzt und modelliert wird.

Wiederum ausgehend vom Modell der latent stetigen Variable gemäß Gleichung (12), liegt nunmehr folgende Beobachtungsstruktur vor:

$$\begin{array}{lll} y_i = 0, & \text{wenn} & y_i^* \leq s_1 \\ y_i = 1, & \text{wenn} & s_1 \leq y_i^* \leq s_2 \\ y_i = 2, & \text{wenn} & s_2 \leq y_i^* \end{array} \qquad (23)$$

In diesem Modell sind sowohl die Parameter wie auch die Schwellenwerte (s_1, s_2) zu schätzen. Die Indikatorfunktion βx_i darf bei dieser Beobachtungsstruktur keinen konstanten Term enthalten. Wird ein konstanter Term aufgenommen, so wird die erste Schwelle willkürlich auf Null gesetzt, denn exakt diese Funktion übernimmt der konstante Term in binären Modell. Als Wahrscheinlichkeiten für die jeweiligen Ereignisse ergeben sich unter Verwendung der Standardnormalverteilung:

$$\begin{array}{lll} \text{Prob}(y_i = 0) & = & \Phi(s_1 - \beta x_i) \\ \text{Prob}(y_i = 1) & = & \Phi(s_2 - \beta x_i) - \Phi(s_1 - \beta x_i) \\ \text{Prob}(y_i = 2) & = & \Phi(\beta x_i - s_2) \end{array} \qquad (24)$$

Damit erhält man die Parameterschätzungen des ordinalen Probit-Modells aus der Loglikelihoodfunktion:

$$\log L(\beta, s_1, s_2; x) = \sum_{y_i=0} \log(\Phi(s_1 - \beta x_i)) + \sum_{y_i=2} \log(\Phi(\beta x_i - s_2)) \qquad (25)$$

$$+ \sum_{y_i=1} \log\left(\Phi(s_2 - \beta x_i) - \Phi(s_1 - \beta x_i)\right)$$

Bei der Interpretation der Parameter dieses Modells ist allerdings nicht nur aufgrund der fehlerhaft dimensionierten Schätzung Vorsicht geboten, sondern auch, weil der Effekt einer marginalen Veränderung der exogenen Variablen auf die Wahrscheinlichkeit der mittleren Kategorie nicht eindeutig ist (Greene 1993, S. 674).

Log-lineares Wahrscheinlichkeitsmodell

Sind alle beteiligten Variablen eines Problems kategorial und gemeinsam endogen, so stellt das log-lineare Wahrscheinlichkeitsmodell (Bishop et al. 1975) eine geeignete Grundlage für eine Assoziationsanalyse dar. Anhand dieses Modells lassen sich die gegenseitigen Einflüsse quantitativ erfassen. Die Analyse polytomer Kategorien wird durch die Parametrisierung einer multidimensionalen Kontingenztabelle in interpretierbare Einheiten vorgenommen. Angenommen, man habe drei kategoriale Variablen A, B, C mit den Kategorien $i = 1, 2, ..., I; j = 1, 2, ..., J; k = 1, 2, ..., K$. $\{\pi_{ijk}\}$ sei die Kontingenztabelle der relativen Häufigkeiten zwischen diesen Variablen und $\{\pi_{ij}\}$ die (typische) Randtabelle zwischen A und B. π_{ijk} und π_{ij} sind Wahrscheinlichkeiten und m_{ijk} und m_{ij} sind die entsprechenden absoluten Häufigkeiten.

Betrachten wir zunächst nur die beiden Variablen A und B. Das Unabhängigkeitsmodell für π_{ij} lautet

$$\pi_{ij} = \pi_{.j}\pi_{i.}, \tag{26}$$

wobei die $\pi_{.j}$und$\pi_{i.}$ die entsprechenden Randverteilungen darstellen. Eine allgemeinere Formulierung ist

$$\pi_{ij} = \mu\pi(i)\pi(j)\pi(i,j) \tag{27}$$

mit $\pi(.)$ als Komponentenwahrscheinlichkeiten und μ als Normalisierungskonstante. Es gilt:

$$\sum_j \pi(i) = \sum_j \pi(j) = \sum_j \pi(i,j) = 1 \tag{28}$$

Logarithmisch transformiert läßt sich das log-lineare Wahrscheinlichkeitsmodell als

$$\log \pi_{ij} = \mu + u_i + u_j + u_{ij} \tag{29}$$

schreiben. Man bezeichnet dies auch als „saturiertes" Modell, da die Zellwahrscheinlichkeiten nur neu parametrisiert werden. Dabei ist μ die Normierungskonstante, u_i und u_j sind die Haupteffekte und u_{ij} die Interaktionsparameter zwischen den Kategorienkombinationen. Letztere messen die Assoziationen zwischen den Kategorien i und j der beiden Variablen. Dabei gelten die Restriktionen

$$\sum_i u_i = \sum_j u_j = \sum_i u_{ij} \sum_j u_{ij} = 0. \tag{30}$$

Das log-lineare Wahrscheinlichkeitsmodell geht nur von einer nomialen Struktur der Daten aus. Kawasaki und Zimmermann (1981) haben gezeigt, wie nomiale und ordinale Assoziationsmaße genutzt werden können, um die Informationen auf der Kategorienebene zu einer Gesamtassoziation für beide Variablen zusammenzufassen. Die nomiale Assoziation liegt im Intervall $[0,1]$, die ordinale Assoziation im Intervall $[-1,1]$. Für die komplette Tabelle erhält man unter zu (30) analogen Restriktionen

$$\log \pi_{ijk} = \mu + u_i + u_j + u_k + u_{ij} + u_{ik} + u_{jk} + u_{ijk} \tag{31}$$

das saturierte Modell mit drei Variablen. Gleichung (31) geht davon aus, daß die Variablen A, B und C gemeinsam abhängig sind. Das damit verbundene konditionale Wahrscheinlichkeitsmodell $\mathrm{Prob}(A|B,C)$ mit A als endogener und B und C als exogenen Variablen lautet

$$\log \pi_{i|jk} = \mu_{jk} + u_i + u_{i|j} + u_{i|k}, \tag{32}$$

wenn man Unabhängigkeit der Assoziation ($u_{ijk} = 0 \forall i,j,k$) annimmt. Die bedingten Wahrscheinlichkeiten der Kategorien einer abhängigen Variablen beinhalten nur die Haupteffekte der abhängigen Variablen und die Interaktionen zwischen der abhängigen und den unabhängigen Variablen, aber nicht die Haupteffekte und die Interaktionen zwischen den unabhängigen Variablen. mu_{jk} sind Normierungskonstante. Die Parameter können mithilfe der Multinomialverteilung anhand der kondensierten Likelihood-Funktion

$$L(m_{ijk}|\underline{u}) = \sum_{i,j,k} m_{ijk} \log \pi_{i|jk} \tag{33}$$

geschätzt werden. Prinzipiell können log-lineare Wahrscheinlichkeitsmodelle eingesetzt werden, wenn alle Variablen kategorial sind. Nerlove und Press (1973) haben gezeigt, wie darüber hinaus stetige exogene Variable in die Analyse einbezogen werden können.

Multinomiales Logit

Die Annahme der Gültigkeit des Modells einer einzigen Indikatorfunktion βx_i macht keinen Sinn, wenn es sich um ungeordnete Kategorien handelt (Davidson und McKinnon 1993, Kap. 15). Für ungeordnete Kategorien kann man jedoch das multinomiale Logit-Modell verwenden. Im Falle von $J+1$ Kategorien ergibt sich in ausführlicher Darstellung

$$\begin{aligned} \mathrm{Prob}(y_i = 0) &= \frac{1}{1 + \sum_{j=1}^{J} \exp(\beta^j x_i)} \\ \mathrm{Prob}(y_i = r) &= \frac{\exp(\beta^r x_i)}{1 + \sum_{j=1}^{J} \exp(\beta^j x_i)}, \qquad r = 1, \ldots, J. \end{aligned} \tag{34}$$

Es gibt also hier für jede Beobachtung einen neuen Parametervektor, der einer eigenen Indikatorfunktion entspricht. Die Likelihoodfunktion nimmt folgende Form an:

$$\log L(\beta_1, \ldots, \beta_j, x) = \sum_{j=1}^{J} \sum_{y_i = j} \beta^j x_i - \sum_{i=1}^{N} \log \left(1 + \sum_{j=1}^{J} \exp\left(\beta^j x_i\right)\right) \tag{35}$$

Es besteht eine enge Verbindung zwischen multinomialem Logit und log-linearem Wahrscheinlichkeitsmodell, da sie im Falle von ausschließlich kategorialen Variablen ineinander überführbar sind.

Zähldatenmodelle

Eine besondere Behandlung können kategoriale Variablen erhalten, wenn sie als Zähldaten, d.h. als nicht-negative ganzzahlige Realisationen, interpretierbar sind.[1]

Poisson-Modell

Der Standardfall dieser Modellrichtung ist der Poisson-Ansatz. Für die Poisson-verteilte Zufallsvariable y_i mit den Werten $0, 1, 2, \ldots$ lautet die Wahrscheinlichkeitsfunktion

$$f_i(y_i) = \frac{\exp(-\lambda_i)\lambda_i^{y_i}}{y_i!}. \tag{36}$$

Die Heterogenität der Individuen wird in dieser Modellformulierung berücksichtigt, indem der Verteilungsparameter λ_i als

$$\ln \lambda_i = \beta x_i \tag{37}$$

modelliert wird. Dies ist der deterministische Teil des Zählprozesses. Es gilt:

$$E(y_i|x_i) = Var(y_i|x_i) = \lambda_i \tag{38}$$

In diesem Modell entsteht die stochastische Struktur nicht durch einen Fehlerterm, sondern sie ist in der endogenen Variable enthalten. Die Likelihoodfunktion ist daher das Produkt der Einzelwahrscheinlichkeiten aller Beobachtungen gemäß Gleichung (36). Dies führt zur Loglikelihoodfunktion

$$\log L(\beta; y, x) = \sum_{i=1}^{N} - \exp(\beta x_i) + y_i \beta x_i - \log(y_i!). \tag{39}$$

Negativbinomialmodell

Die dem Poisson-Modell inhärente Gleichheit von Erwartungswert und Varianz ist eine empirisch meist unerwünschte Eigenschaft. Addiert man in Gleichung (37) einen Fehlerterm γ_i

$$\ln \lambda_i = \beta x_i + \gamma_i \tag{40}$$

und unterstellt für γ_i eine Gamma-Verteilung, so ergibt sich die Negativbinomialverteilung.

Generalized Event Count Model (GEC_k)

Diese allgemeinere Klasse von Zähldatenmodellen wurde von Winkelmann und Zimmermann (1991) vorgeschlagen. Hierbei wird die Varianz-Mittelwertsbeziehung als

$$Var(y_i|x_i) = E(y_i|x_i) + \rho\, [E(y_i|x_i)]^{k+1}\,, \tag{41}$$

[1] Für eine allgemeine Übersicht über Zähldatenmodelle vgl. Winkelmann und Zimmermann (1993).

mit Streuungsparameter ρ und Nichtlinearitätsparameter k, modelliert. Für $\rho = 0$ gilt das Poisson-Modell, $\rho > 0$ impliziert Überstreuung, $\rho < 0$ Unterstreuung. ρ und k werden zusammen mit den anderen Parametern des Modells geschätzt und ermöglichen eine flexible Anpassung an die Daten. Für $k = 0$ und $k = 1$ ergeben sich zwei in empirischen Anwendungen häufig verwendete Standardfälle der Negativbinomialverteilung. Der zusätzliche Parameter ρ läßt sich für $k = 0$ weniger effizient, aber dafür schneller rechenbar, aus den Residuen des Poisson-Modells schätzen und für den nächsten Schritt im weiteren Schätzprozeß vorgeben. Dieses Quasi-Generalized-Pseudo-Maximum-Likelihood-Verfahren (QGPML) wird von Gourieroux et al. (1984) propagiert.

Robuste Poisson-Regression

Der Vorteil des Poisson-Modells ist, daß seine Parameterschätzungen in einer Fülle von Situationen konsistent sind, auch wenn der Ansatz nicht adäquat ist. Allerdings kommt es bei Unterstreuung zu tendenziell zu kleinen, bei Überstreuung zu tendenziell zu großen t-Werten. Winkelmann und Zimmermann (1992) haben deshalb Korrekturen nach Verfahren von White (1982) und McCullagh und Nelder (1989) vorgeschlagen, die es ermöglichen, das leicht schätzbare Poisson-Modell zu verwenden, ohne auf plausible Teststatistiken zu verzichten. Kann oder will man diesen Weg nicht gehen, so müssen verallgemeinerte Modelle herangezogen werden, die erheblich aufwendiger zu schätzen sind.

Anwendungen mit Surveydaten

Konjunktur- und Innovationstest bieten ein breites Anwendungsfeld für die mikroökonometrische Analyse substanzwissenschaftlicher Hypothesen. Demzufolge gibt es eine Fülle von Anwendungsbeispielen für die dargestellten Modelle. Im gegebenen Rahmen kann nur ein Ausschnitt präsentiert werden, ohne einzelne Ergebnisse zu diskutieren. Für einen größeren Überblick vgl. Zimmermann (1994).

Das log-lineare Wahrscheinlichkeitsmodell hat die quantitativ größte Bedeutung gewonnen. Vor allem in der Analyse der in diesem Beitrag vorrangig angesprochenen Frage der Bildung von Unternehmererwartungen bezüglich Preisen, Produktion und Nachfrage hat das Modell eine lange Tradition. Als Beispiele sind zu nennen König (1979, 1980), König et al. (1981, 1982) und Nerlove (1983). Kawasaki und Zimmermann (1986), Zimmermann (1986, 1987a) und Marty (1993) verwenden Varianten des log-linearen Wahrscheinlichkeitsmodells und Assoziationsmaße. Aber auch in der Frage der Flexibilität von Preisen und Produktion (Kawasaki et al. 1982, 1983, König und Zimmermann 1983, König und Nerlove 1984, 1986) und der Arbeitsnachfrage (König und Zimmermann 1984) findet das Modell bislang Anwendung.

Aber auch andere methodische Ansätze werden gewählt: McIntosh et al. (1989) untersuchen anhand eines ordinalen Probit-Modells Konjunkturtestdaten bezüglich der Flexibilität von Preisen und Löhnen sowie der Determinanten der Arbeitsnachfrage. Letztere Frage wird auch von Zimmermann (1991) analysiert, allerdings mit einem binären Probit-Ansatz. Ein weiteres Beispiel für die Probit-Analyse und zusätzlich für die Anwendung einer nichtlinearen Spezifikation des Tobit-Modells bietet die Analyse der Determinanten der Innovationsaktivität von Zimmermann (1985) und König und Zimmermann (1986), deren Erweiterung auf Probleme des Außenhandels nimmt Zimmermann (1987b, 1992) vor. Die Innovationsaktivität ist auch Gegenstand der Studien von Flaig und Stadler (1993, 1994), die ein Random Effects Probit-Modell schätzen.

Ein Anwendungsbeispiel aus der Zähldatenökonometrie ist die Analyse der Zahl der Patente von Zimmermann und Schwalbach (1991). Ein aus methodischer Sicht besonders interessantes Ergebnis ist, daß die Signifikanz der Parameterschätzungen sehr entscheidend vom gewählten Verfahren abhängen kann.

Ein breites Anwendungsfeld haben das multinomiale Logit-Modell und das ordinale Probit-Modell bei der Untersuchung des Indifferenzintervalls, dessen Informationsgehalt für die BRD insbesondere von Ronning (1989, 1990) analysiert wird. Dabei erweist es sich bei der Untersuchung des Investitionstests als nützlich, daß die Investitionen sowohl diskret als auch stetig erhoben werden. Die kategorialen Antwortfunktionen werden so konzipiert, daß die Häufigkeit einer Antwort in Abhängigkeit von der exogenen Variablen „Wachstumsrate" dargestellt wird. Mit einem multinomialen oder geordneten Logit- oder Probit-Modell werden die Schwellenwerte ebenso wie die exogenen Einflußgrößen quantifiziert. Die Studien ergeben tendenziell sehr weite Indifferenzintervalle mit der Gefahr der Unzuverlässigkeit der Angaben. Es zeigen sich Unterschiede in der Abhängigkeit von der Firmengröße und große Differenzen zwischen verschiedenen Schätzverfahren und zwischen verschiedenen betrachteten Ländern. Die Indifferenzintervalle sind ferner zeitabhängig.

4.1.4 Quantitative versus qualitative Datenerhebung

Bei Konjunkturtestdaten werden Variablen, die überwiegend stetiger Natur sind, in kategorialer Form erhoben. Zur Begründung wird angeführt: (i) Dies reduziert zwar den Informationsgehalt, vermeidet aber Meßfehler. (ii) Die Antwortbereitschaft der befragten Firmen wird erhöht. (iii) Die Erhebungskosten werden reduziert, da die Firmen weniger Zeitaufwand für die Beantwortung der Fragen haben und beim Bearbeiter die Daten leichter aufzubereiten sind.

Aus methodischer Sicht sind Meßfehler sowohl für die Quantifizierung auf aggregierter wie auch auf individueller Basis ein potentielles Problem. Zum einen besteht ein trade-off zwischen Informationsgehalt und Reduktion der Meßfehler, zum anderen verzerren mögliche Korrelationen von Meßfehlern innerhalb eines Surveys die festgestellten Zusammenhänge. Abschnitt 4 stellt im ersten Teil Meßfehlerkonzepte, die für Surveydaten relevant sind, dar und beleuchtet im zweiten Teil eine neuere Studie, die für stetige Datenerhebung plädiert.

Die Bedeutung von Meßfehlern

Mit Ausnahme der Saldenmethode nach Anderson haben alle dargestellten Quantifizierungstechniken eine explizit stochastische Struktur. Die Aufnahme eines Störterms in diesen Gleichungen kann als Berücksichtigung möglicher Meßfehler in den Variablen interpretiert werden. Für diese Fehlerterme werden in der Regel strenge Annahmen getroffen, deren Verletzung zu Verzerrungen in der Quantifizierung der untersuchten Zusammenhänge führen. Die wichtigsten Annahmen und Konsequenzen ihrer Verletzung sind (Rodgers et al. 1993):

- Die Meßfehler gleichen sich im Mittel aus, d.h. sie sind im Mittel Null. Ist dies nicht der Fall, so tritt in der Schätzung des konstanten Terms eine Verzerrung auf. Da eine Interpretation der Konstante in der empirischen Anwendung jedoch nur in Ausnahmefällen stattfindet, ist dieses Problem von untergeordneter Bedeutung.
- Der Meßfehler einer Variablen ist unabhängig von ihrem wahren Wert. Dies wird für die endogene und alle exogenen Variablen angenommen. Ist dies nicht erfüllt, so liegt ein schwerwiegendes Problem vor, weil dann Verzerrungen in den Schätzungen der Parameterwerte und deren Varianzen auftreten.
- Die Meßfehler zweier unterschiedlicher Beobachtungszeitpunkte sind unkorreliert. Auf die Konsequenzen der Verletzung dieser Annahme wurde bereits in Abschnitt 2 hingewiesen, wo auf die überlegenen Quantifizierungsergebnisse bei Berücksichtigung der Autokorrelation hingewiesen wurde.

Das Meßfehlerkonzept kann vertieft werden, wenn man Meßfehler nach dem Grad ihrer Korrelation in zufällige und korrelierte Meßfehler unterscheidet (Andrews 1984). Demnach werden Meßfehler dann als zufällig bezeichnet, wenn die Abweichungen der Antwort vom wahren Wert bei zwei beliebigen betrachteten Variablen unkorreliert sind. Zufällige Meßfehler sind die in stochastischen Gleichungen modellierten Störterme, sie führen nicht zu Verzerrungen. Der wichtigste Entstehungsgrund für korrelierte Meßfehler sind methodische Effekte, ein Beispiel dafür findet sich bei Andrews (1984). Die Antworten beispielsweise bezüglich der Preiserwartungen variieren aus zwei Gründen: Zum einen, weil die Unternehmen tatsächlich unterschiedliche Erwartungen haben, zum anderen, weil die vorgegebene Skala unterschiedlich interpretiert wird – dies ist die Aussage der Indifferenzintervallanalyse. Wird nun eine zweite Variable mit der gleichen Skala erfragt, entsteht wiederum ein Teil der Variation aus der unterschiedlichen Interpretation. Dies ist ein methodisch bedingter, korrelierter Meßfehler. Es entsteht so eine Kovariation zwischen den betrachteten Variablen, die die wahre Kovariation überlagert. Diese Art von Meßfehler könnte besonders in Surveydaten von Bedeutung sein.

In einer Studie zur Untersuchung der Bedeutung von korrelierten und zufälligen Meßfehlern kommt Andrews (1984) zu dem Schluß, daß bei einem Vergleich von 2, 3 und 4 Kategorien die Kategorienzahl 3 den größten Meßfehler bezüglich des Zufallsfehlers produzieren, die Kategorienanzahl aber im wesentlichen keinen Einfluß auf den korrelierten

Meßfehler hat. Die Einführung einer zusätzlichen Kategorie „Weiß nicht“reduziert hier beide Meßfehler in signifikanter Weise. Interessanterweise findet Andrews (1984) keine systematischen Unterschiede in der Meßqualität zwischen Realisationsdaten und Erwartungen. Letztendlich kann die Studie keine bedeutsamen korrelierten Meßfehler in für den Konjunkturtest relevanten Bereichen nachweisen. Rodgers et al. (1993) zeigen in ihrer Untersuchung zur Zuverlässigkeit von Angaben über Einkommen als generelles Ergebnis die Abhängigkeit des Meßfehlers von der Länge der Periode, für welche die Variable beurteilt werden soll, und von dem Spielraum für subjektive Einschätzungen. Die Studie behandelt zwar ausschließlich Datenmaterial aus arbeitsökonomischen Zusammenhängen, zeigt aber als allgemeines Ergebnis auf, daß Meßfehlerstrukturen im wesentlichen vom einzelnen Datensatz abhängen. Demnach können unterschiedliche Quantifizierungsergebnisse bei objektiv vergleichbaren Datensätzen auf unterschiedlichen zugrundeliegenden Meßfehlern in den erhobenen Variablen basieren. Weitere methodische Untersuchungen für Konjunkturtestdaten, die auf diesen Überlegungen aufbauen, sind deshalb erforderlich.

Beide Studien machen nachhaltig auf die Bedeutung von Meßfehlern aufmerksam und werfen zugleich ein neues Licht auf die Diskussion, ob stetige Daten, bei denen möglicherweise mit großen Erhebungsfehlern zu rechnen ist, besser stetig oder diskret erhoben werden sollten. Die Studie von Andrews (1984) weckt jedoch Zweifel an der verbreiteten Vermutung, daß mit der Reduktion der Zahl der Kategorien eine Reduktion der Gefahr von Meßfehlern verbunden ist, die den Verlust an Informationsgehalt überkompensiert.

Sollten stetige Daten stetig oder diskret erhoben werden?

Den direkten Zusammenhang zwischen dem Verlust an Informationsgehalt und einer Reduktion der Meßfehler in Surveys hat kürzlich Dunn (1993) mithilfe von Monte-Carlo-Experimenten und einem Anwendungsbeispiel untersucht. Dabei wird zunächst eine korrekt gemessene stetige endogene Variable betrachtet. Die Bildung der endogenen Variablen erfolgt in jedem Experiment mit einem logistisch verteilten Störterm. Es werden drei exogene Variablen verwendet. Zwei werden unabhängig aus der Standardnormalverteilung gezogen, die dritte Variable ist das Produkt dieser beiden Regressoren. Die wahren Parameter der Regressionsgleichung werden so vorgegeben, daß die Varianz der Regressionsfunktion ein vorzugebendes Vielfaches der Störtermvarianz ist. Man kann damit die Anteile von erklärter und unerklärter Varianz an der Gesamtvarianz variieren. Die endogene Variable wird ohne Fehler kategorisiert und mit einem ordinalen Logit-Modell untersucht. Gleichzeitig wird die stetige Variable ohne Fehlerüberlagerung mit der KQ-Methode analysiert.

Vergleicht man die Effizienz der Schätzungen anhand der mit den wahren Parametern normalisierten durchschnittlichen Standardabweichungen, so ergibt sich in allen Fällen eine wesentlich höhere Effizienz der KQ-Schätzung. Die Logit-Schätzung ist um 23-53 % weniger effizient. Das exakte Ergebnis ist unter anderem abhängig davon, in welcher Breite das Kategorisierungsintervall festgelegt wird.

Auch die Frage, wie stark stetige Variablen verschmutzt sein müssen, um in kategorialer Form effizientere Schätzungen zu erhalten, wird betrachtet. Hierfür wird die endogene Variable mit zusätzlichen Zufallsfehlern aus einer Gleichverteilung mit unterschiedlichen Verteilungsgrenzen überlagert. Mit diesem Vorgehen der Parametrisierung der Intervallgrenzen läßt sich quantitativ der Meßfehler bestimmen, bei welchem beide Schätzmethoden gleich effizient sind. Hier zeigt sich, daß der Meßfehler deutlich über der modelltheoretisch vorgegebenen Standardabweichung der logistischen Verteilung liegen muß, damit die Logit-Schätzung effizienter ist.

Das Experiment wurde durch die Analyse der qualitativ und quantitativ erhobenen Karriereabsichten einer großen Gruppe amerikanischer Armeeoffiziere abgestützt. Für alle Befragten lag die endogene Variable in stetiger und kategorialer Form vor, sodaß ein analoger Modellvergleich wie bei den Monte-Carlo-Experimenten durchgeführt werden konnte. Auch diese Untersuchung ergab, daß KQ-Schätzungen verschmutzter Daten der Logit-Analyse qualitativer Daten zumindest nicht unterlegen sind. Zwar waren im praktischen Beispiel die qualitativen Resultate überwiegend vergleichbar, allerdings entdeckte das Logit-Modell einen nichtlinearen Zusammenhang nicht.

Die Analyse von Dunn erweckt Zweifel, ob die Strategie der Erheber von Konjunkturtestdaten, stetige Variablen kategorial zu messen, richtig ist. KQ-Schätzer scheinen auch für verschmutzte Daten relativ zuverlässige Resultate zu liefern. Zieht man jedoch die Überlegungen aus dem vorhergehenden Abschnitt hinzu, relativiert sich das Ergebnis. Indem die Monte-Carlo-Simulationen keine Verschmutzung der exogenen Variablen zuließen, ignorieren sie ein wesentliches Faktum der tatsächlichen Datensituation. Erste eigene Forschungsarbeiten deuten darauf hin, daß im gleichen Monte-Carlo-Experiment bei korrelierten Meßfehlern der endogenen und exogenen Variablen der Effizienzvorteil der KQ-Schätzung rasch verschwinden könnte. Insgesamt ist die Frage dieses Abschnitts als nicht geklärt zu betrachten.

4.1.5 Schlußbemerkung

Der vorliegende Überblick hatte das Ziel, gängige Verfahren zur Quantifizierung qualitativer Individualdaten wie sie bei Unternehmensbefragungen wie dem Konjunktur- und Innovationstest anfallen, in einfacher Form aufzuarbeiten und vergleichend gegenüberzustellen. Dabei sind zwei wesentliche Konzepte identifiziert worden, die überwiegend komplementären Charakter haben:

- Die Saldenmethode, bei der das Individualdatenmaterial zu der interessierenden Variablen in teilaggregierter Form vorliegt. Hier können die Ergebnisse direkt zur Konjunkturanalyse und -prognose eingesetzt werden.
- Die Mikroökonometrie, bei der qualitative Variable direkt auf der Individualebene regressionsanalytisch mit ihren verhaltenstheoretisch begründbaren Determinanten verknüpft werden. Dies ermöglicht eine strukturelle Analyse des konjunkturellen

Prozesses, aber auch eine Quantifizierung der latenten Variablen, zumindest in normierter Form.

Für beide Ansätze gibt es eine Fülle empirischer Arbeiten, die nur unzureichend dargestellt werden konnten. Trotz aller Kritik an den Annahmen der Saldenmethoden zeigt sich, daß die Prognosefähigkeit aus quantifizierten Erwartungsdaten für die makroökonomischen Realisationen gut ist. Die verschiedenen Verfahren unterscheiden sich dabei nicht wesentlich. Das mikroökonometrische Analyseinstrumentarium hat sich in den letzten beiden Jahrzehnten so entscheidend verbessert, daß das vorhandene Datenmaterial eher unternutzt erscheint. Hier ist weitere angewandte Forschung nötig und erfolgversprechend.

Die Notwendigkeit der Quantifizierung beruht bei Unternehmerbefragungen auf der Tatsache, daß überwiegend genuin stetiges Datenmaterial in nicht-stetiger, meist kategorialer Form erhoben wird. Diese Entscheidung könnte nach einer Kosten-Nutzen-Analyse revidiert werden. Ein Überblick über die wissenschaftliche Diskussion zeigt, daß deren bisheriger Stand eine solche Entscheidung nicht rechtfertigt. Weitere Untersuchungen sind nötig, um zu klären, ob die Qualität der Datenerhebung in stetiger Form der in kategorialer Form unterlegen ist.

Literatur

Anderson, O. (1951): Konjunkturtest und Statistik. *Allgemeines Statistisches Archiv*, 35, 209-220.

Anderson, O. (1952): The Business Test of the Ifo-Institute for Economic Research, Munich, and its Theoretical Model. *Review of the International Statistical Institute*, 20, 1-17.

Anderson, O. und Naggl, W. (1989): Quantifizierung qualitativer Informationen. In Oppenländer, K.H. und Poser, G. (Hg.): *Handbuch der Ifo-Umfragen*. Berlin, München. 82-94.

Andrews, F.M. (1984): Construct Validity and Error Components of Survey Measures: A Structural Modeling Approach. *Public Opinion Quarterly*, 48(2), 409-442.

Arminger, G. und Ronning, G. (1991): Ein Strukturmodell für Preis-, Produktions- und Lagerhaltungsentscheidungen von Firmen. *ifo Studien*, 37, 229-254.

Batchelor, R.A. (1986): Quantitative and Qualitative Measures of Inflation Expectations. *Oxford Bulletin of Economics and Statistics*, 48(2), 99-120.

Batchelor, R.A. und Orr, A.B. (1988): Inflation Expectations Revisited. *Economica*, 55, 317-331.

Bishop, Y.M., Fienberg, S.E. und Holland, P.W. (1975): *Discrete Multivariate Analysis: Theory and Practice.* Cambridge, MA.

Carlson, J.A. (1977): Are Price Expectations Normally Distributed? *Journal of the American Statistical Association*, 70, 749-754.

Carlson, J.A. und Parkin, M. (1975): Inflation Expectations. *Economica*, 42, 123-138.

Dasgupta, S. und Lahiri, K. (1992): A Comparative Study of Alternative Methods of Quantifying Qualitative Survey Responses Using NAPM Data. *Journal of Business and Economic Statistics*, 4, 391-400.

Davidson, R. und McKinnon, J.G. (1993): *Estimation and Inference in Econometrics.* New York.

Dunn, L.F. (1993): Category Versus Continuous Survey Responses in Economic Modelling: Monte Carlo and Empirical Evidence. *Review of Economics and Statistics*, 75(2), 188-193.

Fishe, R.P. und Lahiri, K. (1981): On the Estimation of Inflationary Expectations From Qualitative Responses. *Journal of Econometrics*, 16, 89-102.

Flaig, G. und Stadler, M. (1993): On the Dynamics of Product and Process Innovations - A Bivariate Random Effects Probit Model. *Volkswirtschaftliche Diskussionsreihe, Universität Augsburg*, 101.

Flaig, G. und Stadler, M. (1994): Dynamische Spillovers und Heterogenität im Innovationsprozeß – Eine mikroökonomische Analyse. In Hochmuth, U. und Wagner, J. (Hg.): *Firmenpanelstudien in Deutschland.* Tübingen. 185-199.

Gourieroux, C., Montfort, A. und Trognon, A. (1984): Pseudo Maximum Likelihood Methods-Theory. *Econometrica*, 52, 681-700.

Greene, W.H. (1993): *Econometric Analysis.* New York.

Kawasaki, S., McMillan, J. und Zimmermann, K.F. (1982): Disequilibrium Dynamics – An Empirical Study. *American Economic Review*, 72, 992-1003.

Kawasaki, S., McMillan, J. und Zimmermann, K.F. (1983): Inventories and Price Inflexibility. *Econometrica*, 51, 599-609.

Kawasaki, S. und Zimmermann, K.F. (1981): Measuring Relationships in the Log-Linear Probability Model by Some Compact Measures of Association. *Statistische Hefte*, 22, 82-109.

Kawasaki, S. und Zimmermann, K.F. (1986): Testing the Rationality of Price Expectations for Manufacturing Firms. *Applied Economics*, 18, 1335-1347.

König, H. (1979): Zur Bildung von Preiserwartungen – Ein multivariates log-lineares Wahrscheinlichkeitsmodell. *Kyklos*, 32, 380-391.

König, H. (1980): Über den mikroökonomischen Zusammenhang zwischen Preiserwartungen und -realisationen. In Duwendag, D. und Siebert, H. (Hg.): *Politik und Markt.* Stuttgart. 177-184.

König, H. und Nerlove, M. (1984): Response of Prices and Production to Unanticipated Demand Shocks – Some Microeconomic Evidence. In Oppenländer, K.H. und Poser, G. (Hg.): *Leading Indicators and Business Cycle Surveys.* Papers presented at the 16th CIRET Conference, Proceedings, Washington, D.C. 1993. Aldershot. 349-384.

König, H. und Nerlove, M. (1986): Price Flexibility, Inventory Behavior, and Production Responses. In Heller, W.P., Starr, R.M. und Starrett, D.A. (Hg.): *Equilibrium Analysis - Essays in Honor of Kenneth J. Arrow*, Vol. II. New York. 179-218.

König, H., Nerlove, M. und Oudiz, G. (1981): On the Formation of Price Expectations – An Analysis of Business Test Data by Log-Linear Probability Models. *European Economic Review*, 16, 103-138.

König, H., Nerlove, M. und Oudiz, G. (1982): Die Analyse mikroökonomischer Konjunktur-Daten mit log-linearen Wahrscheinlichkeitsmodellen – Eine Einführung. *ifo Studien*, 28, 155-191.

König, H. und Zimmermann, K.F. (1983): Mikroökonomische Preis- und Produktplanung im Ungleichgewicht. In Enke, H., Köhler, W. und Schulz, W. (Hg.): *Struktur und Dynamik der Wirtschaft.* Freiburg. 147-160.

König, H. und Zimmermann, K.F. (1984): Produktionsplanung und Arbeitsnachfrage. In Siebert, H. (Hg.): *Intertemporale Allokation, Staatliche Allokationspolitik im marktwirtschaftlichen System*, Vol. 10. Frankfurt/M. 133-184.

König, H. und Zimmermann, K.F. (1986): Innovations, Market Structure and Market Dynamics. *Zeitschrift für die Gesamte Staatswissenschaft*, 142, 184-199.

Marty, R. (1993): Analysis of the KOF/ETH-Business Survey Data. *Eidgenössische Technische Hochschule Zürich, ETH, Arbeitspapier*, 44.

McCullagh, P. und Nelder, J. (1989): *Generalized Linear Models.* New York.

McIntosh, J., Schiantarelli, F. und Low, W. (1989): A Qualitative Response Analysis of UK Firms Employment and Output Decisions. *Journal of Applied Econometrics*, 4, 251-264.

Nerlove, M. (1983): Expectations, Plans, and Realizations in Theory and Practice, *Econometrica*, 51, 251-1279.

Nerlove, M. und Press, S. (1973): *Univariate and Multivariate Log-Linear and Logistic Models.* Santa Monica, CA.

Pesaran, M.H. (1984): Expectations Formation and Macroeconomic Modelling. In Malgrange, R. und Minet, P.A. (Hg.): *Contemporary Macroeconomic Modelling.* Oxford.

Pfanzagl, J. (1952): Zur Methodik des Konjunkturtest-Verfahrens. *Statistische Vierteljahresschrift*, 52, 161-173.

Rodgers, W.L., Brown, C. und Duncan, G.J. (1993): Errors in Survey Reports of Earnings, Hours Worked and Hourly Wages. *Journal of the American Statistical Association*, 88(424), 1208-1218.

Ronning, G. (1989): Indifferenzintervallanalyse für den Investitionstest – Ein Vergleich von Ergebnissen für Deutschland und die Schweiz. *ifo Studien*, 35, 165-180.

Ronning, G. (1990): The Informational Content of Responses from Business Surveys. In Florens, J.-P., Ivaldi, M., Laffont, J.-J. und Laisney, F. (Hg.): *Microeconometrics – Surveys and Applications.* Oxford. 123-144.

Seitz, H. (1988): Preis- und Produktionspläne im Verarbeitenden Gewerbe: Eine Analyse unter Verwendung von Konjunkturtestdaten. In Kräger, H. (Hg.): *Empirische Wirtschaftsforschung: Heinz König zum 60. Geburtstag.* Frankfurt/M. 103-121.

Theil, H. (1971): *Applied Economic Forecasting.* Amsterdam.

White, H. (1982): Maximum Likelihood Estimation of Misspecified Models. *Econometrica*, 50, 1-25.

Winkelmann, R. und Zimmermann, K.F. (1991): A New Approach for Modelling Economic Count Data. *Economics Letters*, 37, 139-143.

Winkelmann, R. und Zimmermann, K.F. (1992): Robust Poisson Regression. In Fahrmeir, L. et al. (Hg.): *Advances in GLIM and Statistical Modelling – Proceedings of the GLIM 92 and the 7th International Workshop on Statistical Modelling.* Berlin. 201-206.

Winkelmann, R. und Zimmermann, K.F. (1993): Recent Developments in Count Data Modelling – Theory and Application. Erscheint in: *Journal of Economic Surveys.*

Zimmermann, K.F. (1985): Innovationsaktivität, Preisinflexibilität, Nachfragedruck und Marktstruktur. In Bombach, G., Gahlen, B. und Ott, A.E. (Hg.): *Industrieökonomik – Theorie und Empirie.* Tübingen. 67-84.

Zimmermann, K.F. (1986): On Rationality of Business Expectations – A Micro Analysis of Qualitative Responses. *Empirical Economics*, 11, 23-40.

Zimmermann, K.F. (1987a): Prognosequalität von Surveydaten – Mikroökonomische Evidenz. In Franz, W., Gaab, W. und Wolters, J. (Hg.): *Theoretische und angewandte Wirtschaftsforschung.* Berlin. 261-274.

Zimmermann, K.F. (1987b): Trade and Dynamic Efficiency. *Kyklos*, 40, 73-87.

Zimmermann, K.F. (1991): The Employment Consequences of Technological Advance, Demand and Labor Costs in 16 German Industries. *Empirical Economics*, 16, 253-266.

Zimmermann, K.F. (1992): International Trade in a Neoclassical Model of Innovative Activity with Monopolistic Competition. In Kräger, H. und Zimmermann, K.F. (Hg.): *Export Activity and Strategic Trade Policy.* Berlin. 123-150.

Zimmermann, K.F. (1994): Qualitative Daten und Unternehmerverhalten. *Allgemeines Statistisches Archiv*, 78, 40-53.

Zimmermann, K.F. und Schwalbach, J. (1991): Determinanten der Patentaktivität. *ifo Studien*, 37, 201-227.

4.2 Datenaufbereitung und Zeitreihenzerlegung

Georg Goldrian*

ifo Institut für Wirtschaftsforschung, München

4.2.1 Zielsetzung

Konjunkturindikatoren werden aus ökonomischen Zeitreihen, die aus der regelmäßigen Messung von wirtschaftlichen Größen im Zeitablauf entstehen, gewonnen. Aus solchen Zeitreihen läßt sich jedoch im allgemeinen die konjunkturelle Information nur undeutlich ablesen, weil sie von saisonalen Schwankungen und von anderen systematischen und nicht-systematischen Bewegungsanteilen überlagert ist. Zur Verdeutlichung der konjunkturellen Aussage ist daher eine mehr oder weniger vollkommene Bereinigung der Zeitreihe von den nicht-konjunkturellen Komponenten notwendig. Eine direkte Approximation der Konjunkturkomponente setzt eine plausible Erklärung der konjunkturellen Ausprägung von wirtschaftlichen Zeitreihen voraus. Die Erklärungen sind in der Regel sehr vage formuliert angesichts der Tatsache, daß sich konjunkturelle Zyklen in wirtschaftlichen Zeitreihen als sehr ungleichmäßig darstellen. Es lassen sich keine mathematischen Funktionen angeben, die sie beschreiben. Es bleibt nur der Weg einer groben Annäherung der Konjunkturkomponente. Dazu wird die Zeitreihe letztlich stets in einzelne Bestandteile zerlegt.

Bei der Entwicklung von Konjunkturindikatoren kommen noch weitere Verfahren der Zeitreihenanalyse zum Einsatz. Es handelt sich dabei z.B. um die Aufbereitung von Zeitreihen, die zu einem zusammengesetzten Konjunkturindikator vereinigt werden sollen. Der Zweck dieser Datenaufbereitung ist es, den Einfluß der verschiedenen Zeitreihen gezielt so zu steuern, daß keine Reihe im Indikator ungewollt dominiert.

* Die Abbildungen sind am Ende dieses Beitrags zusammengefaßt.

4.2.2 Zeitreihenzerlegung

Grundlagen

Die konjunkturelle Aufbereitung von Zeitreihen bewerkstelligen Verfahren zur Zeitreihenzerlegung. Diese Verfahren beruhen auf der Hypothese, daß sich jeder Ursprungswert einer Zeitreihe in eine Anzahl mehr oder weniger gut definierter systematischer Komponenten und einen unerklärbaren irregulären Rest zerlegen läßt. Als systematisch betrachte man dabei neben der Konjunkturkomponente folgende Bestandteile einer Zeitreihe:

- Die Trendkomponente, die den langfristigen Entwicklungspfad einer wirtschaftlichen Größe wiedergibt. Der Trend ändert seine Entwicklungsrichtung nur allmäh-lich, da sich die ihn treibenden Einflußgrößen, wie z.B. der realisierte technische Fortschritt, nur langsam zu ändern vermögen.

- Mit der konjunkturellen Komponente wird im allgemeinen diejenige zyklische Bewegung von wirtschaftlichen Größen bezeichnet, die den Trend überlagert und eine Periodenlänge von mehreren Jahren aufweist. Für dieses Phänomen wird eine Vielzahl von Ursachen, unter anderen unternehmerische oder wirtschaftspolitische Steuerungsfehler, angeführt. Da aber gerade wirtschaftspolitische Entscheidungen dazu dienen, konjunkturelle Schwankungen zu dämpfen bzw. zu vermeiden, ist der zyklische Ablauf nicht streng periodisch. Vielmehr variieren Schwingungsdauer und Schwingungsausschlag (Amplitude). Ein Blick auf lange westdeutsche wirtschaftliche Zeitreihen offenbart zwar in der Regel ziemlich stark ausgeprägte, aber doch reichlich variable Zyklen.

- Die Saisonkomponente mit dem Bewegungsanteil des Ursprungswerts, der sich im Jahresrhythmus ziemlich regelmäßig wiederholt und für jeden Jahresabschnitt sozusagen ein typisches Bild zeigt. Man kann sich den Zeitablauf der Saisonkomponente als eine nahezu periodische Bewegung mit einer Schwingungsdauer von einem Jahr vorstellen, deren Schwingungsausschläge konstant sind oder sich nur langsam ändern. Als plausible Ursachen für eine saisonale Komponente werden jahreszeitliche und institutionelle Einflüsse (Lufttemperatur, Feiertage, Ferienordnung, etc.) geltend gemacht. Wenn aber diese Einflußfaktoren sehr stark variieren (man denke z.B. an die Verschiebung der Werksferien eines großen Industriebetriebs oder an ein sehr unterschiedliches Winterwetter), so können ihre Wirkungen auf eine Zeitreihe nicht mehr als eine (sehr variable) saisonale Bewegung interpretiert werden, sondern müssen entweder den irregulären Komponenten zugeordnet werden oder weiteren Komponenten, deren Inhalt z.B. durch von der Norm abweichende Witterungsverhältnisse erklärt wird.

- Die Arbeitstagekomponente, die für die Auswirkungen der Arbeitstagezahl eines Jahresabschnitts auf die beobachtete wirtschaftliche Größe steht. Genauer gesagt, die Arbeitstagekomponente wird nur durch den Teil der Arbeitstagezahl erklärt, der über die langfristige Veränderung und über den saisonalen Rhythmus der Arbeitstagezahlen hinausgeht, weil ein gleichbleibender Unterschied der Arbeitstagezahlen unterschiedlicher Jahresabschnitte als Hintergrund der Saisonkomponente angesehen wird.

Werden die genannten systematischen Komponenten aus den Ursprungswerten einer Reihe eliminiert, so erhält man eine Reihe aus irregulären Resten. In diesen Resten kommen folglich alle bisher nicht oder schlecht erfaßten Einflüsse auf die beobachtete Größe zur Geltung. Darin spiegeln sich Sondereinflüsse wie Streiks, Probleme der statistischen Erfassung oder Folgen wirtschaftspolitischer Maßnahmen wider. Solche Sondereinflüsse können zu extremen Ausschlägen der irregulären Komponente führen, die eine Schätzung der systematischen Komponenten sehr erschweren. Abgesehen von der Arbeitstagekomponente sind die systematischen Komponenten einer wirtschaftlichen Zeitreihe ziemlich vage definiert worden; insbesondere die Konjunkturkomponente ist umstritten. Aus diesem Grund wird hier zum Zwecke der Zeitreihenzerlegung einer pragmatischen Charakterisierung der Komponenten der Vorzug gegeben, die der Spektralanalyse, einem weiteren Instrument der Zeitreihenanalyse, entlehnt worden ist.[1] Danach werden die Komponenten nach der durchschnittlichen Schwingungsdauer ihrer Bewegung im Zeitablauf abgegrenzt. Demzufolge bewegt sich die Trendkomponente mit einer Schwingungsdauer von mehr als fünf bis sieben Jahren, während die Periodenlänge der Konjunkturkomponente unterhalb dieser Grenze bleibt und länger als ein Jahr ist. Bei einem Jahr liegt die Hauptschwingungsdauer der Saisonkomponente. In dem Maße, in dem sich die Saisonkomponente einer Zeitreihe von einer Sinusfunktion unterscheidet, treten in der Zeitreihe saisonale Oberschwingungen[2] mit einer Periode bis zu zwei Zeiteinheiten auf. Bezüglich der Existenz von Oberschwingungen muß davon ausgegangen werden, daß jede zyklische Komponente einer Zeitreihe in Haupt- und Oberschwingungen zerlegbar ist. Nur kommt die Konjunkturbewegung einer Sinusfunktion recht nahe, wie das typische Erscheinungsbild einer wirtschaftlichen Zeitreihe zu suggerieren vermag, so daß im allgemeinen konjunkturelle Oberschwingungen nicht sonderlich relevant sind. Die Bewegungsenergie der irregulären Komponente überlagert, soweit die Abfolge derer Ausschläge zufällig sind, das gesamte Spektrum der Zeitreihe.

Die Spektralanalyse besagt darüber hinaus, daß sich die Bewegungsenergie einer zyklischen Komponente nicht auf einen bestimmten Frequenzpunkt konzentriert, sondern sich auf ein Band um den Frequenzpunkt verteilt, wobei das Band umso breiter ist, je variabler die Komponente ist.

Reihentransformation und ihre Wirkung

Der entscheidende Vorteil der spektralanalytischen Betrachtung ist aber die Möglichkeit, die Auswirkungen einer Transformation der Reihenwerte (wie z.B. die Berechnung von Dif-

[1] Vgl. Naeve (1969).

[2] i-te Oberschwingungen sind Schwingungen mit der i-fachen Frequenz der Grundschwingung.

ferenzen oder Wachstumsraten) auf den Bewegungsablauf einer Zeitreihe abzuschätzen. Solche einfachen Transformationen werden zur Aufbereitung von Zeitreihen viel verwendet. Differenzen beispielsweise zur Unterdrückung des Trends und Wachstumsraten zur Trend- und Saisonbereinigung. Diese wie Filter auf die Bewegungsinhalte wirkenden Transformationen sind aber in der Regel nicht sehr trennscharf. Das Filterungsziel wird zwar einigermaßen erreicht, aber es treten Nebenwirkungen auf, die dem Benutzer häufig unbekannt sind. Diese Nebenwirkungen können die Aussagekraft der weiteren Reihenanalyse stark in Mitleidenschaft ziehen. Ein aktuelles Beispiel für einen gravierenden Benutzerfehler gab Schöler (1994) in seiner Untersuchung der Indikatoreigenschaften des Geschäftsklimas, das das ifo Institut aus seinen Konjunkturtest-Erhebungen ableitet. Schöler berechnet hier erste Differenzen der Differenzen zum gleichen Monat des Vorjahrs mit dem Ziel, die zu analysierenden Zeitreihen stationär zu machen. Die vermeintlich harmlose Transformation hat als Nebenwirkung eine beträchtliche Dämpfung der Konjunkturkomponente und eine Verstärkung von irregulären Bewegungsanteilen. Es ist darum nicht überraschend, wenn Schöler den zeitlichen Ablauf der Konjunkturkomponenten in den von ihm untersuchten Zeitreihen total fehlinterpretiert. Er kommt nämlich zu dem Schluß, daß das ifo Geschäftsklima kein Frühindikator für die Entwicklung der Produktion in verschiedenen Branchen sei.

Differenzen sind eine einfache Form von gleitenden Durchschnitten. Die Filterwirkung der Berechnung von gleitenden Durchschnitten zeigt sich darin, daß die Bewegungsenergie bestimmter Frequenzbereiche der Zeitreihe verändert, d.h. gedämpft oder verstärkt, wird. Ein ungewogener gleitender Durchschnitt aus mehreren aufeinanderfolgenden Werten beispielsweise unterdrückt höher frequente Bewegungsanteile und glättet damit eine Zeitreihe, wobei die Filterwirkung mit der Zahl der Werte, die in den Durchschnitt eingehen, zunimmt. Ein gewogener Durchschnitt in der Form der Differenz aufeinanderfolgender Werte (Gewichte: +1 und -1) bewirkt die Auslöschung eines linearen Trends und dämpft konjunkturzyklische Bewegungsanteile zunehmend mit zunehmender Frequenz.

Die Filterwirkung von gleitenden Durchschnitten auf Zeitreihen wird durch eine sogenannte Transferfunktion verdeutlicht, die zu jedem in einer ökonomischen Zeitreihe relevanten Frequenzband, das einer Schwingungsdauer im Bereich von unendlich bis zwei Zeiteinheiten (der Reihenwerte) entsprechen kann, einen Faktor angibt, mit dem die Amplitude der zugehörigen Bewegungskomponenten multipliziert wird.[3] Demnach zeigt eine Transferfunktion mit dem Wert eins Neutralität an, die zugehörige Bewegungskomponente durchläuft unverändert den Filter. Ein Wert null signalisiert vollkommene Dämpfung, während Werte zwischen null und eins eine Dämpfung und Werte über eins eine Verstärkung der betroffenen Komponenten bedeuten. In Abbildung 4.2.1 sind die Trans-

[3] Eine strenge Übertragung der mittels der Transferfunktion eines Filters signalisierten Wirkung auf eine konkrete Zeitreihe setzt voraus, daß die Zeitreihe gewisse einschränkende Bedingungen erfüllt. Diese einschränkenden Bedingungen muß ein sogenannter stochastischer Prozeß erfüllen, der die betreffende Zeitreihe erzeugt haben soll. Es handelt sich dabei um diejenigen Eigenschaften des Prozesses, die mit dem Begriff „Stationärität" umschrieben werden. Demzufolge müßte, vereinfacht gesagt, die Entwicklung der Reihe im Mittelwert sowie in der Abhängigkeitsstruktur ihrer Werte konstant bleiben.

ferfunktionen von einigen typischen gleitenden Durchschnitten dargestellt. Es ist deutlich zu erkennen, wie stark entfernt sie von idealen Filtern sind. Besonders eindrucksvoll sind dabei die Nebenwirkungen des von Schöler herangezogenen Filters.

Eine andere Methode der Spektralanalyse erlaubt darüber hinaus, die Auswirkung einer Filterung auf die Phase der Komponenten zu überprüfen. Abgesehen von symmetrischen Transformationen wie sie gleitende Durchschnitte mit einer ungeraden Zahl von Werten, mit einer zentralen Stützstelle und mit Gewichten, die in gleicher Entfernung links und rechts von der Stützstelle gleiche Werte aufweisen, darstellen, verursachen die üblichen Reihentransformationen wie mittels Differenzen in der Regel eine mehr oder weniger starke Phasenverschiebung. Dieser Effekt berührt den zeitbezogenen Wirkungszusammenhang zwischen Zeitreihen, also beispielsweise den Vorlauf einer Zeitreihe vor einer anderen, eine Eigenschaft, die bei der Suche nach Frühindikatoren eine zentrale Rolle spielt. Bei solchen Analysen sollten daher möglichst phasenneutrale Filter zur Anwendung kommen oder es sollte wenigstens sichergestellt sein, daß die zu betrachtenden Reihen mit dem selben Filter behandelt werden, so daß sich ausgelöste Phasenverschiebungen ausgleichen.

Auswahl geeigneter Filter

Mit Hilfe der Transferfunktion läßt sich die Auswahl geeigneter gleitender Durchschnitte kontrollieren. Wie gezeigt sind einfache Transformationen nicht für jede Aufgabe akzeptable Filter. Soll der Filter beispielsweise die glatte Komponente einer Zeitreihe möglichst unverändert extrahieren, so muß die zugehörige Transferfunktion idealerweise im Bereich der niedrigen Frequenzen (bis herab zur Jahresfrequenz) Werte von eins und sonst null aufweisen. Mit gleitenden Durchschnitten läßt sich ein solcher Idealfilter lediglich annähern, so daß das Ziel einer optimalen Auswahl nur sein kann, die ungünstigen Nebeneffekte in solchen Frequenzbändern wirksam werden zu lassen, in denen die zu behandelnde Zeitreihe nur eine schwache Energie aufweist.

Ein Weg zur Auswahl eines für einen bestimmten Filterzweck geeigneten Durchschnitts berücksichtigt die Tatsache, daß sich die regressionstechnische Anpassung einer Funktion in der Zeit mittels der Methode der kleinsten Quadrate übertragen läßt in gewogene Durchschnitte der Werte im Stützbereich. Dabei unterscheidet sich der gewogene Durchschnitt zur Berechnung der einzelnen Regressionsschätzwerte im Stützbereich nur durch seine Gewichte. Eine sogenannte Gewichtsmatrix enthält in ihren Zeilen die Gewichte, die zur Ermittlung der Regressionsschätzwerte herangezogen werden; die erste Zeile für den ersten Schätzwert im Stützbereich, die letzte Zeile für den letzten Wert. Mit diesen gewogenen Durchschnitten ist es demnach möglich, auch für alle Randwerte einer Reihe brauchbarer Schätzungen vorzunehmen. Unter Ausnutzung dieser Zusammenhänge ist es also lediglich notwendig, sich zu überlegen, mit welcher Funktion beispielsweise die konjunkturelle Bewegung einer Zeitreihe – über die ganze Reihenlänge oder nur innerhalb gleitender Abschnitte – am besten angenähert werden kann.

Mit der Definition der sogenannten systematischen Komponenten einer wirtschaftlichen Zeitreihe liegt die Basis zur Ausfilterung der Konjunkturkomponente vor. Eine sich im mehrjährigen Rhythmus wiederholende Komponente könnte z.B. durch eine trigonometrische Funktion mit der entsprechenden Schwingungsdauer angenähert werden. Dieses Verfahren ist aber zu starr angesichts der sichtbaren Varianz der konjunkturellen Bewegung in einer wirtschaftlichen Zeitreihe. Es bietet sich daher an, die Anpassung gleitend mit einem kürzeren Stützbereich vorzunehmen, wobei sich die Verkürzung nach dem Ausmaß der Varianz richtet. Mit Hilfe von gleitenden Regressionen, in denen trigonometrische Funktionen oder auch gewöhnliche Polynome die Erklärenden sind, läßt sich eine glatte Komponente gut annähern.

Eine Hypothese wäre beispielsweise, daß sich die glatte Komponente innerhalb einer Periode von zweieinhalb Jahren durch eine Funktion ausreichend gut approximieren läßt, die sich aus einem gewöhnlichen Polynom zweiten Grades und einer Dreijahres-Sinus- und Kosinusfunktion zusammensetzt. Diese Annahme entspricht der Absicht, auch die konjunkturelle Oberschwingung, deren Periode länger als ein Jahr ist, möglichst ungedämpft zu erfassen.

In der Abbildung 4.2.2 sind die Transferfunktionen einiger Zeilen der Gewichtsmatrix des angegebenen Schätzansatzes wiedergegeben. Daraus ist zweierlei zu erkennen: Erstens ist die Filterwirkung der (Durchschnitte mit den) einzelnen Gewichtszeilen sehr unterschiedlich. Während mit den mittleren Zeilen die Trendkomponente und längere zyklische Bewegungen unverändert (die zyklischen Bewegungen bleiben bis herunter zur Zweijahresperiode nahezu ungedämpft) in die Schätzung eingehen, treten mit den ersten bzw. den letzten Gewichtszeilen im Bereich der konjunkturellen Schwingungen erhebliche Verstärkungen und im Nicht-Trend-Konjunkturbereich ungenügende Dämpfungen auf. Zweitens ist die Dämpfung auf den Saisonfrequenzpunkten immer vollkommen. Aus der Abbildung wird deutlich, daß bei diesem Schätzansatz nicht die mittlere Zeile, sondern die 12. oder wirkungsgleich die 20. Zeile das beste Ergebnis liefert. Das hat den Vorteil, daß man mit dem besten Filter etwas näher an den aktuellen Rand einer Reihe herankommt. Ebenso deutlich wird, daß die Schätzung der glatten Komponenten mit zunehmender Annäherung an das aktuelle Ende zunehmend schlechter wird. Das Beispiel demonstriert die Analyse- und Kontrollfunktion der Transferfunktion eindrucksvoll, ohne dieses Instrument ließe sich die optimale Gewichtszeile nicht so einfach finden.

Saisonbereinigung

Das beschriebene Verfahren zur Approximation der glatten Komponente liefert im allgemeinen gute Ergebnisse, wenn mit der erklärenden Funktion auch der Stützbereich der Regression an die spezifische Verlaufsform der Konjunkturkomponente einer Reihe angepaßt wird. Trotzdem sind die Ergebnisse nicht voll befriedigend, weil sie an den Rändern der Zeitreihe zu instabil sind in dem Sinne, daß die am aktuellen Rand geschätzte Entwicklung der Konjunkturkomponente sich ändert, wenn mit einem neuen Reihenwert die

Schätzung wiederholt wird. Wie in Abbildung 4.2.3 demonstriert wird, kann diese Instabilität doch zu recht unterschiedlichen Interpretationen des Konjunkturverlaufs führen, insbesondere, wenn die geschätzte Komponente in die nahe Zukunft extrapoliert wird.

Eine Lösung des Problems sieht man nun darin, daß man sich begnügt, die anderen systematischen Komponenten zu schätzen und aus der Zeitreihe zu entfernen. Einerseits sind nämlich diese Komponenten im allgemeinen vergleichsweise stabil zu schätzen und andererseits eröffnen die in der bereinigten Zeitreihe verbleibenden irregulären Reste dem Konjunkturanalytiker einen gewissen Interpretationsspielraum. Am Beispiel des Saisonbereinigungsverfahrens ASA-II[4] kann ein alternatives Verfahren zur Verdeutlichung der konjunkturellen Aussage skizziert werden.

Das ASA-II-Verfahren begnügt sich nicht mit der Schätzung und Eliminierung einer Saisonkomponente, sondern approximiert sämtliche systematische Komponenten der Zeitreihe. Dieses Verfahren ist notwendig, weil in den saisonalen Schätzvorgang möglichst alle Informationen über die anderen Komponenten eingehen sollen. Die Komponenten werden einzeln nacheinander approximiert; eine dreifache Wiederholung der Schätzvorgänge stellt sicher, daß die Reihenfolge der Behandlung der Komponenten praktisch keine Rolle spielt. Es werden Komponenten approximiert, die sich zu den Reihenwerten aufaddieren lassen.

Das Verfahren beginnt mit einer ersten Annäherung der glatten Komponente mit Hilfe von gewogenen Durchschnitten aus einer bestimmten Anzahl von aufeinanderfolgenden Reihenwerten (die ab dem zweiten Schätzdurchlauf von den approximierten nicht glatten systematischen Komponenten bereinigt sind). Danach werden die saisonalen Komponenten angenähert. Dazu wird angenommen, daß diese Komponenten gleichnamiger Jahresabschnitte konstant sind oder sich nur sanft, in Korrelation mit dem Niveau der Reihe und/oder mit der Zeit verändern. Demgemäß wird die Zeitreihe, die nun von den bereits geschätzten nicht saisonalen systematischen Komponenten bereinigt ist, in Unterreihen aus Werten gleichnamiger Jahresabschnitte zerlegt. Sodann wird entweder jede Unterreihe einer multiplen Regression mit der Zeitvariablen und den zugehörigen glatten Komponenten unterworfen oder es wird lediglich der Durchschnitt der Unterreihe berechnet. Im ersten Fall erhält man eine Variable, im zweiten Fall eine konstante Saisonfigur.

Als nächste Schritte folgen bei Bedarf die Schätzung der Arbeitstagekomponenten und die Approximation von Witterungskomponenten.[5] In beiden Fällen wird davon ausgegangen, daß sich die unterschiedlichen Arbeitstagezahlen oder Witterungsverhältnisse in gleichnamigen Jahresabschnitten proportional zum Niveau der Reihenwerte auswirken. Dementsprechend wird ein gerichteter linearer Zusammenhang zwischen der über den saisonalen Rhythmus hinausgehenden Arbeitstagezahl (bzw. Witterungseffekt) eines Jahresabschnitts, multipliziert mit der jeweiligen glatten Komponente, und dem zugehörigen von den anderen systematischen Komponenten bereinigten Reihenwert unterstellt. Die

[4] Vgl. Goldrian (1973).

[5] Vgl. Goldrian (1993).

entsprechende Regressionsanalyse dieses Zusammenhangs ergibt dann eine Schätzfunktion für die gesuchten Arbeitstage- bzw. Witterungskomponenten.

Als weiterer Schritt folgt die Bereinigung der Reihe von den geschätzten systematischen Komponenten. Damit gehen in die daraus resultierenden irregulären Reste alle Fehler bei der Approximation der einzelnen Komponenten ein; Fehler, die aber gerade durch die Existenz von irregulären Bewegungen in der Reihe mit verursacht sind. Sind nun einzelne Reste durch Sondereinflüsse, wie z.B. Streiks, außergewöhnlich groß, so stören sie die Schätzung der Komponenten erheblich. Darum versucht das Verfahren, extreme Reste zu erkennen und sie in ihrer Wirkung auf die Schätzansätze zu neutralisieren. Dazu wird die Streuung der Reste gemessen und diese mit einem vorzugebenden Faktor multipliziert. Das Produkt ist dann der Vergleichsmaßstab, mit dem der absolute Betrag jedes Reihenwerts verglichen wird. Übersteigt der Betrag eines Restes das Prüfmaß, so wird der Rest als extrem angesehen und der zugehörige Ursprungswert wird in den Schätzprozeduren um die Differenz zum Prüfmaß verkleinert.

Die Zerlegung der Ursprungswerte in ihre Komponenten ermöglicht schließlich die eigentliche Saisonbereinigung der Reihe. Unter der Saisonbereinigung ist zunächst die Subtraktion der Saisonkomponenten von den Reihenwerten zu verstehen. Häufig wird dabei aber auch eine Arbeitstage- und/oder Witterungskomponente abgezogen. Damit setzen sich die saisonbereinigten Werte gemäß der Grundhypothese jeweils aus einer glatten Komponente und einem irregulärem Rest zusammen.

Die Reste werden häufig noch mittels gleitender Durchschnitte geglättet, um den Verlauf der Konjunktur- und Trendkomponente zu verdeutlichen. Schließlich lassen sich auch noch die Trendkomponenten durch gewogene Durchschnitte der glatten Komponenten (auf der Grundlage eines Polynoms ersten Grades und einem Stützbereich von etwa 5 bis 7 Jahren) approximieren. Von diesen Trendkomponenten lassen sich dann prozentuale Abweichungen der saisonbereinigten Werte berechnen. Diese Transformation erlaubt eine am Trend relativierte Konjunkturbeurteilung, die insbesondere den Zeitreihenvergleich erleichtert.

Weitere Aufbereitungsverfahren

Eine besondere Form der Aufbereitung von Zeitreihen ist notwendig, wenn die Zeitreihen zusammengefaßt werden sollen, um einen Konjunkturindikator zu entwickeln, der auf einer breiteren Informationsbasis steht. Man spricht dabei von zusammengesetzten Indikatoren. Das spezielle Problem bei der Verknüpfung der Einzelreihen ist, den Beitrag der einzelnen Reihe an der Aussage des Gesamtindikators richtig zu bewerten. Es ist also die Frage nach der optimalen Gewichtung der Teilreihen zu beantworten.

Es gibt viele Möglichkeiten der Konstruktion von zusammengesetzten Indikatoren. Sehr bekannt ist die im NBER entwickelte Methode.[6] In einem ersten Schritt werden hier die Zeitreihen standardisiert. Damit möchte man verhindern, daß besonders dynamische

[6] Vgl. Ratti (1985).

Zeitreihen dominieren. Dazu werden für jede Zeitreihe prozentuale Monatsveränderungen berechnet, dann werden die prozentualen Veränderungen durch einen langjährigen Durchschnitt der absoluten prozentualen Veränderungen dividiert. In einem zweiten Schritt werden die standardisierten Reihen mit einem Gewicht multipliziert und zum Indikator aufsummiert. Die Gewichte sollen dabei eine Reihe von statistischen und wirtschaftlichen Kriterien, wie Ausmaß der Irregularität, zeitige Erkennung von konjunkturellen Wendepunkten und Grad der Übereinstimmung mit der Entwicklung der Konjunktur, erfüllen, sich aber nicht sehr stark voneinander unterscheiden. Eine andere Methode zur Konstruktion von Gesamtindikatoren läßt die Gewichte regressionstechnisch ermitteln. Hier überläßt man das Standardisieren und Gewichten dem Annäherungsprozeß an die Zielreihe des Indikators mit der Folge, daß die Zeitreihe, die den höchsten Erklärungsbeitrag liefert, auch das größte Gewicht zugewiesen bekommt. Diese Methode eignet sich bei einer nur kleinen Zahl von Zeitreihen; bei einer größeren Zahl besteht die Gefahr, daß der Optimierungsprozeß zu nicht plausiblen Gewichten, insbesondere, was das Vorzeichen angeht, führt.

Schließlich können die Gewichte auch an wirtschaftlichen Merkmalen orientiert werden, wie es beim Bau des Exportklima-Indikators geschieht, der in meinem Beitrag „Das Exportklima“ im letzten Kapitel dieses Bandes beschrieben wird. Wirtschaftliche Merkmale sind dort beispielsweise Exportanteile der Hauptabnehmerländer deutscher Produkte. Bei diesem Verfahren kommt mit der Normierung (es wird zunächst von jedem Wert der Reihendurchschnitt abgezogen, und dann wird er durch die Standardabweichung der Reihe dividiert) eine etwas andere Methode der Standardisierung zum Einsatz.

4.2.3 Schlußbemerkung

Die hier nur kurz vorgestellten Verfahren zur Aufbereitung von Zeitreihen zum Zwecke der Konjunkturanalyse und -prognose stellen nur einen kleinen Ausschnitt aus der Vielzahl der möglichen Verfahren dar. Allein zur Saisonbereinigung von wirtschaftlichen Zeitreihen existieren viele unterschiedliche Verfahren, die wie das ASA-II-Verfahren auch in der empirischen Wirtschaftsforschung zur Anwendung kommen. Dieser Artikel soll in erster Linie die Effekte von verschiedenen Manipulationen auf die Zeitreihe schildern und darauf hinweisen, daß auch simple Transformationen unerwartete Nebeneffekte erzielen können.

Literatur

Goldrian, G. (1973): Eine neue Version des ASA-II-Verfahrens zur Saisonbereinigung von wirtschaftlichen Zeitreihen. *Wirtschaftskonjunktur*, 4, 26-32.

Goldrian, G. (1993): Erweiterungen und Verbesserungen des Saisonbereinigungsverfahrens ASA-II. *ifo Diskussionsbeiträge*, 10.

Naeve, P. (1969): *Spektralanalytische Methoden zur Analyse von ökonomischen Zeitreihen.* Würzburg.

Ratti, R.A. (1985): *A Descriptive Analysis of Economic Indicators.* St. Louis.

Schöler, K. (1994): Business Climate as a Leading Indicator? An Empirical Investigation for West Germany from 1978 to 1990. *Empirical Economics*, 19, 165-169.

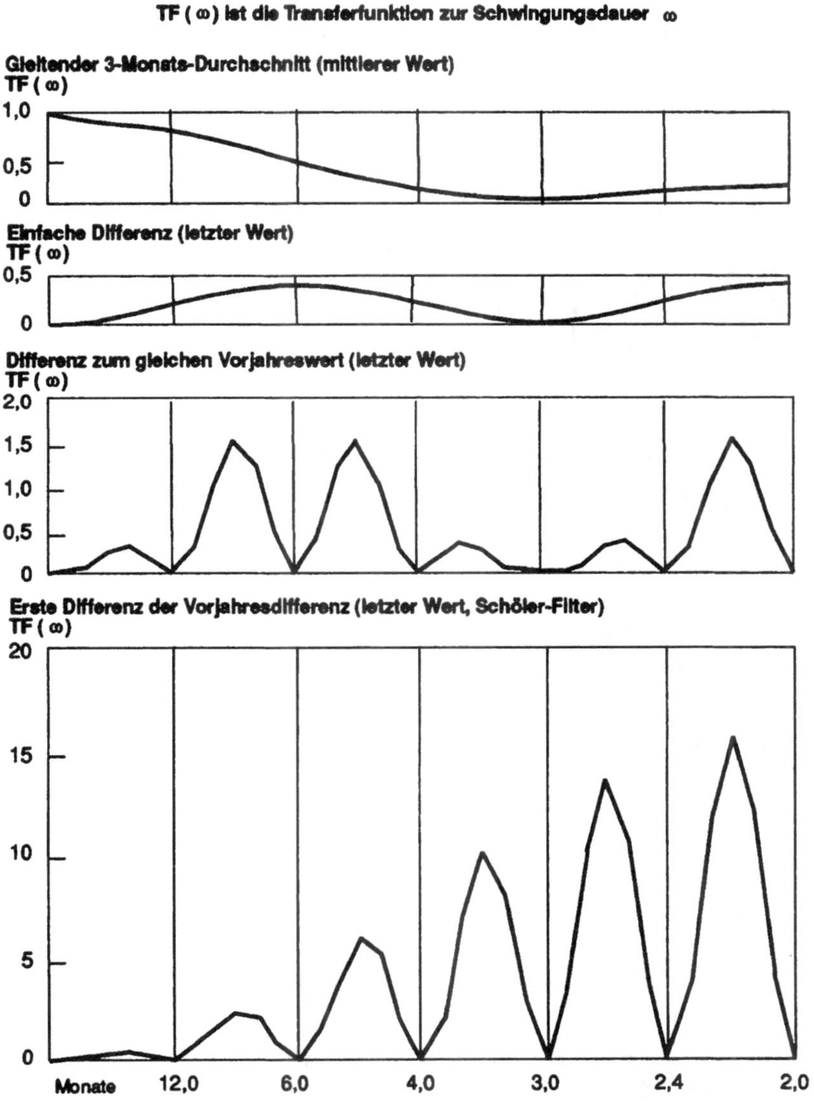

Quellen: Berechnungen des ifo Instituts.

Abbildung 4.2.1: Transferfunktionen I

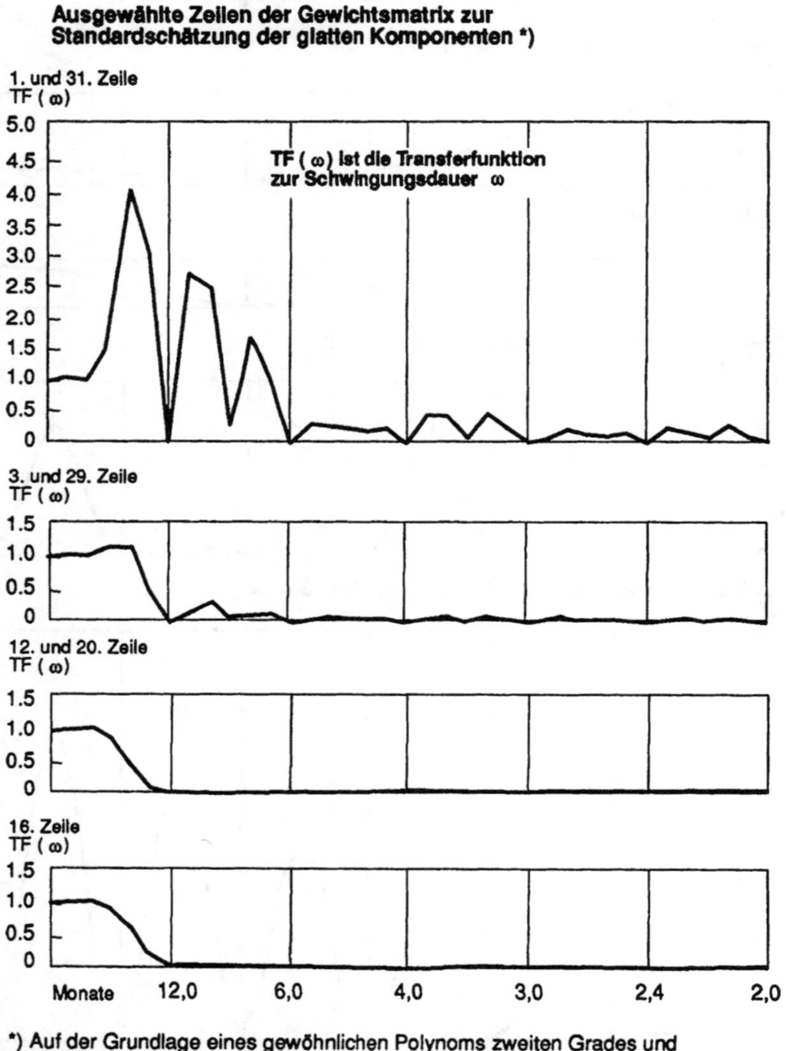

*) Auf der Grundlage eines gewöhnlichen Polynoms zweiten Grades und einer Dreijahres-Sinus- und Kosinusfunktion mit einem Stützungsbereich von 31 Monatswerten.

Quellen: Berechnungen des ifo Instituts.

Abbildung 4.2.2: Transferfunktionen II

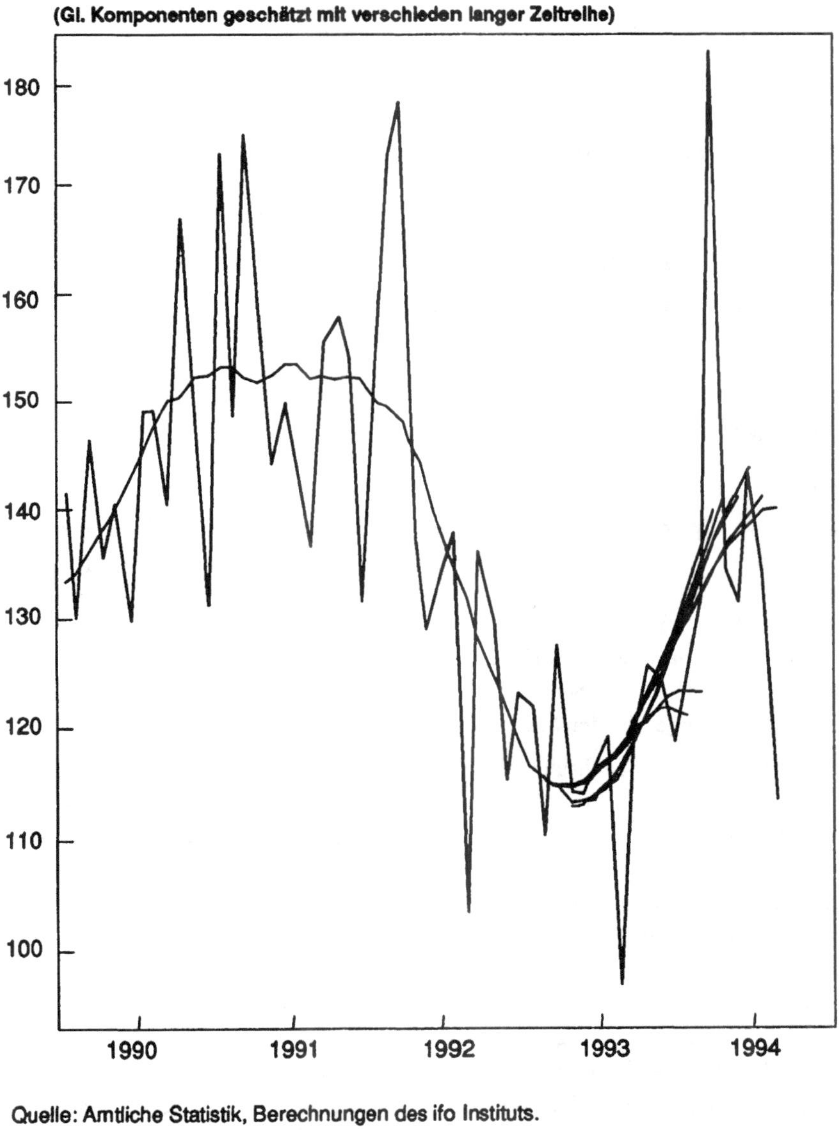

Abbildung 4.2.3: Beispiel für die Schätzung der glatten Komponente: Auftragseingang Straßenfahrzeugbau

4.3 Kointegration und gemeinsame Trends

Helmut Lütkepohl*

Humboldt-Universität zu Berlin, Berlin

4.3.1 Einleitung

Wenngleich eine Vielzahl von möglichen Definitionen von Konjunkturzyklen existiert, so scheint doch generelles Einvernehmen darüber zu bestehen, daß sie als Schwankungen der ökonomischen Aktivitäten verstanden werden, d. h. sie manifestieren sich als paralleles zyklisches Verhalten vieler wichtiger ökonomischer Variablen. Das Phänomen, daß Variablen große trendhafte Bewegungen oder längerfristige Schwingungen gemeinsam ausführen, ohne jedoch kurzfristig parallel zu verlaufen, ist in vielen ökonomischen Beziehungen festgestellt worden. Seit Mitte der 80er Jahre hat dies unter dem Stichwort Kointegration zu erheblichen Umwälzungen in der Makroökonometrie geführt.

Ausgangspunkt ist die Beobachtung, daß in ökonomischen Variablen Trends häufig verschwinden, wenn man nicht die Originalreihen, sondern die Veränderungen (erste Differenzen) betrachtet. Diese Tatsache hat Box und Jenkins bereits Anfang der 70er Jahre veranlaßt, Differenzenbildung zur Trendbereinigung zu einem integralen Bestandteil ihrer Modellierungsstrategie für univariate Zeitreihen zu empfehlen (siehe Box und Jenkins 1976). Hat man eine Reihe von trendbehafteten Variablen, die sich zwar kurzfristig verschieden verhalten, deren langfristige Bewegung jedoch von einem gemeinsamen Trend bestimmt wird, so ist denkbar, daß eine gewichtete Summe keinen Trend mehr aufweist. Dieses Phänomen wird als Kointegration bezeichnet. Tatsächlich hat man nach der Formalisierung und der Bereitstellung eines geeigneten statistischen Analyseinstrumentariums durch Granger (1981), Engle und Granger (1987) und andere in einer großen Zahl von empirischen Untersuchungen festgestellt, daß viele ökonomische Variablen kointegriert sind.

Für die Konjunkturanalyse ist diese Entwicklung in mehrfacher Hinsicht von Bedeutung. Zum einen hat sie die Diskussion über die Struktur von Trends neu belebt. Als konjunk-

* Mein Dank gilt M. Burda, A.G. Köhler, M. Krolzig, M.M. Müller, S. Profit und J. Wolters für wertvolle Kommentare zu einer früheren Version dieser Arbeit sowie der DFG für finanzielle Unterstützung im Rahmen des SFB 373.

turelle Schwankungen werden bisweilen die kürzerfristigen, vorübergehenden Abweichungen von einem langfristigen Wachstumspfad, also vom langfristigen Trend, angesehen. Während Trends in der Vergangenheit häufig als Geraden oder Polynome höherer Ordnung und damit deterministisch beschrieben worden sind, geht die Kointegrationsliteratur von stochastischen Trends aus. Damit wird die strikte Trennung in Trend- und Konjunkturkomponente aufgehoben. Ein Impuls kann vielmehr gleichzeitig permanente Wachstumseffekte (Änderungen im Trend) wie auch transitorische, konjunkturelle Reaktionen auslösen (siehe auch Stock und Watson 1988a).

Eine andere Beziehung zur Konjunkturanalyse ergibt sich aus der Vorstellung, daß die Bewegungen ökonomischer Variablen von nicht direkt beobachtbaren gemeinsamen Faktoren bestimmt werden. Während diese Faktoren im Kointegrationskontext gern als gemeinsame stochastische Trends interpretiert werden, ermitteln Stock und Watson (1989, 1991) im Rahmen eines dynamischen Modells einen latenten Faktor, den sie als Konjunkturvariable ansehen. Auf die sich hieraus ergebenden Möglichkeiten zur Konstruktion von Konjunkturindikatoren wird im abschließenden Abschnitt dieses Beitrags kurz eingegangen. Im Mittelpunkt der folgenden Ausführungen sollen zunächst das Kointegrationsphänomen und damit zusammenhängende Probleme für die ökonometrische Analyse stehen.

Neben dem Einfluß, den das Kointegrationskonzept auf das Verständnis von Trends in ökonomischen Variablen gehabt hat, kann damit auch eine Verbindung zum Gleichgewichtskonzept der ökonomischen Theorie hergestellt werden. Das von Engle und Granger (1987) gegebene Argument hierfür ist, daß Variablen, zwischen denen eine Gleichgewichtsbeziehung existiert, sich nicht beliebig auseinanderbewegen sollten. Die Gleichgewichtsfehler sollten jedenfalls keinen Trend aufweisen. Da viele ökonomische Variablen selbst einen Trend haben, bedeutet somit das Vorliegen von langfristigen Gleichgewichten, daß es Beziehungen geben muß, die ihrerseits nicht mehr trendbehaftet sind, d. h. die Variablen sind kointegriert. Durch diese Beziehung zwischen Gleichgewichtskonzepten und Kointegration sind ökonomische Theorie und Ökonometrie wieder ein Stück näher zusammengerückt.

In den vergangenen 10 Jahren hat sich die Erkenntnis über Kointegrationsbeziehungen sowie das Instrumentarium zu ihrer Analyse explosionsartig entwickelt. In diesem Beitrag soll ein kurzer Überblick über wesentliche Grundlagen und statistische Verfahren gegeben werden. Im nächsten Abschnitt wird das Kointegrationskonzept formal eingeführt und in ein statistisches Modell eingebettet. Verschiedene Darstellungen und die zugehörigen Interpretationen werden gegeben. Im dritten Abschnitt wird die Schätzung einzelner Kointegrationsbeziehungen und ganzer Systeme besprochen. Statistische Tests zur Analyse von Kointegrationsbeziehungen werden in Abschnitt 4 behandelt und mit der Interpretation solcher Systeme im Zusammenhang stehende Fragen werden in Abschnitt 5 diskutiert. Selbstverständlich ist es in einer kurzen, überblicksartigen Darstellung eines sich mit großer Dynamik entwickelnden Teilgebietes der ökonometrischen Zeitreihenanalyse nicht möglich, alle Facetten und Probleme angemessen zu behandeln. Ein Ausblick auf Erweiterungen mit entsprechenden Literaturhinweisen wird deshalb im abschließenden Abschnitt gegeben.

Erwähnt sei bereits an dieser Stelle, daß es auch in der deutschsprachigen Literatur schon eine Reihe von einführenden bzw. überblicksartigen Arbeiten gibt. Beispielhaft seien hier nur Rüdel (1989), Hansen (1988, 1991, 1993), Lütkepohl (1991a,b) und Reimers (1991) erwähnt. Daneben existiert eine Vielzahl von englischsprachigen Übersichtsarbeiten. Hierzu zählen eine frühe Arbeit von Granger (1986) sowie die Artikel von Stock und Watson (1988a), Pagan und Wickens (1989), Diebold und Nerlove (1990), Dolado et al. (1990), Engle und Yoo (1991), Campbell und Perron (1991) und Muscatelli und Hurn (1992). Englische Lehrbücher, die sich dem Kointegrationsphänomen widmen, sind beispielsweise Lütkepohl (1991c), Banerjee et al. (1993), Davidson und MacKinnon (1993) und Hamilton (1994).

4.3.2 Integration und Kointegration

Integrierte und kointegrierte Variablen

Wie bereits einleitend erwähnt, kann durch den Übergang von einer trendbehafteten Originalvariablen y_t zu den Änderungen $\Delta y_t := y_t - y_{t-1}$ häufig der Trend beseitigt werden. Bisweilen ist es zur Trendbereinigung auch erforderlich, mehrmals Differenzen zu bilden. Man nennt eine Variable *integriert vom Grade d* oder kurz $I(d)$, wenn durch d-maliges Differenzenbilden ihr Trend beseitigt werden kann, genauer, wenn $\Delta^d y_t$ keinen Trend mehr aufweist, während $\Delta^{d-1} y_t$ noch trendbehaftet ist. Beispiele sind in Abbildung 4.3.1 und Abbildung 4.3.2 angegeben.

Während das logarithmierte bundesdeutsche Bruttosozialprodukt (BSP) im oberen Teil der Abbildung 4.3.1 eine deutliche, wenn auch nicht ganz regelmäßige Aufwärtsbewegung vollzieht, schwanken die Wachstumsraten (1. Differenzen der Logarithmen) im unteren Teil der Grafik in etwa um einen festen Mittelwert. Das logarithmierte BSP kann demnach als $I(1)$–Variable klassifiziert werden. Die beiden Zinssätze im oberen Teil der Abbildung 4.3.2 vollziehen ebenfalls längerfristige Bewegungen, die als Trend charakterisiert werden können. Offensichtlich handelt es sich dabei aber um eine andere Art von Trend als beim BSP. Trotzdem verschwinden auch diese Trends beim Übergang zu den ersten Differenzen, wie man im mittleren Teil der Abbildung sieht.

Durch einmaliges Differenzenbilden kann sowohl ein deterministischer linearer Trend als auch ein spezieller „stochastischer" Trend beseitigt werden. Wird beispielsweise eine Variable y_t gemäß folgendem Gesetz generiert:

$$y_t = y_{t-1} + \varepsilon_t, \qquad (1)$$

wobei ε_t eine Folge von unabhängigen identisch verteilten (iid) Zufallsgrößen mit Erwartungswert 0 (d. h. ein *reiner Zufallsprozeß*) ist, so nennt man y_t einen *Random-Walk*

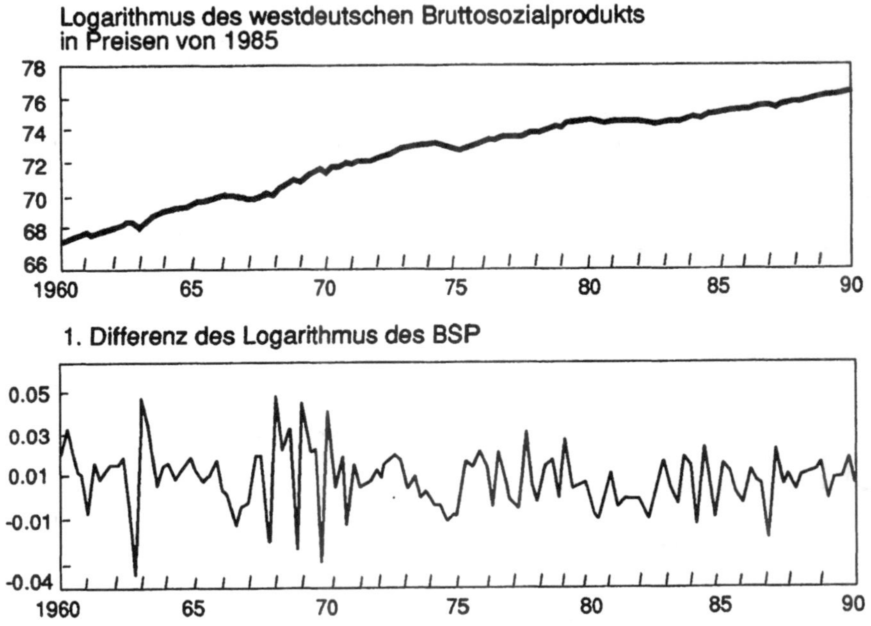

Quelle: OECD

Abbildung 4.3.1: Das westdeutsche Bruttosozialprodukt; vierteljährlich, saisonbereinigt

(RW). Dieser neigt zu längerfristigen trendhaften Bewegungen. Bildet man die ersten Differenzen $\Delta y_t = \varepsilon_t$, so erhält man offensichtlich eine reine Zufallsfolge, die keinen Trend mehr aufweist. Einen RW bezeichnet man bisweilen auch als *stochastischen Trend.* Fügt man in (1) noch einen konstanten Term ein, $y_t = \theta + y_{t-1} + \varepsilon_t$, so erhält man einen *Random-Walk mit Drift*, dessen Erwartungswert einen deterministischen linearen Trend aufweist. Es ergibt sich also eine Mischung aus stochastischem und deterministischem Trend, die ebenfalls durch Differenzenbildung beseitigt werden kann. Einen stationären Prozeß, der keinen Trend aufweist, bezeichnet man auch als $I(0)$-Prozeß. Liegt ein Prozeß mit RW-Komponente vor, der erst durch Differenzenbildung stationär wird, so spricht man von einem *differenzenstationären Prozeß.* Ist der Trend vollständig durch eine Gerade oder einen Polynomzug zu beschreiben und damit rein deterministisch, so nennt man den Prozeß bisweilen auch *trendstationär.*

Liegen mehrere $I(1)$-Variablen vor, z. B. y_{1t} und y_{2t}, zwischen denen langfristig eine Gleichgewichtsbeziehung besteht, beispielsweise $y_{1t} \approx \gamma y_{2t}$, so sollte der Gleichgewichtsfehler, $y_{1t} - \gamma y_{2t}$, zumindest keinen Trend aufweisen, also selbst $I(0)$ und damit stationär sein.

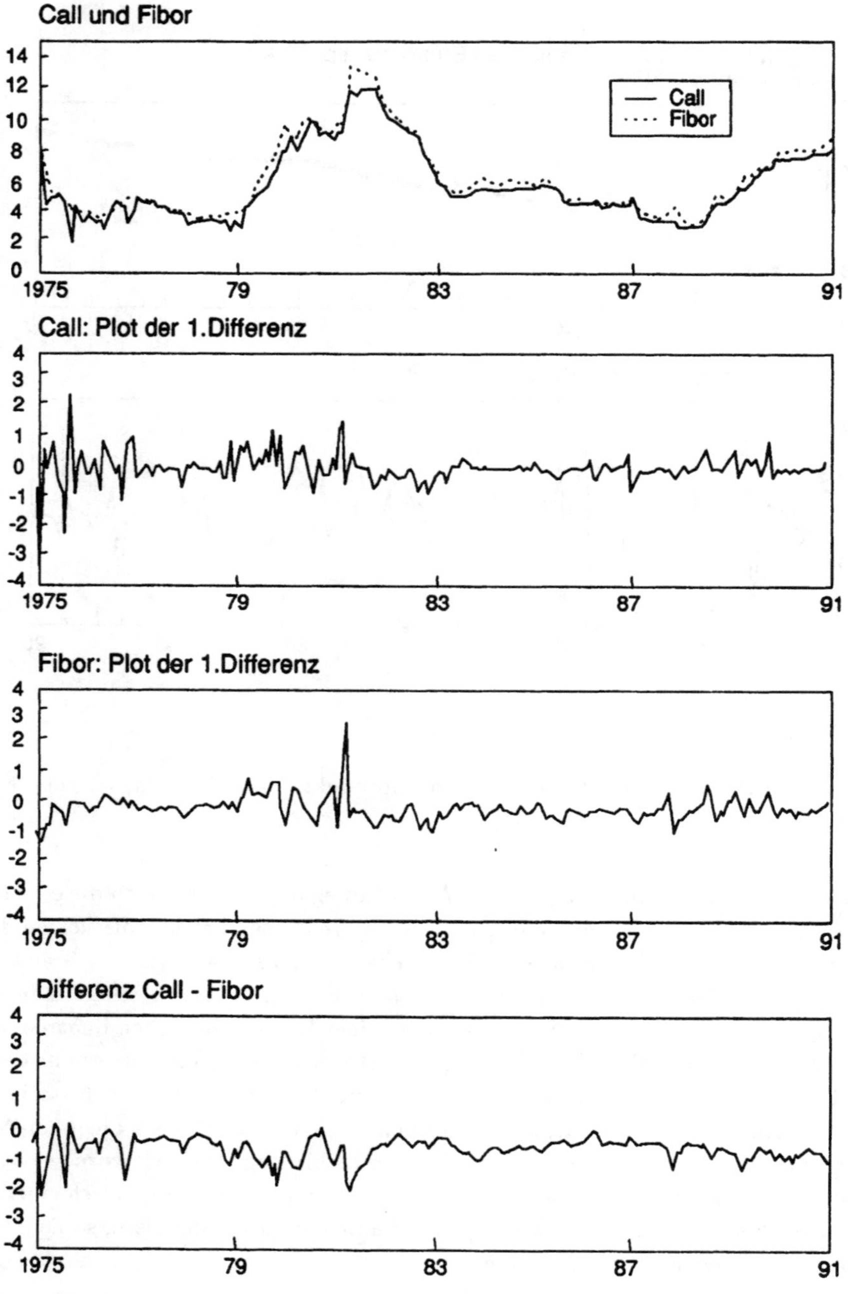

Quelle: OECD

Abbildung 4.3.2: Zwei monatliche bundesdeutsche Zinssätze

Andernfalls wäre es wenig plausibel, von einer Gleichgewichtsbeziehung zu sprechen. Ist die Beziehung $y_{1t} - \gamma y_{2t}$ stationär, so nennt man die Variablen *kointegriert*. Mit anderen Worten, die beiden Variablen sind kointegriert, wenn ihre langfristige Entwicklung von einem *gemeinsamen Trend* bestimmt wird. Dies könnte beispielsweise bei den Zinssätzen der Fall sein, bei denen es auch theoretische Gründe dafür gibt, daß die Zinsdifferenz keinen Trend aufweist. Die Differenz zwischen den beiden Zinssätzen ist im unteren Teil der Abbildung 4.3.2 geplottet. In der Tat weist auch sie keine markanten längerfristigen Bewegungen auf. Die Zinssätze sind somit kointegriert.

Diese Idee läßt sich leicht auf ein ganzes System von K Variablen verallgemeinern. Sei $\boldsymbol{y}_t = (y_{1t}, ..., y_{Kt})'$ ein $(K \times 1)$-Vektor, der die Variablen von Interesse enthält und seien alle K Variablen vom $I(1)$-Typ. Diese Variablen heißen kointegriert, wenn ein $(1 \times K)$-Vektor $\boldsymbol{c} = (c_1, ..., c_K)$ existiert, so daß das Produkt $\boldsymbol{c}\boldsymbol{y}_t$ stationär, also $I(0)$, ist. Der Vektor $\boldsymbol{c}$ heißt dann *Kointegrationsvektor*. Möglich ist auch, daß es mehrere linear unabhängige solcher Kointegrationsvektoren gibt. Faßt man diese in einer Matrix C zusammen, so heißt C *Kointegrationsmatrix*. Der maximal mögliche Rang einer Kointegrationsmatrix für $\boldsymbol{y}_t$ ist der *Kointegrationsrang* des Systems $\boldsymbol{y}_t$. Man kann zeigen, daß der Kointegrationsrang r eines K-dimensionalen Systems maximal $r = K - 1$ sein kann. In diesem Fall werden die Variablen von nur einem gemeinsamen Trend getrieben.

Das Konzept läßt sich für Systeme verallgemeinern, die $I(d)$-Variablen mit $d > 1$ und auch stationäre $I(0)$-Variablen enthalten. Der Einfachheit halber sollen im folgenden aber nur Variablen, die integriert vom Grade höchstens 1 sind, behandelt werden, wenn nicht ausdrücklich etwas anderes angenommen wird. Dies ist der für die praktische Arbeit bedeutendste Fall, wenngleich in der Vergangenheit in einzelnen Fällen auch höhere Integrationsgrade für ökonomische Variablen diagnostiziert worden sind.

Bisweilen interessiert man sich primär für die Kointegrationsbeziehungen, insbesondere dann, wenn diese als Gleichgewichtsbeziehungen interpretiert werden. Die Schätzung dieser Beziehungen steht dann im Vordergrund des Interesses. Für den Fall, daß nur eine solche Beziehung vorliegt, erfordert dies lediglich die Schätzung einer linearen Gleichung. Die damit in Zusammenhang stehenden Probleme werden im Abschnitt 3 diskutiert.

Häufig ist die Kenntnis *einer* Kointegrationsbeziehung für die Analyse unzureichend. Beispielsweise ist denkbar, daß mehrere linear unabhängige Kointegrationsbeziehungen vorliegen, wenn mehr als 2 Variablen gemeinsam analysiert werden. Außerdem sind die kurzfristigen Bewegungen der Variablen ein wichtiger Bestandteil ihrer Beziehung zueinander. Darüber hinaus ist für die Prognose, die ja in vielen Fällen ein wichtiges Analyseziel ist, die Modellierung des vollständigen Generierungsprozesses der beteiligten Variablen erforderlich. Deshalb ist es oft wünschenswert, den gemeinsamen Generierungsprozeß der Variablen von Interesse zu bestimmen. Im folgenden wird ein Modellrahmen präsentiert, der hierfür als Basis dienen kann. Verschiedene Darstellungen des Ausgangsprozesses werden angegeben, die alle in bestimmten Situationen hilfreich sind.

Verschiedene Darstellungen kointegrierter Prozesse

Ausgangspunkt ist ein K-dimensionales System kointegrierter Variablen

$$\boldsymbol{y}_t = \begin{bmatrix} y_{1t} \\ \vdots \\ y_{Kt} \end{bmatrix} = \begin{bmatrix} \boldsymbol{y}_{1t} \\ \boldsymbol{y}_{2t} \end{bmatrix},$$

wobei $\boldsymbol{y}_{1t}$ r-dimensional und $\boldsymbol{y}_{2t}$ $(K-r)$-dimensional ist. Ist der Kointegrationsrang $r = 1$ und existiert damit nur eine Kointegrationsbeziehung,

$$y_{1t} = \eta + \gamma_2 y_{2t} + \ldots + \gamma_K y_{Kt} + u_{1t},$$

so sind die Variablen im Teilvektor $\boldsymbol{y}_{2t}$ untereinander nicht kointegriert, d. h., $\Delta\boldsymbol{y}_{2t} = \boldsymbol{u}_{2t}$ ist ein stationärer Prozeß und der Generierungsprozeß für $\boldsymbol{y}_t$ ist vollständig beschrieben, wenn die Eigenschaften des stationären Prozesses $(u_{1t}, \boldsymbol{u}'_{2t})$ festgelegt sind. Eine ähnliche Darstellung läßt sich auch angeben, wenn angenommen wird, daß $r(>1)$ linear unabhängige Kointegrationsbeziehungen zwischen den Variablen des Systems bestehen, d. h. es existiert eine $(r \times K)$ Kointegrationsmatrix C, so daß $C\boldsymbol{y}_t$ stationär ist. Da $\mathrm{Rg}(C) = r$ unterstellt wird und da Linksmultiplikation von C mit einer nichtsingulären Matrix wiederum zu einer Kointegrationsmatrix führt, lassen sich die Variablen so anordnen, daß $C = [I_r : -C_1]$ gewählt werden kann. Damit läßt sich der Generierungsprozeß des Systems $\boldsymbol{y}_t$ schreiben als

$$\boldsymbol{y}_{1t} = \boldsymbol{\eta} + C_1\boldsymbol{y}_{2t} + \boldsymbol{u}_{1t}, \tag{2}$$

$$\Delta\boldsymbol{y}_{2t} = \boldsymbol{u}_{2t}, \tag{3}$$

wobei $\boldsymbol{\eta}$ ein konstanter $(r \times 1)$-Vektor, C_1 eine feste $(r \times (K-r))$-Matrix und

$$\boldsymbol{u}_t = \begin{bmatrix} \boldsymbol{u}_{1t} \\ \boldsymbol{u}_{2t} \end{bmatrix}$$

ein K-dimensionaler stationärer $(I(0)-)$ Prozeß ist. Hier liegen in (2) r Kointegrationsbeziehungen vor, die so angeordnet sind, daß jede einzelne Variable im Teilvektor $\boldsymbol{y}_{1t}$ kointegriert mit den Variablen im Teilvektor $\boldsymbol{y}_{2t}$ ist. Mit anderen Worten $C = [I_r : -C_1]$ ist die Kointegrationsmatrix. Die Darstellung des Prozesses in der Form (2/3) erfordert, daß bekannt ist, welche Variablen an den Kointegrationsbeziehungen beteiligt sind. Nur solche Variablen dürfen in den Teilvektor $\boldsymbol{y}_{1t}$ aufgenommen werden. Diese Annahme ist insbesondere dann nicht sehr restriktiv, wenn $\boldsymbol{y}_{1t}$ tatsächlich nur aus einer Komponente besteht und somit auch nur eine Kointegrationsbeziehung vorliegt. Dieser Fall wird in Abschnitt 3 von besonderem Interesse sein. In (3) wird postuliert, daß die $\boldsymbol{y}_{2t}$-Variablen alle $I(1)$ und untereinander nicht kointegriert sind. Strenggenommen erfordert dies noch spezielle Annahmen für den Prozeß $\boldsymbol{u}_t$, die in Kürze eingeführt werden sollen. Man beachte ferner, daß die Absolutglieder $\boldsymbol{\eta}$ auf die Kointegrationsbeziehungen beschränkt sind. Hiermit werden deterministische Trends ausgeschlossen. Eine Erweiterung auf Prozesse mit deterministischen Trends wäre durch Aufnahme eines konstanten Terms in (3) möglich, soll aber hier der Übersichtlichkeit halber unterbleiben.

Zunächst ergibt sich aus (2/3) durch Subtraktion von $\boldsymbol{y}_{1,t-1}$ auf beiden Seiten der Gleichung (2) unmittelbar das *Dreiecks-Fehler-Korrektur-Modell* (*triangular error correction model* oder *Dreiecks-ECM*)

$$\Delta \boldsymbol{y}_t = \begin{bmatrix} \boldsymbol{\eta} \\ 0 \end{bmatrix} - \begin{bmatrix} I_r & -C_1 \\ 0 & 0 \end{bmatrix} \boldsymbol{y}_{t-1} + \boldsymbol{v}_t \tag{4}$$

mit

$$\boldsymbol{v}_t = \begin{bmatrix} I_r & C_1 \\ 0 & I_{K-r} \end{bmatrix} \boldsymbol{u}_t.$$

Die Bezeichnung Fehler-Korrektur-Modell resultiert aus der Tatsache, daß die Veränderungen $\Delta \boldsymbol{y}_t$ von den Gleichgewichtsfehlern $[I_r : -C_1]\boldsymbol{y}_{t-1} = \boldsymbol{y}_{1,t-1} - C_1 \boldsymbol{y}_{2,t-1}$ in der Vorperiode wesentlich bestimmt werden. Daß diese Gleichgewichtsfehler so angeordnet sind, daß sie tatsächlich nur in den ersten Gleichungen auftreten, führt zu der Bezeichnungsweise Dreiecks-ECM.

Unterstellt man nun, daß $\boldsymbol{v}_t$ von einem stationären vektorautoregressiven Prozeß der Ordnung $p-1$ ($VAR(p-1)$) der folgenden Form

$$\boldsymbol{v}_t = G_1 \boldsymbol{v}_{t-1} + \cdots + G_{p-1} \boldsymbol{v}_{t-p+1} + \boldsymbol{\varepsilon}_t$$

generiert wird, so gilt dies auch für $\boldsymbol{u}_t$. Hier ist $\boldsymbol{\varepsilon}_t$ ein K-dimensionaler reiner Zufallsprozeß. In diesem Fall gelangt man durch geeignetes Umstellen der Terme in (4) zum Fehler-Korrektur-Modell (ECM)

$$\Delta \boldsymbol{y}_t = \boldsymbol{\nu} + BC\boldsymbol{y}_{t-1} + \Pi_1 \Delta \boldsymbol{y}_{t-1} + \cdots + \Pi_{p-1} \Delta \boldsymbol{y}_{t-p+1} + \boldsymbol{\varepsilon}_t, \tag{5}$$

in der die Koeffizientenmatrizen B $(K \times r)$, Π_i $(K \times K)$ sich aus G_i und C_1 ergeben und $C = [I_r : -C_1]$ wie zuvor eine Kointegrationsmatrix ist. Der $(K \times 1)$-Vektor $\boldsymbol{\nu}$ enthält die Absolutglieder. Diese ECM-Form ist eine recht allgemeine Darstellung eines kointegrierten Systems. Hier kann für C auch eine allgemeine $(r \times K)$-Matrix mit Rang r zugelassen werden. Ferner können durch allgemeine Wahl der $(K \times r)$-Matrix B in allen K Gleichungen des Systems Kointegrationsbeziehungen auftreten. Eine Einschränkung auf die ersten Gleichungen wie in (2/3) und (4) entfällt. Vorkenntnisse über die Beteiligung bestimmter Variablen an den Kointegrationsbeziehungen sind damit nicht mehr erforderlich. Gleichwohl erscheinen die Kointegrationsbeziehungen explizit, was immer dann ein Vorteil ist, wenn diese Relationen bei der Ergebnisinterpretation von besonderem Interesse sind. In Abschnitt 4 wird darüber hinaus gezeigt, daß die ECM-Form (5) auch für die Schätzung ein geeigneter Ausgangspunkt ist. Zu beachten ist allerdings, daß ohne weitere Restriktionen die Matrizen B und C nicht eindeutig bestimmt sind. D. h., um eindeutige Kointegrationsbeziehungen zu erhalten, sind identifizierende Restriktionen erforderlich. Diese sind beispielsweise gegeben, wenn C die Form $[I_r : -C_1]$ wie in (2/3) und (4) besitzt. Legt man keinerlei Beschränkungen auf das Absolutglied $\boldsymbol{\nu}$ in (5), so können die Variablen im Gegensatz zu (2/3) hier nun auch deterministische Trends aufweisen.

Einfaches Umsortieren der Terme in (5) führt auf die reine VAR-Form des Prozesses:

$$\boldsymbol{y}_t = \boldsymbol{\nu} + A_1\boldsymbol{y}_{t-1} + \cdots + A_p\boldsymbol{y}_{t--p} + \boldsymbol{\varepsilon}_t. \tag{6}$$

Man überzeugt sich leicht, daß

$$I_K - A_1 - \cdots - A_p = -BC$$

gilt. Da der Rang von BC aber gerade gleich dem Kointegrationsrang $r < K$ ist, ergibt sich, daß $I_K - A_1 - \cdots - A_p$ eine singuläre Matrix ist. Mit anderen Worten, das Polynom

$$\det(I_K - A_1 z - \cdots - A_p z^p)$$

hat eine Nullstelle für $z = 1$. Hier offenbart sich ein Unterschied zu stationären $I(0)$-Prozessen, für die dieses Polynom alle Nullstellen außerhalb des komplexen Einheitskreises hat.

Die VAR-Form ist ein Grundmodell für die Analyse stationärer Systeme. Sie ist nicht nur besonders einfach zu schätzen, sondern sie eignet sich auch besonders gut für Prognosezwecke sowie für bestimmte Formen der Analyse ökonomischer Zusammenhänge. Letzteres gilt auch für den Fall, daß die beteiligten Variablen kointegriert sind. Eine Ein-Schritt-Prognose (eine Periode in die Zukunft), gegeben $\boldsymbol{y}_t, \boldsymbol{y}_{t-1}, \ldots$, ergibt sich beispielsweise als

$$\boldsymbol{y}_t(1) = \boldsymbol{\nu} + A_1\boldsymbol{y}_t + \cdots + A_p\boldsymbol{y}_{t--p+1}.$$

Weiter in die Zukunft reichende Prognosen lassen sich rekursiv berechnen als

$$\boldsymbol{y}_t(h) = \boldsymbol{\nu} + A_1\boldsymbol{y}_t(h-1) + \cdots + A_p\boldsymbol{y}_t(h-p),$$

wobei $\boldsymbol{y}_t(j) = \boldsymbol{y}_{t+j}$ für $j \leq 0$ gilt. Mit anderen Worten, die unbekannten zukünftigen Werte werden jeweils durch Prognosen ersetzt. Erwähnenswert ist hierbei, daß keinerlei Informationen über die Art und Anzahl der Kointegrationsbeziehungen für die Prognose ausgenutzt werden. Betrachtet man Prognoseintervalle, so zeigt sich jedoch, daß sich diese für integrierte Variablen bei weiter in die Zukunft reichenden Vorhersagen ständig vergrößern und langfristig unbeschränkt sind. Prognostiziert man hingegen bestimmte Linearkombinationen der Variablen (nämlich gerade die Kointegrationsbeziehungen), so können die zugehörigen Prognoseintervalle deutlich enger und mit zunehmendem Prognosehorizont beschränkt sein.

Eine weitere Darstellung, die gerade im Hinblick auf eine Analyse konjunktureller Schwankungen von Interesse sein kann, ist von Stock und Watson (1988b) angegeben worden. Sie zeigen, daß der Prozeß (2/3) bzw. (5) auch in der Form

$$\boldsymbol{y}_t = \boldsymbol{y}_0 + H\boldsymbol{\tau}_t + \boldsymbol{z}_t \tag{7}$$

geschrieben werden kann. Hier bezeichnet $\boldsymbol{y}_0$ einen Vektor mit Anfangswerten, H ist eine feste $(K \times (K-r))$-Matrix, $\boldsymbol{z}_t$ ist ein stationärer $I(0)$-Prozeß und $\boldsymbol{\tau}_t$ repräsentiert einen $(K-r)$-dimensionalen Random-Walk (RW), d. h.

$$\boldsymbol{\tau}_t = \boldsymbol{\theta} + \boldsymbol{\tau}_{t-1} + \boldsymbol{w}_t,$$

wobei $\boldsymbol{w}_t$ ein reiner Zufallsprozeß und $\boldsymbol{\theta}$ ein r-dimensionaler fester Vektor von Drifttermen ist. Dieser Term kann entfallen, wenn die Variablen des Systems keine deterministischen Trends enthalten, wie in (2/3) unterstellt. In der Darstellung (7) wird der Prozeß $\boldsymbol{y}_t$ explizit in die gemeinsamen Trends $\boldsymbol{\tau}_t$ sowie einen stationären Teil $\boldsymbol{z}_t$ zerlegt. Sie wird daher auch *Darstellung mit gemeinsamen Trends (Common-Trends-(CT-)Form)* genannt. Für univariate integrierte Prozesse geht die Zerlegung in einen RW und eine stationäre Komponente zumindest auf Beveridge und Nelson (1981) zurück. Allgemein wird in der CT-Form eine Zerlegung in transitorische und permanente Komponenten vorgenommen. Während ein einzelner Impuls in einem stationären Prozeß allmählich seinen Einfluß verliert, hat er in einem RW eine permanente Wirkung. Ein Impuls, der auf das System $\boldsymbol{y}_t$ trifft, kann also gleichzeitig permanente und transitorische Reaktionen hervorrufen, da $\boldsymbol{y}_t$ aus einem Trendterm und einer stationären Komponente besteht. Ist der Kointegrationsrang eines K-dimensionalen Systems gerade $r = K - 1$, so wird das langfristige Verhalten aller Variablen durch einen einzigen Trend (RW) bestimmt. Dies könnte beispielsweise für die Analyse von konjunkturellen Bewegungen von Interesse sein.

Zusammenfassend bleibt festzuhalten, daß kointegrierte Systeme sich in verschiedenen Formen repräsentieren lassen. Welche dieser Formen für die Analyse am besten geeignet ist, hängt vom Ziel der Analyse sowie von der verfügbaren Vorinformation ab.

4.3.3 Schätzung von Kointegrationsbeziehungen

Einzelgleichungsschätzung

Es soll zunächst davon ausgegangen werden, daß lediglich eine Kointegrationsbeziehung zwischen den Variablen von Interesse vorliegt. Die Parameter, die diese Beziehung beschreiben und gegebenenfalls weitere Parameter des Modells, sollen geschätzt werden. Es wird also zunächst von einem linearen Modell ausgegangen, in dem allerdings die Regressoren stochastisch sind. Es soll hier insbesondere auf Unterschiede zu klassischen Ergebnissen hingewiesen werden.

Ausgangsbasis ist das Modell

$$\begin{aligned} y_{1t} &= \eta + \boldsymbol{y}_{2t}'\boldsymbol{\gamma} + u_{1t} \\ \Delta \boldsymbol{y}_{2t} &= \boldsymbol{u}_{2t} \end{aligned} \tag{8}$$

wobei $\boldsymbol{y}_{2t}' = (y_{2t}, \ldots, y_{Kt})$ ist, d. h., es liegt ein Modell in der Form (2/3) vor, in dem der erste Teilvektor nur aus einer einzigen Variablen (y_{1t}) besteht.

Ist eine multiple Zeitreihe

$$\boldsymbol{y}_t = \begin{bmatrix} y_{1t} \\ \vdots \\ y_{Kt} \end{bmatrix}, \quad t = 1, \ldots, T,$$

gegeben, so läßt sich der Kleinste-Quadrate-(KQ-)Schätzer der Parameter η und γ schreiben als

$$\begin{bmatrix} \hat{\eta} \\ \hat{\gamma} \end{bmatrix} = (Y_2'Y_2)^{-1}Y_2'\boldsymbol{y}_1 \tag{9}$$

mit

$$Y_2 = \begin{bmatrix} 1 & \dots & 1 \\ \boldsymbol{y}_{21} & \dots & \boldsymbol{y}_{2T} \end{bmatrix}, \quad \boldsymbol{y}_1 = \begin{bmatrix} y_{11} \\ \vdots \\ y_{1T} \end{bmatrix}.$$

Unter der Annahme, daß die Regressoren $\boldsymbol{y}_{2t}$ strikt exogen sind und die Residuen einen normalverteilten reinen Zufallsprozeß bilden, d. h.

$$\boldsymbol{u}_t = \begin{bmatrix} u_{1t} \\ \boldsymbol{u}_{2t} \end{bmatrix} \sim \text{iid } N\left(\begin{bmatrix} 0 \\ \mathbf{0} \end{bmatrix}, \begin{bmatrix} \sigma_1^2 & \mathbf{0}' \\ \mathbf{0} & \Sigma_{\mathbf{u}_2} \end{bmatrix}\right), \tag{10}$$

haben die KQ-Schätzer klassische Eigenschaften. Genauer: Bei gegebenem Y_2 sind sie normalverteilt:

$$\begin{bmatrix} \hat{\eta} \\ \hat{\gamma} \end{bmatrix} \mid Y_2 \sim N\left(\begin{bmatrix} \eta \\ \gamma \end{bmatrix}, \sigma_1^2(Y_2'Y_2)^{-1}\right).$$

Unter diesen Annahmen können mithin die üblichen Konfidenzintervalle und Teststatistiken benutzt werden. Auch wenn die Normalverteilungsannahme aufgegeben wird, läßt sich dies mit asymptotischer Theorie rechtfertigen. Allerdings erfordert die Ableitung solcher Ergebnisse eine Modifikation der Standardargumentation. Es zeigt sich nämlich, daß der Ausdruck

$$\begin{bmatrix} \sqrt{T}(\hat{\eta} - \eta) \\ T(\hat{\gamma} - \gamma) \end{bmatrix} \tag{11}$$

eine reguläre asymptotische Verteilung hat. Der übliche Skalierungsfaktor $\sqrt{T}$ ist also hier nur für das Absolutglied verwendbar, während die eigentlichen Kointegrationsparameter $\hat{\gamma} - \gamma$ mit T multipliziert werden müssen. Der KQ-Schätzer für γ konvergiert somit schneller als unter Standardannahmen des linearen Modells. Er ist *superkonsistent.* Hierauf wurde bereits von Phillips und Durlauf (1986) und Stock (1987) hingewiesen. Unter den bisher gemachten Annahmen ist dies jedoch zunächst ohne Bedeutung für die Inferenz, da der Skalierungsfaktor T etwa beim Übergang zu den üblichen t- und F-Statistiken wieder herausfällt.

Für Zeitreihendaten wird die Annahme, daß $\boldsymbol{u}_t$ über die Zeit hinweg unkorreliert ist, häufig unbefriedigend und unrealistisch sein. Verallgemeinert man diese Annahme, indem man unterstellt, daß es sich um einen allgemeinen stochastischen Prozeß handelt (bei dem allerdings zur Beibehaltung der strikten Exogenität der Regressoren u_{1t} als unabhängig von den übrigen Komponenten angenommen wird), so hat der Ausdruck in (11) zwar nach wie vor eine reguläre asymptotische Verteilung, die üblichen Teststatistiken behalten aber nur dann ihre gewohnten asymptotischen Verteilungen unter der Nullhypothese, wenn für die Autokorrelation in den Residuen geeignete Korrekturterme aufgenommen werden. Außerdem ist die einfache KQ-Schätzung nun nicht mehr effizient. Auch dies ist natürlich eine Analogie zum Standardregressionsmodell.

Eine Reihe von Autoren hat nun Vorschläge gemacht, wie man zu effizienten oder zumindest effizienteren Schätzungen gelangen kann. Beispielsweise untersuchen Saikkonen (1991), Phillips und Loretan (1991) sowie Stock und Watson (1993a) folgende modifizierte Spezifikation, in die Leads und Lags der differenzierten exogenen Variablen aufgenommen werden:

$$y_{1t} = \eta + \boldsymbol{y}'_{2t}\gamma + \sum_{i=-p}^{p} \Delta \boldsymbol{y}'_{2,t-i}\boldsymbol{\xi}_i + \varepsilon_{1t}. \tag{12}$$

Für den Fall, daß die Residuen der Gleichung noch Autokorrelation aufweisen, schlagen Phillips und Loretan (1991) vor, zusätzlich Verzögerungen der Kointegrationsbeziehungen mit in das Modell aufzunehmen, d. h. sie betrachten die Beziehung

$$y_{1t} = \eta + \boldsymbol{y}'_{2t}\gamma + \sum_{i=-p}^{p} \Delta \boldsymbol{y}'_{2,t-i}\boldsymbol{\xi}_i + \sum_{j=1}^{p} \psi_j(y_{1,t-j} - \boldsymbol{y}'_{2,t-j}\ \gamma) + \varepsilon_{1t}. \tag{13}$$

Die Koeffizienten dieser Gleichung können mit einem nichtlinearen KQ-Algorithmus geschätzt werden. Phillips und Hansen (1990) berücksichtigen sogar die Möglichkeit, daß $\boldsymbol{y}_{2t}$ nicht exogen ist. Sie modifizieren den KQ-Schätzer des Modells (8) so, daß lineare Hypothesen bezüglich des Kointegrationsvektors selbst in diesem Fall wieder mit χ^2-Tests überprüft werden können. Der zugehörige Schätzer ist als voll modifizierter (*fully modified*) Schätzer bekannt geworden. Eine ausführliche, einführende Darstellung der Schätzung einzelner Kointegrationsbeziehungen findet sich bei Hamilton (1994, Kapitel 19) und Banerjee et al. (1993, Kapitel 7).

Eine andere Möglichkeit zur Einzelgleichungsschätzung einer Kointegrationsbeziehung ergibt sich aus der Fehler-Korrektur-Form (5). Liegt nur eine Kointegrationsbeziehung vor und erscheint diese beispielsweise in der ersten Gleichung, d. h. das erste Element von $B = (\beta_1, \dots, \beta_K)'$ ist ungleich 0, so kann die Gleichung in der Form

$$\Delta y_{1t} = \nu_1 + \beta_1(y_{1,t-1} - \boldsymbol{y}'_{2,t-1}\gamma) + \sum_{i=1}^{p-1} \Delta \boldsymbol{y}'_{t-i}\boldsymbol{\pi}_i + \varepsilon_{1t} \tag{14}$$

mit der KQ-Methode geschätzt werden. Hier liegt nur scheinbar eine Nichtlinearität vor. Man kann die Gleichung nämlich umparametrisieren als

$$\Delta y_{1t} = \nu_1 + \delta_1 y_{1,t-1} + \cdots + \delta_K y_{K,t-1} + \sum_{i=1}^{p-1} \Delta \boldsymbol{y}'_{t-i}\boldsymbol{\pi}_i + \varepsilon_{1t}. \tag{15}$$

Dieses Modell kann nun mit Hilfe eines linearen KQ-Verfahrens geschätzt werden. Schätzer für die Kointegrationskoeffizienten in (14) ergeben sich dann als

$$\hat{\beta}_1 = \hat{\delta}_1, \qquad \hat{\gamma}_i = -\hat{\delta}_i/\hat{\delta}_1, \qquad i = 2, \dots, K.$$

Die so gewonnenen Schätzer sind asymptotisch effizient, wenn der Kointegrationsterm tatsächlich auf die gewählte Schätzgleichung beschränkt ist. Eine ausführlichere Darstellung dieser Schätzvariante findet sich z.B. bei Stock (1987) und Kremers et al. (1992).

Falls $\boldsymbol{y}_t$ ein voll interdependentes System ist, so gibt es jedoch, wie bereits vorher erwähnt, mancherlei Gründe, nicht nur eine einzelne Gleichung herauszugreifen, sondern ein volles Modell zu schätzen. Beispielsweise ist dies für Prognosezwecke erforderlich. Im übrigen ist es natürlich auch möglich, daß weitere Kointegrationsbeziehungen vorliegen. Zwar zeigt die Ausgangsdarstellung des Prozesses in Gleichung (2/3), daß der Ansatz in (8) für den Fall eines Vektors $\boldsymbol{y}_{1t}$ verallgemeinert werden kann, dies erfordert jedoch bisweilen unerwünschte identifizierende Restriktionen. Näherliegend ist es deshalb, Systemschätzer zu benutzen. Diese werden im folgenden Abschnitt beschrieben. Sie erweisen sich auch als hilfreich bei der Bestimmung der Anzahl der linear unabhängigen Kointegrationsbeziehungen.

Systemschätzer

Die reine VAR-Form des Prozesses $\boldsymbol{y}_t$ ist für die Systemschätzung der einfachste Ansatzpunkt:

$$\boldsymbol{y}_t = \boldsymbol{\nu} + A_1\boldsymbol{y}_{t-1} + \ldots + A_p\boldsymbol{y}_{t-p} + \boldsymbol{\varepsilon}_t. \tag{16}$$

Die K Gleichungen dieses Systems können aus einer vorliegenden multiplen Zeitreihe, $\boldsymbol{y}_1, \ldots, \boldsymbol{y}_T$, sowie Vorstichprobenwerten $\boldsymbol{y}_{-p+1}, \ldots, \boldsymbol{y}_0$ einzeln geschätzt werden. Da häufig die autoregressiven Parameter $A_1, \ldots, A_p$ von primärem Interesse sind, fassen wir sie in dem Vektor $\boldsymbol{\alpha} = \text{vec}(A_1, ..., A_p)$ zusammen und bezeichnen den zugehörigen KQ-Schätzer mit $\hat{\boldsymbol{\alpha}}$. Dieser Schätzer hat im Kointegrationsfall wie auch bei stationären Prozessen eine asymptotische Normalverteilung, d.h.

$$\sqrt{T}(\hat{\boldsymbol{\alpha}} - \boldsymbol{\alpha}) \xrightarrow{d} N(0, \Sigma_{\hat{\boldsymbol{\alpha}}}).$$

Der im stationären Fall übliche Schätzer für die Kovarianzmatrix $\Sigma_{\hat{\boldsymbol{\alpha}}}$ ist unter Kointegrationsbedingungen ebenfalls konsistent (siehe Park und Phillips (1988, 1989), Sims, Stock und Watson (1991), Lütkepohl (1991c, Kapitel 11)). Trotzdem besteht hier ein wesentlicher Unterschied zu stationären Prozessen. Während für letztere nämlich die Kovarianzmatrix $\Sigma_{\hat{\boldsymbol{\alpha}}}$ nichtsingulär ist, gilt dies für integrierte und kointegrierte Prozesse nicht mehr. Dies hat zur Folge, daß die üblicherweise für statistische Inferenz benutzten t-, χ^2- und F-Statistiken im allgemeinen nicht mehr ihre üblichen asymptotischen Rechtfertigungen haben (Toda und Phillips 1993). Dieses allgemeine Ergebnis läßt sich etwas relativieren, wenn weitere Annahmen über den Integrationsgrad sowie die Kointegrationsstruktur gemacht werden. Ist beispielsweise bekannt, daß alle beteiligten Variablen höchstens Integrationsgrad 1 haben und der Kointegrationsrang $r > 0$ ist (d. h. das System ist nicht ein VAR($p-1$) in ersten Differenzen), dann behalten die üblichen t-Werte ihre asymptotische Gültigkeit. Choi (1993), Toda und Yamamoto (1993) und Dolado und Lütkepohl (1994) haben auf eine einfache Möglichkeit hingewiesen, die asymptotische Gültigkeit der üblichen Tests zu retten. Falls der maximale Integrationsgrad 1 ist, so genügt es, die autoregressive Ordnung einfach bei der Schätzung um 1 zu erhöhen. Tests, die anschließend für Hypothesen über $A_1, ..., A_p$ durchgeführt werden, haben dann asymptotisch die gleiche

Verteilung unter - H_0 wie im stationären Fall. Allerdings geht dies in der Regel mit einem Güteverlust einher.

Geht man von der VAR-Form (16) aus, so hat dies nicht nur den Vorteil, daß die Schätzer einfach zu berechnen und zu handhaben sind. Hinzu kommt auch, daß nur recht dürftige Kenntnisse über Integrations- und Kointegrationsstrukturen vorhanden sein müssen. Insbesondere ist es nicht erforderlich, genaue Kenntnis über die Anzahl der linear unabhängigen Kointegrationsbeziehungen zu haben. Sind solche Kenntnisse vorhanden, so lassen sich die dadurch implizierten Restriktionen für die VAR-Parameter in der Form (16) nur schwer berücksichtigen. Das gleiche gilt, wenn Vorinformationen über die langfristigen (Kointegrations-) Beziehungen zwischen den Variablen vorliegen oder eben diese Beziehungen im Mittelpunkt des Interesses stehen. In diesem Fall erweist sich bei $I(1)$-Variablen die ECM-Form

$$\Delta \boldsymbol{y}_t = \boldsymbol{\nu} + BC\boldsymbol{y}_{t-1} + \Pi_1 \Delta \boldsymbol{y}_{t-1} + \ldots + \Pi_{p-1}\Delta \boldsymbol{y}_{t-p+1} + \boldsymbol{\varepsilon}_t \tag{17}$$

für die Schätzung als vorteilhaft, da sie die Kointegrationsbeziehungen explizit enthält.

Für den Fall, daß $\boldsymbol{\varepsilon}_t$ als normalverteilt unterstellt wird und über den Kointegrationsrang hinaus keine Vorinformationen über B und C vorliegen, hat Johansen (1988, 1991) eine einfache Möglichkeit zur Berechnung der Maximum-Likelihood-(ML-)Schätzer angegeben (siehe auch Lütkepohl 1991c, Kapitel 11). Zur Erläuterung des Verfahrens sei hier folgende Notation verwandt:

$$\Delta Y = [\Delta \boldsymbol{y}_1, \ldots, \Delta \boldsymbol{y}_T], \quad Y_{-1} = [\boldsymbol{y}_0, \ldots, \boldsymbol{y}_{T-1}], \quad Z_t = \begin{bmatrix} 1 \\ \Delta \boldsymbol{y}_{t-1} \\ \vdots \\ \Delta \boldsymbol{y}_{t-p+1} \end{bmatrix},$$

$$Z = [Z_1, \ldots, Z_T], \quad \mathcal{E} = [\boldsymbol{\varepsilon}_1, \ldots, \boldsymbol{\varepsilon}_T], \quad \Pi = [\boldsymbol{\nu}, \Pi_1, \ldots, \Pi_{p-1}]. \tag{18}$$

Hiermit läßt sich das Modell (17) für $t = 1, \ldots, T$ in der Form

$$\Delta Y - BCY_{-1} = \Pi Z + \mathcal{E} \tag{19}$$

schreiben. Wenn B und C bekannt wären, so würde sich der KQ- bzw. ML-Schätzer für Π ergeben als

$$\hat{\Pi} = (\Delta Y - BCY_{-1})Z'(ZZ')^{-1}.$$

Setzt man diesen Schätzer in (19) für Π ein, so ergibt sich das folgende multivariate Regressionsmodell:

$$\Delta YM = BCY_{-1}M + \hat{\mathcal{E}},$$

wobei $M = I - Z'(ZZ')^{-1}Z$ ist. Da die einzige zu beachtende Restriktion hier die Rangrestriktion für die Koeffizientenmatrix BC ist ($\text{Rg}(BC) = r$), lassen sich die multivariaten KQ- bzw. ML-Schätzer mit Hilfe einer kanonischen Korrelationsanalyse bestimmen. Das

Schätzproblem ist damit auf ein Eigenwertproblem zurückgeführt, für das es leistungsfähige numerische Algorithmen gibt. Eindeutigkeit der Schätzer wird gewährleistet durch die in der kanonischen Korrelationsanalyse übliche Normierung.

Angemerkt sei schließlich noch, daß verschiedene Annahmen über die Absolutglieder $\boldsymbol{\nu}$ möglich sind, die bei der Schätzung berücksichtigt werden können. In der vorhergehenden Ableitung wurde unterstellt, daß keinerlei Vorinformationen über $\boldsymbol{\nu}$ verfügbar sind. Unterliegt $\boldsymbol{\nu}$ keinen Restriktionen, so bedeutet dies beispielsweise, daß auch deterministische lineare Trends vorliegen können, wie bereits in Abschnitt 2 erwähnt. Da solche Trends bisweilen für bestimmte ökonomische Variablen als unplausibel angesehen werden, möchte man diese Möglichkeit evtl. ausschließen. Dies ist machbar, indem man die Absolutglieder auf die Kointegrationsbeziehungen eingrenzt. Eine entsprechende Modifikation der Schätzung ist über entsprechende Änderungen in (18) leicht umsetzbar.

Liegen für die Kointegrationsbeziehungen identifizierende Vorinformationen vor, so bieten sich andere Schätzverfahren an. Ist beispielsweise eine Dreiecks-ECM-Form gegeben, so ist folgende Vorgehensweise möglich. Man schätze zunächst das Modell (17) in unrestringierter Form mit einem KQ-Ansatz. Hierbei wird BC als unbeschränkte $(K \times K)$-Matrix behandelt. Aus der Dreiecks-ECM-Form ergibt sich jedoch, daß $C = [I_r : -C_1]$ ist. Damit sind die ersten r Spalten der Matrix BC gerade mit der Matrix B identisch. Entsprechend werden die ersten r Spalten des Schätzers $\widehat{BC}$ als Schätzer $\hat{B}$ für B benutzt. Ein Schätzer für C_1 und damit für C ergibt sich dann aus einem verallgemeinerten KQ-Ansatz unter Benutzung der letzten $K - r$ Spalten von $\widehat{BC}$. Diese seien hier mit $\hat{H}$ bezeichnet. Der Schätzer für C_1 ist dann

$$\hat{C}_1 = -(\hat{B}'\hat{\Sigma}_{\hat{\boldsymbol{\varepsilon}}}^{-1}\hat{B})^{-1}\hat{B}'\hat{\Sigma}_{\hat{\boldsymbol{\varepsilon}}}^{-1}\hat{H}, \tag{3.13}$$

wobei $\hat{\Sigma}_{\hat{\boldsymbol{\varepsilon}}} = \sum_{t=1}^{T} \hat{\boldsymbol{\varepsilon}}_t\hat{\boldsymbol{\varepsilon}}_t'/T$ ein üblicher Schätzer für die Residuenkovarianzmatrix des Modells (17) ist, der aus den KQ-Residuen ausgerechnet wird. Der zugehörige Schätzer für C ist $\hat{C} = [I_r : -\hat{C}_1]$.

Die so gewonnenen Schätzer sind unter allgemeinen Bedingungen asymptotisch effizient. Die Kointegrationsparameterschätzer sind superkonsistent, wie schon im Einzelgleichungsfall, während die übrigen autoregressiven Parameter mit der gewohnten $\sqrt{T}$-Normierung asymptotisch normalverteilt sind, so daß hier wieder die üblichen Teststatistiken für statistische Inferenz benutzt werden können. Eine Ausnahme machen lediglich die Absolutglieder, deren Asymptotik davon abhängt, ob ausschließlich stochastische oder auch deterministische Trends vorliegen.

Interessanterweise sind die asymptotischen Eigenschaften der Π_i-Koeffizientenmatrizen unabhängig davon, ob die Rangrestriktion für BC berücksichtigt wird wie im Johansen-ML-Verfahren oder ob ohne Restriktionen geschätzt wird. Diese zusätzlichen Restriktionen bringen also keinen asymptotischen Effizienzgewinn für die Parameter der Kurzfristdynamik. Hieraus läßt sich auch folgern, daß die asymptotischen Eigenschaften der Schätzer der reinen VAR-Form (16) sich durch Berücksichtigung der Kointegrationsrestriktionen im allgemeinen nicht verbessern lassen. In kleinen Stichproben kann dies natürlich anders aussehen.

Diese Ergebnisse setzen zunächst voraus, daß der wahre datengenerierende Prozeß durch ein Modell endlicher Ordnung beschrieben werden kann. Saikkonen (1992) und Saikkonen und Lütkepohl (1994) zeigen, daß ähnliche Ergebnisse für Schätzer und Teststatistiken sogar dann abgeleitet werden können, wenn der wahre Prozeß unendliche Ordnung hat, gleichwohl aber den vorliegenden Daten nur ein Modell endlicher Ordnung angepaßt wird. In der zugrundeliegenden Asymptotik wird unterstellt, daß mit zunehmender Stichprobengröße bzw. Zeitreihenlänge tendenziell auch Modelle höherer Ordnung benutzt werden.

Da sich die CT-Darstellung (Darstellung mit gemeinsamen Trends) direkt aus der VAR- oder ECM-Form errechnen läßt, ist eine Schätzung dieser Darstellung ebenfalls über die hier geschilderten Schätzverfahren möglich. D. h. es werden zunächst die Parameter der VAR- oder ECM-Form geschätzt. Aus diesen Schätzern werden dann die Parameter der CT-Form errechnet.

Zusammenfassend läßt sich zur Schätzung von kointegrierten Systemen anmerken, daß die Berechnung geeigneter Schätzer auch bei Berücksichtigung der Kointegrationsrestriktionen keine größeren Schwierigkeiten aufwirft. Die zur Ableitung der Eigenschaften der Teststatistiken erforderliche asymptotische Theorie unterscheidet sich jedoch von der Asymptotik stationärer Prozesse. Letztlich zeigt sich jedoch, daß die Gültigkeit der eigentlich interessanten Tests und Konfidenzintervalle mit einfachen Modifikationen gewährleistet werden kann. Gleichwohl ist häufig von Interesse, ob Integration und Kointegration vorliegt sowie gegebenenfalls die Anzahl der Kointegrationsbeziehungen bzw. gemeinsamen Trends. Wie dies mit statistischen Hilfsmitteln untersucht werden kann, soll im folgenden Abschnitt besprochen werden.

4.3.4 Integrations- und Kointegrationstests

Einheitswurzeltests

Vor einer Analyse von Kointegrationsbeziehungen zwischen zwei oder mehreren Variablen wird häufig zunächst der individuelle Integrationsgrad der einzelnen Variablen überprüft. Hierfür sind bereits seit geraumer Zeit geeignete Tests verfügbar. Die wohl bekanntesten Tests stammen von Dickey und Fuller (1979) (siehe auch Fuller 1976). Im einfachsten Fall geht man dabei von einem autoregressiven Prozeß der Ordnung 1 (AR(1)-Prozeß) aus:

$$y_t = \rho y_{t-1} + \varepsilon_t, \tag{20}$$

wobei ε_t ein reiner Zufallsprozeß ist. Im einfachsten Dickey-Fuller-Test wird die Nullhypothese

$$\mathrm{H}_0: \ \rho = 1$$

gegen die Alternative

$$\mathrm{H}_1: \ |\rho| < 1$$

getestet. Unter H_0 ist y_t offensichtlich ein $I(1)$-Prozeß, genauer gesagt handelt es sich um einen Random-Walk. Das autoregressive Polynom $1 - \rho z$ hat in diesem Fall eine

Einheitswurzel. Die hier beschriebenen Integrationstests werden deshalb auch häufig als Einheitswurzeltests bezeichnet. Wird die Nullhypothese verworfen, so geht man davon aus, daß y_t ein stationärer $I(0)$-Prozeß ist. Als Teststatistik bietet sich beispielsweise die t-Statistik des Koeffizienten im transformierten Modell

$$\Delta y_t = (\rho - 1)y_{t-1} + \varepsilon_t \tag{21}$$

an:

$$t_{\hat{\rho}} = \frac{\hat{\rho} - 1}{\hat{s}_\rho} \tag{22}$$

Hier ist $\hat{\rho} - 1$ der KQ-Schätzer des Parameters im Modell (20) und $\hat{s}_\rho$ ist der übliche Schätzer für die Standardabweichung dieses Schätzers. Genauer:

$$\hat{s}_\rho^2 = s^2 \left(\sum_{t=1}^{T} y_{t-1}^2 \right)^{-1}$$

wobei s^2 der KQ-Schätzer für die Varianz des Fehlerterms ist.

Bei Normalverteilungsannahme für die Residuen ε_t kann die Verteilung auch für kleine Stichproben exakt ermittelt werden (siehe hierzu auch Evans und Savin 1981). Es ist nun allerdings zu beachten, daß $t_{\hat{\rho}}$ unter H_0 nicht die übliche t- oder asymptotische Standardnormalverteilung hat. Die asymptotische Verteilung ist vielmehr keine Standardverteilung. Die relevanten Prozentpunkte sind jedoch beispielsweise in Fuller (1976) tabelliert, so daß ein Test unter den gegenwärtigen Annahmen leicht durchführbar ist. Die Grenzverteilung wird bisweilen auch als *Dickey-Fuller-Verteilung* bezeichnet.

Eine Modifikation wird erforderlich, wenn ein Absolutglied in das Modell aufgenommen wird, d. h. (20) wird ersetzt durch

$$y_t = \nu + \rho y_{t-1} + \varepsilon_t. \tag{23}$$

Selbst wenn $\nu = 0$ vorausgesetzt wird, hat die „t-Statistik“ unter der Nullhypothese ($\rho = 1$) nunmehr eine andere Grenzverteilung als für das Modell (20). Der Grund hierfür ist, daß ν zusätzlich zu ρ geschätzt wird. Die für Signifikanztests relevanten Prozentpunkte finden sich ebenfalls in Fuller (1976). Eine weitere Verallgemeinerung des Tests ergibt sich durch Aufnahme eines deterministischen Trendterms in das Modell:

$$y_t = \nu + \xi t + \rho y_{t-1} + \varepsilon_t. \tag{24}$$

Auch für diesen Fall hat die relevante „t-Statistik“ für einen Test der Nullhypothese $\rho = 1$ wiederum eine andere Grenzverteilung, deren kritische Werte ebenfalls in Fuller (1976) tabelliert sind. Wird die Nullhypothese verworfen, so bedeutet dies, daß man von einem rein deterministischen Trend, also einer trendstationären Zeitreihe, ausgeht.

Gibt man in (23) die Annahme auf, daß $\nu = 0$ gilt, und setzt man voraus, daß das Absolutglied von Null verschieden ist ($\nu \neq 0$), so hat die „t-Statistik“ des Koeffizienten von y_{t-1} im Modell

$$\Delta y_t = \nu + (\rho - 1)y_{t-1} + \varepsilon_t$$

unter der Nullhypothese wieder eine asymptotische Standardnormalverteilung. Hierauf haben West (1988) und Hylleberg und Mizon (1989) hingewiesen. Die letzteren Autoren haben allerdings auch gezeigt, daß dieses Ergebnis für kleine Werte von ν und kleine Stichproben wenig praktische Relevanz hat. Mit anderen Worten, in diesen Fällen liefert die Standardnormalverteilung keine gute Approximation an die tatsächliche Verteilung der „t-Statistik" (siehe auch Banerjee et al. 1993, Tabelle 6.3).

Für die praktische Arbeit sind die bisher diskutierten Modellvarianten häufig unzureichend, da die tatsächlichen datengenerierenden Prozesse eine reichhaltige Dynamik aufweisen. Deshalb hat man die Dickey-Fuller-Tests auf allgemeine Prozesse ausgedehnt. Beispielsweise darf der zugrundeliegende Prozeß ein autoregressiver Prozeß p-ter Ordnung (AR(p)) sein :

$$y_t = \alpha_1 y_{t-1} + \cdots + \alpha_p y_{t-p} + \varepsilon_t. \tag{25}$$

Eine einfache Umformung führt auf :

$$\Delta y_t = -(1 - \alpha_1 - \cdots - \alpha_p)\, y_{t-1} + \pi_1 \Delta y_{t-1} + \cdots + \pi_{p-1} \Delta y_{t-p+1} + \varepsilon_t. \tag{26}$$

Unter der $I(1)$-Hypothese gilt $1-\alpha_1-\cdots-\alpha_p = 0$. Diese Hypothese kann wiederum mit der „t-Statistik" für den Koeffizienten von y_{t-1} in Verbindung mit der Dickey-Fuller-Verteilung überprüft werden. Dieser Test wird auch als erweiterter (*augmented*) Dickey-Fuller-Test bezeichnet. Choi (1993) macht darauf aufmerksam, daß theoretisch mit einer einfachen Modifikation wieder die Anwendung der üblichen Normalverteilungsasymptotik für die „t-Statistik" möglich wird. Man braucht lediglich bei der KQ-Schätzung eine zusätzliche Verzögerung von y_t als Regressor mit aufzunehmen. Es zeigt sich jedoch, daß mit dieser Modifikation ein Güteverlust einhergeht.

Wird in (26) zusätzlich ein Absolutglied aufgenommen, so ergeben sich analoge Verallgemeinerungen wie für das einfache Modell (23), das heißt die „t-Statistik" des Koeffizienten von y_{t-1} kann zur Überprüfung der $I(1)$-Hypothese mit den zugehörigen Grenzverteilungen für das entsprechende einfache Grundmodell benutzt werden. Said und Dickey (1984) zeigen sogar, daß selbst dann die erweiterten Dickey-Fuller-Tests benutzt werden können, wenn die Daten tatsächlich von einem gemischten ARMA- (autoregressiven Moving-Average-) Prozeß generiert worden sind. Auch dann reicht es aus, der vorliegenden Zeitreihe einen endlichen AR(p)-Prozeß anzupassen, obwohl ein ARMA-Prozeß im allgemeinen keine AR-Darstellung endlicher Ordnung besitzt. Der den Daten angepaßte AR(p)-Prozeß wird also hier auch theoretisch nur als Approximation angesehen. Zur Ableitung asymptotischer Verteilungsaussagen wird dann angenommen, daß die Ordnung p mit wachsender Stichprobe (Zeitreihenlänge) ebenfalls größer und die Approximation damit besser wird.

Mit entsprechend modifizierten Dickey-Fuller-Tests kann auch auf höheren Integrationsgrad als 1 getestet werden. Ferner ist es möglich verschiedene Parameter, wie etwa ν und ρ, gemeinsam mit „F-Tests" zu überprüfen, deren asymptotische Verteilungen ebenfalls tabelliert sind (Dickey und Fuller 1981).

Ausführliche Darstellungen der hier geschilderten Tests finden sich neben den bereits angegebenen Originalarbeiten auch in Dickey et al. (1986), Reimers (1991, Kapitel 2), Kohn (1991, Kapitel 3), Hassler (1994), Hamilton (1994, Kapitel 17) und anderen. Wegen der praktischen Bedeutung der $I(1)$- bzw. $I(0)$-Hypothese ist es auch nicht verwunderlich, daß eine Reihe weiterer Tests vorgeschlagen worden ist. So gehen beispielsweise Phillips (1987) und Phillips und Perron (1988) von den einfachen Grundmodellen (20), (23) und (24) aus und nehmen eine Korrektur der Teststatistik vor, mit der Residuenautokorrelation und Heteroskedastizität Rechnung getragen werden kann. Ähnliche Ideen werden auch von Ouliaris et al. (1989) zur Konstruktion eines Tests benutzt. Kwiatkowski et al. (1992) und Bierens und Guo (1993) weisen darauf hin, daß häufig die Stationarität einer Zeitreihe die geeignete Nullhypothese ist und von einem stochastischen Trend nur bei entsprechend starker Evidenz in den Daten ausgegangen werden sollte. Sie entwickeln deshalb Tests der Nullhypothese

$$\mathrm{H}_0 : y_t \text{ ist } I(0) \tag{27}$$

gegen die Alternative

$$\mathrm{H}_1 : \Delta y_t = \varepsilon_t \text{ ist } I(0), \text{ d. h. } y_t \text{ ist } I(1).$$

Ist H_0 richtig, so ergibt sich beim Übergang zu den ersten Differenzen von y_t ein Moving-Average-(MA-)Term mit Einheitswurzel. Das obige Hypothesenpaar läßt sich deshalb auch mit Hilfe eines Einheitswurzeltests für MA-Prozesse überprüfen (siehe etwa Breitung 1994).

Schwert (1989) kommt in einer Untersuchung der Eigenschaften verschiedener Tests in kleinen Stichproben zu dem Ergebnis, daß sie sich auch unter der Nullhypothese deutlich von den asymptotischen Eigenschaften unterscheiden können. Ein Gütevergleich verschiedener „Einheitswurzeltests“ findet sich beispielsweise in Kohn (1991). Hierbei zeigt sich, daß für die $I(1)$-Nullhypothese die Dickey-Fuller-Tests insgesamt empfehlenswert sind. Hat man eine Reihe von Zeitreihenvariablen einzeln untersucht und Nichtstationarität (Integration) diagnostiziert, so können im nächsten Schritt mögliche Kointegrationsbeziehungen analysiert werden, sofern es Gründe für einen Zusammenhang zwischen den betrachteten Variablen gibt.

Einzelgleichungs-Kointegrationstests

Besonders einfach kann auf Kointegration getestet werden, wenn eine bestimmte Beziehung zwischen zwei oder mehreren $I(1)$-Variablen vorgegeben ist, von der vermutet wird, daß sie stationär, also $I(0)$, ist. Beispielsweise ist dies bisweilen für die Differenz zwischen verschiedenen Zinssätzen gegeben (siehe Abbildung 4.3.2). Sind also die Zinssätze y_{1t} und y_{2t} $I(1)$-Variablen, so ist zu überprüfen, ob $y_{1t} - y_{2t} = u_t$ ein $I(0)$-Prozeß ist. Hierzu bieten sich, abhängig von den Annahmen über den Generierungsprozeß von u_t, die im vorigen Unterabschnitt dargestellten Einheitswurzeltests an. Wird zum Beispiel unterstellt, daß u_t einem AR(1)-Prozeß folgt, $u_t = \rho u_{t-1} + \varepsilon_t$, so kann mit dem einfachsten Dickey-Fuller-Test

$H_0 : \rho = 1$ gegen $H_1 : |\rho| < 1$ getestet werden. Kann die Nullhypothese verworfen werden, so darf von einem stationären u_t und damit von einer Kointegrationsbeziehung zwischen y_{1t} und y_{2t} ausgegangen werden. Entsprechend verfährt man, wenn ein allgemeinerer Prozeß u_t unterstellt wird. Man beachte jedoch, daß bei Gültigkeit der Nullhypothese keine Kointegrationsbeziehung vorliegt. Anders ist dies, wenn die Nullhypothese wie in (27) Stationarität postuliert und die entsprechenden Tests benutzt werden. In diesem Fall wird die Annahme der Kointegration nur dann aufgegeben, wenn die Stichprobeninformation deutlich dagegen spricht.

In der Praxis ist der hier geschilderte Fall einer bekannten Kointegrationsbeziehung eher die Ausnahme. In der Regel muß diese geschätzt werden. Das kann, wie in Abschnitt 3 geschildert, mit einer einfachen KQ-Schätzung des Modells

$$y_{1t} = \boldsymbol{y}_{2t}'\boldsymbol{\gamma} + u_t \tag{28}$$

erfolgen, wobei gegebenenfalls noch zusätzlich ein Absolutglied aufgenommen wird. In diesem Fall bilden die Schätzresiduen $\hat{u}_t$ dann die Grundlage für den Kointegrationstest, d. h., es wird beispielsweise mit dem Dickey-Fuller-Test in einem Modell $\hat{u}_t = \rho\hat{u}_{t-1} + \varepsilon_t$ die Nullhypothese $H_0 : \rho = 1$ gegen $H_1 : |\rho| < 1$ getestet. Falls eine komplexere Korrelationsstruktur in den Daten vorliegt, wird entsprechend ein AR-Modell höherer Ordnung für den Test zugrundegelegt. Leider hängen die Verteilungen der Dickey-Fuller-Statistiken nunmehr auch noch von der Anzahl der in (28) auftretenden Regressoren und von der Anwesenheit eines Absolutgliedes ab (siehe MacKinnon 1994). Tabellen mit kritischen Werten finden sich in Engle und Yoo (1987) und MacKinnon (1991).

Neben den im vorigen Unterabschnitt vorgestellten Integrations- oder Einheitswurzeltests sind noch eine Reihe anderer auf Schätzresiduen basierenden Tests vorgeschlagen worden (z.B. Engle und Granger 1987, Engle und Yoo 1987, Phillips und Ouliaris 1990). Ein Nachteil vieler dieser Tests ist, daß die Schätzresiduen sich ändern können, wenn eine andere abhängige Variable gewählt und auf die übrigen Variablen regressiert wird. Damit kann auch das Testergebnis sich ändern, abhängig davon, welche Regressionsgleichung geschätzt wird bzw. welche Variable (zufällig?) mit y_{1t} bezeichnet wird. In einer Monte-Carlo-Untersuchung findet Gregory (1994) erhebliche Differenzen in den Eigenschaften verschiedener Kointegrationstests und empfiehlt unter anderem Tests vom Dickey-Fuller-Typ.

Ist nur über das Vorliegen einer Kointegrationsbeziehung zu entscheiden, so können Tests auch aus der Schätzgleichung (14) hergeleitet werden. Die Nullhypothese $H_0 : \beta_1 = 0$ impliziert nämlich gerade, daß keine Kointegration vorliegt. Da die asymptotische Verteilung des KQ-Schätzers bekannt ist, kann diese entweder direkt oder alternativ der zugehörige t-Quotient zum Testen von H_0 herangezogen werden. Kointegrationstests, die auf dieser Idee basieren, werden von Kremers et al. (1992) und Banerjee et al. (1994) diskutiert.

In einem höherdimensionalen System ist es jedoch denkbar, daß mehrere linear unabhängige Kointegrationsrelationen vorliegen. Eine umfassende Analyse sollte deshalb auch Aufschluß über die Anzahl der Kointegrationsbeziehungen geben und sich nicht auf die Frage beschränken, ob Kointegration vorliegt oder nicht. Statistische Hilfsmittel zur Ermittlung des Kointegrationsranges werden im nächsten Unterabschnitt besprochen.

Testverfahren für den Kointegrationsrang

Zur Bestimmung des Kointegrationsranges r eines K-dimensionalen Systems von $I(1)$-Variablen schlägt Johansen (1988, 1991) eine Sequenz von Likelihood-Quotienten-(LQ-) Tests, basierend auf einem Fehler-Korrektur-Modell der Form (17), vor. Diese Idee ist naheliegend, da die Maximum-Likelihood-Schätzer und damit auch das Maximum der Likelihoodfunktion für einen gegebenen Kointegrationsrang leicht errechnet werden können. Johansen gibt einfache Formen der LQ-Statistik für die folgenden zwei Sequenzen von Hypothesen an. Erstens:

$$\begin{array}{llll} \mathrm{H}_0^1: & r=0 & \text{gegen} & \mathrm{H}_1^1: \; r>0 \\ \mathrm{H}_0^2: & r=1 & \text{gegen} & \mathrm{H}_1^2: \; r>1 \\ & & \vdots & \\ \mathrm{H}_0^K: & r=K-1 & \text{gegen} & \mathrm{H}_1^K: \; r=K \quad . \end{array}$$

Der zugehörige Test wird bisweilen als Spur-Test (*Trace Test*) bezeichnet. Eine zweite mögliche Testsequenz basiert auf dem sogenannten *maximum eigenvalue test*:

$$\begin{array}{llll} \mathrm{H}_0^1: & r=0 & \text{gegen} & \mathrm{H}_1^1: \; r=1 \\ \mathrm{H}_0^2: & r=1 & \text{gegen} & \mathrm{H}_1^2: \; r=2 \\ & & \vdots & \\ \mathrm{H}_0^K: & r=K-1 & \text{gegen} & \mathrm{H}_1^K: \; r=K \quad . \end{array}$$

Beide Testsequenzen brechen ab, wenn die Nullhypothese das erstemal nicht verworfen werden kann. Für $r = 0$ sind die Variablen zwar alle vom $I(1)$-Typ, es liegt aber keine Kointegration vor, während für $r = K$ tatsächlich alle Variablen $I(0)$ sind und damit der gesamte Prozeß stationär ist. Wird also auch H_0^K verworfen, so kann davon ausgegangen werden, daß der zugrundeliegende Prozeß nicht integriert ist.

Die LQ-Statistiken haben unter den jeweiligen Nullhypothesen nicht ihre gewohnten asymptotischen χ^2-Verteilungen. Die tatsächlichen Grenzverteilungen sind vielmehr ähnlich wie bei den Dickey-Fuller-Tests keine Standardverteilungen. Johansen (1988, 1991) zeigt jedoch, daß sie lediglich von der Alternativhypothese, der Differenz $K-r$ zwischen Prozeßdimension und Kointegrationsrang sowie von bestimmten Eigenschaften der Absolutglieder $\boldsymbol{\nu}$ in (17) abhängen. Hierbei sind für die Absolutglieder drei Fälle zu unterscheiden: (1) $\boldsymbol{\nu} = \mathbf{0}$; (2) $\boldsymbol{\nu}$ ist unbeschränkt, womit deterministische Trends in den Variablen auftreten können; (3) $\boldsymbol{\nu}$ kann als Vektor von Absolutgliedern in die Kointegrationsbeziehungen subsumiert werden. Die asymptotische Verteilung der LQ-Statistik hängt nicht ab von der Ordnung des Prozesses oder von den speziellen Parameterwerten in den Koeffizientenmatrizen. Mit anderen Worten, es treten nur wenige verschiedene Grenzverteilungen auf, die numerisch ermittelt und tabelliert werden können. Die entsprechenden kritischen Werte finden sich in Johansen und Juselius (1990) und in Osterwald-Lenum (1992). Beachtet werden sollte jedoch, daß die einzelnen Teststatistiken für die obigen Testsequenzen nicht stochastisch unabhängig sind. Das erschwert eine Kontrolle des gesamten Fehlers erster Art in der Testsequenz. Eine Modifikation der LQ-Statistiken, die in kleinen Stichproben eine bessere Übereinstimmung mit der asymptotischen Nullverteilung gewährleisten soll, wird von Ahn und Reinsel (1990) vorgeschlagen. Andere Tests, die ebenfalls in den vorher beschriebenen Testsequenzen benutzt werden können, werden von Stock und Watson (1988b) sowie Phillips und Ouliaris (1988) diskutiert. Ausführlichere Darstellungen der hier erwähnten Tests werden von Reimers (1991), Hamilton (1994, Kapitel 20) und anderen gegeben. Reimers (1992) nimmt einen Simulationsvergleich verschiedener Tests vor und kommt zu dem Ergebnis, daß ihre Eigenschaften in kleinen Stichproben stark von den asymptotischen Eigenschaften abweichen können. Die teilweise sehr schlechten Eigenschaften sowohl bezüglich der Einhaltung des Testniveaus als auch der Güte lassen den Phillips-Ouliaris- sowie den Stock-Watson-Test wenig attraktiv erscheinen. Bei den Johansen-Tests wird unterstellt, daß die Ordnung p des zugrundeliegenden Prozesses bekannt und endlich ist. In der Praxis ist dies jedoch normalerweise nicht der Fall. Dann bieten sich statistische Hilfsmittel zur Bestimmung der Ordnung an. Hierfür können sowohl sequentielle Tests (siehe Sims et al. 1990) wie auch die üblichen Ordnungsselektionskriterien eingesetzt werden. Paulsen (1984) zeigt, daß letztere im wesentlichen ihre für den stationären Fall bekannten asymptotischen Eigenschaften auch für integrierte und kointegrierte Prozesse beibehalten. Insbesondere sind die Kriterien von Schwarz (1978), sowie Hannan und Quinn (1979) (siehe auch Quinn 1980) weiterhin konsistent, das heißt sie liefern unter recht allgemeinen Bedingungen für große Stichproben die richtige Ordnung. Für eine genauere Darstellung siehe auch Lütkepohl (1991c, Kapitel 11).

4.3.5 Interpretation kointegrierter Systeme

Die enge Verbindung von Kointegrationsbeziehungen und ökonomischen Gleichgewichtsrelationen, die in der Vergangenheit von vielen Autoren hergestellt wurde, sowie die Möglichkeit der Beschreibung der langfristigen Bewegung ganzer Variablensysteme durch wenige gemeinsame Trends, sind sicher wesentliche Gründe für die Popularität des Kointegrationskonzeptes. Während sich die letztere Interpretationsmöglichkeit in naheliegender Weise in allgemeine Vorstellungen von Konjunkturbewegungen einfügen läßt und damit zweifellos eine erhebliche Attraktivität erhält, so ist bei der Zusammenführung von Gleichgewichtstheorie und Kointegration doch zumindest Vorsicht geboten. So wird in letzter Zeit zunehmend Kritik an einer in diesem Rahmen allzu engen Sichtweise laut (siehe z.B. Lütkepohl 1994).

Geht man beispielsweise von einem K-dimensionalen Variablensystem $y_{1t}, \ldots, y_{Kt}$ mit einer Kointegrationsbeziehung

$$y_{1t} = \eta + \gamma_2 y_{2t} + \ldots + \gamma_K y_{Kt} + u_{1t}$$

aus, so ist es verführerisch, die Koeffizienten γ_k als langfristige Reaktionskoeffizienten oder, im Falle logarithmierter Variablen, als Langfristelastizitäten zu interpretieren. Dabei darf jedoch nicht vergessen werden, daß eine solche Interpretation starke Annahmen für den datengenerierenden Prozeß erfordert. Insbesondere gibt γ_k die Reaktion von y_{1t} auf eine Änderung von y_{kt} an, gegeben daß alle anderen Variablen unverändert bleiben. Dies erfordert zumindest eine Exogenitätsannahme für y_{kt}. Außerdem muß gewährleistet sein, daß y_{kt} sich überhaupt allein, also unabhängig von möglichen Änderungen in den anderen Regressoren, bewegen kann. Selbst wenn $y_{2t}, ..., y_{Kt}$ exogen sind, so bedeutet dies noch nicht automatisch, daß sie nicht ihrerseits von einem stark interdependenten Prozeß generiert werden. Hinzu kommt, daß es sich hier um Zeitreihenvariablen handelt, die üblicherweise eine dynamische Struktur aufweisen. Dies kann sich in einem autokorrelierten Fehlerprozeß u_{1t} und/oder durch entsprechende Dynamik im generierenden Prozeß der Regressorvariablen äußern. In jedem Fall bedeutet dies das Vorliegen von Kurzfristdynamik, die bei der Analyse langfristiger Beziehungen nicht einfach ignoriert werden kann. Schließlich ist jede Variablenbewegung zunächst ein kurzfristiges Ereignis, dessen langfristige Wirkungen sich erst aus der Akkumulation der Bewegungsabläufe über eine Anzahl kürzerer Perioden hinweg ergeben. Zur Beurteilung der langfristigen Wirkung, die von einer Variablenbewegung ausgeht, muß diese Bewegung also durch das voll spezifizierte System über die Zeit hinweg verfolgt werden. Eigentlich ist dies keine neue Erkenntnis. Sie hat vielmehr bereits bei der Untersuchung von ökonometrischen Mehrgleichungsmodellen zur Entwicklung der dynamischen Multiplikatoranalyse geführt. Im Kontext von multivariaten Zeitreihenmodellen spricht man hier auch von *Impuls-Antwort-Analyse* bzw. *Innovationsbuchhaltung* (innovation accounting). Diese Analyseformen wurden bereits für stationäre Systeme von Sims (1980, 1981) popularisiert (siehe auch Lütkepohl 1990, 1991c). Speziell im Zusammenhang mit kointegrierten Systemen wird sie von Lütkepohl und Reimers (1992), Mellander et al. (1992) und Pesaran und Shin (1993) behandelt.

Die Notwendigkeit derartiger Analyseinstrumente wird noch deutlicher, wenn Systeme mit mehreren Kointegrationsbeziehungen betrachtet werden. Liegen beispielsweise drei Variablen vor, zwischen denen die folgenden zwei linear unabhängigen Kointegrationsbeziehungen bestehen,

$$\begin{aligned} y_{1t} &= \gamma_2 y_{2t} + \gamma_3 y_{3t} + u_{1t}, \\ y_{2t} &= \gamma_4 y_{3t} + u_{2t}, \end{aligned}$$

so ist offensichtlich eine *ceteris-paribus*-Betrachtung von Bewegungen der Variablen y_{3t} nicht sinnvoll. Selbst wenn überhaupt keine Kurzfristdynamik vorliegt und u_{1t}, u_{2t} unabhängige reine Zufallsprozesse sind, so impliziert eine Veränderung von y_{3t} doch eine Veränderung von y_{2t}. Beide Bewegungen zusammen wirken auf y_{1t}. Zwar könnte man im einfachsten Fall durch Übergang zu einer reduzierten Form den Gesamteffekt auf y_{1t} ermitteln. Muß jedoch eine dynamische Struktur der Fehlerprozesse berücksichtigt werden, so sind die Bewegungsabläufe im System ohne ein geeignetes Analyseinstrumentarium schwer nachvollziehbar.

Bei der Impuls-Antwort-Analyse werden Impulse, die einzelne Variablen oder Gleichungen treffen, durch das gesamte System verfolgt und ihre Wirkungen auf die anderen Variablen über die Zeit hinweg festgehalten. Hierbei können verschiedene Effekte von Interesse sein. Zum einen läßt sich der induzierte Zeitpfad und gegebenfalls die gesamte Niveauverschiebung einzelner Variablen verfolgen. Dabei ist zu beachten, daß ein einzelner Impuls in einem kointegrierten System tatsächlich zu permanenten Niveauverschiebungen einzelner Variablen führen kann. Diese persistente Wirkung steht im Gegensatz zu stationären Systemen, in denen einzelne Impulse schnell oder allmählich ihre Wirkung verlieren und die Variablen zu ihren Ausgangswerten zurückkehren, wenn keine weiteren Impulse auf das System treffen. Ebenfalls von Interesse sind in kointegrierten Systemen bisweilen die Pfade, auf denen die Variablen zu den Gleichgewichtsbeziehungen zurückkehren. Auch diese lassen sich im Rahmen einer Impuls-Antwort-Analyse ermitteln. Die genauen Formeln für Impuls-Antwort-Funktionen und damit in Verbindung stehende Größen, die Schätzung dieser Größen sowie Beispiele finden sich in Lütkepohl (1991c), Lütkepohl und Reimers (1992), Mellander et al. (1992), Pesaran und Shin (1993) und anderen Arbeiten.

Wenngleich die Impuls-Antwort-Analyse gegenüber einer ausschließlichen Betrachtung der Kointegrationsbeziehungen eine Reihe von Vorteilen bietet, so birgt sie andererseits aber auch Probleme, die bei ihrem Einsatz zu bedenken sind. Die wesentliche Kritik an Impuls-Antwort-Analysen zielt auf die Art der betrachteten Impulse. Es stellt sich die Frage, ob bestimmte Impulse in der Praxis überhaupt auftreten, ob das System ihre Wirkung, mit denen es ja tatsächlich nie konfrontiert wurde, überhaupt widerspiegeln kann. Beispielsweise ist denkbar, daß eine bestimmte Variable in der Realität nie von isolierten Impulsen getroffen wird, sondern immer nur gleichzeitig mit anderen Variablen des Systems Bewegungen ausführt. Die Betrachtung isolierter Bewegungen könnte dann irreführend sein und zu falschen Schlußfolgerungen über die tatsächliche Struktur der Beziehung zwischen den Variablen führen. Diese Kritik läuft letztendlich darauf hinaus, daß bestimmte Strukturen allein aus dem Datenmaterial nicht zu gewinnen sind. Dieser Einwand ist zweifellos berechtigt. Die Problematik an sich ist aber wiederum nicht neu. Sie ist vielmehr bereits seit den Anfängen der Ökonometrie als Identifikationsproblem bekannt. In der multiplen Zeitreihenanalyse hat sie zur ***strukturellen VAR-Analyse*** geführt, in der aus ökonomischen Überlegungen resultierende Restriktionen berüksichtigt werden (siehe etwa Sims 1986, Blanchard 1989, Blanchard und Quah 1989, Giannini 1992).

Zusammenfassend läßt sich festhalten, daß eine wesentliche Attraktion der Analyse kointegrierter Systeme im Aufspüren gemeinsamer langfristiger Bewegungen (gemeinsamer Trends) liegt. Darüber hinausgehende Interpretationen einzelner Kointegrationsbeziehungen sind problematisch und sollten in jedem Fall die erforderlichen Annahmen genau präzisieren. Impuls-Antwort-Folgen können Hilfestellung bei der detaillierten Analyse der kurz- und langfristigen dynamischen Zusammenhänge zwischen den Variablen von Interesse geben.

4.3.6 Erweiterungen

In dieser Arbeit ist die Modellierung, Schätzung und Analyse kointegrierter Systeme behandelt worden. Der Schwerpunkt lag dabei auf $I(1)$-Variablen, die durch einmalige Differenzenbildung trendbereinigt bzw. stationär gemacht werden können. Diese Schwerpunktsetzung hatte zwei wesentliche Gründe. Zum einen ist in vielen empirischen Analysen eine Beschränkung auf $I(1)$-Variablen durchaus ausreichend und zum anderen lassen sich die wesentlichen Probleme im Zusammenhang mit der Analyse kointegrierter Variablen bereits im $I(1)$-Rahmen erkennen. Die Lösungsansätze lassen sich großenteils auf Systeme verallgemeinern, die auch Variablen mit höherem Integrationsgrad enthalten. Die Arbeiten von Johansen (1992, 1994), Sims et al. (1990), Stock und Watson (1993), Gregoir und Laroque (1993, 1994) und Haldrup (1994) sind Beispiele für Publikationen, die sich auch mit $I(d)$-Variablen für $d > 1$ befassen. Eine Vielzahl anderer Arbeiten ließe sich anschließen.

Die Idee, daß mehrere Zeitreihenvariablen von gemeinsamen Faktoren, wie z.B. im Kointegrationsfall von gemeinsamen (stochastischen) Trends, bestimmt werden, ist mit der allgemeinen Ansicht über konjunkturelle Bewegungen ganzer Wirtschaftssysteme aufs engste verknüpft. Sie wurde von Stock und Watson (1991) sowie von Engle und Kozicki (1993) verallgemeinert. Stock und Watson betrachten das folgende dynamische Modell mit gemeinsamem Faktor für die Variablen $\boldsymbol{y}_t = (y_{1t}, \ldots, y_{Kt})'$:

$$\boldsymbol{y}_t = \boldsymbol{\nu} + \boldsymbol{\lambda} f_t + \boldsymbol{z}_t, \tag{29}$$

wobei $\boldsymbol{\nu}$ und $\boldsymbol{\lambda}$ feste $(K \times 1)$-Vektoren sind und $\boldsymbol{z}_t$ ist ein K-dimensionaler stochastischer Prozeß, der von dem Faktor f_t unabhängig ist. Der Faktor selbst wird als stochastischer Prozeß angesehen. Beispielsweise kann er eine autoregressive Struktur haben:

$$f_t = \alpha_1 f_{t-1} + \ldots + \alpha_p f_{t-p} + \varepsilon_t. \tag{30}$$

Ein Vergleich mit der Common-Trends-Form (7) eines kointegrierten Systems zeigt, daß die beiden Modelle übereinstimmen, wenn nur ein gemeinsamer Trend vorliegt und entsprechend $f_t = \boldsymbol{\tau}_t$ gesetzt wird. Der Prozeß $\boldsymbol{z}_t$ wäre dann stationär. Die in gewisser Hinsicht größere Allgemeinheit des Modells (29) erfordert, daß zur eindeutigen Trennung der beiden Komponenten weitere Restriktionen für die Prozesse f_t und $\boldsymbol{z}_t$ formuliert werden, d. h. es werden weitere identifizierende Restriktionen erforderlich.

Stock und Watson (1989, 1993b) benutzen ein Modell dieses Typs zur Indikatorkonstruktion und Konjunkturanalyse. Hierbei benutzen sie als y_{kt}-Variablen Größen wie die Wachstumsraten von Industrieproduktion, persönlichem Einkommen und Handelsvolumen. In den generierenden Prozeß für f_t werden allerdings nicht nur eigene Verzögerungen wie in (30), sondern auch noch eine Reihe von anderen Variablen einbezogen, die als Frühindikatoren in Betracht kommen. Beispiele sind Baugenehmigungen, Auftragslage des Verarbeitenden Gewerbes und Wechselkurse. Der latente Faktor f_t kann mit Hilfe eines Kalman-Filter-Ansatzes geschätzt werden. Er wird als Konjunkturvariable interpretiert.

Ob eine Rezession oder eine Expansionsphase orliegt, wird am Verhalten dieser Variablen festgemacht. Hier sind verschiedene Definitionen denkbar. Beispielsweise sprechen Stock und Watson (1993b) von einer Rezession, wenn die Änderung Δf_t in sechs aufeinander folgenden Perioden kleiner als ein vorgegebener Schwellenwert ist. Mit diesem Ansatz analysieren sie dann die Wahrscheinlichkeit dafür, daß sich die Ökonomie in bestimmten konjunkturellen Phasen befindet. Die Bestimmung von Rezessions- und Expansionsphasen wird dabei als Mustererkennungsproblem behandelt. Ein anderer Ansatz, bei dem ebenfalls Zustandswahrscheinlichkeiten für das ökonomische System bestimmt werden, geht auf Hamilton (1989) zurück. Er wird im folgenden Beitrag, „Konjunkturanalyse mit Markov-Regimewechselmodellen", ausführlicher geschildert.

Frühere Arbeiten, die Indexmodelle der Art (29) vorschlagen und benutzen stammen von Sargent und Sims (1977) und Singleton (1980). Ein noch allgemeinerer Modellierungsansatz wird von Engle und Kozicki (1993) behandelt, die Variablen mit gemeinsamen Eigenschaften (*Common Features*) betrachten. Sie gehen davon aus, daß die Variablen eines Systems gewisse individuelle Eigenschaften aufweisen, die beim Übergang zu einer bestimmten Linearkombination verschwinden. Hier ist Kointegration nur ein Beispiel, bei dem ein Trend in den einzelnen Variablen in einer speziellen Linearkombination nicht mehr auftritt. Andere Beispiele sind zeitliche Korrelation der individuellen Variablen, heteroskedastische Varianzen oder saisonale Strukturen, die in einer Linearkombination entweder reduziert sind oder ganz beseitigt werden. Angewandt wird diese Idee von Engle und Kozicki zur Untersuchung internationaler Konjunkturzyklen.

Bisher wurden im wesentlichen lineare Modelle diskutiert. Diese sind jedoch mit bestimmten ökonomischen Phänomenen schwer in Einklang zu bringen. Beispielsweise sind in den verschiedenen Phasen des Konjunkturzyklus unterschiedliche asymmetrische Reaktions- und Verhaltensmuster beobachtet worden. Lineare Modelle reagieren jedoch symmetrisch auf positive und negative Impulse, eignen sich also nicht zur Beschreibung von Asymmetrien. Dies hat gerade in den letzten Jahren zur verstärkten Beschäftigung auch mit nichtlinearen Modellen geführt. Einen Überblick über wichtige Entwicklungen in diesem Bereich geben Granger und Teräsvirta (1993).

Literatur

Ahn, S.K. und Reinsel, G.C. (1988): Estimation of Partially Nonstationary Multivariate Autoregressive Models. *Journal of the American Statistical Association*, 85, 813-823.

Banerjee, A., Dolado, J.J., Galbraith, J.W. und Hendry, D.F. (1993): *Co-Integration, Error Correction, and the Econometric Analysis of Non-Stationary Data.* New York.

Banerjee, A., Dolado, J.J. und Mestre, R. (1994): *On The Power of Cointegration Tests: Dimension Invariance vs. Common Factors.* CEMFI, Madrid, Discussion Paper.

Beveridge, S. und Nelson, C.R. (1981): A New Approach to Decomposition of Economic Time Series Into Permanent and Transitory Components With Particular Attention to Measurement of the Business Cycle. *Journal of Monetary Economics*, 7, 151-174.

Bierens, H.J. und Guo, S. (1993): Testing Stationarity and Trend Stationarity Against the Unit Root Hypothesis. *Economic Reviews*, 12, 1-32.

Blanchard, O.J. (1989): A Traditional Interpretation of Macroeconomic Fluctuations. *American Economic Review*, 79, 1146-1164.

Blanchard, O.J. und Quah, D. (1989): The Dynamic Effects of Aggregate Demand and Supply Disturbances. *American Economic Review*, 79, 655-673.

Box, G.E.P. und Jenkins, G.M. (1976): *Time Series Analysis: Forecasting and Control.* San Francisco.

Breitung, J. (1994): Some Simple Tests of the Moving-Average Unit Root Hypothesis. *Journal of Time Series Analysis*, 15, 351 - 370.

Campbell, J.Y. und Perron, P. (1991): Pitfalls and Opportunities: What Macroeconomists Should Know about Unit Roots. In Blanchard, O.J., Fischer, S. (Hg.): *NBER Macroeconomics Annual.* Cambridge, MA. 141-201.

Choi, I. (1993): Asymptotic Normality of the Least-Squares Estimates for Higher Order Autoregressive Integrated Processes with Some Applications. *Econometric Theory*, 9, 263-282.

Davidson, R. und MacKinnon, J.G. (1993): *Estimation and Inference in Econometrics.* New York.

Dickey, D.A., Bell, W.A. und Miller, R.B. (1986): Unit Roots in Time Series Models: Tests and Implications. *American Statistician*, 40, 12-26.

Dickey, D.A. und Fuller, W.A. (1979): Distribution of the Estimators for Autoregressive Time Series with Unit Root. *Journal of the American Statistical Association*, 74, 427-431.

Dickey, D.A. und Fuller, W.A. (1981): Likelihood Ratio Statistics for Autoregressive Time Series with a Unit Root. *Econometrica*, 49, 1057-1072.

Diebold, F.X. und Nerlove, M. (1990): Unit Roots in Economic Time Series: A Selective Survey. *Advances in Econometrics*, 8, 3-69.

Dolado, J.J., Jenkinson, T. und Sosvilla-Rivero, S. (1990): Cointegration and Unit Roots. *Journal of Economic Surveys*, 4, 249-273.

Dolado, J.J. und Lütkepohl, H. (1994): *Making Wald Tests Work for Kointegrated Systems.* Discussion Paper, Humboldt-Universität zu Berlin.

Engle, R.F. und Granger, C.W.J. (1987): Co-Integration and Error Correction: Representation, Estimation and Testing. *Econometrica*, 55, 251-276.

Engle, R.F. und Kozicki, S. (1993): Testing for Common Features. *Journal of Business & Economic Statistics*, 11, 369-380.

Engle, R.F. und Yoo, B.S. (1987): Forecasting and Testing in Co-Integrated Systems. *Journal of Econometrics*, 35, 143-159.

Engle, R.F. und Yoo, B.S. (1991): Cointegrated Economic Time Series: An Overview with new Results. In Engle, R.F. und Granger, C.W.J. (Hg.): *Long-Run Economic Relationships - Readings in Cointegration.* New York. 237-266.

Evans, G.B.A. und Savin, N.E. (1981): Testing for Unit Roots: 1. *Econometrica*, 49, 753-779.

Fuller, W.A. (1976): *Introduction to Statistical Time Series.* New York.

Giannini, C. (1992): *Topics in Structural VAR Econometrics.* Berlin.

Granger, C.W.J. (1981): Some Properties of Time Series Data and Their Use in Econometric Model Specification. *Journal of Econometrics*, 16, 121-130.

Granger, C.W.J. (1986): Developments in the Study of Cointegrated Economic Variables. *Oxford Bulletin of Economics and Statistics*, 48, 213-228.

Granger, C.W.J. und Teräsvirta, T. (1993): *Modelling Nonlinear Economic Relationships.* Oxford.

Gregoir, S. und Laroque, G. (1993): Multivariate Time Series: A Polynomial Error Correction Representation Theorem. *Econometric Theory*, 9, 329-342.

Gregoir, S. und Laroque, G. (1994): Polynomial Cointegration: Estimation and Test. *Journal of Econometrics*, 63, 183-214.

Gregory, A.W. (1994): Testing for Cointegration in Linear Quadratic Models. *Journal of Business & Economic Statistics*, 12, 347-360.

Haldrup, N. (1994): The Asymptotics of Single-Equation Cointegration Regression with $I(1)$ and $I(2)$ Variables. *Journal of Econometrics*, 63, 153-181.

Hamilton, J.D. (1989): A New Approach to the Economic Analysis of Nonstationary Time Series and the Business Cycle. *Econometrica*, 57, 357-384.

Hamilton, J.D. (1994): *Time Series Analysis.* Princeton.

Hannan, E.J. und Quinn, B.G. (1979): The Determination of the Order of an Autoregression. *Journal of the Royal Statistical Society,* B41, 190-195.

Hansen, G. (1988): Analyse ökonomischer Gleichgewichte und kointegrierter Zeitreihen. *Allgemeines Statistisches Archiv,* 72, 337-358.

Hansen, G. (1991): Neuere Entwicklungen auf dem Gebiet der Ökonometrie. *Zeitschrift für Wirtschafts- und Sozialwissenschaften,* 111, 337-399.

Hansen, G. (1993): *Quantitative Wirtschaftsforschung.* München.

Hassler, U. (1994): Einheitswurzeltests – Ein Überblick. *Allgemeines Statistisches Archiv,* 78, 207-228.

Hylleberg, S. und Mizon, G.E. (1989): Kointegration and Error Correction Mechanisms. *Economic Journal,* 99, 113-125.

Johansen, S. (1988): Statistical Analysis of Cointegration Vectors. *Journal of Economic Dynamics and Control,* 12, 231-254.

Johansen, S. (1991): Estimation and Hypothesis Testing of Cointegration Vectors in Gaussian Vector Autoregressive Models. *Econometrica,* 59, 1551-1580.

Johansen, S. (1992): A Representation of Vector Autoregressive Processes Integrated of Order 2. *Econometric Theory,* 8, 188-202.

Johansen, S. (1994): Estimating Systems of Trending Variables. Erscheint demnächst in *Econometric Reviews.*

Johansen, S. und Juselius, K. (1990): Maximum Likelihood Estimation and Inference on Cointegration - With Applications to the Demand for Money. *Oxford Bulletin of Economics and Statistics,* 52, 169-210.

Kohn, W. (1991): *Eine ökonometrische Analyse von Wechselkursmodellen unter Berücksichtigung nichtstationärer Zeitreihen.* Frankfurt/M.

Kremers, J.J.M., Ericsson, N.R. und Dolado, J.J. (1992): The Power of Cointegration Tests. *Oxford Bulletin of Economics and Statistics,* 54, 325-348.

Kwiatkowski, D., Phillips, P.C.B., Schmidt, P. und Shin, Y. (1992): Testing the Null Hypothesis of Stationarity Against the Alternative of a Unit Root. *Journal of Econometrics,* 54, 159-178.

Lütkepohl, H. (1990): Asymptotic Distributions of Impulse Response Functions and Forecast Error Variance Decompositions of Vector Autoregressive Models. *Review of Economics and Statistics,* 72, 116-125.

Lütkepohl, H. (1991a): Analyse trendbehafteter multipler Zeitreihen. *Allgemeines Statistisches Archiv*, 75, 103-123.

Lütkepohl, H. (1991b): Prognose und Interpretation kointegrierter Systeme. In Nakhaeizadeh, G. und Vollmer, K.H. (Hg.): *Anwendungsaspekte von Prognoseverfahren.* Heidelberg. 1-17.

Lütkepohl, H. (1991c): *Introduction to Multiple Time Series Analysis.* Berlin.

Lütkepohl, H. (1994): Interpretation of Cointegration Relations - Comments on 'Estimating Systems of Trending Variables' by Søren Johansen. Erscheint demnächst in *Econometric Reviews.*

Lütkepohl, H. und Reimers, H.-E. (1992): Impulse Response Analysis of Cointegrated Systems. *Journal of Economic Dynamics and Control*, 16, 53-78.

MacKinnon, J.G. (1991): Critical Values for Cointegration Tests in Long-Run Economic Relationships. In Engle, R.F. und Granger, C.W.J. (Hg.): *Long-Run Economic Relationships – Readings in Cointegration.* New York. 267-276.

MacKinnon, J.G. (1994): Approximate Asymptotic Distribution Functions for Unit-Root and Cointegration Tests. *Journal of Business & Economic Statistics*, 12, 167-176.

Mellander, E., Vredin, A. und Warne, A. (1992): Stochastic Trends and Economic Fluctuations in a Small Open Economy. *Journal of Applied Econometrics*, 7, 369-394.

Muscatelli, V.A. und Hurn, S. (1992): Cointegration and Dynamic Time Series Models. *Journal of Economic Surveys*, 6, 1-43.

Osterwald-Lenum, M. (1992): A Note with Fractiles of the Asymptotic Distribution of the Maximum Likelihood Cointegration Rank Test Statistics: Four Cases. *Oxford Bulletin of Economics and Statistics*, 54, 461-472.

Ouliaris, S., Park, J.Y. und Phillips, P.C.B. (1989): Testing for a Unit Root in the Presence of Maintained Trend. In Raj, B. (Hg.): *Advances in Econometrics and Modelling.* Needham, MA. 7-28.

Pagan, A.R. und Wickens, M.R. (1989): A Survey of some Recent Econometric Methods. *The Economic Journal*, 99, 962-1025.

Park, J.Y. und Phillips, P.C.B. (1988): Statistical Inference in Regressions with Integrated Processes: Part 1. *Econometric Theory*, 4, 468-497.

Park, J.Y. und Phillips, P.C.B. (1989): Statistical Inference in Regressions with Integrated Processes: Part 2. *Econometric Theory*, 5, 95-131.

Paulsen, J. (1984): Order Determination of Multivariate Autoregressive Time Series With Unit Roots. *Journal of Time Series Analysis*, 5, 115-127.

Pesaran, M.H. und Shin, Y. (1993): *Cointegration and Speed of Convergence to Equilibrium.* Discussion Paper, University of Cambridge.

Phillips, P.C.B. (1987): Time Series Regression with a Unit Root. *Econometrica*, 55, 277-301.

Phillips, P.C.B. und Durlauf, S.N. (1986): Multiple Time Series Regression with Integrated Processes. *Review of Economic Studies*, 53, 473-495.

Phillips, P.C.B. und Hansen, B.E. (1990): Statistical Inference in Instrumental Variables Regression with $I(1)$ Processes. *Review of Economic Studies*, 57, 99-125.

Phillips, P.C.B. und Loretan, M. (1991): Estimating Long-Run Economic Equilibria. *Review of Economic Studies*, 58, 407-436.

Phillips, P.C.B und Ouliaris, S. (1988): Testing for Cointegration Using Principle Components Methods. *Journal of Economic Dynamics and Control*, 12, 205-230.

Phillips, P.C.B. und Ouliaris, S. (1990): Asymptotic Properties of Residual Based Tests for Cointegration. *Econometrica*, 58, 165-193.

Phillips, P.C.B. und Perron, P. (1988): Testing for a Unit Root in Time Series Analysis. *Biometrika*, 75, 335-346.

Quinn, B.G. (1980): Order Determination for a Multivariate Autoregression. *Journal of the Royal Statistical Society*, B42, 182-185.

Reimers, H.-E. (1991): *Analyse kointegrieter Variablen mittels vektorautoregressiver Modelle.* Heidelberg.

Reimers, H.-E. (1992): Comparisons of Tests for Multivariate Cointegration. *Statistical Papers*, 33, 335-359.

Rüdel, T. (1989): *Kointegration und Fehlerkorrekturmodelle.* Heidelberg.

Said, S.E. und Dickey, D.A. (1984): Testing for Unit Roots in Autoregressive-Moving Average Models of Unknown Order. *Biometrika*, 71, 599-607.

Saikkonen, P. (1991): Asymptotically Efficient Estimation of Cointegrating Regressions. *Econometric Theory*, 7, 1-21.

Saikkonen, P. (1992): Estimation and Testing of Cointegrated Systems by an Autoregressive Approximation. *Econometric Theory*, 8, 1-27.

Saikkonen, P. und Lütkepohl, H. (1994): *Infinite Order Cointegrated Vector Autoregressive Processes: Estimation and Inference.* Humboldt-Universität zu Berlin, SFB 373, Discussion Paper 5.

Sargent, T.J. und Sims, C.A. (1977): Business Cycle Modeling Without Pretending to Have to Much a priori Economic Theory. In Sims, C.A. (Hg.): *New Methods in Business Cycle Research.* Minneapolis.

Schwarz, G. (1978): Estimating the Dimension of a Model. *Annals of Statistics*, 6, 461-464.

Schwert, G.W. (1989): Tests for Unit Roots: A Monte Carlo Investigation. *Journal of Business & Economic Statistics,* 7, 147-159.

Sims, C.A. (1980): Macroeconomics and Reality. *Econometrica*, 48, 1-48.

Sims, C.A. (1981): An Autoregressive Index Model for the U.S. 1948-1975. In Kmenta, J. und Ramsey, J.B. (Hg.): *Large-Scale Macro-Econometric Models.* Amsterdam. 283-327.

Sims, C.A. (1986): Are Forecasting Models Usable for Policy Analysis? *Federal Reserve Bank of Minneapolis Quarterly Review*, 10, 2-16.

Sims, C.A., Stock, J.H. und Watson, M.W. (1990): Inference in Linear Time Series Models with Some Unit Roots. *Econometrica*, 58, 113-144.

Singleton, K. (1980): A Latent Time Series Model of the Cyclical Bahavior of Interest Rates. *International Economic Review*, 21, 559-575.

Stock, J.H. (1987): Asymptotic Properties of Least Squares Estimators of Cointegrating Vectors. *Econometrica*, 55, 1035-1056.

Stock, J.H. und Watson, M.W. (1988a): Variable Trends in Economic Time Series, *Journal of Economic Perspectives*, 2, 147-174.

Stock, J.H. und Watson, M.W. (1988b): Testing for Common Trends. *Journal of the American Statistical Association*, 83, 1097-1107.

Stock, J.H. und Watson, M.W. (1989): New Indexes of Coincident and Leading Economic Indicators. In Blanchard, O.J. und Fischer, S. (Hg.): *NBER Macroeconomics Annual.* Cambridge, MA.

Stock, J.H. und Watson, M.W. (1991): A Probability Model of the Coincident Economic Indicators. In Lahiri, K. und Moore, G.H. (Hg.): *Leading Economic Indicators: New Approaches and Forecasting Records.* Cambridge, UK.

Stock, J.H. und Watson, M.W. (1993a): A Simple Estimator of Cointegrating Vectors in Higher Order Integrated Systems. *Econometrica*, 61, 783-820.

Stock, J.H. und Watson, M.W. (1993b): A Procedure for Predicting Recessions with Leading Indicators: Econometric Issues and Recent Experience. In Stock, J.H. und Watson, M.W. (Hg.): *Business Cycles, Indicators and Forecasting.* Chicago. 255-284.

Toda, H.Y. und Phillips, P.C.B. (1993): Vector Autoregressions and Causality. *Econometrica,* 61, 1367-1393.

Toda, H.Y. und Yamamoto, T. (1993): *Statistical Inference in Vector Autoregressions with Possibly Integrated Processes.* Discussion Paper, University of Tsubuka.

West, K.D. (1988): Asymptotic Normality, when Regressors have a Unit Root. *Econometrica,* 56, 1397-1418.

4.4 Konjunkturanalyse mit Markov-Regimewechselmodellen

Hans-Martin Krolzig und Helmut Lütkepohl*

Humboldt-Universität zu Berlin, Berlin

4.4.1 Einleitung

In der Konjunkturanalyse geht man in der Regel davon aus, daß sich ein ökonomisches System in verschiedenen Stadien befinden kann. Insbesondere gibt es im Konjunkturzyklus eine Hochkonjunktur-, Boom- oder Expansionsphase und eine Rezessionsphase. Festgemacht werden diese Phasen gern an den Wachstumsraten des Bruttosozialproduktes (BSP) oder anderen Konjunkturindikatoren. Wenngleich hier eine allgemein akzeptierte Definition nicht zu existieren scheint, ist doch die Vorstellung naheliegend, daß sich die verschiedenen konjunkturellen Phasen unter anderem dadurch auszeichnen, daß exogene Impulse abhängig von dem gegenwärtigen Zustand verschiedene Reaktionen in der Ökonomie auslösen. Dies läßt eine Modellierung mit Hilfe der gängigen linearen Zeitreihenmodelle problematisch erscheinen, da deren Reaktion auf Zufallsschocks unabhängig vom gegenwärtigen Zustand ist. Eine naheliegende Modellierungsmöglichkeit, die diesem Problem Rechnung trägt, besteht nun darin, daß man unterschiedliche lineare Modelle für die verschiedenen Stadien des Konjunkturzyklus aufstellt. Bezeichnet y_t beispielsweise die BSP-Wachstumsrate in der Periode t, so könnte ein einfaches Modell für den datengenerierenden Prozeß wie folgt aussehen:

$$y_t - \mu_1 = \alpha_1(y_{t-1} - \mu_1) + u_t, \tag{1}$$

falls t einer Boomphase zugeordnet wird;

$$y_t - \mu_2 = \alpha_2(y_{t-1} - \mu_2) + u_t, \tag{2}$$

falls t einer Rezession zugeordnet wird. Hier bezeichnen μ_1, μ_2, α_1 und α_2 feste Parameter und u_t ist ein reiner Zufallsprozeß.

* Die Autoren danken der DFG für die finanzielle Unterstützung im Rahmen des Berliner Graduiertenkollegs Angewandte Mikroökonomik und des SFB 373 an der Humboldt-Universität zu Berlin.

Ein Problem eines solchen Modells ist, daß bisweilen nicht klar ist, welcher Phase des Konjunkturzyklus eine gegebene Periode zuzuordnen ist. Um diese Unsicherheit mit einzubeziehen, könnte man festlegen, daß in den einzelnen Perioden die beiden möglichen Modelle mit bestimmten Wahrscheinlichkeiten Gültigkeit haben. Gehört also eine Periode t mit großer Sicherheit zu einer Rezessionsphase, so wäre mit Wahrscheinlichkeit nahe 1 das Modell (2) gültig und mit Wahrscheinlichkeit nahe 0 das Modell (1). Ist aber sehr unsicher, in welcher konjunkturellen Phase die Ökonomie sich in Periode t gerade befindet, so könnten beide Modelle etwa mit Wahrscheinlichkeit 1/2 gelten. Modelliert man nun den Übergangsprozeß der Ökonomie von einem Stadium in ein anderes (bzw. von einem Modell zum anderen) mit Hilfe eines stochastischen Prozesses, genauer mit Hilfe eines Markov-Prozesses, so gelangt man zu einer einfachen Form eines Markov-Regimewechselmodells. Diese Modelle wurden von Goldfeld und Quandt (1973) sowie von Lindgren (1978), basierend auf Ideen von Baum et al. (1966, 1970), vorgeschlagen und von Hamilton (1989) als Instrument zur Konjunkturanalyse eingeführt. Sie werden gelegentlich als MS-(Markov-Switching)-Modelle bezeichnet.

Paßt man ein solches Modell einer Zeitreihe wie dem BSP an, so ergeben sich Wahrscheinlichkeiten für die verschiedenen Konjunkturphasen. Sind diese Wahrscheinlichkeiten nahe 1 oder 0, so lassen sich die Phasen sehr sicher, andernfalls mit einer gewissen Unsicherheit zuordnen. Die Reihe der geschätzten Wahrscheinlichkeiten kann also zur Konjunkturdiagnose herangezogen werden, bzw. als Konjunkturindikator dienen.

Ziel dieser Arbeit ist es, zunächst das Modell formal anhand eines einfachen Beispiels einzuführen (Abschnitt 2). Mit Hilfe dieses einfachen Modells läßt sich bereits beispielhaft eine Konjunkturanalyse anhand bundesdeutscher BSP-Daten vornehmen. In Abschnitt 3 wird das Modell verallgemeinert und es werden weitere Varianten zur Konjunkturanalyse benutzt. Erweiterungen und andere Nutzungsmöglichkeiten werden in Abschnitt 4 vorgestellt. Eine formale Behandlung des allgemeinen Modells befindet sich im Anhang.

4.4.2 Ein einfaches Modell mit zwei Regimen

Um die Darstellung übersichtlicher zu gestalten, soll zunächst eine besonders einfache Modellversion behandelt werden, bei der wie in (1) / (2) von nur zwei möglichen Regimen ausgegangen wird. Ferner soll in den beiden Regimen zunächst nur der Erwartungswert und nicht der autoregressive Koeffizient verschieden sein. Einführende Darstellungen von Markov-Regimewechselmodellen finden sich auch bei Hamilton (1993a, 1994a). Es wird dabei unterstellt, daß ein Markov-Prozeß (oder eine Markov-Kette) s_t zur Bestimmung des in Periode t vorliegenden Regimes oder Zustandes geeignet ist. Das Grundmodell läßt sich dann wie folgt schreiben:

$$y_t - \mu(s_t) = \alpha(y_{t-1} - \mu(s_{t-1})) + u_t, \tag{3}$$

wobei u_t wieder ein reiner Zufallsprozeß, d. h. eine Folge von unabhängig identisch verteilten (i.i.d.) Zufallsvariablen, mit Erwartungswert 0 und Varianz σ^2 ist. Es wird angenommen, daß der Markov-Prozeß s_t nur die zwei Zustände 1 und 2 annehmen kann und

$$\mu(s_t) = \begin{cases} \mu_1, \text{ falls } s_t = 1 \\ \mu_2, \text{ falls } s_t = 2. \end{cases}$$

Die Kurzbezeichnung für diese Modellvariante ist MSM(2)-AR(1), da nur der Mittelwert μ variiert, lediglich zwei Zustände vorgesehen sind und die autoregressive (AR-)Ordnung 1 ist.

Eine wichtige Eigenschaft des hier unterstellten Markov-Prozesses ist es, daß die Wahrscheinlichkeiten der Zustände in Periode t nur von den Zuständen des Prozesses in der Vorperiode abhängen. Damit läßt sich der Prozeß durch die *Übergangswahrscheinlichkeiten*

$$p_{ij} = \Pr(s_t = j | s_{t-1} = i)$$

vom Zustand i in den Zustand j beschreiben. Für einen Markov-Prozeß mit nur zwei Zuständen gibt es vier Übergangswahrscheinlichkeiten, die gerne in der *Übergangsmatrix*

$$P = \begin{bmatrix} p_{11} & p_{12} = 1 - p_{11} \\ p_{21} = 1 - p_{22} & p_{22} \end{bmatrix}$$

zusammengefaßt werden. Diese Übergangswahrscheinlichkeiten sind neben α, μ_1, μ_2 und σ^2 die Parameter, die den datengenerierenden Prozeß beschreiben.

Beobachtet wird lediglich eine Zeitreihe $y_1, \ldots, y_T$, nicht jedoch die Zustände des Markov-Prozesses bzw. die Regime. Ein wesentliches Ziel einer Analyse ist deshalb die Bestimmung der Wahrscheinlichkeiten mit denen die verschiedenen Regime in den einzelnen Perioden vorgelegen haben. Genauer sind die Wahrscheinlichkeiten

$$\Pr(s_t = i | y_1, \ldots, y_T), \qquad t = 1, \ldots, T,$$

von Interesse. Darüber hinaus interessiert man sich gelegentlich auch für die in zukünftigen Perioden zu erwartenden Regime. Beispielsweise könnte in der Konjunkturanalyse Interesse daran bestehen, mit welcher Wahrscheinlichkeit in einer zukünftigen Periode eine Rezession vorliegt. Die Bestimmung dieser Wahrscheinlichkeiten soll hier in groben Strichen skizziert werden.

Sind die Übergangswahrscheinlichkeiten bekannt, so läßt sich die gemeinsame Verteilung der $s_1, \ldots, s_T$ durch wiederholte Anwendung der Definition der bedingten Wahrscheinlichkeit ermitteln:

$$\begin{aligned} \Pr(s_1, \ldots, s_T) &= \Pr(s_T | s_{T-1}, \ldots, s_1) \cdots \Pr(s_2 | s_1) \Pr(s_1) \\ &= \Pr(s_T | s_{T-1}) \cdots \Pr(s_2 | s_1) \Pr(s_1), \end{aligned}$$

wobei ausgenutzt worden ist, daß die Wahrscheinlichkeit für die Zustände von s_t sich aus dem Zustand der Vorperiode ergibt: $\Pr(s_t | s_{t-1}, \ldots, s_1) = \Pr(s_t | s_{t-1})$. Man kann ferner zeigen, daß sich die unbedingten Wahrscheinlichkeiten für die Anfangszustände ergeben als

$$\Pr(s_1 = 1) = (1 - p_{22}) / [(1 - p_{11}) + (1 - p_{22})]$$

und $\Pr(s_1 = 2) = 1 - \Pr(s_1 = 1)$.

Für bekannte Zustände von s_t und s_{t-1} sowie gegebenes y_{t-1} bezeichnen wir die bedingte Dichte von y_t nun mit $p(y_t|y_{t-1}, s_t, s_{t-1})$. Zum Beispiel kann es sich hier um eine Normalverteilung handeln, d. h.

$$\begin{aligned} p(y_t|y_{t-1}, s_t, s_{t-1}) &= (2\pi\sigma^2)^{-1/2}\exp\{-[(y_t - \mu(s_t)) - \alpha(y_{t-1} - \mu(s_{t-1}))]^2/2\sigma^2\} \\ &\sim N\left[\mu(s_t) + \alpha(y_{t-1} - \mu(s_{t-1})), \sigma^2\right]. \end{aligned} \tag{4}$$

Geht man von einem festen Anfangswert y_0 aus, so erhält man die Stichprobendichte bei gegebenen Zuständen als

$$p(y_1, \ldots, y_T|s_1, \ldots, s_T) = \prod_{t=1}^{T} p(y_t|y_{t-1}, s_t, s_{t-1}). \tag{5}$$

Hieraus läßt sich die gemeinsame Verteilung von Beobachtungen und Zuständen ermitteln:

$$\begin{aligned} p(y_1, \ldots, y_T, s_1, \ldots, s_T) &= p(y_1, \ldots, y_T|s_1, \ldots, s_T)\Pr(s_1, \ldots, s_T) \\ &= \prod_{t=1}^{T} p(y_t|y_{t-1}, s_t, s_{t-1}) \prod_{t=2}^{T} \Pr(s_t|s_{t-1})\Pr(s_1). \end{aligned} \tag{6}$$

Die unbedingte Stichprobendichte erhält man dann in der üblichen Weise durch Summieren über die möglichen Werte der s_t :

$$p(y_1, \ldots, y_T) = \sum_{i_1=1}^{2} \cdots \sum_{i_T=1}^{2} p(y_1, \ldots, y_T, s_1 = i_1, \ldots, s_T = i_T). \tag{7}$$

Schließlich ergibt sich wiederum aus der Definition der bedingten Dichte

$$\Pr(s_1, \ldots, s_T|y_1, \ldots, y_T) = \frac{p(y_1, \ldots, y_T, s_1, \ldots, s_T)}{p(y_1, \ldots, y_T)},$$

woraus sich dann durch Übergang zu den Randdichten die gewünschten Wahrscheinlichkeiten $\Pr(s_t|y_1, \ldots, y_T)$ errechnen lassen. Im Anhang wird im Rahmen eines allgemeinen Modells gezeigt, daß sich die einzelnen Rechenschritte unter Ausnutzung von Rekursionsformeln vereinfachen lassen. Die Wahrscheinlichkeiten der Regime in zukünftigen Perioden lassen sich dann aus der folgenden einfachen Beziehung ermitteln:

$$\begin{bmatrix} \Pr(s_{T+m} = 1|y_1, \ldots, y_T) \\ \Pr(s_{T+m} = 2|y_1, \ldots, y_T) \end{bmatrix} = (P')^m \begin{bmatrix} \Pr(s_T = 1|y_1, \ldots, y_T) \\ \Pr(s_T = 2|y_1, \ldots, y_T) \end{bmatrix},$$

wobei P wie zuvor die Übergangsmatrix ist. Diese Beziehung ist eine einfache Eigenschaft der betrachteten Markov-Prozesse.

Die hier entwickelten Formeln unterstellen, daß alle Parameter bekannt sind. In der Praxis ist das natürlich nicht realistisch. Vielmehr müssen die Parameter in der Regel ebenfalls aus den Daten bestimmt werden. Da die Stichprobenverteilung bei gegebenen Parameterwerten bekannt ist (siehe (7)), bietet sich für die Schätzung ein Maximum-Likelihood-(ML-)Ansatz an. Allerdings sind die ersten Ableitungen der logarithmierten Likelihood-Funktion $\ln L(\mu_1, \mu_2, \alpha, \sigma^2, p_{11}, p_{22}) = \ln p(y_1, \ldots, y_T)$ und damit die Normalgleichungen nichtlinear in den Parametern, selbst wenn für die bedingten Dichten wie in (4) Normalverteilung unterstellt wird. Deshalb wird der Einsatz numerischer Optimierungsverfahren notwendig. Eine ausführlichere Diskussion findet sich im Anhang.

Beispielhaft wurde dieses Verfahren zur Analyse des bundesdeutschen BSP angewandt. Hierfür wurden saisonbereinigte Quartalsdaten für die Jahre 1960–1991 benutzt. Die aus einem Modell (3) mit den geschätzten Werten $\tilde{\alpha} = -0,234$, $\tilde{\mu}_1 = 1,027$, $\tilde{\mu}_2 = 0,0239$, $\tilde{p}_{11} = 0,9079$, $\tilde{p}_{22} = 0,7601$ und $\tilde{\sigma}^2 = 1,6212$ resultierenden Zustandswahrscheinlichkeiten sind in Abbildung 1 geplottet.

Ein zentraler Analyseaspekt des Markov-Regimewechselmodells ist die Möglichkeit der modellendogenen Datierung von Boom- und Rezessionsphasen mit Hilfe der gefilterten und geglätteten Regimewahrscheinlichkeiten. Als Boom wird hierbei das Regime $i = 1$ mit der größeren Wachstumsrate μ_1 bezeichnet. Analog läßt sich das Regime $i = 2$ mit $\mu_2 < \mu_1$ als Rezession charakterisieren. Für die Klassifikation der beobachteten Daten wird als einfache Regel von einer Rezession (einem Boom) ausgegangen, wenn die Regimewahrscheinlichkeit $\Pr(s_t = 1 | y_1, \cdots, y_T) < 0.5$ (bzw. > 0.5) ist.

Bereits ein solch einfaches Markov-Regimewechselmodell bildet den für die Bundesrepublik Deutschland zu beobachtenden Konjunkturverlauf, der durch die Rezession von 1966/67, den Ölpreisschocks folgenden Rezessionen der 70er und 80er Jahre sowie der Rezession seit 1991 geprägt ist, recht gut ab. Dies betrifft insbesondere die hohe Trennsicherheit, mit der die Zuordnung zu den Phasen „Boom" und „Rezession" erfolgt.

Die Nichtlinearität des Modells kommt in einer Asymmetrie von Boom und Rezession zum Ausdruck. Rezessionsphasen haben nicht nur die geringere Wahrscheinlichkeit eines Auftretens, sondern sind insbesondere von einer kürzeren Dauer. Die erwartete Dauer H eines Regimes i ergibt sich als

$$\mathrm{E}[H | s_t = i] = \frac{1}{\sum_{h=1}^{\infty} p_{ii}^h} \sum_{h=1}^{\infty} p_{ii}^h h = \frac{1}{1 - p_{ii}}. \tag{8}$$

Boomphasen sind mit $1/(1 - \tilde{p}_{11})$ =10,9 Quartalen deutlich persistenter als Rezessionen, deren Dauer durchschnittlich ein Jahr (4,2 Quartale) beträgt.

Ein offensichtlicher Schwachpunkt dieser Analyse ist die sehr einfache, ja möglicherweise zu einfache Modellform. Das Modell (3) impliziert, daß der Erwartungswert der Variablen y_t gerade $\mu(s_t)$ ist. Ändert sich das Regime, so springt der Erwartungswert auf ein anderes Niveau. Wird eine allmähliche Anpassung an das Niveau als realistisch angesehen, so könnte

$$y_t - \mu(s_t) = \alpha(y_{t-1} - \mu(s_t)) + u_t$$

bzw.

$$y_t = \nu(s_t) + \alpha y_{t-1} + u_t$$

als alternative Modellform benutzt werden. Prinzipiell läßt sich dieser Fall genauso wie das Modell (3) behandeln. Wünschenswert wäre es ebenfalls, mehr als eine Verzögerung

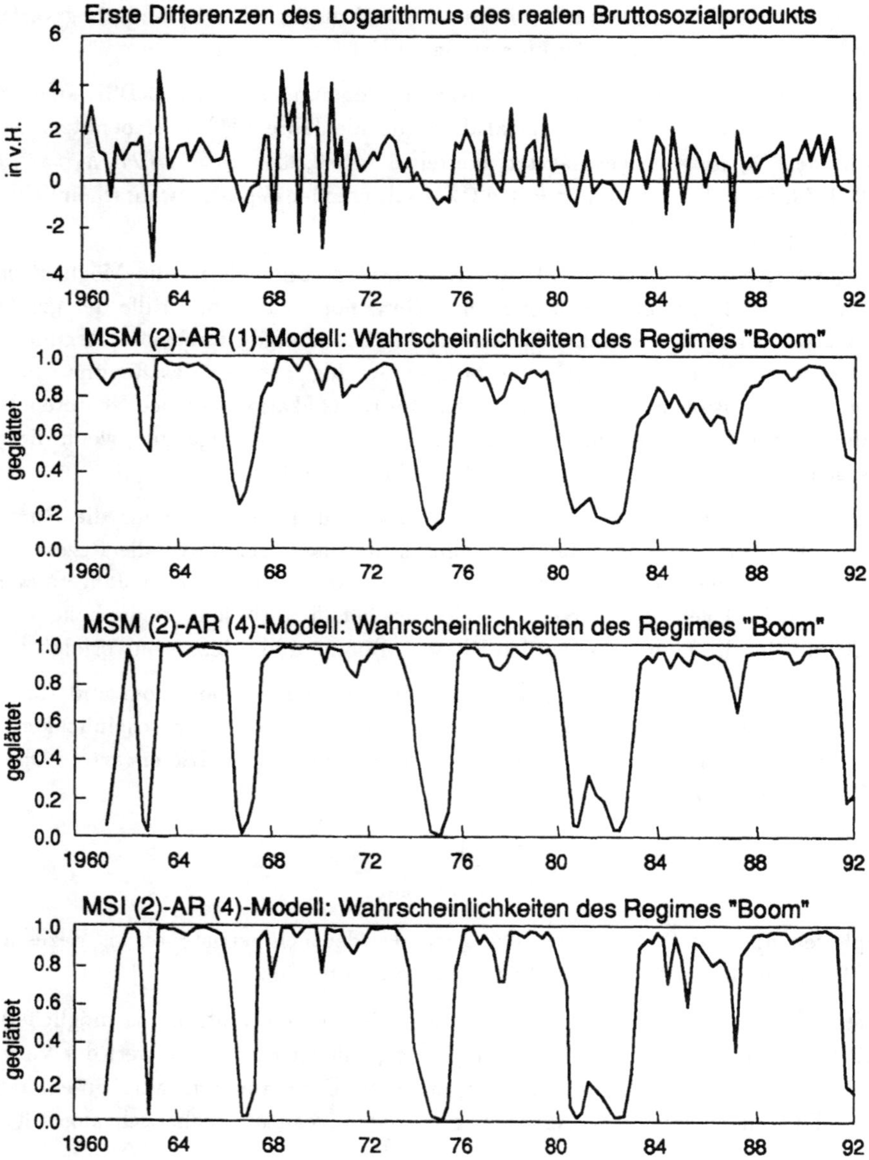

Abbildung 4.4.1: Wachstumsraten des bundesdeutschen Bruttosozialprodukts und Boomwahrscheinlichkeiten aus verschiedenen MS-Modellen

der beobachteten Variablen in das Modell aufzunehmen und Variationen weiterer Koeffizienten zuzulassen. Hier bieten sich sowohl die autoregressiven Koeffizienten als auch die Residuenvarianz an. Ferner wäre gegebenenfalls auch die Einbeziehung weiterer Variablen von Interesse. Darüber hinaus ist auch denkbar, daß mehr als zwei Regime zu einer adäquaten Beschreibung des datengenerierenden Prozesses erforderlich sind. Alle diese Erweiterungen des einfachen Grundmodells sind theoretisch leicht möglich und werden im nächsten Abschnitt dargestellt.

4.4.3 Das allgemeine Modell

In einer kurzen Einführung wie der vorliegenden muß auf Vollständigkeit bei der Darstellung des Markov-Regimewechsel-Zeitreihenmodells verzichtet werden. Vielmehr soll hier die Breite des Spektrums möglicher Modellierungen skizziert werden. Während sich die empirische Forschung, wie bereits die klassischen Arbeiten von Hamilton zur Zinsstruktur (1988) und zum Konjunkturzyklus (1989) zeigen, auf den Bereich der univariaten Zeitreihenanalyse konzentriert hat, ermöglichen die heute zur Verfügung stehenden Filter- und Schätztechniken auch die Analyse größerer vektorautoregressiver (VAR-)Systeme der Ordnung p mit M Zuständen der Markov-Kette und K Variablen, $y_t = (y_{1t}, \cdots, y_{Kt})'$.

Hier kann man zum einen von der mittelwertbereinigten Form eines VAR(p)-Modells ausgehen:

$$y_t - \mu = A_1(y_{t-1} - \mu) + \ldots + A_p(y_{t-p} - \mu) + u_t, \quad u_t \text{ i.i.d. } N(0, \Sigma). \tag{9}$$

Diese Modelle werden in ihrer klassischen Form ausführlich von Lütkepohl (1991) behandelt. Macht man die Parameter vom Zustand eines Markov-Prozesses s_t abhängig, so ergibt sich

$$\begin{aligned} y_t - \mu(s_t) &= A_1(s_t)[y_{t-1} - \mu(s_{t-1})] + \ldots + A_p(s_t)[y_{t-p} - \mu(s_{t-p})] + u_t, \\ & \quad u_t \text{ i.i.d. } N(0, \Sigma(s_t)). \end{aligned} \tag{10}$$

Diese Darstellung wird im folgenden als MS(M)-VAR(p) bezeichnet. Der Erwartungswert $\mu(s_t) = (\mu_1(s_t), \ldots, \mu_K(s_t))'$ ist nun ein $(K \times 1)$ Vektor und die autoregressiven Koeffizienten $A_j(s_t)$, $j = 1, \ldots, p$, sind $(K \times K)$ Matrizen.

Wie bereits beim einfachen Grundmodell bemerkt wurde, kann alternativ ein Modell mit Absolutgliedern

$$\begin{aligned} y_t &= \nu(s_t) + A_1(s_t)y_{t-1} + \ldots + A_p(s_t)y_{t-p} + u_t, \\ & \quad u_t \text{ i.i.d. } N(0, \Sigma(s_t)) \end{aligned} \tag{11}$$

betrachtet werden, das allerdings nicht äquivalent zum Modell in (10) ist.

In der allgemeinsten Form eines VAR-Prozesses mit Markov-Regimewechseln können sämtliche Parameter des vektorautoregressiven Prozesses als regimeabhängig betrachtet werden. Es ist aber auch möglich, die Zustandsabhängigkeit der Modellparameter auf den

Erwartungswert μ, das Absolutglied ν, die Varianz des Störterms u_t oder auf die autoregressiven Koeffizienten A_j des Prozesses zu begrenzen. Hierfür bieten sich die in Tabelle 4.4.1 angegebenen Bezeichnungen an. In der empirischen Forschung wird man häufig verschiedene Kombinationen dieser speziellen Modelle in die Analyse einbeziehen und auch die autoregressive Ordnung p sowie möglicherweise die Anzahl der Zustände M variieren.

Kurzbezeichnung	μ	ν	A_j	Σ
MSM(M)–VAR(p)	variiert	—	zeitinvariant	zeitinvariant
MSI(M)–VAR(p)	—	variiert	zeitinvariant	zeitinvariant
MSH(M)–VAR(p)	zeitinvariant		zeitinvariant	variiert
MSA(M)–VAR(p)	zeitinvariant		variiert	zeitinvariant

Tabelle 4.4.1: Spezielle MS-Modelle

In Abschnitt 2 sind MSM- und MSI-Modelle bereits diskutiert worden. Beide Spezifikationen implizieren nicht nur höchst unterschiedliche dynamische Anpassungsprozesse nach einem Regimewechsel, sondern haben auch Unterschiede beim Schätzen und der Berechnung der Zustandswahrscheinlichkeiten zur Folge. Trotz der Regimeinvarianz der Streuung der Störgröße u_t beinhalten die MSM- und die MSI-Spezifikation bereits eine Heteroskedastizität des datengenerierenden Prozesses von y_t, da die Varianz des bedingten Erwartungswertes vom Regime der Vorperiode abhängt. In jüngster Zeit werden MS-Modelle jedoch auch verstärkt zur ausschließlichen Modellierung von *regimeabhängigen Heteroskedastizitäten* eingesetzt. Als einfacher Ansatz käme hierfür das MSH(M)-VAR(p)-Modell in Betracht. Dieses Modell ließe sich leicht auf eine MS-Spezifikation mit bedingter Heteroskedastizität (MS-ARCH) verallgemeinern. In Analogie zu den bisher diskutierten Spezialfällen ist es schließlich auch möglich, nur die autoregressiven Parameter variieren zu lassen, wie dies im MSA(M)-VAR(p)-Modell vorgesehen ist.

Die Bestimmung der Regimewahrscheinlichkeiten im Analysezeitraum bzw. in künftigen Perioden kann für die hier betrachteten allgemeinen Modelle im Prinzip wie bei dem im vorherigen Abschnitt geschilderten einfachen Modell erfolgen. Hierfür müssen wiederum zunächst die unbekannten Parameter geschätzt werden. Eine ausführliche Darstellung der verfügbaren Verfahren und Algorithmen findet sich im Anhang.

Für die bereits im vorherigen Abschnitt betrachteten bundesdeutschen BSP-Wachstumsraten haben wir auf diese Weise verschiedene allgemeinere Modellvarianten analysiert (siehe Abbildung 4.4.1 und Tabelle 4.4.2). Das im Hamilton-Modell des US-Konjunkturzyklus verwendete MSM(2)-AR(4)-Modell erweist sich auch bei den vorliegenden deutschen Quartalsdaten als besonders geeignet. Durch die Hinzunahme mehrerer verzögert endogener Variablen läßt sich gegenüber dem MSM(2)-AR(1)-Modell nicht nur eine bessere Anpassung der geschätzten an die beobachteten Daten, sondern auch eine genauere Zuordnung der Zeitpunkte zu den Regimen erreichen. Für den zugrundeliegenden Schätzzeitraum von 1961:2–1991:4 können Rezessionen in 1961:2/3, 1962:3–1963:1 und 1966:3–1967:2 mit

Modell	MSM(2) -AR(1)	MSM(2) -AR(4)	MSI(2) -AR(4)
μ_1 (ν_1)	1,0270	1,0651	1,3985
μ_2 (ν_2)	0,0239	-0,3785	-0,4513
p_{11}	0,9079	0,9195	0,9038
p_{22}	0,7601	0,7373	0,7130
α_1	-0,2340	-0,3246	-0,3344
α_2		-0,1001	-0,1408
α_3		0,0293	-0,0753
α_4		0,4157	0,2861
σ^2	1,6212	1,1223	1,0957
$\ln L$	-217,73	-201,57	-202,84

Daten: Saisonbereinigte vierteljährliche Wachstumsrate des westdeutschen Bruttosozialprodukts in Preisen von 1985 (Quelle: OECD). Schätzzeitraum (einschließlich der notwendigen Anfangswerte): 1960:2–1991:4.

Tabelle 4.4.2: MS(2)-VAR(p)-Modelle des deutschen Konjunkturzyklus

großer Genauigkeit festgestellt werden. Dies gilt ebenso für die Rezessionen von 1973:4–1975:2 und 1980:1–1982:4. Das Modell dokumentiert auch recht gut den konjunkturellen Verlauf nach der deutschen Wiedervereinigung: Dem Vereinigungsboom des Jahres 1990, in dem die Existenz einer Expansionsphase mit Wahrscheinlichkeiten größer als 98,9% diagnostiziert wird, folgt ein Ende der wirtschaftlichen Prosperität im Jahr 1991. Trotz des kräftigen Wirtschaftswachstums von 1,9% steigt die Rezessionswahrscheinlichkeit bereits im ersten Quartal des Jahres 1991 auf 6.1% und im darauffolgenden Vierteljahr auf 47.2% Ab dem dritten Quartal des Jahres 1991 hat mit einer Wahrscheinlichkeit von 80% die Rezession den Boom der Jahre 1983 bis 1990 abgelöst. Wie Abbildung 4.4.1 zeigt, kann für den bundesdeutschen Konjunkturzyklus eine MSM-Spezifikation ebenso wie eine Modellversion mit regimeabhängigem Absolutglied verwendet werden.

Unsere Ergebnisse befinden sich in Einklang mit den von Goodwin (1993) und Phillips (1991) vorgelegten Schätzungen für die Wachstumsrate des westdeutschen Sozialprodukts bzw. der industriellen Produktion. Im Gegensatz zu Goodwin (1993), der das von Hamilton (1989) für die USA geschätzte MSM(2)-AR(4)-Modell zur endogenen Datierung von Rezessions- und Boomphasen erfolgreich auf die anderen G7-Staaten übertragen konnte, verweisen Kähler und Marnet (1994a) auf Schwierigkeiten bei der Anpassung des Hamilton-Modells auf den deutschen Konjunkturzyklus.

4.4.4 Weitere Anwendungen und Ergebnisse

Die hier diskutierten Markov-Regimewechselmodelle sind natürlich nur als ein veranschaulichender Ausgangspunkt einer umfassenden empirischen Analyse des deutschen Konjunkturzyklus zu verstehen, für die sich zahlreiche Möglichkeiten der Weiterentwicklung anbieten. Unsere Analyse ist beispielsweise insofern restriktiv, als angenommen wird, daß sich ein Regimewechsel nicht auf den Grad an wirtschaftlicher Unsicherheit (gemessen an der Varianz der Störgröße) und die dynamische Verarbeitung von Impulsen (die von den autoregressiven Parametern bestimmt wird) bezieht. So hat Hansen (1992) in den entsprechenden US-Daten Evidenz für ein MS-Modell mit *regimeabhängigen autoregressiven Parametern* und regimeinvariantem Erwartungswert gefunden, während das von Hamilton eingeführte Modell bei dem von Hansen (1992) vorgeschlagenen Likelihood-Quotienten-Test nicht zur Ablehnung eines regimeinvarianten AR(4)-Modells führt. Läßt man *Heteroskedastizität* des Störterms zu, so zeigt sich wie in Kähler und Marnet (1994a) eine durchweg höhere Varianz der Innovationen in Expansionsperioden. Eine höhere Varianz kann jedoch auch ein Indiz dafür sein, daß unter dem Begriff des Booms recht unterschiedliche Phasen subsumiert werden. Daher könnte eine mögliche Weiterentwicklung die *Anzahl der Regime* betreffen. Für den US-Konjunkturzyklus wurde jüngst von Sichel (1994) vorgeschlagen, eine dritte Phase starken Wachstums nach Rezessionen in das Regimewechselmodell aufzunehmen.

Auch könnte die Annahme *zeitinvarianter Übergangswahrscheinlichkeiten* aufgehoben werden. Diebold et al. (1992) diskutieren Modelle mit von exogenen Variablen abhängigen Übergangswahrscheinlichkeiten. So könnten wie in Filardo (1994) die Übergangswahrscheinlichkeiten als Funktion von Frühindikatoren betrachtet und damit deren Fähigkeit zur Prognose konjunktureller Wendepunkte getestet werden (vergleiche hierzu auch Lahiri und Wang 1994). Alternativ könnte wie in Durland und McCurdy (1994), die Länge einer Rezession bzw. eines Booms als Erklärungsgröße herangezogen werden. Desweiteren schlägt Ghysels (1993, 1994) ein periodisches Modell mit saisonabhängigen Übergangswahrscheinlichkeiten vor, das für saisonale Daten in Betracht kommt. Der differenzenstationäre Ansatz von Hamilton wurde von Lam (1990) dahingehend verallgemeinert, daß die Zeitreihe des US-Bruttoinlandsprodukts durch rein transitorische Abweichungen von einem deterministischen Wachstumstrend, der stochastischen Strukturbrüchen ausgesetzt ist, beschrieben werden kann. Schließlich könnte der restriktive Rahmen einer *univariaten Analyse* verlassen werden. Die Anpassung von MS-Modellen für mehrere Zeitreihen haben Diebold und Rudebusch (1994) für den Vergleich modellendogen bestimmter Regimewechselzeitpunkte unterschiedlicher Konjunkturindikatoren und die Überprüfung ihrer Leading-Eigenschaften benutzt. Die Existenz internationaler Konjunkturzyklen und die Transmission nationaler Konjunkturschocks wurde von Phillips (1991) mit Hilfe eines bivariaten MS(2)-VAR(1)-Modells untersucht. In einem weiteren multivariaten Ansatz haben Hamilton und Lin (1994), aufbauend auf dem MS-ARCH-Modell von Hamilton und Susmel (1994), Regimewechsel im Prozeß wirtschaftlichen Wachstums zur Erklärung der Volatilität von Aktienindizes herangezogen. Weitere Markov-Modelle mit Regimewechsel in der bedingten Varianz des Fehlerterms finden sich bei Cai (1994) sowie Hall und Sola (1993b). MS-VAR-Prozesse haben sich auch für die Modellierung zahlreicher anderer makroökonomischer Zeitreihen als hilfreich erwiesen. Cecchetti et al. (1991) geben MS(2)-AR(0)-Prozesse für das Wachstum von Konsum, BIP und Dividenden in den USA an. Von Kim (1993) wurde das MS-Modell schließlich zur Analyse des Zusammenhangs von Niveau und Variabilität der US-Inflationsrate eingesetzt. Für den kurzfristigen US-Zinssatz kann für den mit der Volcker-Desinflation einhergehenden Zeitraum einschneidender Veränderungen in der amerikanischen Notenbankpolitik ein Regimewechsel konstatiert werden (vgl. Hamilton 1988). Die Regimewechsel des von Garcia und Perron (1990) untersuchten MS(3)-AR(2)-Modells für den kurzfristigen Ex-post-Realzins unterstreichen dagegen eher die Bedeutung der Fiskalpolitik für die Zinsbildung. Nach dem Übergang auf ein bivariates System, das Regimewechseln unterliegt, konnten Sola and Driffill (1994) die Erwartungshypothese der Zinsstruktur testen und im Gegensatz zu zeitinvarianten kointegrierten VAR-Prozessen nicht widerlegen. In Engel und Hamilton (1990) wird ein MSM(2)-Modell zur Beschreibung der Wechselkursentwicklung als Random-Walk mit regimeabhängiger Drift verwendet. Regimewechsel in der Entwicklung des Wechselkurses zwischen US-Dollar und britischem Pfund werden von Kaminsky (1993) in den Kontext sich verändernder Glaubwürdigkeit der britischen Geldpolitik gestellt. Kähler und Marnet (1994b) betrachten dagegen die vom MSH(2)-Modell implizierte Mischung von Normalverteilungen zur Erfassung der Leptokurtosis und Heteroskedastizität von Wechselkursbewegungen.

Nach Engel (1994) können die mit MS-Modellen gebildeten Prognosen nicht die Leistung naiver Prognosen verbessern, wie sie sich aus der Random-Walk-Hypothese ergeben. Auch im Fall der Konjunkturprognose ist die Güte des MS-Modells nach den Ergebnissen von Goodwin (1993) uneinheitlich. Monte-Carlo-Studien lassen schließlich vermuten, daß der Gewinn an Prognosequalität durch MS-Modelle im Vergleich zu linearen Zeitreihenmodellen begrenzt sein wird. Dies muß aber nicht den Wert von MS-Modellen als Analyseinstrument zur Klassifizierung von Konjunkturphasen beeinträchtigen.

Anhang: Statistische Analyse von MS-VAR-Modellen

Für die statistische Behandlung des MS-VAR-Modells erweist sich die lineare Zustandsraum-Darstellung als sinnvoll. Diese wird deshalb im folgenden zunächst eingeführt. Danach wird ein Hilfsmittel zur Berechnung der Regimewahrscheinlichkeiten und zur Bestimmung der Likelihood-Funktion, nämlich der Hamilton-Filter, vorgestellt. Schließlich werden die konkrete Berechnung der Zustandswahrscheinlichkeiten und die Parameterschätzung besprochen.

Die lineare Zustandsraum-Darstellung

Zustandsraum-Modelle bestehen aus zwei Teilen, der Meß- oder Beobachtungsgleichung, die den Einfluß des Regimes auf den VAR-Prozeß beschreibt, und der Übergangsgleichung, die den Regimewechsel darstellt (vgl. Hamilton 1994b):

$$y_t = X_t B \xi_t + u_t, \tag{A.1}$$

$$\xi_{t+1} = F \xi_t + v_{t+1}. \tag{A.2}$$

In dieser Darstellung werden die Informationen über die für y_t relevanten Zustände in einem Vektor ξ_t der Dimension $N \geq M$ und die erklärenden Variablen in der Matrix $X_t = [(1, y'_{t-1}, \cdots, y'_{t-p}) \otimes I_K]$ zusammengefaßt.

Für die Spezifikation (11) mit Absolutgliedern enthält der Zustandsvektor ξ_t gerade die elementaren Zustände der Markov-Kette, $\xi_t = e_i$ falls $s_t = i$, wobei e_i ein $(M \times 1)$ Vektor ist, der eine 1 an der i-ten Stelle und sonst Nullen enthält.

Damit lassen sich die Parameter des Zustandsraum-Modells leicht aus den Parametern des VAR-Modells herleiten:

$$F = P' \text{ (Übergangsmatrix)}, \tag{A.3}$$

$$B = [\beta_1, \cdots, \beta_M] \text{ mit } \beta_i = \operatorname{vec}[\nu_i, A_{1.i}, \ldots, A_{p.i}], \tag{A.4}$$

wobei vec der Vektorisierungsoperator ist, der die Spalten untereinander in einen Vektor abbildet, ν_i ist der zum i-ten Regime gehörige Vektor von Absolutgliedern und $A_{j.i}$ ist die entsprechende j-te autoregressive Koeffizientenmatrix.

Unter der Annahme der Heteroskedastizität der Störgröße u_t ergibt sich desweiteren

$$u_t \text{ i.i.d. } N(0, \underline{\Sigma}[\xi_t \otimes I_K]) \tag{A.5}$$

mit $\underline{\Sigma} = [\Sigma_1, \cdots, \Sigma_M]$. Bei Homoskedastizität erhalten wir vereinfachend

$$u_t \text{ i.i.d. } N(0, \Sigma). \tag{A.6}$$

Für die mittelwertbereinigte Form des MS-Modells ergibt sich ein größerer Zustandsvektor und eine insgesamt kompliziertere Zustandsraum-Darstellung, die hier nicht im Detail dargestellt werden soll (siehe jedoch Hamilton 1994b). Im folgenden werden wir mit der Zustandsraum-Darstellung (A.1) / (A.2) weiterarbeiten, die im übrigen auch für andere Modellklassen Verwendung finden kann (vgl. Hall und Sola 1993a).

Es ist zu beachten, daß im Fall normalverteilter Innovationen v_{t+1} das System (A.1) / (A.2) ein Gaußsches Zustandsraummodell repräsentieren würde und damit der Kalman-Filter eine optimale Inferenz bezüglich des Zustandes des Systems liefern könnte. Für den hier betrachteten diskreten Markov-Prozeß wird ein modifizierter Filter eingesetzt, der als eine diskrete Version des Kalman-Filters betrachtet werden kann. Dieser nichtlineare Algorithmus wird in einem Teil der Literatur als Hamilton-Filter bezeichnet. Frühere

Ansätze sind jedoch bereits von Baum et al. (1970), Lindgren (1978) sowie Cosslett und Lee (1985) entwickelt worden. Als Nebenprodukt des Filters ergibt sich die Likelihood-Funktion des Modells, die dann zur ML-Schätzung der Parameter verwendet werden kann.

Der Hamilton-Filter

Der von Hamilton (1989) eingeführte Filter kann als ein iterativer Algorithmus zur Berechnung der optimalen Inferenz bezüglich des aktuellen Regimes ξ_t und optimalen Prognose des zukünftigen Regimes ξ_{t+1} auf Basis der in t verfügbaren Informationsmenge $(y_t', y_{t-1}', \dots, y_{1-p}')' = Y_t$ beschrieben werden. Für die Filterung wird zunächst vorausgesetzt, daß alle Parameter des Modells bekannt sind. In der Praxis müssen diese geschätzt werden (vgl. unten).

Die bedingte Erwartung des Zustandsvektors ξ_{t+1},

$$\hat{\xi}_{t+1|t} = \mathrm{E}[\xi_{t+1}|Y_t] = \begin{bmatrix} \Pr(\xi_{t+1} = e_1|Y_t) \\ \vdots \\ \Pr(\xi_{t+1} = e_N|Y_t) \end{bmatrix}, \tag{A.7}$$

bzw. die auf den aktuell verfügbaren Daten basierenden Filterinferenzen $\hat{\xi}_{t|t}$ werden aus der gemeinsamen bedingten Wahrscheinlichkeitsverteilung von ξ_t und y_t, gegeben Y_{t-1}, ermittelt.

Durch Anwendung des Gesetzes von Bayes lassen sich die *a-posteriori*-Wahrscheinlichkeiten $\Pr(\xi_t|y_t, Y_{t-1})$ schreiben als

$$\Pr(\xi_t|Y_t) \equiv \Pr(\xi_t|y_t, Y_{t-1}) = \frac{p(y_t|\xi_t, Y_{t-1}) \Pr(\xi_t|Y_{t-1})}{p(y_t|Y_{t-1})}, \tag{A.8}$$

mit den *a-priori*-Wahrscheinlichkeiten

$$\Pr(\xi_t|Y_{t-1}) = \sum_{\xi_{t-1}=e_1}^{e_N} \Pr(\xi_t|\xi_{t-1}) \Pr(\xi_{t-1}|Y_{t-1}) \tag{A.9}$$

und den Dichten

$$p(y_t|Y_{t-1}) = \sum_{\xi_t=e_1}^{e_N} p(y_t, \xi_t|Y_{t-1}) = \sum_{\xi_t=e_1}^{e_N} \Pr(\xi_t|Y_{t-1}) p(y_t|\xi_t, Y_{t-1}). \tag{A.10}$$

Man beachte, daß hier die Summation jeweils über alle Werte von ξ_{t-1} bzw. ξ_t erfolgt. Werden die mit ξ_t und Y_{t-1} bedingten Dichten von y_t im Vektor η_t zusammengefaßt,

$$\eta_t = \begin{bmatrix} p(y_t|\xi_t = e_1, Y_{t-1}) \\ \vdots \\ p(y_t|\xi_t = e_N, Y_{t-1}) \end{bmatrix}, \tag{A.11}$$

ergeben sich die kontemporären Inferenzen $\hat{\xi}_{t|t}$ in Matrixnotation als

$$\hat{\xi}_{t|t} = \frac{\eta_t \odot \hat{\xi}_{t|t-1}}{\iota'(\eta_t \odot \hat{\xi}_{t|t-1})} = \frac{\eta_t \odot \hat{\xi}_{t|t-1}}{\eta_t' \hat{\xi}_{t|t-1}} = \frac{\eta_t \odot F\hat{\xi}_{t-1|t-1}}{\eta_t' F\hat{\xi}_{t-1|t-1}}, \tag{A.12}$$

wobei $\odot$ die elementweise Multiplikation bezeichnet und $\iota' = (1, \ldots, 1)$ einen Vektor repräsentiert, dessen Elemente alle 1 sind. Hierbei wurde aus der Übergangsgleichung (A.2) die Beziehung

$$\hat{\xi}_{t+1|t} = F\hat{\xi}_{t|t} \tag{A.13}$$

benutzt. Damit ergibt sich die Sequenz $\{\hat{\xi}_{t|t-1}\}_{t=2}^{T}$ aus der folgenden Iteration:

$$\hat{\xi}_{t+1|t} = \frac{F(\eta_t \odot \hat{\xi}_{t|t-1})}{\iota'(\eta_t \odot \hat{\xi}_{t|t-1})} = \frac{F\text{diag}(\eta_t)}{\iota'(\text{diag}(\eta_t)\hat{\xi}_{t|t-1})}\hat{\xi}_{t|t-1}. \tag{A.14}$$

Die Iteration wird entweder unter der Annahme, der Erwartungswert des Zustandsvektors $\xi_{1|0}$ entspreche der ergodischen unbedingten Wahrscheinlichkeitsverteilung der Markov-Kette, oder durch Einbeziehung des Anfangswertes in die Schätzung gestartet.

Berechnung der geglätteten Wahrscheinlichkeiten

Während der Filteralgorithmus bei der Inferenz des Zustandes im Zeitpunkt t nur Informationen nutzt, die zu diesem Zeitpunkt bereits vorlagen, werden bei der (Full-Sample-) Glättung alle verfügbaren Informationen $y_1, \cdots, y_T$ herangezogen. Der Glättungsalgorithmus liefert damit die bestmögliche Schätzung des unbeobachtbaren Regimes für sämtliche Zeitpunkte innerhalb der Stichprobe.

Der von Hamilton (1988, 1989, 1990) vorgeschlagene Algorithmus leitet die geglätteten Regimewahrscheinlichkeiten $\hat{\xi}_{t|T}$ aus der gemeinsamen bedingten Wahrscheinlichkeitsverteilung von ξ_t und ξ_T, gegeben Y_T her,

$$\Pr(\xi_t|Y_T) = \sum_{\xi_T=e_1}^{e_N} \Pr(\xi_T, \xi_t|Y_T), \quad t = 1, \ldots, T-1. \tag{A.15}$$

wobei die $\Pr(\xi_T, \xi_t|Y_T)$ rekursiv berechnet werden können und die Summe über alle Werte von ξ_T zu bilden ist.

Da dieser Ansatz sehr rechenintensiv ist, erweist sich ein von Kim (1994) vorgeschlagener Algorithmus als attraktiver. Hierbei werden die geglätteten Wahrscheinlichkeiten $\hat{\xi}_{t|T}$, rückwärts iterierend $t = T-1, \cdots, 1$ und ausgehend von $\hat{\xi}_{T|T}$ bestimmt:

$$\begin{aligned}
\Pr(\xi_t|Y_T) &= \sum_{\xi_{t+1}=e_1}^{e_N} \Pr(\xi_t, \xi_{t+1}|Y_T) \\
&= \sum_{\xi_{t+1}=e_1}^{e_N} \Pr(\xi_t|\xi_{t+1}, Y_T)\Pr(\xi_{t+1}|Y_T).
\end{aligned}$$

Da die Wahrscheinlichkeitsverteilungen von y_t und ξ_{t+1} nur von dem gegenwärtigen Zustandsvektor ξ_t abhängen, gilt mit $Y'_{t+1.T} = (y'_T, \dots, y'_{t+1})$ offensichtlich

$$\begin{aligned}\Pr(\xi_t|\xi_{t+1}, Y_T) &\equiv \Pr(\xi_t|\xi_{t+1}, Y_t, Y_{t+1.T}) \\ &= \frac{p(Y_{t+1.T}|\xi_t, \xi_{t+1}, Y_t)\Pr(\xi_t|\xi_{t+1}, Y_t)}{p(Y_{t+1.T}|\xi_{t+1}, Y_t)} \\ &= \Pr(\xi_t|\xi_{t+1}, Y_t).\end{aligned}$$

Damit ist es nun möglich, die geglätteten Wahrscheinlichkeiten $\hat{\xi}_{t|T}$ auf Basis der vorausgehenden Iteration des Glättungsalgorithmus und den zuvor bestimmten gefilterten Wahrscheinlichkeiten herzuleiten:

$$\begin{aligned}\Pr(\xi_t, \xi_{t+1}|Y_T) &= \Pr(\xi_t|\xi_{t+1}, Y_t)\Pr(\xi_{t+1}|Y_T) \\ &= \frac{\Pr(\xi_t|Y_t)\Pr(\xi_{t+1}|\xi_t, Y_t)}{\Pr(\xi_{t+1}|Y_t)}\Pr(\xi_{t+1}|Y_T) \\ &= \frac{\Pr(\xi_t|Y_t)\Pr(\xi_{t+1}|\xi_t)}{\Pr(\xi_{t+1}|Y_t)}\Pr(\xi_{t+1}|Y_T).\end{aligned}$$

Zusammenfassend erhält man in Matrixnotation

$$\hat{\xi}_{t|T} = [F'(\hat{\xi}_{t+1|T} \div \hat{\xi}_{t+1|t})] \odot \hat{\xi}_{t|t}. \tag{A.16}$$

Hier bezeichnet $\div$ die elementweise Division.

Maximum-Likelihood-Schätzung

Als ein Nebenprodukt des Hamilton-Filters ergibt sich bei gegebenen Anfangswerten $Y'_0 = (y'_0, \cdots, y'_{1-p})$ die (bedingte) Likelihood-Funktion als

$$\begin{aligned}L(\lambda) \equiv p(Y_T|Y_0, \lambda) &= \prod_{t=1}^{T} p(Y_t|Y_{t-1}) = \prod_{t=1}^{T}\sum_{\xi_t} p(Y_t, \xi_t|Y_{t-1}) \\ &= \prod_{t=1}^{T}\sum_{\xi_t} p(Y_t|\xi_t, Y_{t-1})\Pr(\xi_t|Y_{t-1}) = \prod_{t=1}^{T}\eta'_t\hat{\xi}_{t|t-1}.\end{aligned} \tag{A.17}$$

Damit lassen sich Maximum-Likelihood-Schätzwerte für die Modellparameter λ für gegebene Beobachtungen $Y'_T = (y'_T, \dots, y'_1)$ und feste Anfangswerte $Y'_0 = (y'_0, \dots, y'_{1-p})$, durch *numerische Maximierung* der Likelihood-Funktion (A.17) wie z. B. in Hamilton (1988, 1989) gewinnen.

Es kann hier auch der sogenannte EM-Algorithmus von Dempster et al. (1977) in Verbindung mit dem Hamilton-Filter genutzt werden, um die Maximum-Likelihood-Schätzungen der Modellparameter λ zu erhalten (siehe Hamilton 1990). Dieser läßt sich in folgenden Schritten durchführen:

1. Initialisierung: Vorgabe von Startwerten $\lambda^{(0)}$.

2. Erwartungsschritt: Bei der m-ten Iteration ($m = 1, 2, \cdots$) Anwendung des Hamilton-Filters zur Berechnung der geglätteten Wahrscheinlichkeiten auf Basis der Modellparameter $\lambda^{(m-1)}$ der vorausgehenden Iteration.

3. Maximierungsschritt: Bestimmung von $\lambda^{(m)}$ als denjenigen Parametervektor λ, der $\sum_{\xi_1} \cdots \sum_{\xi_T} \ln p(Y_T, \xi_1, \cdots, \xi_T | Y_0; \lambda) \cdot p(Y_T, \xi_1, \cdots, \xi_T | Y_0; \lambda^{(m-1)})$ maximiert. In jeder Iteration müssen EGLS-Schätzungen durchgeführt werden, die die Heteroskedastizität der Regime und in den Regimewahrscheinlichkeiten enthaltenen Häufigkeiten der Beobachtungen y_t, ξ_t, Y_{t-1} berücksichtigen. Beim mittelwertbereinigten Modell (10) ergibt sich die zusätzliche Schwierigkeit, daß die Bedingungen nichtlinear in den Parametern sind und daher numerische Lösungsverfahren involvieren.

4. Iteriere bis zur Konvergenz $\lambda^{(m)} = \lambda^{(m-1)}$.

Vorgänger dieses EM-Algorithmus wurden von Baum und Petrie (1966) und Baum et al. (1970) entwickelt, die auch die Konsistenz und asymptotische Normalverteilung der ML-Schätzer in verdeckten Markov-Kettenmodellen diskutieren. Aufbauend auf ihren Ergebnissen hat Lindgren (1978) Schätz- und Filteralgorithmen für das Markov-Switching-Regressionsmodell hergeleitet.

Der EM-Algorithmus läßt sich leicht auf Modelle mit endogenen Übergangswahrscheinlichkeiten wie in Diebold et al. (1992), oder mit ARCH-Effekten wie in Hamilton und Susmel (1994) sowie auf bayesianische Ansätze mit Normal-Gamma-a-priori-Verteilungen für die Modellparameter (vgl. Hamilton 1991) erweitern. In diesem Fall bietet sich jedoch auch die Methode des Gibbs-Sampling an. Einzelheiten hierzu lassen sich bei Albert und Chib (1993) oder Ghysels (1993) finden.

Asymptotische Eigenschaften der ML-Schätzer

Für das MS(M)-VAR(p)-Modell wird üblicherweise angenommen, daß die asymptotische Standardverteilungstheorie ihre Gültigkeit behält. Allerdings wurde für diese Klasse von Modellen, wie Hamilton (1993a) betont, die Gültigkeit der hierzu vorauszusetzenden Bedingungen bisher noch nicht formal bewiesen. Für das zugrundeliegende Markov-Regimewechsel-Regressionsmodell wurde die Konsistenz und die asymptotische Normalverteilung der ML-Schätzer von Lindgren (1978) und Kiefer (1978) für den Fall unabhängig identisch verteilter Regime und von Ridder (1994) für den Fall endogener Zustandsselektion, d. h. mit von y_t abhängigen Übergangswahrscheinlichkeiten, bewiesen. Es verbleibt jedoch zu zeigen, daß diese Ergebnisse sich auch auf Modelle mit verzögert endogenen Variablen übertragen lassen.

Die asymptotische Verteilung des ML-Schätzers $\tilde{\lambda}$ ergäbe sich dann als

$$\tilde{\lambda} \approx N(\lambda, \mathcal{J}^{-1}/T), \tag{A.18}$$

wobei eine Schätzung der asymptotischen Informationsmatrix wie in Hamilton (1993a, 1993b) erfolgen könnte. Beispielsweise könnte nach Berndt et al. (1974)

$$\tilde{\mathcal{J}} = \frac{1}{T}\sum_{t=1}^{T}[h_t(\lambda)][h_t(\lambda)]' \tag{A.19}$$

als Schätzer benutzt werden. Hier wird Gebrauch von der Ableitung der bedingten Dichte der t-ten Beobachtung

$$h_t(\lambda) \equiv \frac{\partial \ln p(y_t|Y_{t-1};\lambda)}{\partial\lambda} \tag{A.20}$$

gemacht. Da diese sich ebenfalls mit Hilfe des Hamilton-Filters bestimmen lassen, können Likelihood-Quotienten- und Lagrange-Multiplikator-Tests sowie Whites Spezifikationstests leicht konstruiert und implementiert werden. Unter geeigneten Annahmen haben diese unter der Nullhypothese ihre üblichen asymptotischen Verteilungen. Typische Bedingungen erfordern die Identifikation des Modells, innerhalb des Einheitskreises liegende Eigenwerte des Lagpolynoms und wahre Parameter, die nicht auf dem Rand des erlaubten Parameterraumes liegen. Daher kann für Randlösungen $p_{ij} = 0$ oder 1 die asymptotische Verteilungstheorie nicht unmittelbar herangezogen werden. Monte-Carlo-Studien von Hamilton (1991) belegen zudem, daß die Verteilung der Tests in kleinen Stichproben problematisch sein kann.

Eine wichtige statistische Hypothese, für die die übliche asymptotische Verteilungstheorie ihre Gültigkeit verliert, betrifft die Anzahl der Zustände der Markov-Kette. So sind unter der Nullhypothese eines zeitinvarianten VAR(p)-Modells die Übergangswahrscheinlichkeiten des Markov-Prozesses nicht identifiziert. Die asymptotische Informationsmatrix ist folglich singulär. Likelihood-Quotienten-, Lagrange-Multiplikator- und Wald-Tests besitzen unter diesen Voraussetzungen keine asymptotischen Standardverteilungen. Ein konservatives Likelihood-Quotienten-Testverfahren ist jüngst von Hansen (1992) vorgeschlagen und von Garcia (1993) weiterentwickelt worden. Allerdings ist dieses Verfahren sehr rechnerintensiv und daher in der Praxis nur begrenzt einsetzbar.

Literatur

Albert, J. und Chib, S. (1993): Bayes Inference via Gibbs Sampling of Autoregressive Time Series Subject to Markov Mean and Variance Shifts. *Journal of Business & Economic Statistics*, 11, 1-16.

Baum, L. und Petrie, T. (1966): Statistical Inference for Probabilistic Functions of Finite State Markov Chains. *Annals of Mathematical Statistics*, 37, 1554-1563.

Baum, L., Petrie, T., Soules, G. und Weiss, N. (1970): A Maximization Technique Occuring in the Statistical Analysis of Probabilistic Functions of Markov Chains. *Annals of Mathematical Statistics*, 41, 164-171.

Berndt, E., Hall, B., Hall, R. und Hausman, J. (1974): Estimation and Inference in Nonlinear Structural Models. *Annals of Economic and Social Measurement*, 3/4, 653-665.

Cai, J. (1994): A Markov Model of Switching-regime ARCH. *Journal of Business & Economic Statistics*, 12, 309-316.

Cecchetti, S.G., Lam, P. und Mark, N. (1991): Mean Reversion in Equilibrium Asset Prices. *American Economic Review*, 80, 398-418.

Cosslett, S. und Lee, L. (1985): Serial Correlation in Latent Discrete Variable Models. *Journal of Econometrics*, 27, 79-97.

Dempster, A., Laird, N. und Rubin, D. (1977): Maximum Likelihood Estimation from Incomplete Data via the EM Algorithm. *Journal of the Royal Statistical Society*, 39, Series B, 1-38.

Diebold, F.X., Lee, J.H. und Weinbach, G.C. (1992): Regime Switching With Time-varying Transition Probabilities. In Hargreaves, C. (Hg.): *Nonstationary Time Series Analysis and Cointegration*. Oxford.

Diebold, F.X. und Rudebusch, G.D. (1994): *Measuring Business Cycles: A Modern Perspective*. Working Paper, University of Pennsylvania.

Durland, J. und McCurdy, T. (1994): Duration Dependent Transitions in a Markov Model of U.S. GNP Growth. *Journal of Business & Economic Statistics*, 12, 279-288.

Engel, C.M. (1994): Can the Markov-switching Model Forecast Exchange Rates. *Journal of International Economics*, 36, 151-165.

Engel, C.M. und Hamilton, J.D. (1990): Long Swings in the Dollar: Are they in the Data and do Markets Know it? *American Economic Review*, 80, 689-713.

Filardo, A. (1994): Business-cycle Phases and their Transitional Dynamics. *Journal of Business & Economic Statistics*, 12, 299-308.

Garcia, R. (1993): *Asymptotic Null Distribution of the Likelihood Ratio Test in Markov Switching Models*. Working Paper, Université de Montréal.

Garcia, R. und Perron, P. (1990): *An Analysis of the Real Interest Rate under Regime Shifts*. Working Paper, Princeton University.

Ghysels, E. (1993): *A Time Series Model with Periodic Stochastic Regime Switching*. Working Paper, Université de Montréal.

Ghysels, E. (1994): On the Periodic Structure of the Business Cycle. *Journal of Business & Economic Statistics*, 12, 289-298.

Goldfeld, S.M. und Quandt, R.E. (1973): A Markov Model for Switching Regressions. *Journal of Econometrics*, 1, 3-16.

Goodwin, T.H. (1993): Business-cycle Analysis with a Markov-switching Model. *Journal of Business & Economic Statistics*, 11, 331-339.

Hall, S. und Sola, M. (1993a): *A Generalized Model of Regime Changes Applied to the US Treasury Bill Rate.* CEF Discussion Paper, 07-93.

Hall, S. und Sola, M. (1993b): *Structural Breaks and GARCH Modelling.* CEF Discussion Paper, 20-93.

Hamilton, J.D. (1988): Rational-expectations Econometric Analysis of Changes in Regime. An Investigation of the Term Structure of Interest Rates. *Journal of Economic Dynamics and Control*, 12, 385-423.

Hamilton, J.D. (1989): A New Approach to the Economic Analysis of Nonstationary Time Series and the Business Cycle. *Econometrica*, 57, 357-384.

Hamilton, J.D. (1990): Analysis of Time Series Subject to Changes in Regime. *Journal of Econometrics*, 45, 39-70.

Hamilton, J.D. (1991): A Quasi-bayesian Approach to Estimating Parameters for Mixtures of Normal Distributions. *Journal of Business & Economic Statistics*, 9, 27-39.

Hamilton, J.D. (1993a): Estimation, Inference, and Forecasting of Time Series Subject to Changes in Regime. In Maddala, G.S., Rao, C.R. und Vinod, H. (Hg.): *Handbook of Statistics*, Vol. 11. Amsterdam.

Hamilton, J.D. (1993b): *Specification Testing in Markov Switching Time Series Models.* Working Paper, University of Virginia.

Hamilton, J.D. (1994a): *Time Series Analysis.* Princeton.

Hamilton, J.D. (1994b): State-space Models. In Engle, R. und McFadden, D. (Hg.): *Handbook of Econometrics*, Vol. 4. Amsterdam.

Hamilton, J.D. und Lin, G. (1994): *Stock Market Volatility and the Business Cycle.* UCSD Working Paper.

Hamilton, J.D. und Susmel, R. (1994): Autoregressive Heteroskedasticity and Changes in Regime. Erscheint demnächst in *Journal of Econometrics.*

Hansen, B.E. (1992): The Likelihood Ratio Test under Non-standard Conditions: Testing the Markov Switching Model of GNP. *Journal of Applied Econometrics*, 7, S61-S82.

Kähler, J. und Marnet, V. (1994a): International Business Cycles and Long-run Growth: An Analysis with Markov-switching and Cointegration Models. In Zimmermann, K.F. (Hg.): *Output and Employment Fluctuations.* Heidelberg. 157-175.

Kähler, J. und Marnet, V. (1994b): Markov-switching Models for Exchange Rate Dynamics and the Pricing of Foreign-currency Options. In Kähler, J. und Kugler, P. (Hg.): *Econometric Analysis of Financial Markets.* Heidelberg. 203-230.

Kaminsky, G. (1993): Is There a Peso Problem? Evidence from the Dollar/Pound Exchange Rate, 1976-1987. *American Economic Review*, 83, 450-472.

Kiefer, N. (1978): Discrete Parameter Variation: Efficient Estimation of a Switching Regression Model. *Econometrica*, 46, 427-433.

Kim, C. (1993): Unobserved Component Time Series Models with Markov-switching Heteroscedasticity: Changes in Regime and the Link between Inflation Rates and Inflation Uncertainty. *Journal of Business & Economic Statistics*, 11, 341-349.

Kim, C. (1994): Dynamic Linear Models with Markov-switching. *Journal of Econometrics*, 60, 1-22.

Lahiri, K. und Wang, J.G. (1994): Predicting Cyclical Turning Points with Leading Index in a Markov Switching Model. *Journal of Forecasting*, 13, 245-263.

Lam, P. (1990): The Hamilton Model with a General Autoregressive Component. Estimation and Comparision with other Models of Economic Time Series. *Journal of Monetary Economics*, 26, 409-432.

Lindgren, G. (1978): Markov Regime Models for Mixed Distributions and Switching Regressions. *Scandinavian Journal of Statistics*, 5, 81-91.

Lütkepohl, H. (1991): *Introduction to Multiple Time Series Analysis.* Berlin.

Phillips, K. (1991): A Two-country Model of Stochastic Output with Changes in Regime. *Journal of International Economics*, 31, 121-142.

Ridder, T. (1994): *Consistency of Maximum Likelihood Estimators in Markov Switching Regression Models with Endogenous State Selection.* Working Paper, Universität Mannheim.

Sichel, D.F. (1994): Inventories and the Three Phases of the Business Cycle. *Journal of Business & Economic Statistics*, 12, 269-278.

Sola, M. und Driffill, J. (1994): Testing the Term Structure of Interest Rates Using a Stationary VAR with Regime Switching. *Journal of Economic Dynamics and Control*, 18, 601-628.

Kapitel 5

Frühindikatorenforschung

5.1 Ökonometrische Modelle und Frühindikatoren

Giuseppe Parigi und Giuseppe Schlitzer*

Banca d'Italia, Rom

5.1.1 Einleitung

Der „Indikator-Ansatz" wurde ursprünglich von Burns und Mitchell (1946) entwickelt und beruht auf der Untersuchung von Frühindikatoren, um Konjunkturzyklen analysieren und deren Wendepunkte prognostizieren zu können. Dabei werden sowohl gleich- als auch vorlaufende Gesamtindikatoren aus vorhandenen Zeitreihen abgeleitet und zur Nachbildung makroökonomischer Prozesse herangezogen. Der Indikator-Ansatz ist mittlerweile unter den Konjunkturforschern der meisten Industrieländer zur gängigen Praxis geworden, wie Klein und Moore (1983) und Lahiri und Moore (1991) belegen. Um einen Überblick über gesamtwirtschaftliche Entwicklungen zu erhalten, werden Frühindikatoren der realen und monetären Sphäre einer Volkswirtschaft systematisch gesammelt, modifiziert und auf verschiedene Weise aggregiert. Eine besondere Rolle spielen dabei Umfragen bei Unternehmen und Verbrauchern, die aktuelle und unmittelbare Informationen über die Erwartungen und Pläne der Unternehmen und Haushalte liefern.

Neben dem Indikator-Ansatz wurde in der Nachkriegszeit der „ökonometrische Ansatz" als Instrument zur dynamischen Konjunkturanalyse entwickelt. Er konzentriert sich auf die Entwicklung komplexer makroökonomischer Modelle, die gesamtwirtschaftliche Strukturen und Zusammenhänge nachbilden. Im Gegensatz zum Indikator-Ansatz, der hauptsächlich auf statistische Analysen und graphische Darstellungen zurückgreift, ist der ökonometrische Ansatz fest in der wirtschaftswissenschaftlichen Theorie verankert. In den zentralen Gleichungen eines Modells stehen die Verhaltensvariablen im Vordergrund, da sie die für die Entscheidungen von Wirtschaftssubjekten wesentlichen Bestimmungsgründe abbilden. Der Aufbau eines Modells spiegelt darüberhinaus im allgemeinen wider, welcher Denkschule sein Autor angehört. Man kann deshalb normalerweise zwischen „keynesianischen" und „neoklassischen" Modellen unterscheiden, obgleich in der Praxis jedes Modell Elemente beider Denkschulen in sich vereint.

* Die ursprüngliche Fassung des Beitrags trägt den Titel „Econometric Models and Leading Indicators: An Assessment" und wurde von Annette G. Köhler übersetzt.

Der Indikator-Ansatz und der ökonometrische Ansatz haben sich nach dem Krieg nahezu unabhängig voneinander entwickelt. Die wichtigere Rolle spielte dabei der ökonometrische Ansatz; der Indikator-Ansatz wurde bestenfalls als Ergänzung betrachtet. Einer der Vorteile des ökonometrischen Ansatzes ist sein direkter Bezug zur volkswirtschaftlichen Gesamtrechnung (VGR), einer allgemein anerkannten Systematik zur Erfassung von Wirtschaftsabläufen. Im Gegensatz dazu werden wirtschaftliche Gesamtindikatoren, die ebenso in Anspruch nehmen, ökonomische Prozesse abzubilden, in der Regel ohne Rückgriff auf die VGR gebildet. Die ökonometrischen Modelle wurden zudem aufgrund ihrer theoretischen Fundierung permanent neuen Entwicklungen in der Theorie angepaßt, der Indikator-Ansatz blieb dagegen nahezu unverändert.

Seit Beginn der 70er Jahre wurde die Prognosefähigkeit der makroökonomischen Modelle zum Gegenstand wachsender Skepsis. Einerseits hatten Ökonomen begonnen, zunehmend alternative Methoden heranzuziehen, die weniger stark auf *a priori* Theorien beruhten, wie beispielsweise Vektorautoregressionen. Andererseits wurden modellgestützte Prognosen verstärkt auf aktuelle - stark variierende - Informationen gestützt, um die Treffsicherheit zu erhöhen. Infolge der Unzufriedenheit mit den strukturellen Modellansätzen hat in den letzten 20 Jahren ein Prozeß der Zusammenführung von Indikator-Ansatz und ökonometrischem Ansatz eingesetzt, bei dem der Informationsgehalt der Frühindikatoren in die Strukturmodelle einfließt. In der Praxis ist dies eine Frage des Ermessens. In den vergangenen Jahren wurde allerdings mehrfach der Versuch unternommen, den Informationsgehalt von Indikatoren auf „wissenschaftliche“ Weise zu verwerten. Daraufhin wurden zahlreiche ökonometrische Modelle entwickelt, die auf Daten höherer Frequenz beruhten und die traditionellen Strukturmodelle ergänzen sollten.

In diesem Beitrag wird erläutert, warum es wichtig und wie es möglich ist, Frühindikatoren in ökonometrische Wirtschaftsmodelle einzubeziehen. Wir gehen folgendermaßen vor: In Abschnitt 2 erläutern wir die Bedeutung des Ermessens bei Wirtschaftsprognosen und die Rolle, die Frühindikatoren in diesem Zusammenhang spielen; in Abschnitt 3 werden die Hauptgründe für die Verbesserung der Spezifizierung und Prognosefähigkeit ökonometrischer Modelle aufgezeigt, die auf die Einbeziehung von Indikatoren zurückzuführen sind. Abschnitt 4 enthält eine Übersicht praktischer Vorschläge, den Informationsgehalt der Frühindikatoren effizient zu nutzen, und Abschnitt 5 beschreibt die Möglichkeiten, die Prognosen struktureller Modelle mit denjenigen Modellen zu verbinden, die auf Daten mit höherer Frequenz beruhen. Der letzte Abschnitt enthält abschließende Bemerkungen.

5.1.2 Die Rolle des subjektiven Ermessens in der ökonomischen Prognose

Seit der Aufstellung des simultanen Gleichungssystems „Klein-Modell I“ von 1950, das sechs Gleichungen enthält, hat sich der ökonometrische Ansatz schnell weiterentwickelt. Für Wirtschaftsprognosen werden in erster Linie makroökonomische Modelle verwendet. Dies kann auf die Tatsache zurückgeführt werden, daß damit ökonomische Prognosen wissenschaftlich fundiert werden und zugleich sowohl das Verhalten des ökonomischen Systems erfaßt als auch die Konsistenz der Variablen sichergestellt werden können.

Während der 50er und 60er Jahre, also einer Periode stabilen Wachstums, zeigten die makroökonomischen Modelle durchaus befriedigende Ergebnisse.[1] Nach dem ersten Ölpreis-Schock traten jedoch die ersten gravierenden Fehler auf. Alle durch Makromodelle gestützten Prognosen lagen völlig daneben. Daraus erwuchs eine ernstzunehmende Kritik an dem ökonometrischen Ansatz, die die Gültigkeit der theoretischen Untermauerung grundsätzlich in Frage stellte.

Abgesehen von dem Problem der Fehlspezifikation der Verhaltensgleichungen wurde schnell deutlich, daß diese Modelle in der Regel nicht die zyklische Entwicklung einer Volkswirtschaft abbilden können. Wie die Erfahrung aus den letzten 25 Jahren zeigt, entstehen die meisten Fehler bei der Prognose der konjunkturellen Wendepunkte und der Inflationsdynamik. Durch die Ergänzung der Extrapolationsergebnisse durch zusätzlichen Input konnte dem Abhilfe geschaffen werden. Der zusätzliche Input stützt sich üblicherweise auf Quellen, die außerhalb der Datenbasis des Modells liegen, wie beispielsweise aktuelle Wirtschaftsdaten, revidierte Daten und antizipierte Ereignisse außerhalb der Modellstruktur und möglicherweise sogar Prognosen, die von anderen Experten erstellt wurden.

In einer Studie untersuchte McNees (1981) die Ergebnisse von 13 bekannten Konjunkturforschern in den USA. Davon waren fünf bei kommerziellen Beratungsgesellschaften erstellt worden, vier an Universitäten, zwei bei Unternehmen, eine bei einer staatlichen Behörde, und eine war der Median der Ergebnisse einer Umfrage. Danach führten die Konjunkturforscher 20 bis 50 Prozent der Prognose auf Ermessensentscheidungen zurück. Dies bedeutet, daß alle in dieser Studie betrachteten Experten die rein mechanische Vorhersage ihrer Modelle unter Verwendung externer Informationen modifizierten.

Der Stellenwert, der dem Ermessensspielraum der Experten beigemessen wird, findet sowohl Zustimmung als auch Ablehnung. Wirtschaftspsychologen behaupten, daß das Verhalten der Wirtschaftssubjekte auf persönlichen Neigungen, Vorurteilen und unbegründetem Optimismus beruht und deshalb immer die Treffsicherheit ökonometrischer Modelle untergraben muß. Dies widerspricht der Beobachtung, daß „angepaßte Modelle" bessere Prognosen ermöglichen. In den 70er Jahren lieferten Evans et al. (1972) und Haitovsky und Treyz (1992) empirische Belege für die Bedeutung subjektiver Anpassungen. Sie bezogen sich dabei auf zwei wichtige Modelle dieser Zeit, nämlich das Wharton-Modell und das Modell des Bureau of Economic Analysis (dem ehemaligen Office of Business Economics) des US-amerikanischen Handels- und Wirtschaftsministeriums. McNees (1990) verglich bei vier bedeutenden Konjunkturforschern in den USA die angepaßten Prognosen mit den unangepaßten und kam zu dem Schluß, daß die subjektive Anpassung im Durchschnitt bessere Vorausschätzungen ermöglicht, aber nicht notwendigerweise zur Folge hat.

Ein wichtiger Aspekt dieser Debatte, der noch nicht eingehend genug diskutiert worden ist, ist die Frage, *wie* subjektive Urteile gefällt werden. Bei der Simulation eines Modells

[1] Den empirischen Befund diskutiert Zarnowitz (1992).

hat der Prognostiker Zugang zu einer Fülle von ökonomischen Frühindikatoren. Es ist deshalb sehr wahrscheinlich, daß der größte Teil der subjektiven Anpassung auf neuen Informationen beruht, die in diesen Frühindikatoren zumindest kurzfristig enthalten sind. McNees (1990) liefert hierzu in seiner Studie einige empirische Belege. Er beobachtet, daß diese Anpassungen bei langfristigen Betrachtungen weniger hilfreich sind als bei kurzfristigen und kommt deshalb zu dem Schluß, daß die zusätzlich verarbeitete Information enger mit kurz- als mit langfristigen Entwicklungen zusammenhängt. Mittel- und langfristige Prognosen sind in der Tat von exogenen Größen abhängig, die über den Extrapolationshorizont des Beobachters hinausgehen. In der kurzen Frist findet dagegen der größte Teil wirtschaftlicher Entwicklungen bereits in monatlich veröffentlichten Größen wie Umfrageindikatoren, Industrieproduktionsindices, realen Zinsen und Geldaggregaten seinen Niederschlag.

Es läßt sich also zusammenfassend feststellen, daß der subjektive Anpassungsprozeß nicht so unwissenschaftlich ist wie von Wirtschaftspsychologen und Kritikern makroökonomischer Modelle oftmals dargestellt. Er basiert vielmehr auf der Beobachtung ökonomischer Variablen, die außerhalb der Datenbasis des Modells liegen. Es muß deshalb die Frage gestellt werden, wie diese zusätzlichen Informationen optimal genutzt werden können und wie effiziente Methoden zur Ausschöpfung dieses Potentials entwickelt werden können. Die folgenden Abschnitte dieser Arbeit sind diesen Fragen gewidmet.

5.1.3 Frühindikatoren: Anwendung und Nutzen

Im vorhergehenden Abschnitt kamen wir zu dem Ergebnis, daß der Großteil der subjektiven Modellanpassungen durch Prognostiker auf aktuellen Informationen beruht, die in Frühindikatoren enthalten sind. In diesem Abschnitt soll nun die potentielle Anwendbarkeit solcher Indikatoren für Wirtschaftsprognosen eingehend untersucht werden. Wir unterscheiden dabei vier zentrale Aspekte, die uns helfen sollen, potentielle Anwendungsmöglichkeiten ökonomischer Frühindikatoren zu verstehen. Dies sind ihre im Vergleich zu den Variablen ökonometrischer Modelle unterschiedliche Erhebungsfrequenz, ihre rasche Verfügbarkeit und ihre Eigenschaft, ein direktes Maß für die Erwartungen der Wirtschaftssubjekte zu bieten sowie die Spezifizierung einiger struktureller Gleichungen und die Prognose konjunktureller Wendepunkte zu verbessern.

Erhebungsfrequenz und zeitnahe Verfügbarkeit der Daten

Das Hauptmotiv für die Anwendung ökonomischer Frühindikatoren in ökonometrischen Modellen bezieht sich auf die unterschiedliche Erhebungsfrequenz und die rasche Verfügbarkeit der Daten. Zur Erklärung der Verläufe wichtiger VGR-Reihen werden makroökonometrische Modelle normalerweise auf Quartals- oder sogar Jahresbasis formuliert. BSP oder BIP, Nachfrage- und Beschäftigungszahlen werden in der Regel von den statistischen Bundesämtern quartalsmäßig und mit einer von Land zu Land unterschiedlichen

Zeitverzögerung veröffentlicht. Zu Beginn eines Quartals t sind also nur die VGR-Daten von $t-1$ oder sogar $t-2$ verfügbar. Im Gegensatz dazu werden Frühindikatoren häufiger, üblicherweise monatlich, veröffentlicht. Natürlich können diese Zahlen ebenfalls mit einer Zeitverzögerung von ein oder zwei Perioden erscheinen, diese ist dann aber immerhin noch wesentlich kürzer als die der offiziellen Statistik. Umfrageindikatoren wie auch Preisindices, insbesondere Konsumentenpreisindices und Industrieproduktionsindices sind in den meisten Fällen nach weniger als ein oder zwei Monaten verfügbar; monetäre Größen wie beispielsweise Zinsen, Aktienkurse und Geldaggregate sogar schneller. In Ländern, in denen die Verzögerungen beträchtlich länger sind, wurden Methoden zu deren Überbrückung entwickelt. Ein Beispiel bieten Finnland und Italien, wo der Index der Industrieproduktion, der früheste Wirtschaftsindikator, mit einer zeitlichen Verzögerung von zwei oder drei Monaten veröffentlicht wird und wo mehrere Methoden angewendet werden, um den Index bis zum laufenden Monat fortzuschreiben.[2] Nehmen wir nun an, daß nur die VGR-Daten bis zum Quartal $t-2$ verfügbar seien. Das würde bedeuten, daß ein makroökonometrisches Modell nur bis zu dem Zeitpunkt $t-2$ geschätzt werden könnte. Auch wenn Werte für die exogenen Variablen des Modells zu Verfügung stünden, könnte das Modell mechanisch für einen weiteren Zeitraum simuliert werden. Die Informationen, jedoch, die in den Frühindikatoren der Perioden $t-1$ und t enthalten sind, würden vollständig vernachlässigt. In diesem Fall ließe sich durch subjektive Einschätzungen oder andere Verfahren die Modellösung wesentlich verbessern.

Messung von Erwartungen

Der zweite Grund für die Einbeziehung von Frühindikatoren bezieht sich auf die Möglichkeit, die Erwartungen der Wirtschaftssubjekte direkt zu messen, da diese in Unternehmens- und Konsumentenbefragungen erfaßt werden. Es ist bekannt, daß der Prozeß der Erwartungsbildung der Wirtschaftssubjekte eine zentrale Rolle in der ökonomischen Analyse spielt. Obgleich die ökonomische Theorie auf diesem Gebiet wesentliche Fortschritte erzielt hat, ist noch nicht klar, wie der Erwartungsbildungsprozeß modelliert werden sollte. Einerseits sind ausschließlich autoregressive oder adaptive Modelle zu vereinfachend, andererseits ist die Annahme rationaler Erwartungen der Individuen zu restriktiv. Man geht davon aus, daß der Prozeß der Erwartungsbildung bei weitem komplexer ist als derzeitige Modelle vorschlagen, und viele Wissenschaftler glauben sogar, daß Erwartungen überhaupt nicht im Rahmen konventioneller ökonometrischer Modelle prognostiziert werden können. Aus praktischer Sicht existiert deshalb keine Alternative zu den empirisch untermauerten Daten über Erwartungen wie sie in Umfragen ermittelt werden. Offensichtlich liegen solche Umfrageergebnisse ausschließlich in qualitativer Form vor. Es gibt jedoch eine Reihe von Methoden, die die Quantifizierung dieser Informationen möglich machen.

---

[2] Vgl. Bodo und Signorini (1987) und Bodo et al. (1991) für Italien und Teräsvirta (1984) für Finnland. Gennari (1994) bietet einen umfassenden Überblick über die Methoden der Kurzfristprognose des Industrieproduktionsindex.

Diese reichen von der einfachen Saldenbildung (Differenz zwischen positiven und negativen Antworten) bis zur Anwendung des Carlson-Parkin-Verfahrens.[3]

Modellspezifizierung

Ein weiterer wichtiger Grund für die Einbeziehung von Frühindikatoren liegt in deren Eigenschaft, die Spezifizierung von Verhaltensgleichungen innerhalb eines Modells verbessern zu können. Dies ist dann möglich, wenn eine erklärende Variable nicht durch Angaben aus der VGR angenähert werden kann und deshalb Variablen von außen herangezogen werden müssen. Ein gutes Beispiel bietet die Konsumfunktion.

Die Modellierung der Konsumfunktion beruht normalerweise auf der Lebenszyklus- oder der permanenten Einkommenshypothese und beinhaltet eine feste Beziehung zwischen Konsum einerseits und typischen Variablen wie beispielsweise Kapitalstock, real verfügbares Einkommen, Realzins und vergangene Einkommensströme andererseits. Seit dem frühen Werk von Katona ist allerdings bekannt, daß subjektive Eindrücke wie Optimismus und Pessimismus den Entscheidungsprozeß der Haushalte vor allem bei überraschenden oder außergewöhnlichen Ereignissen wesentlich beeinflussen können. Diese Sicht des Konsumentenverhaltens ähnelt sehr der modernen *„Theorie des Vorsichtssparens"*, wie sie neuerdings von einigen Autoren formuliert wird.[4] In dieser Theorie wird behauptet, daß der Umfang des Sparens mit zunehmendem Risiko bei der Einkommensentstehung wächst. Je risikobehafteter die von dem Konsumenten subjektiv wahrgenommene ökonomische Umgebung (also je größer der Pessimismus des Konsumenten in bezug auf die zukünftige wirtschaftliche Entwicklung) desto niedriger sind *ceteris paribus* seine Konsumausgaben.

Das größte Problem besteht dabei in der Abbildung der subjektiven Unsicherheit des Konsumenten, und es gibt wohl keine sinnvolle Alternative zu der Verwendung von Umfrageergebnissen, die direkt aus Konsumentenbefragungen gewonnen werden. Konsumentenvertrauenindices sind die am weitesten verbreiteten Maßzahlen für den Pessimismus oder die Unsicherheit der Konsumenten. Alternativ können die Antworten auf die Fragen innerhalb einer Umfrage herangezogen werden, die sich auf die erwartete Lage am Arbeitsmarkt oder die wirtschaftliche Situation des Haushalts beziehen.

Ältere empirische Studien über die Bedeutung des Konsumentenvertrauens kamen zu dem Ergebnis, daß Konsumentenvertrauenindices keine nützliche Informationen enthalten, da sie durch eine kleine Anzahl zentraler ökonomischer Variablen erklärt werden könnten.[5] Dieses Ergebnis mag für Zeiträume zutreffen, in denen keine plötzlichen und außergewöhnlichen Ereignisse auftreten. Unter diesen Umständen kann im Rahmen eines einfachen

---

[3] Zahlreiche Untersuchungen haben jedoch ergeben, daß die Unterschiede zwischen den Verfahren sehr gering sind; Beispiele bieten Fansten (1976), Abou und Szpiro (1984) und D'Elia (1991).

[4] Vgl. u.a. Zeldes (1989), Caballero (1990) und Deaton (1991).

[5] Vgl. beispielsweise für die USA Hymans (1970), Fair (1971a) und Shapiro (1972) und für die EU van den Abeele (1983). Ein aktuelles Beispiel ist Holly und Tebbut (1993).

Strukturmodells das Verhalten der Wirtschaftssubjekte gut durch eine Reihe makroökonomischer Variablen approximiert werden. In solchen Phasen weisen allerdings auch Indikatoren wie beispielsweise Vertrauenindices eine sehr geringe Variabilität auf. Wenn dagegen wirtschaftliche Schwankungen durch sprunghafte und unerwartete Einflüsse ausgelöst werden, verschlechtert sich die Prognosequalität der aus Verhaltensgleichungen zusammengesetzten Strukturmodelle dramatisch. Wie zahlreiche Studien belegen, können dann Verbesserungen nur durch die sorgfältige Berücksichtigung von Umfrageergebnissen erzielt werden.[6] Der Grund dafür liegt auf der Hand: Umfragevariablen werden sehr häufig erhoben und erfassen manchmal sogar im voraus die dynamische Komponente menschlicher Verhaltensweisen.

Die Rolle der Befragungsindikatoren wird durch empirische Analysen der Konsumfunktion verdeutlicht. Praet und Vuchelen (1988) untersuchen die Auswirkungen der Ölpreisschocks auf das Konsumentenvertrauen für eine Reihe europäischer Staaten unter besonderer Berücksichtigung des außergewöhnlichen Rückgangs des Ölpreises im Jahre 1986. Damals reagierte das Konsumentenverhalten äußerst langsam auf die neuen Rahmenbedingungen und damit entgegen den Prognosen der gängigen Strukturmodelle.

Ein zweites Beispiel liefern Parigi und Schlitzer (1994), die untersuchen, welche Bedeutung das von ISCO (Istituto Nazionale per lo Studio della Congiuntura) entwickelte Konsumklima bei der Prognose des plötzlichen Einbruchs der Konsumausgaben während der Rezession 1991-1993 in Italien gehabt hätte. Der Index erreichte seinen oberen Wendepunkt Ende 1991 und stürzte dann zusammen mit den tatsächlichen realen Konsumausgaben auf ein historisches Tief. Die Rezession war von außergewöhnlichen Ereignissen gekennzeichnet – dem Golfkrieg, der Abwertung der Lira mit der anschließenden Aufhebung der Wechselkursvereinbarungen der EU und einer akuten innenpolitischen Krise – die den Optimismus der Konsumenten beträchtlich bremsten. Die Autoren zeigen, daß eine angemessene Spezifizierung der Konsumfunktion unter Einbeziehung des ISCO-Vertrauensindex sehr gute Prognosen ermöglicht hätte, während die quartalsmäßigen ökonometrischen Modelle den Konsum für diese Periode systematisch überschätzten.

Diese Untersuchungen belegen, daß das Konsumentenvertrauen nicht in mechanistischer Weise auf plötzliche oder ungewöhnliche Veränderungen reagiert. Das bedeutet, daß das Konsumentenvertrauen nicht durch eine kleine Anzahl makroökonomischer Hauptkomponenten angenähert werden kann und daß entsprechende Indices des Konsumentenverhaltens für ökonometrische Modelle nützliche Informationen enthalten.

Wendepunktprognose

Ein weiterer Grund für die Anwendung von Frühindikatoren ist das mangelhafte Prognoseergebnis der makroökonomischen Modelle im Wendepunktbereich. Die Vorhersage konjunktureller Wendepunkte stellt ungeachtet der verwendeten Methode in der Tat eine

[6] Vgl. Fuhrer (1988) und Carroll (1992) für die USA und Praet (1984), Praet und Vuchelen (1984, 1988, 1989) und Parigi und Schlitzer (1994a) für eine Auswahl europäischer Staaten.

der größten Herausforderungen für ökonomische Prognosemodelle dar. Obgleich Wirtschaftspolitiker den Phasen des Konjunkturzyklus eine besondere Rolle zuweisen, werden Fehlschläge bei der Prognose der Wendepunkte in einer Vielzahl empirischer Studien dokumentiert.[7]

Die üblichen makroökonometrischen Modelle waren häufig nicht in der Lage, zyklische Wendepunkte zu prognostizieren. Zarnowitz (1992) hat die Treffsicherheit einer Reihe makroökonomischer Modelle in den USA für den Zeitraum 1953-1989 untersucht. Seine Analyse deckt ein große Gruppe von Konjunkturforschern ab, die ihre subjektiven Anpassungen unterschiedlich stark gewichten. Die größten Abweichungen treten in Zusammenhang mit konjunkturellen Wendepunkten und in Perioden starker Inflationsschwankungen auf. In den 50er und 60er Jahren unterschätzten, in den Jahren 1962 bis 1976 überschätzten die Ökonomen im Durchschnitt das wirtschaftliche Wachstum. Außerdem wurde während der 80er Jahre das Wachstum des BSP sowohl im Jahre 1980, als die Rezession milder als erwartet ausfiel, als auch während des starken wirtschaftlichen Aufschwungs 1983-1984 und 1988 überschätzt. Dabei waren die Prognosefehler in Expansionsphasen gravierender als in Schrumpfungsphasen.

Es wird häufig angenommen, daß die mangelhafte Prognosequalität der quantitativen Modelle auf die Tatsache, daß diese auf dem *Prinzip der kleinsten Quadrate* beruhen, zurückgeführt werden könne, das zur Prognose von Regimewechseln ungeeignet sei (vgl. Samuelson 1976 und Wecker 1979). Im Vergleich dazu schneidet der Indikator-Ansatz sicherlich besser ab. Frühindikatoren, insbesondere vorlaufende Gesamtindikatoren, haben zahlreiche Konjunkturumschwünge einige Zeit im voraus angezeigt. Sie waren allerdings nicht in der Lage, den genauen Zeitpunkt und die Auftrittswahrscheinlichkeit eines Konjunkturumschwungs anzugeben.

Ungeachtet dieser Einschränkungen kann die Einbeziehung von Frühindikatoren in ökonometrische Modelle die Fähigkeit, Konjunkturumschwünge richtig zu prognostizieren, wesentlich verbessern. Ein Beispiel liefern Adams und Duggal (1974) mit der Anwendung der sogenannten *Anticipations Version* des Wharton-Modells. Dieses unterscheidet sich von der Standardversion des Modells, dem Mark III, insofern als es Antizipierungsvariablen wie den Michigan-Index des Konsumentenvertrauens, die Investitionsantizipationen des Bureau of Economic Analysis und Daten über den Wohnungsbau integriert. Adams und Duggal zeigten, daß diese Version die Standardversion insbesondere im Hinblick auf die Wendepunktprognose weit übertraf. Leider wird bei der Beurteilung der Treffsicherheit von Prognosemodellen die Vorhersage konjunktureller Wendepunkte selten als Kriterium herangezogen.

[7] Vgl. beispielsweise Zarnowitz (1967), Fels und Hinshaw (1968), McNees (1979), Makridakis und Wheelwright (1979) und Ahlers und Lakonishok (1983).

5.1.4 Konjunkturprognosen anhand von Frühindikatoren

Im vorhergehenden Abschnitt kamen wir zu dem Schluß, daß subjektive Anpassungen in der Regel genauere Prognosen ermöglichen und daß der Großteil des subjektiven Ermessens auf Informationen beruht, die in mehreren ökonomischen Frühindikatoren enthalten sind. Normalerweise wird die sogenannte „*add-factor-*“ oder „*constant-adjustment-*“ Methode angewendet, um die Modellösung zu modifizieren. Es wird allerdings beobachtet, daß

> „... there is a tendency among observers of econometric forecasting practice to view the process whereby practioners generate and use such addfactors more as an 'art form' than as a scientific process“ (Corrado und Greene 1988).

und daß

> „... the fact that adjustments usually enhance forecast accuracy does not imply that the adjustments that are actually made are optimal for maximizing accuracy“ (McNees 1990).

Infolge der Unzufriedenheit mit der unbeschränkten Anwendung subjektiver Anpassungen gab es in den letzten Jahren verstärkte Bemühungen, die externen Informationen anhand modellgestützter Lösungen zu verarbeiten. So wurden weltweit zahlreiche indikatorgestützte Modelle entwickelt. Wir bezeichnen diese Modelle als „Hochfrequenzmodelle“, im Gegensatz zu den traditionellen Strukturmodellen, die auf weniger oft erhobene Daten zurückgreifen. Diese Modelle stellen mit Sicherheit keine Alternative sondern vielmehr eine Ergänzung zu den Strukturmodellen dar.[8]

Die USA bieten offensichtlich die ersten und wichtigsten Beispiele für Hochfrequenzmodelle. Das erste makroökonometrische Modell, das zu einem großen Teil auf Frühindikatoren beruht, ist wohl das von Fair (1971b, 1974). Im Vergleich zu existierenden Modellen war es relativ klein (es beinhaltete gerade einmal 14 stochastische Gleichungen und 5 Identitäten) und trug insbesondere der kurzfristigen Prognose Rechnung. Es beinhaltete deshalb einige Umfrageindikatoren, darunter den Konsumklimaindikator des Michigan Survey Research Center. Ein zweites wichtiges Beispiel in der Geschichte der ökonometrischen Modelle stellt die bereits oben erwähnte Version des Wharton-Modells dar (vgl. Adams und Klein 1972 und Adams und Duggal 1974). Die wichtigsten Fortschritte in der Konstruktion von Hochfrequenzmodellen wurden allerdings in den 80er Jahren erzielt. In den USA wurden solche Modelle unabhängig voneinander bei der Federal Reserve Bank (vgl. Corrado et al. 1987 und Corrado und Greene 1988), der Universität von Michigan (vgl. Howrey at al. 1991) und der Universität von Pennsylvania (vgl. Klein et al. 1989

[8] Eine weitere Anwendung von Frühindikatoren, die hauptsächlich auf Zeitreihenanalysen und Transferfunktionen beruht, wurde zur Vorausschätzung von VGR-Variablen innerhalb einiger statistischer Bundesämter entwickelt. Beispiele bieten Giovannini (1988) und Ouddeken und Zijlman (1991).

und Klein et al. 1993) entwickelt. Im selben Zeitraum geschah dies auch in Europa. Auch hier wurden die Antizipationen der Wirtschaftssubjekte, die in der EU im Rahmen von Unternehmens- und Konsumentenbefragungen ermittelt werden, in die Analyse einbezogen. Beispiele hierfür sind das BUSY-Modell der EU (vgl. Dramais 1982 und Biart und Preat 1986), das METRIC-Modell in Frankreich (vgl. Artus et al. 1982), das in Naggl (1987) beschriebene Modell für die Bundesrepublik Deutschland, und für Italien die Modelle von Giovannini (1989, 1994) und Parigi und Schlitzer (1994a).

Hochfrequenzmodelle sind oft Vierteljahresmodelle, insofern als die exogenen Frühindikatoren auf Vierteljahresbasis aggregiert und dann mit den (endogenen) Vierteljahresdaten der VGR in Beziehung gesetzt werden. Darüber hinaus gibt es interessante Modelle auf monatlicher Basis wie beispielsweise das der Federal Reserve oder das von Giovannini für den industriellen Sektor.

Viele Ökonomen bevorzugen allerdings gegenüber der direkten Einbeziehung der vorhandenen Indikatoren in die strukturellen Modelle die indirekte Lösung, bei der alternative indikatorgestützte Modelle entwickelt werden. Während die aus Umfragen ermittelten Erwartungsvariablen recht einfach in die Verhaltensgleichungen von Strukturmodellen eingebettet werden können, erweist sich die direkte Einbeziehung anderer Frühindikatoren sehr oft als schwierig, wenn nicht sogar als unmöglich, da sie häufig der Logik des Modells widersprechen. Ein einfaches Beispiel ist der Index der Industrieproduktion. In Anbetracht der Tatsache, daß die Industrieproduktion immer noch einen Großteil des BIP ausmacht, könnte im Prinzip eine angebotsorientierte Beziehung zwischen realem BIP und dem Index der Industrieproduktion für Prognosezwecke aufgestellt werden. Üblicherweise wird in den ökonometrischen Modellen das BIP aus den aufsummierten Nachfragekomponenten abgeleitet. Es ist aufgrund der Struktur eines solchen ökonometrischen Modells also unmöglich, das BIP anhand des Index der Industrieproduktion vorauszuschätzen.

Als weiteres Beispiel können vorauslaufende Gesamtindikatoren betrachtet werden. Es ist hinlänglich bekannt, daß solche Indikatoren die Prognose konjunktureller Wendepunkte oft mit beträchtlichem Vorlauf ermöglichen. Geht man nun davon aus, daß Gesamtindikatoren ein Maß für die Entwicklung der Gesamtwirtschaft darstellen sollen, müßten sie eigentlich zur Prognose des BIP oder anderer makroökonomischer Variablen verwendet werden können. Für den Fall der Industrieproduktion ist es jedoch unmöglich oder sogar im Widerspruch zur theoretischen Logik des Modells, die Gleichungen einfach durch dem Gesamtindikator zu ergänzen.

Eine weitere Schwierigkeit ergibt sich aus der Tatsache, daß ökonometrische Modelle oftmals der Mittel- oder Langfristprognose dienen. Das verlangt offensichtlich die Ausdehnung der Zeitreihen der exogenen Variablen über den Prognosezeitraum hinaus. Bei Antizipationsvariablen bedeutet dies eine Endogenisierung, die sich wiederum vor allem für Vertrauensindices und Erwartungen äußerst schwierig gestaltet. Natürlich gibt es auch Ausnahmen. In den BUSY- und METRIC-Modellen werden zum Beispiel wie in der Antizipierungsversion des Wharton-Modells Indikatoren aus Befragungen vollständig endogenisiert. Außer für sehr kurzfristige Zeiträume können diese Modelle zu Prognosezwecken herangezogen werden. Trotzdem bieten Hochfrequenzmodelle meistens eine sinnvolle Ergänzung zu den strukturellen Kurzfristprognosemodellen. Abbildung 5.1.1 verdeutlicht das Modell von Parigi und Schlitzer (1994a) für die italienische Volkswirtschaft, das für die Prognose des realen BIP und seiner Nachfragekomponenten verwendet wird. Jede Komponente wird durch eine abgegrenzte Gruppe von Frühindikatoren erklärt. Das BIP kann dabei entweder durch die Aufsummierung der verschiedenen Nachfragekomponenten ermittelt werden oder durch die Spezifizierung einer Überbrückungsgleichung, die die Industrieproduktion als wichtigste Erklärungsvariable enthält (Lagerhaltung und Vorräte werden in diesem Fall als Residuen ermittelt).

5.1.5 Verbindung der Prognosen unterschiedlicher Modelltypen

Es wurde deutlich, daß die exogenen Informationen, die in Frühindikatoren enthalten sind, überwiegend in Hochfrequenzmodellen, also Modellen, die ausdrücklich auf rasch verfügbaren, häufig erhobenen Daten basieren, verarbeitet werden. Klein und Sojo (1989) beschreiben auf der Basis eines solchen Hochfrequenzmodells den Ansatz der „Überbrückungsgleichungen". Überbrückungsgleichungen sind einfache Relationen zwischen dem Vektor der Frühindikatoren und den endogenen Variablen eines Modells und verbinden somit Daten, die in kurzen Abständen erhoben werden, mit Daten, die in großen Abständen erhoben werden. In Bezug auf Daten der VGR, die ja normalerweise vierteljährlich veröffentlicht werden, kann die Überbrückungsgleichung folgende Form besitzen:

$$Y_q = f(I_q, X_q) + e_q. \qquad (1)$$

Dabei sei Y_q eine beliebige Variable der VGR im Quartal q, I_q sei ein Vektor vierteljährlicher aggregierter Frühindikatoren, X_q sei ein Vektor vierteljährlicher exogener und prädeterminierter Variablen, die die Dynamik von Y beschreiben (Trend, Dummies), und e_q sei ein Störterm. Die verwendeten Daten seien saisonbereinigt.

Überbrückungsgleichungen können technisch, verhaltensorientiert oder eine Kombination aus beidem sein, je nach der in Abschnitt 3 beschriebenen Art der Anwendung der Frühindikatoren. Im ersten Fall geht es um die *statistische* Beziehung zwischen exogenen und endogenen Variablen wie beispielsweise zwischen Industrieproduktion und BIP oder zwischen der Anzahl der hergestellten Kraftfahrzeuge, die monatlich und mit kurzer zeitlicher Verzögerung veröffentlicht wird, und den realen Ausgaben für Transportmittel. Im zweiten Fall spielen zur Identifizierung der korrekten Erwartungen und der in (1) zu integrierenden Daten Verhaltensmuster eine wichtige Rolle. Hierfür existieren zahlreiche Beispiele, der Index des Konsumentenvertrauens ist wohl das bekannteste. Die verhaltensorientierte Ausgestaltung der Gleichung erfordert eine korrekte dynamische Spezifizierung. Wenn (1) keine technische und somit statische Beziehung darstellt, sondern Variablen beinhaltet, die in Verbindung mit zukünftigen Entwicklungen stehen, kann diese Dynamik bei der Spezifizierung nicht ignoriert werden.

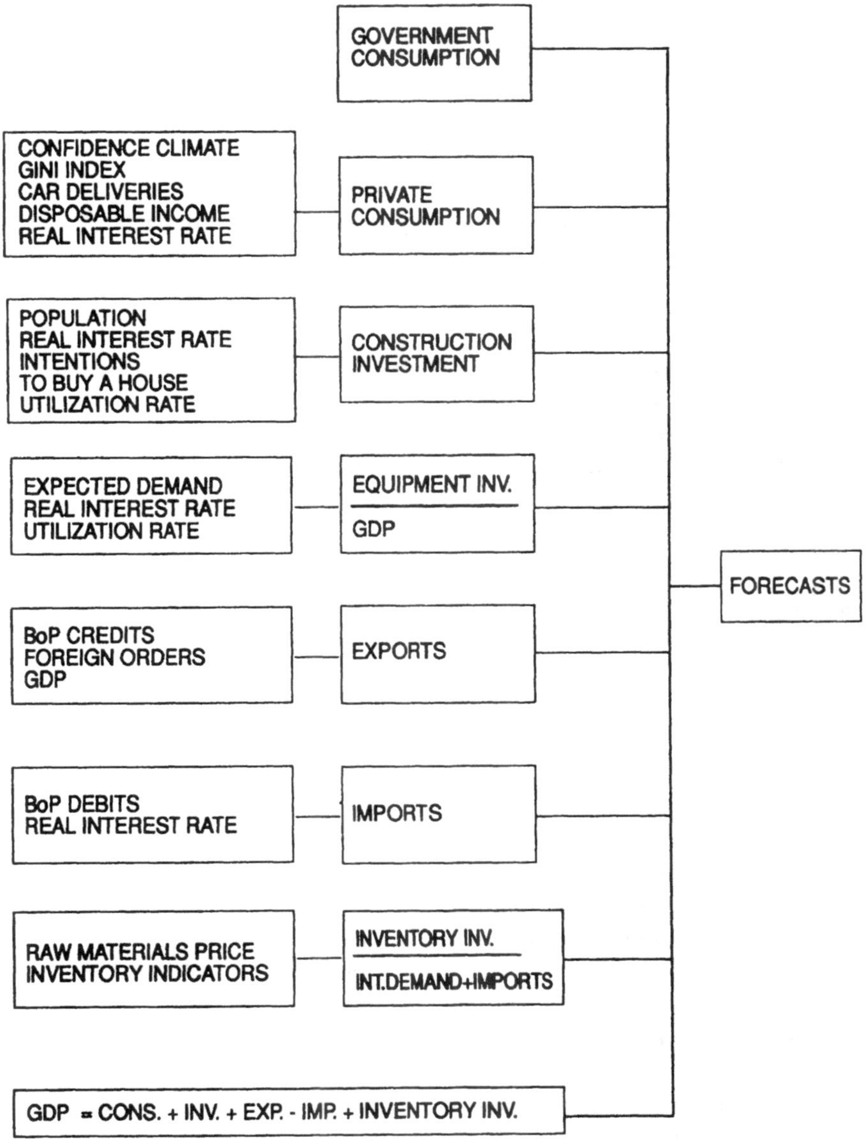

Abbildung 5.1.1: Modell von Parigi und Schlitzer

Wie bereits erwähnt, werden die Hochfrequenzmodelle nicht als Alternative zu den strukturellen Modellen betrachtet, sondern vielmehr dazu benutzt, die Prognosen der ökonometrischen Modelle wenigstens in der kurzen Frist „auf der richtigen Spur" zu halten. Wie nachfolgend gezeigt wird, ist die Verbindung der Prognosen der beiden Modelltypen die einfache Anwendung der Faktoradditionsmethode. Es sei Y_q wieder ein beliebiges makroökonomisches Aggregat in Quartal q. Das Strukturmodell formuliere eine Verhaltensgleichung zur Erklärung von Y_q:

$$Y_q = g(Z_q) + \mu_q, \tag{2}$$

wobei Z_q eine Menge exogener Variablen und μ_q einen Störterm darstelle. Y_q werde nun gleichzeitig im Hochfrequenzmodell durch eine Überbrückungsgleichung abgebildet:

$$Y_q = f(I_q) + e_q, \tag{3}$$

wobei ohne Beschränkung der Allgemeinheit der Vektor X_q aus Vereinfachungsgründen vernachlässigt wird. Es werde außerdem angenommen, daß die Variablen in I_q nicht in Z_q enthalten seien, wie dies in der Regel der Fall ist. Y_q^1 und Y_q^2 seien nun die aus (2) und (3) abgeleiteten Prognosen für Y_q; beide seien unverzerrt. Es kann nun eine kombinierte Prognose, Y_q^3, definiert werden als:

$$Y_q^3 = w_1 Y_q^1 + w_2 Y_q^2, \tag{4}$$

wobei w_1 und w_2 Gewichte gemäß eines Effizienzkriteriums darstellen. Damit kann man den Additionsterm a_q definieren als

$$a_q = Y_q^3 - Y_q^2 \tag{5}$$

und die Lösung des Strukturmodells unter Ersetzen von Y_q^2 durch

$$Y_q^{2\prime} = Y_q^2 + a_q \tag{6}$$

entsprechend modifizieren. Der Additionsterm a_q steht für die Revision der Erwartungen μ_q infolge der zusätzlichen Information aus dem Hochfrequenzmodell. Es sei betont, daß Y_q^2 auf der Standardannahme beruht, wonach der Erwartungswert des Störterms $E(\mu_q|Z_q)$ genau Null sei. Diese Annahme ist jedoch nicht notwendig. Das soeben beschriebene Vorgehen kann offensichtlich für den Fall verallgemeinert werden, in dem ein Vektor I oder eine Teilmenge davon mehr als eine Mikrovariable beeinflußt (vgl. Greene et al. 1986). Der Vorteil dieses Vorgehens liegt darin, daß das Strukturmodell dann keinerlei Modifikation mehr bedarf. Effizientere Prognosen können erreicht werden, indem einfach die Prognosen des Quartalsmodells durch Additionsterme ergänzt werden, die zusätzliche exogene Informationen enthalten.

5.1.6 Abschließende Bemerkungen

In diesem Beitrag haben wir die Bedeutung von Frühindikatoren für quantitative Prognosen untersucht. Wir haben deutlich gemacht, daß die Treffsicherheit makroökonomischer

Prognosemodelle aus mehreren Gründen verbessert werden kann: direkt, aufgrund ihrer unterschiedlichen Erhebungshäufigkeit und der rascheren Verfügbarkeit gegenüber den typischen Variablen der üblichen Strukturmodelle, und indirekt, weil sie eine verbesserte Spezifizierung einiger Modellgleichungen ermöglichen und die Prognosequalität ökonometrischer Modelle dort erhöhen, wo sie üblicherweise am niedrigsten ist, nämlich bei konjunkturellen Wendepunkten.

Während in der Vergangenheit der Informationsgehalt vorlaufender Indikatoren im Rahmen einer subjektiven Anpassung verwendet wurde, wurden in den letzten Jahren in einigen Ländern mehrere Versuche unternommen, effizientere Methoden zu entwickeln. Es wurden mehrere Hochfrequenzmodelle entwickelt, die heute zur Ergänzung der Strukturmodelle angewendet werden, um die Prognosetreffsicherheit zu erhöhen. Ohne Anspruch auf Vollständigkeit erheben zu können, haben wir versucht, die wichtigsten Aspekte der Zusammenführung von ökonometrischem Ansatz und Indikator-Ansatz zu beschreiben und Anwendungsmöglichkeiten und Grenzen dieses Ansatzes aufzuzeigen.

Es kann derzeit kein abschließendes Urteil über diese Entwicklungen gefällt werden. Der verfügbare empirische Befund zeigt jedoch, daß die aus der Anwendung solcher Hochfrequenzmodelle resultierenden Gewinne in bezug auf die Treffsicherheit der Prognosen keineswegs vernachlässigbar sind, auch wenn sie sich im wesentlichen auf die kurze Frist beschränken.

Literatur

Abeele van den, P. (1983): The Index of Consumer Sentiment: Predictability and Predictive Power in the EEC. *Journal of Economic Psychology*, 3, 1-17.

Abou, A. und Szpiro, D. (1984): Degré de validité des Opinions des Chefs d'Entreprise pour les Prévisions de Production. *Observations et Diagnostiques Economique*, 7, 157-170.

Adams, F.G. und Klein, L.R. (1972): Anticipations Variables in Macro-economic Models. In Strumpel, B., Morgan, J.N. und Zahn, E. (Hg.): *Human Behaviour in Economic Affairs.* New York. 289-319.

Adams, F.G. und Duggal, V.G. (1974): Anticipations Variables in an Econometric Model: Performance of the Anticipations Version of the Wharton Mark III. *International Economic Review*, 15(2), 267-284.

Ahlers, D. und Lakonishok, J. (1967): A Study of Economists' Consensus Forecasts. *Management Sciences*, 10, 1113-1125.

Artus, P., Bournay, J., Morin, P., Pacaud, A., Peyroux, C., Sterdiniak, H. und Teyssier, R. (1982): *METRIC. Une modélisation de l'Economie Francaise.* Paris.

Biart, M. und Praet, P. (1986): Forecasting Aggregate Demand Components with Opinion Surveys in the Four Main EC Countries: Experience with the BUSY Model. Commission of the European Communities, *Economic Papers*, 46.

Bodo, G., Cividini, A. und Signorini, L.F. (1991): Forecasting the Italian Production Index in Real Time. *Journal of Forecasting*, 3, 285-299.

Bodo, G. und Signorini, L.F. (1987): Short Term Forecasting of the Industrial Production Index. *Journal of Forecasting*, 3, 245-259.

Burns, A.F. und Mitchell, W.C. (1946): *Measuring Business Cycles.* New York.

Caballero, R. (1990): Consumption Puzzle and Precautionary Savings. *Journal of Monetary Economics*, 25, 113-136.

Carroll, C.D. (1992): The Buffer-Stock Theory of Saving. *Brookings Papers on Economic Activity*, 2, 61-156.

Corrado, C. und Greene, M.N. (1988): Reducing Uncertainty in Short-term Projections: Linkage of Monthly and Quarterly Models. *Journal of Forecasting*, 2, 77-102.

Corrado, C., Haltmaier, J., Reifschneider, D. und Gilbert, G. (1987): *A Monthly Forecasting Model of the US Economy.* Board of Governors of the Federal Reserve System, Division of Research and Statistics, Special Studies Section. Washington, D.C.

Deaton, A. (1991): Savings and Liquidity Constraints. *Econometrica*, 59, 1221-1248.

D'Elia, E. (1991): La quantificazione dei risultati dei sondaggi congiunturali: un confronto tra procedure. ISCO, *Rassegna dei lavori dell'Istituto*, 13, 1-71.

Dramais, A. (1982): *Formal Structure of the BUSY Model.* Report to the Commission of the European Communities, Internal Report.

Evans, M.K., Haitovsky, Y. und Treyz, G.I. (1972): An Analysis of the Forecasting Properties of U.S. Econometric Models. *Studies in Income and Wealth*, 36, 949-1139.

Fair, R.C. (1971a): *Consumer Sentiment, the Stock Market, and Consumption Functions*, Princeton University, Econometric Research Program. Research Memorandum, 119.

Fair, R.C. (1971b): *A Short-run Forecasting Model of the US Economy.* Lexington, MA.

Fair, R.C. (1974): An Evaluation of a Short-run Forecasting Model. *International Economic Review*, 15(2), 285-303.

Fansten, M. (1976): Introduction à une Théorie Mathématique de l'Opinion. *Annales de l'INSEE*, 21, 3-55.

Fels, R. und Hinshaw, E.C. (1968): *Forecasting and Recognizing Business Cycle Turning Points.* New York.

Fuhrer, J.C. (1988): 'Animal Spirits' in Consumer Expectations: Filtering the Information in Consumer Survey Expectations. Federal Reserve Board of Washington, *Finance and Economics Discussion Series*, 31.

Gennari, P. (1994): Business Cycle Analysis and Industrial Production Forecasts. In Baldassarri, M. und Annunziato, P. (Hg.): *Is the Economic Cycle Still Alive?* London. 257-284.

Giovannini, E. (1988): A Methodology for an Early Estimate of Quarterly National Accounts. *Economia Internazionale*, 3-4, 197-215.

Giovannini, E. (1989): Un modello per l'analisi della dinamica del settore industriale italiano nel breve periodo. *Ricerche e metodi per la politica economica*, 2.

Giovannini, E. (1994): A Monthly Model of the Industrial Sector for Business Cycle Analysis. In Baldassarri, M. und Annunziato, P. (Hg.): *Is the Economic Cycle Still Alive?* London. 227-255.

Greene, M.N., Howrey, E.P. und Hymans, S.H. (1986): The Use of Outside Information in Econometric Forecasting. In Belsley, D.A. und Kwh, E. (Hg.): *Model Reliability.* Cambridge, MA. 90-116.

Haitovsky, Y. und Treyz, G.I. (1972): Forecasts with Quarterly Macroeconometric Models: Equation Adjustments, and Benchmark Predictions. The US Experience. *Review of Economics and Statistics*, 8, 317-325.

Holly, S. und Tebbut, S. (1993): Composite Forecasts, Non-stationarity and the Role of Survey Information. *Journal of Forecasting*, 3-4.

Howrey, E.P., Hymans, S.H. und Donihue, M.R. (1991): Merging Monthly and Quarterly Forecasts: Experience with the Michigan Quarterly Econometric Model. *Journal of Forecasting*, 3, 255-268.

Hymans, S.H. (1970): Consumer Durable Spending. *Brookings Papers on Economic Activity*, 1, 173-206.

Klein, L.R. und Sojo, G. (1989): Combination of High and Low Frequency Data in Macroeconometric Models. In Klein, L.R. und Marquez, J. (Hg.): *Economics in Theory and Practice: An Eclectic Approach.* Dodrecht. 3-16.

Klein, L.R., Sojo, G. und Park, J.Y. (1993): Economic Forecasting at High-Frequency Intervals. *Journal of Forecasting*, 3-4.

Klein, P.A. und Moore, G.H. (1983): The Leading Indicator Approach to Economic Forecasting - Retrospect and Prospect. *Journal of Forecasting*, 2.

Lahiri, K. und Moore, G.H. (1991): *Leading Economic Indicators. New Approaches and Forecasting Records.* Cambridge, MA.

Makridakis, S. und Wheelwright, S.C. (Hg.) (1979): Forecasting. *TIMS Studies in the Management Sciences*, 12.

McNees, S.K. (1979): Lessons from the Track Record of Macroeconomic Forecasts in the 1970s. In Makridakis, S. und Wheelwright, S.C. (Hg.): *Forecasting.* TIMS Studies in the Management Sciences, 12.

McNees, S.K. (1981): The Recent Record of Thirteen Forecasters. *New England Economic Review*, 9-10.

McNees, S.K. (1990): Man vs. Model?: The Role of Judgement in Macroeconomic Forecasting Accuracy. *New England Economic Review*, 7-8, 41-52.

Naggl, W. (1987): Use of Anticipations Data in the Anticipations Model. In Motamen, H. (Hg.): *Econometric Modelling in OECD Countries.* London. 165-182.

Ouddeken, F.E. und Zijlman, G.M. (1991): The Use of Tendency Surveys in Extrapolating National Accounts. *Review of Income and Wealth*, 3, 301-312.

Parigi, G. und Schlitzer, G. (1994a): Quarterly Forecasts of the Italian Business Cycle by Means of Monthly Economic Indicators. Erscheint in: *Journal of Forecasting.*

Parigi, G. und Schlitzer, G. (1994b): Predicting Consumption of Italian Households by Means of Leading Indicators. Banca d'Italia, *Temi di discussione*, 234.

Praet, P. (1984): The Integration of EEC Qualitative Consumer Survey Results in Econometric Modelling: An Application to the Consumption Function. Commission of the European Communities, *Economic Papers*, 30.

Praet, P. und Vuchelen, J. (1984): The Contribution of EC Consumer Surveys in Forecasting Consumer Expenditure: An Econometric Analysis for Four Major Countries. *Journal of Economic Psychology*, 5(2), 101-124.

Praet, P. und Vuchelen, J. (1988): Exogenous Shocks and Consumer Confidence in Four Major European Countries. *Applied Economics*, 4, 561-567.

Praet, P. und Vuchelen, J. (1989): The Contribution of Consumer Confidence Indexes in Forecasting the Effect of Oil Prices on Private Consumption. *International Journal of Forecasting*, 5(3), 393-397.

Samuelson, P.A. (1976): Optimality of Sluggish Predictors under Ergodic Probabilities. *International Economic Review*, 17(1), 1-7.

Shapiro, H.T. (1972): The Index of Consumer Sentiment and Economic Forecasting: A Reappraisal. In Strumpel, B., Morgan, J.N. und Zahn, E. (Hg.): *Human Behaviour in Economic Affairs. Essays in Honour of George Katona.* Amsterdam. 373-396.

Teräsvirta, T. (1984): Short-term Forecasting of Industrial Production by Means of Quick Indicators. *Journal of Forecasting*, 4, 409-416.

Wecker, W.E. (1979): Predicting the Turning Points of a Time Series. *Journal of Business*, 1.

Zarnowitz, V. (1967): *An Appraisal of Short-term Economic Forecasts.* New York.

Zarnowitz, V. (1992): Has Macro-forecasting Failed? *Cato Journal*, 12(1), 129-160.

Zeldes, S.P. (1989): Optimal Consumption with Stochastic Income: Deviations from Certainty Equivalence. *Quarterly Journal of Economics*, 104, 275-298.

5.2 Zinsdifferenzen als neue Frühindikatoren – Theorie und Evidenz

Kajal Lahiri*

State University of New York, Albany

5.2.1 Einleitung

Eine Reihe kürzlich erschienener Studien haben gezeigt, daß die Differenzen zwischen den Zinssätze für alternative Finanzanlagen zu einem bestimmten Zeitpunkt, einen bemerkenswerten Beitrag zur Prognose wirtschaftlicher Entwicklungen leisten können. Vor allem die Spannen zwischen den Zinssätzen für Unternehmens- und US-Bundesanleihen mit sechsmonatiger Laufzeit (vgl. Friedman und Kuttner 1992, 1993b und Bernanke 1990), zwischen dem Tagesgeldsatz und der Verzinsung langfristiger Schatzobligationen (vgl. Laurent 1988, 1989 und Bernanke und Blinder 1992) und zwischen den Zinssätzen kurz- und langfristiger Schatzobligationen (vgl. Estrella und Hardouvelis 1991, Fama 1990, Harvey 1988 und Stambaugh 1988) tauchen immer mehr in der einschlägigen Literatur auf. Unter Anwendung vektorautoregressiver Verfahren und mithilfe des Konzepts der Granger-Kausalität konnte der zusätzliche Prognosewert dieser Zinsspannen bei hohem Konfidenzniveau nachgewiesen werden. Stock und Watson (1989, 1990a, 1990b, 1993) haben bei ihrem Versuch, einen neuen umfassenden und vorlaufenden Gesamtindikator zu entwickeln, herausgefunden, daß die Spanne zwischen den Zinssätzen für Unternehmens- und US-Bundesanleihen sowie die Steigung der Zinskurve zwei der aussagekräftigsten Frühindikatoren für die Konjunkturprognose darstellen. Allerdings existiert auch der Vorbehalt, daß diese Zinsvariablen einen Teil ihrer Prognosekraft durch die Deregulierungsmaßnahmen der 90er Jahre, die Ausdehnung des Marktes für Unternehmensanleihen, die zunehmende Globalisierung der Finanzmärkte und andere Faktoren eingebüßt

* Die ursprüngliche Fassung dieses Beitrags trägt den Titel „Interest Rate Spreads as New Business Cycle Indicators: Theory and Evidence“ und wurde von Annette G. Köhler übersetzt. Die Abbildungen und Tabellen sind am Ende des Beitrags zusammengefaßt.

haben könnten.[1] So wird die Tatsache, daß der Rezessionsindex von Stock und Watson (1993) die letzte Rezession nicht prognostiziert hat, auch auf seine starke Gewichtung monetärer Variablen zurückgeführt.

Ein Instrument zur Prognose konjunktureller Schwankungen kann *ex ante* nur dann sinnvoll sein, wenn damit eine angemessene Filterregel entwickelt wurde, die Veränderungen der Prognosevariable in Wendepunktprognosen übertragen kann. McNees (1991) hat darauf aufmerksam gemacht, daß dieser recht naheliegende Punkt nur selten in der Literatur Beachtung findet. Stattdessen wurde eine Vielzahl von *ad hoc* Filterregeln entwickelt, um die monatlichen Schwankungen des vorlaufenden Gesamtindikators zu interpretieren – die klassische ist die „Drei-aufeinanderfolgende-Rückgänge"-Regel, die einen Konjunkturabschwung signalisiert.[2] In Finanzkreisen wird eine inverse Zinsstruktur schon lange als Signal für eine bevorstehende Rezession gewertet. Natürlich geht mit jeder empirisch motivierten Regel ein trade-off zwischen Genauigkeit und rechtzeitiger Verfügbarkeit sowie zwischen verpaßten Signalen und Fehlanzeigen einher. Statt Wendepunkte zu prognostizieren, verwendeten Stock und Watson (1993) stochastische Simulationen ihres dynamischen *Single-Index-Modells*, um die Wahrscheinlichkeit, mit der eine Volkswirtschaft innerhalb der folgenden Monate in eine Rezession eintreten wird, abzubilden („Rezession" wird dabei als ein bestimmtes Schwankungsmuster des unbeobachtbaren „wahren" Zustandes einer Volkswirtschaft interpretiert.)

Das wichtigste Ziel dieses Abschnitts ist die Evaluierung der Aussagekraft verschiedener Zinsdifferenzen im Hinblick auf die Prognose konjunktureller Wendepunkte. Alle oben genannten Arbeiten folgten einem linearen Zeitreihenmodell, in dem Rezessionsphasen außerhalb des Systems liegen. Stock und Watson (1990a) haben darauf hingewiesen, daß das Verhältnis zwischen Zinsstruktur und nachfolgender wirtschaftlicher Entwicklungen in einem nicht-linearen Modell besser erfaßt werden kann als in einem linearen. Darüber hinaus sollten Rezessionen und Expansionen nicht als symmetrisch behandelt werden. Der Schwerpunkt dieses Abschnitts liegt bei der Prognose konjunktureller Wendepunkte mit plausiblem Vorlauf. Einige Autoren, darunter McNees (1992) und Zarnowitz (1992, Kapitel 13), kamen zu dem Schluß, daß allgemeine Genauigkeit und Anwendbarkeit makroökonomischer Prognosen durch die Minimierung der Fehler, die normalerweise um die Wendepunkte herum auftreten, deutlich verbessert werden können. In unserem Modell pendelt die Wirtschaft zwischen zwei Regimen – Expansionen und Rezessionen – wobei die damit einhergehende Dynamik zwischen den Regimen variieren kann. Der Wechsel zwischen den beiden Regimen wird durch einen Markov-Prozeß mit zwei Zuständen gesteuert. Wir nehmen an, daß die Wechsel nicht direkt beobachtet, sondern durch statistische Schlußfolgerungen über den nicht-beobachtbaren zugrundeliegenden Zustand festgestellt werden. Der nicht-lineare Filteralgorithmus von Hamilton (1989) erlaubt auch eine flexible

---

[1] Vgl. beispielsweise Bernanke (1990), Bernanke und Mishkin (1993), Estrella und Hardouvelis (1991), Kashyap et al. (1993) und Stock und Watson (1993).

[2] Weitere Analysen verschiedener Filterregeln, die zur Identifikation von konjunkturellen Wendepunkten herangezogen werden, finden sich in Zarnowitz (1992, Kapitel 11) und Zellner und Hong (1989).

Maximum-Likelihood-(ML)-Schätzung der Populationsparameter. Unsere Untersuchung ergab, daß Zinsdifferenzen zwischen 1/1953 und 3/1993 bemerkenswert aussagekräftig waren. Die Steigung der Zinskurve war die beste Prognosevariable, gefolgt von der Differenz zwischen dem Tagesgeldsatz und dem Zins der langfristigen Schatzobligationen. Die Steigung der Zinskurve prognostizierte alle fünfzehn oberen und unteren Wendepunkte mit einem akzeptablen Vorlauf und ohne Fehlanzeigen. Die Zinsdifferenzen konnten die Rezessionen von 1957-58 und von 1960-61 nicht prognostizieren. Außerdem gab sie 1966 ein falsches Signal. Dafür gelangen ihnen die korrekte Prognose des Hoch- und Tiefpunkt während der letzten Rezession. Die Prognosefähigkeit der Spanne zwischen Unternehmens- und Bundesanleihen (mit angepaßter Laufzeit) war dagegen weniger beeindruckend. Das Signal für die Rezession 1990 kam erst nach fünf Monaten; abgesehen davon prognostizierte sie alle oberen Wendepunkte mit einem durchschnittlichen Vorlauf von fast sechs Monaten. Die unteren Wendepunkte wurden allerdings durchweg nicht rechtzeitig, sondern erst mit einem kleinen Nachlauf erkannt. Dieses Ergebnis stimmt mit den Beobachtungen von Friedman und Kuttner (1993b) überein, wonach die Spanne zwischen Unternehmens- und Bundesanleihen nicht nur unmittelbar vor, sondern auch während Rezessionen sehr groß ist. Dieser Beitrag ist folgendermaßen gegliedert: Im folgenden zweiten Abschnitt werden das Markov-Regimewechselmodell und das Schätzverfahren von Hamilton (1989) vorgestellt. Der dritte Abschnitt enthält die empirischen Ergebnisse. Ihre Bedeutung für den monetären Transmissionsmechanismus werden im vierten Abschnitt dargestellt. Abschließende Bemerkungen folgen in fünften und letzten Abschnitt.

5.2.2 Hamiltons nicht-linearer Filter

Das Modell geht von einem datengenerierenden Prozeß mit zwei verschiedenen Regimen aus - Expansionen und Rezessionen. Ferner wird angenommen, daß der Prozeß diskreten Wechseln zwischen zwei Markov-Regimen unterliegt. Die beobachtete Zeitreihe y_t wird aus zwei verschiedenen Zuständen $S_t = 1, 2$ abgeleitet. Sowohl der Mittelwert als auch die Varianz sind Funktionen des gerade herrschenden Zustandes, $y_t|S_t \sim N(\mu_{s_t}, \Omega_s)$, wobei $M_{s_t} = (\mu_1, \mu_2)$ den Mittelwert von y_t in Expansionen bzw. Rezessionen, $\Omega_S = (\sigma_1, \sigma_2)$ die regimeabhängigen Standardabweichungen und S_t die unbeobachteten Zustandsvariablen darstellen, die ihre Werte gemäß einer Markov-Kette erster Ordnung annehmen: $P_{ij} = \Pr(S_t = i|S_{t-1} = j)$, mit $P_{11} + P_{12} = P_{21} + P_{22} = 1$ und $(i, j = 1, 2)$. Es sei $\lambda \equiv (\mu_1, \mu_2, \sigma_1, \sigma_2, P_{11}, P_{22})$ der Vektor der Populationsparameter, die die Wahrscheinlichkeitsdichte $P(y_1, y_2, \ldots, y_T; \lambda)$ der beobachteten Daten charakterisieren. Die Aufgabe besteht nun in der Schätzung desjenigen Parametervektors λ, der den tatsächlichen Daten am besten entspricht, um dann unter Berücksichtigung der Beobachtungen bis t Rückschlüsse über den unbeobachteten Zustand S_t zu ziehen. Nachdem y_t - eine bestimmte Zinsdifferenzvariable - als Frühindikator betrachtet wird, kann die ermittelte Wahrscheinlichkeit als direkte Prognose für den zugrundeliegenden Zustand der Volkswirtschaft in naher Zukunft interpretiert werden.

Der Rückschluß auf den zugrundeliegenden Zustand wird in zwei Schritten vollzogen.[3] Zunächst werden die Populationsparameter geschätzt. Danach werden die Schätzergebnisse für den Rückschluß auf den unbeobachteten Zustand herangezogen. Da der Zustand eben nicht direkt beobachtbar ist, nimmt der Rückschluß die Form einer Wahrscheinlichkeitsverteilung an,

$$P(S_t = i|y_t, y_{t-1}, \ldots, y_1; \lambda), i = 1, 2, \quad (1)$$

die abbildet, mit welcher Wahrscheinlichkeit ein Prozeß den Zustand i zum Zeitpunkt t annehmen wird, in Abhängigkeit von den Beobachtungen bis zum Zeitpunkt t und einem gegebenen Wert λ.

Wir betrachten den Fall zunächst für ein bekanntes λ. Ausgehend von der unbedingten Eintrittswahrscheinlichkeit eines Zustands in $t = 1$, der durch $P(S_1 = 1) = (1-P_{22})/((1-P_{11}) + (1 - P_{22}))$ ausgedrückt werden kann, kann $P(S_2, S_1) = P(S_2|S_1)P(S_1)$, also die gemeinsame Eintrittswahrscheinlichkeit eines Zustands in $t = 1$ und $t = 2$ ermittelt werden. Ist die gemeinsame normalverteilte Dichtefunktion von (y_1, y_2) abhängig von S_1 und S_2, kann die gemeinsame Wahrscheinlichkeitsdichte der Zustände und Beobachtungen ausgedrückt werden als:

$$P(y_2, y_1, S_2, S_1) = P(y_2, y_1|S_2, S_1)P(S_2, S_1). \quad (2)$$

Aufsummieren über die Zustände ergibt:

$$P(y_2, y_1; \lambda) = \sum_{S_1=1}^{2} \sum_{S_2=1}^{2} P(y_2, y_1, S_2, S_1; \lambda). \quad (3)$$

Indem$P(S_2, S_1)|y_2, y_1) = P(y_2, y_1, S_2, S_1)|P(y_2, y_1)$ berechnet wird, können nun in Abhängigkeit von den beobachteten Daten Rückschlüsse über die Zustände in den ersten beiden Perioden gezogen werden. Für den Zustand in $t = 2$ ergibt sich dann:

$$P(S_2 = i|y_2, y_1) = P(S_2 = i, S_1 = 1|y_2, y_1) + P(S_2 = i, S_1 = 2|y_2, y_1), i = 1, 2. \quad (4)$$

Mit (4) als Ausgangswert gibt das Wiederholen dieser Vorgehensweise Aufschluß über den Zustand in t in Abhängigkeit von den vergangenen Beobachtungen,

$$P(S_t|Y_t) = \sum_{S_{t-1}=1}^{2} P(S_t, S_{t-1}|Y_t), t = 2, 3, \ldots, T, \quad (5)$$

wobei $Y_t = (y_t, y_{t-1}, \ldots, y_1)$. Dabei ergibt sich auch die Wahrscheinlichkeitsfunktion der Stichprobe aus allen Beobachtungen

$$P(y_1, y_2, \ldots, y_T; \lambda) = \sum_{S_1=1}^{2} \cdots \sum_{S_T=1}^{2} P(y_1, y_2, \ldots, y_T, S_1, S_2, \ldots, S_T; \lambda), \quad (6)$$

die unter Verwendung numerischer Methoden zur Schätzung von λ direkt maximiert werden kann. Anhand der ermittelten Parameter können wiederum mit der oben beschriebenen Filtermethode weitere Rückschlüsse gezogen werden. Als Ergebnis läßt sich eine

[3] Detaillierte Ausführungen finden sich in Hamilton (1988, 1989, 1990, 1993).

Abfolge von Wahrscheinlichkeiten festhalten, mit denen eine Volkswirtschaft in t entweder in eine Rezessions- oder eine Expansionsphase eintreten wird. Auf diese Weise können konjunkturelle Wendepunkte prognostiziert werden.

5.2.3 Empirische Ergebnisse

Im folgenden wird der Prognosegehalt dreier Zinsdifferenzen untersucht:

- Differenz zwischen dem Tagesgeldsatz und dem Zinssatz für Schatzwechsel mit zehnjähriger Laufzeit (FR–10TB),
- Differenz zwischen dem Zinssatz für Schatzwechsel mit zehnjähriger Laufzeit und dem Zinssatz für Schatzobligationen mit einjähriger Laufzeit (10TB–1TB),
- Differenz zwischen Unternehmensanleihen und Schatzwechseln mit sechsmonatiger Restlaufzeit (6CP–6TB).

Die monatlichen Beobachtungen für (FR–10TB) liegen für den Zeitraum 1955/1-1993/3, für (10TB–1TB) für den Zeitraum 1953/1-1993/3 und für (6CP–6TB) für den Zeitraum 1959/1-1993/3 vor und wurden aus der Citibase Datenbank abgerufen. Ihre Zeitreihen sind in den Abbildungen 5.2.1 bis 5.2.3 aufgeführt, die schraffierten Flächen kennzeichnen die vom NBER datierten Rezessionen.[4] Die erweiterten Dickey-Fuller-Tests verwarfen die Nullhypothese der Nichtstationarität für alle Zeitreihen bei einprozentigem Konfidenzintervall. Die ML-Lösung wurde durch Anwendung des sogenannten EM-Algorithmus erzielt, der von Hamilton (1990) beschrieben wird. Zur Vermeidung der bekannten Singularitätsproblematik, die mit der Schätzung gemischt-normalverteilter Parameter einhergeht, wurden unter Anwendung des „quasi-bayesianischen" Ansatzes nach Hamilton (1991) bestimmte stichprobengestützte Startwerte für die Parameter der beiden Regimes verwendet.

Die Parameterschätzer und deren Standardabweichungen sind in Tabelle 5.2.1 dargestellt. Die Mittelwerte von (FR–10TB) und die Differenzen zwischen den Zinssätzen der Schatzwechsel mit einjähriger Laufzeit und der zehnjährigen Schatzobligation sind demnach in Expansionen negativ und in Rezessionsphasen positiv. Außerdem ist die Spanne zwischen den Zinssätzen für private und öffentliche Anleihen in Rezessionen viel größer ($\mu_2 = 0,95\%$ p.a.) als in Expansionsphasen ($\mu_1 = 0,27\%$ p.a.). Die geschätzten Standardabweichungen der Parameter lassen auf eine recht präzise Schätzung schließen. Die Varianz während Abschwung- (σ_2^2) ist weitaus größer als während Aufschwungphasen (σ_1^2). Die regimeabhängige Heteroskedastizität ist deutlich erkennbar.[5] Die geschätzten

[4] Es wurden auch Untersuchungen mit der Differenz zwischen den Zinssätzen für Schatzobligationen mit zehnjähriger Laufzeit und Schatzwechsel mit dreijähriger Laufzeit (10TB–3TB) und zwischen den Zinssätzen für Unternehmensanleihen und Schatzwechsel mit dreimonatiger Restlaufzeit (3CP–3TB) durchgeführt. Die Ergebnisse entsprachen jedoch im wesentlichen denjenigen von (10TB–1TB) bzw. (6CP–6TB) und werden deshalb nicht gesondert aufgeführt.

[5] Vgl. Neftci (1984), French und Sichel (1993) und Dasgupta und Lahiri (1993).

Übergangswahrscheinlichkeiten (P_{11} und P_{22}) liegen für alle Reihen über 0,9, was belegt, daß die Neigung, in dem momentanen Regime zu bleiben, sehr groß ist.[6] Die Abbildungen 5.2.4 bis 5.2.6 enthalten für (10TB–1TB), (FR–10TB) und (6CP–6TB) von Mitte der 50er Jahre bis 3/1993 (Monatswerte) die geschätzten Wahrscheinlichkeiten, für das Eintreffen einer Rezession, d.h. $P(S_t = 2|y_t, y_{t-1}, \ldots, y_1; \lambda)$. Das einfache Markov-Modell mit zwei Regimen ergab für alle drei Größen eindeutige Signale. Außerdem erreichten die Wahrscheinlichkeiten kurz vor den Wendepunkten immer nahezu den Wert eins. Somit wird nur einer kleiner Teil des Vorlauf durch die Anwendung der Filterregel aufgegeben. Die Regel der „drei aufeinanderfolgenden Rückgänge“ weist beispielsweise einen dreimonatigen Nachlauf auf, bevor sie ein Signal geben kann. Für die drei Zinsspannen wurde ein kritischer Wert von 0,9 festgelegt; d.h. ein unterer Wendepunkt wurde angezeigt, wenn $P(S_1 = 1|y_t, y_{t-1}, \ldots, y_1; \lambda)$ den Wert von 0,9 für (FR–10TB) und 0,5 für (6CP–6TB) und (10TB–TB) überschritt. Diese Werte wurden so gewählt, daß sich das gewünschte Ankündigen von Wendepunkten und zu viele Fehlanzeigen die Waage hielten.[7] Für den Beobachtungszeitraum wurden vom NBER fünfzehn konjunkturelle Hoch- und Tiefpunkte festgelegt. Die Tabellen 5.2.2 und 5.2.3 fassen die Ergebnisse der Wendepunktprognosen durch die drei betrachteten Zinsdifferenzen zusammen.

Die Steigung der Zinskurve (10TB–1TB) schnitt am besten ab – sie signalisierte alle Wendepunkte ohne Fehlanzeigen. Der durchschnittliche Vorlauf bei der Prognose der oberen Wendepunkte lag bei fast 20 Monaten und bei fast 3 Monaten für die Prognose der unteren Wendepunkte. Estrella und Hardouvelis (1991) stellten den maximalen Prognosegehalt bei einem Prognosezeitraum von 5 bis 6 Quartalen fest. Das Signal für den Hochpunkt im Dezember 1969 hatte einen langen Vorlauf. Es tauchte bereits im Oktober 1964 auf und dauerte bis Eintreten des Abschwungs 1969-1970 an. Es sollte allerdings betont werden, daß sich – wie prognostiziert – die Zinsstruktur wieder umkehrte und bis Ende 1966 normal verlief. Der Zeitraum 1966-1967 wurde dann im nachhinein als eine Abschwungphase innerhalb eines Wachstumszyklus charakterisiert. Es ist anzunehmen, daß das volle Ausmaß der Rezession durch die Steuersenkung von 1964 und durch den massiven Anstieg des Verteidigungshaushalts im vierten Quartal von 1965 (also der Eskalation der Vietnam-Krise), der bis Ende 1968 andauerte, abgeschwächt wurde. In diesem Zeitraum stiegen die jährlichen Rüstungsausgaben von 65,5 Mrd. US-Dollar im ersten Quartal von

---

[6] Mit Bezug auf Hamilton (1988, 1989) wurden auch kompliziertere Ansätze geschätzt, indem autoregressive Ausdrücke dem Störterm angefügt wurden: $y_t = \mu_{s_t} + \phi_1(y_{t-1} - \mu_{s_{t-1}}) + \ldots + \epsilon_t$, wobei $\epsilon_t \sim N(0, \sigma_\epsilon^2)$. Dabei wurden AR-Terme bis zur vierten Ordnung zugelassen. In bezug auf die konventionellen Bestimmtheitsmaße (beispielsweise Maximum der geschätzten Likelihoodfunktion), die normalerweise alle Beobachtungen gleich gewichten, schnitten diese Modelle besser ab als diejenigen ohne autoregressiven Störterm. Allerdings waren die Prognosen dieser Modelle weitaus schlechter als derjenigen Modelle, die in dieser Arbeit vorgestellt werden. Die Mehrzahl der Wendepunkte wurde nicht vorausgesagt. Das Modell mit der besten Anpassungsgüte ist also nicht notwendigerweise dasjenige der besten Wendepunktprognosen. Auf diesen Aspekt gehen Lahiri und Wang (1994) ausführlich ein. Das Modell im vorliegenden Papier entspricht demjenigen aus Engel und Hamilton (1990).

[7] Vgl. Neftci (1982), Diebold und Rudebusch (1989, 1991a, 1991b), Koenig und Emery (1991) und Lahiri und Wang (1994).

1965 auf 80 Mrd. US-Dollar am Ende des Jahres 1968, also um mehr als fünfzig Prozent. Dieser Ausgabenanstieg zog einen kleinen Investitionsaufschwung nach sich, der wiederum zu einer Erhöhung der aggregierten Nachfrage führte. Dieser außerordentliche Impuls könnte das Eintreffen der Rezession vorübergehend verzögert haben. Andererseits führte dies auch zu verstärktem inflationärem Druck. Im Zeitraum 1966-1968 antizipierte die (10TB−1TB)-Spanne bereits eine straffere Geldpolitik und war deshalb verhältnismäßig hoch. Der geldpolitische Umschwung trat schließlich 1968 ein, die Rezession folgte im Dezember 1969.

Für den Zeitraum nach 1969 ist Prognosefähigkeit der (FR−10TB)-Spanne ebenso eindrucksvoll. Mit einem der (10TB−1TB)-Spanne ähnlichen Vorlauf kündigte sie alle Wendepunkte an. Allerdings gab sie ein Paar von Fehlanzeigen für den Zeitraum 1966-1967 ab und konnte die Rezessionen 1957-1958 und 1960-1961 nicht signalisieren. Die Fehlanzeige kann anhand der nachfolgenden Rezession des Wachstumszyklus 1966-1967 erklärt werden, die hauptsächlich durch den „Credit crunch" von 1966 (vgl. Bernanke und Blinder 1992, S. 911-912) erklärt werden können. Auch die fehlenden Signale von 1957-58 und 1960-61 sind leicht zu erklären. Bernanke und Blinder (1992) sind der Ansicht, daß der Tagesgeldsatz gut zur Prognose zukünftige Wirtschaftsentwicklungen herangezogen werden könne, weil er ein guter Indikator für den geldpolitischen Kurs sei. Vor dem Jahre 1966 lag der Tagesgeldsatz in der Regel unter dem Diskontsatz und war deshalb kein guter Indikator für geldpolitische Maßnahmen. Bei einem Tagesgeldsatz unterhalb des Diskontsatzes sinkt die Kreditaufnahme auf ein Minimum ab. Der Tagesgeldsatz reagiert dann nicht mehr auf die Spanne zwischen dem Tagesgeldsatz und dem Diskontsatz. Auf der anderen Seite war der Prognosegehalt der (10TB−1TB)-Spanne sehr hoch, weil der Markt für Schatzwechsel in der Nachkriegszeit groß und weit entwickelt war und somit stark auf geldpolitische Innovationen und andere wirtschaftliche Entwicklungen reagiert hat. Darüber berichten Romer und Romer (1993), die davon ausgehen, daß in der Nachkriegszeit ein „Zinskanal" für die Transmission monetärer Schocks zu beobachten war. Sowohl (FR−10TB) als auch (10TB−1TB) konnten den letzten konjunkturellen Hochpunkt vom Juli 1990 mit einem Vorlauf von 15 bis 18 Monaten und den Tiefpunkt vom März 1991 mit einem Vorlauf von sechs Monaten voraussagen. Dieses Ergebnis überrascht insofern, als die meisten Wirtschaftsforscher davon ausgingen, daß die letzte Abschwungphase auf der Basis der Zinsstruktur aus der Zeit vor 1980 nicht vorhersehbar gewesen sei.[8] Das Wahrscheinlichkeits-VAR-Modell von Sims (1993) mit neun Variablen konnte die Rezession von 1990 nicht voraussagen.

Auch Fair (1993) hat angemerkt, daß diese Rezession nicht ohne weiteres vorherzusehen gewesen sei. Darüber hinaus ist anzumerken, daß die Prognosefähigkeit der (FR−10TB)-Spanne und der (10TB−1TB)-Spanne während des Zeitraums 1979-82 nicht nachgelassen zu haben scheint, obwohl die Zentralbank in dieser Zeit immer mehr die nicht in Anspruch genommenen Reservekontingente und weniger den Tagesgeldsatz als mittelfristige

[8] Die einzige Ausnahme bildet Laurent (1989), der die Rezession von 1990 aufgrund der Differenz zwischen dem Tagesgeldsatz und dem Zins der langfristigen Staatsanleihen deutlich voraussagte.

geldpolitische Zielgröße betrachtet hat. Nachdem jedoch im Verlauf der frühen 80er Jahre die Mindestreservebestimmungen gelockert worden waren, standen die Zielgrößen der wöchentlich nicht in Anspruch genommenen Reservekontingente in engem Zusammenhang mit den ausgeschöpften Kontingenten. Diese Vorgehensweise ist also im wesentlichen auf eine Zielgröße gerichtet, die schon vorher Anwendung gefunden hatte.[9]

Mit nur einer Ausnahme kündigte die Differenz zwischen den Zinssätzen von Unternehmensanleihen mit sechsmonatiger Laufzeit und sechsmonatigen Schatzwechseln (6CP–6TB) alle konjunkturellen Hochpunkte seit 1960 mit einem durchschnittlichen Vorlauf von 5 bis 6 Monaten an. Das Signal für einen oberen Wendepunkt von Juli 1990 erfolgte allerdings nach fünf Monaten. Ein weiterer entmutigender Aspekt der Prognosefähigkeit der (6CP–6TB)-Spanne ist die Tatsache, daß sie keinen der unteren Wendepunkte mit einem Vorlauf ankündigte, sondern einen durchschnittlichen Nachlauf von zwei Monaten besaß. Obgleich dies mit Blick auf die kurze Dauer der Nachkriegsrezessionen (knapp mehr als 11 Monate) verständlich erscheint, muß daran erinnert werden, daß (FR–10TB) und (10TB–1TB) in gerade diesem Zeitraum die Tiefpunkte sehr gut prognostizierten. Der fehlende Vorlauf von (6CP–6TB) an unteren Wendepunkten stimmt mit der Beobachtung von Friedman und Kuttner (1993b) überein, wonach diese Spanne nicht nur vor, sondern eben auch während Rezessionen sehr groß ist. Dies kann dadurch erklärt werden, daß die (6CP–6TB)-Spanne neben geldpolitischen Faktoren auch das Konkursrisiko und Kapitalrestriktionen widerspiegelt, wie sie insbesondere in Rezessionen zu beobachten sind. Außerdem sollte beachtet werden, daß die Rezession von 1973-75 von allen drei Zinsstrukturvariablen antizipiert wurde. Die Signale erfolgten während des zweiten Quartals von 1973, also deutlich vor der Phase restriktiverer Geldpolitik während des Zeitraums 1973-1974 (vgl. Romer und Romer 1993), was darauf schließen läßt, daß diese Spannen Informationen beinhalten, die über den geldpolitischen Kurs der Zentralbank hinaus gehen.[10]

Abbildung 5.2.6 zeigt, daß die (6CP–6TB)-Spanne 7 zusätzliche Rezessionen angekündigt hat, die im nachhinein jedoch nicht eintrafen. Diese falschen Signale erfolgten im Juni 1966, November 1966, August 1968, September 1971, November 1978, Juli 1984 und Mai 1987. Fünf davon gingen mit den Abschwüngen von Juni 1966, März 1969, Dezember 1979, Juni 1984 und Februar 1989 des vom NBER dokumentierten Wachstumszyklus einher.[11] Doch selbst unter diesen Gesichtspunkten gibt diese Zinsspanne im Vergleich zu den (FR–10TB-) und (10TB–1TB)-Spannen noch zu viele falsche Signale ab. Viele Beobachter haben darauf hingewiesen, daß die Prognosefähigkeit der (6CP–6TB)-Spanne in den letzten Jahren beträchtlich zurückgegangen ist, da der Markt für Unternehmensanleihen in den 80er Jahren breiter und liquider geworden ist. Es muß allerdings auch

---

[9] Eine weiterführende Diskussion bieten Goodfriend (1991), Karamouzis und Lombra (1989) und Feinman und Poole (1989).

[10] Dieses Ergebnis stimmt mit denen von Bernanke (1990), Estrella und Hardouvelis (1991) und Friedman und Kuttner (1993a) überein.

[11] Vgl. Zarnowitz (1992, S. 342-344).

berücksichtigt werden, daß die (6CP–6TB)-Spanne während der 80er Jahre sehr stark geschwankt ist und immerhin insgesamt fünf Wendepunktpaare angezeigt hat – auch wenn sich zwei davon als falsch erwiesen haben.

In unserer Analyse sind die (10TB–1TB)- und die (FR–10TB)-Spanne der (6CP–6TB)-Spanne bei der Prognose konjunktureller Wendepunkte klar überlegen. Dies mag als Widerspruch zu den Ergebnissen von Bernanke (1990) und Friedman und Kuttner (1993b) erscheinen. Wir sollten allerdings hervorheben, daß der optimale Prognosehorizont in unserer Studie unbeschränkt ist und sich als viel länger erweist als der in den meisten Studien gewählte einmonatige Prognosezeitraum. So berichten Bernanke und Mishkin (1993), daß die (6CP–6TB)-Spanne nicht mehr den besten Prognosegehalt aufweist, sobald der Prognosezeitraum von einem auf zwölf Monate erhöht wird. Außerdem ist es wichtig, daß der optimale Prognosezeitraum für Tiefpunkte wesentlich kürzer ist als für Hochpunkte. Die übliche VAR-Literatur vernachlässigt diese Asymmetrie zwischen Expansionen und Rezessionen und geht stattdessen von einem einheitlichen Prognosezeitraum für die gesamte Zeitreihe aus.

Ein weiterer interessanter Aspekt ist der Vergleich der Prognosefähigkeit der drei Zinsdifferenzen mit der des Gesamtindex der elf Frühindikatoren (LEI), die vom US-amerikanischen Handelsministerium veröffentlicht werden. Die letzten Spalten der Tabellen 5.2.2 und 5.2.3 veranschaulichen die Fähigkeit des LEI, die vom NBER datierten Rezessionen und Expansionen zu prognostizieren. Sie enthalten die Vorlaufzeit, die sich aus den derzeit verfügbaren LEI-Daten nach Verwendung desselben Filters ergibt. Detailierte Ausführungen bieten Lahiri und Wang (1994). Es wird deutlich, daß der Gesamtindex alle Hochpunkte mit einem durchschnittlichen Vorlauf von nahezu sieben Monaten anzeigte. Im Hinblick auf die Prognose der Tiefpunkte ist das Ergebnis weniger erfreulich – der LEI erkannte die Tiefpunkte mit einem durchschnittlichen Nachlauf von 0,125 Monaten. Damit waren die Signale beinahe gleichlaufend. Dennoch lieferte der LEI – wie auch die (6CP–6TB)-Spanne – fünf zusätzliche Wendepunktsignale in den Monaten 5/1956, 5/196, 6/1966, 6/1984 und 11/1987, denen keine Rezessionen folgten. Die meisten dieser falschen Signale können wiederum mit Blick auf nachfolgende Abschwünge in den Wachstumszyklen interpretiert werden. Somit entspricht das Gesamtergebnis für den LEI ungefähr dem der (6CP–6TB)-Spanne. Es sollte jedoch betont werden, daß die Prognosen aufgrund von Zinsdifferenzen im Gegensatz zu vielen Komponenten des LEI keine nachträglichen Revisionen der Daten oder sogar grundlegende Neudefinitionen erfahren.[12] Darüber hinaus sind Zinsdaten schneller verfügbar (so wird der LEI eines Monats erst am Ende des darauffolgenden Monats publiziert). Faßt man diese zusätzlichen Vorteile zusammen, so schneiden die Zinsdifferenzen weit besser ab als der Index der Frühindikatoren.

Der in dieser Arbeit verfolgte Ansatz birgt eine Reihe von Vorteilen. Zunächst liegen den Ergebnissen nicht irgendeine makroökonomische Größe wie das reale BIP, die Industrieproduktion oder die Zahl der Arbeitslosen als Referenzreihe zugrunde. Der Begriff

[12] Vgl. Diebold und Rudebusch (1991a, 1991b), Koenig und Emery (1991) und Lahiri und Wang (1994), die sich mit der Aussagefähigkeit des LEI beschäftigt haben.

der Rezession ist sehr umfassend und beschreibt einen verbreiteten und einschneidenden Rückgang der gesamtwirtschaftlichen Aktivität. McNees (1991) hat gezeigt, daß es praktisch unmöglich ist, eine Rezession anhand nur einer oder zweier einzelner Zeitreihen zu charakterisieren. Das NBER betrachtet eine breite Palette monatlicher Zeitreihen, um *ex post* konjunkturelle Wendepunkte festzulegen. Die Gewichtung dieser Reihen wird im wesentlichen im Nachhinein von Experten beurteilt und bestimmt.[13] Außerdem sind die Ergebnisse unseres Ansatzes unabhängig davon, ob vorläufige oder revidierte Daten verwendet werden. In bezug auf das BIP stellten jedoch Estrella und Hardouvelis (1991) fest, daß sich revidierte Daten besser durch ihre Zinsstrukturvariable prognostizieren lassen als vorläufige Daten. Schließlich findet unsere Analyse – mit Ausnahme einiger bestimmter stichprobengestützter Startwerte der Maximum-Likelihood-Schätzung – ausschließlich *ex ante* statt. Die Abschwungwahrscheinlichkeiten werden nicht *geglättet* aus der gesamten Stichprobe $(y_1, y_2, \ldots, y_T)$ ermittelt, sondern aus den vergangenen Beobachtungen $(y_1, y_2, \ldots, y_t)$ *gefiltert.* Estrella und Hardouvelis (1991) haben dagegen Rezessionswahrscheinlichkeiten aus Probitschätzungen abgeleitet, in denen die abhängige Variable in Rezessionen den Wert 1 und 0 sonst annimmt. Die unabhängige Variable (10TB–1TB) hatte dabei einen Nachlauf von vier Quartalen. Die von ihnen ermittelten Wahrscheinlichkeiten waren eher stichprobeninterne, angepaßte Werte der abhängigen Variable als stichprobenexterne *ex ante* Schätzer. Daneben gingen sie bei der Wahl der unabhängigen Variable unachtsamerweise von einem konstanten Vorlauf von vier Quartalen für die Prognose aller Expansionen und Rezessionen aus, was zu einer gravierenden Fehlspezifikation der Analyse führte.

5.2.4 Theoretischer Hintergrund

Wir haben festgestellt, daß (FR–10TB) und (10TB–1TB) Expansionen und Rezessionen mit ähnlichem Vorlauf anzeigen. Seit Mitte der 60er Jahre ist der Tagesgeldsatz mehr als jede andere Größe Ausdruck des geldpolitischen Kurses der US-amerikanischen Notenbank. Es ist anzunehmen, daß weder Produktion noch Preise direkt auf den Tagesgeldsatz, sondern vielmehr den realen Zins von Wertpapieren mit mindestens 3 bis 6 Monaten Laufzeit reagieren. Die Zinsen für Schatzwechsel werden von den Erwartungen über den Tagesgeldsatz bis zu ihrer Fälligkeit bestimmt. Um die Zinsstruktur zu bestimmen, setzt die Notenbank deshalb das Ziel des Tagesgeldsatzes und beeinflußt somit wiederum den realen Zinssatz für kurz- und mittelfristige Anlagen (vgl. Mishkin 1990). Bernanke (1990, Tabelle 7) hat gezeigt, daß sich die Ankündigungen neuer Ziele für Tagesgeldsätze innerhalb von zwei Wochen vollständig in den tatsächlichen Tagesgeldsätzen niederschlagen. Cook und Hahn (1989) haben deutlich gemacht, daß während der 70er Jahre die Zinssätze für Schatzwechsel mit drei-, sechs- und zwölfmonatiger Laufzeit auf eine einprozentige Veränderung des Tagesgeldsatzzieles mit einer Veränderung um 0,5 Prozentpunkte reagierten. Daraus kann geschlossen werden, daß ungefähr die Hälfte aller Veränderungen

[13] Vgl. Hall (1991).

der Tagesgeldsatzziele erwartet wurden. Dies erklärt auch die Ergebnisse von Estrella und Hardouvelis (1991), wonach die Krümmung der Zinsstruktur zusätzliche Informationen zu geldpolitischen Kurswechseln enthält. Seitdem jedoch die Notenbank sehr zielgerichtet auf wirtschaftliche Entwicklungen reagiert, kann nicht mehr automatisch davon ausgegangen werden, daß die Veränderungen der Tagesgeldsätze die eigentlichen Ursachen der Zinsänderungen darstellen – so könnten auch beide von grundlegenden Schocks, wie Technologie-, Präferenz-, Nachfrage- oder Angebotschocks, bestimmt werden. Natürlich können viele dieser Schocks auf geldpolitische Fehlentscheidungen oder Richtungsänderungen der politischen Einflußnahme auf die Notenbank zurückzuführen sein (Goodfriend 1991). So haben Bernanke und Blinder (1992) aufgezeigt, daß Veränderungen der Tagesgeldsätze überwiegend durch geldpolitische Maßnahmen verursacht werden. Es sollte nicht vergessen werden, daß die Schwankungen der (10TB–1TB)-Differenz im wesentlichen denen der (FR–10TB)-Differenz entsprechen. Nachdem der Zins für Schatzwechsel mehr für diejenigen Wirtschaftssubjekte, die sparen und investieren, als für diejenigen, die Kredite aufnehmen, relevant ist (vgl. Friedman und Kuttner 1993a), scheinen geldpolitische Maßnahmen zunächst die Sparer und Investoren zu betreffen, so daß die (10TB–1TB)- wie auch die (FR–10TB)-Differenz den geldpolitischen Kurs widerspiegelt.

In den vergangenen Jahren haben zahlreiche Autoren, darunter Bernanke und Blinder (1992), Friedman und Kuttner (1993b) und Kashyap et al. (1993) die Bedeutung eines unabhängigen Kredit-Kanals des geldpolitischen Transmissionsmechanismus betont. Über den üblichen Geldmengen-Kanal hinaus, der die Passiva, also die Einlagen, beeinflußt, wirkt die Geldpolitik bei den Banken auch über die Beeinflussung der Aktiva, also die ausgegebenen Kredite. Bernanke und Blinder (1992) haben gezeigt, daß die Auswirkungen auf die Einlagen sofort eintreten und nach ungefähr neun Monaten abgeschlossen sind. Kredite reagieren dagegen erst nach ungefähr sechs Monaten, und die gesamten Auswirkungen eines Einlagenrückgangs schlagen sich erst nach Ende von zwei Jahren in der Kreditvergabe nieder.

Die US-amerikanischen Rezessionen werden häufig auf eine restriktive Geldpolitik zurückgeführt, die ursprünglich inflationärem Druck entgegenwirken sollte. Die durchschnittliche Expansion in der Nachkriegszeit dauerte in den USA etwas weniger als vier Jahre.[14] Der Großteil der auf diesem Gebiet erstellten Studien ging von symmetrischen Reaktionsmustern aus, so daß die Erklärung für einen langsamen Rückgang der Kreditvergabe nach restriktiver Geldpolitik auch für den langsamen Anstieg der Kreditvergaben nach geldpolitischen Lockerungen herangezogen wurde (vgl. Ramey 1993). Die Rezessionen in der Nachkriegszeit dauerten hingegen gerade 10 bis 11 Monate. Nach dem Erkennen einer Rezession (was 2 bis 3 Monate dauern kann) wird von der Notenbank eine Lockerung der Geldpolitik erwartet. Allein die Tatsache, daß die wirtschaftliche Entwicklung stets in einer so kurzen Frist ihre Richtung ändert, macht deutlich, daß die Lockerung der Geldpolitik nicht über den Kredit-, sondern über den Geldmengenkanal wirksam wird. Das bedeutet nicht, daß ein unabhängiger Kredit-Kanal nicht existieren würde, vielmehr können die

[14] Vgl. Diebold et al. (1993, S. 262).

langen Expansionen durch die verzögerten Effekte des kreditinduzierten Output erklärt werden. Unsere Analyse zeigt stattdessen, daß der Geldmengenkanal als kontrazyklisches Instrument wirksam wird. Ramey (1992) sowie Romer und Romer (1990) kamen (unter Verwendung anderer Methoden) zu ähnlichen Schlußfolgerungen.[15] Der Vergleich von (6CP–6TB) mit (FR–10TB) und (10TB–1TB) (vgl. Tabellen 5.2.2 und 5.2.3) zeigt, daß die (6CP–6TB)-Differenz durchgehend, aber mit geringeren Vorlaufzeiten als die anderen beiden Größen, obere Konjunkturwendepunkte anzeigt. An unteren Wendepunkten besitzt sie einen Nachlauf von fast zwei Monaten. Die (FR–10TB)- und (10TB–1TB)-Differenzen prognostizieren ihrerseits untere Wendepunkte 2 bis 3 Monate im voraus. Dieses Ergebnis stimmt mit der Erklärung von Friedman und Kuttner (1993b) für den Gleichlauf der (FR–10TB)-Differenz mit konjunkturellen Schwankungen überein. Ausgehend von der Annahme einer unvollständigen Substituierbarkeit von Unternehmensanleihen und Schatzwechseln lieferten sie drei Erklärungsansätze: Erstens spiegelt diese Differenz direkt das subjektiv wahrgenommene Konkursrisiko wider, das wiederum Ausdruck unvollkommener Information ist. Zweitens ist eine Ausdehnung dieser Differenz ein Zeichen der Einschränkung der Kreditvergabe durch Banken infolge restriktiver Geldpolitik. Und schließlich können die zyklischen Veränderungen der unternehmerischen Cash-flows den privaten Anleihenmarkt insofern beeinflussen, als sie unmittelbar vor und während Rezessionen zu einer Vergrößerung der Zinsdifferenz führen. Offensichtlich führt keiner dieser Faktoren längere Zeit vor Rezessionen zu einer wesentlichen Vergrößerung dieser Differenz. So schlagen sich geldpolitische Maßnahmen in (6CP–6TB) – im Gegensatz zu (FR–10TB) und (10TB-1TB) – erst dann nieder, wenn die Kreditvergabe eingeschränkt wird, was ja erst nach mindestens sechs Monaten nach der ersten geldpolitischen Restriktion eintritt. Darüber hinaus vergrößern sich Konkursrisiko und die verstärkten Liquiditätsengpässe nicht nur kurz vor, sondern auch während einer Rezession.

Die letzte Rezession wurde von der (6CP–6TB)-Differenz mit einem Nachlauf von fünf Monaten angezeigt, während (FR–10TB) und (10TB–1TB) den oberen Wendepunkt 15 bis 18 Monate im voraus ankündigten. Die Studie von Bernanke und Lown (1991) hat gezeigt, daß ein durch die schlechtere Ertragslage der Unternehmen und durch den „Credit crunch" der Banken hervorgerufener Rückgang der Kreditvergabe in der Zeit vor einer Rezession die Rezession anschließend verstärkt hat. Es wurde deutlich, daß in der Zeit vor der Rezession von 1990 der Einbruch bei der Kreditvergabe durch Banken von einer Ausdehnung des Volumens an Unternehmensanleihen und eine verstärkte Vergabe von Krediten durch andere Finanzdienstleister begleitet war, was mit der These einer durch die Kreditrestriktionen der Banken eingeleiteten Rezession übereinstimmt. Owens und Schreft (1993) und Cantor und Wenninger (1993) haben ebenfalls Anhaltspunkte für einen „Credit crunch" in der Phase vor der Rezession gefunden, und Romer und Romer

[15] Romer und Romer (1993) haben kürzlich aufgezeigt, daß ein Großteil der Auswirkungen einer restriktiven Geldpolitik auf die Kreditvergabe der Banken eher auf geldpolitische Maßnahmen wie explizite Kreditbeschränkung, Mindestreserveauflagen oder impliziten Druck zurückgeführt werden kann, die direkt auf eine Beschränkung der Kreditvergabe gerichtet sind, als auf den monetären Transmissionsmechanismus (vgl. auch Bernanke 1993).

(1993) haben den Dezember 1988 als einen der sieben Zeiträume nach dem Krieg identifiziert, in denen auf signifikante Weise eine restriktive Geldmengenpolitik verfolgt wurde. Dies erklärt auch, warum die (FR–10TB)- und (10TB-1TB)-Differenzen nicht die Rezession prognostizieren konnten. Trotzdem war der Kredit-Kanal aufgrund einer allgemeinen Nachfrageschwäche und anderer Einflußgrößen nicht ausreichend, um die Zinsdifferenz hinreichend groß werden zu lassen und somit eine Rezession anzudeuten. Immerhin gab sie – wie in den anderen Rezessionen zuvor – das Signal für den unteren Wendepunkt mit einem Nachlauf von einem Monat. Das bedeutet, daß die Einflußgrößen, die dazu beitrugen, daß die (6CP–6TB)-Differenz die wirtschaftliche Erholung rechtzeitig anzeigte, auch dieses Mal vorhanden waren.

5.2.5 Schlußfolgerung

In dieser Arbeit wurden drei verschiedene Zinsdifferenzen im Hinblick auf ihre Verwendbarkeit zur Prognose konjunktureller Wendepunkte untersucht und deren Trefferquoten anhand US-amerikanischer Daten von 1953 bis 1993 miteinander verglichen: Die Differenz zwischen dem Tagesgeldsatz und dem Zinssatz für Schatzobligationen mit zehnjähriger Laufzeit (FR–10TB), die Differenz zwischen dem Zinssatz für Schatzobligationen mit zehnjähriger Laufzeit und demjenigen für Schatzwechsel mit einer Fälligkeit von einem Jahr (10TB–1TB) und die Differenz zwischen dem Zinssatz für Unternehmensanleihen und demjenigen für Schatzwechsel mit sechsmonatiger Restlaufzeit (6CP– 6TB). In dem Zeitraum 1953-1993 war der Prognosegehalt der zweiten Größe, also der (10TB–1TB)-Differenz am höchsten: Sie prognostizierte alle Wendepunkte (obere und untere) ohne zusätzliche Fehlanzeigen. Die Signale an den oberen Wendepunkten besaßen einen durchschnittlichen Vorlauf von nahezu drei Monaten. Ähnliches konnte für die auf dem Tagesgeldsatz beruhende Differenz festgestellt werden. Frühere Studien haben sich hauptsächlich auf die Signalwirkung dieser Größen an den konjunkturellen Hochpunkten konzentriert – ihr Verhalten an den Tiefpunkten wurde weitgehend vernachlässigt. Unsere Analyse bestätigte die Annahme, daß Rezessionen andere Verhaltensmuster aufweisen als Expansionen und daß der optimale Prognosezeitraum für obere Wendepunkte größer ist als diejenige für untere. Der jüngste obere Wendepunkt im Juli 1990 und der jüngste untere im März 1991 konnten auf der Grundlage von (10TB–1TB) und (FR–10TB) vorhergesagt werden. Die letztgenannte Zinsdifferenz gestattete keine Prognose der Rezessionen von 1957 und 1961 und gab 1966 ein falsches Signal. Der Grund für diese nicht unerwartet schlechte Prognoseeigenschaft liegt in dem noch unausgereiften Geldmarkt der 50er Jahre und der Tatsache, daß die Veränderungen des Tagesgeldsatzes nicht die Kurswechsel der Geldpolitik widerspiegelten. Das falsche Signal im Jahr 1966 kann auf den „Credit crunch" von 1966 zurückgeführt werden, der von der Rezession des Wachstumszyklus 1966-1967 gefolgt wurde. Die (6CP–6TB)-Differenz konnte die Rezession von 1990 nicht anzeigen, abgesehen davon kündigte sie alle anderen Rezessionen mit einem durchschnittlichen Vorlauf von knapp sechs Monaten an. Im Gegensatz zu den anderen Zinsdifferenzen zeigte sie auch die unteren Wendepunkte mit einem durchschnittlichen Nachlauf von zwei

Monaten an und signalisierte fälschlicherweise sechs Wendepunktpaare, die mit den Abschwüngen der entsprechenden Wachstumszyklen einhergingen. Obgleich die Trefferquote der (6CP–6TB)-Differenz die schlechteste der betrachteten Differenzen ist, ist sie mit derjenigen des vom US-amerikanischen Handelsministeriums herausgegebenen Gesamtindex der elf Frühindikatoren vergleichbar. Berücksichtigt man also, daß die Informationen über Zinssätze ständig und aktuell verfügbar sind und keinen Revisionen unterliegen, erscheint das Gesamtergebnis der Konjunkturprognosen anhand dieser Zinsdifferenzen doch recht beachtenswert. Unsere empirischen Ergebnisse lassen außerdem den Schluß zu, daß der gewöhnlich betrachtete Geldmengenkanal der monetären Transmission, der die Struktur von Zinsen und Bankeinlagen direkt beeinflußt, für die Durchsetzung kontrazyklischer geldpolitischer Maßnahmen eher geeignet ist als der sogenannte Kreditkanal.

Im Hinblick auf die praktische Konjunkturprognose kann als wichtigstes Ergebnis dieser Studie festgehalten werden, daß Zinsdifferenzen konjunkturelle Wendepunkte *ex ante* und mit einem annehmbaren zeitlichen Vorlauf anzeigen können. Es wird interessant sein, dieses Instrumentarium auch in anderen Ländern zur Konjunkturanalyse und -prognose einzusetzen.

Literatur

Bernanke, B.S. (1990): On the Predictive Power of Interest Rate Spreads. *New England Economic Review*, November/Dezember, 51-68.

Bernanke, B.S. (1993): How Important is the Credit Channel in the Transmission of Monetary Policy? A Comment. *Carnegie-Rochester Conference Volume*, 39, 47-52.

Bernanke, B.S. und Blinder, A.S. (1992): The Federal Funds Rate and the Channels of Monetary Transmission. *American Economic Review*, 82, 901-921.

Bernanke, B.S. und Lown, C. (1991): The Credit Channel. *Brookings Papers on Economic Activity*, 2, 205-239.

Bernanke, B.S. und Mishkin, F.S. (1993): The Predictive Power of Interest Rate Spread: Evidence from Six Industrial Countries. Paper presented at the American Economic Association Meeting, Anaheim, California.

Cantor, T. und Wenninger, J. (1993): Perspective on the Credit Slowdown. Federal Reserve Bank of New York, *Quarterly Review*, 18, 3-36.

Cook, T. und Hahn, T. (1989): The Effect of Changes in the Federal Funds Rate Target on Market Interest Rates in the 1970s. *Journal of Monetary Economics*, 24, 331-349.

Dasgupta, S. und Lahiri, K. (1993): On the Use of Dispersion Measures from the NAPM Surveys in Business Cycle Forecasting. *Journal of Forecasting*, 12, 239-253.

Diebold, F.X. und Rudebusch, G.D. (1989): Scoring the Leading Indicators. *Journal of Business*, 64, 369-391.

Diebold, F.X. und Rudebusch, G.D. (1991a): Turning Point Prediction with the Composite Leading Index: An Ex Ante Analysis. In Lahiri, K. und Moore, G.H. (Hg.): *Leading Economic Indicators: New Approaches and Forecasting Records.* Cambridge. 231-256.

Diebold, F.X. und Rudebusch, G.D. (1991b): Forecasting Output with the Composite Leading Index: A Real-Time Analysis. *Journal of the American Statistical Association*, 86(415), 603-610.

Diebold, F.X., Rudebusch, G.D. und Sichel, D.F. (1993): Further Evidence on Business Cycle Duration Dependence. In Stock, J.H. und Watson, M.W. (Hg.): *New Research on Business Cycles, Indicators and Forecasting.* Chicago, S. 225-284.

Engel, C.M. und Hamilton, J.D. (1990): Long Swings in the Dollar: Are They in the Data and Do Markets Know it? *American Economic Review*, 80, 689-713.

Estrella, A. und Hardouvelis, G.A. (1991): The Term Structure as a Predictor of Real Economic Activity. *Journal of Finance*, 46, 555-576.

Fair, R.C. (1993): Estimating Event Probabilities from Macroeconometric Models Using Stochastic Simulation. In Stock, J.H. und Watson, M.W. (Hg.): *New Research on Business Cycles, Indicators and Forecasting.* Chicago, S. 157-176.

Fama, E.F. (1990): Term Structure Forecasts of Interest Rates, Inflation, and Real Returns. *Journal of Monetary Economics*, 25, 59-76.

Feinman, J. und Poole, W. (1989): Federal Reserve Policy-Making: An Overview and Analysis of the Policy Process: A Comment. *Carnegie-Rochester Conference Series on Public Policy*, 30, 63-74.

French, M.W. und Sichel, D.F. (1993): Cyclical Patterns in the Variance of Economic Activity. *Journal of Business and Economic Statistics*, 11, 113-119.

Friedman, B.M. und Kuttner, K.N. (1992): Money, Income, Prices and Interest Rates. *American Economic Review*, 82, 472-492.

Friedman, B.M und Kuttner, K.N. (1993a): Another Look at the Evidence on Money-Income Causality. *Journal of Econometrics*, 44, 189-203.

Friedman, B.M und Kuttner, K.N. (1993b): Why Does the Paper-Bill Spread Predict Real Economic Activity? In Stock, J.H. und Watson, M.W. (Hg.): *New Research on Business Cycles, Indicators and Forecasting.* Chicago, S. 213-249.

Goodfriend, M. (1991): Interest Rates and the Conduct of Monetary Policy. *Carnegie-Rochester Conference Series on Public Policy*, 34, 7-30.

Hall, R. (1991): The Business Cycle Dating Process. *NBER Reporter*, Winter 1991/1992, 1-3.

Hamilton, J.D. (1988): Rational-expectations Econometric Analysis of Changes in Regime: An Investigation of the Term Structure of Interest Rates. *Journal of Economic Dynamics and Control*, 12, 385-423.

Hamilton, J.D. (1989): A New Approach to the Economic Analysis of Nonstationary Time Series and the Business Cycle. *Econometrica*, 57, 375-384.

Hamilton, J.D. (1990): Analysis of Time Series Subject to Changes in Regime. *Journal of Econometrics*, 45, 39-70.

Hamilton, J.D. (1991): A Quasi-Bayesian Approach to Estimating Parameters for Mixtures of Normal Distributions. *Journal of Business and Economic Statistics*, 9, 27-39.

Hamilton, J.D. (1993): Estimation, Inference, and Forecasting of Time Series Subject to Changes in Regime. In Maddala, G.S., Rao, C.R. und Vinod, H. (Hg.): *Handbook of Statistics*, Vol. 11. Amsterdam, S. 231-260.

Harvey, C.R. (1988): The Real Term Structure and Consumption Growth. *Journal of Financial Economics*, 22, 305-333.

Karamouzis, N. und Lombra, R. (1989): Federal Reserve Policymaking: An Overview and Analysis of the Policy Process. *Carnegie-Rochester Conference Series on Public Policy*, 30, 7-62.

Lahiri, K. und Wang, J.G. (1994): Predicting Cyclical Turning Points With Leading Index in a Markov Switching Model. *Journal of Forecasting*, 13, 245-263.

McNees, S.K. (1991): Forecasting Cyclical Turning Points: The Record in the Past Three Recessions. In Lahiri, K. und Moore, G.H. (Hg.): *Leading Economic Indicators: New Approaches and Forecasting Records*. Cambridge, 151-168.

McNees, S.K. (1992): How Large are the Economic Forecast Errors? Federal Reserve Bank of Boston, *New England Economic Review*, Juli/August, 25-42.

Mishkin, F.S. (1990): What Does the Term Structure Tell Us About Future Inflation? *Journal of Monetary Economics*, 25, 77-95.

Neftci, S.N. (1982): Optimal Prediction in Cyclical Downturns. *Journal of Economic Dynamics and Control*, 4, 225-241.

Neftci, S.N. (1984): Are Economic Time Series Asymmetric Over the Business Cycle? *Journal of Political Economy*, 92, 305-328.

Owens, R.E. und Schreft, S.L. (1993): Identifying Credit Crunches. Federal Reserve Bank of Richmond Working Paper, 93-2.

Ramey, V.A. (1993): How Important is the Credit Channel in the Transmission of Monetary Policy? *Carnegie-Rochester Conference Series on Public Policy*, 39, 1-45.

Romer, C.D. und Romer, D.H. (1990): New Evidence on the Monetary Transmission Mechanism. *Brookings Papers on Economic Activity*, 1, 149-213.

Romer, C.D. und Romer, D.H. (1993): Credit Channels of Credit Actions? An Interpretation of the Postwar Transmission Mechanism. *NBER Working Papers Series*, 4485.

Sims, C.A. (1993): A Nine-Variable Probabilistic Macroeconomic Forecasting Model. In Stock, J.H. und Watson, M.W. (Hg.): *New Research on Business Cycles, Indicators and Forecasting.* Chicago, 179-212.

Stambaugh, R.F. (1988): The Information in Forward Rates: Implications for Models of the Term Structure. *Journal of Financial Economics*, 21, 41-70.

Stock, J.H. und Watson, M.W. (1989): New Indexes of Leading and Coincident Economic Indicators. In Blanchard, O. und Fischer, S. (Hg.): *NBER Macroeconomics Annual*, 351-394.

Stock, J.H. und Watson, M.W. (1990a): Business Cycle Properties of Selected U.S. Economic Time Series, 1959-1988. *NBER Working Paper Series*, 3376.

Stock, J.H. und Watson, M.W. (1990b): A Probability Model of the Coincident Economic Indicators. In Lahiri, K. und Moore, G.H. (Hg.): *Leading Economic Indicators: New Approaches and Forecasting Records.* Cambridge, 63-89.

Stock, J.H. und Watson, M.W. (1993): A Procedure for Predicting Recessions with Leading Indicators: Econometric Issues and Recent Experience. In Stock, J.H. und Watson, M.W. (Hg.): *New Research on Business Cycles, Indicators and Forecasting.* Chicago, S. 95-153.

Zarnowitz, V. (1992): *Business Cycles: Theory, History, Indicators, and Forecasting.* Chicago.

Zellner, A. und Hong, C. (1989): Forecasting International Growth Rates Using Bayesian Shrinkage and Other Procedures. *Journal of Econometrics*, 40, 183-202.

Parameter	FR–10TB	10TB–1TB	6CP–6TB
μ_1	-1,4849 (0,0738)	1,4437 (0,0479)	0,2711 (0,0124)
μ_2	1,3493 (0,2431)	-0,1289 (0,0515)	0,9531 (0,0418)
P_{11}	0,9839 (0,0072)	0,9691 (0,0366)	0,9583 (0,0138)
P_{22}	0,9539 (0,0209)	0,9683 (0,0414)	0,9364 (0,0205)
σ_1^2	0,7759 (0,0713)	0,3902 (0,0111)	0,0268 (0,0030)
σ_2^2	2,5764 (0,3269)	0,4300 (0,0114)	0,2404 (0,0264)

Anmerkung: Angaben in Klammern sind Standardabweichungen der Parameter.

Tabelle 5.2.1: Geschätzte Parameterwerte eines Markov-Regimewechselmodells mit zwei Regimen

Unterer Wendepunkt	FR–10TB	10TB–1TB	6CP–6TB	LEI
Mai 1954	NA	-6	NA	-2
April 1958	N	-1	NA	+1
Februar 1961	N	-3	+1	+1
November 1970	-1	0	+8	+1
Mai 1975	-2	-3	-1	-1
Juli 1980	+2	-1	+2	0
November 1982	-3	-3	+1	-1
März 1991	-6	-6	+1	+2

Anmerkungen:
Die Datierungen der Wendepunkte erfolgen nach den Angaben des NBER. (–) bezeichnen Vor- und (+) bezeichnen Nachläufe. „N“= Es waren keine Signale feststellbar. „NA“= Angaben nicht verfügbar.

Tabelle 5.2.2: Signale an unteren Wendepunkten

Oberer Wendepunkt	FR–10TB	10TB–1TB	6CP–6TB	LEI
August 1957	N	-19	NA	-15
April 1960	N	-11	-1	-6
Dezember 1969	-16	-62	-8	-5
November 1973	-6	-7	-5	-3
Januar 1980	-12	-16	-5	-9
Juli 1981	-8	-9	-8	-5
Juli 1990	-15	-18	+5	-5

Anmerkungen:
Die Datierungen der Wendepunkte erfolgen nach den Angaben des NBER. (–) bezeichnen Vor- und (+) bezeichnen Nachläufe. „N"= Es waren keine Signale feststellbar. „NA"= Angaben nicht verfügbar.

Tabelle 5.2.3: Signale an oberen Wendepunkten

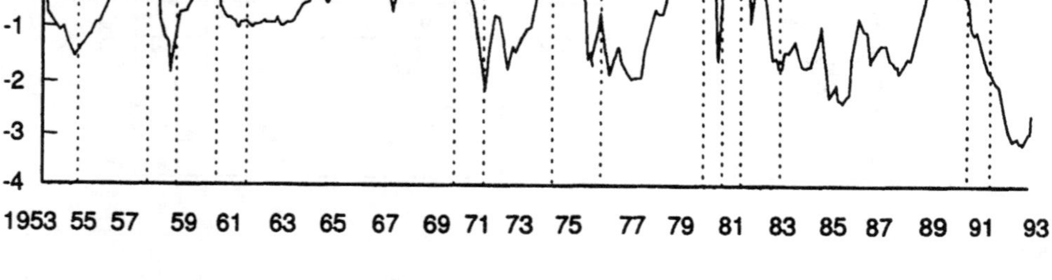

Abbildung 5.2.1: Differenz zwischen den Zinssätzen für Schatzwechsel mit einjähriger Laufzeit und für Schatzobligationen mit zehnjähriger Laufzeit (1TB–10TB)

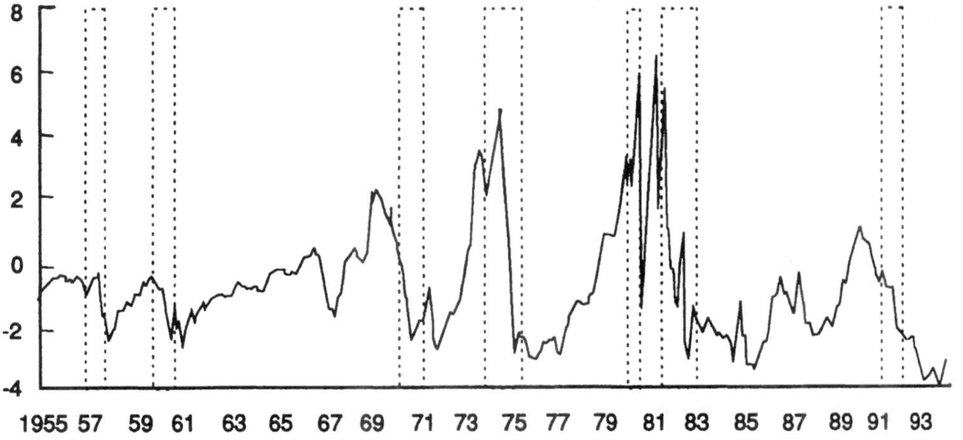

Abbildung 5.2.2: Differenz zwischen den Zinssätzen für Tagesgeld und für Schatzobligationen mit zehnjähriger Laufzeit (FR–10TB)

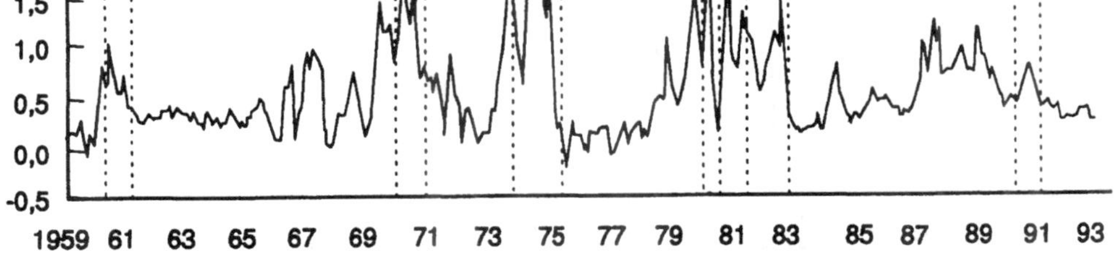

Abbildung 5.2.3: Differenz zwischen den Zinssätzen für Unternehmensanleihen mit sechsmonatiger Laufzeit und für Schatzwechsel mit sechsmonatiger Fälligkeit (6CP–6TB)

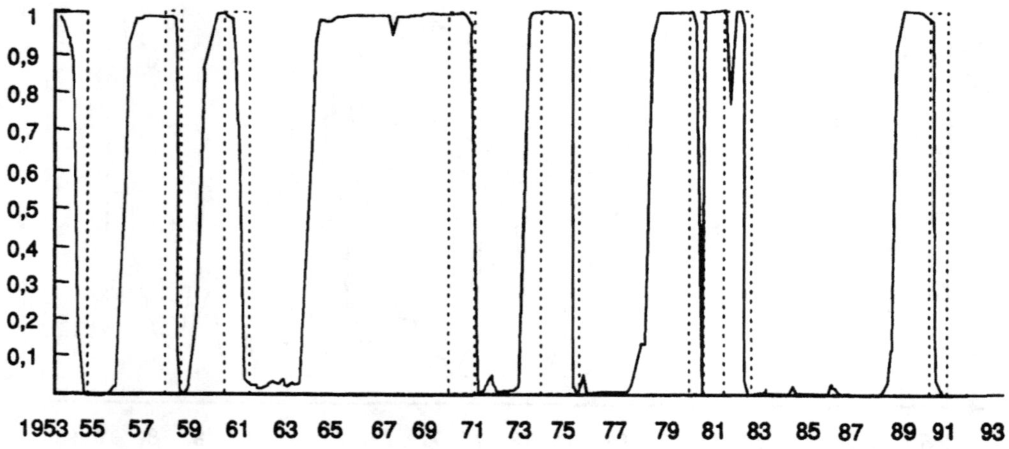

Abbildung 5.2.4: Eintrittswahrscheinlichkeit einer Rezession gemäß (10TB–1TB)

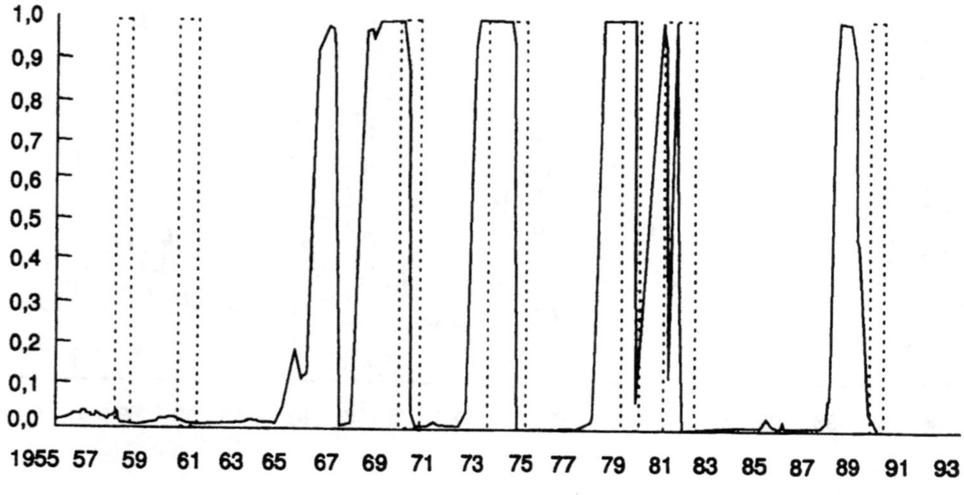

Abbildung 5.2.5: Eintrittswahrscheinlichkeit einer Rezession gemäß (FR–10TB)

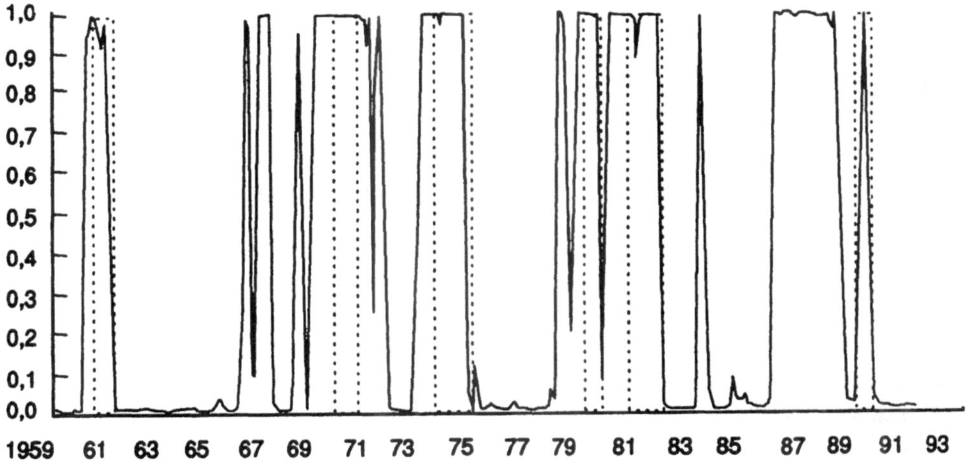

Abbildung 5.2.6: Eintrittswahrscheinlichkeit einer Rezession gemäß (6CP–6TB)

5.3 Beurteilung ausgewählter Frühindikatoren

Jürg D. Lindlbauer*

ifo Institut für Wirtschaftsforschung, München

5.3.1 Einführung

Für eine erste Beurteilung der im Kapitel 3.1 ausgewählten Indikatoren wird zunächst die Hypothese geprüft, daß die verwendeten Reihen – zum Teil nach Trendbereinigung – Hinweise auf die Entwicklung der Konjunktur in Annäherung an die gesamtwirtschaftliche Kapazitätsauslastung geben. Zugunsten möglichst verläßlicher Ergebnisse wurde der Zeitraum I/1970 bis I/1994 gewählt. Da die Zielgrößen „Bruttoinlandsprodukt" und „Kapazitätsauslastung" nur vierteljährlich zur Verfügung stehen, bezieht sich die Gesamtschau auf diese Periodizität, die außerdem die Trennschärfe für die Bestimmung des Vorlaufes erhöht. Geeignete Indikatoren werden weiter unten noch in ihrem Verhalten bei monatlicher Betrachtungsweise dargestellt, um den Informationsvorsprung individueller bewerten zu können.

Die Einschätzung der ausgewählten Indikatoren in bezug auf ihren prognostischen bzw. diagnostischen Wert erfolgt zuerst anhand von Korrelationsrechnungen. Um den mittleren Vorlauf feststellen zu können, wird der jeweilige Indikator in einem Bereich von -14 und +14 Perioden gegenüber der Referenzreihe verschoben. Bei jeder dieser 29 Konstellationen (einschließlich 0) wird der Korrelationskoeffizient (R) nach Bravais-Pearson berechnet. Der jeweils höchste Koeffizient ist, zusammen mit dem dazugehörigen Vorlauf in Tabelle 5.3.1 dargestellt. Als Referenzgrößen wurden alle drei in Kapitel 3.1 ausgewählten Variablen und das ifo Geschäftsklima als mögliche Bezugsreihen eingesetzt. Die Einordnung in das Schema Frühindikator – gleichlaufender Indikator – nachlaufender Indikator geschieht nach dem theoretischen Anspruch der jeweiligen Größe.

Gegen die Methode der Bewertung der Indikatoreigenschaften durch Korrelation kann eingewendet werden, daß es bei den Indikatoren nicht darauf ankommt, eine hohe Übereinstimmung mit der Zielgröße in der durchschnittlichen Gesamtbewegung zu erhalten wie

* Die Abbildungen sind am Ende des Beitrags zusammengefaßt.

Indikator	BIP		Kapazitätsauslastung		Nettoproduktion	
	Korr.koeff. R	Vorlauf (Quart.)	Korr.koeff. R	Vorlauf (Quart.)	Korr.koeff. R	Vorlauf (Quart.)
Frühindikatoren						
Geldmenge M3	0,156	10	0,114	3	0,135	10
Aktienkurse insgesamt	0,444	3	0,415	2	0,426	3
Zinsstruktur (Uml.rend.-Dreimonatsg.)	0,387	7	0,412	7	0,472	7
Auftragseingang Verarb. Gew.	0,808	1	0,630	0	0,829	0
Erwartete Geschäftslage Verarb. Gew.	0,456	4	0,573	3	0,514	4
Geschäftsklima Verarb. Gew.	0,584	2	0,851	2	0,633	2
Gleichlaufende Indikatoren						
Kapazitätsauslastung Verarb. Gew.	0,605	1	—	—	0,559	1
Nettoproduktion Verarb. Gew.	0,903	0	0,559	-1	—	—
Geschäftslage Beurt. verarb. Gew.	0,622	1	0,915	0	0,654	1
Fertigwarenbestand Beurt. verarb. Gew.	0,655	2	0,875	1	0,691	2
Nachlaufende Indikatoren						
Beschäftigtenzahl Verarb. Gew. u. Bergb.	0,811	-1	0,601	-3	0,872	-1
Umlaufrendite insgesamt	0,449	-2	0,325	-9	0,415	-2
Zins Dreimonatsgeld	0,681	-2	0,398	-4	0,652	-2

Tabelle 5.3.1: Beziehung zwischen Konjunkturindikatoren und Referenzgrößen

bei einer quantitativen Schätzung, sondern auf eine zutreffende Prognose bzw. Diagnose der konjunkturellen Extremwerte oder Wendepunkte. Dazu müßte man die einzelnen Konjunkturphasen getrennt untersuchen. Zum Vergleich mit den Regressionsergebnissen wurden deshalb für alle betrachteten Indikatoren entsprechende Grafiken angefertigt (vgl. Abbildungen 5.3.1 bis 5.3.4). Als Referenzgröße wurde die Trendabweichung des Bruttoinlandsprodukts als umfassendstes Aggregat gewählt. Die konjunkturellen Umkehrpunkte ergaben sich als Hoch- bzw. Tiefpunkte (bei mehreren aufeinanderfolgenden gleichen Extremwerten der jeweils letzte) der Referenzgröße bzw. der Indikatoren (vgl. Tabelle 5.3.2). Für die Indikatoren wird lediglich der Vor- oder Nachlauf (-) gegenüber der Referenzreihe in der jeweiligen Phase angegeben. Ist die Zuordnung zweifelhaft, so erscheint in der Tabelle ein Wert mit einem „z“ oder bei völligem Fehlen eines entsprechenden Umkehrpunktes nur ein „z“. Die Festellung, ob der Indikator einen konjunkturellen Wendepunkt

Indikator	Perioden konjunktureller Extremwerte und Vor- bzw. Nachlauf der Indikatoren in Quartalen								
BIP: Perioden konjunktureller Extremwerte	H IV/73	T III/75		H IV/79		T IV/ 82	(H (II/86	T) II/88)	H II/91
Frühindikatoren									
Geldmenge M3	3	-1		3		4z	(12	11)	10
Aktienkurse insgesamt	4	3	?	4		0	(0	0)	4
Zinsstruktur (Umlaufrend.-Dreimonatsg.)	5	8	?	z	?	6	(11z	12z)	12z
Auftragseingang Verarb. Gew.	3	2	?	0	?	1	(4	4)	2
Erwartete Geschäftslage Verarb. Gew.	3	7z	?	4		9z	(10z	5)	2
Geschäftsklima Verarb. Gew.	3	1	?	2	?	1	(2	5)	2
Gleichlaufende Indikatoren									
Kapazitätsauslastung Verarb. Gew.	2	0	?	1		1	(-1	5)	2
Nettoproduktion Verarb. Gew.	1	1	?	0		-1	(-2	0)	1
Geschäftslage Beurt. verarb. Gew.	2	1	?	-1		0	(2	5)	2
Fertigwarenbestand Beurt. verarb. Gew.	2	1	?	2		1	(2	5)	2
Nachlaufende Indikatoren									
Beschäftigtenzahl Verarb. Gew. u. Bergb.	-1	-1		-3		-3	(-2	-1)	-1
Umlaufrendite insgesamt	-3	-10		-7		z	(—	—)	-2
Zins Dreimonatsgeld	1	z		-6		z	(—	—)	-5

—: Kein Extremwert feststellbar
z: Zugehöriger Extremwert des Indikators nicht (eindeutig) zuordenbar
?: Zwischenbewegungen, die nicht das Ausmaß benachbarter Wendepunkte erreichen

Tabelle 5.3.2: Verhalten der Indikatoren an den Hoch- (H) und Tiefpunkten (T)

erreicht hat, wird durch Zwischenbewegungen von ähnlicher Ausprägung wie sie Konjunkturwellen zu eigen sein pflegen empfindlich gestört. Diese Fälle werden durch „?" in den betroffenen Zwischenperioden markiert. Vor der Bewertung der einzelnen Indikatoren ist anzumerken, daß die Ergebnisse sowohl für die Referenzgrößen „Konjunkturkomponente des Bruttoinlandsprodukts" und „Konjunkturkomponente der Nettoproduktion" als auch für die meisten Indikatoren auf eine kräftige Zwischenbewegung im Aufschwung 1982-1991 hinweisen, die von den Konjunkturbeobachtern nicht als konjunkturell gewertet wird. Die Vor- bzw. Nachläufe der Indikatoren werden deshalb in Klammern gesetzt.

Beurteilung der Reihen im einzelnen

- Geldmenge M3:
  Alle Korrelationskoeffizienten liegen bei 95%-igem Konfidenzintervall (Annahme der Normalverteilung der Ausgangsdaten) unter der für einen Zusammenhang notwendigen Schwelle von $R = 0,202$ (F-Test mit $n = 95$ und $k = 2$). Bei deutlicher Ausprägung der konjunkturellen Extremwerte und glattem Verlauf trug zu diesem schlechten Ergebnis vor allem die starke Variation des Vorlaufes bei: Sie betrug im betrachteten Zeitraum -1 bis + 10 Quartale. Damit wäre dieser Indikator zu unzuverlässig für Konjunkturprognosen gewesen (Abbildung 5.3.1).

- Aktienkurse insgesamt:
  Die Korrelationsergebnisse für die drei Referenzgrößen sind sehr gleichmäßig bei einem mittleren Vorlauf von 2 bis 3 Quartalen. Irreführend waren die Gegenbewegungen im Aufschwung 1975-1979 und der weit überhöhte Gipfel mit anschließendem Tal während des Aufschwungs 1982-1991 (Abbildung 5.3.1).

- Zinsstruktur:
  Relativ niedrige Korrelationen und erhebliche Schwierigkeiten mit der Zuordnung der Extremwerte empfehlen diesen Indikator unter der Hypothese „Indikator für den Auslastungsgrad" nicht (Abbildung 5.3.1). Er wird vielmehr in der Literatur als Wachstumsindikator verwendet und in dieser Eigenschaft im weiteren Verlauf dieses Beitrags untersucht.

- Auftragseingang im Verarbeitenden Gewerbe, Trendabweichung:
  Diese Größe erreichte hohe Korrelationen bei allerdings geringem mittlerem Vorlauf. Als Indikator für die Konjunkturkomponente des Bruttoinlandsprodukts stört die kräftige Zwischenbewegung im Aufschwung 1975-1979, die im Verhältnis zur Nettoproduktion allerdings von Vorteil ist, da hier eine entsprechende Entwicklung festzustellen ist. Die individuellen Vorläufe schwanken zwischen 0 und 3 Quartalen (Abbildung 5.3.2). Diese Größe müßte noch im Monatsverlauf untersucht werden.

- Erwartete Geschäftslage für das Verarbeitende Gewerbe:
  Bei dieser Größe gibt es – ähnlich wie bei der Zinsstruktur – Schwierigkeiten mit der Zuordnung der Extremwerte zu den konjunkturellen Wendepunkten (Abbildung 5.3.2). Auch hierbei handelt es sich um einen Wachstumsindikator, der weiter unten adäquat gewürdigt wird.

- Geschäftsklima im Verarbeitenden Gewerbe:
  Eine hohe Korrelation wird vor allem im Vergleich mit der Kapazitätsauslastung des

Verarbeitenden Gewerbes erreicht. Der Vorlauf schwankt zwischen 1 und 3 Quartalen. Diese Größe erscheint damit als sehr zuverlässiger Konjunkturindikator. Allerdings zeigt er ebenfalls die industriespezifische Zwischenbewegung in der Periode 1975-1979 an (Abbildung 5.3.2).

- Kapazitätsauslastung im Verarbeitenden Gewerbe:
  Eingesetzt als mögliche Referenzreihe bzw. als gleichlaufender Indikator zeigt der Auslastungsgrad im Schnitt einen leichten Vorlauf vor den Konjunkturkomponenten des Bruttoinlandsprodukts und der Nettoproduktion. An einzelnen Umkehrpunkten streute dieser Lead zwischen -1 und +2 Quartalen. Dieser Indikator weist im Aufschwung 1982-91 nur eine geringfügige Zwischenbewegung auf (Abbildung 3.1.1 im Kapitel 3.1).

- Nettoproduktion Produzierendes Gewerbe, Trendabweichung:
  Dabei handelt es sich ebenfalls um eine mögliche Referenzgröße, die sich speziell durch ihr monatliches Erscheinen qualifiziert und durch ihre sehr hohe Korrelation mit der Konjunkturkomponente des Bruttoinlandsprodukts empfiehlt (Abbildung 3.1.1 im Kapitel 3.1).

- Geschäftslage Verarbeitendes Gewerbe:
  Die Unternehmerurteile zur aktuellen Geschäftslage weisen vor allem einen sehr engen Zusammenhang zur Kapazitätsauslastung auf. Ihr Vorlauf streute zwischen -1 und +2 Quartalen, was allerdings anhand von Monatsdaten bestätigt werden müßte (Abbildung 5.3.3). Diese Größe eignet sich sehr gut als gleichlaufender Indikator.

- Fertigwarenbestand Verarbeitendes Gewerbe:
  Die Urteile über die Bestände an unverkauften Fertigwaren sind mit den Referenzgrößen, vor allem mit der Kapazitätsauslastung, ebenfalls sehr hoch korreliert. Ihr mittlerer Vorlauf, der durch die Einzelergebnisse, die zwischen 1 und 2 Quartalen schwanken, bestätigt wird, räumt dieser Variablen eher einen Platz unter den Frühindikatoren ein – besonders wenn man den auch bei monatlicher Betrachtungsweise ruhigen Verlauf bei der Beurteilung des gesamten Informationsvorsprungs berücksichtigt (Abbildung 5.3.3).

- Beschäftigtenzahl im Verarbeitenden Gewerbe und im Bergbau, Trendabweichungen:
  Die Beschäftigtenentwicklung zeigt mit sehr hohen Korrelationskoeffizienten einen relativ konstanten Nachlauf und extrem glatten Verlauf (Abbildung 5.3.4).

- Umlaufrendite insgesamt:
  Die Umlaufrendite läuft zwar, soweit die Umkehrpunkte überhaupt der realen Konjunkturentwicklung zugeordnet werden können, dieser Entwicklung nach, für eine Bestätigung der eingetretenen Wende wären sie jedoch auch bei den angezeigten Umkehrpunkten wegen ihres Nachlaufs von bis zu 11 Quartalen nicht geeignet (Abbildung 5.3.4).

- Zins für Dreimonatsgeld:
  Für diese Größe gilt im wesentlichen das gleiche wie für die Umlaufrendite (Abbildung 5.3.4).

Zusammenfassung

In dem untersuchten Zeitraum (I/1970 bis I/1994) zeigten von den ausgewählten Indikatoren die Aktienkurse und der Auftragseingang im Verarbeitenden Gewerbe an den meisten Wendepunkten die Tendenzumkehr (Auslastungs-Hypothese) frühzeitig an (Vorlauf 0 bis 4 Quartale), konstantere Vorläufe wiesen das Geschäftsklima und die Beurteilung der Fertigwarenbestände im Verarbeitenden Gewerbe auf (1 bis 3 bzw. 1 bis 2 Quartale). Als gleichlaufende Indikatoren konnten sich die Nettoproduktion im produzierenden Gewerbe (-1 bis 1 Quartale) sowie die Beurteilung der Geschäftslage und die Kapazitätsauslastung im Verarbeitenden Gewerbe profilieren (Vorlauf -1 bis 2 Quartale). Der beste nachlaufende bzw. bestätigende Indikator war die Beschäftigtenzahl im Verarbeitenden Gewerbe und im Bergbau (-3 bis -1 Quartale). Der Vergleich der Daten unter der Auslastungs-Hypothese erforderte sowohl für die Referenz Bruttoinlandsprodukt als auch für die Indikatoren Aktienkurse, Auftragseingang, Nettoproduktion und Beschäftigtenzahl eine Trendbereinigung. Die Flexibilität der gleitend angepaßten Trends, die offenbar nicht immer eine konstante Relation zum Kapazitätsausbau gewährleisten können, führt dazu, daß sich in den Trendabweichungen unterschiedlich starke konjunkturelle Ausschläge nicht darstellen lassen. Die Höhepunkte erreichen vielmehr stets weitgehend dasselbe Niveau; entsprechendes ist für die Tiefpunkte festzustellen. Dagegen brachten die Daten aus dem Konjunkturtest Kapazitätsauslastung, Beurteilung der Geschäftslage, Beurteilung der Fertigwarenbestände und Geschäftsklima diese Unterschiede deutlicher zum Ausdruck. Dies ist sicherlich ein wesentlicher Grund dafür, daß die Trendabweichungen untereinander und die Konjunkturtestergebnisse untereinander besser korreliert sind als die Trendabweichungen verglichen mit den Konjunkturtestdaten. Beim Einsatz der Indikatoren muß ferner der informatorische Vorsprung der Konjunkturtestdaten berücksichtigt werden, der sich aus der früheren Verfügbarkeit und eindeutigerer Entwicklung (Glätte) der Reihen ergibt. Darauf wird jedoch bei der aktuellen, monatsweisen Betrachtung noch näher Bezug genommen.

5.3.2 Wachstumsindikatoren

Nachdem die Konjunktur in Zyklen von ähnlicher Länge abläuft, das gilt auch für den letzten Aufschwung, der 1988 in den meisten Reihen einen deutlichen Einschnitt aufwies, fällt es zuweilen nicht leicht, Indikatoren für das *Wachstum* von Zeitreihen wie dem Bruttoinlandsprodukt oder der Produktion eindeutig von Indikatoren für ein *Niveau*, etwa der Kapazitätsauslastung oder der Trendabweichung einer der anderen Größen zu unterscheiden. Wachstumsreihen als erste Differenzen oder Vorjahresvergleiche haben dazu die angenehme Eigenschaft, der Entwicklung von Niveaugrößen vorauszulaufen. Allerdings sind bei

Indikator	BIP Korr.koeff. R	BIP Vorlauf (Quart.)	Nettoproduktion Korr.koeff. R	Nettoproduktion Vorlauf (Quart.)
Zinsstruktur	0,539	5	0,611	5
Geschäftslage Erw. verarb. Gew.	0,701	2	0,772	2

Tabelle 5.3.3: Wachstums-Frühindikatoren und Wachstum von Bruttoinlandsprodukt und Nettoproduktion

dieser Anwendung beträchtliche Schwankungen des Vorlaufes systembedingt. Es sollte also darauf geachtet werden, wie bei der Indikatorbildung Konjunkturprozesse transformiert werden. Von den ausgewählten Indikatoren wurden oben zwei identifiziert, die nicht als Indikatoren unter der Auslastungs-Hypothese verwendet werden können: die Zinsstruktur und die Erwartungen der Unternehmen hinsichtlich der Entwicklung der Geschäftslage in den kommenden 6 Monaten. Neben den theoretischen Überlegungen sprachen dagegen auch die diffusen Wendepunktanzeigen. Beide wurden den Wachstumsraten des Bruttoinlandsprodukts gegenübergestellt (Abbildung 5.3.5). Die Korrelationsergebnisse zeigt Tabelle 5.3.3. In allen Fällen fiel der Zusammenhang zwischen Indikator und Zielgröße unter der Wachstums-Hypothese deutlich höher aus als unter der Auslastungs-Hypothese. Indikatoren für Wachstumsraten werden gewöhnlich für quantitative Schätzungen der Referenzgröße herangezogen. Die Ergebnisse derartiger Schätzungen sollen hier ergänzend angefügt werden und zwar für alle Kombinationen der Tabelle 5.3.3. Der Regressions-Schätzung der Wachstumsraten der Referenzgrößen Bruttoinlandsprodukt und Nettoproduktion (Y) liegt die folgende Formel zugrunde:

$$Y_{t/t-4} = a + bX_{t-k} + r$$

Der Vorlauf k der Einflußgrößen Zinsstruktur und Geschäftserwartung wird der Tabelle 5.3.3 entnommen. Die ermittelten Koeffizienten in Tabelle 5.3.4 bestätigen zunächst den Zusammenhang zwischen den unabhängigen Variablen und den Zielgrößen. In der *ex post*-Betrachtung wären die Schätzungen des Wachstums sowohl des Bruttoinlandsprodukts als auch der Nettoproduktion mit Hilfe der Geschäftslage-Erwartungen erheblich genauer ausgefallen als die mit der Zinsstruktur – bei allerdings wesentlich geringerem Vorlauf. Optisch wird die bessere Leistung der Konjunkturtest-Größe durch Abbildung 5.3.6 unterstrichen.

Konstellation	a (t)	b (t)	R^2	S^2	DW
BIP-Zinsstruktur	1,71	0,70	0,29	3,94	0,7
	(7,4)	(6,1)			
BIP-Geschäftserwartung	3,30	0,12	0,49	2,84	1,0
	(16,7)	(9,5)			
Prod.-Zinsstruktur	0,14	1,45	0,37	11,7	0,7
	(0,4)	(7,4)			
Prod.-Geschäftserwartung	3,19	0,23	0,59	7,5	1,0
	(9,9)	(11,7)			

Tabelle 5.3.4: Koeffizienten der Regressionsschätzungen

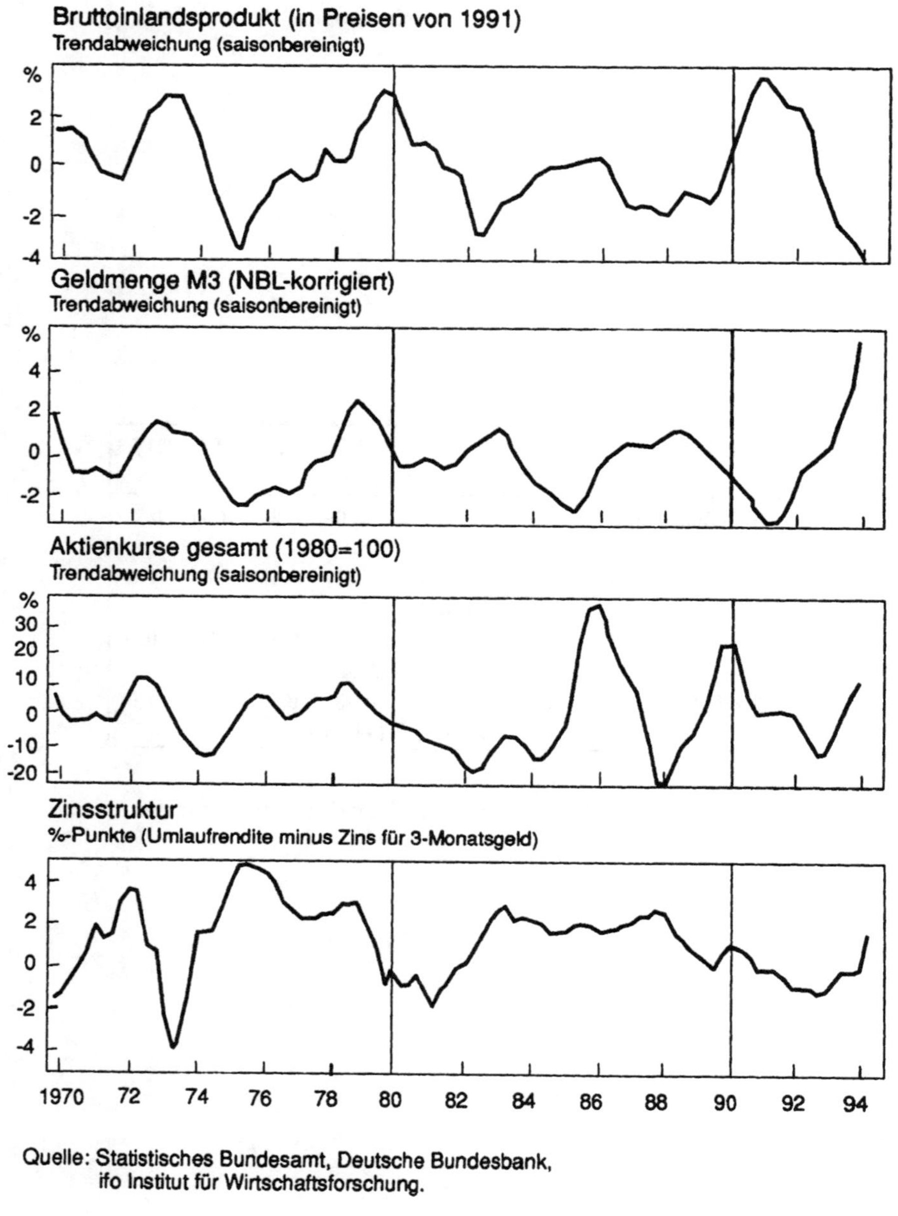

Abbildung 5.3.1: Frühindikatoren I

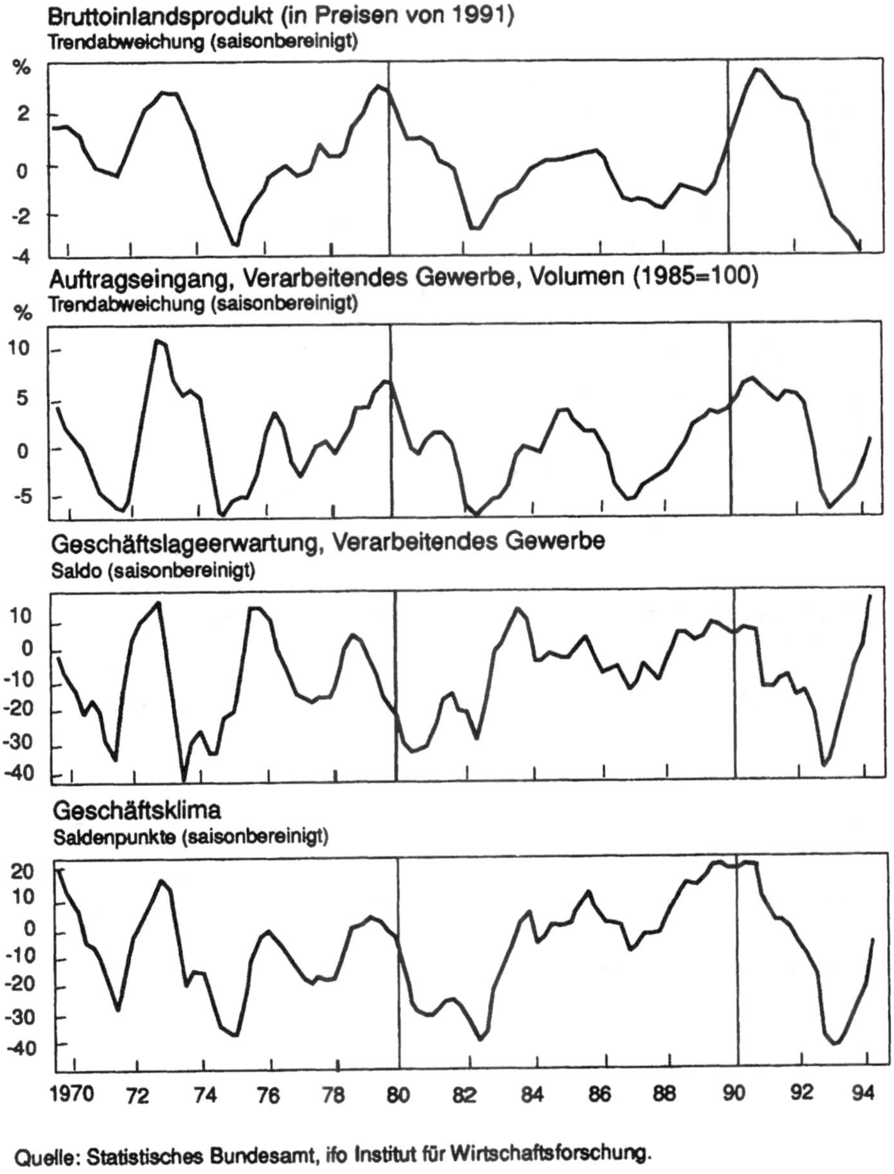

Abbildung 5.3.2: Frühindikatoren II

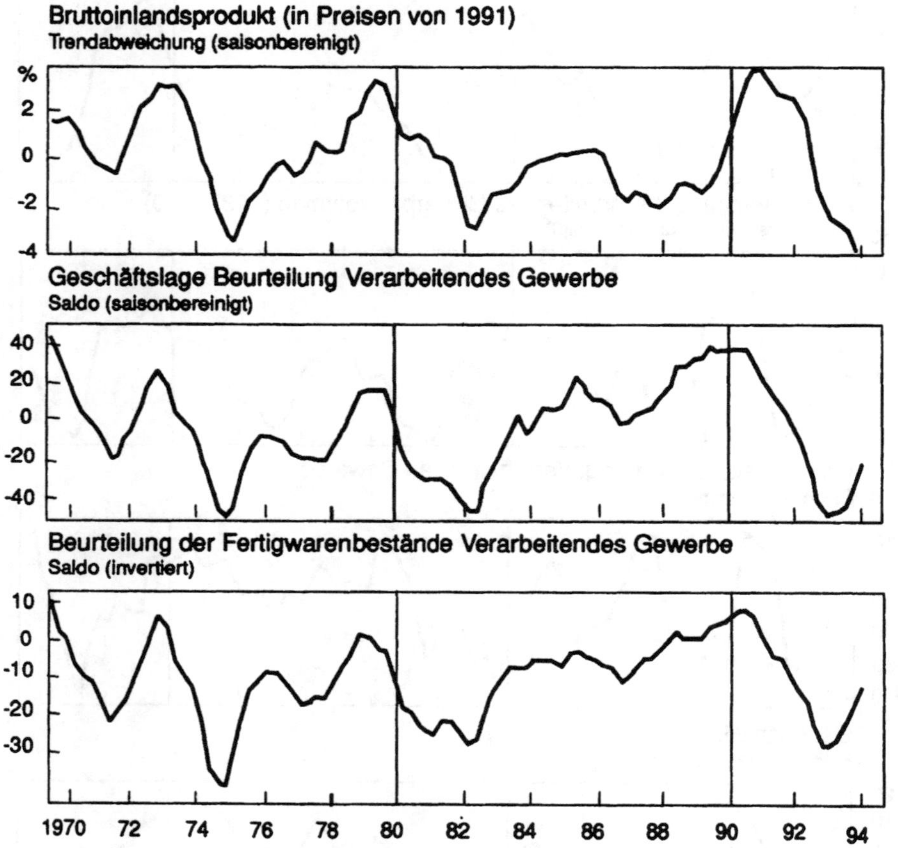

Quelle: Statistisches Bundesamt, ifo Institut für Wirtschaftsforschung.

Abbildung 5.3.3: Gleichlaufende Indikatoren

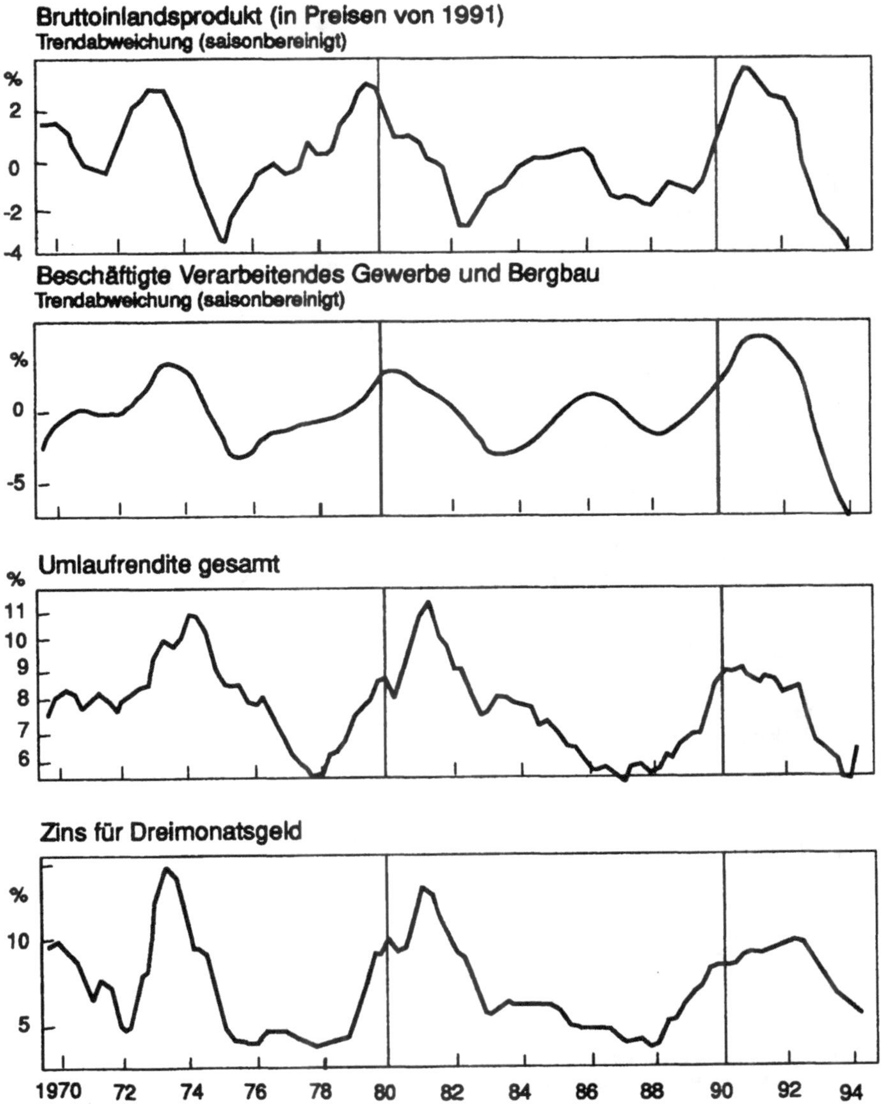

Quelle: Statistisches Bundesamt, Deutsche Bundesbank, ifo Institut für Wirtschaftsforschung.

Abbildung 5.3.4: Nachlaufende Indikatoren

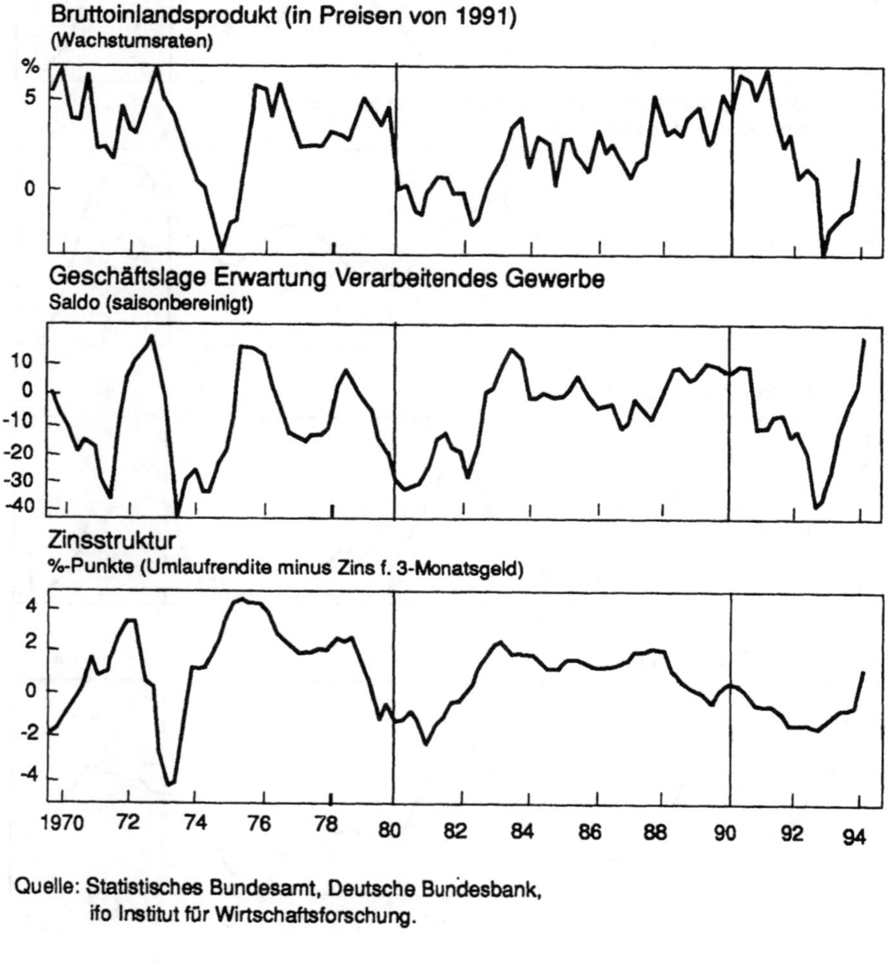

Abbildung 5.3.5: Frühindikatoren III

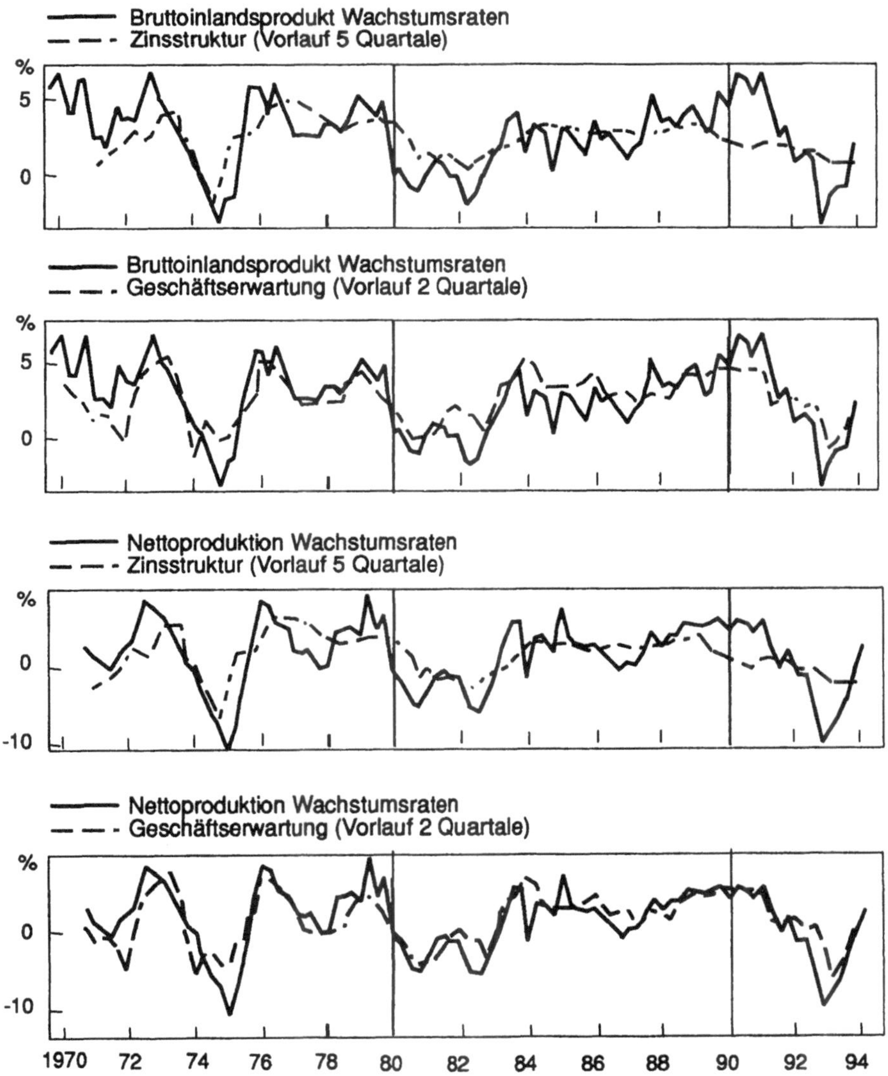

Quelle: Statistisches Bundesamt, Deutsche Bundesbank, ifo Institut für Wirtschaftsforschung.

Abbildung 5.3.6: Schätzung des Wachstums von BIP und Nettoproduktion

Kapitel 6

Vergleichende Zyklusforschung

6.1 Globale Konjunktur- und Wachstumszyklen

Victor Zarnowitz*

CIBCR, Columbia University, New York, und University of Chicago, Chicago

6.1.1 Hintergrund und Motivation

Konjunkturindikatoren, die ja noch bis kurzem als Teil des sogenannten „Measurement without Theory" abgelehnt wurden, scheinen ihre Rückkehr in die Wirtschaftswissenschaften geschafft zu haben – wie ihre erneute Beachtung in zahlreichen Veröffentlichungen der letzten Jahre belegt (vgl. beispielsweise Klein 1990, Lahiri und Moore 1991, Zarnowitz 1992, Belongia und Garfinkel 1992, Stock und Watson 1993 und die darin enthaltenen Literaturhinweise). Dieses neuerwachte Interesse wird von einer Reihe sowohl junger als auch älterer Ökonomen geteilt, die sich stark an der modernen Konjunkturtheorie und der Ökonometrie orientieren. Es richtet sich auf sehr differenzierte Weise auf die praktische Prognose wirtschaftlicher Abläufe anhand von Frühindikatoren.[1] Das wiederentdeckte Interesse an Konjunkturindikatoren hat mehrere Gründe:

(1) Zyklische Schwankungen und Wendepunkte wichtiger ökonomischer Variablen, die sich gut in der Datenlage widerspiegeln, werden erneut zum Gegenstand wissenschaftlichen und gesellschaftlichen Interesses. Die Vorstellung, daß Konjunkturzyklen „veraltet" seien oder durch geld- und finanzpolitische Stabilisierungsmaßnahmen verhindert würden, war in den 60er und davor in den 20er Jahren populär (vgl. Bronfenbrenner 1969 und Zarnowitz 1972). Danach fiel sie der globalen Instabilität des letzten Vierteljahrhunderts, die mit großen Konsumgüterpreissteigerungen, Inflation und Deflation, Rezessionen, Wachstumsabschwächungen und Arbeitslosigkeit einherging, zum Opfer. Sogar während der recht florierenden 80er Jahre rechneten nur noch wenige Beobachter in den USA mit dem Aussterben wirtschaftlicher Fluktuationen.

* Die ursprüngliche Fassung dieses Beitrags trägt den Titel „Some Lessons from International Cyclical Indicators". Die Übersetzung besorgte Annette G. Köhler. Der Autor dankt John Cullity, Jean Maltz, Lorene Hiris und Philip Chen für die hilfreiche Unterstützung bei der Erstellung der Daten, Schaubilder und Tabellen, Rochelle Frederick für die hervorragenden Schreibarbeiten und der gesamten Forschungsgruppe des CIBCR für die gute Zusammenarbeit. Die Abbildungen sind am Ende des Beitrags zusammengefaßt.

[1] Zur Rolle von Frühindikatoren zur Konjunkturprognose sei auf Zarnowitz (1992, S. 339-356) verwiesen.

(2) Es wird in zunehmendem Maße erkannt, daß die Erkenntnisse der frühen Untersuchungen des Konjunkturzyklus durch das National Bureau of Economic Research (NBER) von entscheidender Bedeutung für den wissenschaftlichen Fortschritt bei der Analyse marktwirtschaftlich orientierter Volkswirtschaften waren und immer noch sind. Sowohl diese grundlegenden Arbeiten als auch die dadurch angeregten neueren Forschungsergebnisse ermöglichten die Ableitung „stilisierter Fakten" über die Entwicklung von Indikatoren und deren Zusammenspiel im ökonomischen Zeitablauf. Nachträgliche Vergleiche der US-Indikatoren mit tatsächlichen Entwicklungen zeigen, daß die Frühindikatoren bei allen oberen und unteren konjunkturellen Wendepunkten durchweg einen Vorlauf besaßen, die gleichlaufenden Indikatoren einen Gleichlauf und die nachlaufenden einen Nachlauf (Moore 1979, 1983 und Zarnowitz 1992).

(3) Die Liste der US-Indikatoren, die nach zeitlichen und dynamischen Aspekten klassifiziert ist, wurde in zahlreichen anderen marktwirtschaftlich orientierten Ländern als Referenz bei der Auswahl korrespondierender Indikatoren herangezogen (Klein und Moore 1985 und CIBCR, verschiedene Jahrgänge). In Ländern und Zeitabschnitten mit hohen durchschnittlichen Wachstumsraten kommt es häufig zu „verhaltenen" oder „gedämpften" konjunkturellen Aufschwünge (mit unterdurchschnittlich großen aber positiven Wachstumsraten). Deshalb wurde in der sehr stark wachsenden und aufbau- und industrialisierungsorientierten Nachkriegszeit in vielen Ländern Europas und der Pazifikregion ein Indikator-Ansatz des Wachstumszyklus und nicht so sehr des Konjunkturzyklus verfolgt. Dies bedeutete jedoch in der Regel nur, daß die Zeitreihen als Abweichungen vom Trend oder trendbereinigt und nicht absolut abgebildet wurden; ihr eigentlicher Betrachtungsgegenstand mußte jedoch nicht verändert werden.

(4) Es existiert weder eine ausschließliche Gültigkeit besitzende Ursache für all die beobachteten Konjunktur- und Wachstumszyklen noch ein ausschließliche Gültigkeit besitzender Indikator, der zuverlässig alle Wendepunkte ankündigte. Stattdessen gibt es zahlreiche plausible und sich nicht gegenseitig ausschließende Theorien oder Hypothesen über die Bestimmungsgründe einschneidender und anhaltender Konjunkturschwankungen und eine Reihe von Konjunkturindikatoren, die häufig, jedoch nicht ausnahmslos, einen zeitlichen Vorlauf besitzen. Durch die sinnvolle Auswahl und Kombination solcher Frühindikatoren und durch die Analyse der Veränderungen dieser Indices und ihrer Komponenten ist es möglich, die Anzahl der richtigen Signale zu erhöhen und die Anzahl der aus Meßfehlern und erratischen Schwankungen resultierenden falschen Signale zu verringern.

(5) Analog können die verschiedenen gleichlaufenden Indikatoren zu einem Index zusammengefaßt werden, der zusammen mit seinen Einzelkomponenten bei der Identifikation und zeitlichen Festlegung der Konjunktur- und Wachstumszyklen außerordentlich hilfreich sein kann. Schließlich dienen die nachlaufenden Indikatoren und ihre Komponenten der Bestätigung vorangegangener Signale. Ihre Wendepunkte zeigen sogar eine starke Tendenz, vor den entgegengerichteten Wendepunkten der vorlaufenden Indikato-

ren einzutreten – somit werden im Umkehrschluß aus nachlaufenden Indikatoren wieder Frühindikatoren.[2]

(6) Weder kleine Regressionsmodelle noch große simultane Gleichungssysteme sind dazu geeignet, besonderes Augenmerk auf zyklische Wendepunkte und Phasen zu legen. Dennoch treten sehr viel häufiger Prognosefehler (insbesondere bei oberen Wendepunkten) auf, als es infolge der üblichen Über- oder Unterschätzungen eigentlich der Fall sein dürfte; normalerweise stellen die Wendepunkte nur einen relativ geringen Anteil der Beobachtungen dar, verursachen jedoch einen relativ großen Anteil der absoluten Fehler (Zarnowitz 1979, S. 15). Darüber hinaus übersteigen die Prognosefehler in bezug auf konjunkturelle Abschwung- oder moderate Wachstumsphasen weit die Prognosen für Aufschwung- und kräftige Wachstumsphasen (Zarnowitz 1986, S. 24). Die regelmäßige und genaue Überprüfung der Indikatoren sollte die Häufigkeit dieser systematischen Fehler allerdings reduzieren, und die bessere Integration von Indikatoren sollte die Aussage- und Prognosefähigkeit der Modelle erhöhen.[3] Die Indikatorenanalyse bietet eine Ergänzung zu all den anderen Prognosemethoden wie ökonometrischen Gleichgewichtsmodellen, Zeitreihenmodellen und Unternehmensbefragungen. Um die besten Ergebnisse zu erzielen, müssen diese Ansätze ihren relativen Stärken entsprechend miteinander kombiniert werden und gemeinsam zur Anwendung kommen.

(7) Die Betonung der Wendepunkte und Phasen der Konjunktur- und Wachstumszyklen macht deutlich, daß ökonomische Veränderungen als im wesentlichen asymmetrisch betrachtet werden. Die Bewegungen von oder die Beziehungen zwischen den wichtigen Konjunktur- und Finanzindikatoren sind in Expansionsphasen demnach anders geartet als in Kontraktionsphasen. Nur nichtlineare Modelle können solchen Asymmetrien Rechnung tragen – lineare Modelle nicht – und dabei sind solche grundsätzlichen Nichtlinearitäten in der ökonomischen Theorie und Praxis sowohl auf Mikro- als auch auf Makroebene eher die Regel als die Ausnahme.[4]

(8) Ungeachtet dieser Einwände dominieren lineare Modelle nach wie vor sämtliche Arten der ökonomischen Analyse, und zwar selbst dann, wenn sie am wenigsten der Problemstel-

---

[2] Für eine Diskussion der Gründe, Evidenz und Literatur sei auf Zarnowitz (1992, S. 294-299) verwiesen.

[3] Es ist bemerkenswert, wie wenig (wenn überhaupt) selbst in den weitestentwickelten Makromodellen, deren Autoren wenigstens teilweise die Bedeutung zyklisch sensitiver Reihen erkannt haben, von Frühindikatoren (beispielsweise von Aktienkursen) Gebrauch gemacht wird (vgl. Klein, L.R. 1990, S. 97-106, und Zarnowitz 1992, S. 354).

[4] An dieser Stelle sei auf die typischen Verläufe der Kosten-, Erlös- und Gewinnfunktionen mehr oder weniger kompetitiver Unternehmen, auf sinkende Skalenerträge, Auftrags- und Lagerdeterminiertheit der Produktion, nichtnegative Bruttoinvestitionen und nominale Zinssätze hingewiesen. Beispiele aus der Makroökonomik sind dynamische Effekte und Rückkopplungen positiver Reaktionen wie Akzelerator- oder Multiplikatoreffekte, nichtlineare Zusammenhänge zwischen Investitionen, Sparen und Kapitalstock oder Umsatz, Lager und Einkommen oder Kosten, Preisen und Gewinnen oder antizipierte Inflation und Ressourcenallokation oder nichtantizipierte Inflation, Löhne und Beschäftigung. Jede dieser Erklärungen oder Abbildungen der ökonomischen Realität zog zahlreiche Arbeiten auf dem Gebiet der Konjunktur- und Wachstumstheorie nach sich.

lung entsprechen, wie beispielsweise bei der Analyse konjunktureller Schwankungen, die wahrscheinlich mit langfristigen Entwicklungen zusammenhängen und eine bedeutende Eigendynamik entwickeln. Ein Grund dafür liegt einfach darin, daß sich die ökonomische Theorie nur selten darauf festlegt, welche der zahllosen Möglichkeiten einer nichtlinearen Spezifikation denn anzuwenden sei und daß die entsprechenden ökonometrischen Untersuchungsmethoden noch unausgereift und äußerst schwierig sind. Außerdem ziehen Ökonomen die ihnen bekannten und weitaus einfacheren linearen und dynamisch stabilen Modelle vor, in denen dramatische Einbrüche bei Output und Beschäftigung ausschließlich auf große exogene Schocks zurückgeführt werden – eine Vorliebe, die allerdings noch keine Rechtfertigung für ein derartiges Vorgehen darstellt.

Aufbau der Arbeit

Die vorliegende Arbeit beschränkt sich auf internationale Vergleiche der CIBCR-Gesamtindices gleichlaufender Konjunkturindikatoren mit den tatsächlichen Konjunktur- und Wachstumszykluswendepunkten, wie sie vom NBER und CIBCR festgelegt werden. Damit soll zunächst eine klare Abgrenzung zwischen Konjunktur- und Wachstumszyklen vorgenommen, deren unterschiedliche Behandlung in der älteren und neueren Literatur erklärt und ein ausgewogenerer Ansatz versucht werden, der berücksichtigt, daß weltweit beide Arten wirtschaftlicher Schwankungen nebeneinander existieren.

Das zweite Ziel der Arbeit ist es, ausgewählte CIBCR-Zeitreihen zu aktualisieren und erneut zu analysieren, um damit die Wachstums- und Konjunkturreihen von acht Industrienationen (seit dem zweiten Weltkrieg) zu vervollständigen. Die Zeitreihen beinhalten die Absolutwerte (für die Konjunkturzyklen) und die Abweichungen vom Trend (für die Wachstumszyklen) der gleichlaufenden Gesamtindices des CIBCR. Alle Wendepunkte wurden unter Anwendung der NBER/CIBCR-Methode ausgewählt. Dabei wurden in der Regel die rechnergestützten Werte akzeptiert; nur in Ausnahmefällen wurden sie entsprechend der eigenen Beurteilung abgeändert (Bry und Boschan 1971, Boschan und Ebanks 1978, CIBCR, verschiedene interne Arbeitspapiere). Die Wendepunkte beruhen im allgemeinen sowohl auf den gleichlaufenden Gesamtindikatoren als auch auf deren Komponenten – nach 1983 allerdings hauptsächlich auf den Gesamtindikatoren.

Der erste Abschnitt gab einen kurzen Überblick über Hintergrund und Motivation dieser Arbeit. Im zweiten Abschnitt werden neue, empirisch untermauerte Antworten auf die Frage ob, wie und mit welchen Zeitverzögerungen sich konjunkturelle Schwankungen über Länder hinweg ausbreiten, formuliert. Er enthält einen einleitenden und zwei empirische Unterabschnitte über Konjunktur- und Wachstumszyklen. Abschnitt drei enthält einige Schlußfolgerungen.

6.1.2 Globale Konjunkturzyklen und empirische Evidenz

Konjunktur- und Wachstumszyklen

Konjunkturzyklen seien als wiederkehrende, alternierende Abfolge von Expansionen und Kontraktionen ökonomischer Aktivitäten definiert. Sie tauchen in zahlreichen ökonomischen Zeitreihen auf und beziehen sich nicht nur auf realwirtschaftliche und monetäre Aggregate, sondern auch auf deren einzelne Komponenten. In der Vergangenheit wurden diese Schwankungen – die vor allem nach ihrer Saisonbereinigung besonders deutlich erkennbar werden – zahlenmäßig für eine Reihe wichtiger marktwirtschaftlich orientierter Länder für die langen Zeiträume der Monetarisierung, Kommerzialisierung und Industrialisierung erfaßt. Wie in zahlreichen grundlegenden empirischen Studien dokumentiert, dauerten diese Zyklen normalerweise jeweils mehrere Jahre an und waren auf charakteristische Weise einschneidend und anhaltend. Sie unterschieden sich in Amplitude und Dauer und wiesen in der Regel eine sehr starke Streuung auf. Diese Variationen enthielten zwar viele zufällige Schwankungen, aber auch wichtige und offensichtlich systematische Elemente. So reagierten manche Variablen oder Entwicklungen sehr viel stärker auf konjunkturelle Schwankungen als andere, und einige tendierten zu einem zeitlichen Vor-, andere zu einem zeitlichen Nachlauf. Die durchschnittliche Dauer dieser Zyklen betrug für die betrachteten Länder ungefähr 4 bis 5 Jahre.

Die gesamtwirtschaftlichen Aggregate reale (deflationierte) Produktion, Einkommen und Umsatz sind „ungefähr gleichlaufende" Konjunkturindikatoren, die während der konjunkturellen Expansionsphasen gemeinsam ansteigen und während der Kontraktionsphasen gemeinsam sinken. Ihre konjunkturellen Wendepunkte treten vornehmlich an denjenigen Punkten auf, die das Ende einer Expansion oder Rezession markieren. Die gemeinsamen Verteilungen oder die Durchschnitte dieser Zeitreihen können demnach dazu beitragen, den richtigen Zeitpunkt eines oberen und unteren konjunkturellen Wendepunktes festzulegen. Die Zeitreihen zur Lage auf dem Arbeitsmarkt haben in der Vergangenheit ebenfalls einen groben zeitlichen Gleichlauf aufgewiesen, sie besitzen jedoch zunehmend einen Nachlauf und belegen damit die wachsende Bedeutung der Beschäftigung außerhalb des produzierenden Gewerbes. Die Indices der Industrieproduktion, eine weitere wichtige Untergruppe gleichlaufender Indikatoren, zeigen einen größeren Gleichlauf, da sie im allgemeinen auf das Verarbeitende Gewerbe, den Bergbau und den Energiesektor beschränkt sind. Nachdem sich das Gewicht dieser Sektoren zugunsten des Dienstleistungssektors verschiebt, könnte sich der Zyklus der Industrieproduktion allerdings in Richtung eines kürzeren Vorlaufs verschieben.

Die Konjunkturstatistiken – die bekanntesten und am häufigsten verwendeten sind im übrigen diejenigen des NBER[5] – basieren auf einer Vielzahl von Quellen und Daten; diese reichen von „business annals", also Berichten zeitgenössischer Beobachter ökonomischer Entwicklungen und Ereignisse, bis hin zu der Sammlung numerischer Daten, hauptsächlich

[5] Für Quellen, Entwicklungen und Anwendungen von Konjunkturschwankungsaufzeichnungen sei auf Moore und Zarnowitz (1986) und Zarnowitz (1992, Kapitel 7 und 8) verwiesen.

über Produktion, Beschäftigung, Preise etc. Der lange Zeitraum zwischen der Jahrhundertwende und den 40er Jahren ist am besten für die Vereinigten Staaten sowie Großbritannien, Frankreich und Deutschland dokumentiert. Für den Zeitraum nach dem zweiten Weltkrieg hat das National Bureau allerdings nur für die Vereingten Staaten eine Wirtschaftsstatistik ausgearbeitet; diese wird regelmäßig aktualisiert. Der augenscheinliche Grund für das Fehlen einer kontinuierlichen und vergleichbaren Liste von Referenzdaten für Konjunkturhoch- und -tiefpunkte in den anderen westlichen Industrienationen liegt in der Tatsache, daß die ersten 25 Jahre nach dem zweiten Weltkrieg in den meisten Industrie- und Entwicklungsländern von einem außergewöhnlich hohen und stabilen Wirtschaftswachstum gekennzeichnet waren. In Westeuropa und Japan traten nur einige wenige Rückgänge in der gesamtwirtschaftlichen Produktion, Beschäftigung, Realeinkommen und Ausgaben ein, und selbst diese waren verhältnismäßig kurz und schwach. Statt einer Abfolge von Expansion und Kontraktion ließen sich nur über- und unterdurchschnittliche Wachstumsraten in den Indikatoren der gesamtwirtschaftlichen Tätigkeit feststellen. Diese „Wachstumszyklen" beinhalteten Abschwünge, die bald als wie milden Rezessionen der Vergangenheit behandelt wurden, teils weil sie ähnliche Umkehreffekte für Produktion und Beschäftigung besaßen, teils weil sie auf eine erhöhte Sensibilität in der Öffentlichkeit stießen. So waren es eher die Wachstums- als die Konjunkturzyklen, die in bezug auf die kurz- und mittelfristigen internationalen Wirtschaftsentwicklungen der 50er und 60er Jahre das wissenschaftliche, wirtschaftliche und allgemeine Interesse weckten. Studien des NBER, CIBCR und anderer Institutionen und Experten in vielen Ländern identifizierten und beschrieben anhand von Indikatoren die zeitlichen Strukturen und andere Charakteristika wichtiger Konjunkturschwankungen als Abweichungen vom langfristigen Trend.[6]

Um das Jahr 1970 herum erschien einigen bekannten Ökonomen die Vorstellung von den Konjunkturzyklen als veraltet; sie wurde durch die Vorstellung von sehr viel schwächeren und weniger wichtigen und interessanten Wachstumszyklen abgelöst.[7] Diese Sichtweise erwies sich jedoch sehr bald als falsch oder zumindest als sehr verfrüht. Die Perioden 1973-1975, 1980-1983 und 1990-1994 erlebten jeweils eine Koinzidenz einschneidender Rezessionen in Nordamerika, Westeuropa und der Pazifischen Region (wie unten dargestellt). Die Verwüstungen in den Kriegsgebieten hatten Einkommen und gesamtwirtschaftlichen Wohlstand auf sehr niedrige Niveaus gedrückt. Erst nach der Stabilisierung wichtiger Währungen, der Wiederherstellung freier Märkte und dem umfangreichen Einsatz humaner und physischer Ressourcen zu friedlichen Zwecken konnte eine Periode des Wiederaufbaus und des Wachstums einsetzen. Dies war auch der Grund, weshalb die meisten der gelegentlichen Rückschläge der langanhaltenden Expansionsphasen der 50er und 60er Jahre eher als Wachstumsverlangsamung und nicht als absolute Rückgänge der wirtschaftlichen

[6] Mintz (1969, 1974), Zarnowitz (1972, 1992), Zarnowitz und Moore (1986), Klein (1976, 1981, 1990), Klein und Moore (1979, 1981, 1985), Moore und Moore (1985), OECD (1987), O'Dea (1975), Oppenländer und Poser (1987, 1991), Lahiri und Moore (1991) und Boehm (1990).

[7] Bronfenbrenner (1969) und Samuelson (1972).

Aktivität betrachtet wurden. Der „klassische“ Konjunkturzyklus war also nicht gestorben, sondern nur abgeschwächt oder vorübergehend aufgehoben, und neue Probleme der Stagflation und Massenarbeitslosigkeit tauchten auf.

Datierung und Gegenüberstellung konjunktureller Wendepunkte

Abbildungen 6.1.1 und 6.1.2 zeigen die gleichlaufenden CIBCR-Gesamtindikatoren von acht führenden Industrienationen, dargestellt in einheitlichem Maßstab (die Zeit wird arithmetisch, die Niveaus werden logarithmisch dargestellt; damit bedeuten identische horizontale Abstände gleiche Zeitintervalle und identische vertikale Abstände gleiche Veränderungsraten). Die konjunkturellen Hoch- und Tiefpunkte dieser Indices werden durch kleine Kreise und Kreuze markiert. Die Abschwungphasen, die vom NBER für die USA festgelegt wurden, werden als schraffierte Flächen zwischen Hoch- und Tiefpunkten kenntlich gemacht. Diese Darstellung ermöglicht einen vereinfachten visuellen Vergleich der wichtigsten Konjunkturzyklen der einzelnen Länder, da die gleichlaufenden CIBCR-Gesamtindikatoren die Schwankungen in Produktion, Beschäftigung, Realeinkommen und realen Umsätzen widerspiegeln (die detaillierte Zusammensetzung dieser Indices wird im Anhang im Detail dargestellt).

Die Abbildung macht deutlich, daß der Index für die USA häufigere und im allgemeinen stärker ausgeprägte Abwärtsbewegungen aufweist als die Indices anderer Länder. Dieser Unterschied wird besonders in der ersten Hälfte des Betrachtungszeitraums (hauptsächlich in den 50er und 60er Jahren) und vor allem beim Vergleich mit den Ländern, die sehr hohe Wachstumsraten aufweisen wie die Bundesrepublik und Japan, deutlich. Seit 1970 wurden diese Unterschiede allerdings kleiner, nachdem die Wachstumsraten allgemein geringer wurden und die Rezessionen an Häufigkeit und Stärke gewannen. So fiel nach den gleichlaufenden CIBCR-Gesamtindikatoren der letzte Konjunkturabschwung in Europa, Japan und Australien viel länger und gravierender aus als in den USA.

Abbildungen 6.1.1 und 6.1.2 erleichtern den Vergleich der länderspezifischen Konjunkturzyklen, indem die Wendepunkte der Indices markiert und die Rezessionen der USA schraffiert werden. Die ersten vier US-Rezessionen (1948-1960) hatten nur schwach ausgeprägte Gegenstücke in Kanada und in Großbritannien, jedoch kaum in anderen Staaten.[8] In der nachfolgenden Dekade erlebten Großbritannien und die Bundesrepublik 1962 einen kurzen Abschwung und 1966-1967 einen etwas größeren, was jeweils mit den Wachstumsrückgängen (nicht Rezessionen) in den USA zusammenfiel. Frankreichs steiler aber kurzer Einbruch 1968 ging mit politischen Unruhen einher, während Italien und Australien offensichtlich 1963-1965 bzw. 1960-1961 von echten Rezessionen betroffen waren. Die schwache Rezession in den USA im Jahre 1970 wurde nur von einem marginalen Rückgang des Index in Großbritannien, einem etwas längeren, jedoch ebenfalls schwachen Rückgang in Italien und einem Rückgang der Wachstumsraten in den restlichen Ländern begleitet.

[8] Vereinzelt ließen sich Abschwünge auch in Australien (1951-1952), Japan (1954, allerdings sehr schwach und kurz) und in Frankreich (1950-1959) feststellen.

Im Gegensatz dazu stand die Rezession von 1973-1975, die mit dem Ölpreisschock einherging, und die sich als erste Rezession der Nachkriegszeit mit kurzen Verzögerungen global ausdehnte.[9] Die kurz aufeinander folgenden Rezessionen 1980 und 1981-1982 in den USA stimmten ungefähr mit den Fluktuationen des kanadischen Index und den langanhaltenden Abschwungphasen in Großbritannien und der Bundesrepublik (Ende 1979 und Ende 1982) überein. Schließlich wurde die verhältnismäßig kurze und schwach ausgeprägte Rezession 1990-1991 in den USA von einem ähnlichen Abschwung in Kanada und mit großen zeitlichen Abständen von sehr viel längeren Abschwüngen in allen anderen Ländern (den vier betrachteten europäischen Ländern, Japan und Australien) begleitet. In den Tabellen 6.1.1 und 6.1.2 sind die relativen Zeitpunkte der internationalen Konjunkturzyklen 1951-1991 zusammengestellt - die Vor- und Nachläufe der Indices beziehen sich auf den US-Index. Die Referenzpunkte decken 8 Hoch- und Tiefpunkte zwischen 1953 und 1991 ab. Sie beinhalten ebenso die Wendepunktpaare dreier Wachstumszyklen von 1951-1952 und 1962-1967, da in diesem Zeitraum einige Länder eine Rezession durchliefen, während die USA nur von einer Phase geringen, aber nicht negativen Wachstums betroffen waren. Insgesamt sind in der Tabelle 84 Zeitvergleiche erfaßt (jeweils 42 an Hoch- und Tiefpunkten), davon beziehen sich 12 auf relativ kurze (weniger als 6 Monate andauernde) Rückgänge, die nur Wachstumseinbrüche, nicht aber echte Konjunktureinbrüche markieren. Sieben internationale Zyklen konnten nicht mit den US-Zyklen in Einklang gebracht werden (eine Auflistung der zusätzlichen Hoch- und Tiefpunkte befindet sich am Ende der Tabelle).

Wie wegen der engen Verbindung der beiden Volkswirtschaften zu erwarten war, entsprach das zeitliche Muster des kanadischen Index ungefähr dem des US-amerikanischen.[10] Es existierte ein meistens kleiner Vorlauf, was wahrscheinlich auf Kanadas Sensibilität auf US-amerikanische Frühindikatoren (wie Aufträge und Vertragsabschlüsse) zurückzuführen ist. Alle sechs anderen Indices wiesen gegenüber dem US-Index einen Nachlauf auf. Die meisten waren nur kurz oder mittelgroß, einige waren allerdings auch sehr lang, so vor allem die der frühen 90er Jahre. 69% der Vergleiche an Hoch- und 62% der Vergleiche an Tiefpunkten zeigten eine zeitlichen Nachlauf der übrigen Indices gegenüber dem US-amerikanischen. Das bedeutet, daß sich in den meisten Fällen realwirtschaftliche und monetäre Fluktuationen von den USA (der größten Volkswirtschaft der Erde) aus in die anderen Länder ausbreiteten, und nicht umgekehrt. Dennoch haben Konjunkturschwankungen viele verschiedene Ursachen, wovon selbst in kleinen Ländern die meisten länderspezifisch sind. Die Anteile der Vorläufe betrugen 26% bei Hoch- und 29% bei Tiefpunkten. Bei den „ungefähr" gleichlaufenden Zyklen betrugen die entsprechenden Zahlen 38% und 40%.

Über alle betrachteten Länder hinweg war der Median des Nachlaufs normalerweise kleiner als der durchschnittliche Nachlauf. Dies spiegelt die Verzerrung der Zeitpunktverteilungen in Richtung langer Nachläufe wider. Die Durchschnitte bedeuten kurze Vorläufe für

---

[9] 1975 waren die hier dargestellten Länder mit Ausnahme von Kanada, wo der Rückgang relativ kurz und schwach war, am stärksten betroffen.

[10] „Ungefähr" sei hier als zeitliche Abweichung von drei Monaten (−3 bis +3) festgelegt.

Kanada, relativ kurze Nachläufe für Großbritannien und die Bundesrepublik, wesentlich längere Nachläufe für Japan und Australien und die längsten für Frankreich und Italien. Insgesamt beträgt der durchschnittliche Nachlauf ungefähr 6 Monate an Hoch- und Tiefpunkten, der Median 6 Monate an Hoch- und 4 Monate an Tiefpunkten. Die Standardabweichungen sind hoch, nämlich zwischen 9 und 12 Monaten.[11]

Datierung und Gegenüberstellung wachstumszyklischer Wendepunkte

Ein Wachstumszyklus erreicht seinen Hochpunkt (Tiefpunkt), wenn die wirtschaftliche Entwicklung am stärksten nach oben (unten) vom eigenen langfristigen Trend abweicht. Abbildung 6.1.3 zeigt, wie unter Verwendung von Monatsdaten für die USA diese Wachstumszyklen dargestellt werden können. Die allgemeine Wirtschaftslage wird durch den oben bereits dargestellten gleichlaufenden Gesamtindikator approximiert und von den Abbildungen 6.1.1 und 6.1.2 übernommen. Trendverläufe können im Zeitablauf variieren und sind bekannterweise nur unter Schwierigkeiten zu bestimmen und zu messen. Hier wird mit Hilfe einer Kombination aus langfristigen gleitenden Durchschnitten und Interpolationen zwischen den Mittelwerten der aufeinanderfolgenden Konjunkturzyklen ein nichtlinearer Trend bestimmt.[12] Dieser flexible „Phasendurchschnittstrend“ stimmt mit den Daten gut überein und widerspricht nicht der realistischen Vorstellung einer Interaktion konjunktureller Zyklen und Trends, obwohl er keine kurzfristigen (zyklische und andere) Elemente beinhaltet.

Die schraffierten Flächen in Abbildung 6.1.3 markieren die Kontraktions-, die nichtschraffierten Flächen die Expansionsphasen der Wachstumszyklen, deren Hoch- und Tiefpunkte vom CIBCR bestimmt und in der obigen Tabelle dargestellt wurden. Die vier letzten Punkte (1984-1991) beruhen allerdings nur auf dem trendbereinigten gleichlaufenden US-Gesamtindex, bei allen anderen Punkten wurden auch die einzelnen Komponenten des Index berücksichtigt.[13] Dieselbe Vorgehensweise wird bei der Erstellung der Abbildungen 6.1.4 und 6.1.5 verwendet, in denen die Abweichungen vom Trend des gleichlaufenden CIBCR-Gesamtindex für die USA berechnet werden. Die Übereinstimmung der konjunkturellen Wendepunkte dieser Zeitreihe (gekennzeichnet durch einen Stern) mit den

---

[11] Läßt man die kurzen Rückgänge außen vor, beträgt der Median 4,5 Monate an Hoch- und 5,5 Monate an Tiefpunkten. Die Standardabweichungen verändern sich nur unwesentlich.

[12] Diese Methode verwendet zunächst einfach wie Mintz (1972) (erweitert um die Extrapolationen der Anfangs- und Schlußwerte) gleitende Durchschnitt von 75 Monaten (oder 25 Quartalen), um die Abweichungen vom Trend zu berechnen. Anschließend werden die geglätteten Durchschnitte der angrenzenden Kontraktions- und Expansionsphasen zur stufenweisen Berechnung des endgültigen Trends ermittelt. Eine ausführliche Darstellung dieser Vorgehensweise findet sich bei Boschan und Ebanks (1978) und Klein und Moore (1985); eine erst kürzlich veröffentlichte Zusammenfassung und Beurteilung geben Niemira und Klein (1994, S. 181-182).

[13] Die allerneuesten Punkte sind nur vorläufig und müssen zur gegebenen Zeit unter Berücksichtigung aktueller Informationen erneut berechnet werden. Es besteht jedoch trotzdem Grund zu der Annahme, daß die Gesamtindikatoren gut zur Approximation der Entwicklungen, wie sie sich aus der Analyse der Einzelindikatoren abzeichnen, herangezogen werden können.

Vorlauf (-) oder Nachlauf (+) in Monaten, Referenzzyklus: USA							
Referenzzyklus USA	Kanada	Groß-britannien	BRD (West)	Frankreich	Italien	Japan	Australien
Konjunkturelle Hochpunkte[c]							
März 1951[a]	+1	+10					+1
Juli 1953	-2					+6	+29
August 1957	-8	+6[b]		+8			
April 1960	-2						+7
Mai 1962[a]		+6[b]	+6[b]		+17		
Juni 1966[a]		-3	-3	+15			
Dezember 1969		+20			+10		+20[b]
November 1973	+9[b]	+9	-3	+8	+5	0	+7
Januar 1980	0[b]	-2	+1		+4	+1	
Juli 1981	-1				+9		+2
Juli 1990	-4	-1	+19	+19	+21	+19	-3
Gemeinsame Maße (alle Beobachtungen)							
Mittelwert	-0,9	+5,6	+4,0	+12,5	+11,0	+6,5	+9,0
Median	-1,5	+6	+1	+11,5	+9,5	+3,5	+7
Standardabw.	4,9	7,7	9,2	5,4	6,7	8,7	11,4
Gemeinsame Maße (ohne kurze Abschwünge)							
Mittelwert	-2,7	+5,5	+3,5				+7,2
Median	-2	+4	-1				+4,5
Standardabw.	3,1	9,1	10,5				11,4
Zusätzliche Hochpunkte							
Anzahl	0	0	1	2	1	0	3
Datum			11/62	3/77, 2/84	4/77		8/65, 6/86 8/76

Anmerkungen:

[a]: Hier handelt es sich gemäß der CIBCR-Statistik für die USA eher um den Wendepunkt eines Wachstumszyklus als um einen Konjunkturumschwung.

[b]: Verbunden mit kurzen (weniger als 6 Monate dauernden) Abschwüngen des jeweiligen gleichlaufenden CIBCR-Gesamtindikators.

[c]: In allen Fällen, in denen keine entsprechenden Konjunkturzyklen zu beobachten sind, bleibt das Feld leer.

Tabelle 6.1.1: Zeitliche Relationen der Konjunkturzyklen in acht Ländern I, 1951-1991

US-amerikanischen Wachstumszyklen (gekennzeichnet durch die schraffierten Flächen) ist ebenfalls sehr deutlich, auch wenn einige wenige Ausnahmen in der ersten Kurve von den Abbildungen 6.1.4 und 6.1.5 erkennbar sind.[14]

[14] Ein Vergleich der Wendepunktmarken und der schraffierten Flächen für die trendbereinigten US-amerikanischen Indexwerte zeigt einen unbestimmten Vorlauf am oberen Wendepunkt 1948 (der viel-

Vorlauf (-) oder Nachlauf (+) in Monaten, Referenzzyklus: USA							
Referenzzyklus USA	Kanada	Groß-britannien	BRD (West)	Frankreich	Italien	Japan	Australien
Konjunkturelle Tiefpunkte[c]							
Juli 1952[a]	-9	+1					+1
Mai 1954	-1					+6	+27
April 1958	-2	+1[b]		+12			
Februar 1961	0						+7
Oktober 1964[a]		-20[b]	-20[b]		+5		
Oktober 1967[a]		-8	-5	+7			
November 1970		+15			+16		+14[b]
März 1975	-2[b]	+8	+5	+6	+1	-1	0
Juli 1980	-2[b]		+3		+13	+1	
November 1982	0	0			+6		+6
März 1991[d]	-1	+21	+37	+26	+34	+33	+15
Gemeinsame Maße (alle Beobachtungen)							
Mittelwert	-2,1	+2,2	+4,0	+12,8	+12,5	+9,8	+10,0
Median	-1,5	+1	+3	+9,5	+9,5	+3,5	+7
Standardabw.	2,9	12,8	20,9	9,2	11,9	15,8	9,5
Gemeinsame Maße (ohne kurze Abschwünge)							
Mittelwert	-2,2	+6,2	+10,0				+9,3
Median	-1	+4,5	+4				+6,5
Standardabw.	3,4	10,6	18,5				10,2
Zusätzliche Hochpunkte							
Anzahl	0	0	1	2	1	0	3
Datum			2/63	10/77, 6/84	10/77		11/65, 11/86 12/77

Anmerkungen:

[a]: Hier handelt es sich gemäß der CIBCR-Statistik für die USA eher um den Wendepunkt eines Wachstumszyklus als um einen Konjunkturumschwung.

[b]: Verbunden mit kurzen (weniger als 6 Monate dauernden) Abschwüngen des jeweiligen gleichlaufenden CIBCR-Gesamtindikators.

[c]: In allen Fällen, in denen keine entsprechenden Konjunkturzyklen zu beobachten sind, bleibt das Feld leer.

[d]: Die langen Nachläufe dieses Zyklus basieren teilweise auf vorläufigen Daten am aktuellen Rand der verfügbaren Indexreihen und sind deshalb nur Schätzungen, die möglicherweise wieder revidiert werden müssen.

Tabelle 6.1.2: Zeitliche Relationen der Konjunkturzyklen in acht Ländern II, 1951-1991

leicht auf einen Meßfehler zurückzuführen ist), einen Nachlauf am oberen Wendepunkt 1973 und einen zusätzlichen Ab- und Aufschwung während der Rezession des Wachstumszyklus 1979-1982.

In den Abbildungen 6.1.4 und 6.1.5 sind auch die analog berechneten Reihen der Abweichungen vom Indextrend für die anderen Länder dieser Studie dargestellt. Die USA verzeichneten zwischen 1948 und 1991 elf vollständige Wachstumszyklen, gleichgültig, ob von Hoch- zu Hoch- (H-H) oder von Tief- zu Tiefpunkt (T-T) gemessen, Kanada von 1949-1992 dreizehn Zyklen, Australien neun und Großbritannien acht Zyklen im Zeitraum 1951-1992, Deutschland (West), Italien und Japan jeweils acht (H-H)-Zyklen und (T-T)-Zyklen für 1951-1991, 1956-1991 bzw. 1953-1991 und Frankreich sieben Zyklen im Zeitraum 1957-1993. Wachstumszyklen treten in den USA und vor allem in Kanada also häufiger auf als in Europa. Allerdings beginnen die Indexreihen für die USA und Kanada schon 1948, die der anderen Länder erst zwischen 1950 und 1956. Betrachtet man ausschließlich die Periode, die in allen Ländern abgedeckt ist (1955-1993), können in Kanada zehn, in den USA, Italien und Australien acht und in Großbritannien, Deutschland, Frankreich und Japan sieben vollständige Wachstumszyklen festgestellt werden. Diese Standardisierung verringert die Unterschiede also beträchtlich, was vor allem in Abbildung 6.1.6, in der die Wendepunkte schematisch dargestellt werden, zum Ausdruck kommt.

Wachstumszyklen treten in der Regel häufiger auf und sind symmetrischer als Konjunkturzyklen. Bei Übereinstimmungen besitzt normalerweise der Hochpunkt eines Wachstumszyklus einen Vorlauf gegenüber dem Hochpunkt eines Konjunkturzyklus, während die Tiefpunkte beider Zyklen gleichzeitig eintreten, wenn nicht der Wachstumszyklus sogar einen Nachlauf besitzt.

Diese „stilisierten Fakten“ werden durch einen Vergleich der Abbildung 6.1.3 auf der einen und den Abbildungen 6.1.4 und 6.1.5 auf der anderen Seite bestätigt. Obgleich die Trendbereinigung einen Teil der Veränderungen unterdrückt und damit den Informationsgehalt der Daten schmälert, wird deutlich, daß das Bilden der Abweichungen vom Trend eine größere Einheitlichkeit der Konjunkturindikatoren im Zeitablauf und im Ländervergleich ergibt. Der Grund liegt in der Verringerung, wenn nicht Eliminierung, der auf langfristige Veränderungen zurückgehenden Varianz. Dabei ist es allerdings schwierig, Trends zu schätzen und zu extrapolieren, was wiederum ernste Fehlerquellen für die Konjunkturanalyse hervorbringen kann.[15]

Es ist anzunehmen, daß enge Handelsverbindungen die Übereinstimmung der Wachstumszyklen verstärken, und so ist es nicht verwunderlich, daß in den Abbildungen 6.1.4 und 6.1.5 besonders starke Ähnlichkeiten zwischen den Indices der USA und Kanada und zwischen Deutschland und Großbritannien deutlich werden. Frankreich und Italien weisen ebenfalls starke Parallelen auf, gleichzeitig unterscheiden sie sich relativ stark von den übrigen Ländern Europas. Der australische Index korreliert sowohl mit dem Japans als auch dem der USA. Mit Ausnahme von Frankreich und vor allem Japans, deren Reihen verhältnismäßig schwache und irreguläre Schwankungen zeigen, sind die Amplituden der trendbereinigten Indices einander sehr ähnlich.[16]

---

[15] Eine weiterführende Diskussion dieser Problematik liefert Zarnowitz (1992, Kapitel 7).

[16] Es ist an dieser Stelle anzumerken, daß alle Reihen in den Abbildungen 6.1.4 und 6.1.5 im selben Maßstab dargestellt sind.

Die Übereinstimmung von Ausmaß, Dauer und Eintreffen der Wachstumsphasen der verschiedenen Länder ist im Zeitablauf recht uneinheitlich. Manche Schwankungen erfolgen nahezu synchron wie beispielsweise die Abschwünge von 1966-1967, 1973-1975 und 1980-1982 (die letzten beiden markieren die Ölpreisschocks). Andere wiederum weisen beträchtliche zeitliche Verschiebungen auf wie beispielsweise die Abschwünge, die in den frühen 90er Jahren in Rezessionen mündeten: Den Beginn machten die USA und Kanada, später folgten Australien und Großbritannien und erst danach Frankreich, Italien und Japan.

Es sollte nicht vergessen werden, daß die gleich- und vorlaufenden CIBCR-Indices so konzipiert sind, daß deren Zusammensetzung für verschiedene Ländern möglichst identisch ist. Trotzdem können deren Komponenten natürlich voneinander abweichen, wenn Abgrenzung und Verfügbarkeit der Daten dies notwendig machen. So besitzen manche Länder für bestimmte Reihen und Zeiträume eben bessere Statistiken als andere, was wiederum die Ergebnisse unserer Analysen beeinflussen kann. Die Isolierung und Quantifizierung dieser Effekte ist jedoch äußerst schwierig.

In den Tabellen 6.1.3 und 6.1.4 sind auf Grundlage der trendbereinigten CIBCR-Reihen die Vor- und Nachläufe der internationalen Reihe im Verhältnis zu den Reihen für die USA aufgelistet. Analog zu Tabelle 6.1.1, in der die zeitlichen Strukturen der Konjunkturzyklen dargestellt sind, werden hier die Verschiebungen der Wachstumszyklen aufgezeigt. Von den 77 möglichen Übereinstimmungen bei den oberen Wendepunkten sind 60 (78%) abgebildet,[17] von den 77 unteren Wendepunkten 57 (74%). Diese Anteile sind bedeutend höher als die in Tabelle 6.1.1, wo nur 55% der US-amerikanischen Hoch- und Tiefpunkte erfaßt werden. Offensichtlich können Wachstumszyklen besser miteinander verglichen werden als Konjunkturzyklen, und zwar nicht nur, weil sie häufiger auftreten.

Die Tabellen 6.1.3 und 6.1.4 zeigen, daß die Wachstumszyklen in Kanada weitgehend mit denjenigen der USA übereinstimmen. Großbritannien, Westdeutschland und Australien weisen einen Nachlauf mit einem Median von drei bis sechs Monaten auf; in Frankreich, Italien und Japan beträgt der Nachlauf im Durchschnitt sogar acht bis zehn Monate. Die Ergebnisse stimmen also in etwa mit denen der Tabellen 6.1.1 und 6.1.2 überein. Der durchschnittliche Nachlauf der anderen Länder gegenüber den USA beträgt an den oberen Wendepunkten im Durchschnitt sechs Monate und fünf Monate an den unteren, Median und Mittelwerte weichen nur unwesentlich voneinander ab; die Gesamtergebnisse entsprechen also wieder weitgehend jenen der Konjunkturzyklusanalyse. Die Standardabweichung beträgt 11,6 an den Hoch- und 8,5 an den Tiefpunkten – umgekehrt zu den Werten für konjunkturelle Wendepunkte bei beinahe identischer Größenordnung (8,6 und 12,6). An oberen Wendepunkten waren 67% der Beobachtungen durch einen Nachlauf gekennzeichnet, an unteren Wendepunkten 77% (bei den Konjunkturzyklen betrugen diese Werte 69% und 62%).

Bei den oberen Wendepunkte der Wachstumszyklen lassen sich hauptsächlich für die 50er und 60er Jahre kurze und mittlere Vor- und Nachläufe feststellen; in den 70er und 80er

[17] Anzahl der Felder in den Reihen 1-11 und den Spalten 2-8 des ersten Tabellenteils.

Vorlauf (−) oder Nachlauf (+) in Monaten Referenz: Obere Wendepunkte U.S.-amerikanischer Wachstumszyklen[a]								
USA	C	UK	BRD	F	I	J	AUS	MW / M[b]
März 1951	+1	0	-1				+1	-0,2 (+0,5)
März 1953	0					+9		+4,5 (+4,5)
Februar 1957	-3	-14	-16	+6	+4	+3	-18	-5,4 (-3)
Februar 1960	-4			+21			+6	+7,7 (+6)
Mai 1962	-2	-14	-15		+16	-4		-3,8 (-4)
Juni 1966	-3	-4	-13	0			-14	-6,8 (-4)
März 1969	-1	+3	+14	+8	+5	+15	+14	+8,3 (+8)
März 1973	+11	+3	+5	+14	+13	+8	+11	+12,2 (+11)
Dezember 1978	+10	+6	+14	+8	+14	+14	+30	+13,7 (+14)
Juni 1984	+17	+11	+25		+12	+11	+17	+15,0 (+14)
März 1989	-2	+11	+25	+17	+37	+26	+8	+11,0 (+11)
Anzahl der Beobachtungen								
	11	9	9	7	7	8	9	60
Mittelwert	+2,2	+0,2	+4,2	+10,6	+14,4	+10,2	+5,0	+6,1
Median	-1	+3	+5	+8	+13	+10	+6	+6
Standardabw.	7,1	9,4	16,4	7,2	10,9	8,8	14,9	11,6
Prozentualer Anteil der Vorläufe								
	54,6	33,3	44,4	0	14,3	12,5	22,2	26,7
Grobe Übereinstimmungen[c]								
	63,6	33,3	11,1	14,3	0	12,5	11,1	23,3
Nachläufe								
	36,4	55,6	55,6	85,7	100	87,5	77,8	66,7
Zusätzliche Hochpunkte								
Anzahl	2	0	0	1	2	1	1	7
Datum	5/76, 6/81			12/82	12/76, 7/88	7/64	8/76	

Anmerkungen:

[a]: In allen Fällen, in denen keine entsprechenden Konjunkturzyklen zu beobachten sind, bleibt das Feld leer.

[b]: Mittelwerte der Vor- (−) und Nachläufe (+) in Monaten, entsprechende Medianwerte in Klammern.

[c]: Beinhaltet genaue Übereinstimmungen (0) und kurze Vor- und Nachläufe von drei oder weniger Monaten (−3 bis +3).

Tabelle 6.1.3: Zeitliche Relationen der Wachstumszyklen in acht Ländern I, 1951-1991

Jahren sind die zeitlichen Verschiebungen weit größer. So liegt länderübergreifend der Median für die sechs Zyklen 1951-1966 zwischen −4 und +6 Monaten, für den Zeitraum 1969-1989 zwischen +8 und +17 (Spalte 9). An den unteren Wendepunkten traten vor allem 1958, 1970 und 1991 lange Nachläufe auf, die Mediane reichten von +9 bis +14

Vorlauf (−) oder Nachlauf (+) in Monaten Referenz: Untere Wendepunkte U.S.-amerikanischer Wachstumszyklen[a]								
USA	C	UK	BRD	F	I	J	AUS	MW / M[b]
Juli 1952	-7	+1					+4	-0,7 (+1)
August 1954	+2		-6			+10		+2,0 (+2)
April 1958	+4	+7	+12	+16	+15	+9	-3	+8,6 (+9)
Februar 1961	+1						+7	+4,0 (+4)
Oktober 1964	-17	-20	-20	+8	+5	+16		-4,7 (-4)
Oktober 1967	+4	-2	-2	+7			+3	+1,8 (+1)
November 1970	+1	+15	+13	+12	+22	+14	+16	+13,3 (+14)
März 1975	+7	+5	+2	+3	+2	+0	+7	+3,7 (+3)
Dezember 1982	-1	+6	+7		+5	+6	+5	+4,7 (+5,5)
Januar 1987	-2	0	+15	0	+7	+4	+2	+3,7 (+2)
Dezember 1991	+7	+12		+22			+12	+13,2 (+12)
Anzahl der Beobachtungen								
	11	9	8	7	6	7	9	57
Mittelwert	-0,1	+2,7	2,6	+9,7	+9,3	+8,4	+5,9	+4,9
Median	+1	+5	+4,5	+8	+6	+9	+5	+5
Standardabw.	6,9	10,1	11,8	7,6	7,6	5,6	5,6	8,5
Prozentualer Anteil der Vorläufe								
	36,4	22,2	37,5	0	0	0	11,1	17,5
Grobe Übereinstimmungen[c]								
	45,4	33,3	25,0	14,3	16,7	14,3	33,3	29,8
Nachläufe								
	63,6	66,7	62,5	85,7	100	85,7	88,9	77,2
Zusätzliche Tiefpunkte								
Anzahl	2	0	0	1	2	1	1	7
Datum	12/79, 5/80			8/81	10/77, 5/89	1/63	10/77	

Anmerkungen:

[a]: In allen Fällen, in denen keine entsprechenden Konjunkturzyklen zu beobachten sind, bleibt das Feld leer.

[b]: Mittelwerte der Vor- (−) und Nachläufe (+) in Monaten, entsprechende Medianwerte in Klammern.

[c]: Beinhaltet genaue Übereinstimmungen (0) und kurze Vor- und Nachläufe von drei oder weniger Monaten (−3 bis +3).

Tabelle 6.1.4: Zeitliche Relationen der Wachstumszyklen in acht Ländern II, 1951-1991

Monaten. Die anderen acht Zyklen besitzen kurze und mittlere Vor- und Nachläufe mit einem Median zwischen −6 und +6.

In diesem zweiten und hiermit abgeschlossenen Teil dieser Arbeit wurde die Frage nach der Existenz globaler Konjunkturzyklen gestellt. Interpretiert man diesen Begriff als eine Zusammenfassung miteinander verbundener Konjunktur- und Wachstumsschwankungen, mit unterschiedlichen Amplituden und Zeitstrukturen, aber ausreichender Dauer, kann diese Frage mit Blick auf die vorliegenden empirischen Ergebnisse mit ja beantwortet werden. Jedes der betrachteten Länder wies absolute Schwankungen der allgemeinen Wirtschaftsaktivität auf, wie sie durch die gleichlaufenden Gesamtindikatoren abgebildet werden. Die Datenlage untermauert die Vorstellung des globalen Konjunkturzyklus als ein Wirtschaftswachstum mit aufeinanderfolgenden Expansions- und Kontraktionsphasen, die einen Großteil der (markt- aber auch anderer) wirtschaftlichen Aktivitäten in vier Kontinenten abdecken. Jedes Land erfährt außerdem Schwankungen der Abweichungen vom langfristigen Trend dieser Indikatoren. Die Daten belegen also auch die Vorstellung von globalen Wachstumszyklen.

6.1.3 Zusammenfassung und Ausblick

Es lassen sich folgende Ergebnisse festhalten:

(1) Die USA sind das einzige Land, das eine „offizielle", im Sinne einer von der Regierung akzeptierten und veröffentlichten, Konjunktur- und Wachstumszyklusstatistik besitzt (erstellt von NBER und CIBCR). In anderen Ländern gibt es nur halboffizielle Reihen über konjunkturelle Wendepunkte, die auch nicht eindeutig zwischen Konjunktur- und Wachstumszyklen differenzieren: einige werden zwar als „Konjunkturzyklen" bezeichnet, beziehen sich aber in Wirklichkeit auf Wachstumszyklen.[18] Dabei kann nicht davon ausgegangen werden, daß nur in den USA und Kanada Konjunkturzyklen, im Rest der Welt aber Wachstumszyklen beobachtet werden. Das Gegenteil ist der Fall. Wie diese Arbeit gezeigt hat, gibt es in allen betrachteten Ländern sowohl Konjunktur- als auch Wachstumszyklen, und es ist anzunehmen, daß dies für alle anderen Ländern ebenso gilt.

(2) Es ist zwar richtig, daß in Deutschland, Japan und einigen Nachbarländern, die in der Zeit des Wiederaufbaus nach dem zweiten Weltkrieg stark expandierten, absolute Rückgänge nur selten, kurz und erst spät eintrafen, aber der vorzeitigen Extrapolation dieser Beobachtung wurde bald durch die tatsächliche Entwicklung widersprochen.[19] Die vorliegenden Daten belegen vielmehr, daß (konjunkturelle) Rezessionen in Ländern und Zeiten hinreichend hohen wirtschaftlichen Wachstums häufig durch eine Wachstumsverlangsamung abgelöst werden. Gleichzeitig ist es aber unwahrscheinlich, daß diese Bedingungen in entwickelten Marktwirtschaften, die hohe Inflationsraten vermeiden, typischerweise gegeben sind.

---

[18] Dies gilt vor allem für die Tabelle „The Reference Date of Business Cycle", die von der Abteilung „Business Statistics Research" der Economic Planning Agency zusammengestellt und regelmäßig von der japanischen Regierung in *Japanese Economic Indicators Quarterly* veröffentlicht wird. Nur für Kanada werden echte Konjunkturzyklen erfaßt. Vgl. Klein und Moore (1985, S. 49-55).

[19] Auch die Tatsache, daß in den USA und einigen anderen Ländern die Rezessionen relativ schwach, kurz und voneinander unabhängig eintraten, konnte im nachhinein nicht als Beleg dafür angesehen werden, daß Konjunkturzyklen zunehmend von selbst verschwinden oder durch stabilisierungspolitische Maßnahmen vermieden werden.

(3) Wenn man alle Rückgänge der gleichlaufenden Gesamtindikatoren, die länger als fünf Monate dauerten, aufaddiert, kommt man für den Zeitraum 1951-1991 auf folgende Zahlen: fünf in Großbritannien, vier in Deutschland, fünf in Frankreich, sechs in Italien, sieben in Kanada, vier in Japan und neun in Australien. Die USA erlebten im selben Zeitraum acht konjunkturelle Rezessionen. Die Medianwerte der Dauer der Rezessionen lagen zwischen zehn und zwölf Monaten, mit Ausnahme Deutschlands, wo die Rezessionen seltener, aber dafür tiefer waren, und Italiens, wo sie häufiger und uneinheitlicher eintraten (die Medianwerte betragen hier 25 bzw. 17 Monate). Die Mittelwerte weisen keinen systematischen Unterschied auf, während die Standardabweichungen für vier Länder nahezu identisch waren (in Japan, Australien und Deutschland bei sieben bis acht Monaten und in Großbritannien bei 13 Monaten). Für den Gesamtzeitraum und die Summe aller Länder ergibt sich ein Mittelwert (Median) von 14 (12) und eine Standardabweichung von acht Monaten. Obwohl diese Maße beträchtliche Unterschiede aufweisen, deuten sie doch auch auf die Existenz einer gemeinsamen Grundcharakteristik hin.

(4) Die Expansionsphasen waren recht unterschiedlich lang; so lassen sich die Medianwerte in drei Gruppen einteilen: 31 bis 42 Monate (Italien, USA und Australien), 54 bis 76 Monate (USA, Kanada, Deutschland und Frankreich) und 138 Monate (Japan). Die Mittelwerte waren für die meisten Länder etwas länger, die Standardabweichungen reichten von 20 (Großbritannien) bis 84 (Japan). Die große Streuung der konjunkturellen Aufschwungphasen spiegelt die großen Unterschiede der langfristigen Wachstumstrends und der kurzfristigen Instabilitäten zwischen den einzelnen Ländern wider. Allgemein läßt sich festhalten, daß Länder mit hohen Wachstumsraten weniger, aber längere Wachstumsphasen aufweisen und daß einige der Abweichungen offensichtlich darauf zurückzuführen sind, daß die Länder unterschiedlich stark auf zyklische Impulse reagieren. So gab es in Frankreich weniger und längere Expansionen als in Italien, obwohl beide Länder ein ähnliches Wachstum aufwiesen.

(5) Die durchschnittliche Dauer der Konjunkturzyklen (Ab- und Aufschwünge) war im Zeitablauf mit 4 bis 5 Jahren weitgehend stabil (Moore und Zarnowitz 1986). Die gilt im wesentlichen auch für die USA, Kanada, Großbritannien, Italien und Australien. In Frankreich und Deutschland betrug die durchschnittliche Dauer sieben Jahre, in Japan mehr als 12 Jahre.

(6) Im Vergleich zu den USA besaßen die Konjunkturzyklen der anderen Länder mit Ausnahme Kanadas, wo sie nahezu synchron verliefen, einen Nachlauf. Ungefähr zwei Drittel der vergleichbaren Wendepunkte der gleichlaufenden CIBCR-Gesamtindikatoren lassen einen solchen Nachlauf erkennen, etwas mehr als ein Viertel zeigen einen Vorlauf und knapp vier Zehntel eine grobe Übereinstimmung. Die durchschnittliche Dauer des Nachlaufs lag bei 4 bis 6 Monaten, sowohl bei Hoch- als auch bei Tiefpunkten, allerdings mit einer Standardabweichung von 9 bis 12 Monaten. Einige der frühen und schwachen Rezessionen der übrigen Länder waren wahrscheinlich auf Wachstumsabschwächungen in den USA zurückzuführen. Die langen Nachläufe traten nämlich hauptsächlich erst in den jüngeren Zyklen, ungefähr seit 1970, auf. Die Daten über die zeitlichen Strukturen der

Konjunkturzyklen in den acht Ländern im Zeitraum 1951-1991 belegen sowohl länderspezifische Entwicklungen als auch starke internationale Einflüsse, die meistens von den USA ausgehen.

(7) Wachstumszyklen genießen in empirischen Studien weltweit mehr Aufmerksamkeit als Konjunkturzyklen, und auch die vorliegende Arbeit unterstützt diese Sichtweise: Wachstumszyklen besitzen gegenüber Konjunkturzyklen an oberen Wendepunkten einen Vor- und an unteren Wendepunkten einen Nachlauf. Darüber hinaus sind sie symmetrischer als Konjunkturzyklen, d.h. sie besitzen im Vergleich zu ihnen kürzere Auf- und längere Abschwünge, da sie auf trendbereinigten Indikatorreihen beruhen. Insgesamt gibt es mehr Wachstums- als Konjunkturzyklen, Wachstumszyklen sind demnach kürzer und treten häufiger auf. Allerdings gibt es wichtige Ausnahmen: So erlebten die USA im Zeitraum 1980-1982 zwei konjunkturelle Abschwünge aber nur einen Abschwung des Wachstumszyklus, und auch andere Länder wie beispielsweise Großbritannien, Deutschland und Australien verzeichneten in dieser Zeit nur jeweils einen Wachstumsrückgang.

(8) Die Trendbereinigung verringert die länderspezifischen Unterschiede zwischen den Indexverläufen, indem sie den Teil der Varianz, der auf langfristige Veränderungen zurückzuführen ist, weitgehend ausschaltet. Dadurch erscheinen Wachstumszyklen im Zeitablauf und Ländervergleich gleichmäßiger als Konjunkturzyklen. So war der Anteil der Entwicklungen und Wendepunkte, die international nicht übereinstimmen, bei Wachstumszyklen kleiner als bei Konjunkturzyklen. Die meisten zyklischen Auf- und Abschwünge der Wachstumsraten können im Ländervergleich einander zugeordnet werden, bei den Ausnahmefällen handelt es sich normalerweise um sehr kurze und schwache Schwankungen.

(9) Außerdem gibt es einige Parallelen zwischen den beiden Zeitvergleichen, die in dieser Arbeit angestellt wurden. Die Nachläufe gegenüber den Entwicklungen in den USA traten bei den Wachstumszyklen mindest ebenso häufig auf wie bei den Konjunkturzyklen. Die meisten Nachläufe ließen sich wiederum hauptsächlich für die letzten beiden Dekaden feststellen. Der Vergleich der Länder bezüglich der Länge dieser Nachläufe zeigt weitere Ähnlichkeiten.

(10) Als allgemeine Schlußfolgerung läßt sich festhalten, daß sowohl in den Absolutwerten wichtiger real- und finanzwirtschaftlicher Indikatoren als auch in deren Abweichungen vom Trend internationale Fluktuationen vorherrschen. Die wenig hilfreiche Dichotomie zwischen Konjunkturzyklen in den USA und Wachstumszyklen in den übrigen Ländern läßt sich nicht rechtfertigen.

Marktwirtschaften befinden sich immer in einem offenen Prozeß der Entwicklung, Innovation und Interaktion. So findet in zunehmendem Maße Beachtung, wie sich die beschleunigte Globalisierung ökonomischer Entwicklungen auf nationale Verhältnisse auswirkt. Die Analyse internationaler Konjunktur- und Wachstumszyklen ist demnach sowohl wichtig als auch schwierig und deshalb ein auch weiterhin wichtiges Forschungsgebiet. Diese Arbeit schließt deshalb mit einigen Anregungen hinsichtlich zukünftiger Forschungsfelder und einigen Verbesserungsvorschlägen.

- Die Konjunkturreihen der hier betrachteten Länder sollten weiter analysiert und verfeinert werden, indem nicht nur die Gesamtindikatoren, sonder auch deren Einzelkomponenten eingehend untersucht werden.
- Die internationalen Zusammenhänge zwischen den vor-, nach- und gleichlaufenden Indikatoren verdienen durchaus größeres Interesse und sollten noch ernsthafter erforscht werden.
- Nicht nur Zeitpunkt und Dauer internationaler Konjunkturzyklen, sondern auch deren Amplituden und Streuungseigenschaften müssen in die Forschungsarbeiten einbezogen werden.
- Bei der umfassenden Analyse dieser Thematik können auch andere Methoden wie Regressions-, Korrelations- und Zeitreihenanalysen sowie andere ökonometrische Verfahren zum Einsatz kommen.
- Die Untersuchungen sollten auf andere Länder ausgedehnt werden.

Literatur

Belongia, M.T. und Garfinkel, M.R. (1992): *The Business Cycle: Theories and Evidence.* Boston.

Boehm, E.A. (1990): Understanding Business Cycles: A Critical Review of Theory and Fact. In Klein, P.A. (Hg.): *Analyzing Modern Business Cycles: Essays Honoring Geoffrey H. Moore.* Armonk.

Boschan, C. und Ebanks, W.W. (1978): *The Phase-Average Trend: A New Way of Measuring Growth.* American Statistical Association: 1978 Proceedings of the Business and Economic Statistics Section. Washington.

Bronfenbrenner, M. (Hg.) (1969): *Is the Business Cycle Obsolete?* New York.

Bry, G. und Boschan, C. (1971): *Cyclical Analysis of Time Series: Selected Procedures and Computer Programs.* New York.

Klein, L.R. (1990): Cyclical Indicators in Econometric Models. In Klein, P.A. (Hg.): *Analyzing Modern Business Cycles: Essays Honoring Geoffrey H. Moore.* Armonk.

Klein, P.A. (1976): Postwar Growth Cycles in the United Kingdom: An Interim Report. Explorations in Economic Research, 3(1).

Klein, P.A. (1981): *Growth Cycles in Postwar Sweden.* Stockholm.

Klein, P.A. (Hg.) (1990): *Analyzing Modern Business Cycles: Essays Honoring Geoffrey H. Moore.* Armonk.

Klein, P.A. und Moore, G.H. (1979): *Cronologia dei Cicli di Cresita Italiani nel Dopoguerra.* Istituto Nazionale Per Lo Studio della Congiuntura: Rassegna della Lettura sui Cicli Economici. Rom.

Klein, P.A. und Moore, G.H. (1981): Growth Cycles in France. *Revue Economique*, 32(3).

Klein, P.A. und Moore, G.H. (1985): *Monitoring Growth Cycles in Market-oriented Countries: Developing and Using International Economic Indicators.* Cambridge, MA.

Lahiri, K. und Moore, G.H. (1991) (Hg.): *Leading Economic Indicators: New Approaches and Forecasting Records.* Cambridge.

Mintz, I. (1969): *Dating Postwar Business Cycles: Methods and their Application to Western Germany, 1950-67.* NBER: Occasional Papers, 107. New York.

Mintz, I. (1972): Dating American Growth Cycles. In Zarnowitz, V. (Hg.): *The Business Cycle Today.* New York.

Mintz, I. (1974): Dating United States Growth Cycles. *Explorations in Economic Research*, 1(1), 1-113.

Moore, G.H. (1979): The Forty-second Anniversary of the Leading Indicators. In Fellner, W. (Hg.): *Contemporary Economic Problems 1979.* Washington, D.C.

Moore, G.H. (1983): *Business Cycles, Inflation, and Forecasting.* Cambridge, MA.

Moore, G.H. und Moore, M.H. (1985): *International Economic Indicators: A Sourcebook.* Westport.

Moore, G.H. und Zarnowitz, V. (1986): The Development and Role of the National Bureau of Economic Research's Business Cycle Chronologies. In Gordon, R.J. (Hg.): *The American Business Cycle: Continuity and Change.* Chicago.

Niemira, M.P. und Klein, P.A. (1994): *Forecasting Financial and Economic Cycles.* New York.

OECD (1987): OECD Leading Indicators and Business Cycles in Member Countries, 1960-1985. *Sources and Methods*, 39.

O'Dea, D.J. (1975): *Cyclical Indicators for the Postwar British Economy.* Cambridge University: Occasional Papers, 28. Cambridge, UK.

Oppenländer, K.H. und Poser, G. (Hg.) (1987): *Contributions of Business Cycle Surveys to Empirical Economics.* Papers presented at the 18th CIRET Conference, Proceedings, Zurich 1986. Aldershot.

Oppenländer, K.H. und Poser, G. (Hg.) (1991): *Business Cycle Analysis by Means of Economic Surveys.* Papers presented at the 20th CIRET Conference, Proceedings, Budapest 1989. Aldershot.

Samuelson, P.A. (1972): Discussion. In Zarnowitz, V. (Hg.): *The Business Cycle Today.* New York.

Stock, J.H. und Watson, M.W. (1993): *Business Cycles, Indicators, and Forecasting.* Chicago.

Zarnowitz, V. (Hg.) (1972): *The Business Cycle Today.* New York.

Zarnowitz, V. (1979): An Analysis of Annual and Multiperiod Quarterly Forecasts of Aggregate Income, Output, and the Price Level. *Journal of Business*, 52, 1-33.

Zarnowitz, V. (1986): The Record and Improvability of Economic Forecasting. *Economic Forecasts*, 3, 22-30.

Zarnowitz, V. (1992): *Business Cycles: Theory, History, Indicators, and Forecasting.* Chicago.

Zarnowitz, V. und Moore, G.H. (1986): Major Changes in Cyclical Behavior. In Gordon, R.J. (Hg.): *The American Business Cycle: Continuity and Change.* Chicago.

Anhang: Zusammensetzung der gleichlaufenden CIBCR-Gesamtindikatoren, 1948-1994

UNITED STATES	PERSONAL INCOME, BILLION 1987$, ANNUAL RATE (M) 1948- GROSS DOMESTIC PRODUCT, BILLION 1987$, ANNUAL RATE (Q) 1948- INDUSTRIAL PRODUCTION, 1987=100 (M) 1948- MANUFACTURING AND TRADE SALES, TEN MILLION 1987$ (M) 1948- EMPLOYEES ON NONFARM PAYROLLS, TEN THOUSANDS (M) 1948- UNEMPLOYMENT RATE, PERCENT (M) - INVERTED 1948-1993 UNEMPLOYMENT RATE, PERCENT (M) - INVERTED 1994-
CANADA	PERSONAL INCOME, TEN MILLION 1986 CAN.$, ANNUAL RATE (Q) 1948- GROSS DOMESTIC PRODUCT, TEN MILLION 1986 CAN.$, ANN. RATE (Q) 1948- INDUSTRIAL PRODUCTION, 1986=100 (M) 1948- RETAIL SALES, MILLION 1986 CAN.$ (M) 1948- NONFARM EMPLOYMENT, THOUSANDS (M) 1953- UNEMPLOYMENT RATE, PERCENT (M) - INVERTED 1953-
UNITED KINGDOM	PERSONAL DISPOSABLE INCOME, 10 MILLION 1990 POUNDS (Q) 1955- GROSS DOMESTIC PRODUCT,10 MILLION 1990 POUNDS (Q) 1955- INDUSTRIAL PRODUCTION, 1990=100 (M) 1948- RETAIL SALES, VOLUME, 1990=100 (M) 1957- EMPLOYMENT IN PRODUCTION INDUSTRIES (GB) THOUS.MAR, JUN, SEP, DEC - REST INTERPOLATED 1952- UNEMPLOYED, THOUSANDS (M) - INVERTED 1949-
GERMANY	DISPOSABLE INCOME, BILLION 1985 DM (Q) 1950- GROSS NATIONAL PRODUCT, BILLION 1991 DM (Q) 1950- INDUSTRIAL PRODUCTION, 1985=100 (M) 1948- MANUFACTURING SALES, VOLUME, 1985=100 (M) 1952- RETAIL TRADE, VOLUME, 1986=100 (M) 1955- EMPLOYMENT IN MINING AND MANUFACTURING, THOUSANDS (M) 1950- UNEMPLOYMENT RATE, PERCENT (M) - INVERTED 1950-
FRANCE	GROSS DOMESTIC PRODUCT, BILLION 1980 FRANCS (Q) 1963- INDUSTRIAL PRODUCTION, 1985=100 (M) 1951- RETAIL SALES, VOLUME, 1990=100 (M) 1955- NONFARM EMPLOYMENT, 1980=100. SERIES IS FOR JAN, APR, JUL, OCT - REST INTERPOLATED 1951- REGISTERED UNEMPLOYED, THOUSANDS (M) - INVERTED 1955-
ITALY	GROSS DOMESTIC PRODUCT, 10 BILLION 1985 LIRE (Q) 1952- INDUSTRIAL PRODUCTION, 1990=100 (M) 1948- RETAIL SALES, IN CONSTANT PRICES, 1990=100 (M) 1956- NONFARM EMPLOYMENT, 100 THOUSAND. SERIES IS FOR JAN, APR, JUL, OCT - REST INTERPOLATED 1959- UNEMPLOYMENT RATE, %. SERIES IS FOR JAN, APR, JUL, OCT - REST INTERPOLATED 1959-
JAPAN	WAGE AND SALARY INCOME, IN CONSTANT PRICES, 1990=100 (M) 1954- GROSS NATIONAL EXPENDITURES, 10 BILLION 1985 YEN, ANNUAL RATE (Q) 1952- INDUSTRIAL PRODUCTION, 1990=100 (M) 1953- RETAIL SALES, IN CONSTANT PRICES, 1990=100 (M) 1954- REGULAR WORKERS' EMPLOYMENT, ALL INDUSTRIES, 1990=100 (M) 1954- UNEMPLOYMENT RATE, PERCENT (M) - INVERTED 1953-
AUSTRALIA	HOUSEHOLD INCOME, MILLION 1989-90 A$ (Q) 1951- GROSS NONFARM PRODUCT, MILLION 1989-90 A$ (Q) 1951- INDUSTRIAL PRODUCTION, 1989-90=100 (Q) 1950- RETAIL TRADE, MILLION 1989-90 A$ (M) 1951- TOTAL EMPLOYED CIVILIAN LABOR FORCE, THOUSANDS (M) 1948- UNEMPLOYMENT RATE, PERCENT (M) - INVERTED 1949

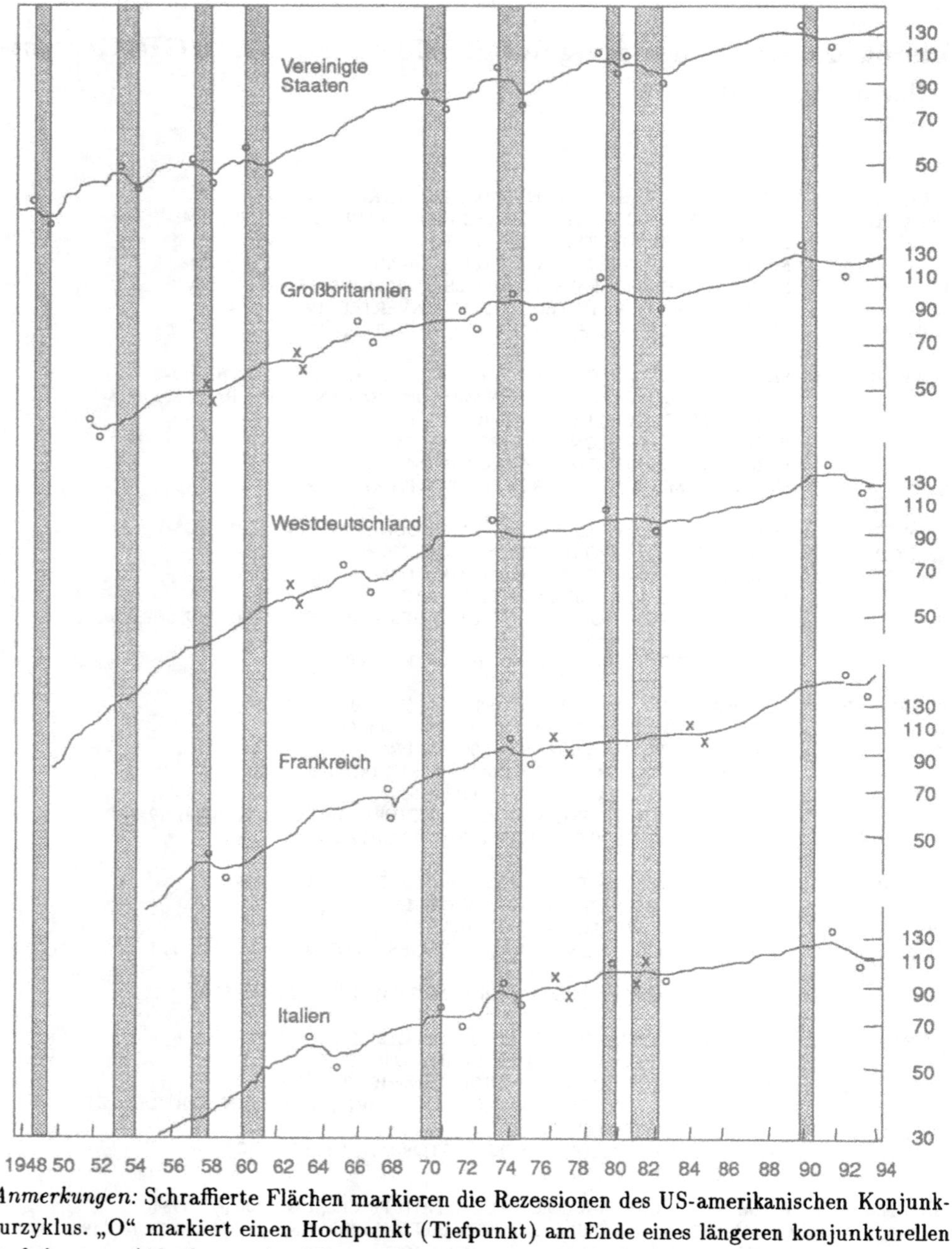

Anmerkungen: Schraffierte Flächen markieren die Rezessionen des US-amerikanischen Konjunkturzyklus. „O" markiert einen Hochpunkt (Tiefpunkt) am Ende eines längeren konjunkturellen Aufschwungs (Abschwungs). „X" markiert einen Hochpunkt (Tiefpunkt) am Ende (Anfang) eines kurzen konjunkturellen Einbruchs.

Abbildung 6.1.1: Gleichlaufende CIBCR-Gesamtindikatoren für acht ausgewählte Länder I, 1948-1994

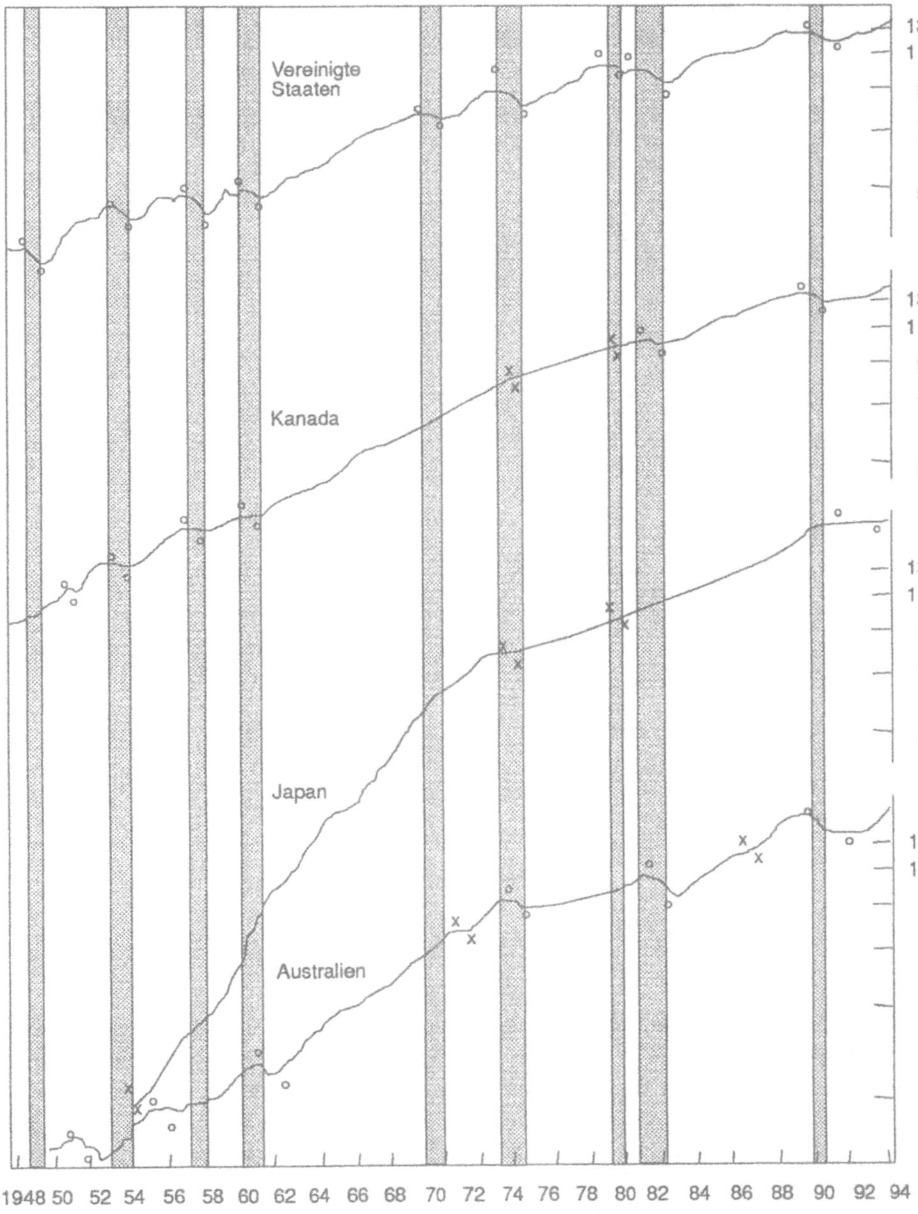

Abbildung 6.1.2: Gleichlaufende CIBCR-Gesamtindikatoren für acht ausgewählte Länder II, 1948-1994

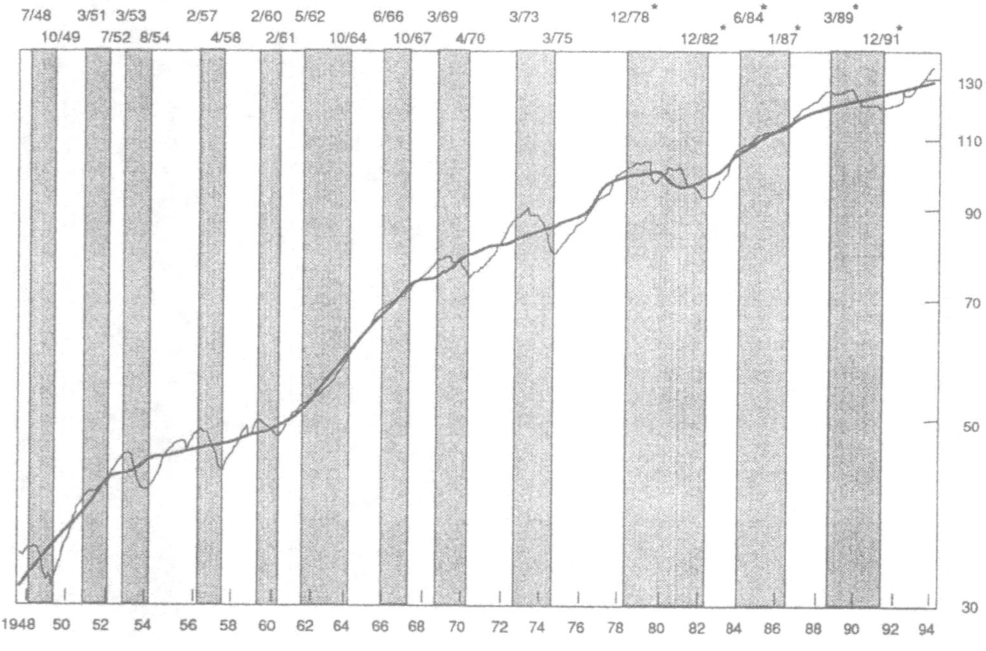

Anmerkungen:
Schraffierte Flächen kennzeichnen die Rezessionen der US-amerikanischen Wachstumszyklen vom jeweiligen Hoch- (die genauen Zeitpunkte stehen in der ersten Reihe über der Abbildung) bis zum Tiefpunkt (zweite Reihe über der Abbildung). Die letzten vier Punkte, gekennzeichnet durch einen Stern, beruhen nur auf dem trendbereinigten gleichlaufenden Gesamtindex für die USA (der letzte Punkt wurde revidiert). Bei allen anderen Punkten wurden auch andere Informationen wie die Entwicklungen der Einzelkomponenten berücksichtigt. Die glatte Kurve, die durch die Kurve des Gesamtindex gezeichnet ist, stellt den geschätzten Trend des Index dar, der mit der langfristigen Wachstumsrate des US-amerikanischen Bruttoinlandsprodukts gleichgesetzt wurde. Der letzte Eintrag wurde für September 1994 vorgenommen.

Abbildung 6.1.3: USA: Gleichlaufende CIBCR-Gesamtindikatoren mit Trend und Wachstumszyklen, 1948-1994

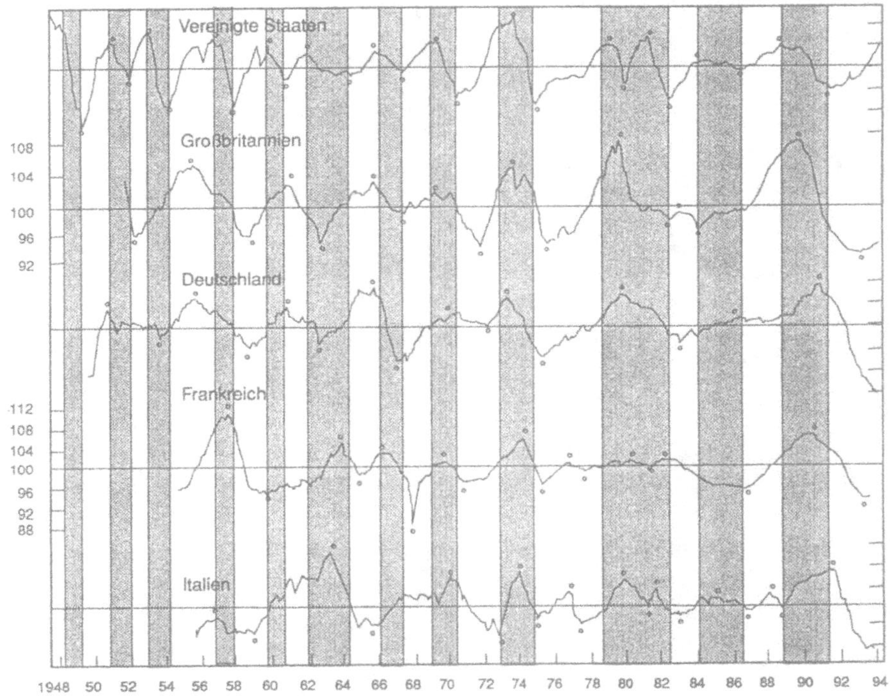

Anmerkungen:
Schraffierte Flächen kennzeichnen die Rezessionen des US-amerikanischen Wachstumszyklus wie sie in Abbildung 6.1.2 dargestellt wurden. Die Kreise kennzeichnen die Hoch- und Tiefpunkte in den entsprechenden Länderindices.

Abbildung 6.1.4: Gleichlaufende CIBCR-Gesamtindikatoren: Abweichungen vom Trend und US-amerikanische Wachstumszyklen I, 1948-1994

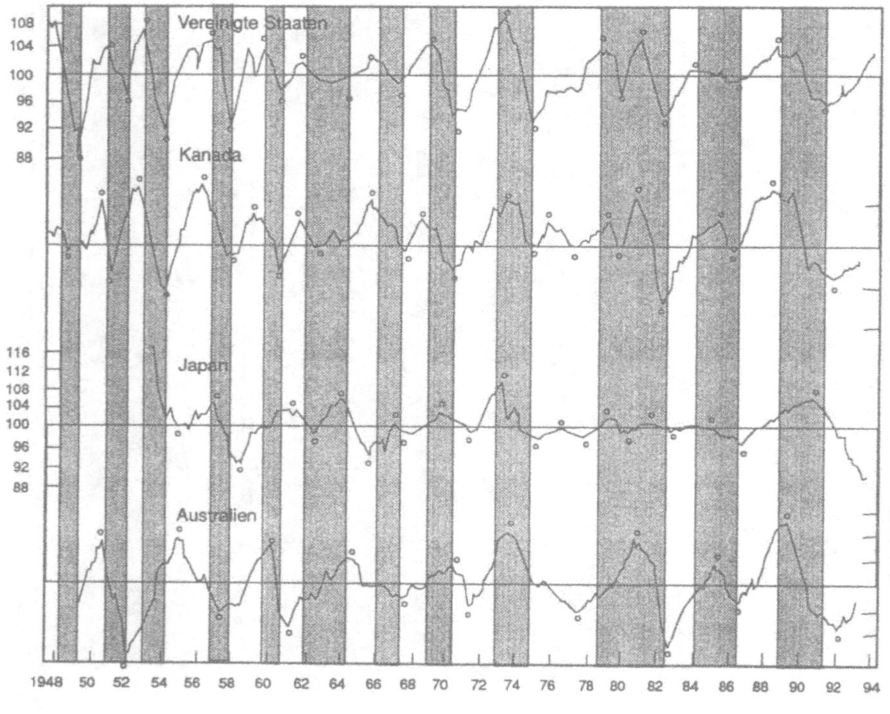

Anmerkungen:
Schraffierte Flächen kennzeichnen die Rezessionen des US-amerikanischen Wachstumszyklus wie sie in Abbildung 6.1.3 dargestellt wurden. Die Kreise kennzeichnen die Hoch- und Tiefpunkte in den entsprechenden Länderindices.

Abbildung 6.1.5: Gleichlaufender CIBCR-Gesamtindikatoren: Abweichungen vom Trend und US-amerikanische Wachstumszyklen II, 1948-1994

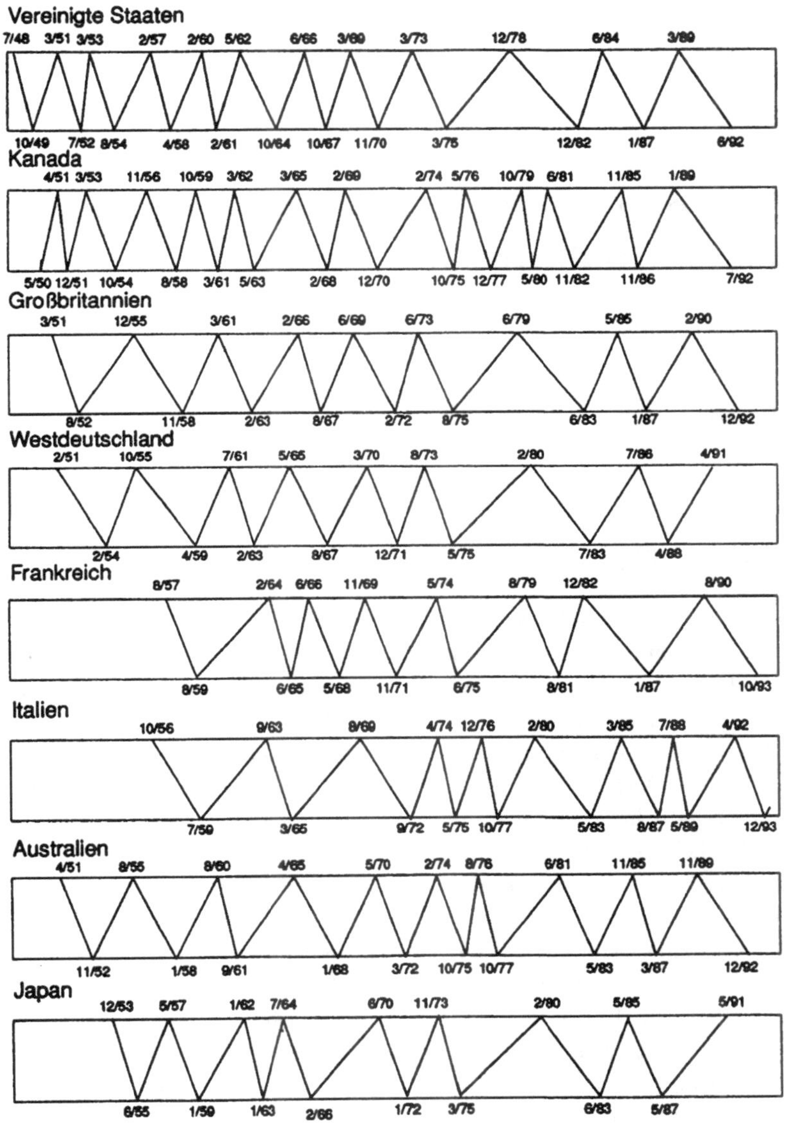

Anmerkungen: In jedem Schaubild werden die Daten der aufeinanderfolgenden Hoch- und Tiefpunkte der Wachstumszyklen für jedes Land mit einer durchgezogenen Linie verbunden. Die Daten sind jeweils ober- und unterhalb der Schaubilder abgetragen. *Quelle:* Daten für die USA: NBER; Daten für die übrigen Länder: CIBCR

Abbildung 6.1.6: Zeitliche Struktur der Wachstumszyklen in acht Ländern, 1948-1994

6.2 Internationaler Vergleich finanz- und geldpolitischer Indikatoren

Willi Leibfritz*

OECD, Paris

6.2.1 Einleitung

Ob und wie stark finanzpolitische und/oder geldpolitische Maßnahmen die gesamtwirtschaftliche Entwicklung beeinflussen, ist umstritten. Dies ist nicht verwunderlich, sind doch die Wirkungszusammenhänge sehr vielschichtig. So können von der Finanzpolitik nicht nur die aus keynesianischer Sicht betonten Wirkungen auf die gesamtwirtschaftliche Nachfrage ausgehen, sondern auch – teils gleichgerichtete, teils entgegengerichtete – Wirkungen auf das Angebotspotential. Gegengerichtete Wirkungen entstehen insbesondere, falls die staatliche Mehrnachfrage Zinssteigerungen induziert und dies die private Investitionstätigkeit bremst (sogenannte Crowding Out-Effekte). Die Gesamtwirkung der Finanzpolitik ist damit nicht immer eindeutig und der Blick auf die kurzfristigen Nachfrageeffekte kann zu falschen Schlußfolgerungen führen. Tatsächlich ist die frühere Vorliebe für staatliche Nachfragesteuerung (demand management) seit den späten siebziger Jahren in Wissenschaft und politischer Praxis einer deutlichen Ernüchterung gewichen, und die Crowding Out-Effekte werden stärker betont als früher. Hinzu kommt, daß aufgrund stark gestiegener Staatsschulden und der notwendig gewordenen Haushaltskonsolidierung sich die Zielrichtung der finanzpolitischen Indikatoren in Richtung der langfristigen Sicherstellung gesunder Staatsfinanzen verschoben hat (sustainability indicators). Dennoch bleibt für die Konjunkturanalyse auch der Blick auf die kurzfristigen Wirkungen wichtig. So ist es wichtig zu wissen, ob die aktuelle Finanz-und Geldpolitik den gesetzten Zielen entspricht und ob sich diese Politikbereiche ergänzen oder ob sie zueinander in Konflikt stehen. Der folgende Beitrag diskutiert die Aussagekraft verschiedener Indikatoren der Finanz-und Geldpolitik und untersucht diese Indikatoren im Konjunkturverlauf für mehrere Länder. Ziel ist es herauszufinden, welchen Beitrag Finanzpolitik und Geldpolitik zur

* Die Abbildungen sind am Ende des Beitrags zusammengefaßt.

Verstetigung von Konjunkturschwankungen im allgemeinen und zur Überwindung von Rezessionen im besonderen geleistet haben.[1]

6.2.2 Finanzpolitische Indikatoren

Notwendigkeit von Indikatoren und theoretische Fundierung

Mit der Finanzpolitik verfolgen die Regierungen üblicherweise eine ganze Reihe von Zielen:[2]

- Beeinflussung der gesamtwirtschaftlichen Nachfrage:
  Bei der früher stärker betonten kurzfristigen Betrachtung bedeutet diese (traditionelle keynesianische) Zielsetzung, daß konjunkturelle Überhitzungen und Rezessionen durch die Finanzpolitik vermieden werden sollen. Bei der mittelfristigen Betrachtung, die inzwischen an Bedeutung zugenommen hat, stehen der Einfluß der Finanzpolitik auf die gesamtwirtschaftliche Sparquote und das Produktionspotential im Vordergrund. Dabei gibt es unterschiedliche Ansichten, wie die Finanzpolitik auf die gesamtwirtschaftliche Nachfrage bzw. die gesamtwirtschaftliche Ersparnis wirkt. Im Unterschied zur keynesianischen Theorie leugnet die Ricardo-Äquivalenztheorie kurzfristige und mittelfristige Effekte der Finanzpolitik auf die Gesamtnachfrage und die Gesamtersparnis. Da hier die privaten Haushalte rationale Erwartungen haben, sehen sie hinter „dem Schleier der Staatsverschuldung" die später notwendigen Steuerhöhungen und verändern ihren Verbrauch bzw. ihre Ersparnisse entsprechend, je nachdem, ob der Staat mehr oder weniger spart, so daß gesamtwirtschaftliche Ersparnis, Zinsen und Investitionen konstant bleiben. Da die Finanzpolitik die gesamtwirtschaftliche Nachfrage nicht beeinflußt, ist es nach dieser Auffassung auch nicht nötig, Indikatoren zur Beurteilung der Finanzpolitik zu entwickeln.

  Nach der monetaristischen Theorie führt eine expansive Finanzpolitik über höhere Zinsen zu einer Verdrängung privater Nachfrage, so daß die gesamtwirtschaftliche Nachfrage unverändert bleibt. Da die privaten Investitionen sinken, senkt diese Politik die mittelfristige gesamtwirtschaftliche Ersparnis und damit das Produktionspotential. Ein Indikator für kurzfristige Nachfrageeffekte ist demnach nicht nötig, wohl aber einer für die mittelfristigen Wirkungen auf die nationale Ersparnis. Auch nach der für offene Volkswirtschaften entwickelten Theorie von Mundell und Fleming hat die Finanzpolitik keinen Einfluß auf die kurzfristige Gesamtnachfrage. Hier führt eine expansive Finanzpolitik über Kapitalimporte zu einer Aufwertung der Währung und zu einer Senkung der (Netto-) Exporte. Während also bei der monetaristischen Theorie das Staatsdefizit über höhere Zinsen die Investitionen verdrängt, kommt es hier über den Wechselkurs zu einer Verdrängung der Exporte. Da die Exporte aber

[1] Vgl. Leibfritz et al. (1994).

[2] Vgl. Gramlich (1990).

ein Teil der nationalen Ersparnis sind, wird die nationale Ersparnis beeinflußt. Damit ist auch nach dieser Theorie kein Indikator für die Nachfrageeffekte notwendig, wohl aber einer, der den Einfluß auf die nationale Ersparnis aufzeigt. Die Theorie von Lucas, Sargent and Wallace geht davon aus, daß eine expansive Finanzpolitik zu Preissteigerungen führt und diese über die Verringerung der realen Geldmenge die private Nachfrage (vor allem die Investitionen) senkt. Auch nach dieser Theorie hat das Staatsdefizit keinen signifikanten Einfluß auf die kurzfristige Gesamtnachfrage, wohl aber einen auf die mittelfristige nationale Ersparnis.

- Stabilisierung der Staatsschuldenquote:
  Falls das Staatsdefizit die nationale Ersparnis senkt, ist es notwendig die Höhe und die Entwicklung der Staatsschuld zu kontrollieren. Das Verhältnis zwischen Staatsschuld und Bruttoinlandsprodukt (Staatsschuldenquote) steigt, falls der reale Zinssatz größer ist als die Rate des realen Wirtschaftswachstums oder falls der um die Zinsausgaben bereinigte Budgetsaldo (Primärsaldo) im Defizit ist. Es sind daher Indikatoren notwendig, die anzeigen, ob es in Zukunft zu einer Erhöhung der Staatsausgabenquote kommt bzw. welche Maßnahmen nötig sind, eine Erhöhung der Staatsschuldenquote zu verhindern (sustainability indicators).[3]

- Optimale Allokation der gesamtwirtschaftlichen Ressourcen (Mikro-Effizienz):
  Die Finanzpolitik kann über höhere Steuern oder weniger produktive Staatsausgaben die Faktorallokation und damit das Produktionspotential mittelfristig negativ beeinflussen. Es sind daher Indikatoren notwendig, die derartige Verzerrungen der Faktorallokation durch das staatliche Finanzsystem aufzeigen.

Es ist offenkundig, daß zur Beantwortung dieser verschiedenen Fragestellungen unterschiedliche Beurteilungsindikatoren für die Finanzpolitik notwendig sind. Im folgenden wird lediglich auf die kurzfristigen Nachfrageimpulse abgestellt, und es werden die Veränderung des zyklisch bereinigten (d.h. strukturellen) Staatsdefizits und die Veränderung der zyklischen Komponente des Staatsdefizits als Indikatoren für die Nachfrageimpulse der diskretionären Finanzpolitik bzw. der Impulse der automatischen Stabilisatoren verwendet. Die Analyse steht damit unter den oben erwähnten Vorbehalten der verschiedenen theoretischen Ansätze hinsichtlich der gesamten Wirkungen der Finanzpolitik. Konkret wird also unterstellt, daß – jedenfalls kurzfristig – weder die Veränderung der privaten Ersparnisse (Ricardo-Äquivalenztheorie), noch der Verdrängungswettbewerb über höhere Zinsen oder höhere Wechselkurse die Nachfrageimpulse der Finanzpolitik voll kompensieren. Dies bedeutet allerdings nicht, daß derartige Gegenwirkungen der Finanzpolitik wie sie von diesen theoretischen Ansätzen beschrieben werden, in den jeweiligen Situationen nicht auch bedeutsam waren. Da wir hier aber insbesondere auf den Politikvergleich während der Rezessionsphasen abstellen, ist diese Annahme zu rechtfertigen. Sieht man von dem Extremfall der Ricardo-Äquivalenztheorie ab, so kann das im folgenden verwendete strukturelle Staatsdefizit bzw. seine Veränderung auch als Indikator für den Einfluß

[3] Vgl. Blanchard (1990), Blanchard et al. (1990) und Cohen (1994).

der Finanzpolitik auf die nationale Ersparnis verwendet werden. Im folgenden wird daher die Berechnung des strukturellen Staatsdefizits wie sie derzeit von der OECD vorgenommen wird, kurz dargestellt. Anschließend werden die auf diese Weise abgeleiteten finanzpolitischen Nachfrageimpulse international verglichen.

Finanzpolitik im Konjunkturverlauf

Zur Berechnung des strukturellen Staatsdefizits wird in einem ersten Schritt der Trendwert des Bruttoinlandsprodukts berechnet. Die OECD nahm hier vor kurzem eine methodische Änderung vor und ersetzte die früher verwendeten Trendberechnungen (getrennt für einzelne Konjunkturzyklen) durch die Berechnung des Produktionspotentials. Bei der Schätzung des Produktionspotentials verwendet die OECD für den Unternehmenssektor eine Cobb-Douglas Produktionsfunktion mit den Faktoren Arbeit und Kapital. In einem zweiten Schritt werden dann die hypothetischen Staatseinnahmen und Staatsausgaben berechnet, wie sie sich ohne zusätzliche Maßnahmen bei Erreichung des Potentials und der dann noch vorhandenen strukturellen Arbeitslosigkeit (NAWRU) ergeben würden.

Die Abbildungen 6.2.1, 6.2.2 und 6.2.3 zeigen die mit Hilfe der (nach der bisherigen OECD-Methode ermittelten) strukturellen Staatsdefizite bzw. seiner Veränderungen klassifizierte Finanzpolitik für die verschiedenen Länder im Verlauf der verschiedenen Konjunkturzyklen. Dabei zeigt sich im Ländervergleich wie auch im Vergleich über die verschiedenen Zyklen ein uneinheitliches Bild. Zwar versuchten die meisten Länder die weltweite Rezession 1975 noch mit Hilfe eines expansiven Kurses der Finanzpolitik zu überwinden, doch war schon während der Rezession Anfang der achtziger Jahre kein einheitlicher finanzpolitischer Kurs mehr zu erkennen. In drei der G7- Länder (Vereinigte Staaten, Großbritannien, und Kanada) wurden die konjunkturellen Erholungen durch eine expansive Finanzpolitik begleitet, während in den anderen vier Ländern (Deutschland, Frankreich, Italien, Japan) die konjunkturelle Erholung trotz eines finanzpolitischen Konsolidierungskurses zustande kam. Im Unterschied zu den früheren Rezessionen erfolgte die Überwindung der jüngsten Rezession nicht synchron. Es ist daher zu fragen, ob die Länder, welche die Rezession früher überwunden haben eine andere Finanzpolitik verfolgten als die übrigen Länder. Dies war im allgemeinen nicht der Fall. Zwar verfolgten einige dieser Länder einen expansiven finanzpolitischen Kurs (Großbritannien, Australien, Norwegen), andere dagegen begannen schon während der Rezession mit der Haushaltskonsolidierung wie dies an der Verringerung des zyklisch bereinigten Staatsdefizits abgelesen werden kann (Kanada, auch das hier nicht abgebildete Neuseeland). Von den Ländern, welche die Rezession später überwandten und die im Jahr 1993 noch in der Rezession waren, versuchten einige, die Konjunktur finanzpolitisch zu stimulieren (Frankreich und Schweden), während die Mehrheit der Haushaltskonsolidierung Priorität einräumte (Deutschland, Italien, Belgien, Niederlande und die hier nicht abgebildeten Länder Österreich, Finland, Portugal und Spanien). Insgesamt ist also festzustellen, daß in den vergangenen Rezessionen die sogenannten automatischen Stabilisatoren durch diskretionäre finanzpolitische Maßnahmen häufig konterkariert wurden. Ein Außerkraftsetzen der automatischen Stabilisierungswirkung der Staatshaushalte war allerdings auch teilweise während der den Rezessionen vorangegangenen Boomphasen zu beobachten, insbesondere auch während der letzten Boomphase. In Deutschland kam diese expansive Finanzpolitik durch die Sondereffekte der Wiedervereinigung zustande, aber auch durch die Steuersenkung 1990, die als letzter Teil eines umfassenden Steuersenkungsstrategie früher schon festgelegt worden war. Auch in einigen anderen Ländern wie in Frankreich (1989/1990), Italien (1990) und Großbritannien (1989/1990) wurden während der Hochkonjunktur die konjunkturdämpfende Wirkung der automatischen Stabilisatoren durch expansive diskretionäre Maßnahmen konterkariert. Dies war auch in einigen kleineren Ländern der Fall (Belgien, Niederlande und Schweden). Eine mögliche Ursache dafür war, daß als Zielgröße der Finanzpolitik das tatsächliche Defizit anstatt des strukturellen Defizits verwendet wurde, so daß die durch den Konjunkturaufschwung herbeigeführte Senkung des tatsächlichen Defizits als Verbesserung des strukturellen Defizits mißinterpretiert wurde. Die prozyklische Finanzpolitik während des Aufschwungs hat damit zu der Konjunkturüberhitzung beigetragen und somit letztlich auch die anschließende Rezession mit verursacht. Der durch diese Politik herbeigeführte Anstieg der Staatsverschuldung verringerte in der anschließenden Rezession den finanzpolitischen Spielraum, so daß sich die Regierungen gezwungen sahen, die konjunkturbedingte Erhöhung des Staatsdefizits zu verhindern oder zumindest einzuschränken, was darauf hinauslief, daß die sogenannten automatischen Stabilisatoren ihre nachfragestützende Wirkung nicht oder nicht voll entfalten konnten.

6.2.3 Geldpolitische Indikatoren

Bestimmung des geldpolitischen Kurses

Ob die Geldpolitik die Konjunktur stützt oder abbremst, ist nicht immer eindeutig festzustellen. Im folgenden wird der Kurs der Geldpolitik mit Hilfe zweier Indikatoren beschrieben:

- Neigung der Zinsstrukturkurve (yield curve), also der Differenz zwischen dem langfristigen und dem kurzfristigen Zinssatz: Bei normaler Konjunktur, d.h. wenn die gesamtwirtschaftliche Produktion auf ihrem mittelfristigen Trendwert liegt, ist zu erwarten, daß der langfristige Zinssatz etwas höher ist als der kurzfristige, die Zinsstrukturkurve also leicht positiv geneigt ist. Werden dagegen hohe Kurzfristzinsen von den Finanzmärkten als temporär angesehen, wie beispielsweise in Phasen restriktiver Geldpolitik, dann flacht sich die Zinsstruktur ab und wird evtl. sogar invers, d.h. die Kurzfristzinsen liegen über den Langfristzinsen. Umgekehrt führt eine Lockerung des geldpolitischen Kurses zu einer steileren Zinsstrukturkurve.

- Zinssatzniveau: Die absolute Höhe der Zinssätze kann zusätzliche Informationen liefern über den geldpolitischen Kurs (Höhe der Kurzfristzinsen) oder die Wirkungen der monetären Bedingungen auf die Wirtschaft (Höhe der Kurzfrist- und Langfristzinsen). Dies ist insbesondere dann der Fall, wenn die Beziehung zwischen der

Zinsdifferenz (Zinsstruktur) und der Zinshöhe nicht eindeutig ist, hinter der gleichen Zinsdifferenz sich also relativ niedrige oder relativ hohe Zinssätze verbergen.

Neben der Zinsdifferenz und der Zinshöhe gibt es weitere Indikatoren, die für die Beschreibung des geldpolitischen Kurses und der monetären Bedingungen wichtig sein können, insbesondere die verschiedenen Geldmengenaggregate oder auch die Entwicklung des (realen) Wechselkurses. Die folgende Analyse beschränkt sich allerdings auf die ersten beiden Indikatoren und unterstellt somit, daß diese zumindest die Richtung des geldpolitischen Kurses in den verschiedenen Ländern richtig anzeigen.

Geldpolitischer Kurs im Konjunkturverlauf

Während der beiden Rezessionen Mitte der 70er und Anfang der 80er Jahre (im Anschluß an die Erhöhungen des Ölpreises) war der geldpolitische Kurs in den meisten Ländern ähnlich. In fünf der sieben großen Industrieländer ging der anschließenden konjunkturellen Erholung eine deutliche Lockerung des geldpolitischen Kurses voraus. Dies läßt sich an der steileren Zinsstrukturkurve ablesen, aber auch an relativ niedrigen Kurzfristzinsen. Frankreich und Großbritannien bildeten bei der Überwindung der Rezession Anfang der achtziger Jahre insofern Ausnahmen als die Zinsstrukturkurve sich während der Rezession nur wenig bewegte. Die Zinsentwicklung war dabei vor dem konjunkturellen Wendepunkt in Großbritannien aufwärts und in Frankreich abwärts gerichtet (vgl. Abbildungen 6.2.4, 6.2.5 und 6.2.6). Allgemein ist aber festzustellen, daß die Zinsstrukturkurve vor Einsetzen der Konjunkturerholung zumeist im positiven Feld lag. In Italien und Japan war allerdings in den früheren Rezessionen die Situation nicht eindeutig. Aber auch dort war vor dem konjunkturellen Wendepunkt (im Jahr 1975) die Zinsstrukturkurve steiler geworden und nur in Japan setzte die Erholung ein, solange die Zinsstruktur noch invers war. Die Überwindung der jüngsten Rezession bildet hinsichtlich der geldpolitischen Lockerung keine Ausnahme. In den meisten Ländern war die Zinsstrukturkurve vor Beginn der Erholung steiler geworden. Während in den Vereinigten Staaten, in Kanada und in Japan die Erholung bei positiver Zinsstruktur einsetzte, war in einer Reihe von Ländern (darunter auch Deutschland) die Zinsstruktur noch (leicht) invers als die Erholung einsetzte. Der Zusammenhang zwischen der Zinshöhe und dem konjunkturellen Wendepunkt war ebenfalls nicht immer eindeutig. Die Überwindung der Rezession Mitte der siebziger Jahre kam in den meisten der großen Industrieländer bei niedrigen realen Kurzfrist- und Langfristzinsen zustande. Die Rezession zu Beginn der achtziger Jahre wie auch die jüngste Rezession wurden dagegen bei zumeist deutlich höheren realen Zinssätzen überwunden. Allerdings waren vor den konjunkturellen Wendepunkten die Zinssätze deutlich gefallen (Abbildungen 6.2.7 und 6.2.8).

6.2.4 Schlußfolgerungen

Die wirtschaftspolitischen Bedingungen für das Überwinden von Rezessionen sind nicht eindeutig. In den meisten Fällen ging der konjunkturellen Erholung eine deutliche Verbesserung der monetären Bedingungen voraus. Was die Finanzpolitik betrifft, so sind Konjunkturerholungen häufig ohne nachfragestimulierende Impulse in Gang gekommen, ja selbst bei stark restriktiver, auf Haushaltskonsolidierung bedachter Finanzpolitik. Dies ist sicher keine Optimalsituation und es wäre besser, wenn der finanzpolitische Spielraum in Zukunft wieder so groß wäre, daß in Abschwungsphasen zumindest die automatischen Stabilisatoren des öffentlichen Finanzsystems wirken könnten und nicht durch diskretionäre Maßnahmen konterkariert würden. Dazu sahen sich die Regierungen in der Vergangenheit häufig aufgrund der vorangegangenen starken Erhöhung der Staatsschulden gezwungen. Um ein derart prozyklisches Verhalten der Finanzpolitik in Zukunft zu vermeiden, ist es also notwendig, den jetzt beginnenden Aufschwung für eine grundlegende Sanierung der Staatsfinanzen zu nutzen und den Konsolidierungskurs nicht vorzeitig zu lockern. Für die Länder der EU bedeutet dies, daß die strukturellen Staatsdefizite deutlich unter die 3%-Obergrenze des Vertrags von Maastricht gesenkt werden müssen, da in den Abschwungphasen zyklisch bedingte Defizite hinzukommen. Vieles spricht jedenfalls für die Notwendigkeit eines mittelfristigen finanzpolitischen Konsolidierungskurses in den meisten Ländern. Damit könnte auch in dem neuen weltweiten Konjunkturaufschwung eine Kollision zwischen Geldpolitik und Finanzpolitik vermieden werden. Die Kapitalmarktzinsen sind im Jahr 1994 ohnehin schon deutlich gestiegen und belasten nicht zuletzt auch die öffentlichen Haushalte, vor allem in den Ländern mit besonders hoher Staatsverschuldung. Weitere Zinssteigerungen bergen auch die Gefahr einer Verdrängung privater Investitionen, welche für die Schaffung von Arbeitsplätzen besonders wichtig sind.

Literatur

Blanchard, O.J. (1990): Suggestions for a New Set of Fiscal Indicators. OECD Department of Economics and Statistics, *Working Papers*, 79.

Blanchard, O.J., Chouraqui, C., Hagemann, R.P. und Sartor, N. (1990): The Sustainability of Fiscal Policy: New Answers to an Old Question. *OECD Economic Studies*, 15.

Cohen, D. (1994): A Note on the Sustainability of Fiscal Policy. Board of Governors of the Federal Reserve System, *Working Paper Series*, 151.

Gramlich, E.M. (1990): Fiscal Indicators. OECD Department of Economics and Statistics, *Working Papers*, 80.

Leibfritz, W., Roseveare, D. und Noord v.d., P. (1994): Fiscal Policy, Government Debt and Economic Performance. OECD Economics Department, *Working Papers*, 144.

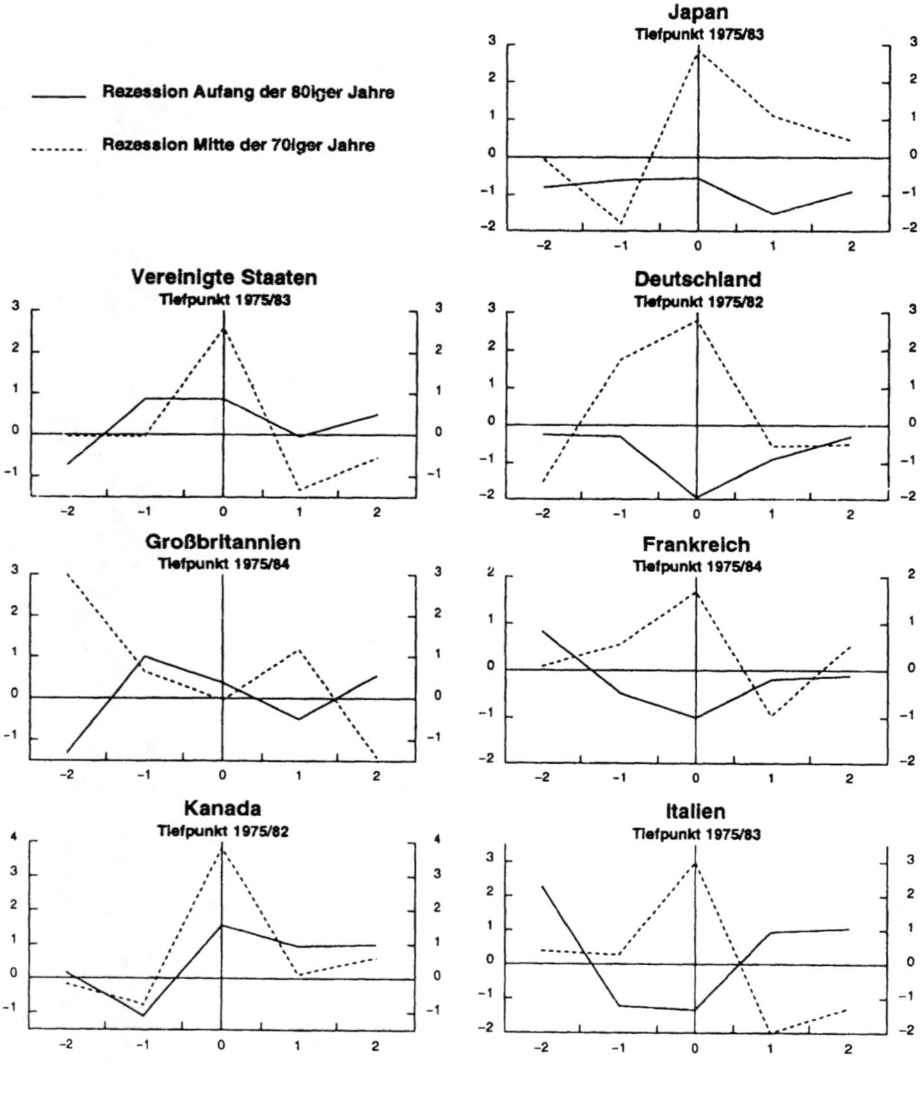

Anmerkungen:
Abszisse: Zeitachse; 0= Jahr des konjunkturellen Tiefpunkts; Ordinate: Veränderung des zyklisch bereinigten Staatsdefizits in Prozent des Trend-Bruttosozialprodukts.

Abbildung 6.2.1: Finanzpolitischer Kurs während früherer Rezessionen

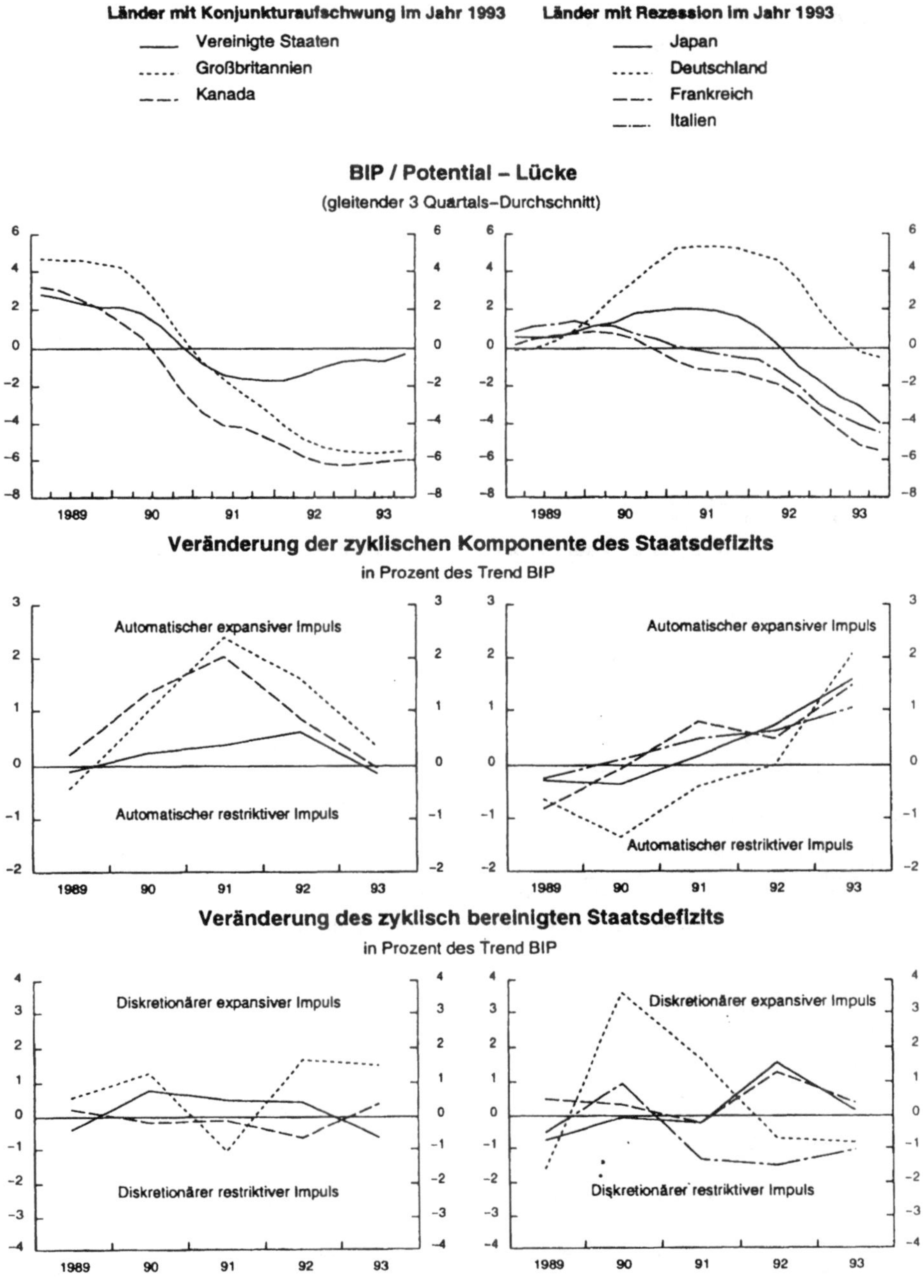

Abbildung 6.2.2: Finanzpolitik während des jüngsten Konjunkturzyklus I

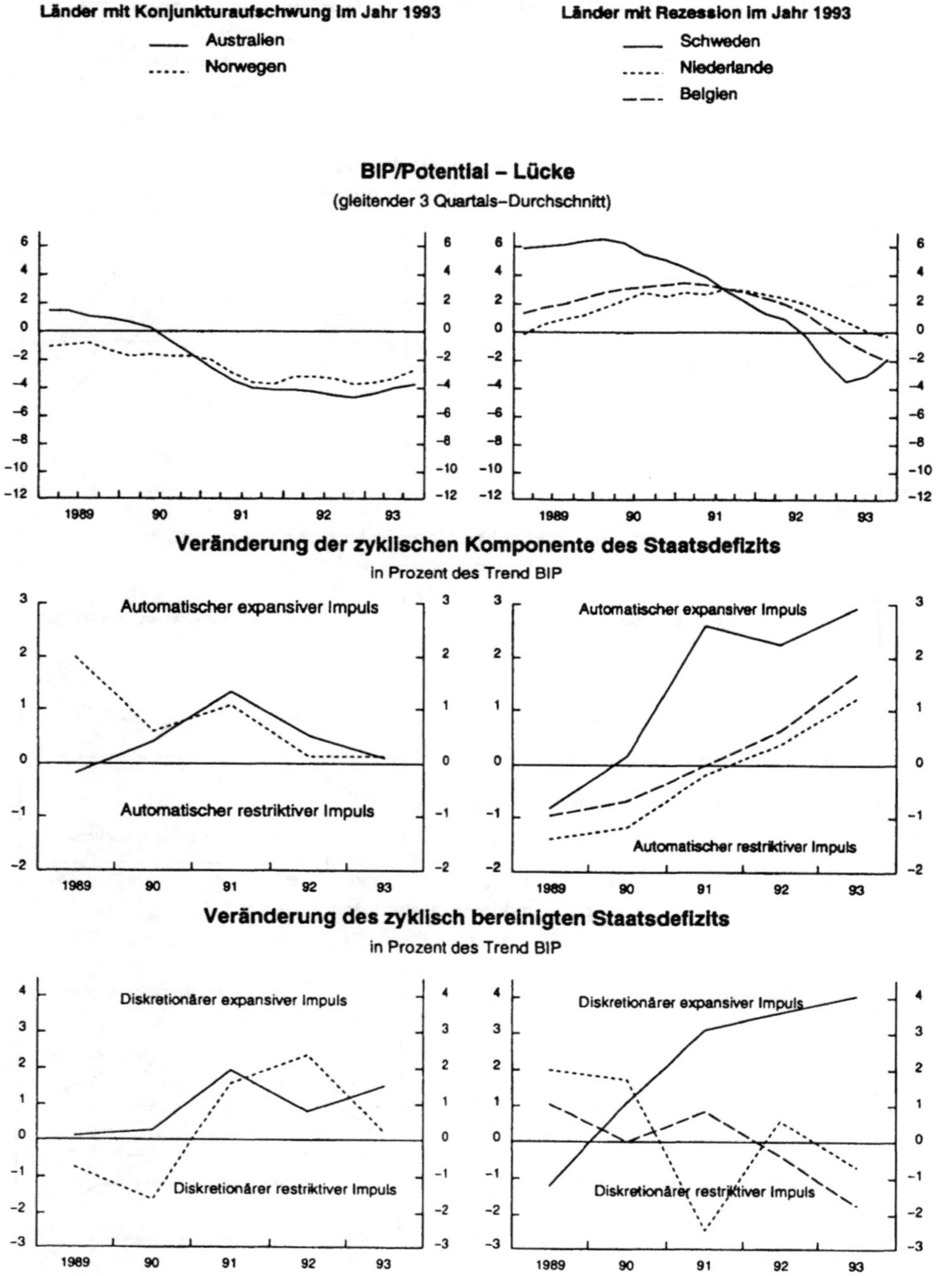

Abbildung 6.2.3: Finanzpolitik während des jüngsten Konjunkturzyklus II

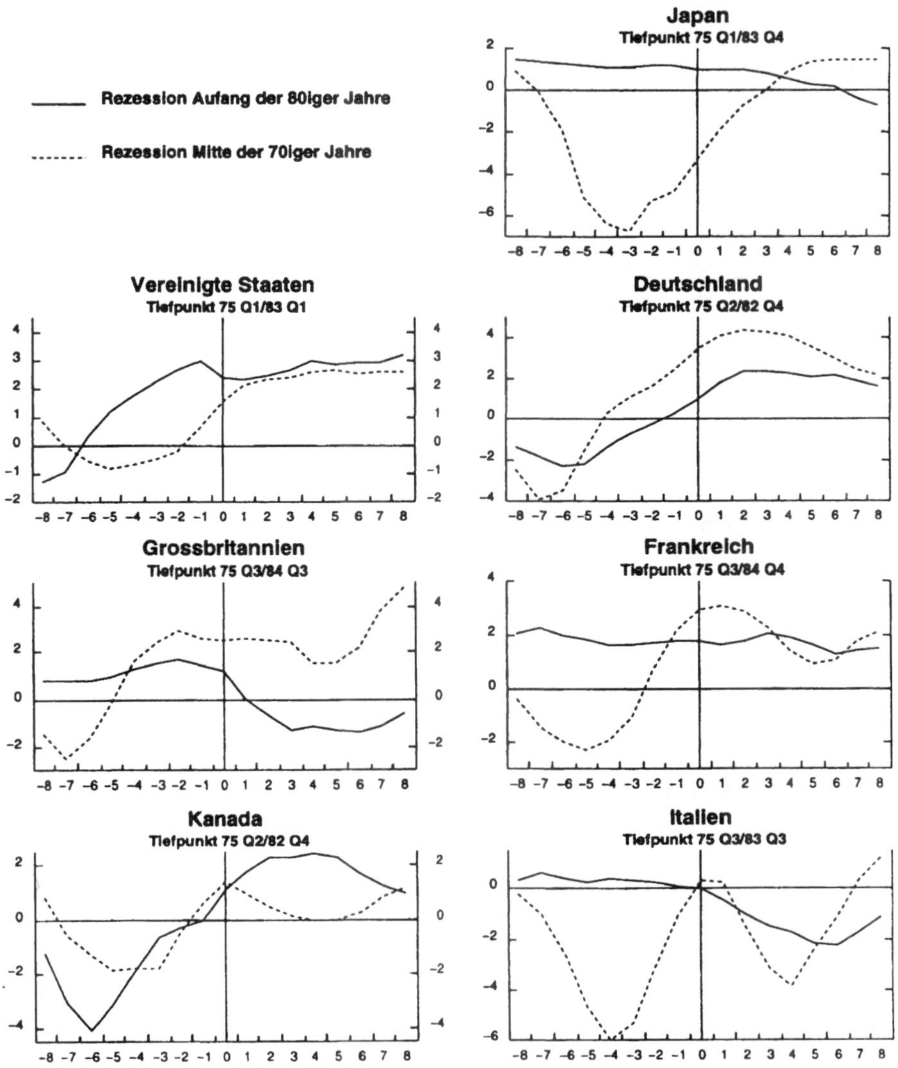

Anmerkungen:
Abszisse: Zeitachse; 0= Quartal des konjunkturellen Tiefpunkts; Ordinate: Differenz zwischen langfristigem und kurzfristigem Zinssatz, gleitender 3-Quartals-Durchschnitt.

Abbildung 6.2.4: Entwicklung der Zinsstruktur während früherer Rezessionen

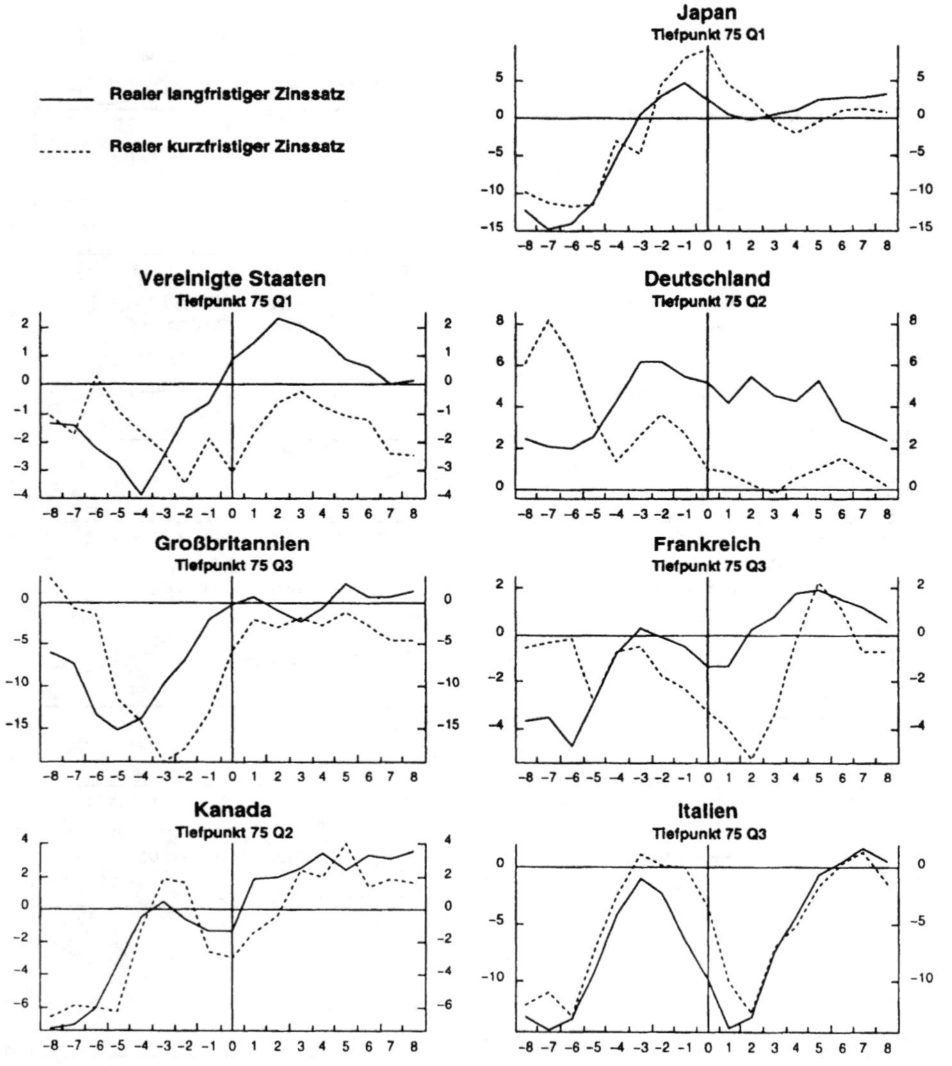

Anmerkungen:

Abszisse: Zeitachse; 0= Quartal des konjunkturellen Tiefpunkts; Ordinate: Nominaler Zinssatz abzüglich Preissteigerungsrate des folgenden Jahres; für 1994: OECD-Prognose.

Abbildung 6.2.5: Reale Zinssätze während früherer Rezessionen I

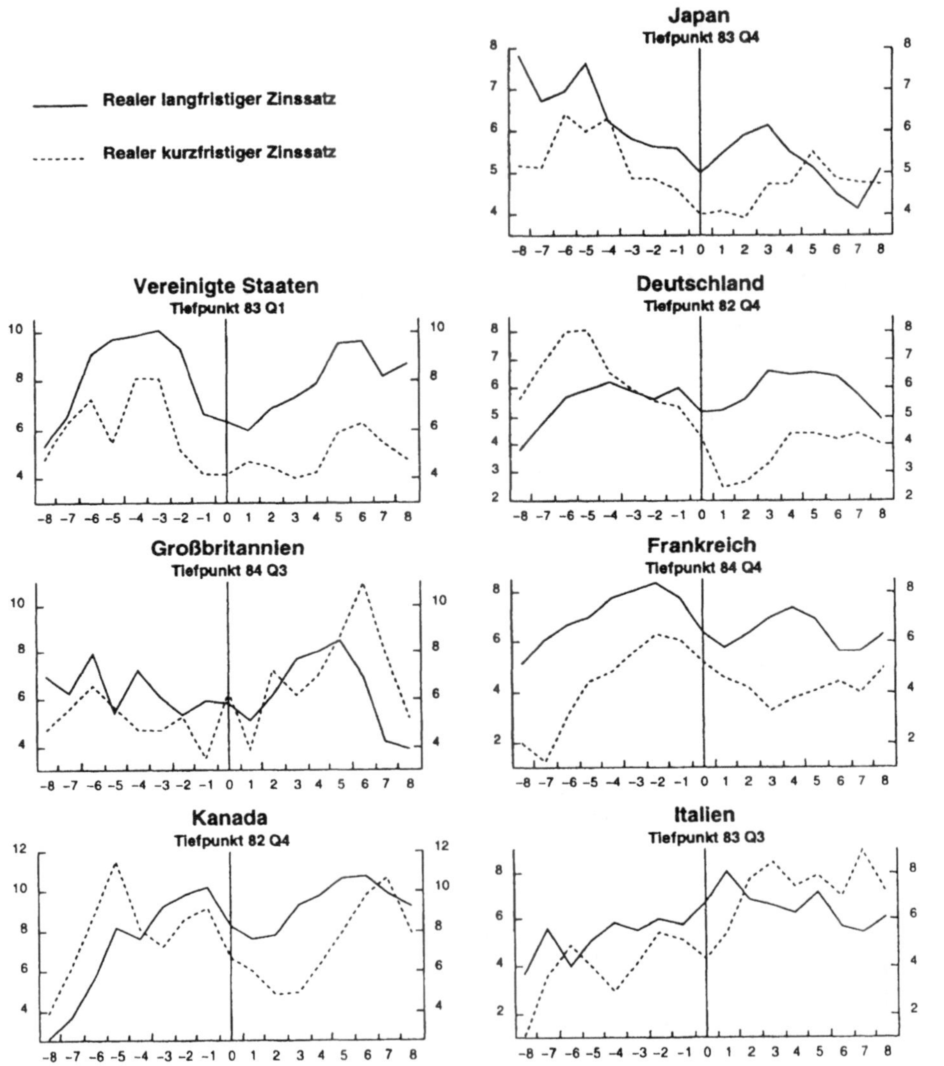

Anmerkungen:
Abszisse: Zeitachse; 0= Quartal des konjunkturellen Tiefpunkts; Ordinate: Nominaler Zinssatz abzüglich Preissteigerungsrate des folgenden Jahres; für 1994: OECD-Prognose.

Abbildung 6.2.6: Reale Zinssätze während früherer Rezessionen II

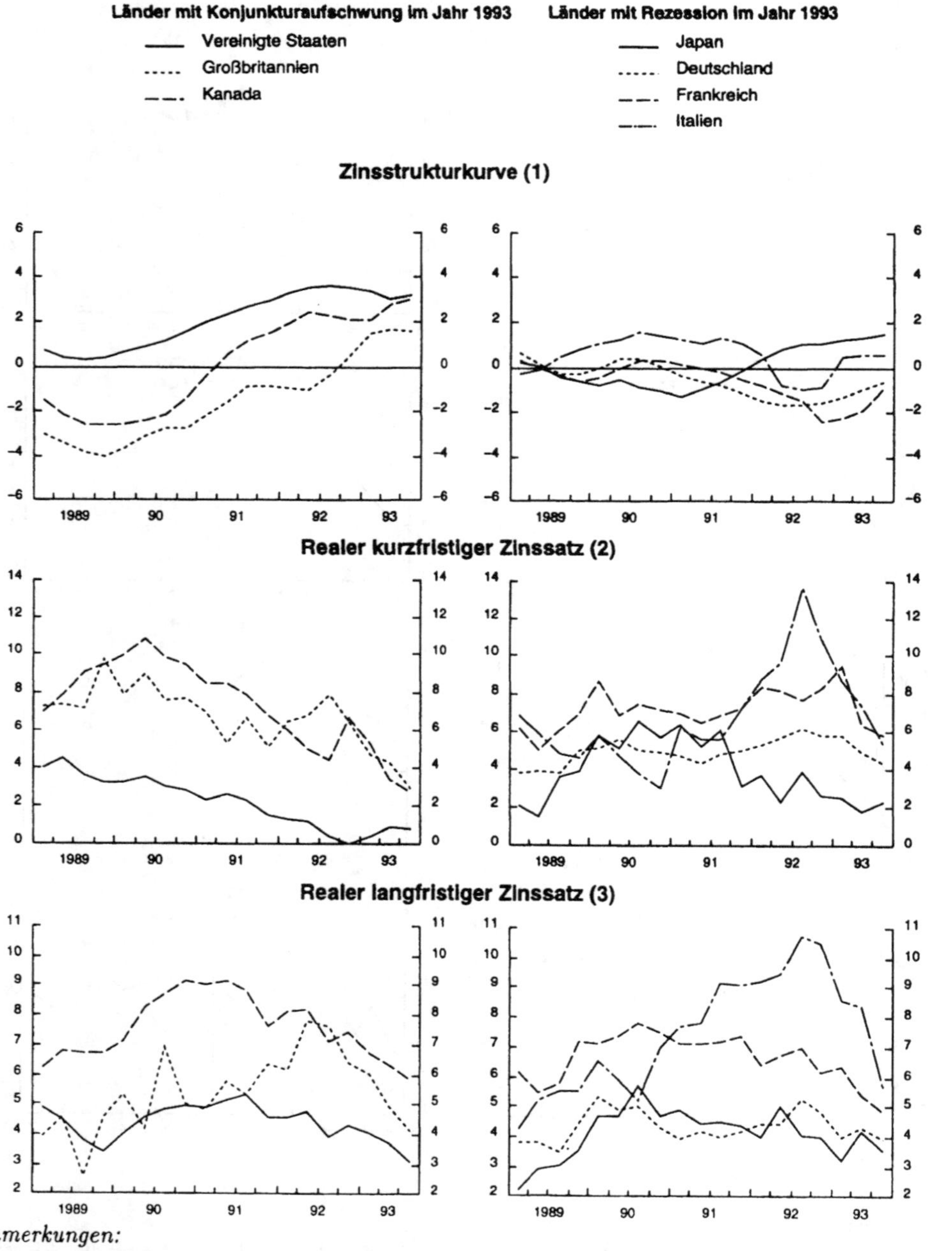

Anmerkungen:

(1): Differenz zwischen langfristigem und kurzfristigem Zinssatz; gleitender 3-Quartals-Durchschnitt.

(2): Nominaler Zinssatz abzüglich Preissteigerungsrate des folgenden Quartals (auf Jahresbasis hochgerechnet und geglättet.)

(3): Nominaler Zinssatz abzüglich Preissteigerungsrate des folgenden Jahres; für 1994: OECD-Prognose.

Abbildung 6.2.7: Monetäre Bedingungen während des jüngsten Konjunkturzyklus I

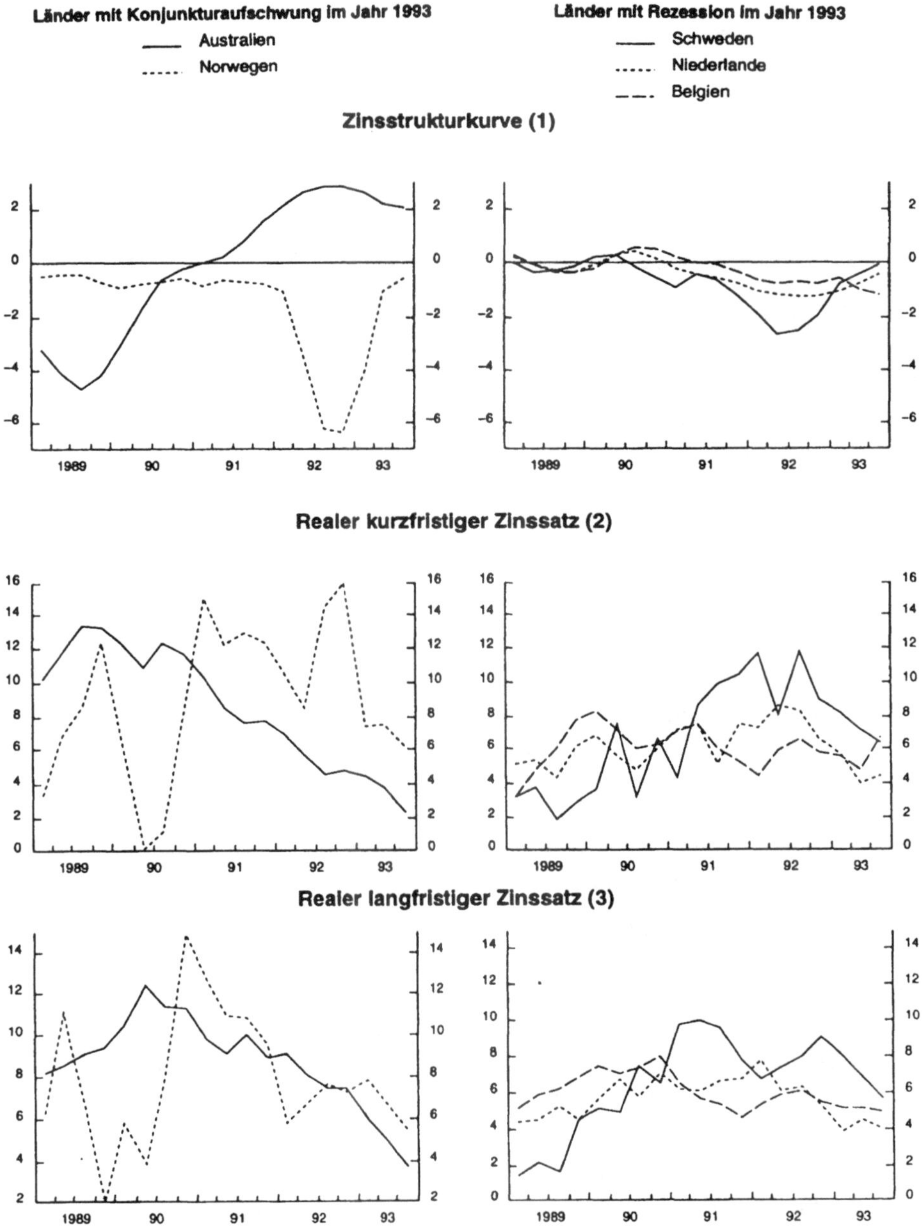

Anmerkungen:

(1): Differenz zwischen langfristigem und kurzfristigem Zinssatz; gleitender 3-Quartals-Durchschnitt.

(2): Nominaler Zinssatz abzüglich Preissteigerungsrate des folgenden Quartals (auf Jahresbasis hochgerechnet und geglättet.)

(3): Nominaler Zinssatz abzüglich Preissteigerungsrate des folgenden Jahres; für 1994: OECD-Prognose.

Abbildung 6.2.8: Monetäre Bedingungen während des jüngsten Konjunkturzyklus II

6.3 Intersektorale Informationsdiffusion und sektorale Frühindikatoren

Horst Entorf*

Universität Mannheim, Mannheim

6.3.1 Einleitung

Eine aggregierte Betrachtung konjunktureller Phänomene vernachlässigt relevante Information. Dies verrät schon ein Blick auf Lucas (1977) stilisierte Fakten. So stellt Lucas z.B. fest, daß sektorelle Outputs einen starken Gleichlauf der Zeitreihen aufweisen (der auch zeitversetzt auftreten kann) und daß die Produktion dauerhafter Güter mit größeren Amplituden einhergeht als die Produktion nichtdauerhafter Güter.[1] Eine multisektorale Konjunkturanalyse bietet daher eine erweiterte Perspektive gegenüber jenen Ansätzen, die „Konjunktur“ auf eine eindimensionale Größe reduzieren.

Für die Endogenisierung von Konjunkturindikatoren können also jene Betrachtungen hilfreich sein, die eine – empirisch zu bestätigende – zeitlich stabile Abfolge von konjunkturreagiblen, hochgradig auto- und kreuzkorrelierten Variablen vorhersagt. Die Rolle einer wirtschaftstheoretisch fundierten Basis sollte dabei nicht unterbewertet werden, da sonst berechtigterweise Koopmans (1947) Vorwurf an die rein empirisch orientierten Konjunkturprognostiker zutrifft, daß nämlich

> „... the movements of economic variables are studied as if they were the eruptions of a mysterious volcano whose boiling caldron can never be penetrated“ (Koopmans 1947, S. 167).

* Ich danke dem ifo Institut, insbesondere Frau Köhler und Frau Wöhlert, für die Bereitstellung von unveröffentlichten ifo Daten. Für wertvolle Hilfe bei der Durchführung der Berechnungen danke ich Michalis Kavalakis und Peter Schwarz.

[1] Dies läßt sich für westdeutsche Daten bestätigen: Investitions-, Grundstoff- und Produktionsgüter haben eine ausgeprägtere konjunkturelle Variation als Verbrauchsgüter (vgl. Entorf 1990).

Abschnitt 2 dieses Aufsatzes stellt theoretische Ansätze vor, die Vorlauf- und Nachlaufbeziehungen zwischen den Branchenoutputs einer Volkswirtschaft motivieren. Hier dienen das multisektorale RBC (= „Real Business Cycles")-Modell von Long und Plosser (1983), Rationierungsmodelle sowie Überlegungen zur internationalen Konjunkturtransmission zur Veranschaulichung des Sachverhaltes.

In Abschnitt 3 wird untersucht, ob theoretisch hergeleitete Vermutungen empirische Relevanz besitzen. Eine Analyse von Produktionsdaten zeigt, daß tatsächlich Lead-Lag-Beziehungen zwischen konjunkturrelevanten Variablen sektoraler Abgrenzung existieren. Ferner wird eine potentielle Konjunkturtransmission zwischen den USA und Deutschland thematisiert.

Wenn – wie Abschnitt 2 zeigt – temporäre Verschiebungen der Sektorkonjunkturen existieren, dann ist zu klären, wie diese Information für die Herleitung von Konjunkturindikatoren möglichst effizient verwandt werden kann. Dabei stellt sich die Frage nach Frühindikatoren, die auf sektoraler Ebene zur Verfügung stehen. In der Tat liefert das ifo Institut mit der Erhebung des ifo Konjunkturtests Variablen, die auch disaggregiert ausgewertet werden.[2] Abschnitt 4 zeigt, daß insbesondere die „Geschäftslageerwartung" als Indikatorvariable in Frage kommt. Die Qualität der sektoralen Geschäftslageerwartung als konjunktureller Frühindikator wird in Abschnitt 5 untersucht. Dabei zeigen sich lange Vorläufe von konsumnahen Bereichen, jedoch nimmt die Vorlauflänge im Laufe der Zeit ab.

Abschnitt 6 thematisiert die Qualität der ifo Kapazitätsauslastung als Indikator für aggregierte und disaggregierte Ungleichgewichte. Auch hier ergeben sich Möglichkeiten zur Konstruktion potentieller „Leading-Sector-Indicators".

Abschnitt 7 faßt wesentliche Erkenntnisse zusammen.

6.3.2 Theoretische Fundierungen

Entwicklungslinien multisektoraler Konjunkturmodelle

Bedeutende Konjunkturmodelle mit disaggregiertem Aufbau sind schon bei Spiethoff (1925, 1955) und Hayek (1929, 1931) beschrieben worden. Beide Ansätze sind grundsätzlich anders motiviert[3], beiden Modellen gemeinsam ist aber die Hypothese, daß die konsumfernen Bereiche Investitionsgüter- sowie Grundstoffindustrie zuerst und am stärksten

---

[2] Ein Beispiel für die praktische Verwendung dieser Daten liefert Tessaring (1992). Die Autorin beschreibt am Beispiel SIEMENS AG, Abteilung Automatisierungstechnik, Möglichkeiten der Vorhersage von Auftragseingängen. Diese werden mit Hilfe von ifo Geschäftsklimadaten der Kundenbranchen prognostiziert.

[3] Spiethoff sieht die Ursachen der Konjunktur in der Realisierung von technologischen Weiterentwicklungen in der Investitionsgüterindustrie, während Hayek Änderungen in der Produktionsstruktur durch monetäre Störungen ausgelöst sah (vgl. Entorf 1990, Kapitel 2).

expandieren, während die konsumnahen Bereiche der Konsumgüterproduktion von späteren, gedämpften Konjunkturausschlägen erreicht werden.

Mit Keynes setzte sich die globale Analyse ökonomischer Systeme durch. Das Multiplikator-Akzelerator-Modell (Harrod 1936, Samuelson 1939, Hicks 1950) ist zwar wegen der fehlenden expliziten Betrachtung von Investitionsgütermarkt und Konsumgütermarkt kein disaggregiertes Modell, dennoch erlaubt es durch die Unterteilung der Ein-Gut-Produktion in Konsum- und Investitionsgüter wertvolle Einsichten in konjunkturelle Interaktionen. Die Eigenschaften, daß Fluktuationen im Konsum „verstärkt" im konsumfernen Bereich ihren Widerhall finden – was durch unterschiedliche Amplituden der Investitionsgüter- und der Konsumgüterproduktion empirisch bestätigt wird – sowie das Vorhandensein von Lags, die die Formulierung des Outputs als eine Differenzengleichung zweiter Ordnung (also u.U. als schwingende Größe) erlauben, haben dieses Modell (und seine Weiterentwicklungen, z.B. Tobin 1955) zu einer der beliebtesten Konjunkturdarstellungen gemacht.

Wirtschaftspolitisch zum Keynesianismus gegensätzliche Implikationen werden vom Monetarismus und der „Neuen Klassischen Makroökonomie" abgeleitet (vgl. Friedman und Schwartz 1963, Lucas 1972). Wesentliches Merkmal der Konjunkturmodelle der „Neuen Klassischen Makroökonomie" sind „rationale Erwartungen" (Muth 1961), so daß nur nicht antizipierte monetäre Störungen Fehlverhalten der Wirtschaftssubjekte und damit Anpassungsprozesse auslösen können. Unvollständige Information und Anpassungskosten (vgl. Phelps 1970) verursachen das typische Verhalten konjunkturreagibler Variablen, nämlich hohe Autokorrelation (Persistenz) sowie hohe Kreuzkorrelationen zwischen konjunkturellen Variablen.

Neuere Entwicklungen der „Neuen Klassischen Makroökonomie" werden durch die Arbeiten von Kydland und Prescott (1980, 1982) eingeleitet. Sie kritisieren bisherige Anpassungsmodelle als unzureichend und besinnen sich auf die Vorzüge der Mehrsektormodelle. Während Kydland und Prescott (1982), ausgehend von der Erkenntnis „... that wine is not made in a day", mehrere Produktionsstufen und die Produktionsszeit in ihrem Konjunkturmodell berücksichtigen, betrachten Long und Plosser (1983) nicht nur mehrere Produktionsstufen, sondern auch intersektorale Lieferbeziehungen. Wie der Ansatz von Kydland und Prescott ist auch Long und Plossers Modell ein sogenanntes „reales" Konjunkturmodell (RBC-Modell, „Real Business Cycles"), in dem die modellendogene Dynamik letztendlich reale Ursachen hat (im Gegensatz zur monetaristischen Tradition, die die Kausalität in umgekehrter Richtung versteht, also von der Geldmenge in Richtung Output).

Multi-sektorale und multi-nationale „reale" Konjunkturmodelle

Stochastische reale Schocks – Veränderungen in den Technologien der Unternehmen und/-oder Veränderungen der Präferenzen der Haushalte – werden in RBC-Modellen über die Produktionstechnologie und über Lieferbeziehungen als konjunkturelle Impulse an andere

Unternehmen weitergegeben (einfache Prototypen dieser Modellbauart werden z.B. bei Lucas 1987, S. 32ff., King et al. 1988 und Ramser 1988 vorgestellt). Long und Plosser (1983) gelingt bei der Herleitung einer dynamischen Abfolge von Wettbewerbsgleichgewichten eine für konjunkturanalytische Belange einfache und doch relevante Darstellung der Optimalbedingungen:[4]

$$y_t = \text{const.} + Ay_{t-1} + \eta_t, \tag{1}$$

wobei $y_t = \ln(Y_t)$ und Y_t ein n-dimensionaler Vektor sektoraler Outputs ist. η_t erfaßt stochastische reale Schocks. Die sektoralen Produkte – das können Vor-, Zwischen- oder Endprodukte sein – werden mittels der Matrix A verknüpft. A beinhaltet Produktionselastizitäten α_{ij} der multisektoralen Produktionsfunktion der Long-Plosser-Ökonomie, die sich über die duale Form als Kostenanteile des Inputs j an den Produktionskosten des Sektors i beschreiben lassen. Solche Kostenanteile lassen sich über Input-Output-Tabellen quantitativ erfassen.

Mit (1) steht eine Gleichung zur Verfügung, aus der sich eine konjunkturtheoretisch fundierte Sektorstruktur ableiten läßt. Entorf (1990) kommt nach der Analyse einer 58x58-Input-Output-Tabelle aus dem Jahre 1980 zu dem Ergebnis, daß – bei vorausgesetzter Gültigkeit des Long-Plosser-Modells – konsumferne Bereiche der Produktionsgüter- und Investitionsgüterindustrien „vorlaufend" (im Sinne von Lead-Lag-Beziehungen und von Exogenität) sein müßten, während konsumnahe Sektoren des Konsumgüterbereichs später von konjunkturellen Impulsen erfaßt würden. Ein Test des Modells mit beobachteten Zeitreihen des Zeitraums 1960 bis 1986 zeigt jedoch, daß das Long-Plosser-Modell die Fortpflanzung konjunktureller Impulse zu stark vereinfacht. Sowohl Kausalitätstests als auch Kreuzspektralanalysen in Entorf (1990, 1991, 1992a) ergeben das umgekehrte Bild, nämlich einen Vorlauf konsumnaher Sektoren. Eine theoretische Erklärung für dieses Ergebnis ist auch im Rahmen von RBC-Modellen denkbar, allerdings müßte das Modell um stochastische Elemente erweitert werden, die stärker die Rolle von jenen konjunkturellen Impulsen betonen, die von der Nachfrage induziert werden, also vom Kundensektor an den Liefersektor weitergereicht werden. RBC-Modelle stellen zu monokausal auf die angebotsseitige „Lieferant → Kunde"-Beziehung ab.

Zusammenfassend bleibt festzuhalten, daß unter dem Aspekt einer theoriemotivierten Herleitung von sektorspezifischen Konjunkturindikatoren das Long-Plosser-Modell und daraus abgeleitete Erweiterungen wichtige Grundlagen liefern. Die Ermittlung von modellendogenen „Leading Indicators" vermeidet die willkürliche, allein auf empirische Beobachtung gestützte Bestimmung von Indikatoren, deren theorielogischer Hintergrund unklar bleibt.

Die natürliche Weiterentwicklung der Idee eines „multi-sektoralen" Modells im Sinne von Long und Plosser (1983) führt unmittelbar zu „multi-nationalen" Konjunkturmodellen. Solche Modellbetrachtungen liefern somit eine theoretische Basis für die Betrachtung von internationalen Konjunkturtransmissionen. Offene Volkswirtschaften, wie z.B. Belgien,

[4] Zur Analyse der Modelleigenschaften vgl. Entorf (1990, Kapitel 3.3).

sind gezwungenermaßen über ihre Import- und Exportbeziehungen an die Konjunkturen in Deutschland und Frankreich gekoppelt. Bei der Suche nach Frühindikatoren ist es also durchaus lohnenswert, Konjunkturindikatoren großer Partnerländer als eigene Frühindikatoren zu beachten.

In Abschnitt 3 wird untersucht, ob es im Falle von Deutschland lohnenswert ist, auf die Konjunktur des mächtigen Handelspartners USA zu schauen, wenn es um die Vorhersage der zukünftigen Wirtschaftsentwicklung geht.

Theoriekonsistente Ungleichgewichtsindikatoren

Grundsätzlich andere Schwerpunkte als RBC-Modelle verfolgen moderne makroökonomische Rationierungsmodelle im Sinne von Lambert (1988) und Sneessens und Drèze (1986) sowie die Beiträge in Drèze und Bean (1990). Gerade darum können aus diesen Modellen hergeleitete Indikatoren wichtige, komplementäre Information zum Verlauf der Konjunktur geben. Ohne an dieser Stelle auf Einzelheiten des Ansatzes eingehen zu können, sei nur auf die hier relevanten Bestandteile hingewiesen (zu Einzelheiten siehe insbesondere Lambert 1988). Aus der Aggregation von Mikromärkten im Ungleichgewicht

$$Y_i = min(YD_i, YC_i), \tag{2}$$

wobei Y_i die beobachtete (gehandelte) Menge des Mikromarktes i, YD_i die nachgefragte Menge und YC_i das bei Vollauslastung des Kapitals verfügbare Güterangebot darstellen, und unter der realistischen (vgl. Smolny 1993) Annahme, daß das Minimum von zwei lognormalverteilten Zufallsvariablen wiederum von einer lognormalverteilten Zufallsvariablen approximiert werden kann, folgt für die aggregierten Variablen $Y = \sum Y_i$, $YD = \sum YD_i$ und $YC = \sigma YC_i$ folgende Beziehung:

$$Y = (YD^{-\rho} + YC^{-\rho})^{-1/\rho}, \tag{3}$$

wobei ρ ein Parameter ist, der Auskunft über die Heterogenität der Mikromärkte geben kann (was hier nicht weiter verfolgt werden soll). Umformuliert ergibt sich aus (3):

$$1 = \left(\frac{Y}{YD}\right)^{\rho} + \left(\frac{Y}{YC}\right)^{\rho}. \tag{4}$$

Gleichung (4) enthält bemerkenswerte wirtschaftspolitische Hinweise, denn es läßt sich zeigen, daß die Wahrscheinlichkeit dafür, daß die Nachfrage YD_i kleiner ist als das Angebot YC_i, sich in der Form

$$P(YC_i < YD_i) = \left(\frac{Y}{YC}\right)^{\rho} \tag{5}$$

schreiben läßt. Als Umkehrwahrscheinlichkeit ergibt sich

$$P(YD_i \leq YC_i) = 1 - \left(\frac{Y}{YC}\right)^{\rho}. \tag{6}$$

Gleichung (5) gibt also die Wahrscheinlichkeit an, daß der Output eher von der Kapazität als von der Nachfrage her beschränkt ist, während Gleichung (6) die Wahrscheinlichkeit erfaßt, daß Nachfrage zum limitierenden Faktor wird. Die Gleichungen liefern somit eine Vorschrift, wie theoriekonsistente Ungleichgewichtsindikatoren herzuleiten sind. Da (Y/YC) nichts anderes darstellt als die *Kapazitätsauslastung*, kurz DUC genannt[5] läßt sich somit aus der Veränderung der *Kapazitätsauslastung* eine direkte Aussage über die Veränderung des Anteils der kapazitätsbeschränkten Firmen ($P(YC_i < YD_i)$) und damit auch über die Änderung des Anteils der nachfragebeschränkten Firmen herleiten.[6]

Änderungen von *sektorspezifischen* Ungleichgewichten liefern Anhaltspunkte für potentielle zukünftige Produktionsveränderungen. Ein höherer Anteil von kapazitätsbeschränkten Firmen (bzw. eine verringerte Wahrscheinlichkeit, nachfragebeschränkt zu sein) verspricht eine zukünftige Produktionsausweitung, wenn es den beschränkten Firmen gelungen sein wird, ihre Kapazität zu erhöhen. Ähnlich wie im multisektoralen Long-Plosser-Modell wird diese Information für „benachbarte" Sektoren wichtig, denn über Liefer- und Kundenbeziehungen können sich Beschränkungen von einer Branche zur anderen fortpflanzen. Eine Nachfragereduktion in der Kunststoffindustrie, beispielsweise, wird auch eine reduzierten Nachfrage in der Chemischen Industrie zur Folge haben, die wiederum die Nachfrage nach Mineralölerzeugnissen beeinträchtigen wird. Andererseits liefern Kapazitätsbeschränkungen Anlaß für Kapazitätsbeschränkungen nachgelagerter Sektoren, so daß die Frage nach letztendlich vor- oder nachlaufenden Bereichen nur nach Analyse der Kapazitätsauslastungsdaten beantwortet werden kann. Abschnitt 6 liefert hierzu weitere Erkenntnisse.

6.3.3 Welche Prognoseleistung können vorlaufende Sektoren liefern?

Die in Abschnitt 2 vorgestellten theoretischen Überlegungen machen deutlich, daß durch intersektorale Diffusion konjunktureller Impulse Lead-Lag-Beziehungen denkbar sind. Allerdings wird anhand des generalisierten Long-Plosser-Modells klar, daß eine solche Impuls-Fortpflanzung keine eindeutigen Ergebnisse liefern kann, wenn Nachfrageeinflüsse für eine „Kunde → Lieferant"-Ausbreitung sorgen, während Angebotsschocks in die entgegengesetzte „Lieferant → Kunde"-Richtung diffundieren. Der dominante Einfluß – falls ein solcher existiert – kann nur empirisch festgestellt werden.

Tabelle 6.3.1 bestätigt konjunkturelle Vor- und Nachläufe sektoraler Outputs. Methodisch handelt es sich um die Ergebnisse einer Kreuzspektralanalyse. Diese ist für konjunkturelle Belange besonders hilfreich, denn sie erlaubt die Schätzung von Lead-Lag-Verschiebungen an Konjunkturzyklen. Restliche Varianz, die nicht mit konjunkturellen Schwankungen in

[5] „Degree of utilization of capital", in Übereinstimmung mit der Notation dieser zentralen Variablen in makroökonomischen Rationierungsmodellen.

[6] Als Alternative zur Analyse von DUC kommt eine direkte Firmenabfrage bzgl. potentieller Beschränkungen in Frage, wie sie z.B. bei Nerb (1986, 1992), König und Entorf (1990) sowie Entorf und Kavalakis (1992) thematisiert wird.

Verbindung gebracht werden kann, wird herausgefiltert. Definitionsgemäß ergibt sich so eine Konzentration auf die Analyse von *Konjunktur*-Indikatoren.[7]

Die Ergebnisse zeigen einen Vorlauf von ca. 4 Monaten der Verbrauchsgüterindustrie vor der Investitionsgüterindustrie. Dies spricht für die Präsenz starker Nachfrageschocks und widerspricht der traditionellen Annahme, daß technologische Veränderungen in der Investionsgüterindustrie als Hauptursache von konjunkturellen Schwankungen zu beachten sind.

Auch aktuelle Studien anderer Autoren (Pronk und Wekker 1991, Niemira 1991) bestätigen einen Nachlauf der Investitionsgüter. Wenn also – wie in den Wirtschaftsteilen von Zeitschriften häufig zu lesen ist – anhand von Wachstumsschwächen in der Investitionsgüterindustrie von einer zu erwartenden Rezession die Rede ist, so hätte man eventuell schon früher zu einer solchen Diagnose kommen können, wenn man den Bewegungen in der Konsumgüterindustrie mehr Beachtung geschenkt hätte.

Beim Vergleich mit dem aggregierten Gesamtindex zeigt sich, daß Verbrauchsgüter immerhin noch einen Vorlauf von zwei bis drei Monaten aufweisen. Es ergeben sich also Potentiale für die Verwendung in der gesamtwirtschaftlichen Konjunkturvorhersage.[8]

In Abschnitt 2 ist auch die Möglichkeit der internationalen Konjunkturtransmission thematisiert worden. Die Analyse von quartalsweisen Produktionsindices (OECD, „Main Economic Indicators") des Zeitraums 1970 bis 1988 ergibt schwache Hinweise auf eine „Lokomotiv"-Funktion der US-amerikanischen Volkswirtschaft für die deutsche Konjunktur. Während die aus den Originaldaten hergeleiteten Wachstumsraten (gegenüber dem Quartal des Vorjahres) einen Vorlauf der USA von einem Quartal ergeben, ist für saisonbereinigte Daten nur eine parallele Entwicklung ablesbar. Allerdings ist im letzten Fall die entsprechende Kreuzkorrelaton bei einem Vorlauf der USA nur unwesentlich kleiner (0,65 gegenüber 0,64).

6.3.4 Die Auswahl der „Geschäftslageerwartung" des ifo Konjunkturtests als geeignete Indikatorvariable

Um die Information über vorlaufende Sektoren wirkungsvoll nutzen zu können, ist es sinnvoll, auf Branchenebene verfügbare Frühindikatoren heranzuziehen. Hier bieten sich insbesondere die Geschäftslageerwartung und das Geschäftsklima des ifo Instituts an. Die Daten beruhen auf einer monatlichen Unternehmensbefragung im Rahmen des ifo Konjunkturtests. Das ifo Institut veröffentlicht die Salden der „positiven" und „negativen"

[7] Die Interpretation ist allerdings abhängig von der Existenz übereinstimmender Zyklenlängen. Entorf (1990) hat aber gezeigt, daß für die Variablen in Tabelle 6.3.1 ein übereinstimmender drei- bis vierjähriger Konjunkturzyklus vorliegt. Im übrigen drückt sich die Qualität der Vorlaufbeziehung in der Höhe der Kohärenz aus.

[8] Auch Kausalitätstests mit Hilfe von Vektorautoregressionen bestätigen eine „vorlaufende" (schwach exogene) Rolle der Verbrauchsgüterindustrie (vgl. Entorf 1990, S. 146ff.).

	Vorlaufender Sektor, Y		
Nachlaufender Sektor, X	Verbrauchsgüter	Grundstoff- und Produktionsgüter	Investitionsgüter
Grundstoff- und Produktionsgüter	1,7 (0,70)	-	-2,6 (0,64)
Investitions-güter	4,1 (0,69)	2,6 (0,64)	- -
Gesamtindex	2,3 (0,83)	0,8 (0,89)	-1,6 (0,89)

Anmerkungen: Positive Vorzeichen: X hat gegenüber Y einen Lag in ausgewiesener Höhe (negatives Vorzeichen: X hat Lead gegenüber Y). Die Tabelle gibt die Ergebnisse einer Kreuzspektralanalyse für monatliche Indices der industriellen Nettoproduktion (Gesamtindex und sektorale Abgrenzungen, Quelle: „Wirtschaft und Statistik", Statistisches Bundesamt) der Jahre 1960 bis 1986 an der 45-Monats-Frequenz wieder. In Klammern sind zugehörige Kohärenzen ausgewiesen. Sie sind wie Korrelationskoeffizienten in Abhängigkeit der jeweiligen Konjunkturfrequenz zu interpretieren. Sie spiegeln die Stabilität der Lead-Lag-Beziehung zwischen den Konjunkturzyklen der Zeitreihen wider. Der kritische Wert der Kohärenz für $\alpha = 0,05$ ist 0,27. Die Daten sind nicht saisonbereinigt, und sie sind vor der Analyse mittels erster Differenzen trendbereinigt worden. *Quelle:* Entorf (1990, S. 128).

Tabelle 6.3.1: Konjunkturelle Lead-Lag-Beziehungen sektoraler Produktionsdaten, in Monaten

Antworten (also bei Vernachlässigung der mittleren Kategorie) auf folgende Fragen bezüglich „Geschäftslageerwartung" und „Geschäftslagebeurteilung":[9]

- *Geschäftslagebeurteilung*: Wir beurteilen unsere Geschäftslage z. Zt. als „gut", „befriedigend bzw. saisonüblich", oder „schlecht" (Zutreffendes ist anzukreuzen).
- *Geschäftslageerwartung*: Unsere Geschäftslage für Produkt XY wird in den nächsten 6 Monaten in konjunktureller Hinsicht - also unter Ausschaltung rein saisonaler Schwankungen - „eher günstiger", „etwa gleich bleiben", oder „eher ungünstiger" (Zutreffendes ist anzukreuzen).

[9] Dem qualitativen Charakter der Antworten im ifo Konjunkturtest entgeht man durch die Differenzenbildung „Prozentsatz der 'besser' ankreuzenden Firmen" minus „Prozentsatz der 'schlechter' ankreuzenden Firmen". ifo Daten sind in dieser Form etabliert und sollten allein aus Gründen der Zeitreihenkonsistenz fortbestehen. Dennoch bleibt überlegenswert, ob die individuellen Komponenten nicht in einer alternativen, die Prognosefähigkeit erhöhenden Weise kombiniert – oder sogar als unveränderte Anteile belassen werden sollten. Entorf (1993) liefert Evidenz dafür, daß „ex post", aber auch in „ex ante"-Vorhersagen, der einfache „Minus-Anteil" dem Saldo überlegen ist. In diesem Artikel wird die Problematik nicht weiterverfolgt. Alle Analysen verwenden saldierte ifo Daten.

Kreuzkorrelationsanalyse von US-amerikanischen und (west-)deutschen Produktionsindices	
Betrachtete Zeitreihen	Ergebnis
Wachstumsraten zum Vorjahr; Originaldaten ($x_t^* \equiv \ln x_t - \ln x_{t-4}$)	Maximale Kreuzkorrelation bei Vorlauf der USA um ein Quartal, Korrelationswert = 0,63. Zweitgrößte Korrelation: zeitgleicher Wert (0,59).
Wachstumsraten zum Vorjahr, saisonbereinigte Daten: ($x_t^* \equiv \ln x_t - \ln x_{t-4}$)	Kein Vorlauf feststellbar. Maximale Kreuzkorrelation liegt bei zeitgleichen Zeitreihenwerten: 0,65. Zweitgrößte Korrelation: US-Vorlauf von einem Quartal (0,64).

Anmerkung: Analyse von Produktionsindices der USA und West-Deutschlands, Schätzzeitraum: 1970.I-1988.IV.
Datenquelle: „Main Economic Indicators", OECD.

Tabelle 6.3.2: Untersuchung zur internationalen Konjunkturtransmission: Die Übertragung von Impulsen zwischen den USA und Deutschland

Um erratische Bewegungen in den Einzelfragen zu stabilisieren, berechnet das ifo Institut das Geschäftsklima als geometrisches Mittel aus den Salden der Beurteilungs- und der Erwartungsfrage.[10]

Das *Geschäftsklima* ist als stabiler Indikator mit deutlichem Vorlauf anerkannt. Davon zeugt z.B. die Tatsache, daß die OECD in ihren „Main Economic Indicators" den Klimaindex nicht nur als Frühindikator aufführt, sondern ihn auch zur Konstruktion ihres „Composite Leading Index" verwendet (vgl. OECD 1987). Für Frühindikatoreigenschaften besonders interessant ist jedoch die *Geschäftslageerwartung*, wie aus einem Vergleich mit anderen Variablen des ifo Instituts in Tabelle 6.3.3 hervorgeht. So ergeben sich z.B Vorläufe von knapp 4 Monaten vor dem *Geschäftsklima* und von knapp 3 Monaten vor den *Produktionserwartungen.*

Nicht nur empirische Gründe machen die *Geschäftslageerwartung* so bedeutend. In Rahmen des verallgemeinerten Long-Plosser-Modells dominieren Nachfrageschwankungen als exogene Einflußgrößen (Entorf 1990, 1991, 1992a). Da die Frage nach der Geschäftslageerwartung einer Beschreibung der zukünftigen Nachfragesituation gleichzusetzen ist (vgl. König und Nerlove 1986, Nerlove 1983), beinhalten diese Daten Informationen über zum

[10] Wie bereits in Kapitel 3 ausgeführt, ist das Geschäftsklima folgendermaßen definiert

$$\text{Geschäftsklima} = ((\text{Beurteilung} + 200)(\text{Erwartung}))^{0,5} - 200. \quad (7)$$

Variable	Nachlauf der Variablen hinter der Geschäftslageerwartung an der Konjunkturfrequenz sowie zugehörige Kohärenzen
Geschäftsklima	3,6 / 0,96
Exporterwartungen	4,9 / 0,82
Produktionserwartungen	2,7 / 0,97
Veränderung der Aufträge bzw. der Nachfrage	0,8 / 0,91
Preiserwartungen	9,4 / 0,70
Veränderungen des Auftragsbestandes	1,9 / 0,88
Beurteilung des Fertigwarenlagers	5,6 / 0,84

Tabelle 6.3.3: Die „Geschäfslageerwartung“ und ihr Vorlauf vor anderen ifo Variablen, in Monaten

Anmerkungen: Die Schätzungen basieren auf mit Hilfe von ersten Differenzen trendbereinigten Salden der entsprechenden Variablen des ifo Konjunkturtests. Phasenlead und Kohärenz geben das Ergebnis bzgl. der Geschäftslageerwartung an der konjunkturellen 48-Monatsfrequenz an. Der Schätzzeitraum ist 1960 bis 1986 (monatliche Beobachtungen).

Quelle: Entorf (1990, S. 156, 159).

Erhebungszeitpunkt absehbare konjunkturelle Nachfragevariationen. Bei Betrachtung der „Geschäftslageerwartung“ von exogenen (vorlaufenden) Sektoren erhält man also einen sehr frühzeitigen Hinweis auf jene Nachfrageschocks, die dann intersektoral diffundieren und später in der Produktion anderer Bereiche ihren Niederschlag finden werden.

6.3.5 Sektorale Leads der ifo Geschäftslageerwartung

Zusätzliche Informationsgewinne bei der Herleitung von Frühindikatoren sind denkbar, wenn jene Lead-Lag-Beziehungen, die für Produktionsdaten meßbar sind, für Surveydaten erhalten bleiben. Dies ist in der Tat zutreffend, wie Tabelle 6.3.4 zu entnehmen ist. Sie zeigt den Vorlauf von Surveydaten vor dem Index der industriellen Nettoproduktion, wobei sowohl Kreuzkorrelationsfunktionen als auch Kreuzspektralanalysen zugrundeliegen. Der Index der industriellen Nettoproduktion dient als koinzidenter Konjunkturindikator, also als konjunkturelle Referenzgröße. Als solche ist die Zeitreihe mittlerweile etabliert (siehe auch Moore 1980, S. 301ff., und OECD 1987, S. 24ff.). Die Spektralanalyse hat den Vorteil, daß wir uns auf die Vorläufe an der Konjunkturfrequenz konzentrieren können, während Korrelationskoeffizienten – wie generell bei Methoden des Zeitbereichs – von Lead-Lag-Beziehungen *aller* in den Zeitreihen enthaltenen Zyklen bestimmt werden. Beide Methoden haben gleichrangige und sich ergänzende Bedeutung: Die Korrelationsanalyse, weil Vorhersagen im Zeitbereich zu treffen sind und Prognosegleichungen die Ergebnisse des Frequenzbereichs nur schwerlich integrieren können, und die Spektralanalyse, weil alle nicht-konjunkturelle Information herausgefiltert wird und man somit – besser als mit der Korrelationsanalyse – etwas über den Vorlauf an konjunkturellen Wendepunkten erfahren kann. Die Analyse verwendet die vom ifo Institut veröffentlichten Salden.

Die Ergebnisse zeigen, daß die Konjunkturtestdaten (KT-Daten) der Investitionsgüterindustrie einen kürzeren Vorlauf vor dem aggregierten Produktionsindex haben als die KT-Daten der Konsumgüterindustrie, insbesondere als jene der nichtdauerhaften Konsumgüter. Überdurchschnittlich lang ist auch der Vorlauf der Geschäftslageerwartung der Grundstoff- und Produktionsgüterindustrie. Dieser dürfte auf eine vorübergehend exogene Rolle während der zwei Ölpreisschocks zurückzuführen sein, die maßgeblich zur Varianz dieses Wirtschaftsbereichs beigetragen haben.

Frühindikator	Maximale Kreuzkorrelation[a]	Vorlauf des Indikators (Monate)	Vorlauf an der Konjunkturfrequenz und Kohärenz[b]
Geschäftsklima	0,68	4	6,5 / 0,87
OECD „Composite Leading Index“	0,83	5	6,3 / 0,89
Geschäftslageerwartung (Saldo)			
Gesamtindustrie	0,51	9	10,0 / 0,81
Dauerhafte Konsumgüter	0,46	9	9,8 / 0,74
Nichtdauerhafte Konsumgüter	0,47/-5,0	11,5 (17/-10)[c]	12,7 / 0,44
Investitionsgüter	0,48	7	8,7 / 0,79
Grundstoff- und Produktionsgüter	0,49	9	11,1 / 0,69
Spielwaren	0,47	11	9,5 / 0,72
Textilindustrie	0,44	15	13,0 / 0,77

[a] Die Schätzungen basieren auf Wachstumsraten gegenüber dem Vorjahr, Schätzperiode: 1965(01)-1989(12). *Quelle:* Entorf und Kavalakis (1992).

[b] Phasenlead und Kohärenz sind Durchschnittswerte der Schätzungen an der 38- und der 48-Monatsfrequenz (vgl. detaillierter Entorf 1993); die Trendbereinigung wurde via „erster Differenzen“ vorgenommen; Schätzzeitraum 1964(02) - 1989(12).

[c] Bei geschätzten Zyklenlängen von ca. 38 Monaten für „Nichtdauerhafte Konsumgüter“ und 48 Monate für den Nettoproduktionsindex bedeutet ein Nachlauf von zehn Monaten bei negativer Korrelation einen äquivalenten Vorlauf von 9 bzw. 14 Monaten bei positiver Korrelation, der Durchschnittswert ist also 11,5 Monate (vgl. hierzu ausführlicher Entorf 1993).

Tabelle 6.3.4: Sektorale „Geschäfslageerwartungen“ und ihre Vorlauflängen

Eine weitere Erhöhung des Vorlaufs ergibt sich durch die Analyse tiefergegliederter Konsumgüterindustrien. Entorf (1990) findet unter einer Vielzahl von untersuchten sektoralen Produktionsdaten die Textilindustrie als jene Branche mit dem längsten Vorlauf. Hier muß aber einschränkend darauf hingewiesen werden, daß der Lead in den achtziger Jahren sowohl deutlich kleiner (ca. 4 Monate) als auch weniger zuverlässig wird (die maximale Korrelation schrumpft auf ca. 0,4 gegenüber ca. 0,7 in den 70ern) (vgl. Entorf 1992b, siehe auch weiter unten). Detaillierte Untersuchungen mit alternativen Sektoren hätten sicherlich Aussicht auf Erfolg. Ein interessanter Ansatz, sektorale Produktionsverflechtungen zur Verbesserung der Prognosen heranzuziehen, wurde im übrigen auch schon einmal vom ifo Institut (Dormayer und Lindlbauer 1983) vorgenommen, dann aber nach bestem Wissen des Autors nicht weiterverfolgt.

Tabelle 6.3.4 enthält ferner Angaben über das Geschäftsklima und über den OECD „Composite Leading Index". Beide haben höhere Korrelationen und Kohärenzen, aber kürzere Vorläufe. Es sollte daher betont werden, daß die Chance sektoraler *Geschäftslageerwartungen* darin zu sehen ist, „Sehr-Früh-Indikatoren" zu konstruieren, die ergänzend und in Einheit mit später reagierenden Frühindikatoren ein noch zuverlässigeres Bild der Konjunktur liefern könnten.

Ein neues Phänomen bei der Analyse sektoraler Lead-Lag-Beziehungen ist die zunehmende Verkürzung der Vorläufe. Schaubild 1 zeigt dies anhand der Korrelation zwischen dem Index der industriellen Nettoproduktion mit den Geschäftslageerwartungen (GE) der Gesamtindustrie sowie der Grundstoff- und Produktionsgüterindustrie. Während das obere Teilbild von Abbildung 6.3.1 die „Wahrscheinlichkeit" für einen 11-monatigen Lead der beiden GE-Variablen ausdrückt, zeigt das untere Teilbild die Qualität des Zusammenhangs bei einem Vorlauf von nur 4 Monaten. Teil 1 zeigt, daß die Korrelation zunächst zufriedenstellend hoch ist, wobei die sektorale Alternative (die GE der Grundstoff- und Produktionsgüterindustrie) besser abschneidet als der Gesamtindex. Beide Variablen verlieren am Ende des Beobachtungszeitraums jedoch dramatisch an Vorhersagequalität. Die Korrelation bei einem 11-monatigen Vorlauf der Indikatoren für den gleitenden Zehnjahresraum fällt von ca. 0,55 auf 0,20.

Die Vorlauflänge (geschätzt anhand jenes Lags, der die maximale Kreuzkorrelation hervorbringt) hat sich verkürzt, wie Teil 2 von Abbildung 6.3.1 verrät. Dies wird deutlich anhand der Ergebnisse für den Gesamtindex (durchgezogene Linie). Die „rollende" Korrelation bei einem 4-monatigen Vorlauf des Indikators steigt (bei fluktuierendem Verlauf) von ca. 0,30 auf 0,55.

Wie ist diese abnehmende Vorlauflänge zu interpretieren? Eine naheliegende Erklärung ist in der wachsenden Unternehmenskonzentration zu sehen. Die Konzentration von Information in den Konzernspitzen erlaubt eine globale Strategieabsprache von sehr unterschiedlichen Produktionsabteilungen. So können Nachfrageeinbußen sehr früh in der Produktion antizipiert und eigene Produktionsengpässe von belieferten Tochterfirmen vorzeitig berücksichtigt werden. Weiterhin dient die zunehmende Verflechtung der Unternehmen

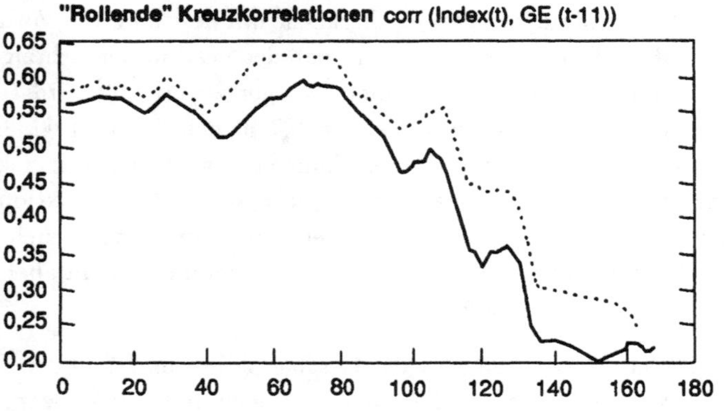

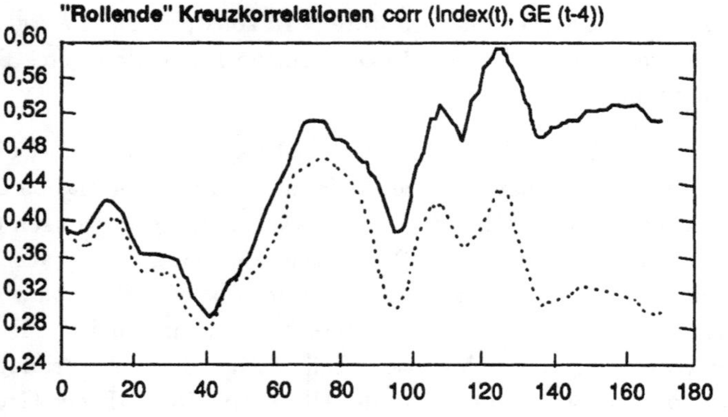

Anmerkungen: Die Schaubilder stellen Kreuzkorrelationen, geschätzt anhand „rollender“ Zehn-Jahreszeiträume, zwischen dem Index der industriellen Nettoproduktion und den Geschäftslageerwartungen (GE) der Gesamtindustrie – durchgezogene Linie – sowie entsprechende Kreuzkorrelationen zwischen dem Index der industriellen Nettoproduktion und den Geschäftslageerwartungen der Grundstoff- und Produktionsgüterindustrie (unterbrochene Linie) dar. Der erste Wert von Teil 1 repräsentiert den Schätzzeitraum 1966.01-1975.12, der zweite 1966.02-1976.01 (Teil 2: erster Wert: 1965.07-1975.06), der letzte 1980.01-1989.12. Nichtstationaritäten wurden vor der Berechnung via der Transformation $x^*(t) \equiv \ln(x(t)) - \ln(x(t-12))$ bereinigt.

Abbildung 6.3.1: Zur Strukturkonstanz von Vorlaufbeziehungen

(bei starker Partizipation und Aufsicht der Großbanken) einem verbesserten Informationsaustausch.

6.3.6 Die ifo Kapazitätsauslastung als Indikator für aggregierte und disaggregierte Ungleichgewichte

Wie die theoretischen Überlegungen des Abschnitts 2 gezeigt haben, ist die Wahrscheinlichkeit für eine kapazitätsbeschränkte Produktion eine direkte Funktion der Kapazitätsauslastung, DUC. Aus (5) folgt:

$$P(YC_i < YD_i) = \text{DUC}^{\rho}. \tag{8}$$

Als Umkehrwahrscheinlichkeit ergibt sich für eine nachfragebeschränkte Produktion:

$$P(YD_i \leq YC_i) = 1 - \text{DUC}^{\rho}. \tag{9}$$

Veränderungen der Kapazitätsauslastung geben demnach Veränderungen der Ungleichgewichtssituation an.[11]

Tabelle 6.3.5 zeigt, ob solche Regimeänderungen hilfreich bei der Vorhersage von Änderungen des Index der industriellen Nettoproduktion sein können. Dabei ist anzumerken, daß Tabelle 6.3.5 in zweierlei Hinsicht verschieden von bisherigen Vergleichen ist. Zum einen wird die Kapazitätsauslastung quartalsweise erhoben, so daß Vorlaufbeziehungen nicht mehr so exakt unterschieden werden können. Zum anderen ist der Schätzzeitraum 1978 bis 1994, so daß die allgemeine Verkürzung der Vorlaufzeit zum Tragen kommt.

Dennoch ergeben sich bei der Analyse der Sektoren in Tabelle 6.3.5 (alle Hauptsektoren sowie ausgewählte disaggregierte Sektoren) Leads von bis zu zwei Quartalen. Generell jedoch scheinen die Ungleichgewichtsregime, bzw. die Kapazitätsauslastung, eher koinzident mit der Konjunktur zu verlaufen. Dies ist die Schlußfolgerung aus dem Vorlauf „0“ von *DUC* vor dem Gesamt-Produktionsindex. Von den Hauptgruppen (Grundstoff- und Produktionsgüter, Investitionsgüter, Verbrauchsgüter, Gebrauchsgüter) haben nur die Verbrauchsgüter einen eindeutigen Vorlauf von einem Quartal. Bei „Grundstoffe und Produktionsgüter“ ist der Vorlauf von einem Quartal, der anhand des saisonbereinigten Produktionsindexes geschätzt wird, nicht völlig überzeugend, da er durch die unbereinigten Daten nicht bestätigt wird (u.U. liegt der wahre Lead zwischen 0 und 3 Monaten). Koinzident verlaufen die Auslastungen von Gebrauchsgütern und Investitionsgütern.

Bei stärker disaggregierter Analyse bieten sich z.B. „Holzverarbeitung“ und „Druckerei und Vervielfältigung“ als vorlaufende Sektoren an. Allerdings ist bei „Holzverarbeitung“ die Korrelation relativ schwach (0,47/0,40), während bei „Druckerei und Vervielfältigung“

[11] Franz und Heidbrink (1992) untersuchen anhand aggregierter Daten die Verteilung der Firmen in den beiden Regimen „nachfragebeschränkt“ und „kapazitätsbeschränkt“, ob die Verwendung der Kapazitätsauslastung (im Sinne der Gleichungen (5) und (6) ähnliche Regimeverteilungen liefert wie bei Herleitung mit Hilfe der sogenannten „Bottleneck“-Fragen des ifo Konjunkturtests (Befragung hinsichtlich verschiedener Produktionsengpässe). Die Autoren zeigen, daß beide Verfahren zu einer hohen Übereinstimmung führen – vorausgesetzt die Surveyantworten werden einer die Konsistenz erhöhenden Korrektur unterworfen.

	Vorlauf der Kapazitätsauslastung vor dem Index der industriellen Nettoproduktion / Zugehörige (maximale) Kreuzkorrelation, Vorlauf in Quartalen	
Kapazitätsauslastung in folgender Sektorabgrenzung	Referenz: Saisonbereinigter Produktionsindex	Referenz: Unbereinigter Produktionsindex
Verarbeitendes Gewerbe	0 / 0,82	0 / 0,78
Grundstoffe und Produktionsgüter	1 / 0,64	0 / 0,59
Investitionsgüter	0 / 0,81	0 / 0,76
Verbrauchsgüter	1 / 0,71	1 / 0,61
Gebrauchsgüter	0 / 0,62	0 / 0,61
Textilien	1 / 0,59	1 / 0,58
Holzverarbeitung	2 / 0,47	2 / 0,40
Herst. von Kunststoffwaren	1 / 0,62	1 / 0,55
Druckerei und Vervielfältigung	2 / 0,69	2 / 0,63
Spielwaren	1 / 0,66	1 / 0,61
Maschinenbau	1 / 0,70	0 / 0,62
Elektrotechnik	0 / 0,62	0 / 0,55
Strassenfahrzeuge	0 / 0,51	0 / 0,50

Anmerkungen: Die Schätzungen beziehen sich auf den Zeitraum 1978, I. Quartal, bis 1994, I. Quartal. Da die ifo Kapazitätsauslastung vierteljährlich erhoben wird, mußten die Monatsdaten des Index der industriellen Nettoproduktion mittels quartalsweiser Durchschnittsbildung vergleichbar gemacht werden. Alle Zeitreihen sind danach via Bildung von Wachstumsraten gegenüber dem Vorjahresquartal, also durch die Transformation $x^*(t) \equiv \ln(x(t)) - \ln(x(t-4))$ um etwaige Nichtstationaritäten bereinigt worden.

Tabelle 6.3.5: Änderungen der Ungleichgewichtssituation als vorlaufende Indikatoren

ein Koeffizient von 0,69/0,63 (saisonbereinigt/nicht saisonbereinigt) eine recht zuverlässige Beziehung verspricht. Interessant ist der „0"-Vorlauf der Straßenfahrzeugsproduktion, die üblicherweise als deutsche Konjunkturlokomotive vermutet wird. Für einen Vorlauf von einem Quartal von Maschinenbau, einer anderen wichtige Branche, spricht der saisonbereinigte Index (bei einer Korrelation von 0,70), während die unbereinigten Daten Koinzidenz suggerieren.

6.3.7 Schlußbemerkungen

Intersektorale Nachfrage- und Angebotsverflechtungen bieten eine hinreichende Motivation, Überlegungen zur Diffusion konjunktureller Impulse bei der Herleitung von Frühindikatoren zu berücksichtigen. Multisektorale Konjunkturmodelle wie das von Long und Plosser (1983) bieten hierfür eine geeignete theoretische Basis. Es zeigt, wie stochastische konjunkturelle Schocks via Input-Outputverflechtungen über die Sektoren hinweg fortgepflanzt werden. Alternative Modellbetrachtungen betonen die Bedeutung von disaggregierten Ungleichgewichtssituationen, welche gleichfalls über Nachfrage- und Angebotsverflechtungen unmittelbare Auswirkungen auf andere Branchen zur Folge haben.

Die wesentlichen Schlußfolgerungen aus den empirischen Analysen dieses Beitrags lassen sich wie folgt zusammenfassen:

- Reale Produktionsdaten für den Bereich West-Deutschlands zeigen einen Vorlauf nichtdauerhafter Konsumgüter und einen Nachlauf der Investitionsgüterindustrien.
- Bei der Analyse einer Konjunkturtransmission zwischen USA und Deutschland zeigt sich eine schwache Bestätigung der „Lokomotivfunktion" der USA.
- Bei der Suche nach auf Sektorebene verfügbaren Frühindikatoren erweist sich die ifo Geschäftslageerwartung als geeignete Variable.
- Die Analyse von Lead-Lag-Beziehungen mit Hilfe von sektoralen Geschäftslageerwartungen bestätigt die „Leading Indicator"-Eigenschaft der Konsumgütersektoren.
- Der „Lead" der Frühindikatoren verkürzt sich seit Beginn der achtziger Jahre.
- Auch die Analyse von sektoralen Ungleichgewichtsregimen bestätigt den Vorlauf von Verbrauchsgütersektoren.

Etwas enttäuschend ist der vorletzte Punkt, der eventuell mit zunehmender Unternehmensverflechtung und mit stärkerer Informationskonzentration in den kontrollierenden Konzernspitzen erklärt werden kann. Er verlangt bei Prognosen am aktuellen Rand, daß jüngere Stützbereiche für die Vorhersagen heranzuziehen sind. In diesem Sinne sind das letzte Ergebnis, bzw. die Resultate im letzten Abschnitt richtungsweisend, die für den aktuellen Schätzzeitraum 1978.I-1994.I bestätigten, daß sich die Abfolge der Sektoren gegenüber den vorherigen Ergebnissen nicht wesentlich verändert.

Literatur

Dormayer, H.-J. und Lindlbauer, J.D. (1983): Branchenspezifische Konjunkturindikatoren. In Anderson, O. (Hg.): Qualitative und quantitative Konjunkturindikatoren, Sonderheft zum *Allgemeinen Statistischen Archiv*, 85-102.

Drèze, J.H. und Bean, C. (1990): *Europe's Unemployment Problem.* Cambridge, MA.

Entorf, H. (1990): *Multisektorale Konjunkturanalyse: Theorie, Empirie und Frühindikatoren „Realer Konjunkturzyklen".* Frankfurt.

Entorf, H. (1991): Real Business Cycles Under Test: A Multi-country, Multi-sector Exercise. *European Economic Review*, 35, 933-969.

Entorf, H. (1992a): Is Neglecting Demand Shocks Justified? *Empirical Economics*, 17, 463-484.

Entorf, H. (1992b): On the Application of Canonical Correlation to Leading and Coincident Indexes: Some Demonstrative Examples Using Disaggregate Survey Data. In Oppenländer, K.H. und Poser, G. (Hg.): *Business Cycle Analysis by Means of Economic Surveys.* Papers presented at the 20th CIRET Conference, Proceedings, Budapest 1991, Vol. I. Aldershot. 203-224.

Entorf, H. (1993): Constructing Leading Indicators from Non-balanced Sectoral Business Survey Series. *International Journal of Forecasting*, 9, 211-225.

Entorf, H. und Kavalakis, M. (1992): Die Nutzung von Konjunkturtestdaten für die Analyse und Prognose von Wirtschaftsverläufen. In Oppenländer, K.H., Poser, G. und Nerb, G. (Hg.): Zur Analyse und Prognose von Wirtschaftsverläufen anhand von Konjunkturtestdaten: Beiträge zur Theorie und aus der Praxis, *CIRET-Studien* 44, 11-60.

Franz, W. und Heidbrink, G. (1994): The Importance of Rationing in International Trade: An Econometric Analysis of Germany. In Zimmermann, K.F. (Hg.): *Output and Employment Fluctuations.* Heidelberg. 105-129.

Friedman, M. und Schwartz, A.J. (1963): Money and Business Cycles. *Review of Economics and Statistics*, 45, 32-64.

Harrod, R.F. (1936): *The Trade Cycle.* Oxford

Hayek v., F.A. (1929): *Geldtheorie und Konjunkturtheorie.* Wien

Hayek v., F.A. (1931): *Preise und Produktion.* Wien

Hicks, J.R. (1950): *A Contribution to the Theory of the Trade Cycle.* Oxford

King, R.G., Plosser, C.I. und Rebelo, S.T. (1988): Production, Growth, and Business Cycles. I. The Basic Neoclassical Model. *Journal of Monetary Economics*, 21, 195-232.

König, H. und Entorf, H. (1990): Strukturelle Arbeitslosigkeit und unausgelastete Kapazitäten: Ergebnisse eines makroökonomischen Rationierungsmodells. *Allgemeines Statistisches Archiv*, 73, 117-136.

König, H. und Nerlove, M. (1986): Price Flexibility, Inventory Behavior and Production Responses. In Heller, W.P., Starr, R.M. und Starrett, D.A. (Hg.): *Equilibrium Analyses: Essays in Honor of Kenneth J. Arrow*, Vol. II. Cambridge.

Koopmans, T.C. (1947): Measurement Without Theory. *The Review of Economics and Statistics*, 161-172.

Kydland, F.E. und Prescott, E.C. (1980): A Competitive Theory of Fluctuations and the Feasibility and Desirability of Stabilization Policy. In Fischer, S. (Hg.): *Rational Expectations and Economic Policy.* Chicago. 169-187.

Kydland, F.E. und Prescott, E.C. (1982): Time to Build and Aggregate Fluctuations. *Econometrica*, 50, 1345-1370.

Lambert, J.-P. (1988): *Disequilibrium Macroeconomic Models: Theory and Estimation of Rationing Models Using Business Survey Data.* Cambridge.

Long, J.B. und Plosser, C.I. (1983): Real Business Cycles. *Journal of Political Economy*, 91, 39-69.

Lucas, R.E. (1972): Expectations and the Neutrality of Money. *Journal of Economic Theory*, 4, 103-124.

Lucas, R.E. (1977): Understanding Business Cycles. In Brunner, K. und Meltzer, A.H. (Hg.): *Stabilization of the Domestic and International Economy.* Amsterdam. 7-29.

Lucas, R.E. (1987): *Models of Business Cycles.* Oxford.

Moore, G.H. (1980): *Business Cycles, Inflation and Forecasting.* Cambridge.

Muth, J.F. (1961): Rational Expectations and the Theory of Price Movements. *Econometrica*, 29, 315-335.

Nerb, G. (1986): Der Konjunkturtest im Lichte neuerer wirtschaftstheoretischer Ansätze. *ifo Studien*, 32, 27-40.

Nerb, G. (1992): Neuere Ansätze zur Analyse von Konjunkturtestdaten. In Oppenländer, K.H., Poser, G. und Nerb, G. (Hg.): Zur Analyse und Prognose von Wirtschaftsverläufen anhand von Konjunkturtestdaten: Beiträge zur Theorie und aus der Praxis, *CIRET-Studien*, 44, 61-84.

Nerlove, M. (1983): Expectations, Plans and Realizations in Theory and Practice. *Econometrica*, 51, 1251-1279.

Niemira, M.P. (1991): Using Composite Leading Indicators of Consumption to Forecast Sales and to Signal Turning Points in the Stock Market. In Lahiri, K. und Moore, G.H. (Hg.): *Leading Economic Indicators: New Approaches and Forecasting Records.* Cambridge. 91-108.

OECD (1987): OECD Leading Indicators and Business Cycles in Member Countries 1960-1985. *Sources and Methods*, 39, Paris.

Phelps, E. (1970): Introduction: The New Microeconomics in Employment and Inflation Theory. In Phelps, E.S. (Hg.): *Microeconomic Foundations of Employment and Inflation Theory.* New York. 309-337.

Pronk, J.J.M. und Wekker, R.F. (1992): Peaks and Throughs in Dutch Industry, 1973-1990. In Oppenländer, K.H. und Poser, G. (Hg.): *Business Cycle Analysis by Means of Economic Surveys.* Papers presented at the 20th CIRET Conference, Proceedings, Budapest 1991, Vol. I. Aldershot. 341-362.

Ramser, H.J. (1988): Neuere Beiträge zur Konjunkturtheorie. *ifo Studien*, 34, 95-115.

Samuelson, P.A. (1939): Interactions between the Multiplier Analysis and the Principle of Acceleration. *Review of Economics and Statistics*, 21, 75-78.

Smolny, W. (1993): *Dynamic Factor Demand in a Rationing Context. Theory and Estimation of a Macroeconomic Disequilibrium Model for the Federal Republic of Germany.* Heidelberg.

Sneessens, H. und Drèze, J.H. (1986): A Discussion of Belgian Unemployment, Combining Traditional Concepts and Disequilibrium Econometrics. *Economica*, 53, S89-S119.

Spiethoff, A. (1925): Beitrag „Krisen". In *Handwörterbuch der Staatswissenschaften*, 4. Auflage, Vol. VI. Jena.

Spiethoff, A. (1955): *Die wirtschaftlichen Wechsellagen. Aufschwung, Krise, Stockung. I. Erklärende Beschreibung.* Tübingen, Zürich.

Tessaring, I. (1992): Analyse und Prognose industrieller Nachfrageverläufe im In- und Ausland mit Hilfe von Konjunkturtestdaten - Beispiele aus der Praxis der Investitionsgüterindustrie. In Oppenländer, K.H., Poser, G. und Nerb, G. (Hg.): Zur Analyse und Prognose von Wirtschaftsverläufen anhand von Konjunkturtestdaten: Beiträge zur Theorie und aus der Praxis. *CIRET-Studien*, 44, 85-132.

Tobin, J. (1955): A Dynamic Aggregative Model. *Journal of Political Economy*, 63, 103-115.

6.4 Aussagefähigkeit ausgewählter Indikatoren an konjunkturellen Wendepunkten

---

Gernot Nerb*

ifo Institut für Wirtschaftsforschung, München

6.4.1 Der Indikatoransatz als Instrument der Konjunkturprognose

Im Vordergrund der Konjunkturprognose stehen Aussagen über Wendepunkte und Tempoänderungen im konjunkturellen Prozeß. Grundsätzlich werden zu diesem Zweck drei Verfahren eingesetzt, die sich nicht gegenseitig ausschließen, sondern durchaus ergänzen.[1]

- *Ökonometrische Modelle*: Hierbei werden die ökonomischen Beziehungen zwischen den zentralen wirtschaftlichen Variablen (Inlandsprodukt, Verbrauch, Investition, Export u.s.w.) für die Vergangenheit (in der Regel die letzten 10 Jahre) in einem mehr oder weniger differenzierten Gleichungssystem regressionsanalytisch geschätzt. Nach Vorgabe der exogenen Variablen (z.B. Wechselkurs, Zinssatz) erfolgt die Lösung des Modells simultan für alle endogenen Variablen. Der Vorteil der Modellprognose liegt vor allem darin, daß die der Prognose zugrundeliegende Theorie in den Modellgleichungen niedergelegt und quantifiziert ist. Deshalb ist es ohne größeren Zeitaufwand möglich, Alternativprognosen durchzuführen (z.B. für unterschiedliche Wechselkurse, Zins- oder Steuersätze). Der Nachteil der ökonometrischen Prognose liegt darin, daß die exogenen Variablen extern geschätzt werden müssen, und daß die berechneten Koeffizienten des Modells infolge von „Strukturbrüchen" im Prognosezeitraum ihre ökonometrische Relevanz verlieren können.
- Auch bei der *iterativ-analytischen* Prognose wird die wirtschaftliche Entwicklung unter Zugrundelegung bestimmter Annahmen als bedingte Prognose theoriegestützt

---

* Die Abbildungen sind am Ende des Beitrags zusammengefaßt.

[1] Vgl. z.B. Nierhaus (1994).

vorausgeschätzt. Allerdings werden die wirtschaftlichen Kerngrößen (Verbrauch, Investition, Einfuhr u.s.w.) diesmal nicht simultan, sondern *unabhängig voneinander* prognostiziert. Dann werden die Einzelschätzungen miteinander verglichen und mit Hilfe des Kontensystems der volkswirtschaftlichen Gesamtrechnung in einem mehrstufigen (iterativen) Prozeß solange „rundgerechnet“, bis sich ein widerspruchsfreies Bild ergibt. Der besondere Vorteil des iterativ-analytischen Verfahrens besteht u.a. in einer großen Flexibilität bei der Berücksichtigung von wirtschaftlichen Ereignissen, die in dieser Form oder Stärke in der Vergangenheit noch nicht eingetreten waren. Hinzu kommt, daß für die Teilprognosen Experten eingesetzt werden können, die über ein erhebliches wirtschaftsstatistisches Detailwissen verfügen (Expertenprognosen). Schließlich können für Einzelschätzungen (etwa für Ausrüstungsinvestitionen) jederzeit auch regressionsanalytische Verfahren herangezogen werden, was automatisch eine Brücke zum ökonometrischen Prognoseansatz schlägt.

- Der *Indikatoren-Ansatz (System von Frühindikatoren)*: Dieser pragmatische Prognoseansatz nutzt den systematischen Vorlauf einiger Indikatoren gegenüber Zielgrößen wie z.B. Bruttoinlandsprodukt oder Industrieproduktion. Im folgenden soll den Hauptgründen für einen Vorlauf nachgegangen werden, um daraus Schlußfolgerungen für die Konstruktion von Frühindikatoren zu ziehen.

6.4.2 Warum haben Frühindikatoren einen Vorlauf?

Produktionszeit

Zwischen der Produktionsentscheidung und dem tatsächlichen Produktionsergebnis liegt häufig ein Zeitraum von mehreren Monaten.[2] Solche produktionsbezogenen Frühindikatoren sind z.B. Baugenehmigungen und Auftragseingänge in Investitionsgüterbranchen.

Anpassungsflexibilität

Einige ökonomische Variablen sind leichter zu ändern als andere. So ist es z.B. wegen des Kündigungsschutzes in den meisten Ländern nicht ohne weiteres möglich, den Personalbestand einer rückläufigen Nachfrage- und Produktionsentwicklung anzupassen. Umgekehrt wird man aus denselben Überlegungen bei einer Nachfragebelebung zunächst mit Neueinstellungen zögern. Reagieren wird man vielmehr in beiden Fällen zunächst mit Anpassungen der Arbeitszeit (Kurzarbeit bzw. Überstunden). Ein Indikator zur wöchentlichen Arbeitszeit wird deshalb gegenüber der Beschäftigtenentwicklung einen Vorlauf aufweisen.

[2] Vgl. hierzu de Leeuw (1989).

Erwartungen der Marktteilnehmer

Ein marktwirtschaftlich organisiertes Wirtschaftssystem ist durch einen dezentralen Entscheidungsprozeß gekennzeichnet. Die Entscheidungen der Wirtschaftssubjekte – und zwar der Unternehmer wie der Konsumenten – basieren meist auf mehr oder weniger rationalen Erwartungen. Wenn es also gelänge, auf repräsentativer Basis diese Erwartungen in Erfahrung zu bringen, müßte sich ein gutes Prognoseinstrument entwickeln lassen. Auf dieser Überlegung basieren die regelmäßigen Konjunkturumfragen bei den Unternehmen (z.B. ifo Konjunkturtest) und bei den Konsumenten (z.B. GfK-Konsumentenumfragen im Auftrag der EU-Kommission). Speziell das ifo Institut hat in Deutschland aufgrund seines mehr als 40 Jahre bestehenden Konjunkturtests lange Zeitreihen mit Urteilen und Erwartungen der Unternehmen entwickelt.

Wirtschaftspolitische Initialmaßnahmen

In der Theorie wird insbesondere von geld- und fiskalpolitischen Maßnahmen (z.B. Änderungen der Leitzinsen bzw. Erhöhung oder Senkung der Einkommensteuersätze) ein direkter Einfluß auf wirtschaftliche Entscheidungen der Marktteilnehmer unterstellt.

Statistische Gründe

Zeitreihen von Veränderungsraten weisen gegenüber solchen, die Niveaugrößen beinhalten, in der Regel einen Vorlauf auf.

6.4.3 Argumente für den Vorlauf von Frühindikatoren

Auf den ersten Blick erscheint besonders die Logik der eingangs genannten beiden Gründe überzeugend. Bei genauerer Betrachtung wird aber deutlich, daß die danach zu erwartenden Reaktionen bei Produktion, Beschäftigung, etc. keineswegs zwangsweise eintreten. Z.B. kann nach Erteilen einer Baugenehmigung noch längere Zeit mit dem Baubeginn gewartet werden, wenn die augenblicklichen konjunkturellen Perspektiven dem potentiellen Bauherrn unsicher erscheinen und er deshalb den Baubeginn hinausschiebt. Umgekehrt wird in Zeiten eines konjunkturellen Aufschwungs, verbunden mit befürchteten Preissteigerungen, der Abstand zwischen erteilter Baugenehmigung und Baubeginn sehr gering sein. Ähnliche Überlegungen gelten bei dem zweiten Grund (Anpassungsflexibilität): Wenn die Unternehmen überzeugt sind, daß der konjunkturelle Aufschwung nachhaltig ist, werden sie – bei sonst gleichem Auftragsbestand – eher zusätzliches Personal einstellen als bei der Erwartung einer vorübergehenden Belebung.

Diese Argumente unterstreichen die große Bedeutung von verhaltensrelevanten Urteilen und Erwartungen der Wirtschaftssubjekte. Auf repräsentativer Basis direkt erhobene Erwartungen der Unternehmen und Konsumenten erscheinen auch erfolgversprechender als indirekte Erwartungsgrößen wie z.B. Aktienkurse oder die Entwicklung ausgewählter Rohstoffpreise. Es ist zwar richtig, daß sich in Aktienkursen in erster Linie die von den Marktteilnehmern erwarteten Unternehmensgewinne niederschlagen; es spielen hierbei aber auch eine Reihe anderer Faktoren eine Rolle, wie z.B. steuerliche Überlegungen, Übernahmeerwartungen etc., die nicht in direktem Zusammenhang mit der voraussichtlichen Gewinnentwicklung des Unternehmenssektors stehen. Ähnliche Argumente gelten auch für die sehr konjunkturreagiblen Rohstoffpreise wie z.B. Kupfer. Aus technischen Gründen resultierende oder durch politische Ereignisse bedingte Verknappungen können z.B. für starke Verteuerungen von Rohstoffen verantwortlich sein und signalisieren damit in diesem Fall nicht eine aufgrund verstärkter Wirtschaftsaktivität gestiegene Nachfrage. Aktienkurse und Rohstoffpreise sind deshalb nur eine sehr grobe Schätzgröße für die Erwartungen der Marktteilnehmer und können deshalb direkt erhobene Einschätzungen der Unternehmen und Konsumenten nicht ersetzen. Auch die als Grund für den Vorlauf genannten wirtschaftspolitischen Maßnahmen (geld-und fiskalpolitische Steuerungsgrößen, in der englischen Literatur unter „prime movers“ bekannt) lösen nicht automatisch Verhaltensänderungen bei den Wirtschaftssubjekten aus. Die Wirkungen von geld- oder steuerpolitischen Maßnahmen hängen ebenfalls entscheidend von dem wirtschaftlichen Umfeld, insbesondere von den Erwartungen und Urteilen der Unternehmen, ab. Der Entscheidungsprozeß in den Unternehmen, z.B. im Falle von Investitionsprojekten oder von größeren Änderungen der Belegschaftszahl, erfolgen schließlich nicht automatisch, sondern hängen maßgeblich von dem erwarteten weiteren Wirtschaftsverlauf ab.

Der fünfte Grund (Veränderungsraten haben Vorlauf gegenüber Niveaugrößen) ist schließlich mehr statistischer Natur und berührt weniger die grundsätzliche Frage nach einem gesicherten Vorlauf von Frühindikatoren gegenüber einer Zielgröße.

Die hier vorgetragenen Argumente sprechen eindeutig für eine intensive Berücksichtigung der Ergebnisse von Unternehmer- und Verbraucherumfragen im Rahmen eines Frühindikatorensystems. Dies wird weltweit auch in erheblichem Maße praktiziert. Die von der OECD in der Reihe „Main Economic Indicators“ regelmäßig veröffentlichten Frühindikatoren basieren zu rd. 40% auf solchen Urteils- und Erwartungsdaten. In Europa ist dieser Anteil dabei noch deutlich höher als in den USA, da die Europäer schon seit langem systematisch diese Daten erhoben haben, während die Amerikaner solche Umfragen mehr auf *ad-hoc* Basis durchgeführt haben und damit – zumindest für den Unternehmensbereich – nicht über ähnlich lange Zeitreihen verfügen wie die Europäer. Lediglich auf dem Konsumsektor gibt es in den USA lang zurückreichende Erhebungen zum Verbrauchervertrauen (z.B. Erhebungen der University of Michigan). Wie aber verschiedene Untersuchungen gezeigt haben, weisen die unternehmerischen Antizipationen i.d.R. einen längeren und stabileren Vorlauf auf als die Konsumentenerwartungen.

6.4.4 Auswahl relevanter Indikatoren

In der einschlägigen Literatur werden eine Reihe von Anforderungen genannt, die erfüllt sein müssen, um eine Zeitreihe als konjunkturellen Frühindikator in die engere Wahl zu ziehen.

- Ökonomische Relevanz: Hiermit ist gemeint, daß laut wirtschaftlicher Theorie eine Begründung für einen Vorlauf vorliegen muß. Ansonsten besteht zu Recht der Vorwurf des „Measurement without Theory“(Koopmans 1947).
- Statistische Kriterien: Hier sind statistische Anforderungen hinsichtlich
  - der Repräsentativität der verwendeten Zeitreihen,
  - eines stabilen Vorlaufs über mehrere Konjunkturzyklen hinweg,
  - einer relativ geringen Beeinflussung durch Zufallsfaktoren,
  - einer schnellen Veröffentlichung und
  - des Fehlens größerer nachträglicher Revisionen

  zu nennen.

  Die Auswahlkriterien für Indikatoren sind in der Literatur ausführlich behandelt, so daß sich hier eine ins Detail gehende Diskussion dieses Punktes erübrigt.[3]

6.4.5 Empirische Ergebnisse für Westdeutschland

Auf der Basis der in Abschnitt 1 und 2 dargestellten Überlegungen wurde eine Vielzahl von Zeitreihen auf ihre Eignung als Konjunkturindikator untersucht.[4]

Um eine Auswahl treffen zu können, ist zunächst Einigkeit über die Referenzreihe zu erzielen. In der Regel wird das Bruttoinlandsprodukt (zu konstanten Preisen und nach Ausschaltung von Saison- und Zufallsschwankungen) als Vergleichsgröße herangezogen. Das Bruttoinlandsprodukt hat allerdings als Referenzreihe den Nachteil, daß es nur quartalsmäßig vorliegt und dies auch nur mit erheblicher Verspätung; außerdem erfolgen nachträglich in erheblichen Maße Revisionen. Aus diesem Grunde ist gerade bei der Überprüfung der Indikatoreigenschaft von *monatlichen* Zeitreihen eine verläßliche Referenzgröße auf Monatsbasis wünschenswert. Es zeigt sich, daß der Index der Nettoproduktion des Verarbeitenden Gewerbes eine sehr hohe Korrelation mit der Reihe der Bruttoinlandsprodukten aufweist und damit die Funktion einer monatlichen Referenzgröße übernehmen kann (ebenfalls in der Form von prozentualen Abweichungen der saisonbedingten Reihe

---

[3] Vgl. z.B. Zarnowitz und Boschan (1975).

[4] Die Beschränkung auf die alten Bundesländer ergibt sich daraus, daß für Ostdeutschland noch keine genügend langen Zeitreihen vorliegen.

vom langfristigen Trend, der hier als gleitender 60 Monatsdurchschnitt berechnet wurde) (vgl. Abbildung 6.4.1).

Im Falle von monatlichen Zeitreihen wurden in der vorliegenden Untersuchung dementsprechend der industrielle Nettoproduktionsindex und im Falle von Quartalswerten das reale Bruttoinlandsprodukt als Referenzreihen herangezogen.

Da es sich bei vielen Indikator-„Kandidaten“ um trendlose Reihen handelt (z.B. Konjunkturtestreihen), ist auch in der Referenzreihe der Trend herauszunehmen. Dies geschah in der vorliegenden Untersuchung dadurch, daß die prozentualen Abweichungen vom langfristigen Durchschnitt (gleitender 20 Quartalsdurchschnitt) berechnet wurden. Eingeleitet wird die empirische Untersuchung mit der Untersuchung von Einzelreihen. Dem schließt sich die Überprüfung von Gesamtindikatoren an.

Untersuchung von konjunkturellen Einzelindikatoren

Entsprechend den genannten Kriterien wurden aus der amtlichen Statistik vor allem Reihen des industriellen Auftragseingangs, solche zum Lohnkostendruck (sog. Lohnlag) sowie zur monetären Entwicklung (Geldmenge, Diskontsatz, Zinsspanne, Aktienrendite und Aktienkurse) näher untersucht. Aus dem ifo Konjunkturtest wurden folgende Reihen ausgewählt, die sie sich aufgrund früherer Studien in besonderer Weise als Frühindikator eignen dürften: Urteile zur Geschäftslage, Erwartungen zur Geschäftsentwicklung in den nächsten sechs Monaten, Beurteilung des Auftragsbestandes, Beurteilung des Fertigwarenlagers sowie Erwartungen zur Exportentwicklung in den nächsten drei Monaten (jeweils in Form von Salden, d.h. Differenzen der positiven und negativen Meldeanteile; Verarbeitendes Gewerbe).

Die Ergebnisse der graphischen Überprüfung ausgewählter Reihen im Hinblick auf die Eignung als konjunktureller Frühindikator finden sich in den Abbildungen 6.4.2 bis 6.4.5. Im einzelnen sind folgende Zeitreihen dargestellt:

- Abbildung 6.4.2: Der Auftragseingang (zu konstanten Preisen) im
  - Verarbeitenden Gewerbe insgesamt,
  - Grundstoff- und Produktionsgütergewerbe und
  - Investitionsgütergewerbe

  wurde jeweils gegenübergestellt dem Index der Nettoproduktion im Verarbeitenden Gewerbe (alle Reihen in Form prozentualer Abweichungen des monatlichen saisonbedingten Werte vom Trend).

- Abbildung 6.4.3:
  - Der Auftragseingang (zu konstanten Preisen) im Verbrauchsgütergewerbe,
  - Aktienrendite sowie

- Index der Aktienkurse.

Als Referenzreihe diente wiederum der Index der Nettoproduktion im Verarbeitenden Gewerbe. Bis auf die Aktienrendite sind alle Reihen in Form von prozentualen Abweichungen der monatlichen Werte vom Trend dargestellt; die Aktienrendite ist als Originalwert (in %) ausgewiesen.

- Abbildung 6.4.4:
  - Lohnlag (Wachstumsrate des nominalen Volkseinkommens abzüglich der Wachstumsrate des Bruttolohn- und -gehaltssumme je Beschäftigten). Der Lohnlag kann als grober Indikator für die Gewinnentwicklung interpretiert werden.
  - Geschäftserwartungen für die nächsten 6 Monate gemäß dem ifo Konjunkturtest (Salden; Verarbeitendes Gewerbe).
  - Geschäftsklima (geometrisches Mittel der Testsalden zur Geschäftslage und zu den Geschäftserwartungen für die nächsten 6 Monate (Salden; Verarbeitendes Gewerbe).

  Diese drei Reihen werden jeweils dem realen Bruttoinlandsprodukt (in Form von Abweichungen vom Trend) gegenübergestellt.

- Abbildung 6.4.5:
  - Beurteilung der Geschäftslage lt. ifo Konjunkturtest (Salden; vearbeitendes Gewerbe).
  - Diskontsatz (Skala invertiert).
  - Geldmenge M3 (prozentuale Abweichungen vom Trend).

  Diese drei Reihen werden ebenfalls jeweils dem realen Bruttoinlandsprodukt (in Form von Abweichungen vom Trend) gegenübergestellt.

Ohne im Detail die Ergebnisse der Korrelationsanalysen vorzuführen, wird bereits anhand der Grafiken deutlich, daß vor allem die *Konjunkturtestvariablen* sich nicht nur durch einen Vorlauf zwischen einem bis zwei Quartalen auszeichnen, sondern einen relativ glatten Verlauf aufweisen, der die frühzeitige Identifikation von konjunkturellen Wendepunkten erleichtert. Hier liegt ein Vorteil gegenüber dem *Auftragseingang im Verarbeitenden Gewerbe*, einer Reihe, die auch nach Saisonbereinigung viele kurzfristige Schwankungen aufweist. Zudem liegen die Werte des Auftragseingangs aus der amtlichen Statistik ca. einen Monat später als die Ergebnisse des ifo Konjunkturtests vor und unterliegen zum Teil nicht unbeträchtlichen nachträglichen Revisionen.

Die *Aktienkurse* wie auch die *Aktienrendite* lassen keinen systematischen Vorlauf erkennen und sind überdies wenig in der Lage, die Intensität der Konjunkturschwankungen in der Realwirtschaft richtig anzukündigen.

Der *Lohnlag* weist zwar – ähnlich wie die Auftragseingangsreihen der amtlichen Statistik – einen Vorlauf gegenüber der Referenzkurve auf; aufgrund der starken kurzfristigen Schwankungen dieses Indikators ist seine Eignung für die Wendepunktprognose allerdings erheblich eingeschränkt.

Die *Geldmenge* M3 hat bis Ende der 70er Jahre einen ausgeprägten Vorlauf gegenüber der Referenzreihe (reales Bruttoinlandsprodukt) aufgewiesen; seitdem ist der Zusammenhang zwischen diesen beiden Reihen jedoch lose geworden.

Der *Diskontsatz* und auch die *Zinsdifferenz* (langfristiger Zinssatz minus 3-Monats-Zinssatz) haben ohne Zweifel Signalcharakter für den späteren Wirtschaftsverlauf; ein Nachteil ist darin zu sehen, daß die Länge des Vorlaufs stark schwankt, was die Eignung als Frühindikator einschränkt (vgl. Zusammenstellung monetärer Indikatoren in Abbildung 6.4.19).[5]

Frühindikatoren an oberen und unteren konjunkturellen Wendepunkten

Aufgrund der Erkenntnisse aus den Abbildungen 6.4.2 bis 6.4.5 kann der Schluß gezogen werden, daß vor allem ausgewählte Konjunkturtestvariablen die Anforderungen für einen konjunkturellen Frühindikator erfüllen. Die Grafiken zeigen aber auch, daß die Vorläufe an oberen und unteren Wendepunkten durchaus differieren können. Aus diesem Grund wurde in den Abbildungen 6.4.6 und 6.4.7 versucht, aus der Gruppe der Konjunkturtestvariablen jene herauszufiltern, die sich besonders gut zur Prognose der oberen bzw. der unteren Wendepunkte eignen.

Wie auch aus Abbildung 6.4.6 hervorgeht, kristallisieren sich vor allem die *Urteile über den Auftragsbestand*, das *Fertigwarenlagerurteil* und die *Beurteilung* der *augenblicklichen Geschäftslage* als gute Frühindikatoren für den *oberen* konjunkturellen Wendepunkt heraus.

Die *unteren konjunkturellen Wendepunkte*, die erfahrungsgemäß schwieriger zu prognostizieren sind als die oberen, werden relativ am zuverlässigsten angekündigt von den *Exporterwartungen für die nächsten 3 Monate*, dem *Fertigwarenlagerurteil* und den *Geschäftserwartungen für die nächsten 6 Monate* (vgl. Abbildung 6.4.7).

Zusammengesetzte Indikatoren

Auch wenn sich individuelle Reihen, so z.B. das Fertigwarenlagerurteil, als sehr zuverlässige Frühindikatoren erweisen, so erscheint es doch etwas gefährlich, sich nur auf eine einzelne Reihe zu verlassen. Um das Risiko einer Fehlprognose zu reduzieren, bietet sich deshalb an, mehrere bewährte Frühindikatoren zu verknüpfen, um damit die Prognose auf eine breitere Basis zu stellen.[6] Von den vielen möglichen Gesamtindikatoren sind in Abbil-

[5] Zur Bedeutung monetärer Konjunkturindikatoren vgl. Döpke et al. (1994).

[6] Die Zusammenfassung der Einzelreihen wurde mit Hilfe eines Software-Programms vorgenommen, das bei der OECD in Paris und bei der EU-Kommission in Brüssel eingesetzt wird und das auf den Arbeiten des NBER basiert.

dung 6.4.8 drei Varianten ausgewählt worden, die gute Vorlaufeigenschaften aufweisen, insbesondere ein relativ stabiles zeitliches Muster und einen glatten Verlauf:

- Gesamtindikator 1 umfaßt die Exporterwartungen, das Fertigwarenlagerurteil und die Auftragsbeurteilung.
- Gesamtindikator 2 unterscheidet sich von Variante 1 nur dadurch, daß anstelle der Auftragsbestandsbeurteilung die Geschäftserwartungen für die nächsten 6 Monate einbezogen worden sind.
- Gesamtindikator 3 ist schließlich eine Erweiterung des Gesamtindikators 1 in der Weise, daß als vierte Variante noch die Zinsdifferenz (Umlaufrendite festverzinslicher Wertpapiere minus 3 Monats-Zinssatz) hinzugenommen wurde.

Die Korrelogramme und die optische Überprüfung sprechen dafür, daß Gesamtindikator 3 über die relativ besten Vorlaufeigenschaften verfügt, auch wenn die Unterschiede zu den beiden anderen Gesamtindikatoren nur gering sind.

6.4.6 Konjunkturindikatoren auf der Basis von Ungleichgewichtsmodellen

In den vorhergehenden Abschnitten konnte – wie schon in früheren Untersuchungen – der Nutzen der Konjunkturtestergebnisse für die Prognose konjunktureller Wendepunkte nachgewiesen werden. Wie bei jeder Aggregation gehen jedoch bei den verwendeten Konjunkturtestvariablen auf der Ebene des Verarbeitenden Gewerbes Informationen verloren, die in den individuellen Firmenmeldungen enthalten sind. Um diese Mikroinformationen besser zu nutzen, wurden in Abbildung 6.4.9 Kombinationen von individuellen Firmenangaben zur Charakterisierung der Positionen der Unternehmen im Konjunkturzyklus verwendet. Dahinter steht die Überlegung, daß Konjunkturschwankungen dann entstehen, wenn sich die in einer Marktwirtschaft immer vorhandenen kleineren Ungleichgewichte (d.h. auf der Mikroebene, z.B. Ebene der Unternehmen, herrscht in einer Volkswirtschaft nie durchgehend ein Gleichgewichtszustand vor) aufschaukeln, so daß es zu kumulativen Prozessen im Sinne von Jöhr (1972) kommt.

Nach diesem Schema werden jene Industriefirmen, die über keine Produktionsbehinderungen berichten – weder auf der Angebots- noch auf der Nachfrageseite – und die gleichzeitig ihre Geschäftslage als „gut“ oder doch zumindest „befriedigend“ einstufen, der Gleichgewichtskategorie zugeordnet (Gruppe 2.1 in Abbildung 6.4.9). Eine Untergruppe (2.2) bilden jene Firmen, die zwar im Mengengeschäft keine Probleme sehen, die aber offensichtlich nur unbefriedigende Erträge erzielen und deshalb ihre Geschäftslage als schlecht bezeichnen. Gerade in der Anfangsphase eines Konjunkturaufschwungs, wenn zwar die Nachfrage anzieht, aber der Preisdruck noch sehr stark ist, kommt dieser Unterkategorie erfahrungsgemäß eine größere Bedeutung zu.

Falls eine Firma eine Produktionsbehinderung ausschließlich durch Nachfragemangel (bei den derzeitigen Preisen) angibt, fällt sie in die Kategorie Nachfrageschwäche. Hierbei wird noch unterschieden, ob die Firma ihre technischen Kapazitäten auch im Hinblick auf die nächsten 12 Monate als zu groß einschätzt (dauerhafte Nachfrageschwächen, Gruppe 1.1) oder ob sie auf Sicht von 12 Monaten keine Überkapazität sieht (vorübergehende Nachfrageschwäche, Gruppe 1.2).

Als Gegenstück zur „Nachfrageschwäche" wird noch die Kategorie „Angebotsprobleme" gebildet, in die Firmen fallen, die eine Produktionsbehinderung dadurch gegeben sehen, daß ein Mangel an technischer Kapazität, an qualifiziertem Personal oder an anderen – nicht nachfrageorientierten – Faktoren vorliegt. Innerhalb dieses Segments wird wiederum differenziert zwischen „dauerhaften" Problemen (die technischen Kapazitäten werden nicht nur derzeit, sondern auch mit Blick auf die nächsten 12 Monate als zu klein eingestuft; Kategorie 3.1) und als vorübergehend, wenn auf Sicht auf 12 Monate mit einer Behebung der Produktionsengpässe gerechnet wird (Kategorie 3.2).

Wie aus Abbildung 6.4.9 hervorgeht hat seit Mitte 1992 der Anteil der Firmen in der Kategorie „Nachfrageschwäche" deutlich zugenommen. Mit der seit Ende 1993 einsetzenden konjunkturellen Belebung schrumpfte dieses Segment wieder deutlich. Die Belebung hatte aber bis Ende 1994 nicht dazu geführt, daß die Firmen mit Angebotsproblemen stark zugenommen haben. Die Beobachtung der Kategorie „Angebotsprobleme" – und zwar getrennt nach wirtschaftlichen Hauptgruppen oder sogar Branchen – erscheint sehr wichtig, um die Gefahr einer konjunkturellen Überhitzung, verbunden mit stärkeren Preissteigerungen, früh zu erkennen.

In den Abbildungen 6.4.10 bis 6.4.13 sind die Ergebnisse dieser Typologisierung für die westdeutschen Industriehauptgruppen und in den Abbildungen 6.4.14 bis 6.4.18 in leicht modifizierter Form für die ostdeutsche Industrie dargestellt.

Insgesamt betrachtet, scheint diese auf der Idee der Ungleichgewichtsmodelle basierenden Konjunkturtypologie von Unternehmen eine gute Ergänzung zu den mehr traditionellen Frühindikatoren zu sein, wie sie in den vorangegangen Abschnitten dieses Beitrags dargestellt wurden.

Literatur

Döpke, J., Krämer, J.W. und Langfeldt, E. (1994): Konjunkturelle Frühindikatoren in Deutschland. *Konjunkturpolitik*, 40(2), 135-153.

Jöhr, W.A. (1972): Zur Rolle des psychologischen Faktors in der Konjunkturtheorie. *ifo Studien*, 18, 157ff.

Koopmans, T.C. (1947): Measurement Without Theory. *Review of Economics and Statistics*, 161-172.

Leeuw de, F. (1989): Toward a Theory of Leading Indicators. In Lahiri, K. und Moore, G.H. (Hg.): *Leading Economic Indicators: New Approaches and Forecasting Methods.* Cambridge, UK.

Nierhaus, W. (1994): *Zusammenführung von Indikator-Ansatz, ökonometrischer Modellprognose und iterativ-analytischem Prognoseverfahren.* München. Mimeo.

Zarnowitz, V. und Boschan, C. (1975): Cyclical Indicators: An Evaluation of New Leading Indexes. In *Business Conditions Digest.*

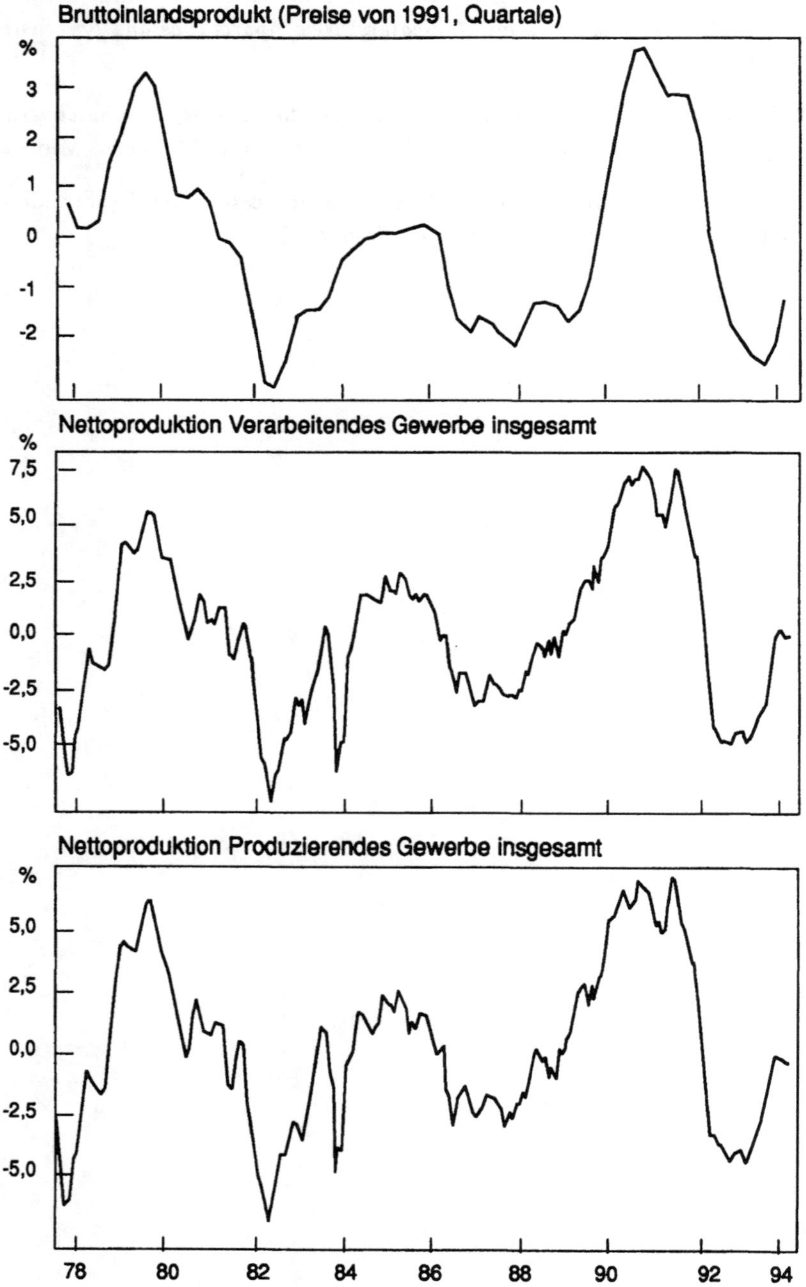

Abbildung 6.4.1: Referenzreihen für Konjunkturindikatoren (Abweichungen vom Trend in %)

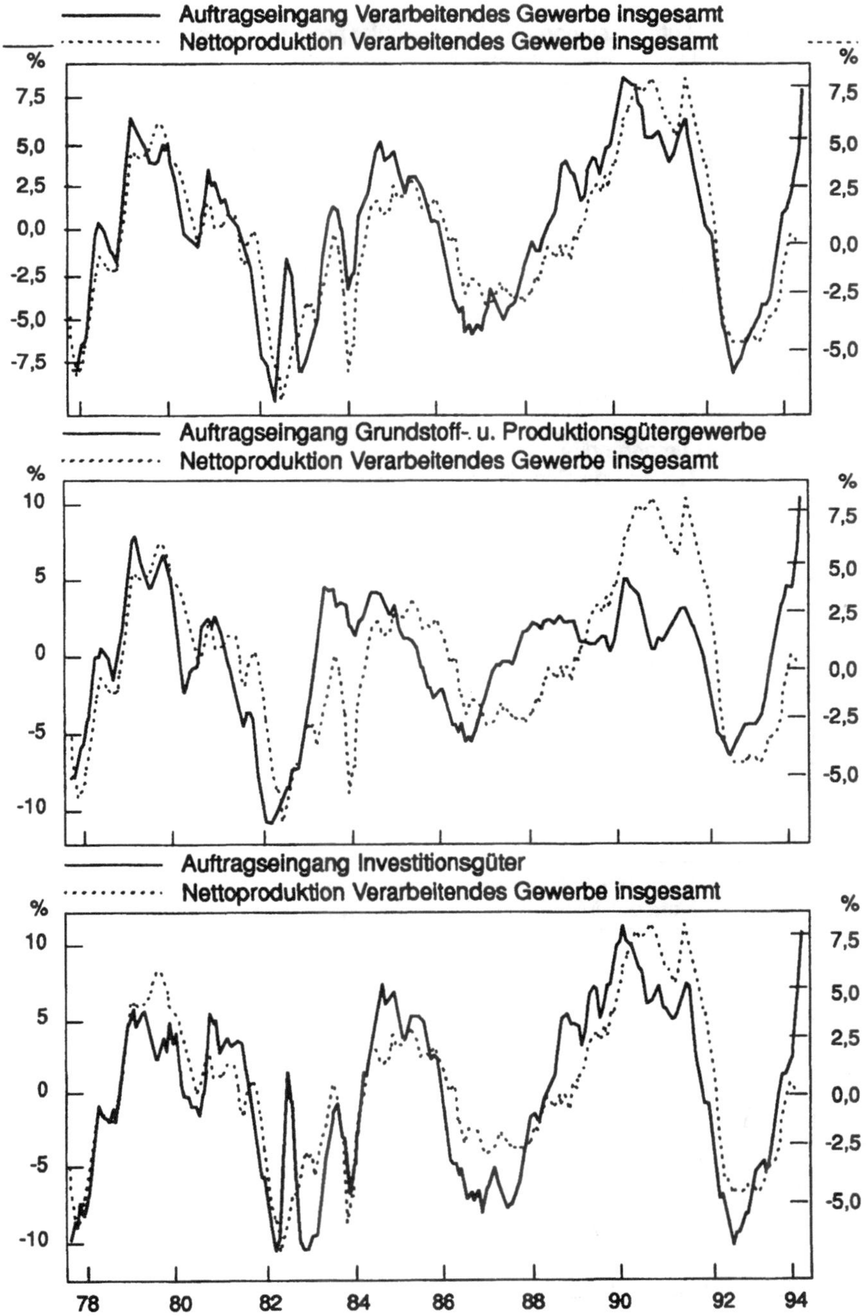

Abbildung 6.4.2: Konjunkturelle Einzelindikatoren I (Abweichungen vom Trend in %)

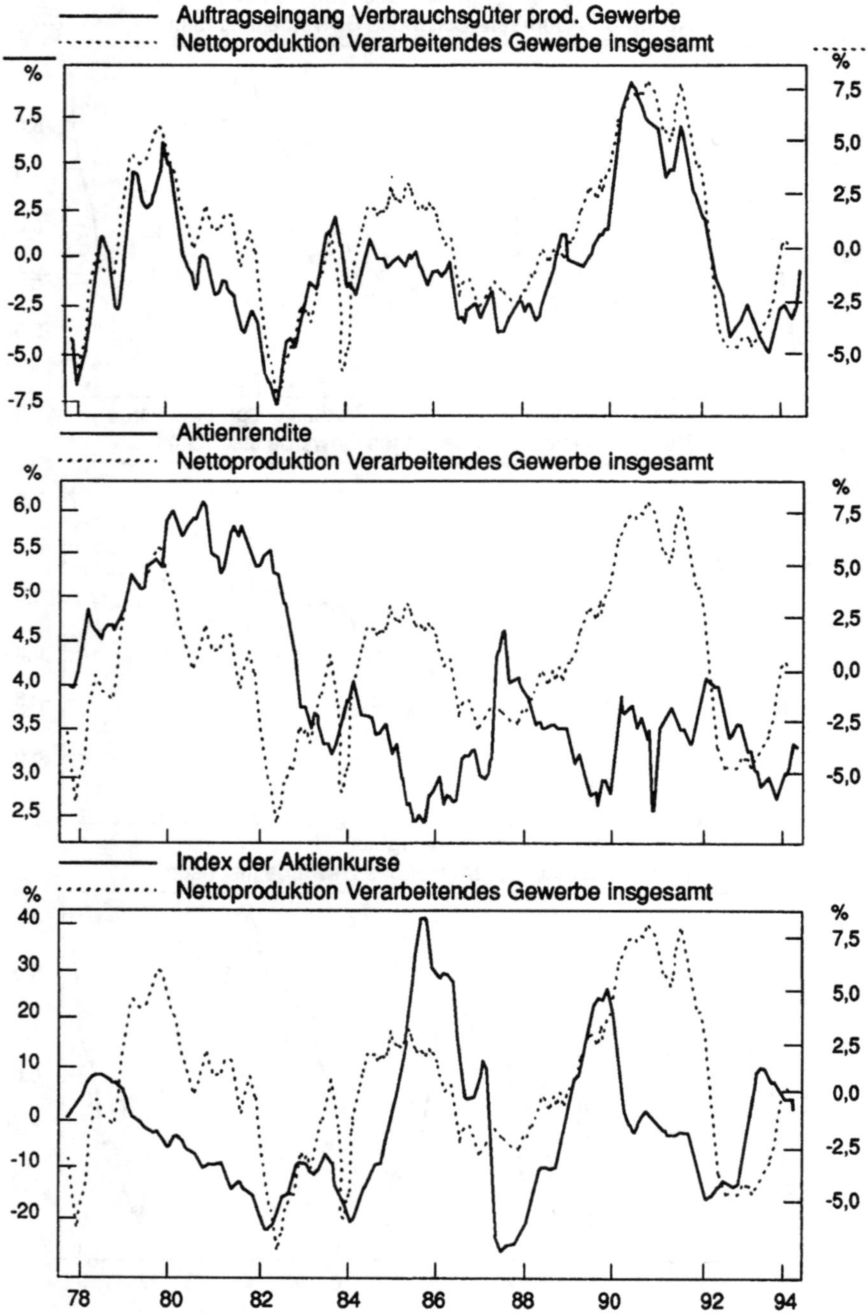

Abbildung 6.4.3: Konjunkturelle Einzelindikatoren II (Abweichungen vom Trend in %)

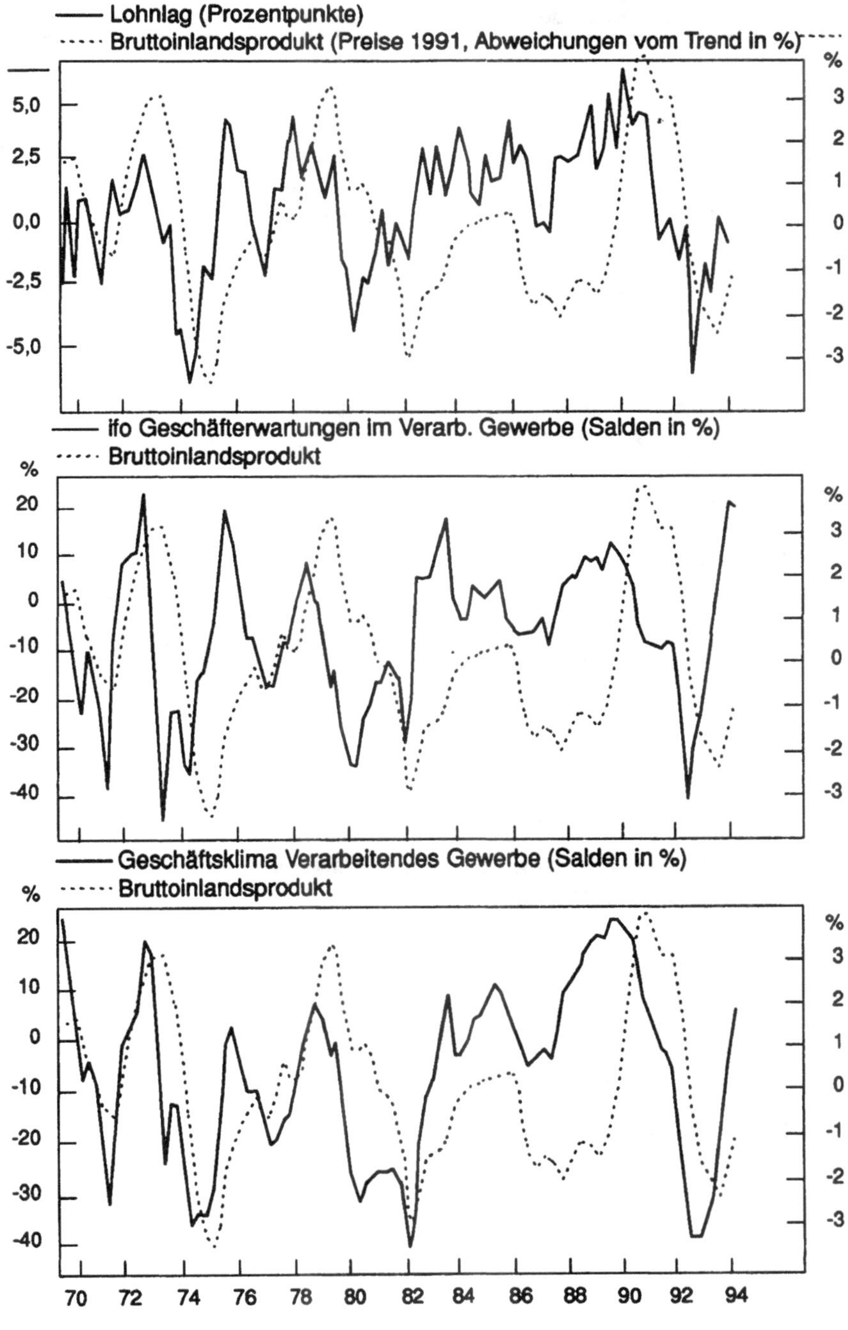

Abbildung 6.4.4: Konjunkturelle Einzelindikatoren III (Referenzreihe: BIP in Abweichungen vom Trend in %)

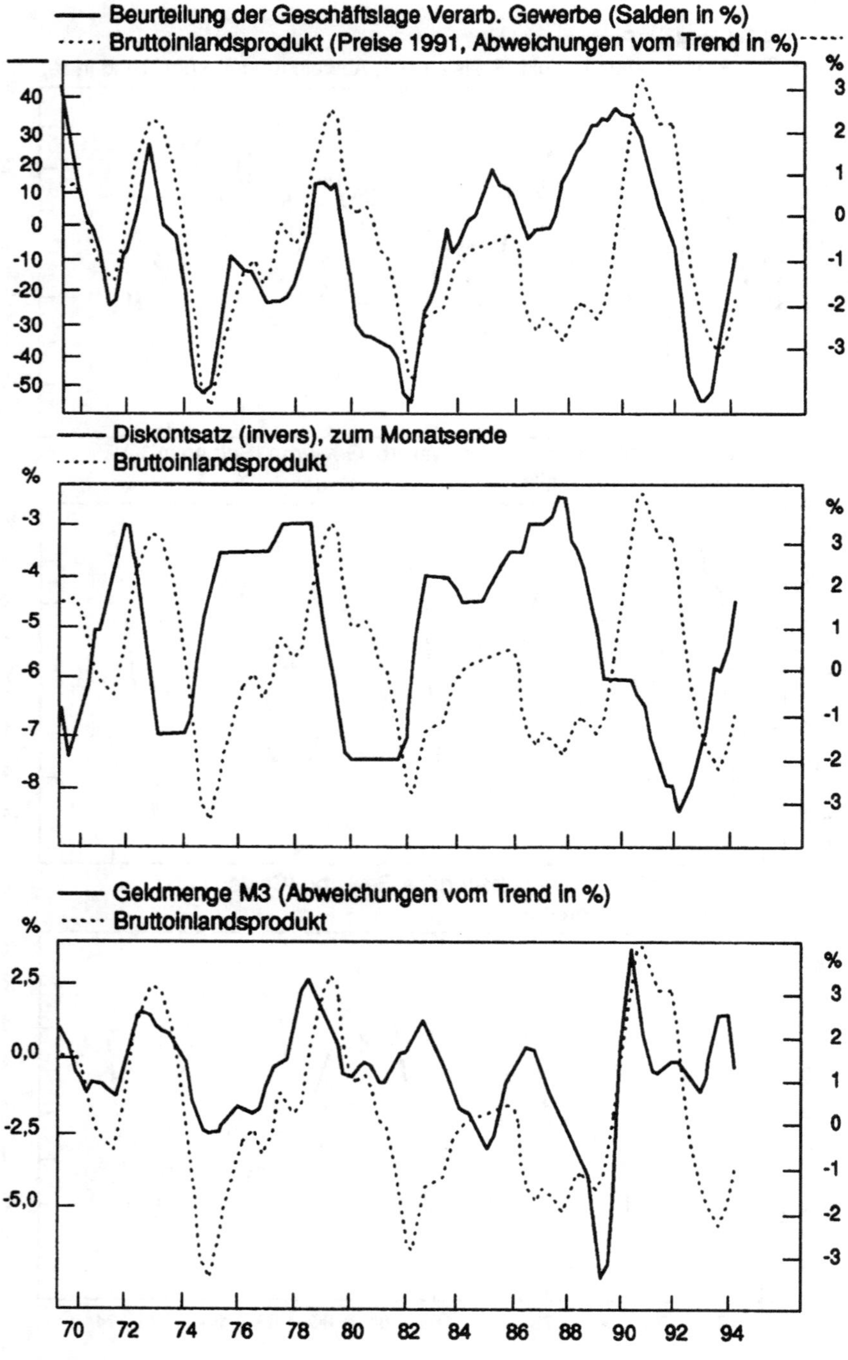

Abbildung 6.4.5: Konjunkturelle Einzelindikatoren IV (Referenzreihe: BIP in Abweichungen vom Trend in %)

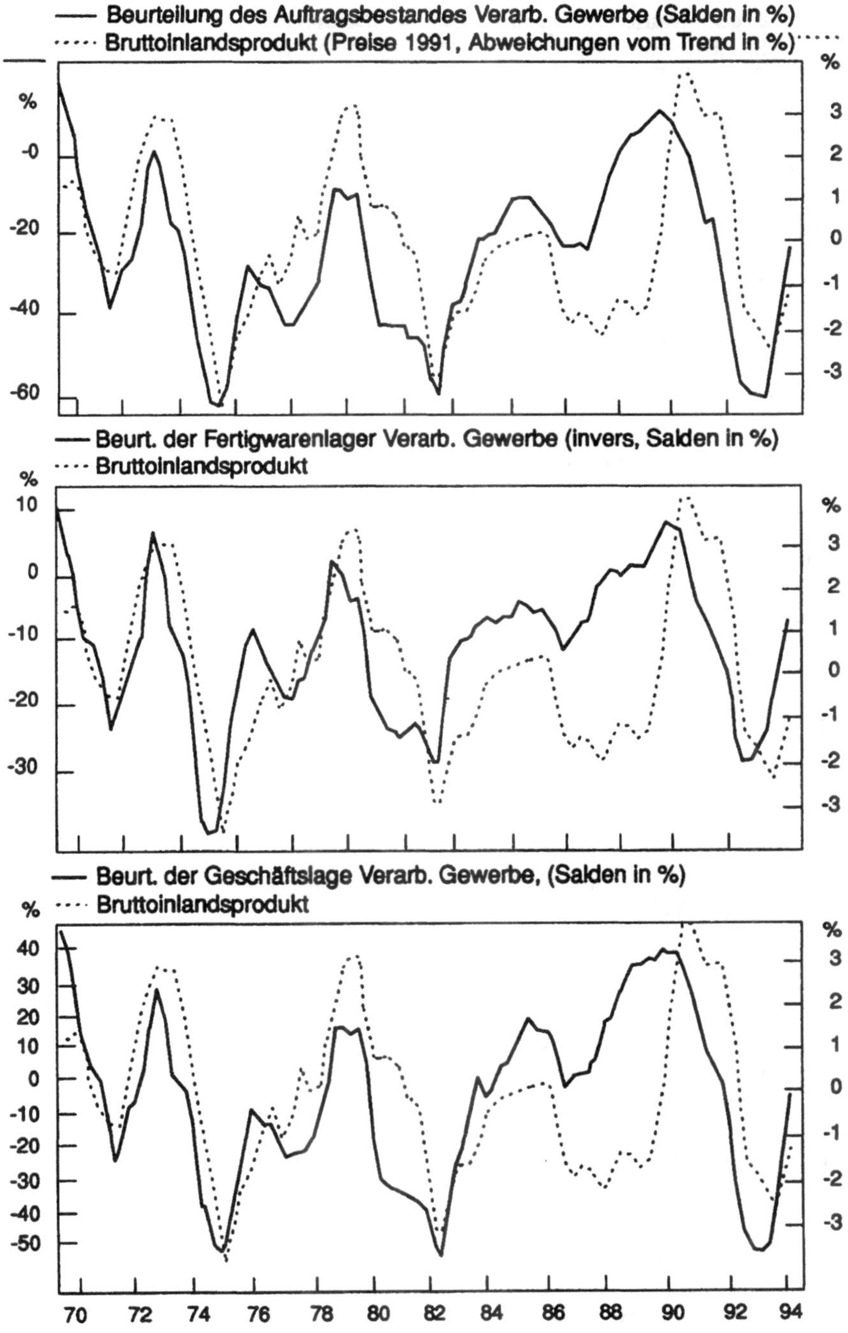

Abbildung 6.4.6: Untersuchung der oberen Wendepunkte (Referenzreihe: BIP in Abweichungen vom Trend in %)

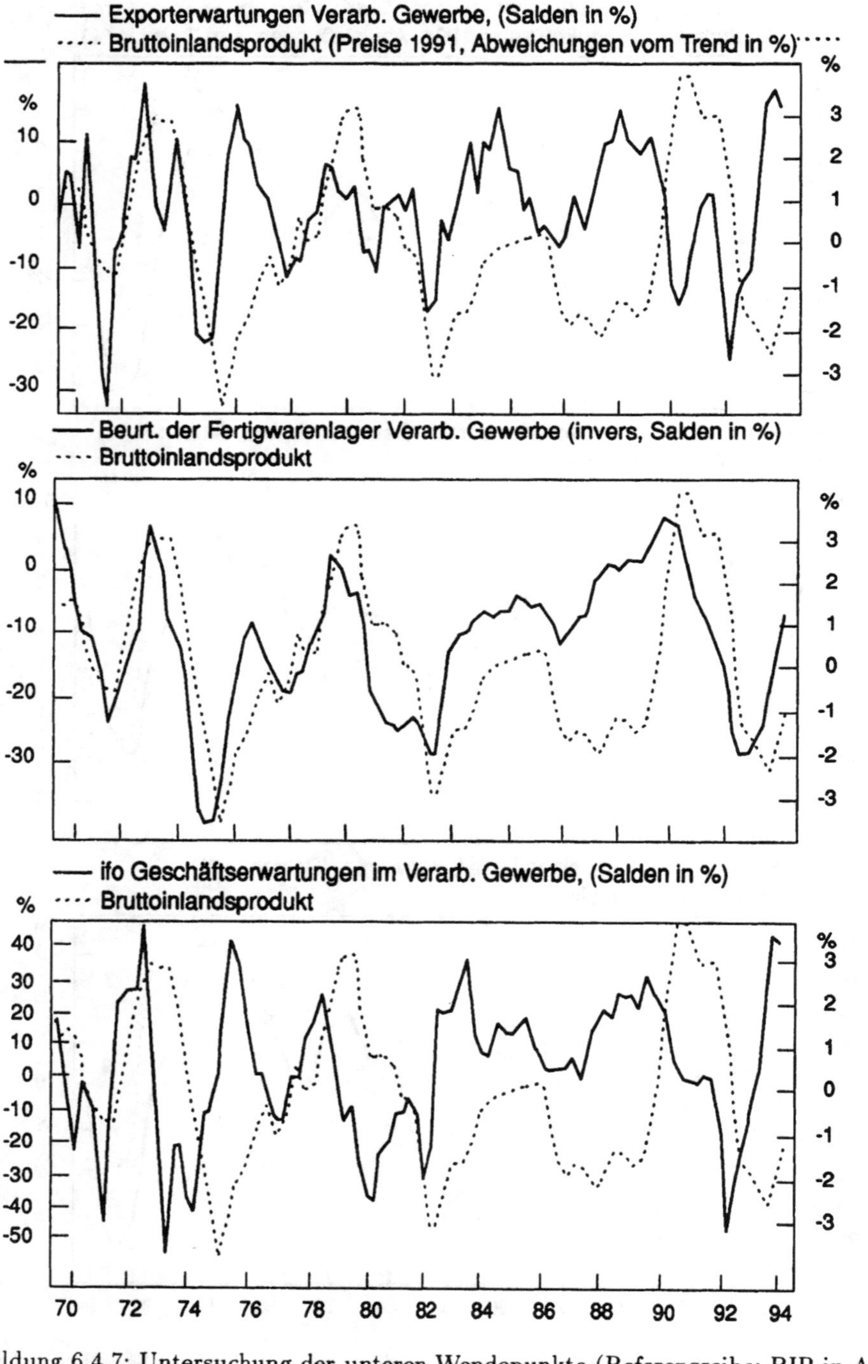

Abbildung 6.4.7: Untersuchung der unteren Wendepunkte (Referenzreihe: BIP in Abweichungen vom Trend in %)

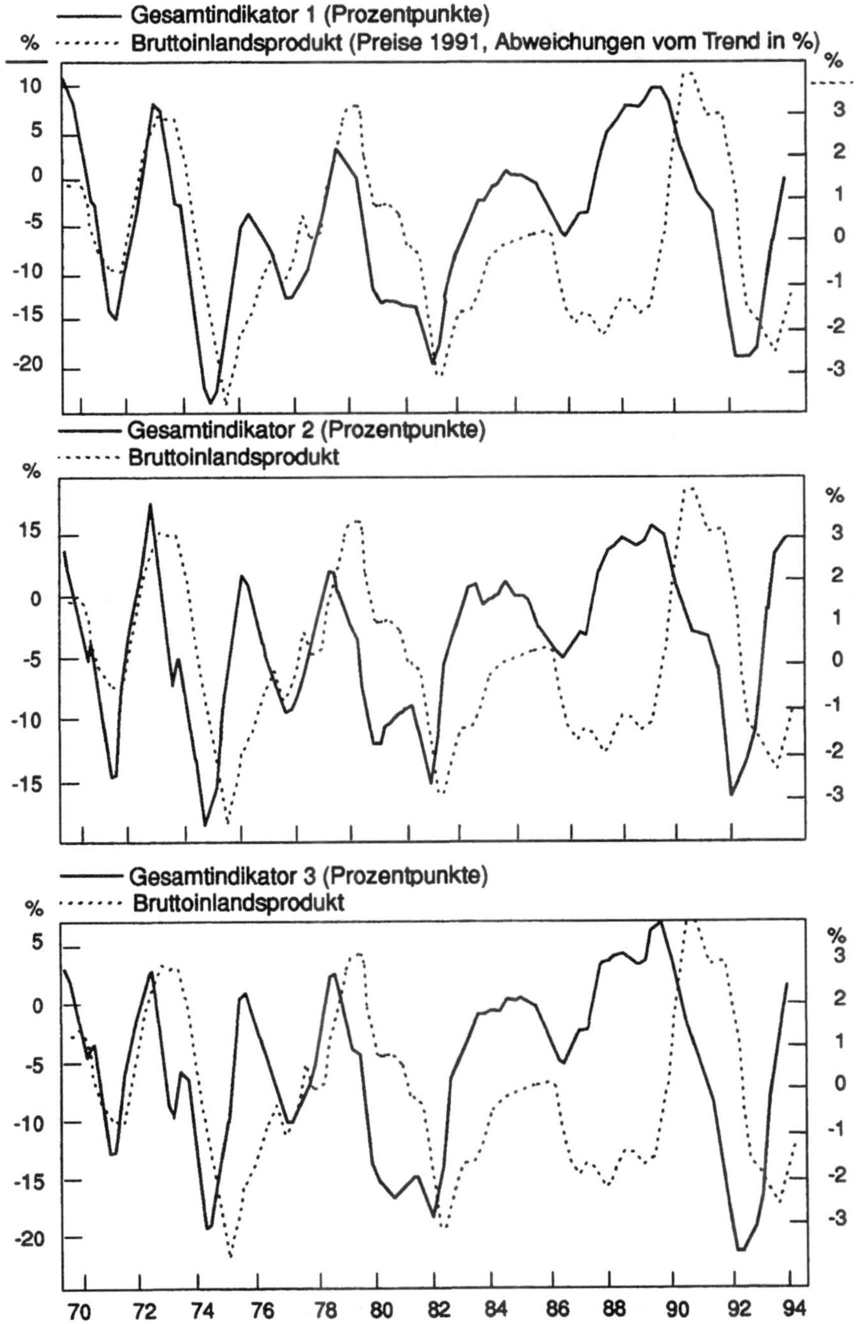

Abbildung 6.4.8: Verschiedene Gesamtindikatoren

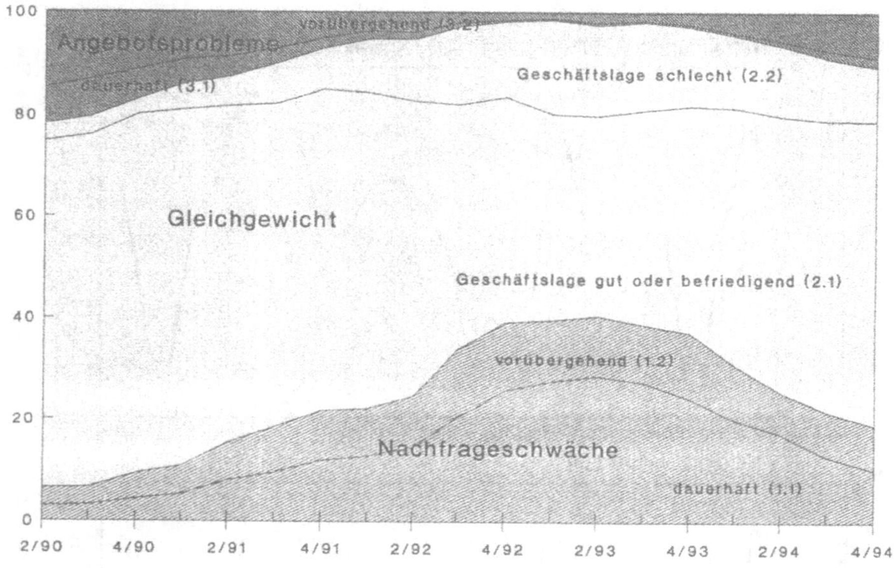

Abbildung 6.4.9: Typologisierung von Industrieunternehmen nach Konjunkturkategorien; Westdeutschland / Industrie insgesamt

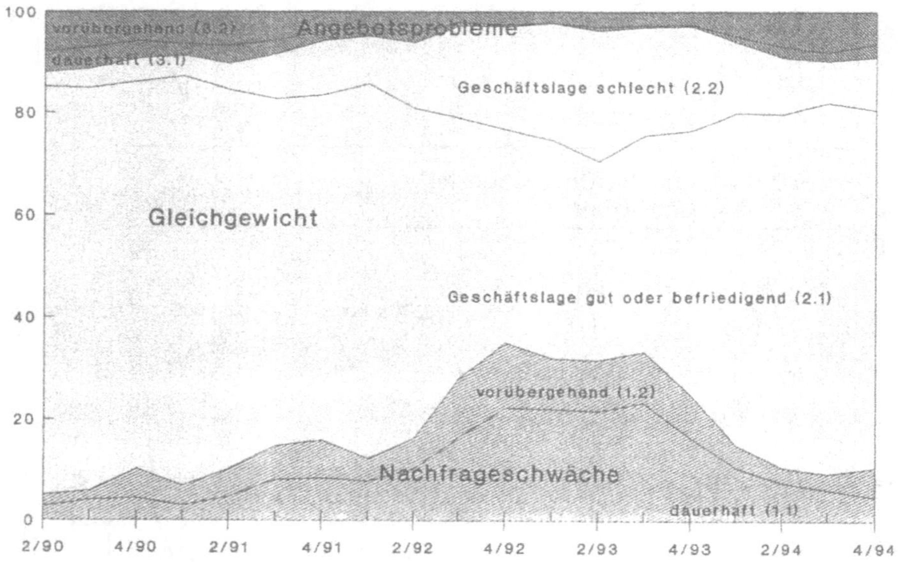

Abbildung 6.4.10: Typologisierung von Industrieunternehmen nach Konjunkturkategorien; Westdeutschland / Grundstoffe

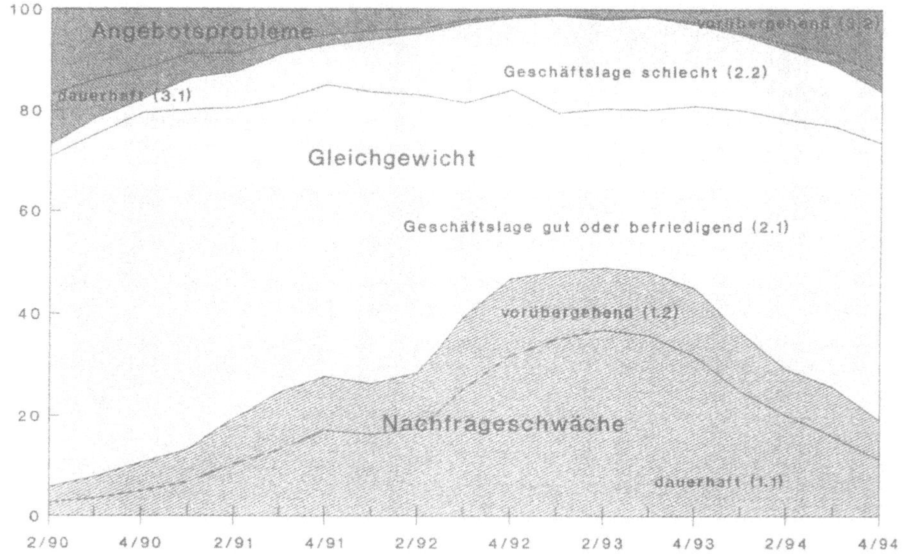

Abbildung 6.4.11: Typologisierung von Industrieunternehmen nach Konjunkturkategorien; Westdeutschland / Investitionsgüter

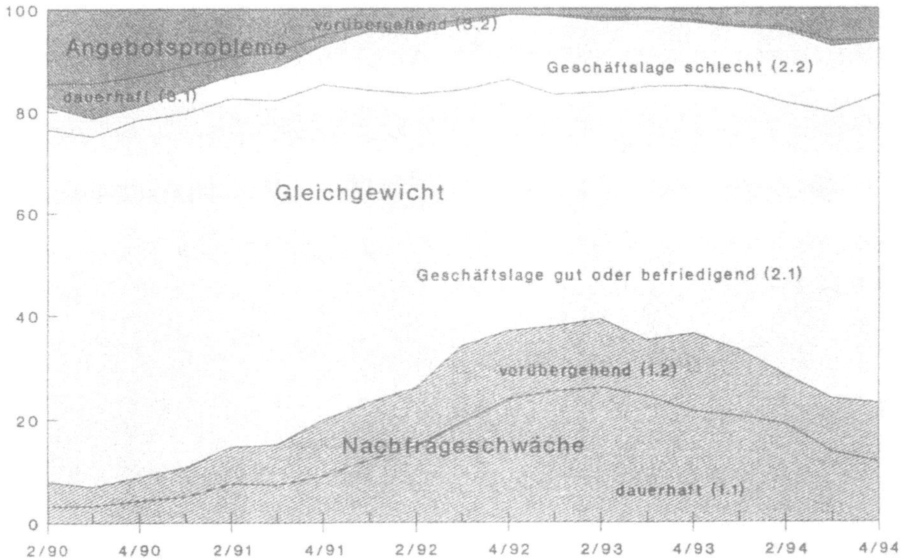

Abbildung 6.4.12: Typologisierung von Industrieunternehmen nach Konjunkturkategorien; Westdeutschland / Verbrauchsgüter

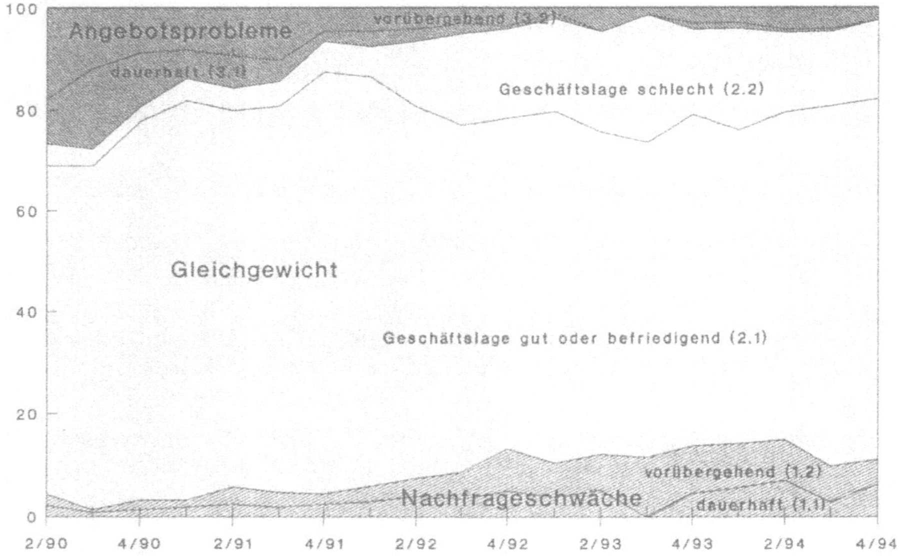

Abbildung 6.4.13: Typologisierung von Industrieunternehmen nach Konjunkturkategorien; Westdeutschland / Nahrungs- und Genußmittel

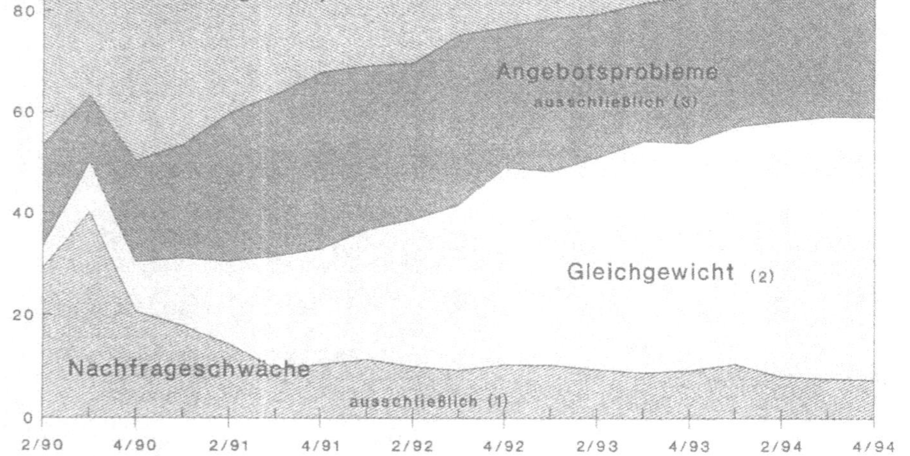

Abbildung 6.4.14: Typologisierung von Industrieunternehmen nach Konjunkturkategorien; Neue Bundesländer / Industrie insgesamt

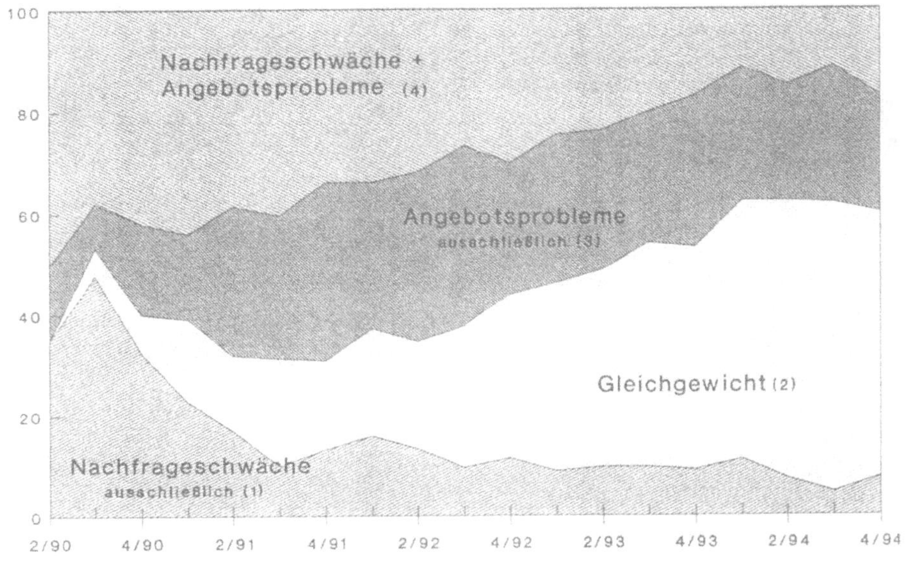

Abbildung 6.4.15: Typologisierung von Industrieunternehmen nach Konjunkturkategorien; Neue Bundesländer / Grundstoffe

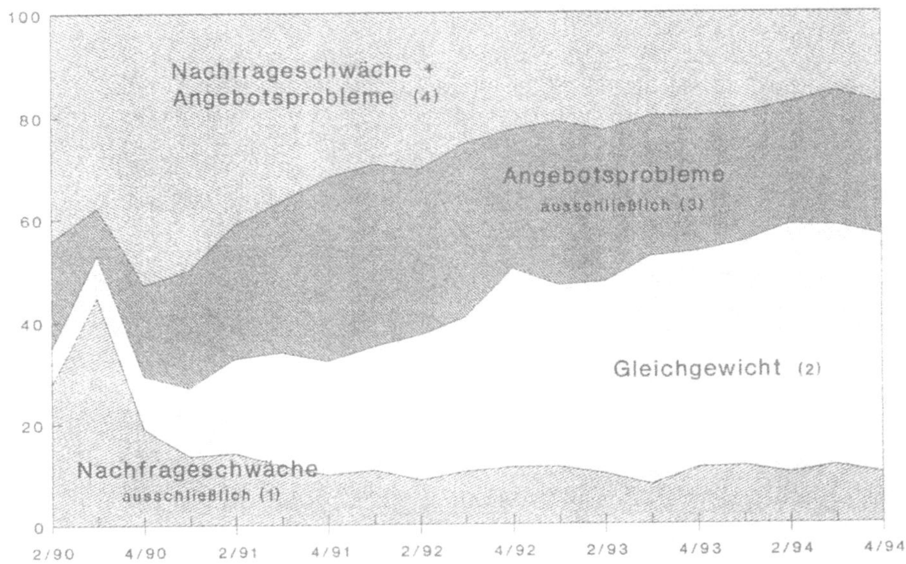

Abbildung 6.4.16: Typologisierung von Industrieunternehmen nach Konjunkturkategorien; Neue Bundesländer / Investitionsgüter

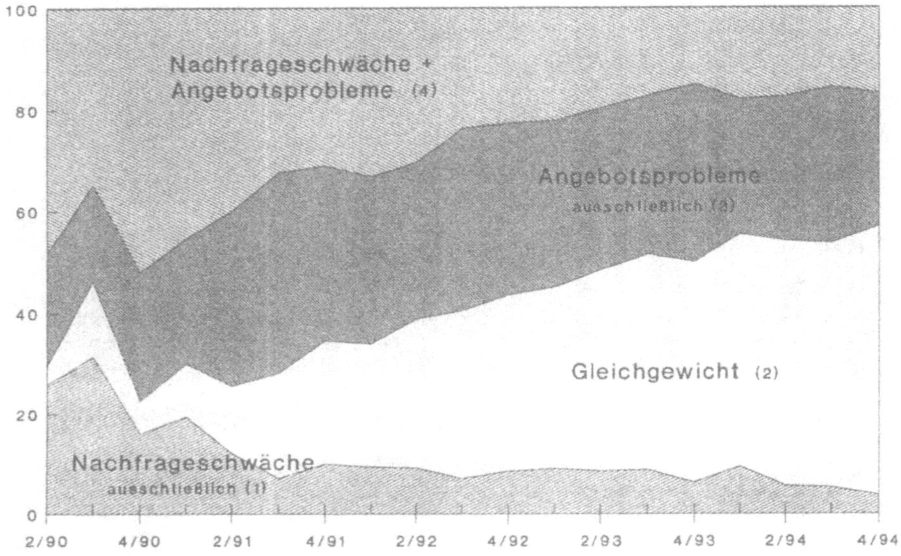

Abbildung 6.4.17: Typologisierung von Industrieunternehmen nach Konjunkturkategorien; Neue Bundesländer / Verbrauchsgüter

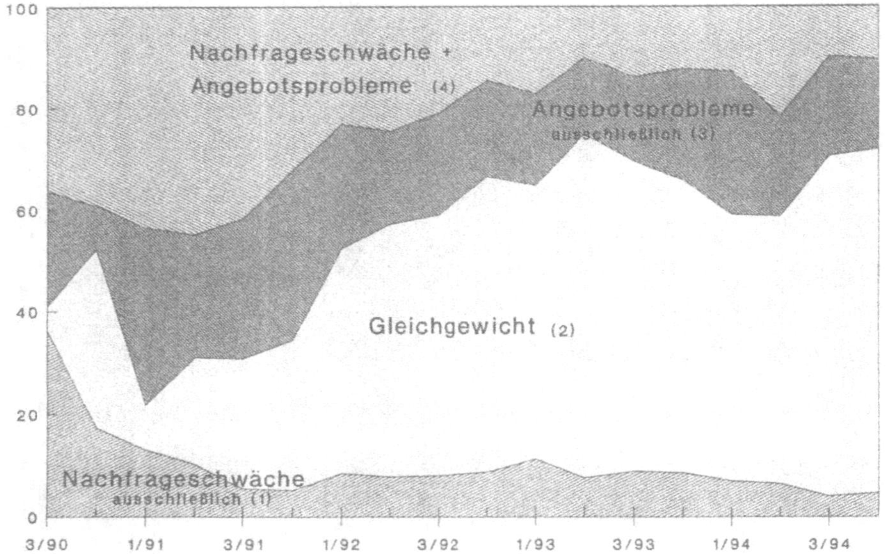

Abbildung 6.4.18: Typologisierung von Industrieunternehmen nach Konjunkturkategorien; Neue Bundesländer / Nahrungs- und Genußmittel

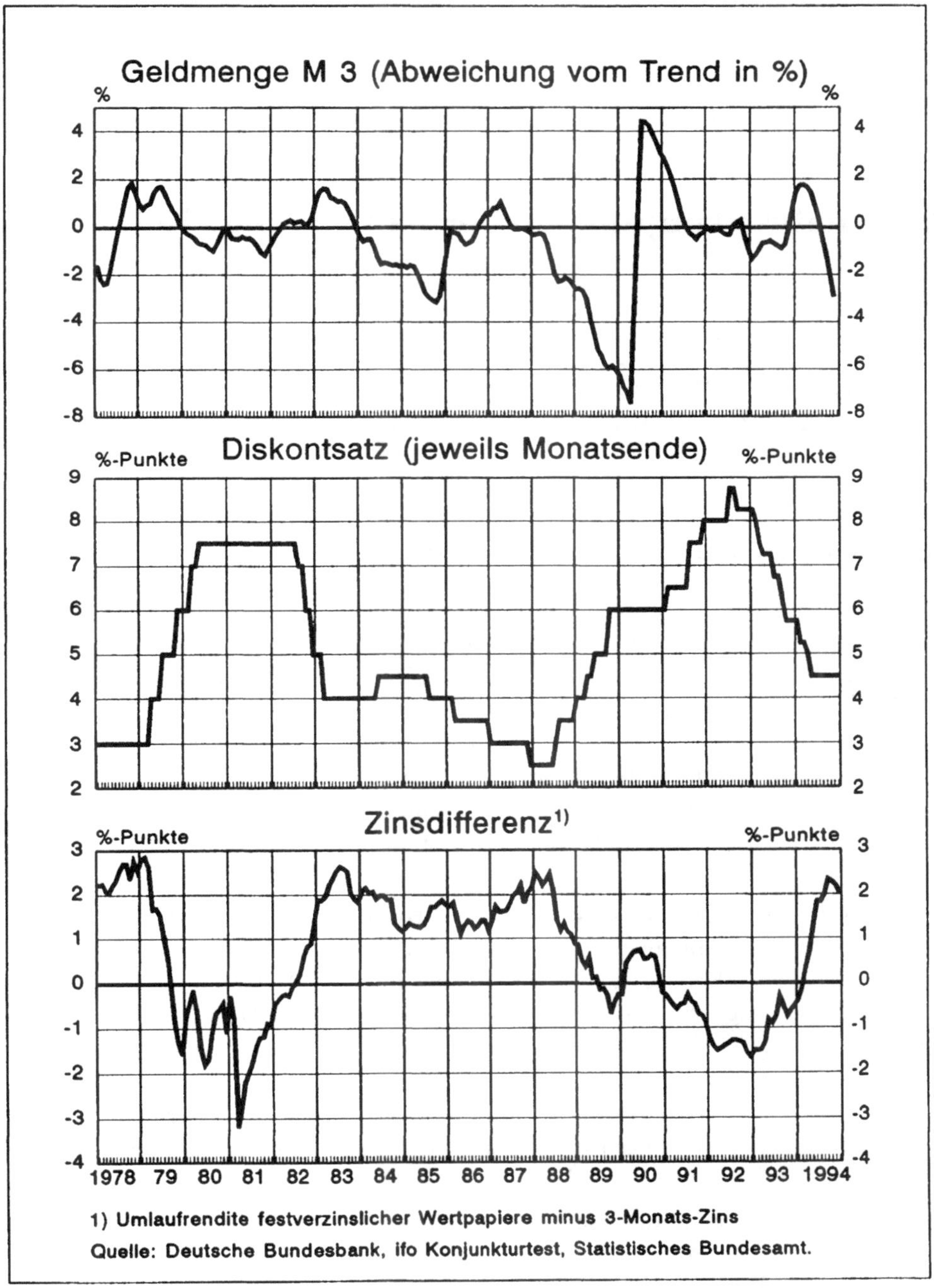

Abbildung 6.4.19: Monetäre Konjunkturindikatoren

6.5 Analyse konjunktureller Abschwünge in Deutschland

Michael Hammes und Günter Poser
Technische Hochschule Darmstadt, Darmstadt

6.5.1 Konjunkturtheoretische Ansätze

Das Angebot moderner theoretischer Ansätze zur Erklärung von Konjunkturschwankungen ist groß (vgl. Gabisch und Lorenz 1989, Kromphardt 1989, Ramser 1988, Heubes 1986, Tichy 1982). Als grobe Klassifizierung dieser Ansätze bietet sich die Einteilung nach ihrer markttheoretischen Fundierung in zwei Gruppen an: in klassisch-monetaristische (bzw. walrasianische Modelle) einerseits (mit den Prämissen vorherrschender Preis- und Lohnflexibilität, inhärenter Stabilität des privaten Sektors und geräumter Märkte) und in keynesianische (bzw. nicht-walrasianische) Ansätze andererseits (mit den Prämissen vorhandener Preis- und Lohnrigiditäten, inhärenter Instabilität des privaten Sektors und rationierter Märkte).

Neben den genannten Annahmen zur Lohn-Preis-Dynamik, zur Stabilität des privaten Sektors und zur Markträumung sind exogene Impulse und endogene Verstärkungsmechanismen wesentliche Kennzeichen aller Konjunkturmodelle. Der Einfluß exogener und endogener Bestimmungsfaktoren ist dabei sehr unterschiedlich: So kann bereits ein einzelner exogener Schock (ein abrupter internationaler Anstieg der Energiepreise, eine starke Veränderung von Devisenkurs-Paritäten) ausreichen, um Schwingungen im Modell anzustoßen, die sich über endogene Mechanismen ausbreiten und aufrechterhalten werden können. Konjunkturschwankungen können aber auch allein durch das Zusammenwirken von endogenen Determinanten entstehen.

In der empirischen Konjunkturforschung werden die aus konjunkturtheoretischen Ansätzen stammenden Anregungen allerdings meist nur indirekt genutzt. So führten die keynesianischen und neoklassischen Überlegungen z.B. zu empirischen Untersuchungen darüber, ob jeweils ein „keynesianisches“ oder ein „neoklassisches Regime“ vorherrsche, an dem Unternehmen, private Haushalte und Gebietskörperschaften ihre Entscheidungen ausrichteten.

Herrsche ein „keynesianisches Regime“, so sei die keynesianische Sicht angemessen, herrsche ein „neoklassisches Regime“, so sei die neoklassische Sicht die angemessene Grundlage für Erklärung, Prognose und Programm, also auch für wirtschaftspolitische Empfehlungen (Nerb 1989, S. 80).

Die Konjunkturentwicklung über mehrere Jahrzehnte läßt sich jedenfalls mit einer einzigen Theorie(variante) weder erklären noch prognostizieren. Längerfristig angelegte Studien folgen deshalb (notwendigerweise) einem heuristischen Betrachtungsrahmen. Rohwer (1988) stellt z.B. den Entscheidungsprozeß in den Unternehmen in den Mittelpunkt seiner Untersuchungen. Entscheidungsparameter sind die für die Zukunft als realisierbar angesehene Nettorendite, die Einschätzung des Wachstumspotentials und die jeweilige Ausprägung der unternehmerischen Leistungs- und Risikobereitschaft. Als wichtigstes Unternehmensziel wird die Erzielung einer bestimmten Kapital- bzw. Umsatzrentabilität unterstellt. Die Entscheidungsparameter werden in Abhängigkeit von den jeweiligen Angebots- und Nachfragebedingungen gesehen, die das jeweilige „keynesianische“ oder „neoklassische Regime“ ausmachen. Im vorliegenden Beitrag soll untersucht werden, wie die wichtigsten konjunkturpolitischen Berater, nämlich der Sachverständigenrat zur Begutachtung der gesamtwirtschaftlichen Entwicklung (SVR) und die wirtschaftswissenschaftlichen Forschungsinstitute (Institute) – sei es einzeln oder als Arbeitsgemeinschaft –, die gesamtwirtschaftliche Entwicklung in der Bundesrepublik Deutschland vor den letzten großen konjunkturellen Einbrüchen diagnostiziert, prognostiziert und kommentiert haben und welche Folgerungen sich daraus ergeben.

6.5.2 Die zeitliche Abgrenzung der Konjunkturzyklen

Wählt man zur zeitlichen Bestimmung der Konjunkturzyklen in Deutschland den Verlauf des Indexes der Nettoproduktion im Verarbeitenden Gewerbe, so können im Zeitraum 1966-1993 acht konjunkturelle Tiefpunkte festgestellt werden, nämlich in den Jahren 1967, 1971/1972, 1975, 1977/1978, 1980/1981, 1982, 1986/1987 und 1993 (vgl. Abbildung 6.5.1).

Zieht man zur Abgrenzung der Konjunkturzyklen die Entwicklung der wirtschaftspolitischen Zielindikatoren (Bruttosozialprodukt, Inflationsrate, Arbeitslosenquote und Leistungsbilanzsaldo) hinzu, so heben sich als ausgeprägte Rezessionsjahre mit hoher bzw. stark steigender Arbeitslosigkeit und einem Rückgang des realen Bruttosozialprodukts (BSP) die Jahre 1967, 1975, 1982 und 1993 heraus (vgl. Abbildung 6.5.2).

In den Jahren 1971/1972, 1978, 1980/1981 und 1987 treten dagegen eher „Zwischentiefs“ auf, in deren Gefolge es nicht zu einem starken Anstieg der Arbeitslosenquote kommt.

Damit scheint sich in der konjunkturellen Entwicklung der deutschen Volkswirtschaft ein Phänomen zu bestätigen, das Evans (1969) bereits in den USA beobachtet und begründet hat. Danach gerät eine Volkswirtschaft nach starkem konjunkturellen Aufschwung in eine Phase der Instabilität, die die Gefahr des erneuten Abschwungs in sich trägt.

In dieser Phase geht regelmäßig die massive Aufstockung der Lager zu Ende. Wenn diese Phase der Instabilität durch endogene Kräfte – Zunahme der Anlageinvestitionen und der

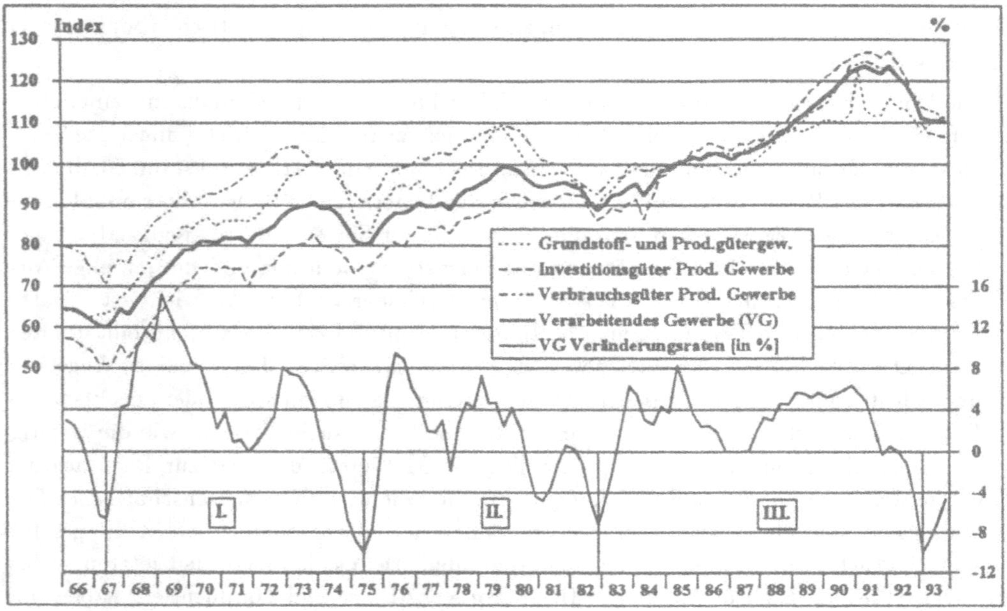

Anmerkung: 1985 = 100
Quelle: Statistisches Bundesamt, Fachserie 4, Reihe 2.1, eigene Darstellung.

Abbildung 6.5.1: Index der Nettoproduktion im Verarbeitenden Gewerbe (früheres Bundesgebiet) 1966-1993

Nachfrage nach dauerhaften Konsumgütern – überwunden wird, bestehen gute Voraussetzungen für einen sich selbst tragenden Aufschwung. Dieser Aufschwung kann jedoch z.B. durch einen abrupten Rückgang der Auslandsnachfrage oder auch durch starke Lohnforderungen gebremst werden, wenn diesen Lohnforderungen nachgegeben wird und damit der Cash-Flow der Unternehmen und ihre Investitionsneigung sinken. Er kann auch durch eine restriktive Geldpolitik abgebremst werden, wenn es den Unternehmen gelingt, die Lohnerhöhungen in den Verkaufspreisen weiterzugeben, und wenn der Konjunkturverlauf daraufhin in eine inflationäre Überhitzung mündet, in der sich die Zentralbank veranlaßt sieht, geldpolitisch gegenzusteuern.

Starbatty (1977) führt das auch in Deutschland zu beobachtende Phänomen der Instabilität nach konjunkturellen Aufschwüngen unmittelbar darauf zurück, daß die konjunkturpolitischen Instanzen nach gerade überwundener Rezession (insbesondere wenn diese durch eine scharfe Restriktionspolitik ausgelöst worden war) bei der Zügelung des nächsten

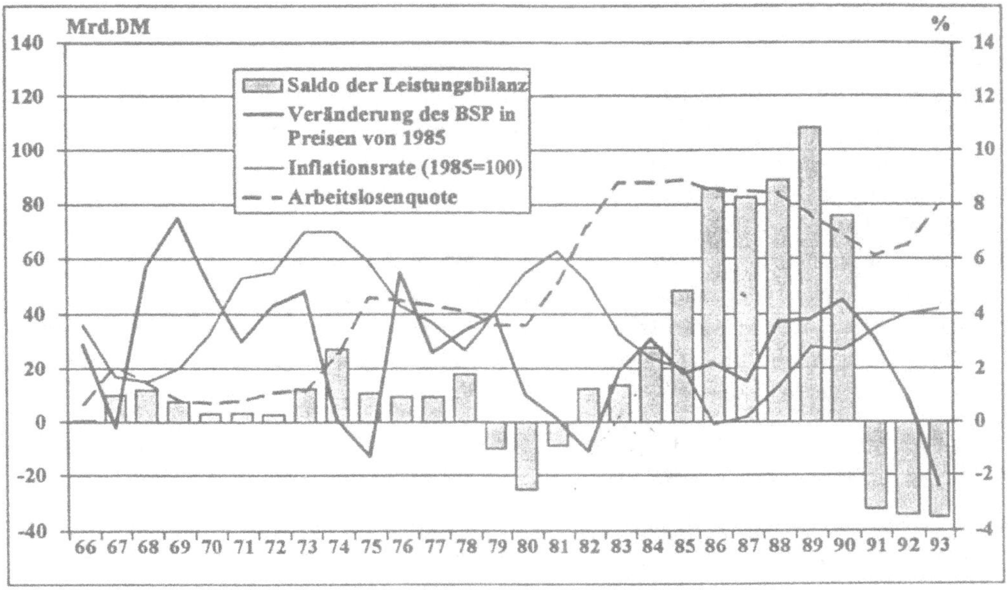

Quelle: Jahresgutachten des Sachverständigenrates, ifo Spiegel der Wirtschaft, eigene Darstellung.

Abbildung 6.5.2: Wirtschaftspolitische Zielindikatoren (früheres Bundesgebiet) 1966-1993

Aufschwungs entsprechend zaghaft seien auch dann, wenn mit dem Aufschwung wieder erste Überhitzungserscheinungen einhergehen.

Im folgenden sollen nur diejenigen konjunkturellen Abschwünge seit 1967 betrachtet werden, in denen das reale BSP zurückgegangen ist, also die Abschwünge der Jahre 1974/1975, 1981/1982 und 1992/1993.

6.5.3 Prognosen konjunktureller Abschwünge und wirtschaftspolitische Empfehlungen

Die Rezession der Jahre 1974/1975

Die Rezession der Jahre 1974/1975 wurde weder vom SVR noch von den Instituten vorausgesehen. Der SVR hatte bereits in einem Sondergutachten im Mai 1973 bedrohliche Formen einer inflationären Nachfrageexpansion festgestellt, deren Tempo im Herbst 1972 nicht vorhergesehen worden war. Er schlug im Jahresgutachten (JG) 1973 deshalb Steuererhöhungen und im Herbst Maßnahmen zur Einschränkung des Booms im Wohnungsbau vor.

Die Institute empfahlen im Frühjahr 1973 (F 73) angesichts der zunehmenden Inflation ebenfalls stärkere Restriktionen der Geld- und Finanzpolitik. Nur das Deutsche Institut für Wirtschaftsforschung (DIW) unterstützte die restriktive Geldpolitik nicht vorbehaltlos, sondern gab in einem Minderheitsvotum (F 73) zu bedenken, daß eine Verschärfung der Geldpolitik zur Sprengung des Wechselkursverbunds (Block-Floaten) führen könne. Von der Geldpolitik war bereits im Jahre 1973 massiv gegengesteuert worden, als der Preisindex der Lebenshaltung auf über 7% im Dezember 1973 angestiegen war (vgl. Abbildung 6.5.2). Der scharfe Rückgang der Geldmenge M1 und die Beschränkung der Refinanzierungsmöglichkeiten der Geschäftsbanken hatten bis zum Ende des Jahres 1973 die Zinsen für Dreimonatsgeld auf über 13% und die Umlaufrendite festverzinslicher Wertpapiere auf 9,5% ansteigen lassen.

Im Herbst-Gutachten 1973 (H 73) der Institute wurde gleichwohl das Durchhalten eines finanz- und geldpolitischen Restriktionskurses gefordert, da für 1974 überzogene Lohnforderungen erwartet wurden, die es zu dämpfen gelte.

Im F 74 stellten das Institut für Weltwirtschaft (IfW) und das Rheinisch-Westfälische Institut (RWI) fest, daß die Kombination von restriktiver Geldpolitik und finanzpolitischer Stützungspolitik keinen Erfolg verspreche. Gewerkschaften und Unternehmer fühlten sich nach Einschätzung dieser Institute durch die Vollbeschäftigungspolitik der Regierung dazu ermuntert, überhöhte Lohnvereinbarungen zu treffen und somit selbst die Daten des Konjunkturgeschehens zu setzen, auf die die Regierung nurmehr reagieren könne. Wegen der expansiven staatlichen Finanzpolitik, so die beiden Institute, werde das zur Geldwertstabilisierung eingesetzte geldpolitische Instrumentarium überfordert.

Der SVR sagte noch im Herbst 1974 für das Folgejahr einen Anstieg des realen BSP um 2% voraus. Und auch nach Einschätzung der Institute im H 74 war über das Jahr 1975 hin ein zunehmendes Wachstum des BSP mit einer Jahresdurchschnittsrate von 2,5% zu erwarten.

Selbst noch im F 75 wurde das drohende Ausmaß des bereits deutlichen konjunkturellen Abschwungs von den Instituten nicht erkannt. Für das Jahr 1975 wurde – wohl unter dem Eindruck der massiven staatlichen Konjunkturprogramme des Jahres 1974 – vielmehr ein merklicher Anstieg des realen BSP erwartet. Alle Weichen seien für einen Aufschwung gestellt. Nach der amtlichen Statistik hat es im Jahre 1975 jedoch einen Rückgang des realen BSP von fast 4% gegeben. Diese Fehleinschätzung mag die Geldpolitik ermuntert haben, einen noch restriktiveren Kurs zu wählen, als dies bei rechtzeitigem Erkennen der Rezession der Fall gewesen wäre.

Die Hauptursache der scharfen Rezession 1974/1975 wurde vom SVR im Ausland gesehen. Die Straffheit der deutschen Restriktionspolitik wird vom SVR für den konjunkturellen Niedergang nicht verantwortlich gemacht.

> „Die deutsche Stabilisierungspolitik war im Prinzip nicht überzogen ... der späteste Zeitpunkt zur konjunkturellen Umkehr schien noch rechtzeitig gefunden. Danach erst, mit dem Wegfall der Auslandsnachfrage, entfiel die Geschäftsgrundlage. Auch eine andere Geldpolitik hätte die gesamtwirtschaftlichen Auswirkungen des Nachfrageausfalls aus dem Ausland kaum mildern können" (Sondergutachten des SVR, August 1975, Tz. 13 u. 14).

Wegen des Ausfalles der Auslandsnachfrage sei die wirtschaftspolitische Strategie zum konjunkturellen Aufschwung durchkreuzt worden.

Die Rezession der Jahre 1981/1982

Auch die Rezession 1981/1982 wurde weder vom SVR noch von der Arbeitsgemeinschaft der Institute vorausgesehen.

Der SVR hat weder für das Jahr 1981 noch für das Jahr 1982 einen Rückgang des BSP vorausgesagt, sondern meinte im JG 1980/81, „daß sich die Wirtschaft im Verlauf des nächsten Jahres von dem durch die Ölpreiserhöhung erlittenen Schock erholt" (Ziff. 324) und deshalb auch keines expansiven Impulses bedürfe.

Auch die Forschungsinstitute erwarteten im F 80 „keine kumulative Selbstverstärkung des Nachfragerückgangs". Zwar wurde eine „Durststrecke" erwartet, aber es wurden Chancen dafür gesehen, daß im Laufe des Jahres 1981 die Expansion wieder die Oberhand gewinne. Der Versuch, zeitweilige Wachstumsverluste mit wirtschaftspolitischen Mitteln zu verhindern, hätte aus Sicht der Institute sogar gravierende nachteilige Wirkungen gehabt.

Unter den Instituten erwartete im F 80 nur das IfW (begründet in einem Minderheitsvotum) eine stärkere zyklische Abwärtsbewegung, und zwar als Folge der Drosselung der Geldmengenexpansion, die erfahrungsgemäß eine Abschwächung der wirtschaftlichen Aktivität nach sich ziehe. Die geldpolitische Bremsaktion wurde vom IfW als vergleichbar der von 1973/1974 angesehen. Eine solche nachhaltige Verringerung der monetären Expansion habe sowohl in den Jahren 1966/1967 als auch in den Jahren 1974/1975 Rezessionen zur Folge gehabt.

Im Herbstgutachten 1980 wird von der Mehrheit der Institute zwar für das 1. Hj 1981 ein Sinken der realen Gesamtnachfrage erwartet, aber bereits im Verlauf des Jahres 1981 ein Wiederanstieg. Diese Prognose erlaubte es dem RWI, trotz der konjunkturellen Unsicherheit sogar für eine Kürzung der öffentlichen Ausgaben im Jahre 1981 zu plädieren. Nur das IfW hielt wie bereits im F 80 in einem Minderheitsvotum an der Prognose einer weiteren Abschwächung fest, die es auf die nachhaltigen Wirkungen der restriktiven Geldpolitik zurückführte.

Erst im Frühjahr 1981 stellten die Forschungsinstitute fest, daß die wirtschaftspolitischen Ziele stärker verfehlt waren, als es im Herbst 1980 erwartet worden war. Die Gründe sahen sie in der zweiten Ölpreisanhebung und bei der Wirtschaftspolitik, „die nicht sachgerecht reagiert" habe (drastische Kürzungen der staatlichen Investitionen, zu restriktive

Geldpolitik (die aber vom ifo Institut verteidigt wird) und auf Einkommenssicherung ausgerichtete Lohnabschlüsse (die sich nach Einschätzung des DIW allerdings erst infolge der restriktiven Wirkungen von Finanz- und Geldpolitik als kostensteigernd herausstellten)).

Von der im Herbst 1981 von den Instituten aufgestellten Prognose einer positiven Entwicklung des BSP für 1982 (+1%) distanzierte sich abermals das IfW. Das IfW erwartete nicht nur keinen Anstieg des BSP für 1982, sondern einen Rückgang (-1%). Das DIW forderte im H 81 und auch im F 82 eine expansive Finanzpolitik, da die Finanzpolitik bereits seit 1980 dazu beitrage, die Schwächeperiode zu verlängern.

Die Deutsche Bundesbank hat im Jahre 1981 nach eigenem Urteil „weniger als früher den konjunkturellen Problemen im Inland" Rechnung getragen (Geschäftsbericht für das Jahr 1981, S. 2). Das außenwirtschaftliche Ungleichgewicht war nach Einschätzung der Bundesbank Anfang 1981 so stark ausgeprägt, daß der D-Mark international eine ernsthafte Vertrauensminderung drohte. Ihr ab Mitte Februar 1981 verfolgter, betont restriktiver Kurs führte zur Dämpfung der Geldmengenexpansion, zu einem höheren (und damit für Anleger international wettbewerbsfähigen) Zinsniveau und zur Stabilisierung des Wechselkurses. Als dann im 4. Quartal 1981 die Leistungsbilanz (seit dem 2. Quartal 1979) erstmals wieder positiv war, begann die Bundesbank im 4. Quartal 1981 mit einer Lockerung der restriktiven Geldpolitik durch Rücknahme der Lombardsätze und damit des Zinsniveaus. Der Zinssatz für Kontokorrentkredite war auch in diesem Abschwung (wie bereits im Jahre 1973) stark angestiegen, im Jahre 1981 von 12% auf über 15%.

Ebenso wie die Bundesregierung (in ihrer Projektion im Jahreswirtschaftsbericht 1982) erwartete die Zentralbank für das Jahr 1982 eine Belebung der Wirtschaftstätigkeit und mahnte die Gebietskörperschaften, an ihren Sparbemühungen im Laufe des Jahres 1982 konsequent festzuhalten. Das reale BSP sank im Jahre 1982 um 1,1%.

Die Rezession der Jahre 1992/1993

Schließlich wurde auch die jüngste Rezession weder von den Instituten noch vom SVR in ihrem Ausmaß vorausgesehen.

Im Herbst 1992 prognostizierten die Institute für das 1. Hj 1993 einen leichten Rückgang des realen BSP (-0,5%), dem eine deutliche Erhöhung bereits im 2. Hj 1993 (+1,5%) folgen werde. Für die Finanzpolitik wurde dennoch die Fortsetzung des Konsolidierungskurses angemahnt, für den bereits seit 1991 geworben worden war. Zur Durchsetzung der Konsolidierung wurde eine verbindliche Erklärung zur Ausgabenbremsung empfohlen. Wegen der erwarteten konjunkturellen Schwäche im 1. Hj 1993 wurden im H 92 jedoch moderate Zinsniveausenkungen gefordert. Erst im F 93, als der konjunkturelle Rückschlag unübersehbar war, plädierten die Forschungsinstitute für eine schnelle Senkung der Leitzinsen.

Als eine wesentliche Ursache der ausgeprägten Rezession 1993 bezeichneten die Institute die in den Jahren 1991 und 1992 durchgesetzten viel zu hohen Lohnniveausteigerungen. (Das Jahr 1992, als „Testjahr" ausersehen für die Fähigkeit der Tarifpartner, „Verteilungskonflikte inflationsfrei zu regeln" brachte einen Lohnniveauanstieg von 6% (nach einem Anstieg von 7% im Vorjahr)).

Der SVR stellt im JG 1993/1994 rückblickend fest, daß die Stärke des konjunkturellen Abschwungs in den alten Bundesländern in nahezu allen Prognosen – auch in der des SVR – unterschätzt worden war. Das Ausmaß der Rezession 1992/1993 wurde im Rückblick vom SVR als vergleichbar mit dem Ausmaß der Rezession 1981/1982 bezeichnet (SVR 1993/1994, S. 6). Die Ursachen der Rezession 1992/1993 sieht der SVR in der – nicht zuletzt durch überzogene Lohnsteigerungen gestärkten – Inflation, gegen die eine restriktive Geldpolitik angehen mußte.

Der daraus resultierende Zinsniveauanstieg dämpfte die Binnennachfrage. Damit wurden – wie schon in früheren Zyklen – in der Hochkonjunktur die Gründe für einen zyklischen Abwärtsprozeß gelegt (SVR 1993/1994, S. 8). Das reale BSP sank im Jahre 1993 um 2,3%.

6.5.4 Konjunkturanalysen einzelner Institute

Die zu Beginn dieses Beitrags genannten theoretischen Ansätze zur Erklärung konjunktureller Schwankungen werden in den zitierten Gutachten des SVR und in den Beurteilungen der Institute nicht explizit genannt. Gleichwohl wird auf der Basis theoretischer Vorstellungen argumentiert, was insbesondere in den Einzelanalysen der Institute deutlich wird.

Keynesianische Analysebasis

Im Heft 28/74 seines Wochenberichts bezeichnete das DIW die konjunkturelle Lage in der Bundesrepublik infolge der hohen Überschüsse in der Leistungsbilanz als günstig im Vergleich zur wirtschaftlichen Situation anderer westlicher Industrieländer. Das Konjunkturbild sei jedoch zwiespältig wie selten zuvor, da mit zunehmenden Stabilisierungserfolgen der Geldpolitik die Finanzpolitik in Finanzierungsschwierigkeiten gerate. Das DIW hielt es für verfehlt, wenn die wirtschaftspolitischen Instanzen meinten, zuerst für Preisniveaustabilität sorgen zu können, um sich danach der Förderung von Produktion und Beschäftigung zuzuwenden. Dies sei die falsche Reihenfolge. Erste Priorität müsse die öffentliche Förderung der Nachfrage haben. Im Wochenbericht 12/75 plädierte das DIW angesichts des weiteren Rückgangs der Nachfrage nach industriellen Erzeugnissen für eine Erhöhung der öffentlichen Investitionen und auch für die Förderung der semi-öffentlichen und privaten Investitionen.

Diese Empfehlung wurde zur Jahresmitte verstärkt. Es wurde vor allem vor Kürzungen der Budgets von Ländern und Gemeinden gewarnt, und es wurde die Leistung der öffentlichen Sachausgaben in voller Höhe angemahnt. Darüber hinaus wurden öffentliche und private Investitionen für den Umweltschutz empfohlen. Zur Finanzierung sollten nach Meinung des DIW die damaligen Sondereinlagen des Bundes und der Länder bei der Bundesbank (ca. 5 Mrd. DM) freigegeben werden. Dies waren keynesianische Politikempfehlungen.

Die Inlandsnachfrage ging trotz der starken Lohnerhöhungen zurück. Die Beschäftigung sank. Deshalb wurde jedoch vom DIW nicht etwa die Angemessenheit der Verwendung der Kaufkrafttheorie in Frage gestellt. Hoffnungen auf ein Ende des Abschwungs ruhten vielmehr darauf, daß negative Kaufkrafteffekte durch vermehrte Zahlungen von Arbeitslosengeld kompensiert würden und daß durch die Kindergeldreform vom 1. Januar 1975 an zusätzliche Kaufkraft in Höhe von 14 Mrd. DM zu den privaten Haushalten fließen würde. Die Beziehungen zwischen Lohnerhöhungen, Inflation und Beschäftigung wurden nicht explizit diskutiert. Im Heft 34/1974 der DIW-Vierteljahreshefte wurde jedoch angemerkt, daß angesichts der hohen Inflation im Jahre 1974 trotz der ungünstigen Nachfragesituation „die Befürwortung eines globalen konjunkturpolitischen Kurswechsels" schwer falle.

Im Rückblick stellt das DIW fest, daß die antizyklische Nachfrage des Staates Multiplikatorwirkungen entfaltet habe, die auch zur Erhöhung der Binnennachfrage geführt hätten. Der tiefe Konjunktureinbruch des Jahres 1975 habe aber nicht vermieden werden können, weil die gleichgerichtete internationale Antiinflationspolitik zu einer internationalen Rezession geführt habe. Kunze und Lahmann sprechen deshalb von einer „importierten Rezession" (DIW-Vierteljahreshefte zur Wirtschaftsforschung 2/1976).

Klassisch-monetaristische Analysebasis

Das Institut für Weltwirtschaft in Kiel (IfW) hat im F 80 eine zyklische Abwärtsbewegung infolge der restriktiven Geldpolitik festgestellt und im H 80 diese Einschätzung erneut in einem Minderheitsvotum bekräftigt (s.o.). Im H 81 prognostizierte das IfW als einziges der Institute den Rückgang des BSP im Jahre 1982 richtig. Im eigenen Publikationsorgan des IfW, der Zeitschrift „Die Weltwirtschaft", trat die der obigen Argumentation zugrunde liegende theoretische Position deutlicher hervor.

So wurde z.B. vermerkt, daß die Wirtschaftspolitik dazu beitragen solle, die marktgerechte Anpassung bestehender Preisrelationen zu ermöglichen. Von der Lohnpolitik, die bisherige Einkommensrelationen zu verteidigen suche, und von der Geldpolitik, die die Abwertung der D-Mark zu verhindern suche, gingen solche Impulse nicht aus (Die Weltwirtschaft, 1981, Heft 1, S. 20, 21). Man unterschätze den negativen Einfluß der hohen Zinsen auf die Investitionstätigkeit, wenn man nicht berücksichtige, daß risikoreiche Sachinvestitionen bei der vorhandenen Alternative hochverzinslicher Finanzanlagen nicht mehr attraktiv seien. Der scharfe Restriktionskurs der Geldpolitik treffe unmittelbar die Bauwirtschaft, deren Talfahrt bei steigenden Hypothekenzinsen zunehme. Auch die Finanzpolitik habe durch Konsolidierungsanstrengungen einen prozyklischen Kurs eingeschlagen, der insbesondere die Streichung von öffentlichen Investitionen bewirke (Die Weltwirtschaft, 1981, Heft 2, S. 19).

Die Absatz- und Ertragsaussichten ließen im H 81 nach Einschätzung des IfW deshalb nicht erwarten, daß sich die Investitionstätigkeit 1982 erhöhe. Es empfahl eine potentialorientierte Geldmengenpolitik, eine wachstumsfördernde Finanzpolitik und eine ausgeprägte lohnpolitische Zurückhaltung über mehrere Jahre. Nur wenn der Reallohnanstieg über mehrere Jahre hinter dem verteilbaren Produktivitätsfortschritt zurückbleibe, könne erwartet werden, daß die Arbeitslosigkeit deutlich abgebaut werden könne. Darüber hinaus wurden eine stärkere Auffächerung der Lohnstruktur nach Qualifikationsmerkmalen der Arbeitnehmer und unterschiedliche Tarifabschlüsse in den einzelnen Branchen vorgeschlagen.

Wegen der langen Wirkungsverzögerung der Geldpolitik erwartete das IfW trotz eines Umschaltens der Zentralbank auf einen weniger restriktiven Kurs zu Beginn des Jahres 1982 erst für das Jahr 1983 eine Erhöhung von Konsum und Investition (H 1, 82, S. 29). Wegen der in den USA, in Japan und in anderen Industrieländern ebenfalls vorherrschenden Rezessionstendenz wurde auch von der Auslandsnachfrage im Jahre 1982 keine Entlastung erhofft.

Das IfW prognostizierte für das reale BSP einen Rückgang im Jahre 1982 um 0,5%, wobei für die Ausrüstungsinvestitionen und die Bauinvestitionen Rückgänge um 6,5% bzw. 6% erwartet wurden. Diese Prognose basierte auf der Bewertung mikroökonomischer Faktoren, vor allem der Produktionskosten. Es wurde eine deutliche Wirkung der Hochzinspolitik auf das Investorenverhalten unterstellt. Die Langfristwirkung restriktiver Geldpolitik bezweifelte das IfW nicht.

Diese Argumente lassen auf eine neoklassisch-monetaristische Grundhaltung der Autoren des IfW schließen. Dabei werden die vom Rückgang des Privaten Konsums - bzw. von der steigenden Sparquote - ausgehenden Gefahren für die Konjunkturentwicklung zwar ebenfalls gesehen. Aber die von der Lohn- und Geldpolitik für die Ertragslage und die Ertragserwartungen der Investoren ausgehenden Belastungen dominieren in dieser Konjunkturanalyse. Auf dieser theoretischen Basis kommt das IfW in den eigenen Publikationen und in dem erwähnten Minderheitsvotum der Gemeinschaftsdiagnosen zu einer zutreffenden Einschätzung und Prognose der Rezession im Jahre 1982. In den Gemeinschaftsgutachten erscheint diese Einschätzung als Minderheitsvotum. Eine theoretische Diskussion mit den Vertretern der Mehrheitsmeinung wird aus den Gemeinschaftsgutachten nicht erkennbar.

Durch Unternehmensbefragungen gestützte Konjunkturanalyse

Das ifo Institut für Wirtschaftsforschung hat im November 1992 (richtig) prognostiziert, daß für die Produktion des Verarbeitenden Gewerbes in (West-)Deutschland ein realer Rückgang von etwa 3% zu erwarten sei (ifo Wirtschaftskonjunktur 11/1992, S. A 1). Das ifo Institut argumentiert mit der neuerlichen Verschlechterung des ifo Geschäftsklimas (im Verarbeitenden Gewerbe) (vgl. Abbildung 6.5.3) und mit den Ergebnissen des neuesten Investitionstests und prognostiziert einen sehr viel einschneidenderen Rückgang der Bruttoanlage-Investitionen (nämlich um 7%) als die Forschungsinstitute in ihrem kurz zuvor vorgelegten Herbstgutachten vom Oktober 1992. Als einen wesentlichen Grund bezeichnet das ifo Institut die Verschlechterung der Kosten- und Ertragssituation der Unternehmen, die deshalb in immer größerem Umfang zu kostengünstigeren Standorten im

Ausland drängten. Unter diesen Umständen wird nach Einschätzung des ifo Instituts der reale Inlandsumsatz der westdeutschen Hersteller das Ergebnis des Vorjahres im Jahre 1993 um mindestens 4% unterschreiten (ifo Wirtschaftskonjunktur 11/1992, S. A 2).

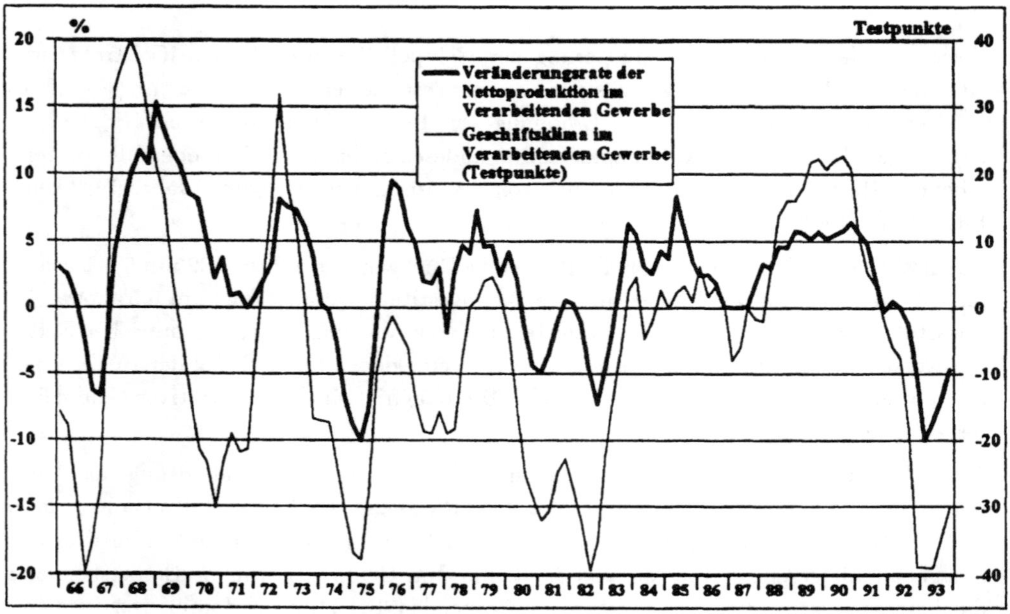

Quelle: Statistisches Bundesamt, Fachserie 4, Reihe 2.1, ifo Spiegel der Wirtschaft, eigene Darstellung.

Abbildung 6.5.3: Veränderungsraten der Nettoproduktion und Geschäftsklima im Verarbeitenden Gewerbe (früheres Bundesgebiet) 1966-1993

Für einzelne Sektoren (Maschinenbau (-4%), Liefer- und Lastkraftwagen (-10%), Personenkraftwagen (-9%), Haushaltsgeräte (-5% bis -6%), Holzmöbel (-5bis -7%)) weisen die Prognosen detailliert die voraussichtlichen Rückgänge der Nettoproduktion im Jahre 1993 aus. Nur wenige Branchen (Investitionsgüter der Elektrotechnik (-1%), Chemische Industrie (-1%)) können sich danach dem Sog nach unten etwas entziehen. Mit dieser Prognose distanziert sich das ifo Institut im Dezember 1992 (ifo Wirtschaftskonjunktur, 12/1992) im Lichte dieser neuen Informationen von der Prognose des Gemeinschaftsgutachtens (H 92). Dort wird für das reale BSP Westdeutschlands für 1993 ein Wachstum von +0,5% geschätzt. Das ifo Institut prognostiziert nun einen Rückgang des realen BSP um 0,5% im Jahre 1993. Indem das ifo Institut zwei seiner Konjunkturindikatoren, nämlich das Geschäftsklima und die Kapazitätsauslastung im Verarbeitenden Gewerbe, der Entwicklung des realen BSP für den Zeitraum 1975-1992 gegenüberstellt, wird unmittelbar die für das Jahr 1993 prognostizierte Entwicklung mit der der Rezessionsjahre 1975 und 1982 verglichen. Die Entwicklung dieser beiden Konjunkturindikatoren läßt kaum einen Zweifel darüber zu, daß im Jahre 1993 eine Verstärkung der bereits in Gang befindlichen Rezession zu erwarten ist (ifo Wirtschaftskonjunktur 12/1992, S. A 2).

Deshalb empfiehlt das ifo Institut zwar eine weitere Zurückhaltung der Finanzpolitik (ein Durchhalten des Konsolidierungskurses) und der Lohnpolitik, aber eine großzügigere Geldpolitik (Empfehlung einer Geldmengenausweitung am oberen Rand des Zielkorridors von M3, d.h. um 6,5%). Ohne auf die Mehrheitsmeinung Rücksicht nehmen zu müssen, kann das ifo Institut die in eigenen Befragungen ermittelten Informationen voll nutzen. Tatsächlich ist das reale BSP in Westdeutschland im Jahre 1993 noch sehr viel stärker zurückgegangen (- 2,3%) als im Dezember 1992 vom ifo Institut prognostiziert, aber der Trend wurde im Gegensatz zum Gemeinschaftsgutachten richtig vorhergesagt und auch die Umkehr der Entwicklung im Jahresverlauf.

6.5.5 Bewertung und Schlußfolgerungen

Das DIW argumentiert mit Begriffen, die zum keynesianischen „Sprachgebrauch" gehören. Das Dilemma, in das keynesianische Politik gerät, wenn eine Rezession mit hohen Inflationsraten einhergeht, wird zwar vom DIW explizit angesprochen. Die keynesianische Position wird jedoch nicht aufgegeben, vielmehr wird an der Priorität der Nachfragestimulierung mit öffentlichen Mitteln auch in Zeiten hoher Inflation festgehalten.

Die von der Bundesregierung getroffenen Maßnahmen kamen (u.a. wegen mangelnder Vorwarnung) zu spät. Erst Ende 1974 wurde die bis dahin geltende restriktive Investitionsbesteuerung ausgesetzt und die Finanzpolitik auf eine Förderung der Investitionstätigkeit umgestellt (Programm „Stabilitätsgerechter Aufschwung"). Nur etwa 5% der Unternehmen konnten in dieser Konjunkturlage durch Investitionszulagen zur Aufnahme von zusätzlichen, ursprünglich nicht geplanten Investitionsprojekten veranlaßt werden. Etwa ein Fünftel der Unternehmen reagierte mit dem Vorziehen von Investitionsprojekten in das 1. Halbjahr 1975, was aber zu einem verstärkten Rückgang der Inlandsaufträge z.B. im Maschinenbau im 2. Halbjahr 1975 führte. Trotz eines kurzfristigen Teilerfolgs konnten die Fördermaßnahmen die wesentlichen Determinanten für die Investitionsneigung (nämlich die mittelfristigen Absatz- und Gewinnerwartungen) aber nicht verändern (vgl. Gerstenberger 1977, S. 107ff; Neumann 1989, S. 322ff.).

Nachträglich kommt auch das DIW zu dem Schluß, daß die Rezession 1974/1975 durch binnenwirtschaftliche Ankurbelungsmaßnahmen nicht hätte vermieden werden können. Auf die Grundsatzfrage, wie keynesianische Politik in einer Situation der Stagflation operieren kann, geht das DIW aber nicht ein. Das IfW hat – anders als der SVR und die Arbeitsgemeinschaft der Institute – bereits im Frühjahrsgutachten 1980 und danach fortlaufend (H80, F81, H81) in Minderheitsvoten auf die nach seiner Ansicht negativen Auswirkungen der restriktiven Geldpolitik auf Produktion und Beschäftigung aufmerksam gemacht. In den Halbjahresgutachten wird diese Einschätzung z.B. mit dem Hinweis auf die Erfahrungen von 1974/1975 begründet. Es findet aber mit den übrigen Instituten – die die Ansicht des IfW nicht teilen – keine explizite wissenschaftliche Auseinandersetzung statt, weder über den theoretischen Grundansatz (Markträumung, Auswirkungen monetärer Steuerung) noch über einzelne Annahmen (z.B. die Annahme der Bevorzugung risikoarmer Finanzanlagen durch die Unternehmen) oder über die vom IfW vertretene Position, daß nur eine hinter dem Produktivitätsanstieg zurückbleibende Reallohnerhöhung zu mehr Beschäftigung führen könne.

In der Rückschau läßt sich feststellen, daß das IfW die konjunkturelle Entwicklung in die Rezession der Jahre 1981/1982 richtig eingeschätzt hat, und zwar bereits zu einem Zeitpunkt, als für einkommens- und finanzpolitisches Gegensteuern noch große Erfolgsaussichten bestanden. Aber das IfW hat die übrigen Institute offensichtlich nicht überzeugen können. Es ist bedauerlich, daß solche wissenschaftlichen Diskussionen im Hintergrund bleiben und nicht dokumentiert werden. Nur vermeintlich einfacher liegt der Fall der Berufung auf neue Ergebnisse aus Unternehmensbefragungen, mit denen das ifo Institut seine Neueinschätzung der konjunkturellen Lage im November und Dezember 1992 (und damit unmittelbar nach der mit den anderen Instituten im Herbstgutachten 1992 verabschiedeten Wachstumsprognose) begründet. Das Geschäftsklima und die Kapazitätsauslastung waren erneut stark gefallen. Die „Treffsicherheit" qualitativer Indikatoren wie des Geschäftsklimas war in den letzten Jahren und bei allen vorangegangenen Rezessionen hoch. Doch Begründungen dafür, warum solche Informationen in den Gemeinschaftsgutachten nicht konsequenter genutzt werden, werden in den Gemeinschaftsgutachten nicht genannt.

Bemerkenswert ist, daß in allen drei untersuchten Rezessionen die Lohnpolitik inflationäre Entwicklungen auslöste. Die Finanzpolitik reagierte spät, jeweils geschwächt durch den schon vorhandenen und weiter anwachsenden Schuldensockel. Nur die Geldpolitik zeigte sich entschlossen und in der Lage, dem durch die Tarifabschlüsse und durch außenwirtschaftliche Entwicklungen hervorgerufenen und durch die Finanzpolitik nicht verhinderten Inflationsanstieg entgegenzutreten. Die Folge waren jeweils starke Wachstumseinbußen bzw. Rückgänge des realen Bruttosozialprodukts.

Aus Abbildung 6.5.4 ist zu erkennen, daß jedem Inflationsanstieg (gemessen am Preisindex für die Lebenshaltung) starke Zunahmen des Lohnniveaus (gemessen am tariflichen Stundenlohn im Produzierenden Gewerbe) vorausgegangen sind. Wenn dann über mehrere Jahre mit einer restriktiven Geldpolitik (hier gemessen an der Höhe der Diskontsätze) gegengesteuert wurde, ging die binnenwirtschaftliche Nachfrage regelmäßig zurück. Kam auch noch ein Einbruch der Auslandsnachfrage hinzu (wie in den Jahren 1975, 1982 und 1993), konnte auch mit kräftiger finanzpolitischer Gegensteuerung (wie in den Jahren nach der Wiedervereinigung) der konjunkturelle Abschwung (verbunden mit einem starken Beschäftigungsrückgang) nicht vermieden, allenfalls verzögert werden.

Bei Stabilität des inneren und äußeren Geldwertes sind scharfe geldpolitische Reaktionen nicht notwendig. Insofern ist dem DIW zu widersprechen wenn es, wie oben ausgeführt, meint, daß die Prioritätsfolge Geldwertstabilität, Produktionssteigerung, Beschäftigungs-

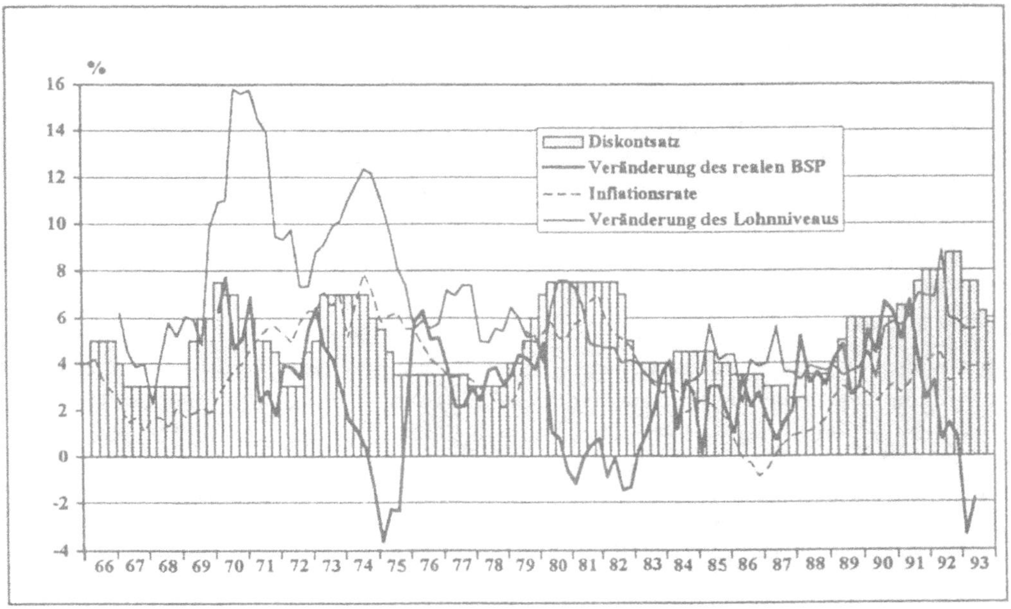

Quelle: Monatsberichte der Deutschen Bundesbank, Jahresgutachten des Sachverständigenrates, eigene Darstellung.

Abbildung 6.5.4: Diskontsatz, Inflationsrate und Veränderung des realen BSP und des Lohnniveaus (früheres Bundesgebiet) 1966-1993 (Quartalswerte)

zunahme verfehlt sei. Allerdings besteht die wirtschaftspolitische Kunst darin, inflationäre Überhitzungen gar nicht erst zuzulassen. Dies kann nur erreicht werden, wenn weder von der Tarifpolitik noch von der Finanzpolitik über längere Zeit inflationäre Impulse ausgehen. Daraus läßt sich die wirtschaftspolitische Schlußfolgerung ziehen, daß auch in Zukunft die Gefahr besteht, daß Rezessionen schärfer ausfallen als notwendig, wenn es nicht gelingt, die Geld-, Finanz- und Einkommenspolitik besser zu koordinieren. Eine der Voraussetzungen für eine sinnvolle Koordination der Politikbereiche sind treffsichere Prognosen. In den Gemeinschaftsdiagnosen und -prognosen der Wirtschaftsforschungsinstitute und in den Prognosen des SVR sind die drei gravierenden Rezessionen der Jahre 1975, 1982 und 1993 in Deutschland nicht rechtzeitig und auch nicht in ihrer Tragweite erkannt worden, obwohl gesamtwirtschaftliche Konjunkturindikatoren zur Verfügung standen, die die Abschwungentwicklungen rechtzeitig angekündigt haben.

Das ifo Geschäftsklima hat alle bisherigen Rezessionen in der Bundesrepublik zuverlässig angezeigt. Bei seinem Bekanntwerden eilt dieser Konjunkturindikator (allerdings mit einer Neigung zur „Übertreibung“) den Daten aus der amtlichen Produktionsstatistik zudem um etwa ein halbes Jahr voraus (vgl. Abbildung 6.5.3). Wenn angesichts der bisherigen Prognosenbilanz des SVR und der Arbeitsgemeinschaft der Institute vor gravierenden konjunkturellen Abschwüngen die in solchen Indikatoren zusammengefaßten Informationen nicht *expressis verbis* genutzt werden, sollte dies zumindest begründet werden.

In getrennten Beurteilungen und Prognosen haben einzelne Institute bzw. Mitglieder des SVR die konjunkturelle Entwicklung deutlich anders beurteilt als die Mehrheit und – wie sich im Rückblick gezeigt hat – richtiger. So stellt sich der Eindruck ein, daß die sowohl vom Sachverständigenrat wie auch von der Arbeitsgemeinschaft der wirtschaftswissenschaftlichen Forschungsinstitute veröffentlichten Konjunkturprognosen Kompromisse darstellen, bei deren Darstellung die theoretische Stringenz verlorengeht. Dies ist jedoch unbefriedigend.

An die Gutachten des SVR und der Institute ist deshalb die Forderung zu stellen, daß die gemeinsam eingenommene Position und vor allem davon abweichende Aussagen stärker als bisher theoretisch begründet werden. Minderheitsvoten sollten nicht wie bisher einfach neben die Mehrheitsmeinung gestellt und nur mit empirischen Hinweisen versehen werden. Erst die wissenschaftliche Auseinandersetzung mit verschiedenen theoretischen Positionen gibt deren Vertretern die Chance zu zeigen, in welcher konkreten wirtschaftlichen Situation sich ihre Theorien bewähren.

Literatur

Arbeitsgemeinschaft deutscher wirtschaftswissenschaftlicher Forschungsinstitute: *Beurteilungen der Wirtschaftslage.* Verschiedene Jahre (jeweils im Frühjahr und im Herbst).

Deutsche Bundesbank: *Monatsberichte.* Verschiedene Ausgaben.

Deutsche Bundesbank: *Geschäftsberichte.* Verschiedene Jahrgänge.

Deutsches Institut für Wirtschaftsforschung (DIW): *Vierteljahreshefte zur Wirtschaftsforschung.* Verschiedene Jahrgänge.

Evans, M.K. (1969): *Macroeconomic Activity, Theory, Forecasting and Control.* New York.

Gabisch, G. und Lorenz, H.-W. (1989): *Business Cycle Theory. A Survey of Methods and Concepts.* Berlin, Heidelberg, New York.

Gerstenberger, W. (1977): Reaktionen der Industrie auf konjunkturpolitische Maßnahmen, dargestellt am Beispiel der Industrie. *Beihefte der Konjunkturpolitik*, 24, 93 - 111.

Heubes, J. (1986): *Grundzüge der Konjunkturtheorie.* München.

ifo Institut für Wirtschaftsforschung: *Wirtschaftskonjunktur.* Verschiedene Jahrgänge.

ifo Institut für Wirtschaftsforschung: *ifo Spiegel der Wirtschaft.* Verschiedene Ausgaben.

Institut für Weltwirtschaft (IfW): *Die Weltwirtschaft.* Verschiedene Jahrgänge.

Kromphardt, J. (1989): Konjunkturtheorie heute: Ein Überblick. *Zeitschrift für Wirtschafts- und Sozialwissenschaften*, 109(2), 173-231.

Kunze, J. und Lahmann, H. (1976): Importierte Rezession? Zum Konjunkturverlauf in der Bundesrepublik Deutschland von 1974 bis 1976. *DIW: Vierteljahreshefte zur Wirtschaftsforschung*, 2, 95-108.

Nerb, G. (1989): Analysen des Unternehmerverhaltens mit qualitativen Daten. In Oppenländer, K.H. und Poser, G. (Hg.): *Handbuch der Ifo-Umfragen.*Berlin, München. 72 - 81.

Neumann, F. (1989): Sonderumfragen über Auswirkungen wirtschaftspolitischer Maßnahmen auf die Investitionstätigkeit der Unternehmen. In Oppenländer, K.H. und Poser, G. (Hg.): *Handbuch der Ifo-Umfragen.* Berlin, München. 319 - 331.

Ramser, H.J. (1988): Neuere Beiträge zur Konjunkturtheorie: Ein Überblick. *ifo Studien*, 34(2/3), 95-115.

Rohwer, B. (1988): *Konjunktur und Wachstum.* Berlin.

Sachverständigenrat zur Begutachtung der gesamtwirtschaftlichen Entwicklung: *Jahresgutachten und Sondergutachten.* Verschiedene Jahrgänge.

Starbatty, J. (1977): Konjunktur und Konjunkturpolitik im letzten Jahrzehnt. *Beihefte der Konjunkturpolitik*, 24, 9-30.

Tichy, G. (1982): Neuere Entwicklungen in der Konjunkturtheorie. *ifo Studien*, 28(3), 213-238.

Kapitel 7

Indikatoren einzelner Nachfragekomponenten

7.1 Ausrüstungsinvestitionen als Indikator der gesamtwirtschaftlichen Entwicklung

Wolfgang Gerstenberger und Erich Langmantel*

ifo Institut für Wirtschaftsforschung, München

Die Ausrüstungsinvestitionen bestimmen im wesentlichen das Tempo, in dem die Unternehmen ihre Produktionskapazitäten erweitern und modernisieren. Dies ergibt sich schon daraus, daß etwa zwei Drittel der Anlageinvestitionen der Unternehmen (ohne Wohnungsvermietung) auf Käufe von Maschinen, Fahrzeugen, elektrotechnischen Anlagen, EDV-Geräten und Einrichtungen und andere bewegliche Anlagen entfallen. Im Verarbeitenden Gewerbe lag ihr Anteil in den letzten Jahren bei mehr als 82%. Wegen der zyklischen Elemente im Erweiterungsbedarf unterliegen die Ausrüstungsinvestitionen starken konjunkturellen Schwankungen. In den Industrieländern ist die Varianz der Wachstumsraten der Ausrüstungsinvestitionen in der Regel doppelt so hoch wie die Varianz der Wachstumsraten des Bruttoinlandsprodukts. Aus ihrer Rolle als Schwungrad der Konjunktur ergibt sich ein großes Interesse an zuverlässigen Informationen über die aktuelle und zukünftige Entwicklung der Ausrüstungsinvestitionen.

7.1.1 Ansatzpunkte für die Gewinnung von Frühindikatoren

Die Ausrüstungsinvestitionen erfassen die Käufe von beweglichen Investitionsgütern zu dem Zeitpunkt, zu dem sie in das Eigentum bzw. den Besitz des investierenden Unternehmens übergehen. Frühindikatoren für die Käufe von Ausrüstungsgütern können sich zum einen auf Informationen über Aktivitäten stützen, die dem Vorgang der Auslieferung bzw. der Installation der Investitionsgüter notwendigerweise vorausgehen (Ausnutzung „technischer" Vorlaufzeiten). Hierzu zählen sowohl planerische Aktivitäten der Investoren als auch der Bestellvorgang sowie Handlungen der Investitionsgüterproduzenten (Gerstenberger 1979). Zum anderen können Frühindikatoren an den Faktoren anknüpfen, die gemäß mikroökonomischer Theorien den Investitionsbedarf bzw. die Investitionsneigung der Unternehmen beeinflussen (Kausalansatz). Dieser Ansatz läßt ebenfalls Vorläufe erwarten, da zwischen den Veränderungen des Investitionsbedarfs und den realisierten Investitionen

* Die Tabellen und Abbildungen sind am Schluß dieses Beitrags zusammengefaßt.

notwendigerweise eine erhebliche Zeitspanne liegt. Lags in der Anpassung entstehen durch den Zeitbedarf für die Wahrnehmung des Bedarfs, für die Entscheidungsvorbereitung und die Planung, für den Ausschreibungs- und Bestellvorgang sowie für die Herstellung des Investitionsgutes.

Ausnutzung „technischer" Vorläufe

Es existieren eine Reihe von Möglichkeiten für die Erfassung von Aktivitäten, die einen „technischen" Vorlauf haben (z.B. statistische Erfassung von Anfragen bei den Herstellern, Investitionsgenehmigungen). In der Bundesrepublik sind die erhobenen Investitionsplandaten, die Statistik der Auftragseingänge sowie die Indikatoren für die konjunkturelle Lage der Investitionsgüterproduzenten von Bedeutung.

Erhebung der Investitionspläne der Investoren

Im Rahmen des ifo Investitionstests werden auf repräsentativer Basis für eine Reihe von Wirtschaftsbereichen Plandaten zur Entwicklung der Investitionsausgaben erhoben (Tabelle 7.1.1). Das warenproduzierende Gewerbe ist durch die Erhebungen weitgehend abgedeckt. Insgesamt entfallen auf die erfaßten Wirtschaftsbereiche mehr als die Hälfte der Ausrüstungsinvestitionen.

Die erfaßten Plandaten reichen mindestens ein halbes Jahr in die Zukunft (vgl. Neumann 1989). Im warenproduzierenden Gewerbe haben die Plandaten einen Horizont von fast zwei Jahren. Die Investitionsschätzungen beziehen sich stets auf die Investitionsausgaben eines Jahres und werden jeweils zu laufenden und konstanten Preisen publiziert. Um aus den Schätzwerten einen Indikator für die vierteljährliche Entwicklung der Ausrüstungsinvestitionen zu konstruieren, müssen die Plandaten vierteljährlich interpoliert werden.[1] Unter Berücksichtigung der Publikations-Lags reichen die Plandaten für das warenproduzierende Gewerbe mindestens drei Quartale in die Zukunft.

Auftragseingangsstatistik

Die amtliche Statistik erhebt monatlich bei den Unternehmen mit 50 und mehr Beschäftigten die Auftragseingänge aus dem In- und Ausland. Die Ergebnisse werden als Indizes zu laufenden und zu konstanten Preisen für die wichtigen investitionsgüterproduzierenden Wirtschaftszweige publiziert. Der Veröffentlichungslag beträgt gegenüber dem Berichtsmonat 6 Wochen (vorläufige Werte) bzw. 10 Wochen (endgültige Werte). Die Indizes für

[1] Die interpolierten Werte für die einzelnen Jahre werden als gewogener Durchschnitt aus den Jahreswerten (ID) ermittelt. Es gilt für den Wert der einzelnen Quartale (IQ1 bis IQ4) in jedem Jahr t:
$IQ1_t = (1,5 \times ID_{t-1} + 2,5 \times ID_t)/4, \quad IQ2_t = (0,5 \times ID_{t-1} + 3,5 \times ID_t)/4,$
$IQ3_t = (3,5 \times ID_t + 0,5 \times ID_{t+1})/4, \quad IQ4_t = (2,5 \times ID_t + 1,5 \times ID_{t+1})/4.$
Bei den Jahresdurchschnittswerten wird der im betreffenden Quartal aktuellste Planwert verwendet. Maßgeblich ist das Quartal der Publikation.

die investitionsgüterproduzierenden Branchen messen nicht nur die Nachfrage nach Investitionsgütern. Die Angaben umfassen auch Vorprodukte bzw. Konsumgüter wie im Straßenfahrzeugbau. Da nur die inländischen Hersteller Angaben machen, nicht aber die Importeure von Investitionsgütern, kann die Auftragseingangsstatistik auch nicht die gesamte inländische Investitionsnachfrage abbilden. Sie kann durch Doppelzählungen im Fall von Großaufträgen aufgebläht sein und wird nicht um Auftragsstornos bereinigt.

Indikatoren für die Konjunkturlage der Investitionsgüterproduzenten

Die Hersteller von Investitionsgütern verfügen noch vor der Erteilung von Aufträgen aufgrund von unverbindlichen Anfragen, Messegesprächen und Kundenkontakten über Informationen zum zukünftigen Nachfragetrend. Die Geschäftserwartungen, die bei den Investitionsgüterproduzenten erhoben werden, könnten deshalb ausgeprägte Vorläufe gegenüber den Ausrüstungsinvestitionen haben. Ein Problem ist, daß die Erwartungen auch von den Signalen auf den Auslandsmärkten beeinflußt werden.

Kausalansatz

Die Höhe der Investitionsausgaben der Unternehmen hängt ab von der Differenz zwischen gewünschtem und dem vorhandenem Kapitalstock und der Höhe des Ersatzbedarfs. Der gewünschte Kapitalstock wird nach der neoklassischen Investitionstheorie wiederum bestimmt durch die Höhe des erwarteten Absatzes und die Entwicklung der Relation des Produktpreises zum Kapitalnutzungspreis (Jorgenson 1963, König 1976). Daraus folgt, daß die Investitionsausgaben sowohl von den Veränderungen des Nachfragevolumens als auch von den Veränderungen des relativen Preises des Faktors Kapital abhängen (Gerstenberger 1980). Auch bei der Akzeleratortheorie spielen die eingetretenen bzw. erwarteten Absatzveränderungen neben der Auslastung der vorhandenen Produktionskapazitäten eine wichtige Rolle (Eisner 1980). Die Abhängigkeit der Investitionen von diesen Einflußgrößen gilt auch unter Unsicherheitsbedingungen. Bei der Erwartungsbildung kann nach den empirischen Befunden eher von adaptiven Elementen ausgegangen werden als von streng rationalen Erwartungen (Seitz 1989). Dies bedeutet, daß die Absatzerwartungen nicht unabhängig von der zurückliegenden Nachfrageentwicklung sind.

Aus diesen Befunden folgt, daß beim Kausalansatz als Frühindikatoren für die Entwicklung der Ausrüstungen zum einen Variablen in Frage kommen, die auf aktuelle und erwartete Veränderungen des Verhältnisses zwischen der Nachfrage und den vorhandenen Produktionskapazitäten reagieren. Zum anderen ist nach Variablen zu suchen, welche die Entwicklung der Finanzierungskosten und der Finanzierungsmöglichkeiten der Unternehmen widerspiegeln.

Indikatoren für Engpässe im Kapitalstock

Da die Investitionen dazu dienen, Engpässe im Kapitalstock zu schließen, kommen als Frühindikatoren Größen in Frage, die den Grad der Anspannung des Produktionspotentials der Unternehmen messen. Zu denken ist sowohl an objektive Spannungsindikatoren (z.B. Grad der Kapazitätsauslastung, Nachfrage-Kapazitätsverhältnis) als auch an Variablen, welche die Einschätzung der Angebots-Nachfragesituation durch die Unternehmen zum Ausdruck bringen (z.B. Beurteilung der technischen Kapazität, Beurteilung der Auftragsbestände, Geschäftslagebeurteilung bzw. Geschäftsklima). Die Urteilsvariablen sind deshalb besonders interessant, da in der Beurteilung der Engpaßsituation auch die für den Investitionsneigung wichtigen Absatzerwartungen einfließen. Bei der Beurteilung der Geschäftslage lassen sich die Unternehmen auch von der Gewinnsituation leiten (Vogler 1978).

Indikatoren für die Finanzierungsbedingungen

Veränderungen der Relation des Absatzpreisniveaus zum Kapitalnutzungspreis können sowohl positiv als auch negativ auf die Investitionstätigkeit wirken. Steigen die Absatzpreise aufgrund des Preisanstiegs bei anderen Produktionsfaktoren (z.B. Arbeit, Energie) stärker als der Preis der Kapitalnutzung, so werden hierdurch (Rationalisierungs-) Investitionen induziert. Bei einem stärkeren Anstieg des Kapitalnutzungspreises durch höhere Zinsen und/oder finanzpolitische Maßnahmen werden die Unternehmen weniger Erweiterungs-, Rationalisierungs- und Ersatzprojekte rentabel durchführen können.

Der wichtigste Bestimmungsfaktor für die Schwankungen im Kapitalnutzungspreis ist die Zinsentwicklung (Gerstenberger und Hölterhoff 1984). Angesichts unvollkommener Kapitalmärkte können die Finanzierungsmöglichkeiten der Unternehmen auch durch die Entwicklung des Cashflows bzw. der Gewinne begrenzt sein.

7.1.2 Möglichkeiten für die Entwicklung eines Indikatorsystems

Ideal für die Diagnose und Prognose wäre ein System sich ergänzender und gegenseitig kontrollierender Indikatoren für die Entwicklung der Ausrüstungsinvestitionen. Deshalb sollte das System sowohl Indikatoren für die Investitionsneigung der Firmen als auch für die Einschätzung der Nachfragesituation durch die Investitionsgüterproduzenten enthalten. In jeder der beiden Gruppen von Indikatoren sollten Variablen mit unterschiedlicher Basis für ihren prognostischen Gehalt und mit unterschiedlichen Vorlaufzeiten enthalten sein. In der Regel gilt nämlich, daß die Indikatoren mit längerem Vorlauf nicht so verläßliche Signale für den Trend der Zielgröße liefern wie Indikatoren mit kürzerer Vorlaufzeit. Für die Diagnose und Prognose ist es deshalb wichtig, ob die ersten Signale durch andere Indikatoren bestätigt werden.

Das Indikatorsystem kann direkt auf die Diagnose und Prognose der Entwicklung der gesamtwirtschaftlichen Ausrüstungsinvestitionen fokusiert werden. Ein verläßliches System stellt allerdings hohe Anforderungen an die Datenbasis. Die Indikatoren müßten jeweils alle investierenden Wirtschaftszweige bzw. alle Anbieter von Ausrüstungsgütern repräsentativ abbilden. Diesen Anforderungen genügt die Datenbasis nicht. Die statistisch erfaßten Variablen zur Investitionsneigung der Investoren konzentrieren sich auf das warenproduzierende Gewerbe. Bei den Produzenten von Ausrüstungsgütern fehlen Informationen über die Lieferanten aus dem Ausland.

Da sich der Konjunkturtrend von Wirtschaftsbereich zu Wirtschaftsbereich in der Intensität und gelegentlich sogar in der Richtung unterscheiden kann, beinhalten diese Restriktionen ein nicht geringes Risiko der Fehldiagnose. Ein Möglichkeit zur Reduzierung dieses Risikos bietet die Zerlegung der Ausrüstungsinvestitionen in Gütergruppen, die von den abnehmenden Sektoren her homogener sind. Wie Tabelle 7.1.2 zeigt, weichen die Gewichte der verschiedenen Wirtschaftsbereiche für den Absatz der einzelnen Gruppen von Ausrüstungsgütern deutlich voneinander ab. Die Zerlegung erleichtert die Ausschöpfung der verfügbaren Informationsbasis. Wenn bei einer Gütergruppe wenig Informationen für die Investitionsneigung der Hauptabnehmer verfügbar sind, kann stärker auf die verfügbare Datenbasis für die Investitionsgüterproduzenten zurückgegriffen werden und umgekehrt. Deshalb wird im folgenden die Gütergruppenebene in die Betrachtung einbezogen.

7.1.3 Referenzgrößen und Prüfkriterien

Ziel- bzw. Referenzgrößen

Die Entwicklung der vierteljährlichen Ausrüstungsinvestitionen in der üblichen Abgrenzung der volkswirtschaftlichen Gesamtrechnung stellt die übergeordnete Zielvariable dar. Verwendet werden preis- und saisonbereinigte Werte für Westdeutschland. Nur diese regionale Abgrenzung bietet Zeitreihen, die hinreichend lang sind, um verläßliche Ergebnisse zu liefern zu können. Die Saisonbereinigung erfolgt wie bei allen Zeitreihen mit dem ASA-II Verfahren (vgl. Goldrian 1973). Als Variablen mit Zwischenziel-Charakter fungieren die westdeutschen Käufe von Maschinenbauerzeugnisse, elektrotechnischen Erzeugnissen, Fahrzeugen und von Büromaschinen/EDV-Anlagen. Auf diese vier Kategorien von Ausrüstungsgütern entfallen mehr als 80% aller Ausrüstungsinvestitionen. Für die Gruppen von Ausrüstungsgütern liegen nur Jahreswerte in jeweiligen und konstanten Preisen vor. Für die notwendige vierteljährliche Interpolation wurde das Muster der Ausrüstungsinvestitionen insgesamt übertragen.

Die Käufe für die einzelnen Gütergruppen zeigen nicht nur eine unterschiedliche Wachstumsdynamik, sondern unterscheiden sich auch in der Konjunkturreagibilität (Abbildung 7.1.1). Die Käufe von elektrotechnischen Gütern und von Büromaschinen/EDV-Anlagen weisen einen steileren Wachstumstrend auf und schwanken konjunkturell weit weniger stark als die Käufe von Maschinenbauerzeugnissen und Fahrzeugen. Dies bestätigt auch die regressionsanalytische Schätzung des Zusammenhangs zwischen der Entwicklung der ausgewählten Gütergruppen. Mit Ausnahme der Käufe von elektrotechnischen Investitionsgütern korrelieren alle Güterkäufe am höchsten bei Annahme eines zeitlichem Gleichlaufs. Die Investitionen in elektrotechnische Erzeugnisse haben im Durchschnitt einen Nachlauf von zwei Quartalen.

Prüfkriterien für die Indikatoren

Die untersuchten Indikatoren wurden so ausgewählt, daß sie den Kriterien des systematischen Zusammenhangs mit der Zielgröße und der Repräsentativität genügen. Sie genügen auch den übrigen Anforderungen, die an Indikatoren zu stellen sind (vgl. Kapitel 1 dieses Bandes). Wegen des geforderten glatten Verlaufs werden generell saisonbereinigte Werte verwendet. Somit bleibt die Prüfung auf Übereinstimmung im Konjunkturmuster.

Die Enge und Verläßlichkeit des Zusammenhangs zwischen den Indikatoren und der jeweiligen Zielgröße wurden regressionsanalytisch gemessen. Da die Zielgrößen keine stationären Variablen sind, einige Indikatoren (insbesondere die Konjunkturtest-Variablen) jedoch stationären Charakter haben, wird beim Untersuchungsansatz zusätzlich ein Zeittrend als erklärende Variable einbezogen. Die Einführung einer zusätzlichen Variable zum Ausgleich von Unterschieden im längerfristigen Entwicklungspfad der Variablen ist auch im Fall nicht-stationärer Indikatoren gerechtfertigt, da die Indikatorvariable oft – begründbar – einem von der Zielvariablen abweichenden Langfristpfad folgt.

Folgende Ansätze wurden für alle Zielgrößen und ihre potentiellen Frühindikatoren geschätzt:

$$I_{g,t} = a_0 + a_1 \times t + a_2 \times V_{k,(t-i)} + e_{1t} \qquad (1)$$

I:	Käufe von Erzeugnissen einer Gütergruppe in Preisen von 1991, saisonbereinigter Quartalswert;
V:	Indikator, saisonbereinigter Quartalswert
t	Zeit, ($t = 1, 2, 3, \ldots$ Quartale)
g	Gütergruppe ($g = 1, 2, \ldots 5$)
i	Lag ($i = 1, 2, \ldots 8$)
k	Indikatorart ($k = 1, 2, \ldots$)

Der Indikator kann demnach maximal einen Vorlauf von 8 Quartalen oder zwei Jahren gegenüber der Zielgröße aufweisen. Noch längere Vorläufe erscheinen im Hinblick auf die Nachfrage- und Produktionsbedingungen in Investitionsgüterbereich her kaum gerechtfertigt. Außerdem bestünde die Gefahr, daß nurmehr der Konjunkturrhythmus gemessen wird. Um auszuschließen, daß der Zusammenhang zwischen Indikator und Zielgröße nur über Trendkomponenten gebildet wird, wurde zur Kontrolle zusätzlich der Ansatz (1) in Form von Differenzen zum Vorjahresquartal, ebenfalls unter Einbeziehung der Zeitvariable, geschätzt. Der Schätzansatz lautet im einzelnen:

$$I_{g,t} - I_{g,(t-4)} = b_0 + b_1 \times t + b_2 \times (V_{k,(t-i)} - V_{k,(t-4-i)}) + e_{2t} \quad (2)$$

Der Stützbereich reicht in der Regel vom 1. Quartal 1971 bis zum 4. Quartal 1993. Die Stabilität des Vorlaufs an oberen und unteren Wendepunkten der Zielvariablen wird anhand der grafischen Darstellungen geprüft.

7.1.4 Indikatoren für wichtige Gruppen von Ausrüstungsgütern

Indikatoren für die Käufe von Maschinenbauerzeugnissen

Die Nachfrage nach Maschinenbauerzeugnissen hängt maßgeblich von der Investitionsneigung im Verarbeitenden Gewerbe und im Baugewerbe ab. Rund zwei Drittel der gesamten Käufe entfallen auf diese Wirtschaftsbereiche. Frühindikatoren für die Nachfrage nach Maschinen sind deshalb in erster Linie in diesen Wirtschaftszweigen zu suchen. Tatsächlich erklären die Investitionspläne des Verarbeitenden Gewerbes zusammen mit der Trendkomponente über 82% der Varianz der Käufe von Maschinenbauerzeugnissen (Tabelle 7.1.3). Bekanntermaßen unterschätzen Prognosen wie die Planungen der Unternehmen das Ausmaß von Richtungsänderungen (Gerstenberger 1982, Aiginger 1984). Wird dieser Sachverhalt berücksichtigt, indem im Fall der Plandaten, die bis zu zwei Jahren in die Zukunft reichen, auch Nachläufe zwischen Indikator und Zielgröße zugelassen werden, so erhöht sich der Korrelationskoeffizient auf über 0,85. Diese wird bei einem timelag von zwei Quartalen erreicht. Mit einem Korrelationskoeffizienten von über 0,67 für den Ansatz mit ersten Differenzen erweisen sich die Investitionspläne der Industrie als verläßlichster Frühindikator für die Käufe von Maschinenbauerzeugnissen.

Auch für die übrigen Indikatoren für die Investitionsneigung in der Industrie (Auftragsbestandsbeurteilung, Kapazitätsauslastung) wird im Zeitraum 1970-1993 ein enger Zusammenhang mit der Entwicklung der Käufe von Maschinenbauerzeugnissen gemessen. Die Indikatoren haben einen Vorlauf von zwei bis drei Quartalen gegenüber der Zielgröße (Tabelle 7.1.3). Ein wesentlich höheres Bestimmtheitsmaß läßt sich jedoch mit der Geschäftslagebeurteilung und dem Geschäftsklima erzielen, welche jeweils als gewogener Durchschnitt aus den Werten für das Verarbeitende Gewerbe, das Baugewerbe und den Groß- und Einzelhandel ermittelt worden sind.[2]

Bei Testrechnungen mit alternativen Gewichten ergaben sich dabei für folgende Gewichte die engsten Zusammenhänge zwischen den Indikatoren und der Zielgröße: Verarbeitendes

---

[2] Die Durchschnittswerte aus den vier Wirtschaftsbereichen wurden nach einer Normierung der Beobachtungswerte für den einzelnen Wirtschaftsbereich auf den jeweiligen Mittelwert der Salden ermittelt. Die verwendeten Gewichte für die einzelnen Bereiche wurden mithilfe von Testrechnungen so optimiert, daß ein möglichst enger Zusammenhang mit der Entwicklung der Käufe von Maschinenbauerzeugnissen erzielt wurde. Die Berechnungsvorschrift für die Durchschnittswerte (D) der Geschäftslagebeurteilung bzw. des Geschäftsklimas lautet: $D_{v,t} = \sum_v (S_{b,v,t} - SM_{b,v}) \times G_b$, wobei D = Durchschnittswert, S = Saldo, SM = Mittelwert der Salden 1970-1993, G = Gewicht, v = Variable (Geschäftslagebeurteilung bzw. -klima), b = Wirtschaftsbereich, t = Quartal ($t = 1, 2, \ldots$).

Gewerbe 0,3, Baugewerbe 0,2, Großhandel 0,25 und Einzelhandel 0,25. Die im Vergleich zu ihrer Bedeutung als Nachfrager (vgl. Tabelle 7.1.2) hohen Gewichte für das Baugewerbe und den Groß- und Einzelhandel überraschen. Offensichtlich korrelieren die Maschineninvestitionen der nicht im Konjunkturtest erfaßten Wirtschaftsbereiche besser mit dem Geschäftsklima in diesen binnenwirtschaftlich orientierten Sektoren. Der Vorlauf des Durchschnittswertes der Geschäftslagebeurteilung gegenüber der Entwicklung der Käufe von Maschinenbauerzeugnissen beträgt zwei Quartale. Der Vorlauf des Geschäftsklimas von einem Quartal gegenüber der Geschäftslagebeurteilung erklärt, weshalb der lead des Geschäftsklimas bei drei Quartalen liegt.

Die Analyse des Zusammenhangs zwischen den Indikatoren und der Zielgröße nach der Transformation in Differenzen zum Vorjahresquartal ergibt nicht nur (erwartungsgemäß) niedrigere Bestimmtheitsmaße, sondern deutet auch auf in der Regel um ein Quartal geringere Vorläufe hin (Tabelle 7.1.3). Die Geschäftserwartungen der Hersteller von Maschinenbauerzeugnissen werden offensichtlich doch stark von der Nachfrage auf den Auslandsmärkten beeinflußt. Die Varianz des Gesamtabsatzes auf dem Inlandsmarkt für Maschinen können die Geschäftserwartungen der Produzenten im besten Fall nur zu 35% erklären. Bessere Indikatoren sind die Geschäftslagebeurteilung, das Geschäftsklima und die Auftragsbestandsbeurteilung der Abnehmer.

Bemerkenswert ist, daß auch die Differenzen beim Auftragseingangsvolumen aus dem Inland beim Maschinenbau gegenüber dem Vorjahresquartal nur einen lockeren Zusammenhang mit der Veränderung der Käufe von Maschinenbauerzeugnissen aufweisen. Dies reflektiert den hohen Anteil an irregulären Einflüssen auf die Auftragseingangsentwicklung (vgl. Abbildung 7.1.2). Diese hängen zum Teil mit diskretionären, zeitlich befristeten wirtschaftspolitischen Eingriffen (z.B. Investitionszulagen, Investitionssteuer) zusammen.[3] Trotzdem wurden die Auftragseingänge aus dem Inland in die Zusammenstellung der wichtigsten Frühindikatoren (Vorlauf zwei Quartale) für die Käufe von Maschinenbauerzeugnissen aufgenommen.

Der Hauptgrund hierfür ist, daß dieser Indikator unabhängig von den übrigen Frühindikatoren ist und mithin eine wichtige Kontrollgröße darstellt.

Indikatoren für die Käufe von Fahrzeugen

Die sonstigen Dienste und der Verkehrsbereich, gefolgt vom Verarbeitenden Gewerbe und dem Handel, stellen die Hauptabnehmer von Fahrzeugen dar. Für die beiden zuerstgenannten Wirtschaftsbereiche existieren nur partiell Informationen zur kurzfristigen Entwicklung der Investitionsneigung. Damit kann der kausale Indikatoransatz im Fahrzeugbereich nur auf den Konjunkturverbund zwischen der Warenproduktion und den Dienstleistungszweigen abstellen und versuchen, aus Zeitreihen für die Bereichen Verarbeitendes

[3] Zu den Eingriffen und ihren Wirkungen auf die Investitionsnachfrage vgl. Gerstenberger (1977), Apeloig et al. (1984).

Gewerbe, Baugewerbe und Handel verläßliche Indikatoren für die Fahrzeugnachfrage zu destillieren. Für den Verkehrsbereich ist der Konjunkturverbund belegt.

Die Geschäftslagebeurteilung und das Geschäftsklima im gewogenen Durchschnitt der im Konjunkturtest erfaßten Bereiche weisen die höchste Korrelation mit dem Konjunkturmuster der Käufe von Fahrzeugen auf (Tabelle 7.1.4). Die Spitzenwerte werden bei Vorläufen von 2 bis 3 Quartalen erreicht. Die Höhe der Zinsen steht nur in einem vergleichsweise losen Zusammenhang mit der gewerblichen Nachfrage nach Fahrzeugen. Nur bei einem Vorlauf von mehr als sechs Quartalen ergibt sich das – theoretisch richtige – negative Vorzeichen. Bei einer Transformation in Differenzen zum Vorjahr liefert die Zinsentwicklung kaum mehr einen Erklärungsbeitrag.

Auch die Entwicklung der Auftragseingänge aus dem Inland für Liefer- und Lastkraftwagen weist keinen sehr engen Zusammenhang mit der Zielgröße auf. Dies erklärt sich nicht nur mit den kräftigen irregulären Einflüssen in der Bestelltätigkeit von Nutzfahrzeugen (vgl. Abbildung 7.1.3). Ein Rolle spielt auch, daß die Entwicklung der Käufe von Fahrzeugen doch stark durch die gewerbliche Nachfrage nach Personenkraftwagen beeinflußt wird. Wird diese Nachfragekategorie anhand der Zulassungsstückzahlen für gewerblichen Fahrzeughalter gemessen, so erklären beide Einflußgrößen zusammen rd. 90% der Varianz der Fahrzeuginvestitionen. Die Entwicklung der Zulassungen weißt dabei einen Gleichlauf mit den Fahrzeuginvestition, die Auftragseingänge für Liefer- und Lastkraftwagen weisen einen Vorlauf von zwei bis drei Quartalen auf. Wegen dieser Zusammenhänge wurden beide Indikatoren in Abbildung 7.1.3 aufgenommen.

Indikatoren für die Käufe von elektrotechnischen Investitionsgütern

Hauptabnehmer von elektrotechnischen Investitionsgütern sind neben dem Verarbeitenden Gewerbe und der Energiewirtschaft verschiedene Dienstleistungsbereiche, insbesondere der Sektor Nachrichtenübermittlung. In absoluten Werten gemessen zeigt sich jedoch nur eine sehr enge Korrelation zwischen den Investitionen bei Post und Telekom einerseits und dem Absatz von elektrotechnischen Investitionsgütern andererseits. Auch in Kombination mit den Anlageinvestitionen des Sektors Nachrichtenübermittlung leisten die Investitionsausgaben dieser Wirtschaftsbereiche keinen signifikanten positiven Erklärungsbeitrag.

Die Spitzenwerte im Korrelationskoeffizienten werden bei lags von 4 und 5 Quartalen erreicht. Annähernd gleich hohe Korrelationen weisen auch alle anderen untersuchten Indikatoren auf (Tabelle 7.1.5), darunter der langfristige Zinssatz. Die zeitliche Verzögerung erreicht jeweils bei vier oder fünf Quartalen die höchsten Werte, wobei allerdings die Unterschiede von Quartal zu Quartal nicht besonders ausgeprägt sind. Eine Ausnahme bildet der Auftragseingang aus dem Inland, der die höchste Korrelation zeitgleich mit den Investitionsausgaben erreicht (vgl. Abbildung 7.1.4). Die Zeitverschiebungen zwischen Indikatoren und den Käufen von elektrotechnischen Investitionsgütern sind länger als im Fall der Käufe von Maschinenbauerzeugnissen und von Straßenfahrzeugen. Dies erklärt sich aus dem Nachlauf der Investitionen in elektrotechnische Güter gegenüber den anderen beiden Kategorien von Ausrüstungsgütern.

Festzuhalten ist, daß die Investitionspläne von Post und Telekom, soweit sie aktuell oder für das kommende Jahr bekannt sind, eine brauchbare Erklärungsgröße für die elektrotechnischen Investitionsgüter abgeben. Aus den laufenden Erhebungen im Rahmen des Konjunkturtests bietet sich die gewichtete Beurteilung der Geschäftslage und – wegen des um ein Quartal längeren Vorlaufs – das Geschäftsklima als Frühindikator an.

Die Zusammenhänge verschlechtern sich deutlich, wenn man die Differenzen zum Vorjahresquartal bildet. Die größte Korrelation weisen jetzt die Beurteilung der Geschäftslage und der Auftragseingang auf, in beiden Fällen werden aber weniger als 50% der Schwankungen erklärt. Beim Auftragseingang wird diese Korrelation allerdings nur erreicht, wenn auf eine Zeitverzögerung verzichtet wird. Deshalb scheidet der Auftragseingang als Frühindikator praktisch aus. Die Beurteilung der Geschäftslage bleibt als relativ bester Indikator zurück. Die Erklärungskraft auch dieses Indikators ist vergleichsweise gering. Der Hauptgrund dafür dürfte sein, daß wichtige Abnehmer von elektrotechnischen Investitionsgütern im Bereich der Dienstleistungen von nahezu allen zur Verfügung stehenden potentiellen Indikatoren nicht erfaßt werden.

Indikatoren für die Käufe von Büromaschinen und EDV-Anlagen

Auch bei Büromaschinen und EDV-Geräten stammt ein beträchtlicher Teil der Abnehmer aus den Dienstleistungsbereichen. Bei den Schätzansätzen mit absoluten Werten zeigen alle Indikatoren eine enge Korrelation mit den Käufen von Investitionsgütern, wobei die höchsten Werte bei einer Zeitverzögerung von zwei oder drei Quartalen erreicht werden (vgl. Tabelle 7.1.6). Eine Ausnahme bildet der Auftragseingang aus dem Inland, der die größte Erklärungskraft zeitgleich mit den Investitionsgüterkäufen erreicht.

Bei den Schätzansätzen, die auf den Differenzen zum Vorjahresquartal beruhen, verschlechtert sich erwartungsgemäß die Erklärungskraft. Die höchste Korrelation weisen die Investitionspläne aus dem Investitionstest auf. Bei einer Zeitverzögerung von einem Quartal können damit über 50% der Varianz der Investitionsgüterkäufe erklärt werden. Mit den übrigen Indikatoren lassen sich nur deutlich geringere Korrelationen erzielen. Die optimale Zeitverzögerung ist in der Regel sehr kurz (vgl. auch Abbildung 7.1.5). Eine Ausnahme bildet nur das Geschäftsklima. Hier wird die höchste Korrelation bei einer Zeitverzögerung von fünf Quartalen erzielt. In diesem Sachverhalt kommt zum Ausdruck, daß die „technisch“ bedingten Vorläufe bei der Anschaffung von diesen in der Regel geringwertigen Investitionsgütern sehr kurz sind. Deshalb weisen die darauf basierenden Indikatoren wie Auftragseingänge und Investitionspläne auch nur kurze oder gar keine lags auf und sind deshalb als Frühindikatoren weniger geeignet. Indikatoren, die auf die Investitionsneigung der Unternehmen abstellen wie die Urteilsindikatoren aus dem Konjunkturtest, schneiden, zumindest was den zeitlichen Vorlauf betrifft, besser ab. Denn wenn auch der Bestellvorgang nur wenig Zeit beansprucht und die konkreten Pläne kurzfristig erstellt werden, folgt die Entscheidung trotzdem mit einer zeitlichen Verzögerung auf die Veränderungen in der Beurteilung der allgemeinen Geschäftslage.

7.1.5 Verdichtung zu einem Indikatorsystem für die Ausrüstungsinvestitionen

Die Analyse der Zusammenhänge auf Gütergruppenebene ergibt ein klares Bild:

- Einige Variablen haben sich im Untersuchungszeitraum in allen untersuchten Gruppen von Ausrüstungsgütern als Frühindikatoren erwiesen. Hierzu zählt die Geschäftslagebeurteilung und das Geschäftsklima im gewogenen Durchschnitt des Verarbeitenden Gewerbes, des Baugewerbes und des Groß- und Einzelhandels. Der Vorlauf gegenüber den Käufen von Ausrüstungsgütern beträgt mindestens zwei bzw. drei Quartale. Wesentlich längere Vorläufe (bis zu 8 Quartale) weist der Langfrist-Zins auf. Der (inverse) Zusammenhang mit der Zielgröße ist allerdings weit weniger eng als im Fall der Konjunkturtestvariablen.

- Die Investitionsplandaten für das Verarbeitende Gewerbe haben sich nicht nur bei den Käufen von Maschinenbauerzeugnissen als zuverlässiger Frühindikator herausgestellt. Nur bei den Käufen von elektrotechnischen Investitionsgütern erwies sich die Investitionsentwicklung bei Post und Telekom als eindeutig überlegen. Die Tatsache, daß die Investitionsplanungen des Verarbeitenden Gewerbes auch als Frühindikator bei Gütergruppen dienen können, deren Inlandsmarkt eindeutig von der Nachfrage aus dem Dienstleistungsbereich bestimmt wird, belegt die nach wie vor große Bedeutung der Warenproduktion für den Konjunkturprozess in Deutschland.

- Die Auftragseingänge aus dem Inland bei den jeweiligen Investitionsgüterproduzenten haben weder so lange Vorläufe gegenüber noch einen so engen Zusammenhang mit der jeweiligen Zielgröße wie die Konjunkturtestvariablen. Der lockere Zusammenhang reflektiert die relativ starke irreguläre Komponente bei den Auftragseingängen. Zum Teil wurden durch zeitlich begrenzte wirtschaftspolitische Maßnahmen massive Nachfrageschwankungen ausgelöst. Wegen verschiedener dämpfender Momente fanden diese Fluktuationen keine unmittelbare Entsprechung in den Auslieferungen auf dem Inlandsmarkt.

- Die Geschäftserwartungen der inländischen Investitionsgüterproduzenten weisen zwar einen Vorlauf von ein bis zwei Quartalen gegenüber den Veränderungen der Käufe von Ausrüstungsgütern auf. Der Zusammenhang ist jedoch weniger eng als für die Veränderung in der Geschäftslagebeurteilung bei den abnehmenden Wirtschaftsbereichen.

Das Indikatorsystem für die Entwicklung der Ausrüstungsinvestitionen sollte nach diesen Befunden zunächst den Langfristzins am deutschen Kapitalmarkt enthalten. Diese Variable hat die Funktion eines Vorwarnindikators, dessen Tendenz aber erst Ernst genommen werden muß, wenn eine Bestätigung durch die übrigen Frühindikatoren erfolgt ist.

Als Frühindikatoren im engeren Sinn sollte das System die Geschäftslagebeurteilung und das Geschäftsklima im Durchschnitt der vom Konjunkturtest erfaßten Bereiche sowie die Investitionspläne des Verarbeitenden Gewerbes enthalten. Erster weisen einen Vorlauf von zwei bis drei Quartalen auf, letztere reichen bis zu sechs Quartale in die Zukunft.

Schließlich sollte das System auch einen gewogenen Durchschnitt aus den Auftragseingängen aus dem Inland der verschiedenen investitionsgüter produzierenden Bereiche enthalten. Die Auftragseingänge haben zwar keine so ausgeprägten Vorläufe, werden aber deutlich früher publiziert als die Ausrüstungsinvestitionen nach Quartalen.

Abbildung 7.1.6 und Tabelle 7.1.7 zeigen die Zusammenhänge dieser Indikatoren mit der Entwicklung der Ausrüstungsinvestitionen insgesamt.

Literatur

Aiginger, K. (1984): Economic Rational Expectations and Their Influence on Production and Inventory Decisions. In Oppenländer, K.H. und Poser, G. (Hg.): *Leading Indicators and Business Cycle Surveys.* Papers presented at the 16th CIRET Conference, Proceedings, Washington D.C. 1983. Aldershot.

Eisner, R. (1980): Total Income, Total Investment and Growth. *American Economic Review*, 70(2), 225-231.

Apeloig, S., Gerstenberger, W., Gluch, E., Laumer, H., Neumann, F., Städtler, A. und Stanglmayr, M. (1984): Analyse der Wirksamkeit der Beschäftigungszulage (4b Inv.Zul.G). *ifo Studien zur Finanzpolitik*, 32.

Gerstenberger, W. (1977): Reaktionen der Industrie auf konjunkturpolitische Maßnahmen. *Beihefte zur Konjunkturpolitik, Zeitschrift für angewandte Konjunkturforschung*, 24, 93-111.

Gerstenberger, W. (1979): Indikatoren für die Investitionstätigkeit. *ifo Schnelldienst*, 32 (35/36), 27-36.

Gerstenberger, W. (1980): Absatz und Faktorpreise als Determinanten der Investitionsausgaben. *ifo Studien*, 26 (1/2), 63-121.

Gerstenberger, W. (1982): Zur Treffsicherheit und analytischen Bedeutung von qualitativen und quantitativen Planangaben. In Anderson, O. (Hg.): Qualitative und quantitative Konjunkturindikatoren. *Sonderhefte zum Allgemeinen Statistischen Archiv*, 20, 39ff.

Gerstenberger, W. und Hölterhoff, V. (1984): Wechselwirkung von Geldpolitik, Inflation und Strukturwandel. *ifo Studien zur Strukturforschung*, 2.

Goldrian, G. (1973): Eine neue Version des ASAII-Verfahrens zur Saisonbereinigung von wirtschaftlichen Zeitreihen. *Wirtschaftskonjunktur*, 4.

Jorgenson, D.W. (1963): Capital Theory and Investment Behaviour. *American Economic Review, Papers and Proceedings*, 247ff.

König, H. (1976): Neoklassische Investitionstheorie und Investitionsverhalten in der Bundesrepublik. *Jahrbücher für Nationalökonomie und Statistik*, 190(4).

Neumann, F. (1989): Investitionstest. In Oppenländer, K.H. und Poser, G. (Hg.): *Handbuch der Ifo-Umfragen.* München, Berlin. 187-229.

Seitz, H. (1988): Preis- und Produktionspläne im Verarbeitenden Gewerbe: Eine Analyse unter Verwendung von Konjunkturtestdaten. In Kräger, H. (Hg.): *Empirische Wirtschaftsforschung.* Frankfurt. 103-130.

Vogler, K. (1978): Content and Determinants of Judgemental and Expectational Variables in the Business Survey. In Strigel, W.H. (Hg.): *Problems and Instruments of Business Cycle Analyses.* A Selection of Papers presented at the 13th CIRET Conference, Munich 1977. Berlin, Heidelberg, New York. 73-114.

Bereich/	Ausrüstungen 1991		Er-	Quartal von t		Investitionen für		
Industrie	Mrd. DM	Anteil in %	hebung	Befr.	Publ.	$(t-1)$	(t)	$(t+1)$
Energie-wirtschaft	9,1	3,3	IT	II	IV	x	x	x
Bergbau	1,8	0,7	IT-F	I	II	x	x	x
			IT-H	III	IV		x	x
Verarb. Gewerbe	96,6	35,0	P100	I	II	x	x	x
			IT-F	I	II	x	x	x
			IT-H	III	IV		x	x
Bau-gewerbe	7,9	2,9	IT-F	I	II	x	x	
			IT-H	III	IV		x	x
Handel	22,3	8,1	IT	II	III	x	x	
Öffentlicher Nahverkehr	1,5	0,5	IT	II	III	x	x	
Leasing-gesellsch.	36,8	13,4	IT	IV	IV	x	x	
Summe	175,7	63,9						
Neue Ausrüstungen	275,1	100,0						

Anmerkungen:
IT = ifo Investitionstest
IT-F = IT-Frühjahrserhebung
IT-H = IT-Haupterhebung
P100 = Prognose 100

Quelle: ifo Investorenrechnung, eigene Zusammenstellung

Tabelle 7.1.1: Erhebung von Investitionsplänen und erfaßte Wirtschaftsbereiche

Wirtschaftsbereich (Eigentümerkonzept)	Ant. in % an den Inv. (Eigentümerkonzept) nach Gütergruppen					
	Maschinen	Elektrot. Inv.-güter	Fahr-zeuge	Büromasch. EDV-Geräte	Sonstige Ausrüst.	Ausrüst.-inv.
Land-, Forstwirtsch.	9,0	1,8	2,2	0,1	1,4	4,0
Energiew., Bergbau	3,7	12,2	0,5	0,7	1,6	4,0
Verarb. Gewerbe	61,6	32,3	11,9	29,0	20,5	35,0
Baugewerbe	5,1	1,1	3,1	1,1	1,2	2,9
Handel	4,1	3,7	6,6	14,7	20,7	8,0
Verkehr	1,2	2,3	13,7	1,8	10,6	5,7
Nachrichtenüberm.	0,5	22,9	0,3	0,4	0,3	4,8
Banken, Versicher.	0,2	2,2	0,9	9,4	5,2	2,4
Sonst. Dienstl.	12,6	15,2	57,4	35,6	32,4	29,0
Staat, Organe ohne Erwerbszweck	2,1	6,4	3,4	7,2	6,0	4,3
Summe	100,0	100,0	100,0	100,0	100,0	100,0
In Mrd. DM	89,12	53,47	65,78	29,89	36,85	275,11

Quelle: ifo Investorenrechnung

Tabelle 7.1.2: Sektorale Absatzstruktur nach Gruppen von Ausrüstungsgütern

Erklärende Größe/ Indikator	Ergebnisse des ersten Schätzansatzes Korrelationskoeffizienten für alternative Vorläufe (in Quartalen)								
	3	2	1	0	-1	-2	-3	-4	-5
Investitionen VG geplant	0,833	0,857	0,851	0,826	0,786	0,732	0,676	0,623	0,576
	0	-1	-2	-3	-4	-5	-6	-7	-8
Auftragsbestandsbeurteilung VG	0,66	0,724	0,768	0,784	0,773	0,744	0,707	0,661	0,617
Geschäftslagebeurteilung VG+BG+GH+EH	0,832	0,877	0,895	0,88	0,835	0,783	0,727	0,664	0,602
Geschäftsklima VG+BG+GH+EH	0,759	0,819	0,856	0,86	0,831	0,787	0,74	0,682	0,625
Langfristzins	0,463	0,441	0,429	0,43	0,444	0,469	0,502	0,537	0,572
Kapazitätsauslastung VG	0,729	0,75	0,769	0,764	0,741	0,713	0,683	0,646	0,607
Auftragseingang Inl. MB	0,764	0,78	0,78	0,756	0,69	0,631	0,598	0,57	0,54
Differenzen zum Vorjahresquartal für den Indikator	Ergebnisse des zweiten Schätzansatzes Korrelationskoeffizienten für alternative Voräufe (in Quartalen)								
	3	2	1	0	-1	-2	-3	-4	-5
Investitionen VG geplant	0,573	0,673	0,646	0,571	0,43	0,264	0,115	0,037	0,004
	0	-1	-2	-3	-4	-5	-6	-7	-8
Auftragsbestandsbeurteilung VG	0,392	0,424	0,384	0,316	0,245	0,186	0,133	0,073	0,028
Geschäftslagebeurteilung VG+BG+GH+EH	0,507	0,519	0,49	0,425	0,332	0,244	0,148	0,055	0,008
Geschäftsklima VG+BG+GH+EH	0,369	0,445	0,45	0,404	0,321	0,236	0,16	0,068	0,015
Langfristzins	0,062	0,027	0,006	0,003	0,011	0,028	0,049	0,06	0,078
Kapazitätsauslastung VG	0,353	0,289	0,273	0,219	0,155	0,122	0,081	0,044	0,018
Auftragseingang Inl. MB	0,21	0,238	0,251	0,237	0,142	0,053	0,027	0,016	0,004
Geschäftserwartungen MB	0,203	0,305	0,35	0,294	0,205	0,136	0,095	0,056	0,022

VG = verarbeitendes Gewerbe, BG = Baugewerbe, GH = Großhandel, EH = Einzelhandel

Quelle: Eigene Berechnungen

Tabelle 7.1.3: Investitionen in Maschinen und Frühindikatoren: Verschiedene Zusammenhänge

Erklärende Größe/ Indikator	Ergebnisse des ersten Schätzansatzes Korrelationskoeffizienten für alternative Vorläufe (in Quartalen)								
	3	2	1	0	-1	-2	-3	-4	-5
Investitionen VG	0,827	0,849	0,856	0,856	0,848	0,834	0,818	0,802	0,787
	0	-1	-2	-3	-4	-5	-6	-7	-8
Auftragsbestandsbeurteilung VG	0,773	0,798	0,818	0,83	0,834	0,833	0,829	0,818	0,803
Geschäftslagebeurteilung VG+BG+GH+EH	0,843	0,868	0,882	0,882	0,872	0,859	0,844	0,823	0,801
Geschäftsklima VG+BG+GH+EH	0,816	0,845	0,863	0,867	0,861	0,85	0,839	0,824	0,805
Langfristzins	0,749	0,74	0,73	0,725	0,721	0,721	0,728	0,735	0,744
Zulassungen gewerbliche Halter	0,814	0,81	0,808	0,778	0,744	0,715	0,704	0,696	0,695
Auftragseingang Inl. FB	0,753	0,765	0,78	0,769	0,749	0,728	0,721	0,72	0,724
Differenzen zum Vorjahresquartal für den Indikator	Ergebnisse des zweiten Schätzansatzes Korrelationskoeffizienten für alternative Vorläufe (in Quartalen)								
	3	2	1	0	-1	-2	-3	-4	-5
Investitionen VG	0,313	0,447	0,449	0,411	0,329	0,233	0,14	0,075	0,029
	0	-1	-2	-3	-4	-5	-6	-7	-8
Auftragsbestandsbeurteilung VG	0,208	0,22	0,191	0,159	0,133	0,14	0,16	0,149	0,109
Geschäftslagebeurteilung VG+BG+GH+EH	0,312	0,321	0,293	0,242	0,192	0,163	0,138	0,093	0,042
Geschäftsklima VG+BG+GH+EH	0,245	0,291	0,272	0,216	0,157	0,118	0,105	0,077	0,044
Langfristzins	0,04	0,016	0,003	0	0	0	0	0,001	0
Zulassungen gewerbliche Halter	0,388	0,29	0,224	0,13	0,058	0,096	0,08	0,031	0,031
Auftragseingang Inl. FB	0,105	0,185	0,259	0,163	0,066	0,01	0,003	0,003	0,001
Geschäftserwartungen FB	0,119	0,249	0,239	0,215	0,149	0,094	0,119	0,118	0,153

VG = verarbeitendes Gewerbe, BG = Baugewerbe, GH = Großhandel, EH = Einzelhandel

Quelle: Eigene Berechnungen

Tabelle 7.1.4: Investitionen in Straßenfahrzeuge und Frühindikatoren: Verschiedene Zusammenhänge

Erklärende Größe/	Ergebnisse des ersten Schätzansatzes Korrelationskoeffizienten für alternative Vorläufe (in Quartalen)								
Indikator	0	-1	-2	-3	-4	-5	-6	-7	-8
Investitionen Post, Telekom	0,928	0,928	0,927	0,926	0,924	92,2	0,921	0,919	0,917
Auftragsbestandsbeurteilung VG	0,93	0,939	0,956	0,961	0,963	0,961	0,957	0,951	0,951
Geschäftslagebeurteilung VG+BG+GH+EH	0,951	0,961	0,969	0,975	0,978	0,978	0,975	0,968	0,958
Geschäftsklima VG+BG+GH+EH	0,941	0,95	0,96	0,967	0,973	0,975	0,975	0,97	0,961
Langfristzins	0,924	0,92	0,916	0,914	0,913	0,914	0,917	0,921	0,926
Kapazitätsauslastung VG	0,947	0,952	0,96	0,963	0,965	0,965	0,964	0,961	0,955
Auftragseingang Inl. ET	0,977	0,973	0,974	0,966	0,959	0,95	0,944	0,939	0,931
Differenzen zum Vorjahresquartal	Ergebnisse des zweiten Schätzansatzes Korrelationskoeffizienten für alternative Vorläufe (in Quartalen)								
für den Indikator	0	-1	-2	-3	-4	-5	-6	-7	-8
Investitionen Post, Telekom	0,261	0,22	0,144	0,088	0,036	0,006			
Auftragsbestandsbeurteilung VG	0,211	0,204	0,186	0,171	0,171	0,182	0,17	0,129	0,067
Geschäftslagebeurteilung VG+BG+GH+EH	0,195	0,201	0,209	0,233	0,287	0,329	0,336	0,25	0,109
Geschäftsklima VG+BG+GH+EH	0,121	0,145	0,158	0,17	0,217	0,264	0,311	0,26	0,144
Langfristzins	0,159	0,094	0,039	0,011	0,005	0,007	0,024	0,047	0,086
Kapazitätsauslastung VG	0,269	0,187	0,192	0,14	0,13	0,152	0,133	0,128	0,057
Auftragseingang Inl. ET	0,427	0,297	0,299	0,16	0,092	0,052	0,026	0,02	0,007
Geschäftserwartungen ET	0,26	0,281	0,242	0,163	0,089	0,069	0,032	0,01	0,006

VG = verarbeitendes Gewerbe, BG = Baugewerbe, GH = Großhandel, EH = Einzelhandel

Quelle: Eigene Berechnungen

Tabelle 7.1.5: Investitionen in elektrotechnische Investitionsgüter und Frühindikatoren: Verschiedene Zusammenhänge

Erklärende Größe/	Ergebnisse des ersten Schätzansatzes Korrelationskoeffizienten für alternative Vorläufe (in Quartalen)								
Indikator	3	2	1	0	-1	-2	-3	-4	-5
Investitionen VG geplant	0,988	0,989	0,987	0,983	0,977	0,97	0,963	0,956	0,95
	0	-1	-2	-3	-4	-5	-6	-7	-8
Auftragsbestandsbeurteilung VG	0,951	0,957	0,962	0,964	0,964	0,962	0,958	0,954	0,949
Geschäftslagebeurteilung VG+BG+GH+EH	0,964	0,966	0,967	0,966	0,962	0,958	0,953	0,947	0,94
Geschäftsklima VG+BG+GH+EH	0,959	0,963	0,965	0,965	0,963	0,96	0,956	0,951	0,944
Langfristzins	0,919	0,919	0,919	0,92	0,922	0,927	0,933	0,937	0,941
Kapazitätsauslastung VG	0,972	0,974	0,975	0,974	0,971	0,967	0,962	0,958	0,952
Auftragseingang Inl. BMDV	0,978	0,976	0,97	0,964	0,958	0,948	0,94	0,933	0,931
Differenzen zum Vorjahresquartal	Ergebnisse des zweiten Schätzansatzes Korrelationskoeffizienten für alternative Vorläufe (in Quartalen)								
für den Indikator	3	2	1	0	-1	-2	-3	-4	-5
Investitionen VG geplant	0,477	0,543	0,471	0,38	0,271	0,203	0,148	0,094	0,05
	0	-1	-2	-3	-4	-5	-6	-7	-8
Auftragsbestandsbeurteilung VG	0,276	0,274	0,256	0,239	0,216	0,212	0,184	0,134	0,072
Geschäftslagebeurteilung VG+BG+GH+EH	0,280	0,291	0,289	0,294	0,287	0,267	0,232	0,143	0,044
Geschäftsklima VG+BG+GH+EH	0,202	0,227	0,235	0,238	0,245	0,247	0,243	0,183	0,083
Langfristzins	0,060	0,026	0,012	0,012	0,018	0,024	0,034	0,036	0,042
Kapazitätsauslastung VG	0,318	0,268	0,249	0,186	0,147	0,141	0,109	0,102	0,047
Auftragseingang Inl. BMDV	0,400	0,348	0,215	0,140	0,071	0,016	0,016	0,086	0,138
Geschäftserwartungen BMDV	0,153	0,139	0,163	0,089	0,079	0,045	0,023	0,023	0,014

VG = verarbeitendes Gewerbe, BG = Baugewerbe, GH = Großhandel, EH = Einzelhandel

Quelle: Eigene Berechnungen

Tabelle 7.1.6: Investitionen in Büromaschinen und Datenverarbeitungsanlagen sowie Frühindikatoren: verschiedene Zusammenhänge

Erklärende Größe/	Ergebnisse des ersten Schätzansatzes Korrelationskoeffizienten für alternative Vorläufe (in Quartalen)								
Indikator	0	-1	-2	-3	-4	-5	-6	-7	-8
Investitionen VG geplant	0,857	0,851	0,826	0,786	0,732	0,676	0,623	0,576	0,534
Investitionen VG +PT	0,809	0,801	0,776	0,739	0,69	0,639	0,592	0,551	0,515
Geschäftslagebeurteilung VG+BG+GH+EH	0,834	0,878	0,895	0,879	0,835	0,783	0,727	0,662	0,602
Geschäftsklima VG+BG+GH+EH	0,758	0,82	0,857	0,859	0,83	0,787	0,741	0,681	0,623
Langfristzins	0,463	0,441	0,429	0,43	0,444	0,489	0,54	0,577	0,608
Kapazitätsauslastung VG	0,729	0,75	0,769	0,764	0,741	0,713	0,683	0,646	0,607
Auftragseingang Inl. MB+LKW+ET+DV	0,813	0,81	0,797	0,747	0,672	0,602	0,564	0,529	0,495
Differenzen zum Vorjahresquartal	Ergebnisse des zweiten Schätzansatzes Korrelationskoeffizienten für alternative Vorläufe (in Quartalen)								
für den Indikator	0	-1	-2	-3	-4	-5	-6	-7	-8
Investitionen VG geplant	0,673	0,646	0,571	0,43	0,266	0,114	0,029	0,003	0,015
Investitionen VG +PT	0,623	0,579	0,495	0,362	0,214	0,08	0,014	0,004	0,028
Geschäftslagebeurteilung VG+BG+GH+EH	0,505	0,516	0,486	0,422	0,329	0,241	0,147	0,054	0,008
Geschäftsklima VG+BG+GH+EH	0,366	0,442	0,445	0,399	0,316	0,233	0,158	0,067	0,015
Langfristzins	0,062	0,035	0,016	0,004	0,003	0,019	0,053	0,062	0,08
Kapazitätsauslastung VG	0,353	0,289	0,273	0,219	0,155	0,122	0,081	0,044	0,018
Auftragseingang Inl. MB+LKW+ET+DV	0,347	0,344	0,346	0,263	0,13	0,037	0,013	0,004	0,008
Geschäftserwartungen MB+FZ+ET+DV	0,271	0,397	0,429	0,338	0,217	0,126	0,089	0,045	0,022

VG = verarbeitendes Gewerbe, BG = Baugewerbe, GH = Großhandel, EH = Einzelhandel, PT = Post- und Kommunikationsdienste
MB = Maschinenbau, NF = Nutzfahrzeuge, SF= Straßenfahrzeugbau, ET = Elektrotechnik, DV = Büromaschinen, EDV-Industrie
Quelle: Eigene Berechnungen

Tabelle 7.1.7: Zusammenhang zwischen der Entwicklung der Ausrüstungsinvestitionen und Frühindikatoren: verschiedene Zusammenhänge

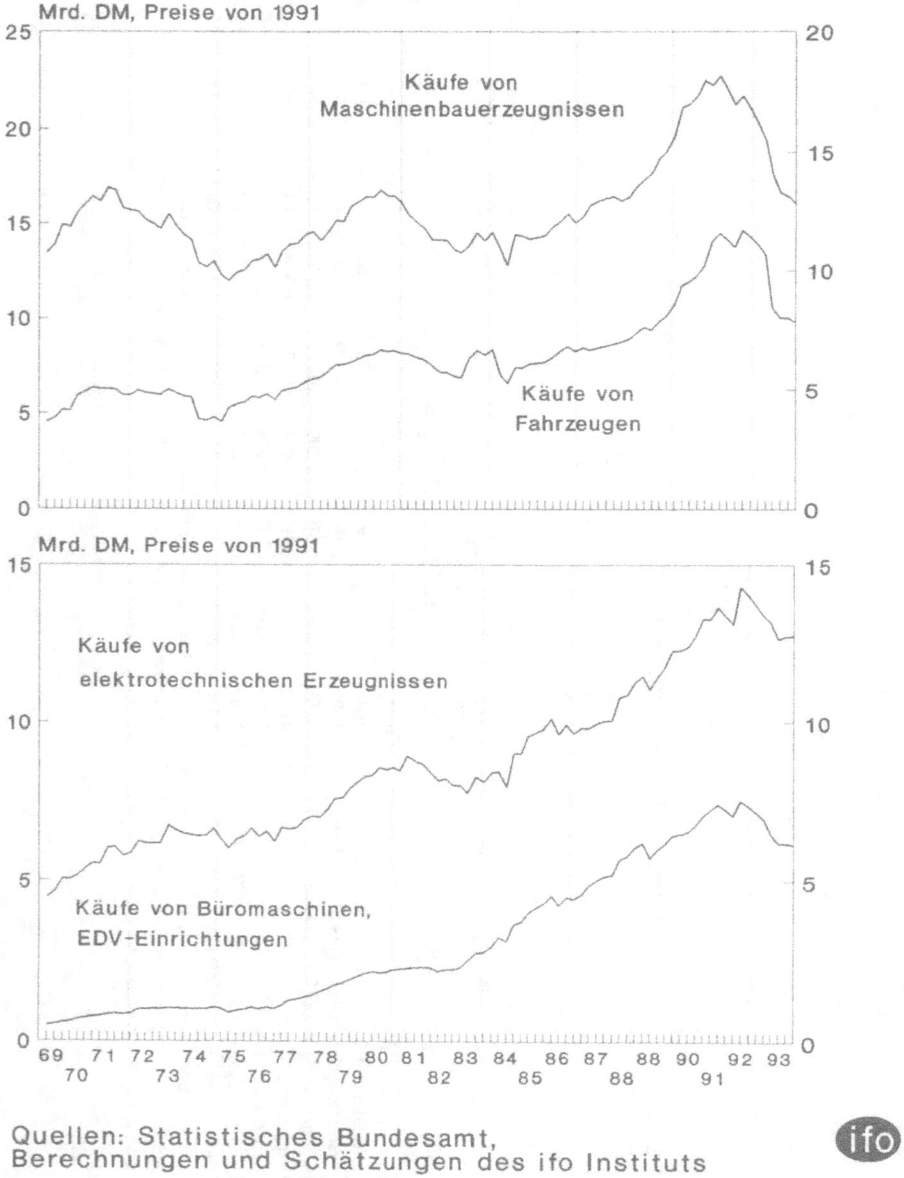

Abbildung 7.1.1: Ausrüstungsinvestitionen nach Gütergruppen

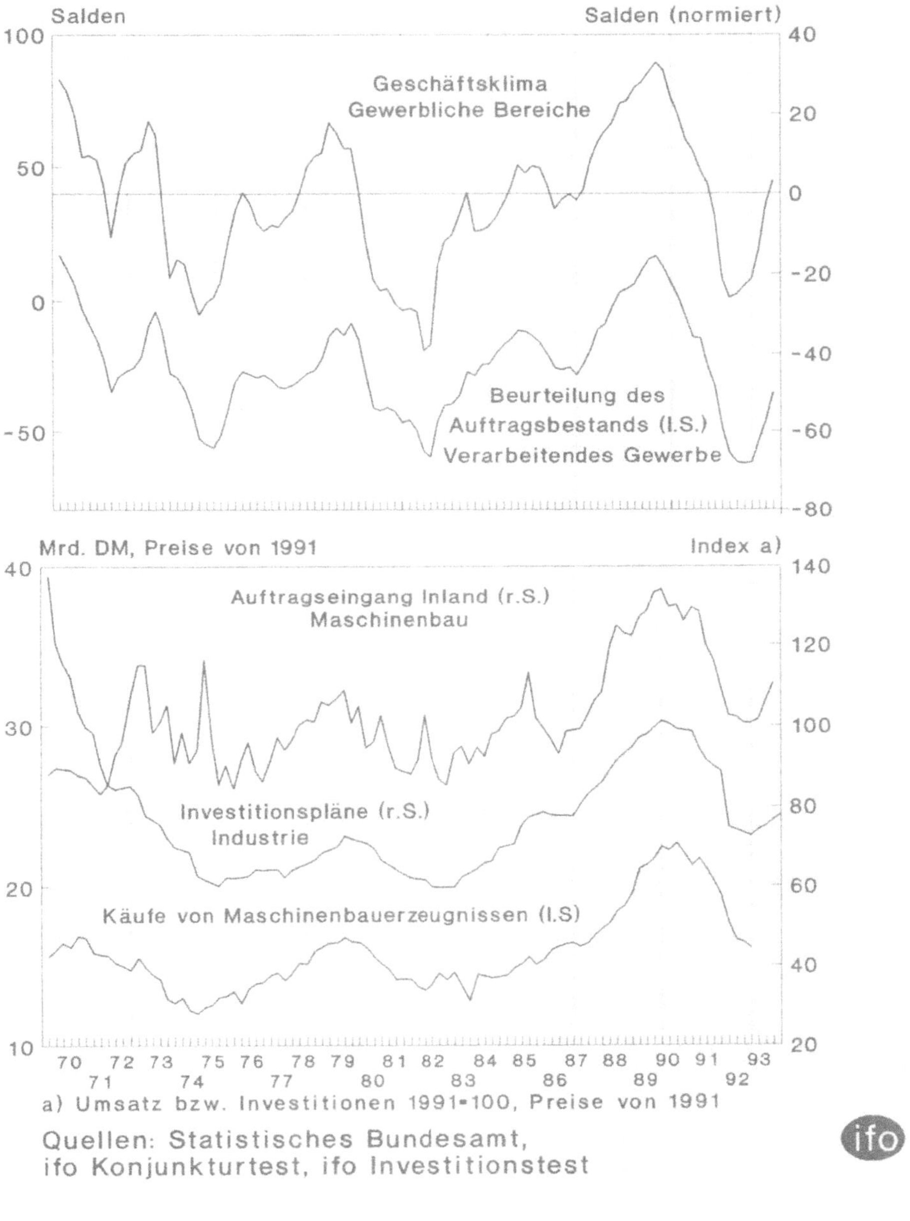

Abbildung 7.1.2: Frühindikatoren für die Käufe von Maschinenbauerzeugnissen

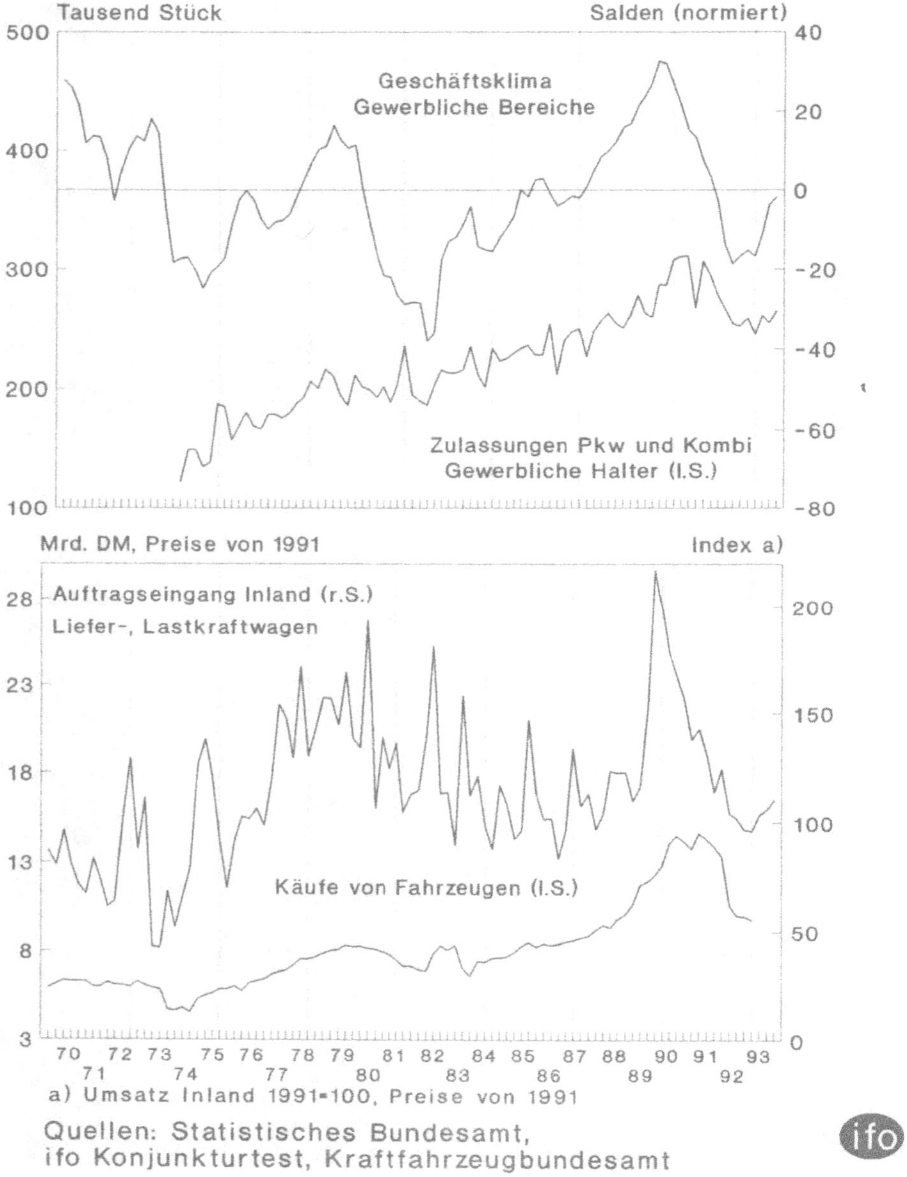

Abbildung 7.1.3: Frühindikatoren für die Käufe von Straßenfahrzeugen

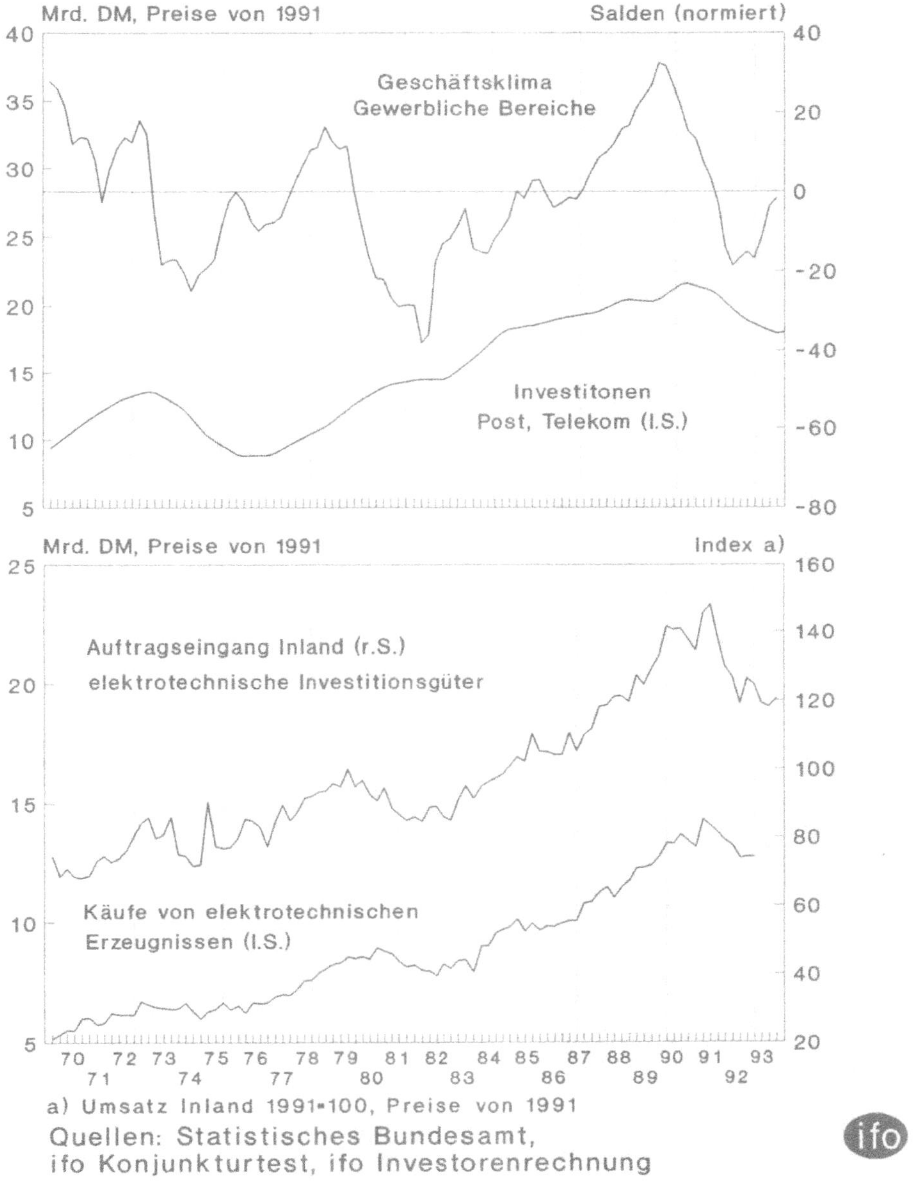

Abbildung 7.1.4: Frühindikatoren für die Käufe von elektrotechnischen Erzeugnissen

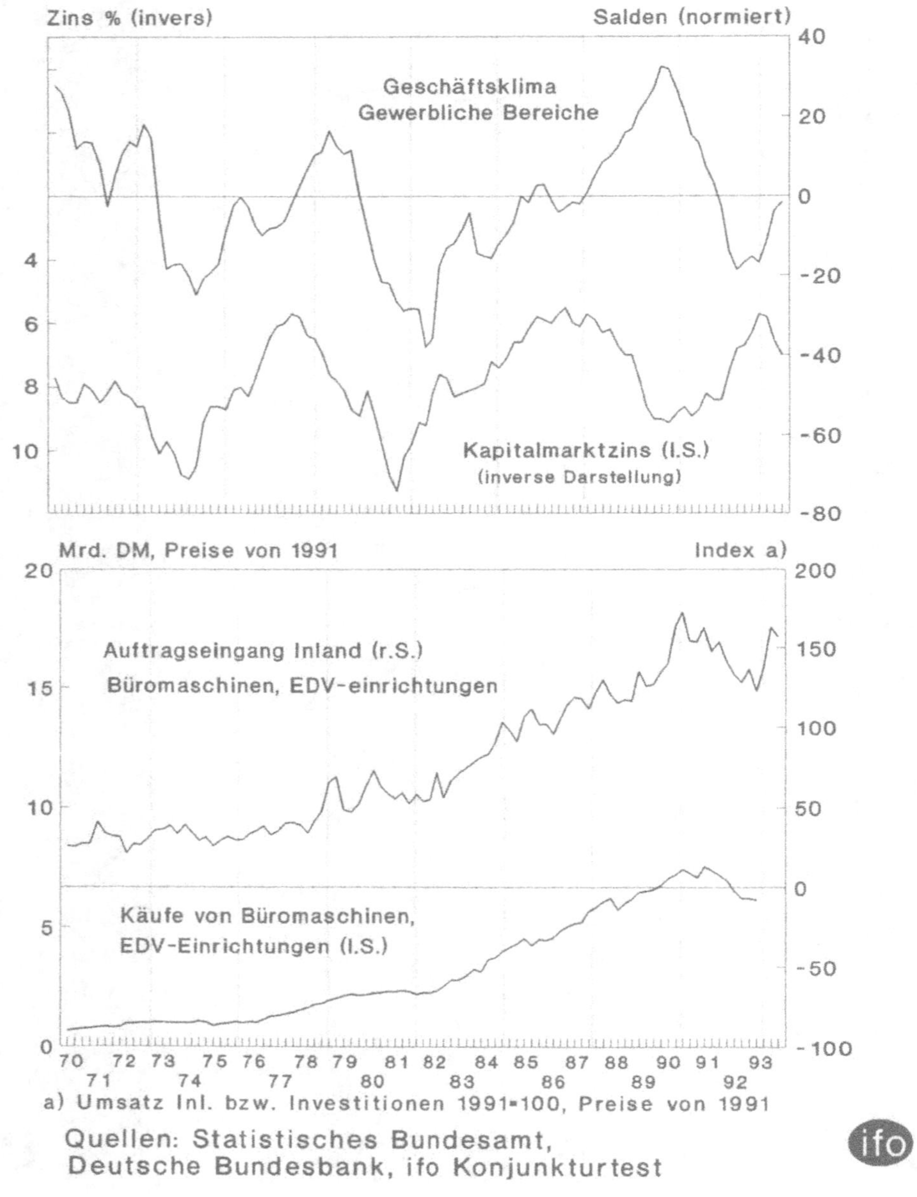

Abbildung 7.1.5: Frühindikatoren für die Käufe von Büromaschinen, EDV-Einrichtungen

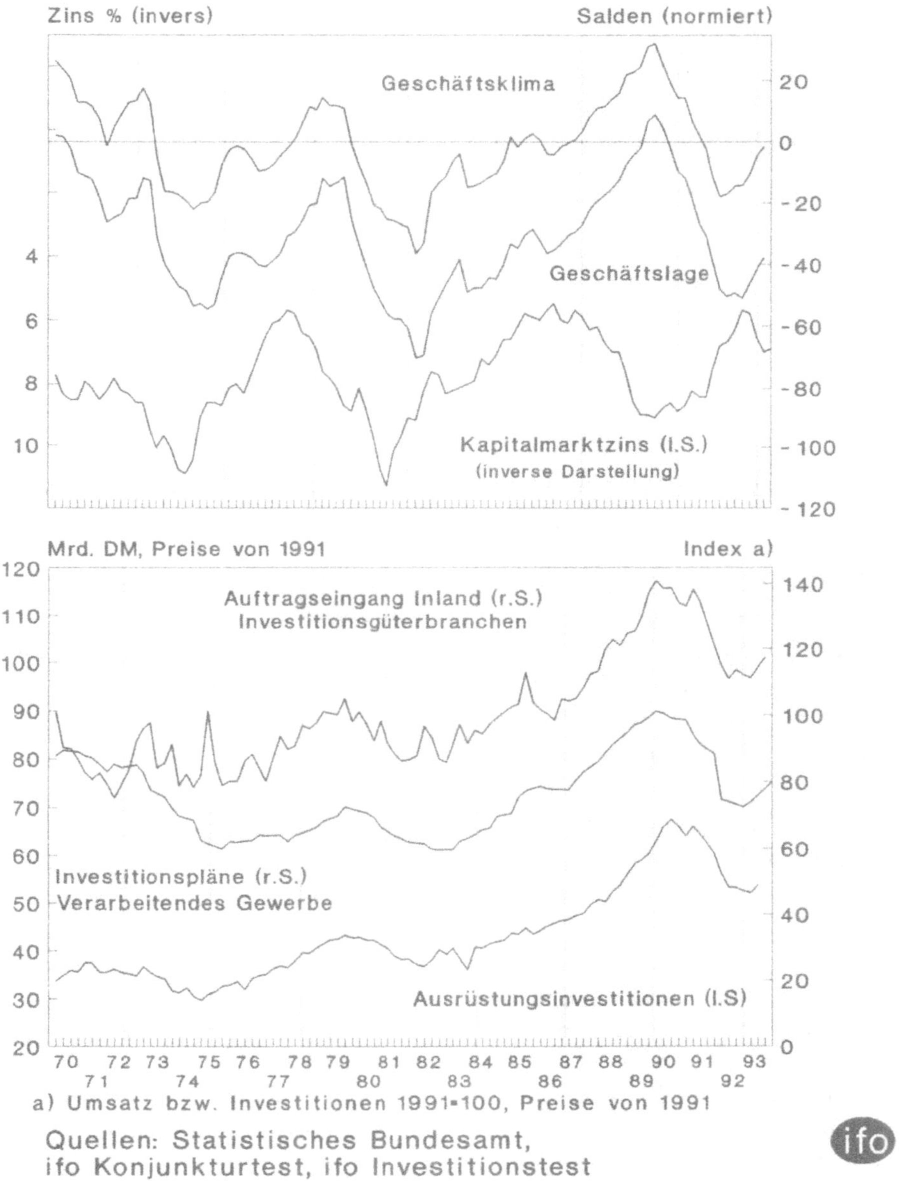

Abbildung 7.1.6: Frühindikatoren für die Ausrüstungsinvestitionen

7.2 Die Transmissionsfunktion der Lagerinvestitionen im Wirtschaftsverlauf

Jürg D. Lindlbauer*
ifo Institut für Wirtschaftsforschung, München

7.2.1 Die Rolle der Lagerinvestitionen bei der Transmission konjunktureller Impulse

Auf die Bedeutung, die den Lagerveränderungen in der Literatur zugemessen wird, wurde bereits mehrfach hingewiesen: Die Lagerinvestitionen liefern einen beträchtlichen Beitrag zu den Konjunkturschwankungen[1] und werden von der Theorie für die Entstehung, Verstärkung sowie die zeitliche Verschiebung der Konjunkturzyklen verantwortlich gemacht.[2] Letzteres läßt die Lagerdaten als vielversprechendes Ausgangsmaterial bei der Suche nach Konjunkturindikatoren erscheinen.

Konjunkturindikatoren zeigen den Durchgang der einzelnen Konjunkturphasen durch die wirtschaftlichen Größen (z.B. vom Auftragseingang bis zum Umsatz) eines Bereiches und durch die Wirtschaftsbereiche. Entscheidend für Verzögerungen, Beschleunigungen, Abschwächungen und Verstärkungen in diesem Transmissionsprozeß ist das Verhalten der einzelnen Wirtschaftssubjekte. Im Falle der warenproduzierenden und -verteilenden Unternehmen spielt in diesem Prozeß die Lagerhaltung eine besonders interessante Rolle. Wichtigstes Motiv für die Lagerhaltung ist die Sicherung des Absatzes und der Produktion: Die Vorprodukt- und die Zwischenläger der Industrie sichern die Produktion, die Warenbestände des Handels sowie die Fertigwarenlager der Industrie sichern die problemlose Versorgung der Kunden. Allerdings werden die warenproduzierenden Betriebe die Fertigwarenlager im Hinblick auf Sicherung der Lieferbereitschaft und eine gleichmäßige Kapazitätsauslastung zu optimieren suchen, was speziell für Bereiche wichtig ist, die saisonabhängige Artikel produzieren. Eine plausible Annahme für den gewünschten Umfang

* Die Abbildungen sind am Ende des Beitrags zusammengefaßt.

[1] Vgl. Tichy (1976, S. 96ff).

[2] Vgl. Metzler (1942).

der Sicherheitsreserven ist die, daß sich die Betriebe an der Produktion bzw. dem Absatz eines bestimmten Zeitraums orientieren, also Reserven für eine Woche, einen Monat etc. zu halten versuchen. Bei den Vormaterialbeständen sind die Betriebe derzeit bestrebt, die Lagerhaltung durch „Just-in-Time-Lieferungen“ zunehmend auf die Vorlieferanten zu verlagern. Dadurch fallen die notwendigen Sicherheitsmargen wesentlich niedriger aus als in der Vergangenheit.

Zur Verdeutlichung des möglichen indikatorrelevanten Einflusses der Lagerpolitik auf die Konjunkturwelle von ihrem Eintritt als Nachfrage (als Nachfrage seien hier sowohl die Aufträge der Kunden verstanden hinsichtlich der Warenbestände des Handels und der Fertigwarenlager der warenproduzierenden Betriebe, als auch die Dispositionen der Produktionsbereiche der Industriebetriebe hinsichtlich ihrer Vormaterialbestände) bis zur Weitergabe als Bestellung an die Vorstufe (Lieferanten für den Handel und die Vormaterialien der Industrie bzw. Produktionsstufe für die Fertigwarendisposition der Industrie) sollen drei Alternativen unternehmerischer Reaktion betrachtet werden (eventuelle langfristige Niveauverschiebungen – Trends – der Nachfrage werden nicht berücksichtigt):

Die Unternehmer versuchen, die Bestände:

- absolut auf gleicher Höhe zu halten,
- als Puffer wirken d.h. mit der Nachfrage schwanken zu lassen,
- in konstanter Relation zur Nachfrage pro Periode (Tag, Woche, Monat) zu halten.

Die Effekte für die Vorstufe sind: Die Schwankungen der Nachfrage werden

- unmittelbar und mit gleicher Stärke weitergegeben,
- vollständig durch Lagerschwankungen absorbiert (die Bestellungen bleiben konstant),
- verstärkt, um die notwendige Aufstockung bzw. Minderung der Lagerbestände weiterzugeben.

Für die Indikatorbetrachtungen ist die letzte Verhaltensweise die interessanteste: Die zusätzliche Produktion bzw. die zusätzliche Bestellung, die allein der Lageranpassung gilt, muß für die Periode am höchsten sein, in der die Steigerung der Nachfrage bzw. der Produktion den höchsten Wert erreicht, da immer nur der Differenzbetrag zur Vorperiode ergänzt oder abgebaut wird. Der Gipfel der Lagerinvestition müßte damit unter den angeführten Prämissen und abhängig von den prognostischen Fähigkeiten der Unternehmen ungefähr auf die Periode mit dem stärksten Wachstum der Nachfrage fallen. (Für den Abschwung gilt entsprechendes.) Da die Extremwerte der ersten Differenzen der Konjunkturkurve zeitlich meist deutlich vor den entsprechenden konjunkturellen Extremwerten auftreten, müßten die Phasen der Lagerinvestitionen dazu tendieren, denen der Nachfrage konjunkturell vorauszulaufen. Die Lagerinvestitionen bilden aber nur einen

Teil der an die Vorstufe weitergegebenen Bestellungen, der zweite Teil besteht aus der entsprechend der getroffenen Annahme nicht durch passive Lageränderungen gepufferten und im Konjunkturzyklus schwingenden Nachfrage. Die beiden Wellenbewegungen überlagern sich, und es kann insgesamt eine Vorverlagerung der Wendepunkte in den Bestellungen gegenüber ihrem Auftreten in der Nachfrage zustande kommen, wenn der vorlaufende Anteil entsprechend stark überwiegt. Dies wird umso wahrscheinlicher, je höhere Läger im Vergleich zum Periodenumsatz gehalten werden sollen und je kräftiger die Veränderungen von Periode zu Periode ausfallen. Insgesamt könnte durch diesen Effekt die Reihe der Bestellungen der Nachfragereihe vorauseilen. Da die Lagerinvestitionen aber von der Nachfrage abgeleitet sind, wäre ein daraus entstandener Vorlauf nicht durch eine Ursache-Wirkung-Beziehung zustande gekommen und hätte auch keinen notwendigerweise konstanten Lead, da die Phasenverläufe in der wirtschaftlichen Realität stets unterschiedlich ausfallen. Außer den möglichen Phasenverschiebungen kommt es durch die Addition von Lagerinvestitionen und Nachfrage zu einer Verstärkung der konjunkturellen Amplituden. Diese Ausführungen sollen hier nur einen Hinweis darauf geben, weshalb die Lagerhaltung gerade im Rahmen einer Indikatoruntersuchung wichtig ist, bei der es wesentlich um die Frage geht, welche beschleunigenden, verzögernden, verstärkenden und abschwächenden Kräfte auf eine Konjunkturphase beim Durchgang durch einen Wirtschaftsbereich wirken. Dagegen ist nicht beabsichtigt, empirische Stützen für die Lagertheorie zu finden.

7.2.2 Lagerimpulse zwischen Handel und Industrie

Zuerst wenden wir uns der Frage zu, in welcher zeitlichen Beziehung die Konjunkturphasen der Bereiche Einzelhandel, Großhandel und Industrie zueinander stehen. Bei der hier möglichen globalen Betrachtung ist kaum ein Ursache-Wirkung-Zusammenhang zu erwarten, da beispielsweise die Weitergabe eines Kundenauftrags vom Einzelhandel an die Industrie, wie in den Bereichen Möbel und Kraftwagen, eher die Ausnahme darstellt. Während in diesen Fällen und speziell bei der Erfüllung individueller Kundenwünsche eher mit einem konjunkturellen Vorsprung der Nachfrage beim Handel vor den Auftragseingängen der Industrie zu rechnen wäre, erfordert der überwiegende Verkauf ab Lager dagegen, daß der Handel bei der Industrie disponiert, bevor sich die Nachfrage bei ihm konkretisiert. So muß etwa der Textilhandel für seine Stammkunden schon die Nachfrage der nächsten Saison vorausschätzen. Außerdem läuft ein Teil der Bestellungen des Einzelhandels über den Großhandel an die Industrie, ein anderer geht direkt an die Hersteller. Der Großhandel bezieht einerseits von der Industrie, andererseits bezieht auch die Industrie vom Großhandel. Es ist also unklar, welcher dieser Bereiche konjunkturell vorlaufen sollte. Dazu kommt, daß der Großhandel und die Industrie auch von Impulsen aus dem Ausland profitieren. Bestenfalls könnte man auf der Ebene kleinerer und genau abgegrenzter Branchen eine gleichbleibende Abfolge in der Transmission der Impulse erwarten. Schließlich müßte sich eine indikator-taugliche Verzögerung bei der Weitergabe des Impulses in Monaten bzw. Quartalen messen lassen – entsprechend der Periodizität der zur Verfügung stehenden Daten. Im Aggregat könnten sich verläßliche Indikatoren allenfalls daraus ergeben, daß die Bereichsstrukturen ein bestimmtes Verhalten überwiegen lassen.

Bei den verwendeten Daten konnten mangels adäquater quantitativer Ergebnisse keine Lagerinvestitionen eingesetzt werden. Stattdessen werden hauptsächlich die Urteile der Betriebe über ihre Waren- bzw. Fertigwarenbestände aus dem ifo Konjunkturtest verwendet. Die Daten liegen monatlich vor, zur Verdeutlichung der Konjunkturbewegung wurden Vierteljahreswerte gebildet.

Abbildung 7.2.1 zeigt die Konjunkturphasen in den Lagerurteilen invers. Nachdem bei schlechtem Geschäftsverlauf über zu hohe und bei gutem über zu niedrige Bestände berichtet wird, erschiene die Konjunkturentwicklung sonst „auf den Kopf gestellt". Anhand der Kurven sind zwar durchaus Ähnlichkeiten festzustellen, die Zuordnung der Umkehrpunkte, vor allem des Einzelhandels zu denen des Großhandels und der Industrie, bereitet jedoch Schwierigkeiten.

Beziehung Bereich Indikator - Bereich Zielgröße	Korrelations- koeffizient (R)	Vorlauf des Indikators (Quartale)
Einzelhandel - Großhandel	0,495	0
Einzelhandel - Verarbeitendes Gewerbe	0,391	1
Großhandel - Verarbeitendes Gewerbe	0,678	1

Anmerkungen: Die Berechnungen stützen sich auf 98 Quartalswerte.

Tabelle 7.2.1: Zusammenhänge zwischen den Lagerurteilen aus Handel und Industrie

Auch die statistischen Zusammenhänge (vgl. Tabelle 7.2.1) der globalen Lagerurteile der drei Bereiche waren in der dargestellten Periode verhältnismäßig schwach. Eine etwas engere Übereinstimmung gab es zwischen Großhandel und Industrie. Möglicherweise sollte man nicht nur die Lagerurteile beachten. Zur Verfolgung der Konjunkturwellen könnte folgende Vorstellung weiterführen: Der Unternehmer erhält zunächst über die Entwicklung seiner Läger einen Hinweis auf eine Änderung der Nachfragetendenz. Nachdem er zu dem Schluß gekommen ist, daß er seine Bestände anpassen sollte, wird er mit einer Erhöhung oder Verminderung der Bestellungen an die Vorstufe reagieren. Da seit 1985 eine Tendenzfrage nach den Bestellplänen des Einzel- und des Großhandels in den ifo Konjunkturtest aufgenommen wurde, liegt es nahe, deren Ergebnisse mit in die Untersuchung einzubeziehen. Die Frage nach den Bestellungen lautet:

> „Unsere Bestellungen werden wir voraussichtlich in den nächsten 3 Monaten gegenüber dem gleichen Zeitraum des Vorjahres (ohne Berücksichtigung von Preisänderungen) erhöhen / nicht verändern / verringern."

Die Abbildung 7.2.2 verdeutlicht ein hohes Maß an Übereinstimmung zwischen den Lagerurteilen und den Bestellplänen sowohl für den Einzel- wie für den Großhandel. Besonders für den Großhandel zeigen die Bestellpläne darüber hinaus auch einen glatteren Verlauf (bei gleicher Glättungsstufe; in der Grafik gleitende 3-Monatsdurchschnitte der saisonbereinigten Werte). Diese Aussage stützt sich allerdings erst auf das Verhalten an einem deutlichen konjunkturellen Wendepunkt.

	Lagerurteile		Geschäftslageurteile	
Zielgröße	Korrelationskoeff. (R)	Vorlauf (Quartale)	Korrelationskoeff. (R)	Vorlauf (Quartale)
Bestellpläne des Einzelhandels	-0,878	1	0,971	0
Bestellpläne des Großhandels	-0,653	2	0,951	-1

Anmerkungen: Die Berechnungen stützen sich auf 39 Quartalswerte.

Tabelle 7.2.2: Urteile über Warenbestände und Geschäftslage als Determinanten der Bestellungen im Einzelhandel

Die rechnerischen Ergebnisse zeigen eine relativ hohe Übereinstimmung von Lagerurteilen und Bestellplänen. Die zeitlichen Verschiebungen sind, nachdem nur ein einziger deutlicher konjunktureller Wendepunkt in diejenige Periode fällt, für die die Bestellpläne zur Verfügung stehen, nur mit Vorsicht zu interpretieren. Bemerkenswert erscheint der sehr starke Zusammenhang der Bestellpläne mit den Urteilen über die Geschäftslage, die als Indikator der allgemeinen Bereichskonjunktur betrachtet werden können.

Bezüglich der eingangs gestellten Frage, ob es zwischen den Handelsbereichen und der Industrie Verschiebungen gebe, die über die Lagerdaten eine Basis für verläßliche Indikatoren bilden könnten, helfen jedenfalls die Bestellpläne kaum weiter, da sie offenbar nicht wesentlich anders verlaufen als die Lagerurteile. Für die Früherkennung sind sie allerdings wegen ihres relativ glatten Verlaufs, der eine entsprechend sicherere Diagnose erlaubt, zu beachten.

7.2.3 Lagerimpulse innerhalb der Industrie

Zur Beobachtung der Lagerentwicklung in der Industrie wurden zu Beginn des Jahres 1983 zusätzlich zu der bestehenden Frage nach der Beurteilung des Umfangs der Bestände an unverkauften Fertigwaren die Fragen nach der Beurteilung der Läger der wichtigsten Rohstoff- und Vormaterialbestände und die Höhe der Rohstoff- und Vormaterialbestände sowie der Fertigwarenbestände in Produktionswochen eingeführt.

Während in der Periode ab 1983 sowohl in den Urteilen wie in der Reichweite der Fertigwarenbestände deutliche konjunkturelle Schwankungen zu erkennen sind (vgl. Abbildungen 7.2.3 und 7.2.5), die die Pufferfunktion dieser Bestände zwischen der Nachfrage und der

Produktion anzeigen, wurden die Vormaterialbestände insgesamt und auch in den vier nach dem Verwendungszweck der Produkte gebildeten Industriehauptgruppen kontinuierlich abgebaut (vgl. Abbildungen 7.2.3 und 7.2.4). In diesem Rückgang der Vorproduktbestände von durchschnittlich etwa 5,25 Produktionswochen Anfang 1983 auf etwas unter 4 Wochen in der ersten Hälfte 1994 zeigen sich offenbar kontinuierliche Rationalisierungserfolge. Eine Pufferung der konjunkturellen Produktionsschwankungen fand nicht erkennbar statt, was wiederum bedeutet, daß diese Veränderungen weitestgehend an die Lieferanten weitergegeben wurden. Die Urteile zeigen nur geringe Spannungen zwischen der tatsächlichen und der gewünschten Entwicklung und geben ebenfalls keine Hinweise auf die konjunkturelle Entwicklung.

Interessanter für die Suche nach Indikatoren sind dagegen die Angaben über die Fertigwarenbestände, die fast durchweg deutliche Zyklen zeigen. Derartige Schwingungen treten sowohl in den Reichweiten- wie in den Urteilsmeldungen der Betriebe auf (vgl. Abbildungen 7.2.3 und 7.2.5). Die erste bezüglich der Indikatorsuche interessante Frage ist die, ob die Teilnehmer mit der Änderung ihrer Urteile über die Warenbestände erst auf eine Änderung der Reichweite der Warenbestände warten, wobei die Urteile der quantitativen Entwicklung sogar nachlaufen könnten oder ob die Unternehmer ihre Einschätzung über die Bestände an anderen Variablen ausrichten, die möglicherweise früher ihren Wendepunkt erreichen und damit den Urteilen einen Vorlauf ermöglichen. Die in Tabelle 7.2.3 dargstellten Ergebnisse entsprechender Korrelationsrechnungen für das Verarbeitende Gewerbe und die vier nach dem Verwendungszweck der Produkte gebildeten Hauptgruppen der Industrie sind unter der Hypothese dargestellt, daß die Reichweiten die Urteile bestimmen. Das bedeutet, daß sich ein Vorlauf der quantitativen Reihe in einem positiven Vorzeichen bei der Vorlaufsangabe niederschlägt und ein Nachlauf in einem negativen.

Urteile des Bereiches	Fertigwarenbestände (in Produktionswochen) Korrelationskoeff. (R)	Vorlauf (Quartale)
Verarbeitendes Gewerbe	0,682	-4
Vorprodukthersteller	0,488	-10
Investitionsgüterhersteller	0,933	-1
Gebrauchsgüterhersteller	0,729	-2
Verbrauchsgüterhersteller	0,586	-7

Anmerkungen: Die Berechnungen stützen sich auf 47 Quartalswerte.

Tabelle 7.2.3: Reichweite der Fertigwarenbestände als Determinanten der Urteile in der Industrie

Den Resultaten dieser Berechnungen nach ist davon auszugehen, daß die Urteile an den konjunkturellen Wendepunkten rascher reagieren, allerdings ist diese Aussage bei der

Kürze der Reihen, die zudem erst zwei konjunkturelle Umbrüche aufzeigt, noch wenig gesichert. Gewisse Hinweise auf die Verläßlichkeit der Resultate geben auch die Korrelationskoeffizienten, die den beiden Bereichen mit den unwahrscheinlichsten Lead-Strukturen, nämlich der Vorprodukt- und der Verbrauchsgütergruppe, die geringsten Übereinstimmungen im Reihenverlauf attestieren. Besonders eng erscheint dagegen der Zusammenhang zwischen Reichweite und Urteilen im Investitionsgütersektor bei einem Vorlauf der Urteile von einem Quartal.

Die nächste Hypothese, der hier nachgegangen wird ist die, daß Lagerentwicklung und/oder Lagerurteile in einzelnen Hauptgruppen der Entwicklung des Verarbeitenden Gewerbes insgesamt oder anderer Hauptgruppen vorauseilen. Tabelle 7.2.4 zeigt die Ergebnisse für die Größe „Reichweite der Fertigwarenbestände". Für die Darstellung wird die Entwicklung der Indikatorbereiche als Ursache und die der Zielbereiche als Wirkung angesehen. Ein zeitliches Vorauseilen des Indikatorbereiches würde sich folglich in einem positiven Vorzeichen niederschlagen. Danach deuten die Resultate auf Vorläufe für Vorprodukte und Investitionsgüter gegenüber den Gebrauchsgütern und für Verbrauchsgüter gegenüber Investitionsgütern und Gebrauchsgütern hin. Bezüglich der Sicherheit dieser Aussage gilt wieder, daß es sich um kurze Reihen mit wenigen konjunkturellen Umkehrpunkten handelt.

	Indikatorbereich			
Zielbereich	Vorprodukte	Investitionsgüter	Gebrauchsgüter	Verbrauchsgüter
Verarbeitendes Gewerbe	0,950 (0)	0,797 (0)	0,850 (0)	0,567 (0)
Vorprodukte		0,587 (0)	0,744 (-1)	0,450 (0)
Investitionsgüter			0,745 (-3)	0,665 (+1)
Gebrauchsgüter				0,588 (+3)

Anmerkungen: Die Berechnungen stützen sich auf 47 Quartalswerte. Die Angaben sind die Korrelationskoeffizienten und der Vorlauf des Indikatorbereiches in Quartalen.

Tabelle 7.2.4: Beziehungen zwischen den Hauptbereichen der Industrie für die Größe „Reichweite der Fertigwarenbestände in Produktionswochen"

Längere Zeitreihen sind dagegen aussagekräftiger, wenn man dieselbe Untersuchung anhand der Urteilsreihen durchführt. Gemäß Tabelle 7.2.5 erscheinen der Investitionsgüterbereich als Nachläufer und Gebrauchsgüter, vor allem aber Verbrauchsgüter, als Vorläufer. Dabei zeigten die Reihen für das Verarbeitende Gewerbe, Vorprodukte und Investitionsgüter untereinander die engsten Zusammenhänge. Die Konsumbereiche sind weder untereinander noch mit den erstgenannten ähnlich stark korreliert, was u.a. den relativ starken, nach der Saisonbereinigung in den Reihen verbliebenen kurzfristigen Schwankungen zuzuschreiben ist. Diese Bewegungen erschweren auch die aktuelle Diagnose der konjunkturellen Wendepunkte (vgl. Abbildung 7.2.6). Dadurch kommt ferner ein weniger prägnantes Korrelationsprofil zustande, d.h. Berechnungen mit ein oder zwei Quartalen mehr oder weniger Vorlauf erbringen nahezu die gleichen Korrelationskoeffizienten. Es bleibt festzuhalten, daß die Konsumgütersektoren und hiervon speziell der Verbrauchsgüterbereich an einigen konjunkturellen Umkehrpunkten erhebliche Vorläufe gegenüber den Aggregaten Verarbeitendes Gewerbe, Vorprodukte und Investitionsgüter erreichen konnten. Verläßlicher für Prognosen erscheint dagegen der Nachlauf der Lagerurteile der Investitionsgüterproduzenten im Vergleich zu denen der Vorprodukthersteller und zum Gesamtaggregat.

	Indikatorbereich			
Zielbereich	Vorprodukte	Investitionsgüter	Gebrauchsgüter	Verbrauchsgüter
Verarbeitendes Gewerbe	0,939 (0)	0,905 (-1)	0,775 (0)	0,586 (+3)
Vorprodukte		0,814 (-1)	0,590 (+1)	0,452 (+4)
Investitionsgüter			0,674 (+1)	0,604 (+4)
Gebrauchsgüter				0,522 (+3)

Anmerkungen: Die Berechnungen stützen sich auf 99 Quartalswerte. Die Angaben sind die Korrelationskoeffizienten und der Vorlauf des Indikatorbereiches in Quartalen.

Tabelle 7.2.5: Beziehungen zwischen den Hauptbereichen der Industrie für die Größe „Beurteilung der Fertigwarenbestände"

7.2.4 Überblick über das Verhalten der Lagerindikatoren des ifo Konjunkturtests

Bezüglich der von einer Handelsstufe ausgehenden konjunkturellen Wirkungen wurden zwei Größen des ifo Konjunkturtests untersucht: Die Beurteilung der Warenbestände und die voraussichtliche Änderung der Bestellungen. Für die Beantwortung beider Fragen spielt sicherlich die Entwicklung der Warenbestände und ihre Einschätzung im Hinblick auf die voraussichtliche Nachfrageentwicklung in naher Zukunft eine Rolle. Folgende Resultate sind festzuhalten:

Zwischen den Gesamtaggregaten der Bereiche Einzelhandel, Großhandel und Industrie ließ sich über die Lagerurteile dieser Stufen kein einheitliches Vorlaufmuster erkennen. Zwar zeigten die Handelsreihen gegenüber den Daten für das Verarbeitende Gewerbe an einigen der erfaßten konjunkturellen Wendepunkte zwischen 1970 und 1994 teilweise erhebliche Vorsprünge – bemerkenswerterweise sogar an den sonst schwer zu prognostizierenden unteren Umkehrpunkten – speziell die oberen Wendepunkte waren jedoch schwer zuzuordnen, so daß sich insgesamt auch recht niedrige Korrelationen ergaben. Da man bestenfalls in Teilbereichen von der Nachfragekette Einzelhandel - Großhandel - Industrie ausgehen kann, in den Gesamtaggregaten dagegen Wechselwirkungen und Auslandseinflüsse diese Wirkungsfolge stören, muß auch damit gerechnet werden, daß der Konsum und damit der Einzelhandel erst lange nach der Industrie und dem Großhandel einen konjunkturellen Impuls erhalten (ein Beispiel bietet der Konjunkturumschwung 1993). Wesentlich kürzere Reihen als über die Urteile liegen über die geplante Veränderung der Bestellungen im Handel vor. Interessant erscheinen die Ergebnisse von Vergleichen der Lagerurteile und der Bestellpläne im Groß- und Einzelhandel. Es ergaben sich in beiden Fällen relativ enge Zusammenhänge. Darüber hinaus war festzustellen, daß die Bestellpläne sogar glattere und damit leichter zu interpretierende Reihen bildeten. Da nur ein gesicherter Wendepunkt in die Untersuchungsperiode 1985 bis 1994 fiel, sind die Ergebnisse über Frühindikatoreigenschaften noch zu unsicher. Etwas länger als nach den Bestellplänen im Handel wird in der Industrie nach der Reichweite der Vormaterialbestände und der Fertigwarenlager sowie nach den Urteilen über die Vormaterialbestände gefragt, nämlich seit Anfang 1983. Damit boten sich hier Vergleiche zwischen den Reichweiten und den Urteilen zumindest der nach dem Verwendungszweck der Produkte gegliederten Hauptgruppen Vorprodukte, Investitionsgüter, Gebrauchsgüter und Verbrauchsgüter an. Die ersten Ergebnisse wiesen darauf hin, daß die Urteile auf konjunkturelle Änderungen rascher reagierten als die Reichweiten der Läger, allerdings gibt es auch hier zu wenige konjunkturelle Umkehrpunkte im Untersuchungsbereich, um fundierte Aussagen machen zu können. Ein weiteres Ergebnis war, daß weder die Urteile noch die Reichweiten der Vormaterialläger markant konjunkturell geprägte Gestalt aufwiesen. Vielmehr ließ die nahezu konstante Abnahme der Reichweiten darauf schließen, daß im Vormaterialbereich erstens stark rationalisert wurde und zweitens konjunkturelle Schwankungen vollständig auf die Lieferanten abgewälzt wurden. Der Vergleich der Hauptgruppen untereinander wurde sowohl mit den Reichweiten der Fertigwarenbestände als auch mit den Urteilen über diese durchgeführt. Aussagekräftiger sind davon die bereits ab 1970 in die Untersuchung einbezogenen Urteile. Dabei ergaben sich deutliche Hinweise darauf, daß der Investitionsgüterbereich dem Konjunkturzyklus in den anderen Bereichen nachläuft, während die Konsumbereiche eher Frühindikator-Funktion besaßen. Für die Konsumgüterbereiche fiel der Zusammenhang der Reihen wegen stärkerer kurzfristiger Schwankungen allerdings nicht so eng aus, was größere Unsicherheit bei ihrem praktischen Einsatz zur Folge hat.

Literatur

Metzler, L.A. (1941): The Nature and Stability of Inventory Cycles. *Review of Economics and Statistics*, 23(3).

Tichy, G. (1976): *Konjunkturschwankungen.* Berlin, Heidelberg, New York.

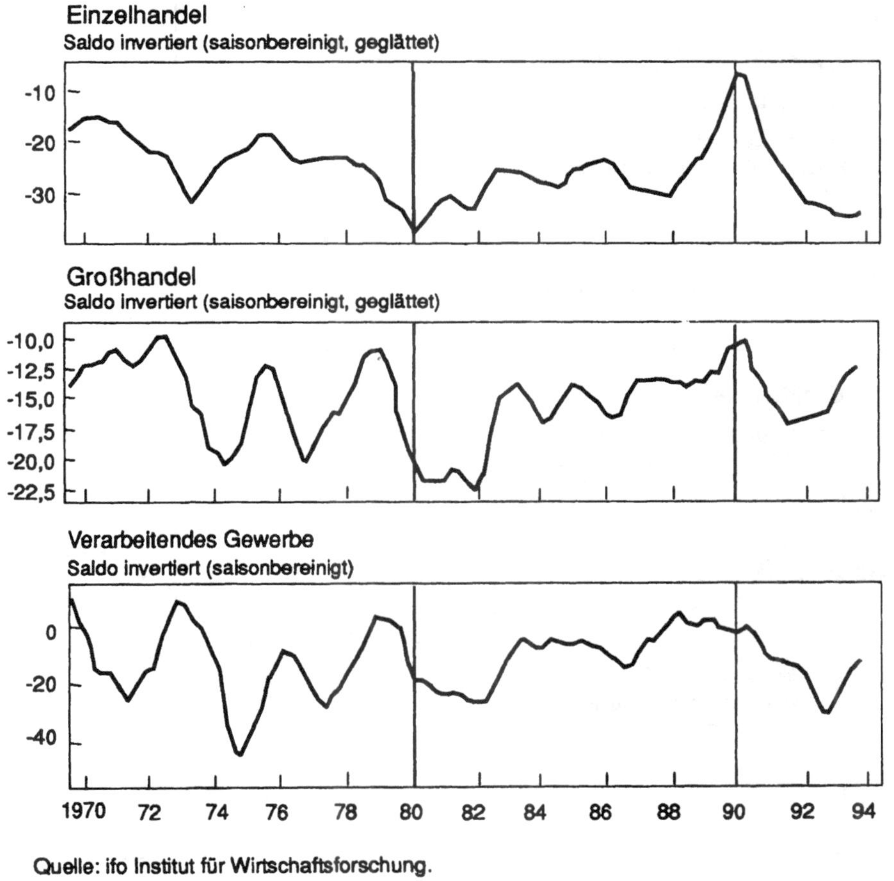

Abbildung 7.2.1: Die Konjunktur in den Lagerurteilen des Handels und der Industrie

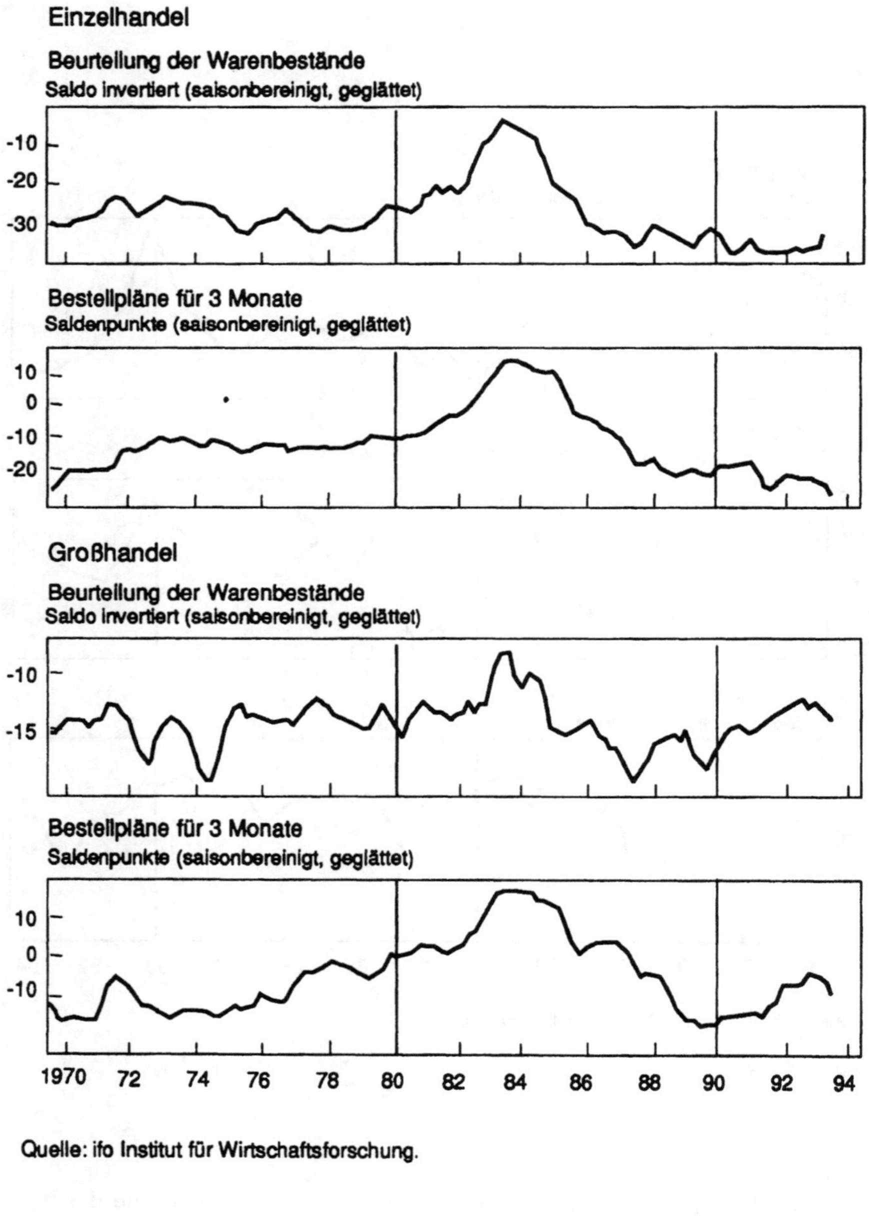

Abbildung 7.2.2: Beurteilung der Warenbestände und Bestellpläne im Handel

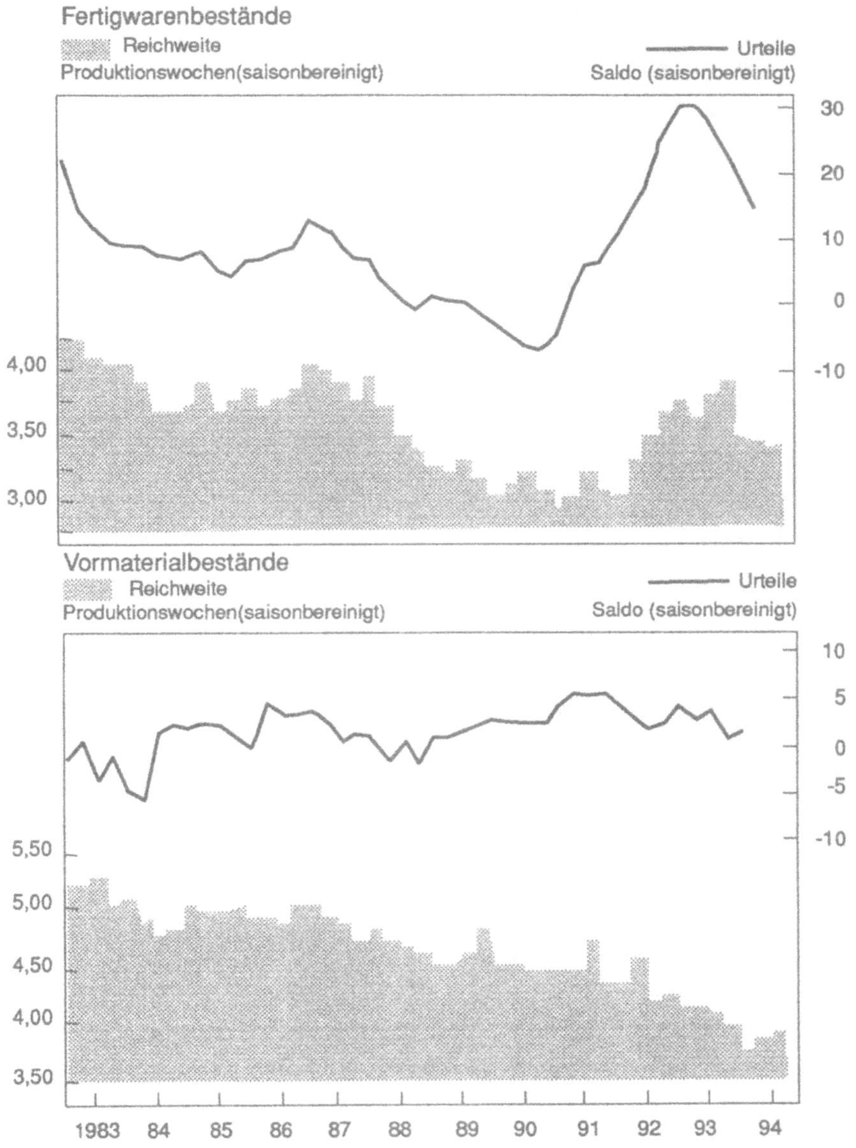

Quelle: ifo Institut für Wirtschaftsforschung.

Abbildung 7.2.3: Entwicklung und Beurteilung der Lagerbestände in der Industrie

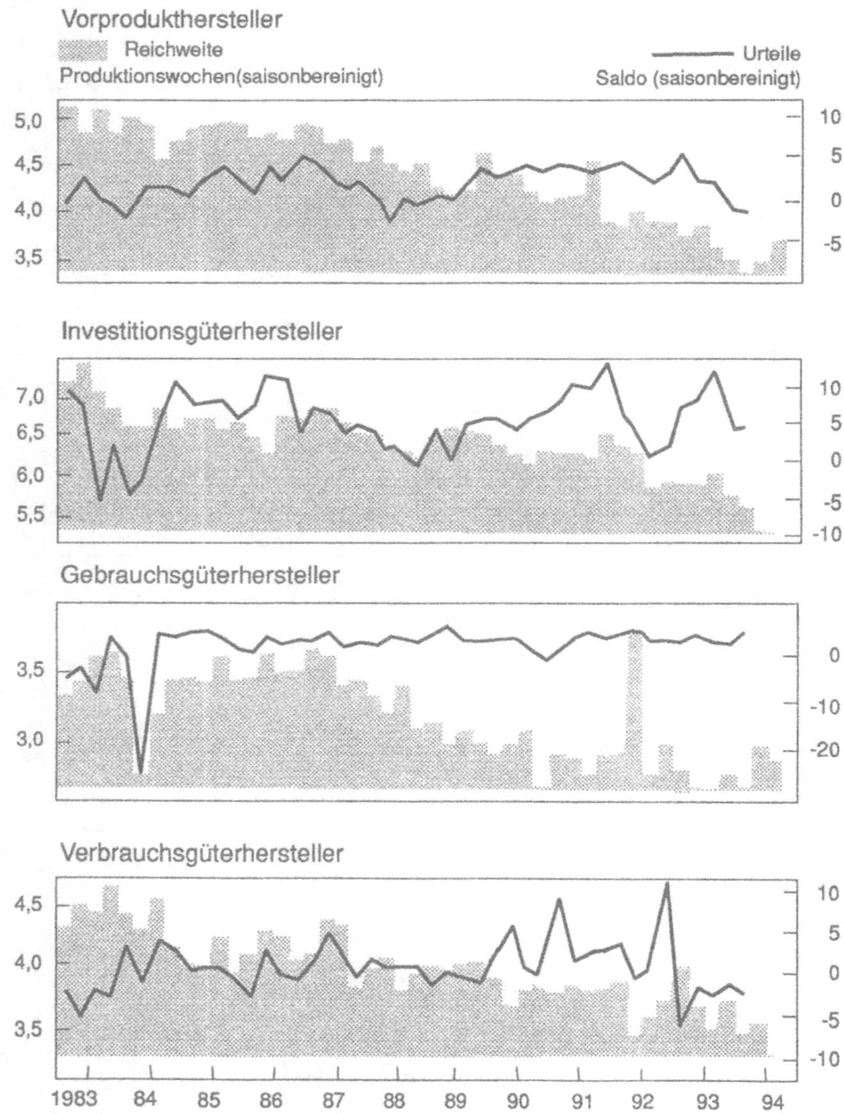

Quelle: ifo Institut für Wirtschaftsforschung.

Abbildung 7.2.4: Rohstoff- und Vormaterialbestände (Entwicklung und Beurteilung)

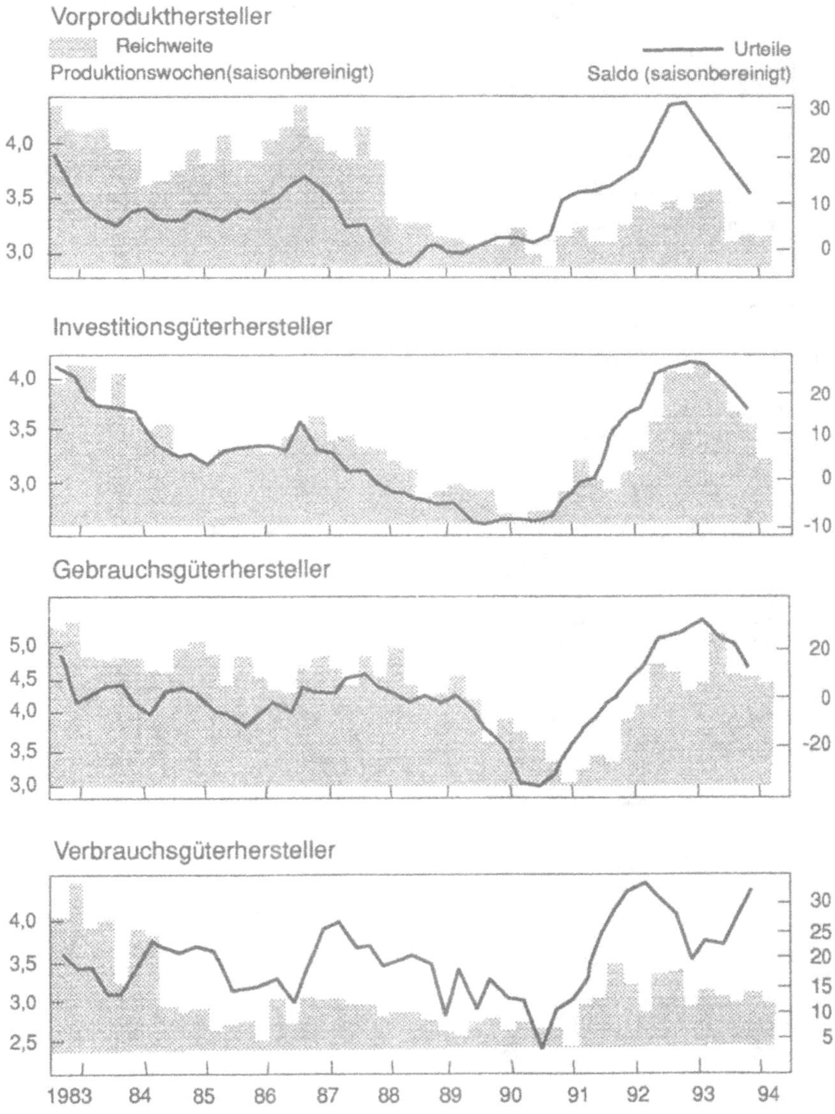

Quelle: ifo Institut für Wirtschaftsforschung.

Abbildung 7.2.5: Fertigwarenbestände (Entwicklung und Beurteilung)

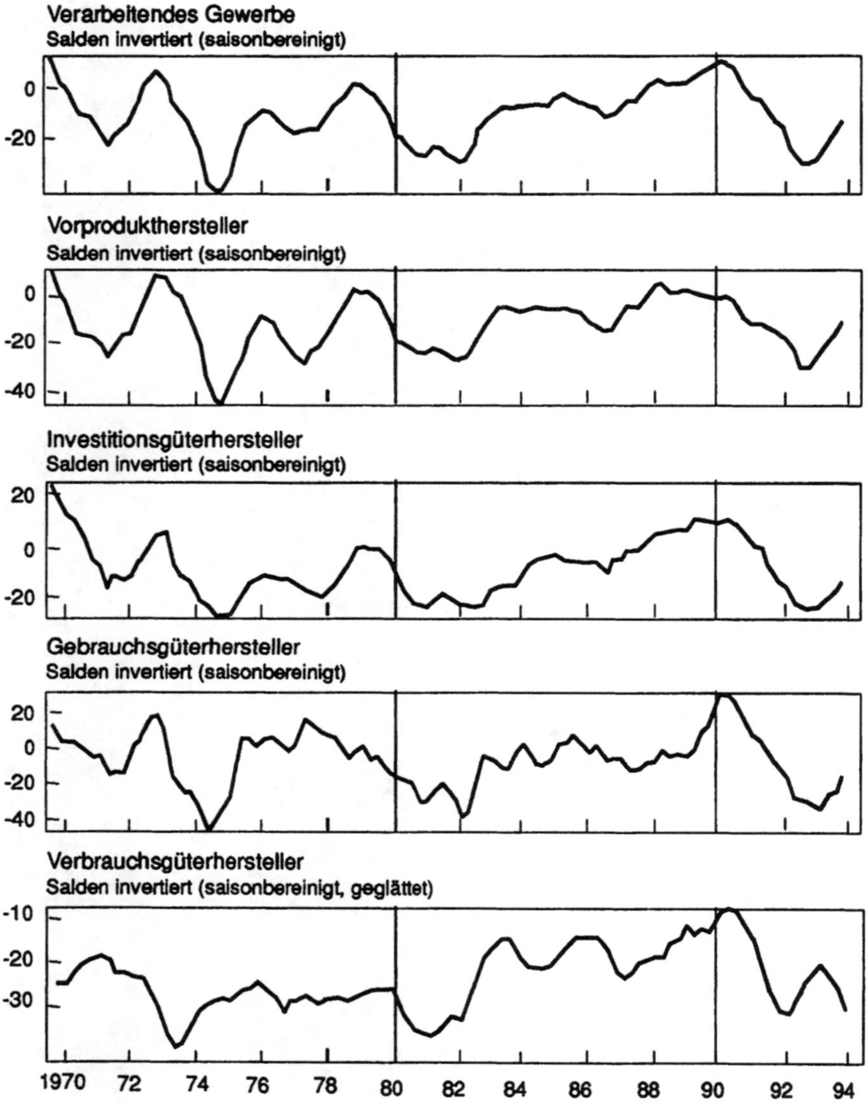

Quelle: ifo Institut für Wirtschaftsforschung.

Abbildung 7.2.6: Beurteilung der Fertigwarenbestände in der Industrie

7.3 Das Konsumklima – Ein Indikatorensystem für den privaten Verbrauch

Wolfgang F. Caspers

Gesellschaft für Konsum-, Markt- und Absatzforschung (GfK), Nürnberg

7.3.1 Zur Bedeutung von psychologisch orientierten Modellen und Indikatoren

Deutschland scheint sich von einer industriellen Leistungsgesellschaft zu einer postindustriellen Dienstleistungsgesellschaft zu entwickeln. Die Maßstäbe verschieben sich damit notgedrungen weg von harten Outputfakten in physikalischen Größen hin zu psychologischen Faktoren als Meßgrößen für wirtschaftlichen Erfolg und Mißerfolg. Die erforderlichen Kennzahlen für wirtschaftspolitische und unternehmerische Entscheidungen erhalten damit zunehmend psychologische Komponenten (Schmölders 1962). Ohne deren intensive Nutzung werden Entscheidungen künftig immer mehr am wirklichen Geschehen vorbeilaufen und damit Fehlentscheidungen bzw. wirtschaftliche Mißerfolge geradezu provozieren.

War in der Industriegesellschaft der vergangenen hundert Jahre die Unterordnung des Menschen unter den Produktionsfaktor Maschine ausschlaggebend, orientiert sich die Dienstleistungsgesellschaft gerade umgekehrt und stellt den Menschen bzw. den Dienst am Menschen in den Vordergrund. Damit ergibt sich zwangsläufig eine Dominanz des „Faktors Mensch" im Wirtschaftsprozeß. Stimmungen, Gefühle und psychologische Phänomene müssen erfaßt und bei Entscheidungen berücksichtigt werden.

Die Hauptgründe der Wandlungen sind vielschichtig und komplex und dürften wohl in langfristigen Zyklen (Neumann 1990) ebenso zu suchen sein wie in grundlegenden demographischen Umwälzungen und deren Folgen (Buttler 1992). Im folgenden wird auf langfristige, strukturelle Ansätze aber verzichtet und ausschließlich auf kurzfristige, konjunkturelle Einflüsse Bezug genommen.[1]

[1] Weitere Arbeiten, die den Hintergrund dieser Arbeit bilden, sind Eucken (1959), Keynes (1936), Müller-Armack (1941), Schumpeter (1939).

Die vorliegende Untersuchung zeigt am Beispiel der volkswirtschaftlichen Nachfrage, wie psychologische Komponenten modellhaft erfaßt und ihre Auswirkungen erklärt und prognostiziert werden können. Die Übertragung des Ansatzes auf Unternehmen ist ohne weiteres denk- und durchführbar und erlaubt es, den Entscheidungsträgern den „Faktor Mensch" mit seinen Befindlichkeiten und Empfindlichkeiten etwas „kalkulierbarer" zu machen. Gerade für die Geld- und Kapitalmärkte, die sich immer mehr von den sogenannten „fundamentals" fortbewegen, könnte ein solches Indikatorensystem auf Basis eines entsprechenden Modells sehr hilfreich sein, um Fehl- und Kettenreaktionen, wie erstmals 1929 erlebt, zu vermeiden. Besonders sei darauf hingewiesen, daß es bislang üblich war, in ökonomischen Erklärungs- und Prognosemodellen auch eine psychologische Variable *einzubauen*, wohingegen der vorliegende Ansatz nahezu ausschließlich auf psychologischen Variablen *beruht.*

7.3.2 Die Rolle der Umfragen und Erwartungen in Nachfrage und Prognostik

In der Bundesrepublik hat der private Verbrauch einen Anteil am Bruttosozialprodukt von ca. 55%. Schwankungen im ökonomischen Verhalten der Verbraucher bestimmen folglich maßgeblich auch die konjunkturelle Entwicklung mit. Wie aber erklären sich kürzerfristige Verhaltensschwankungen, die oft über den wirtschaftlichen Erfolg ganzer Konsumgüterbranchen entscheiden?

Die Erklärung für kurzfristige Schwankungen der Neigungen wurden schon sehr früh in Stimmungen und Erwartungen gesucht und gefunden. So identifizierte Schumpeter (1939) Erwartungen als wesentliche Einflußgröße für das individuelle ökonomische Verhalten von Unternehmen, und damit als Ursache von Verhaltensschwankungen. Doch wurden diese Erwartungen in theoretischen Ansätzen exogen vorgegeben, und die Frage, wie Erwartungen entstehen, blieb vorerst ungeklärt. Konzepte zur Erklärung des Zustandekommens von Erwartungen wurden in den 50er und 60er Jahren u.a. von Cagan (1956) und Muth (1961) vorgelegt.

Die Operationalisierung und Messung von Erwartungen und deren Einflußgrößen stellt eine schwieriges statistisches Problem dar. Zwei namhafte Vertreter der Behavioral Economics, Katona (1960, 1962) und Juster (1964), fanden Konzepte, um Verbraucherstimmungen meßbar zu machen und damit deren Bedeutung für das ökonomische Verhalten der Verbraucher nachzuweisen. Beide legten entsprechende Konzepte zur Befragung der Verbraucher vor, um deren Stimmung zu messen. Dabei kam Juster zu dem Schluß, daß Neigungen nach Güterarten sehr differenziert betrachtet werden müssen, um zu brauchbaren Ergebnissen zu gelangen. Katona dagegen erkannte, daß man nur mit einer sehr globalen Konsumneigung, die alle Güterarten gleichermaßen betraf, verwendbare Resultate erzielt. Anderson (1957) stellte auf statistischem Weg die Verbindung zwischen qualitativen Stimmungsdaten und Wirtschaftsdaten her.

Seitdem werden qualitative Daten aus Verbraucherbefragungen als wesentlicher Bestandteil von Konsumprognosen verwendet. Dabei wird das Juster-Verfahren in den USA angewendet, das sich vor allem für Analysen der Konsumstruktur eignet, während sich in Europa Katona durchgesetzt hat. Dies wird bei Längsschnittanalysen bevorzugt. So läßt auch die Kommission der EU eine harmonisierte Verbraucherbefragung in allen Mitgliedsländern durchführen, die auf dem Katona-Prinzip beruht. In der Bundesrepublik Deutschland ist damit die GfK (Gesellschaft für Konsum-, Markt- und Absatzforschung, Nürnberg) beauftragt, quartalsweise und mit reduziertem Frageprogramm seit 1972, monatlich und vollständig seit 1980 (vgl. Nerb und Strigel 1974 sowie Fischer und Fischer 1988). Bis 1993 publizierte die GfK auf Grundlage der Verbraucherbefragung regelmäßig ihren Index Konsumklima, der auf der Basis einer Faktorenanalyse beruht; auch die EU-Kommission führt einen eigenen Frühindikator, den EU-Indikator des Verbrauchervertrauens. Alle diese Indikatoren wurden bzw. werden regelmäßig zu qualitativen und quantitativen Konsumprognosen verwendet. Nachteilig an diesen Konstruktionen ist, daß ihnen eine der ökonomischen Theorie entsprechende Fundierung fehlt.[2]

7.3.3 Ein Reiz-Reaktions-Modell des Verbraucherverhaltens

Nachdem die Bedeutung von Erwartungen und Stimmungen für das Zustandekommen von Verhaltensschwankungen erkannt worden war, bleibt nun die Frage zu klären, wie sich Erwartungen bilden, aus denen sich bestimmte Neigungen ableiten und die in tatsächlichem Verhalten münden. Dies kann in einem Modell des Verbraucherverhaltens dargestellt werden. Es legt klar, wie die Verbraucher aus der ökonomischen Umwelt zu Einschätzungen kommen, woraus durch zusätzliche Informationen Erwartungen gebildet werden. Die hieraus abgeleiteten Neigungen münden schließlich in einem konkreten ökonomischem Verhalten. Dieser Ansatz verbindet dabei wesentliche Aspekte der Nationalökonomie und der Behavioral Economics.

Ökonomische Umwelt – Rationalität

Der Verbraucher gewinnt täglich Eindrücke von seiner ökonomischen Umwelt, entweder durch eigene Erfahrung oder durch das große Informationsangebot der Medien. Diese Eindrücke müssen permanent in für ihn relevante Zusammenhänge verdichtet werden. Bei diesen ihn direkt betreffenden Parametern handelt es sich um Einkommen, Preise, Arbeitsmarkt, Konjunktur und Zinsen. Man kann sie auch als das ökonomische Umfeld des Verbrauchers bezeichnen. Zwischen diesen Größen bestehen einfache wirtschaftliche Zusammenhänge, die für einen „Normalverbraucher“ grob nachvollziehbar sein dürften. Diese Kenntnis des „homo oeconomicus“ kann auch als Rationalität bezeichnet werden. Die Kernparameter sind für den Verbraucher als exogen anzusehen. So hat er auch durch

[2] Eine umfassende Darstellung der Umfrage- und Indikatortechnik findet sich in Oppenländer und Poser (1989).

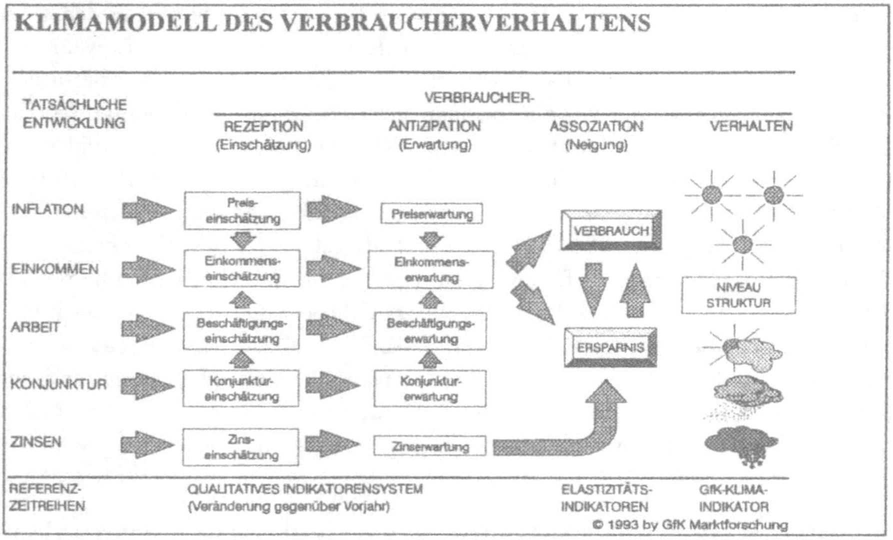

Abbildung 7.3.1: Klimamodell des Verbraucherverhaltens

die Tarifverträge nur einen sehr beschränkten Einfluß auf die Höhe seines Einkommens. Es besteht in Zeiten einer florierenden Wirtschaft lediglich die Möglichkeit, durch Überstunden das Einkommen zu erhöhen und vice versa.

Bei den Verbrauchern laufen somit ständig Informationen über oben genannte Parameter ein. Dabei spielt nicht so sehr das Niveau dieser Größen eine Rolle, sondern es werden vor allem Veränderungen registriert und verarbeitet, die Signale für Verhaltensänderungen geben. Es sind auch vor allem Veränderungsraten, die von den Medien publiziert werden, wenn man an die Inflationsrate sowie das Bruttoinlandsprodukt als Maßzahl für die konjunkturelle Entwicklung denkt.

Rezeptionen – Einschätzungen

Aus der Fülle angebotener Informationen sowie aus eigenen Beobachtungen bildet sich der Verbraucher Meinungen über die wesentlichen wirtschaftlichen Vorgänge, die er zwar selbst kaum wesentlich beeinflussen kann, von denen er jedoch in seinem täglichen Leben stark abhängig ist. So ist der Verbraucher sehr wohl in der Lage, seine eigene Einkommensentwicklung einschätzen zu können. Soll er sich über Phänomene wie Konjunktur und Arbeitslosigkeit eine Meinung bilden, ist er vor allem auf die externe Berichterstattung der Medien sowie die veröffentlichte Meinung der Experten angewiesen.

Antizipationen – Erwartungen

Aus den Einschätzungen (Rezeptionen) sowie den zusätzlichen Informationen aus der Umwelt leiten die Konsumenten Erwartungen hinsichtlich der zukünftigen Entwicklung ab. Diese Antizipationen haben in der Regel einen Vorlauf gegenüber der tatsächlichen Entwicklung, d.h. die Verbraucher vollbringen hier eine beachtliche Prognoseleistung. Diese interne Prognose ist aus zwei Gründen erforderlich:

- Einmal stehen die externen Informationen, die wesentlicher Bestandteil der Rezeption sind, in der Regel erst mit einem Time-lag von 1 bis 3 Monaten zur Verfügung, so daß von den Verbrauchern eine Prognose vergangener Werte erfolgen muß, um an den aktuellen Rand zu gelangen.
- Soll das Verhalten auf zukünftige Entwicklungen abgestimmt werden, muß stets auch eine wirkliche Prognose erfolgen.

Der Prozeß der Erwartungsbildung besteht im wesentlichen aus drei Komponenten: Rezeption, Adaption und Rationalität. Adaptionen verwenden den Erfolg bzw. Mißerfolg vergangener Prognosen. Es wird unterstellt, daß die Verbraucher einem Lernprozeß unterliegen und ihre Prognosen aufgrund der gemachten Erfahrungen in der Vergangenheit ständig überprüfen. Rationalität, also das Wissen über die grundlegenden wirtschaftlichen Zusammenhänge, verdichtet die gesammelte Information in einer Größe, der Einkommenserwartung. Sie dient als Handlungs- bzw. Entscheidungsbasis für das zukünftige Verhalten. In ihr laufen folgende Effekte zusammen:

- Einkommenseffekt
- Preiseffekt
- Beschäftigungseffekt
- Konjunktureffekt

Die einzige Ausnahme bildet der Zinseffekt, der direkt auf die Neigungen (Assoziationen) einwirkt.

Assoziationen – Neigungen

Aus den Einkommens- und Zinsantizipationen gehen nun die Assoziationen (Neigungen) bezüglich Konsum und Sparen hervor. Der Einkommenseffekt wirkt auf Konsum und Ersparnis und bestimmt dabei das Niveau der Veränderung von Verbrauch und Sparen. Der Zinseffekt wirkt nur indirekt auf den Konsum, allerdings direkt auf die Ersparnis. Veränderungen im Niveau kann der Zinseffekt nur über strukturelle Verschiebungen zwischen Konsum und Sparen auslösen.

Zwischen Einkommensantizipation, Konsum- und Sparneigung besteht ein interdependenter Zusammenhang. Die Neigungen, die tatsächlich Niveauveränderungen – verursacht durch Einkommensänderungen – und Strukturänderungen (u.a. durch Zinseffekte und sozialpsychologische Einflußgrößen) beinhalten, müssen aufeinander abgestimmt sein. Von den Verbrauchern assoziierte Veränderungen in der Struktur des Konsum- und Sparverhaltens machen sich in einer Veränderung des Verhältnisses von Einkommensantizipation, Konsum- und Sparneigung bemerkbar. Diese Quotienten werden wie folgt definiert:

- Einkommenselastizität des Verbrauchs: Verhältnis von Einkommensantizipation und Konsumneigung
- Einkommenselastizität der Ersparnis: Verhältnis von Einkommensantizipation und Sparneigung
- Substitutionselastizität von Verbrauch und Sparen: Verhältnis von Konsumneigung und Sparneigung

Diese komplexen Vorgänge der Strukturbildung und damit die simultane Abhängigkeit zwischen der Veränderung von Einkommen, Verbrauch und Ersparnis lassen sich anhand von Beispielen verdeutlichen:

- Nimmt man an, die Verbraucher erwarten, daß ihr Einkommen in nächster Zeit ansteigen wird und sich die Assoziationen beide gleichgerichtet entwickeln werden, wird die Einkommenserhöhung – wenn keine anderen Einflüsse wirken – proportional auf Konsum und Ersparnis aufgeteilt. In diesem Falle bleiben die Elastizitäten – und damit die Struktur – unberührt, und es liegt ausschließlich ein Niveaueffekt vor.
- Erwarten dagegen die Verbraucher keine Änderung ihres Einkommens in der nächsten Zukunft, gibt es keinen Niveaueffekt, der auf die beiden Assoziationen einwirkt. Bleiben auch die Relationen zwischen den drei Größen, die Elastizitäten, konstant, liegt ebenfalls kein Struktureffekt vor.
- Ändert sich die Einkommenserwartung nicht, dann löst eine gegebene Änderung der Sparneigung (z.B. verursacht durch Zinseffekte) eine gegenläufige Änderung der Konsumneigung aus. Damit ändern sich auch die Elastizitäten:
  - Die Einkommenselastizität der Ersparnis wird kleiner, weil die Sparneigung steigt, während die Einkommenserwartung konstant bleibt.
  - Die Einkommenselastizität des Verbrauchs steigt, weil die Konsumneigung wahrscheinlich sinkt.
  - Die Substitutionselastizität von Verbrauch und Ersparnis sinkt, weil die Sparneigung steigt.

In der Rückwirkung ändern sich dann auch die Neigungen als Änderungen im Niveau selbst. Es kommt folglich zu einem durch einen Struktureffekt ausgelösten Niveaueffekt.

Verbraucherverhalten

Beide Effekte, Niveau- und Struktureffekt, beeinflussen also das tatsächliche Verhalten im Sinne einer dynamischen, rationalen Budgetverwendung. Konsum- und Sparneigung werden je nach Konsum- und Sparform – meist mit zeitlicher Verzögerung – verhaltensrelevant und tangieren damit die Veränderung des privaten Verbrauchs, der Ersparnis sowie der Branchenumsätze von Handel und Konsumgüterproduzenten wie auch die Veränderung der Einlagen bei Banken in bestimmten Sparformen.

Formale Zusammenfassung der Hypothesen

$$\text{Rezeption:} \qquad y_i^R = f(x_i) \tag{1}$$

y_i^R: rezipierte Veränderung des Parameters i
x_i: tatsächliche Veränderung des Parameters i
i=1,2,...,k: Parameter des ökonomischen Umfeldes

$$\text{Antizipation:} \qquad y_i^A = f(y_i^R, I_i) \tag{2}$$

y_i^A: antizipierte Veränderung des Parameters i
I_i: sozialpsychologische Einflußgrößen, externe Erwartungen, etc....

$$\text{Assoziationen (Neigungen):} \qquad y_i^N = f(y_i^A, I_i) \tag{3}$$

y_i^N: Veränderung des Niveaus der Neigung bezüglich einer Verwendungsalternative

$$\text{Niveaueffekt:} \qquad z_i^K = f(y_i^{N,K}), g(z_i^S) = h(y_i^{N,S}) \tag{4}$$

z_i^K: Veränderung des tatsächlichen Verhaltens: Konsum
z_i^S: Veränderung des tatsächlichen Verhaltens: Ersparnis

$$\text{Struktureffekt:} \qquad z_i^K = f(l, r, s), g(z_i^S) = h(l, r, s) \tag{5}$$

l: Einkommenselastizität des Verbrauchs
r: Einkommenselastizität der Ersparnis
s: Substitutionselastizität von Verbrauch und Ersparnis

wobei

$$
\begin{aligned}
l_t &= f(y_t^{A,E}, y_t^{N,K}) \\
t_t &= f(y_t^{A,E}, y_t^{N,S}) \\
s_t &= f(y_t^{N,K}, y_t^{N,S})
\end{aligned}
\qquad (6)
$$

$y_t^{A,E}$: Einkommensantizipation
$y_t^{N,K}$: Konsumneigung
$y_t^{N,S}$: Sparneigung

7.3.4 Die Messung qualitativer Verhaltenskomponenten

Erhebung qualitativer Daten

In dem vorigen Kapitel wurde anschaulich erläutert, wie durch einen qualitativen Ansatz das Verbraucherverhalten erklärt werden kann. Aus diesen Ausführungen ging auch hervor, daß die zentralen Größen (Rezeption, Antizipation, Assoziation) zu Veränderungsraten äquivalent sind. Da nicht davon auszugehen ist, daß die Verbraucher exakte quantitative Vorstellungen über die Parameter ihres ökonomischen Umfeldes haben, sondern eher Tendenzen und Entwicklungsrichtungen rezipieren und antizipieren, stellt sich nun die Frage nach der Erhebung und Messung qualitativer Daten. Katona und Juster ist es zu verdanken, daß Operationalisierungskonzepte vorliegen, um die weichen Parameter des Verbraucherverhaltens messen zu können. Die Veränderungen von Parametern des ökonomischen Umfeldes werden mit Hilfe einer ordinalen, symmetrischen Fünferskala erfaßt.

Auf Grundlage des Ansatzes von Katona wird in der Bundesrepublik Deutschland seit 1972 mit reduziertem Frageprogramm quartalsweise - seit 1980 mit vollem Frageprogramm monatlich - eine Verbraucherumfrage von der GfK Marktforschung im Auftrag der EU-Kommission durchgeführt. Diese qualitativen Merkmale werden im Rahmen einer Repräsentationsbefragung erhoben. In der Bundesrepublik werden dabei 2000 Personen in den alten Bundesländern sowie 500 in den neuen Ländern befragt. Folgende Fragethemen werden den Verbrauchern vorgelegt:

- Preise
  - Preisentwicklung in den letzten 12 Monaten
  - Preisentwicklung in den nächsten 12 Monaten
- Einkommen

  - Finanzielle Lage in den letzten 12 Monaten
  - Finanzielle Lage in den nächsten 12 Monaten

- Beschäftigung
  - Arbeitslosigkeit in den nächsten 12 Monaten

- Konjunktur
  - Wirtschaftliche Lage in den letzten 12 Monaten
  - Wirtschaftliche Lage in den nächsten 12 Monaten

- Verbrauch
  - Größere Anschaffungen zur Zeit
  - Größere Anschaffungen in den nächsten 12 Monaten

- Ersparnis
  - Sparen zur Zeit
  - Sparen in den nächsten 12 Monaten

Wie aus den oben dargestellten Fragen ersichtlich wird, sind vier Kernparameter des ökonomischen Umfeldes in ihrer Rezeption und Antizipation erfaßt. Nur die Beschäftigungsrezeption fehlt. Für die Erfassung des Parameters Zinsen liegt keine Frage vor. Hier wäre es durchaus denkbar, entsprechend dem Konzept nach der Zinsrezeption und -antizipation zu fragen. Es sollte dabei nicht speziell nach bestimmten Zinsen (Soll- oder Habenzinsen) gefragt werden. Eine nach dem Katona-Konzept gehaltene allgemeine Frage nach der Entwicklung der Zinsen wäre hier angebracht.

Aus den Rezeptionen/Antizipationen bezüglich der exogenen Parameter folgen die Neigungen/Pläne (Assoziationen) bezüglich der endogenen Parameter Verbrauch und Ersparnis und damit weitere vier Fragen. Insgesamt ergeben sich somit 11 Fragen, die die Parameter des oben vorgestellten Verhaltensmodells bis auf die Zinsen nahezu lückenlos abdecken. Die außerdem noch im Fragebogen enthaltene Frage nach der Einkommenszufriedenheit hat sich nach den bisherigen Erfahrungen nicht in das Modell integrierbar erwiesen. Sie bezieht sich unmittelbar auf die Budgetrestriktion bzw. die Primärverwendung von Konsum und Sparen.

Quantifizierung qualitativer Daten

Das Rohergebnis dieser Repräsentativbefragung ist eine Menge relativer Antworthäufigkeiten für sechs überschneidungsfreie Merkmalsausprägungen. Neben den fünf Ausprägungen mit dem symmetrischen Mittelpunkt „keine Veränderung" wurde noch die Antwortmöglichkeit „weiß nicht" vorgegeben, um die Zahl der Verweigerungen möglichst gering zu halten. Da die Abstände zwischen den Ausprägungen auf beiden Seiten der symmetrischen Skala kaum verwertbare Informationen enthalten, werden sie jeweils zusammengefaßt, so daß sich die Skala verkürzt. „Sehr positiv (p^{++})“ und „positiv (p^{+})“ werden in „positiv (p^{+})“, „sehr negativ (p^{--})“ und „negativ (p^{-})“ in „negativ (p^{-})“ zusammengefaßt, und da die Ausprägung „weiß nicht“ quantitativ kaum ins Gewicht fällt, wird sie der Ausprägung „keine Veränderung (p^{0})“ zugeschlagen.

Es stellt sich nun das Problem, das vorhandene Datenmaterial, das in einer Fünferskala bzw. in der verkürzten Dreierskala vorliegt, so aufzubereiten, daß der Zusammenhang quantifiziert werden kann. Die ordinalen Merkmale müssen also mit den metrischen Merkmalen des ökonomischen Umfeldes vergleichbar sein.

Absoluter Kontrapositionssaldo $\mathbf{m_a}$

Anderson (1982) fand die Lösung des oben angeschnittenen Problems im Kontrapositionssaldo. Er unterstellte, daß die positiven (p^{+}) und die negativen (p^{-}) Antworthäufigkeiten im Zeitablauf die Veränderungen des jeweiligen ökonomischen Parameters widerspiegeln. Dies konnte er empirisch in seinen Arbeiten nachweisen. Auf der Basis dieser Erkenntnisse konstruierte er die metrisierte Maßzahl „Kontrapositionssaldo“ m_a:

$$m_a = p^{+} - p^{-} \tag{7}$$

Dieser Kontrapositionssaldo wurde in der Folge als Standardmaßzahl für Ergebnisse derartiger Umfragen verwendet. Es gibt noch Varianten dieser Maßzahl, die unter anderem die relativen Antworthäufigkeiten spezifisch gewichten, Anderson ging jedoch von einer Gleichgewichtung aus.

Relativer Kontrapositionssaldo $\mathbf{m_r}$

Die von Anderson entwickelte grundlegende Maßzahl wurde für die vorliegende Untersuchung modifiziert. Es entstand der sogenannte „relative Kontrapositionssaldo“ m_r:

$$m_r = \frac{p^{+} - p^{-}}{1 - p^{0}} = \frac{p^{+} - p^{-}}{p^{+} + p^{-}} \qquad (p^{0} < 1) \tag{8}$$

Mit Hilfe der Einbeziehung der Indifferenzkategorie p^{0} konnte folgendes erreicht werden: Die Maßzahl hat einen festen Definitionsbereich ($-1 \leq m_t \leq +1$). Zudem führen unterschiedliche Antwortkonstellationen auch zu unterschiedlichen Werten der Maßzahl. Die vorteilhaften Eigenschaften des Saldos als symmetrisches Richtungsmaß bleiben jedoch erhalten.

Da der relative Kontrapositionssaldo als Indikator dienen soll, ist es aus Gründen der Anschaulichkeit vorteilhaft, ihn zu transformieren. Dies ist auch im Hinblick auf die Konstruktion der Elastizitäten empfehlenswert:

$$m_r = \left(\frac{p^{+} - p^{-}}{1 - p^{0}} + 1\right) \times 100 \tag{9}$$

Der Definitionsbereich liegt dann bei $0 \leq m_r \leq 200$. Eine genauere empirische Betrachtung der Maßzahlen für die unterschiedlichen Fragen zeigt jedoch, daß diese sowohl im Niveau als auch in der Variabilität sehr stark unterschiedlich sind. So liegen bei der Sparneigung überwiegend optimistische Antwortgewohnheiten vor, während bei der Frage nach dem Einkommen bzw. den Preisen eher pessimistische Antworten vorliegen. In der Einzeldarstellung sind diese Unterschiede unerheblich, da sie graphisch ausgeglichen werden können. Sollen die Salden jedoch untereinander direkt verglichen werden, stören diese Unterschiede stark. Mit einer Standardisierung lassen sich diese Nachteile ausgleichen:

$$r = \frac{m_r - \overline{m_r}}{\max(m_r) - \min(m_r)} \tag{10}$$

(r: standardisierter transformierter relativer Kontrapositionssaldo)

Damit lassen sich die Dimensionsunterschiede im Indikatorensystem ohne jeglichen Verlust an Anschaulichkeit ausgleichen. Auch die Quotientenbildungen für die Elastizitäten lassen sich unter Verwendung einer einfachen Transformation einheitlich darstellen. Die so errechneten Werte der standardisierten, relativen und transformierten Kontrapositionssalden werden schließlich noch mit dem X-11-Verfahren, das auch die Deutsche Bundesbank verwendet (vgl. die Monatsberichte verschiedener Jahrgänge), geglättet. Dieses Verfahren wird anstelle der gleitenden Durchschnitte angewandt, um Datenverluste am aktuellen Rand bzw. Verzerrungen der Zeitreihen zu vermeiden. Es ist allerdings zu beachten, daß sich die Werte am aktuellen Rand jeweils verändern, wenn zusätzliche Zeitreihenwerte hinzukommen, da das Census-Verfahren mit einer internen Prognosefunktion arbeitet.

7.3.5 Ein Indikatorensystem für den privaten Verbrauch

Nachdem in Abschnitt 3 die theoretischen Grundlagen von Verbrauch und Ersparnis sowie die Erwartungsbildung und in Abschnitt 4 das notwendige statistische Meßkonzept zum Nachweis der theoretischen Zusammenhänge vorgestellt wurden, ist es nun möglich, durch die Zusammenführung dieser beiden Komplexe ein Indikatorensystem für den privaten Verbrauch zu entwickeln. Mit den Einzelindikatoren läßt sich der Modellzusammenhang empirisch nachvollziehen. Anschließend werden die Einzelindikatoren zu Komplexindikatoren verdichtet, um auch die Interdependenzen in dem System zu berücksichtigen.

Grundsätze der Indikatorbildung

Das National Bureau of Economic Research (NBER) hat einen Anforderungskatalog zusammengestellt, der für zuverlässige Indikatoren zu gelten hat. Diese lauten kurz zusammengefaßt:

- Wirtschaftlicher Zusammenhang: Es müssen wirtschaftliche Gründe für den Verlauf des Indikators vorliegen, sonst setzt man sich dem Vorwurf des „Measurement without Theory" aus.

- Statistisch repräsentative Basis: Die Daten müssen entsprechend der statistischen Theorie methodisch abgesichert sein.
- Die Indikatorreihe soll möglichst weit zurückreichen.
- Die Übereinstimmung der Indikatorreihe mit dem konjunkturellen Verlauf der zu messenden Größe sollte über den ganzen Untersuchungszeitraum, besonders jedoch in der jüngsten Vergangenheit, gut sein.
- Die Indikatorreihe sollte einen möglichst glatten Verlauf aufweisen, damit nicht irreguläre Schwankungen vor allem am aktuellen Rand seine Interpretation beeinträchtigen.
- Die Indikatorreihe sollte regelmäßig sowie in kurzen Abständen (möglichst monatlich) veröffentlicht werden und nur wenigen nachträglichen Revisionen unterworfen sein.

Die im folgenden dargestellten Indikatoren erfüllen diese Anforderungen im hohen Maße, was bereits gezeigt wurde bzw. noch zu zeigen sein wird.

Einzelindikatoren

Aufbauend auf dem Modell der Erwartungsbildung sowie dem Meßkonzept für qualitative Daten ist es möglich, ein Frühindikatorensystem für den privaten Verbrauch darzustellen. Im Vergleich mit entsprechenden Referenzzeitreihen läßt sich die ausgesprochen hohe Prognoseleistung der befragten Verbraucher nachweisen. Da in der Regel die Indikatoren einen Vorlauf vor der realen Entwicklung besitzen sowie die Informationen aus der Befragung meist bis zu drei Monate vor den Daten aus der amtlichen Statistik vorliegen, kann durch die Indikatoren mit einem Vorlauf von bis zu sechs Monaten auf die zu erwartende tatsächliche Entwicklung geschlossen werden. Die folgenden Einzelindikatoren werden dabei in ihrer geglätteten und standardisierten Form dargestellt.

Preiserwartung

Bezugsgröße für die Preisantizipation ist die Veränderungsrate des Preisindex für die private Lebenshaltung gegenüber dem Vorjahresmonat wie er vom Statistischen Bundesamt monatlich ermittelt wird. Dieser Wert wird regelmäßig am Beginn des Folgemonats in der Presse veröffentlicht. Eine Gegenüberstellung von Preiserwartung und Preisentwicklung zeigt, daß die Verbraucher die tatsächliche Entwicklung sehr gut antizipieren. Unterstützt wird die Einschätzung des Verbrauchers sicherlich auch durch sogenannte Signalpreise, wie Mieten und den Benzinpreis, den er meist selbst unmittelbar beobachten kann und in seine Erwartungsbildung mit einbezieht. Die Zeitreihe zeigt seit 1980 nur einen wirklichen Wendepunkt im Jahr 1986, der von der Preiserwartung mit einem geringen Vorlauf auch getroffen wurde. Im Durchschnitt hat der Indikator einen Vorlauf von zwei Monaten vor der tatsächlichen Entwicklung bei einem Bestimmtheitsmaß von $r^2 = 0,76$.

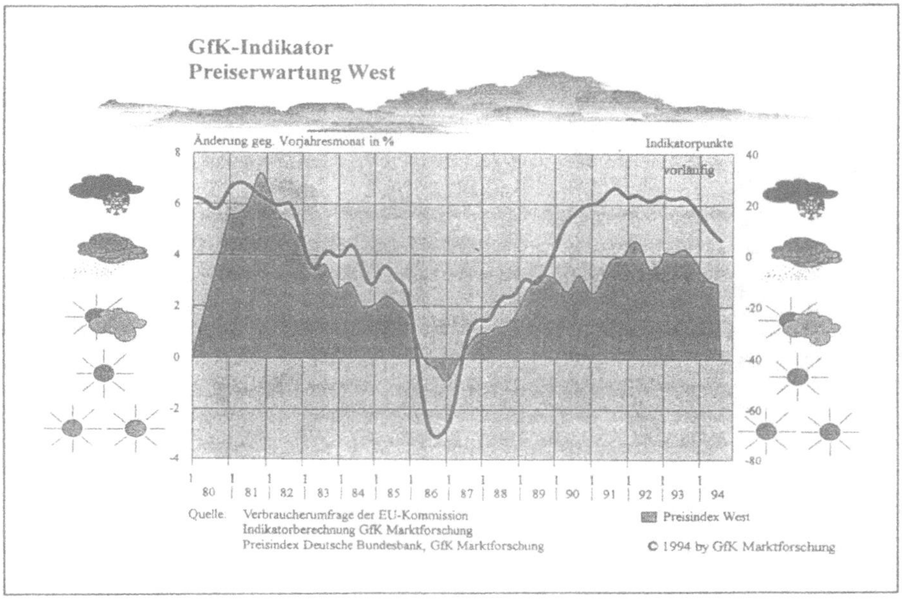

Abbildung 7.3.2: Preiserwartung West

Konjunkturerwartung (-antizipation)

Da die Frage nach der Konjunkturerwartung seit 1972 gestellt wird, kann sie hier mit einem langen Datensatz vorgestellt werden. Auch hier ist deutlich zu erkennen, daß die Verbraucher die Konjunkturentwicklung, die anhand der realen Vorjahresveränderungsrate der inländischen Güterverwendung dargestellt wird, recht gut einschätzen. Nur im Jahre 1987/1988 kam es zu einer Fehleinschätzung der konjunkturellen Entwicklung. Damals sahen die Medien und die Experten die Konjunktur auf Talfahrt. Unterstützt wurde diese Einschätzung vom Börsensturz im Oktober 1987. Tatsächlich aber kam es zu einem Exportboom, der einen Abschwung verhinderte. Beeinflußt von der Berichterstattung sahen auch die Verbraucher die Konjunktur im Abschwung. Hierin zeigt sich, daß die Verbraucher bei der Einschätzung des Phänomens „Konjunktur" vor allem auf externe Informationen angewiesen sind und somit die Gefahr einer falschen Erwartungsbildung höher ist.

Durch einfache Linearregression (vgl. beispielsweise Maaß et al. 1983) läßt sich ermitteln, daß der Indikator über einen Zeitraum von über zwanzig Jahren im Durchschnitt fünf Monate vorläuft. Dabei beträgt das Bestimmtheitsmaß $r^2 = 0,72$.

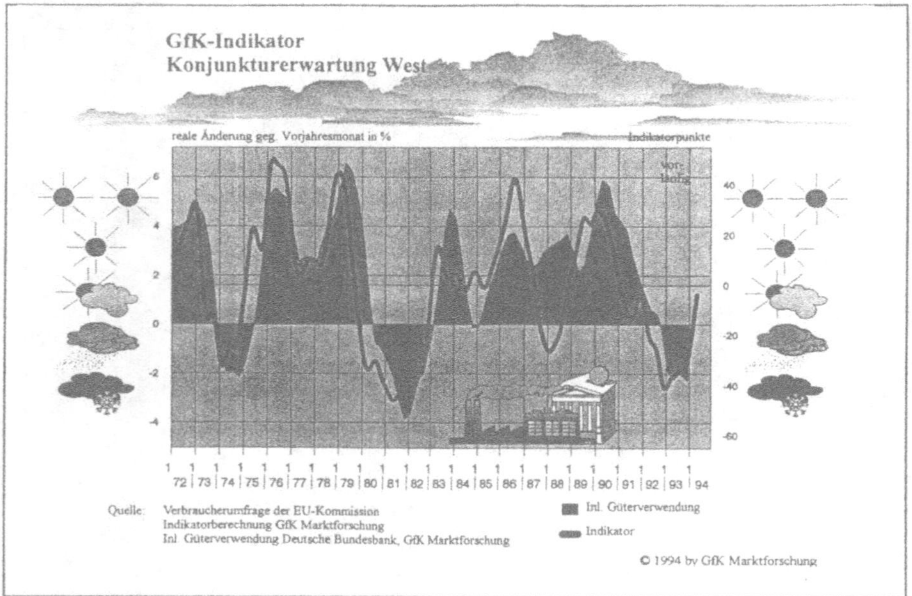

Abbildung 7.3.3: Konjunkturerwartung West

Einkommenserwartung (-antizipation)

Eine Gegenüberstellung der zentralen Größe des Modells der Erwartungsbildung, der Einkommenserwartung, mit der realen Entwicklung der Nettolöhne und -gehälter zeigt eine sehr hohe Übereinstimmung über einen Zeitraum von mehr als 20 Jahren. Alle wesentlichen Wendepunkte werden angezeigt, jedoch ist hier eine Streuung des Vorlaufs des Indikators vor der tatsächlichen Entwicklung von 0 bis zu 6 Monaten zu beobachten. Der durchschnittliche Lead des Indikators beträgt 3 Monate. Auch hier ist in Anbetracht der langen Zeitreihe die Korrelation beachtlich hoch ($r^2 = 0,66$).

Niveauindikatoren

Aus der Einkommenserwartung als zentrale Entscheidungsbasis für Verbrauch und Ersparnis ergeben sich mit der Anschaffungs- und Sparneigung (-assoziation) schließlich die Indikatoren des Systems. Wie in Abschnitt 3 dargelegt, müssen sich in gegenseitiger Abhängigkeit die Anschaffungs- und Sparneigung ändern, wenn sich das Niveau der Einkommenserwartung verändert. Aufgrund dieser Interdependenzen macht es wenig Sinn, Einkommenserwartung ($y^{A,E}$), Anschaffungs- ($y^{N,K}$) und Sparneigung ($y^{N,S}$) isoliert ein-

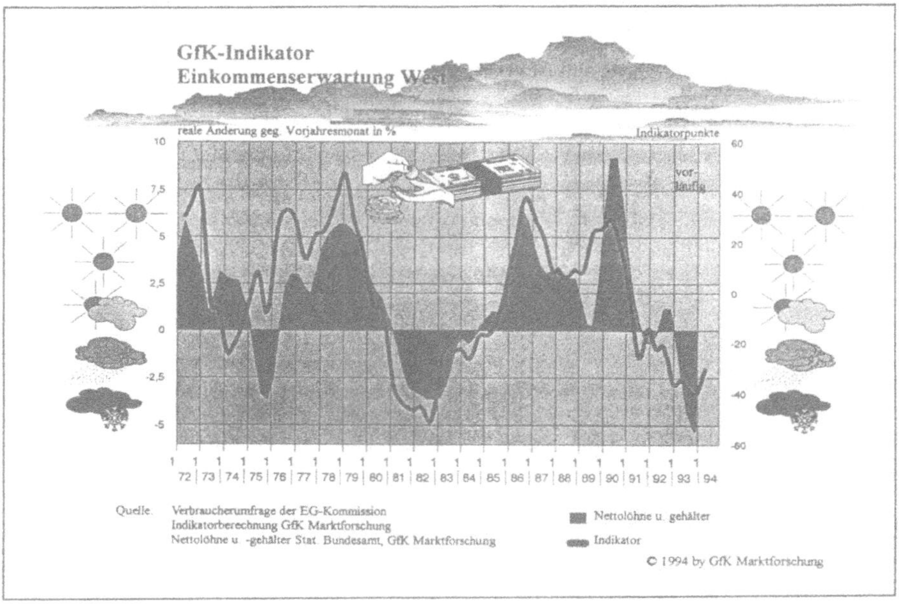

Abbildung 7.3.4: Einkommenserwartung West

ander gegenüberzustellen. Diese Interdependenz kann man durch lineare Regressionsfunktionen mit folgenden Schätzergebnissen darstellen:

$$y^{N,K} = a_0 + a_1 y^{A,E} + a_2 y^{N,S}, \qquad (r^2 = 0,84) \tag{11}$$

Koeffizienten	Parameter	T-Statistik	Partial
a_0	195,2	21,7	—
a_1	0,92	30,2	0,92
a_2	-1,23	-17,4	-0,80

$$y^{N,S} = a_0 + a_1 y^{A,E} + a_2 y^{N,K}, \qquad (r^2 = 0,78) \tag{12}$$

Koeffizienten	Parameter	T-Statistik	Partial
a_0	146,8	85,7	—
a_1	0,58	24,8	0,88
a_2	-0,52	-17,4	-0,80

Damit scheint ausreichend nachgewiesen, daß die Veränderung der Einkommenserwartung $y^{A,E}$ die ausschlaggebende Impulsgröße der Neigungen ist (Niveaueffekt). In dem

Indikatorensystem werden deshalb der Anschaffungs- und Sparneigung keine realen Referenzzeitreihen gegenübergestellt. Sie dienen in der isolierten Betrachtung lediglich als Niveauindikatoren.

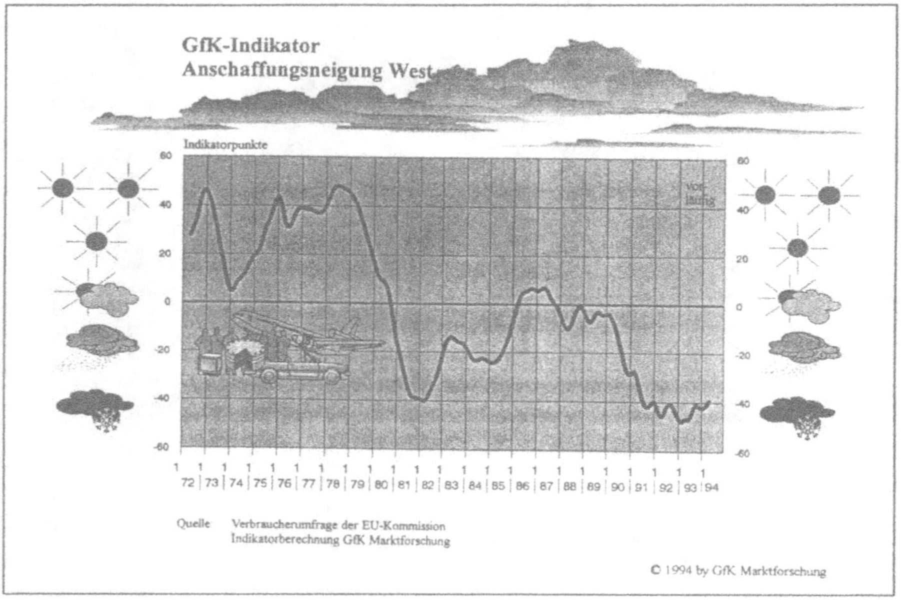

Abbildung 7.3.5: Anschaffungsneigung West

Strukturindikatoren

Neben Niveaueffekten spielen bei der Beurteilung von Verbrauch und Ersparnis auch strukturelle Effekte eine wesentliche Rolle. Diese können mit Hilfe der Strukturindikatoren erfaßt werden. Dabei beschreibt die Einkommenselastizität des Verbrauchs – oder kurz die Konsumelastizität – das Verhältnis von Einkommenserwartung und Anschaffungsneigung. Berechnet wird die Elastizität aus den standardisierten Zeitreihen. Dazu ist eine Transformation der Einzelindikatoren (+5) notwendig, um zu brauchbaren Ergebnissen zu gelangen. Aus Gründen einer verbesserten Anschaulichkeit wurde der Wert noch mit 200 multipliziert.

Ist die Einkommenselastizität des Verbrauchs
$>$ 100, dann wächst das Einkommen überproportional zum Verbrauch,
$=$ 100, dann wachsen Einkommen und Verbrauch gleichgewichtig,
$<$ 100, dann wächst der Verbrauch überproportional zum Einkommen.

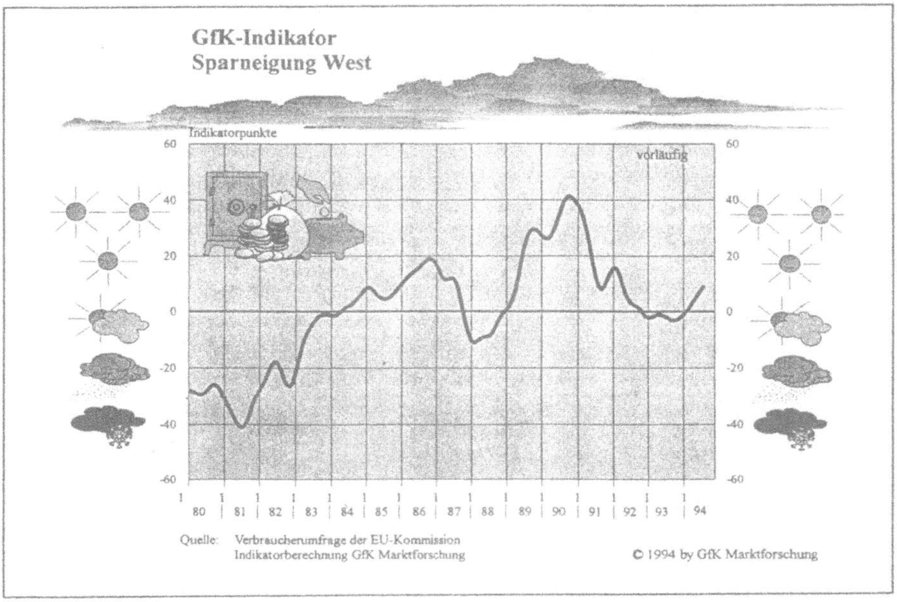

Abbildung 7.3.6: Sparneigung West

Während in den Jahren bis Anfang 1984 der Verbrauch stets überproportional von Einkommenseffekten profitierte, ist seitdem das Gegenteil der Fall. In der jüngsten Entwicklung scheint sich dieses Verhältnis wieder verstärkt zugunsten des Einkommens zu entwickeln. Im Umkehrschluß gilt gleiches für die Einkommenselastizität der Ersparnis – oder kurz Sparelastizität – , die sich aus dem Verhältnis von Einkommenserwartung und Sparneigung zusammensetzt:

Ist die Einkommenselastizität der Ersparnis
$>$ 100, dann wächst das Einkommen stärker als die Ersparnis,
$=$ 100, dann wachsen beide mit der gleichen Rate,
$<$ 100, dann wächst das Einkommen schwächer als die Ersparnis.

Wie Abbildung 7.3.8 zeigt, folgte nach einer für die Ersparnis negativen Strukturverschiebung in der konjunkturschwachen Phase zu Beginn der achtziger Jahre eine lange positive Phase von 1982 bis Ende 1985 und dann von 1986 bis 1990 erneut eine negative Strukturverschiebung. Die in der Folge für das Sparen relativ günstige Position scheint sich in jüngster Zeit etwas abzuschwächen.

Der dritte Strukturindikator, die Substitutionselastizität von Verbrauch und Ersparnis, beschreibt das Verhältnis von Anschaffungs- und Sparneigung. Ist die Substitutionselasti-

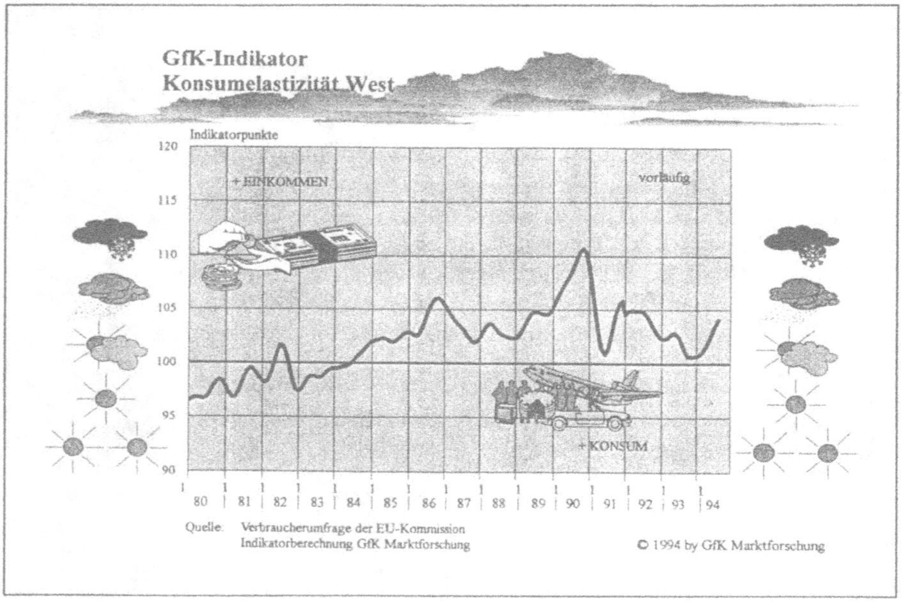

Abbildung 7.3.7: Konsumelastizität West

zität

> 100, dann wächst der Verbrauch überproportional zur Ersparnis,
= 100, dann wachsen Verbrauch und Ersparnis gleichgewichtig,
< 100, dann wächst die Ersparnis überproportional zum Verbrauch.
Dieser Indikator gibt sichere Hinweise auf die Entwicklung der Primärstruktur von Verbrauch und Ersparnis.

Abbildung 7.3.9 zeigt deutlich, daß die Primärverwendung keineswegs über die Zeit konstant ist. Gab es zu Beginn der achtziger Jahre eine deutliche Verschiebung hin zum Konsum, herrschte zwischen 1982 und 1989 relative Konstanz. Seit 1989 ist jedoch eine deutliche Verschiebung hin zur Ersparnis zu beobachten. Das bedeutet jedoch nicht, daß der Konsum in diesem Zeitraum stagniert oder gar sinken muß. Von den gegebenen Einkommenseffekten profitiert nur die Ersparnis überproportional.

7.3.6 Der Gesamtindikator „Konsumklima"

Zusammensetzung des Indikators

Unter Verwendung der im letzten Abschnitt dargestellten Zusammenhänge zwischen Einkommenserwartung, Anschaffungs- und Sparneigung sowie unter Berücksichtigung von

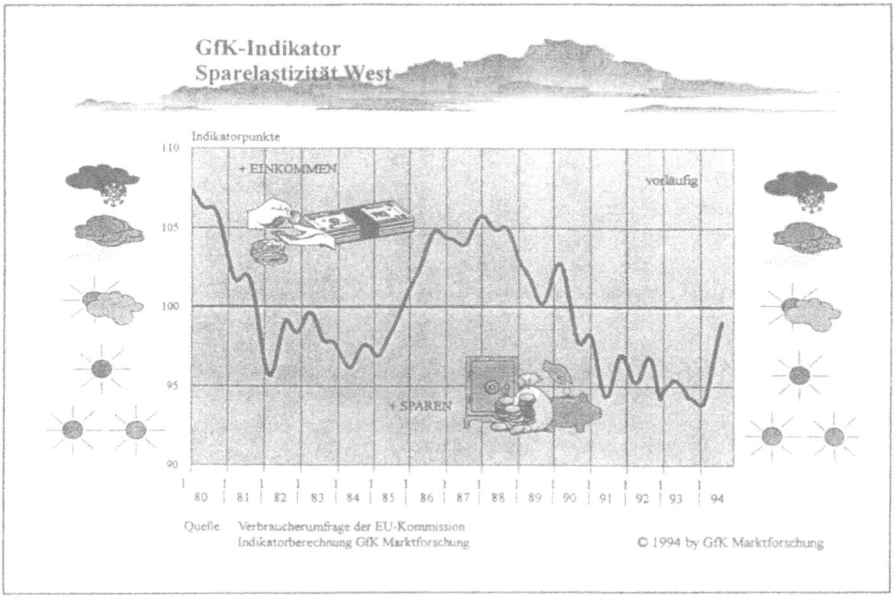

Abbildung 7.3.8: Sparelastizität West

strukturellen Effekten durch die Elastizitäten läßt sich ein Gesamtindikator für den privaten Verbrauch konstruieren. Dieser Indikator Konsumklima stützt sich auf das theoretische Modell der Erwartungsbildung und vereint Niveau- und Struktureffekte in geeigneter Art und Weise. Grundlage dieses Indikators ist als Referenzgröße die reale Veränderung des privaten Verbrauchs. Durch eine multiple Linearregression wird ein Modell entwickelt, das sich über den Zeitraum als weitgehend stabil erweist und damit auch die Möglichkeit der Prognose erlaubt. Folgende fünf Regressoren gehen dabei in den Indikator ein:

- Einkommenserwartung ($y^{A,E}$)
- Sparneigung ($y^{N,S}$)
- Einkommenselastizität des Verbrauchs (l)
- Einkommenselastizität der Ersparnis (r)
- Substitutionselastizität (s)

Für die Indikatorbildung wurden dabei Regressoren in ihrer geglätteten und nicht-standardisierten Version verwendet. Eine Regression über den Zeitraum 1981 bis 1993 liefert dabei folgende Ergebnisse:

$$z^k = a_0 + a_1 y^{A,E} + a_2 y^{N,S} + a_3 l + a_4 r + a_5 s, \qquad (r^2 = 0,87) \qquad (13)$$

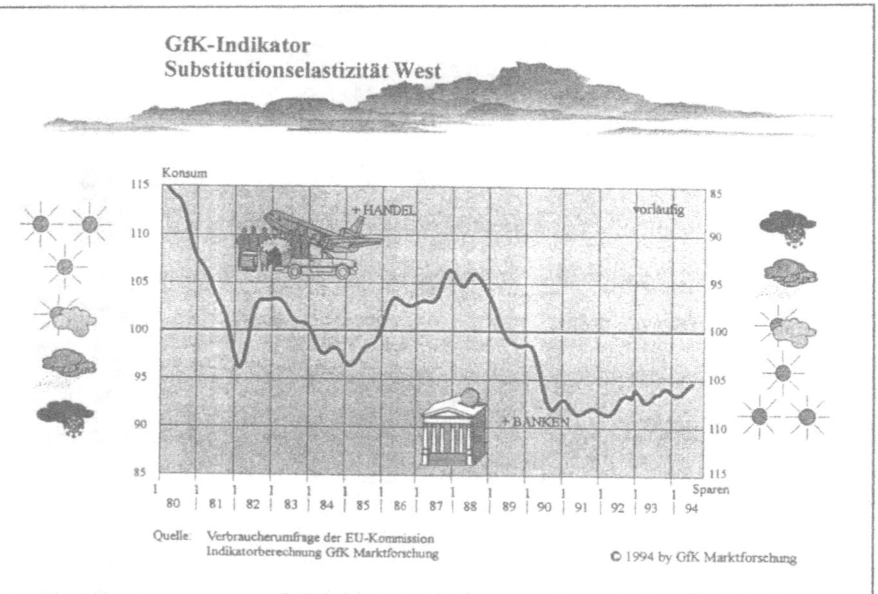

Abbildung 7.3.9: Substitutionselastizität West

(z^k: reale Veränderung des privaten Verbrauchs gegenüber dem Vorjahr)

Koeffizienten	Parameter	T-Statistik	Partial
a_0	-15,3	-9,0	—
a_1	0,16	7,7	0,53
a_2	-0,06	5,7	0,41
a_3	5,7	4,4	0,33
a_4	-31,1	-6,8	-0,48
a_5	13,5	6,0	0,44

In diese Schätzfunktion gehen die Basisvariablen Einkommenserwartung $y^{A,E}$ und Sparneigung $y^{N,S}$ mit einem Lead von 3 bzw. 9 Monaten ein. Die Variablen l, r und s zeigen mit einem Vorlauf von 3 Monaten die strukturellen Einflüsse. Die Vorzeichen sind stimmig. Das positive Vorzeichen der Sparneigung mit ihrem relativ großen Vorlauf kann nur damit erklärt werden, daß das Sparen mit einiger zeitlicher Verzögerung konsumwirksam wird. Die Schätzfunktion enthält damit alle Elemente, die in Abschnitt 3 in dem Modellzusammenhang dargestellt wurden. Insbesondere die strukturellen Aspekte einer Simultanentscheidung zwischen Konsum und Ersparnis sind aus Verbrauchersicht einbezogen. Bedenkt man noch, daß gerade eine so komplex und simultan ablaufende

Entscheidung einige „Übung" seitens der Verbraucher erfordert und bezieht dementsprechend einen Adaptionsprozeß mittels einer Polynomial-Distributed-Lag-Regression (PD-LR) (vgl. beispielsweise Hübler 1989 und Makridakis et al. 1983) ein, so erhöht sich das Bestimmtheitsmaß auf $r^2 = 0,91$.

Da davon auszugehen ist, daß Antizipationen zu einem wesentlichen Teil auf einen Lernprozeß zurückzuführen sind, ist die Verwendung von PDLR-Regressionen angemessen. Dabei zeigte sich, daß PDLR-Modelle bei der Einbeziehung von zu langen Zeiträumen zwar das Bestimmtheitsmaß erhöhen, aber in der Prognose auch zu einem Überschießen neigen. Deshalb erfordert die Verwendung derartiger Modelle eine gewisse Erfahrung sowie eine äußerst vorsichtige Handhabung vor allem bei der Einbeziehung längerer Zeiträume.

Ein geeignetes Prognosemodell sollte die Wendepunkte relativ exakt bestimmen. Dies läßt sich mit einer *ex post*-Prognose untersuchen. Dazu wurde ein Modell mit den Daten von 1981 bis 1989 geschätzt. Sodann wurde mit den länger vorliegenden Stimmungsdaten der Verlauf des privaten Verbrauchs prognostiziert. Mit einem Vergleich der tatsächlich vorliegenden Werte für den Konsum läßt sich überprüfen, ob das Modell die Wendepunkte trifft und korrekt abbildet. Dies ist in der Abbildung 7.3.10 dargestellt.

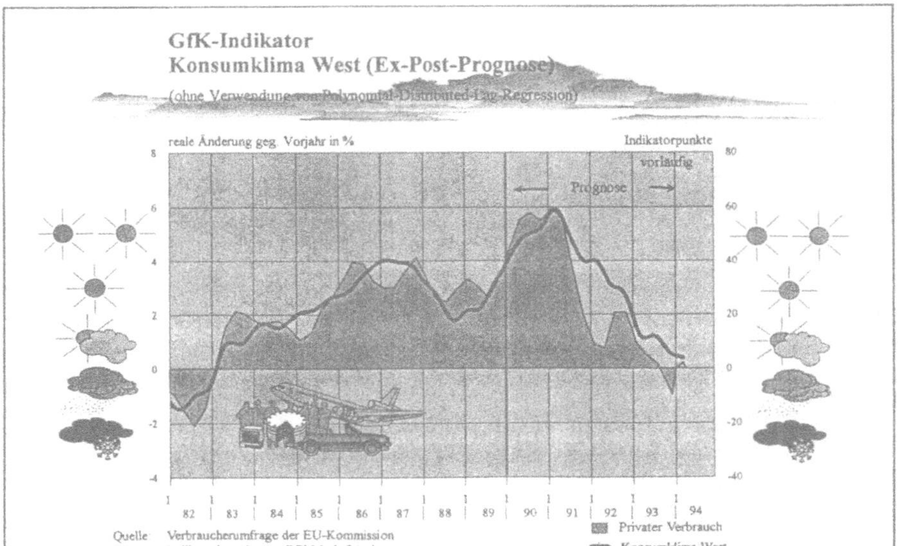

Abbildung 7.3.10: Konsumklima West (*ex post*-Prognose)

Der Wendepunkt des privaten Verbrauchs Anfang 1991 wurde dabei sehr gut getroffen. Dies läßt den Schluß zu, daß das vorliegende Modell die wesentlichen Zusammenhänge für die Entwicklung des privaten Verbrauchs abbildet. Zudem ist das gefundene Modell über unterschiedlich lange Stützzeiträume sowohl in seiner Lag-Struktur als auch in der Größe der Koeffizienten ausreichend stabil.

Die Entwicklung des Konsumklimas in den letzten 12 Jahren

Als die deutsche Wirtschaft im Spätsommer 1992 die Talsohle der Rezession erreicht hat, ist auch das Konsumklima in den „eisigen" Klimabereich abgerutscht. Die Arbeitslosenquote mißt einen Rekordstand von über 7% und die verfügbaren Einkommen weisen im Vorjahresvergleich reale Minusraten von mehr als 3% auf.

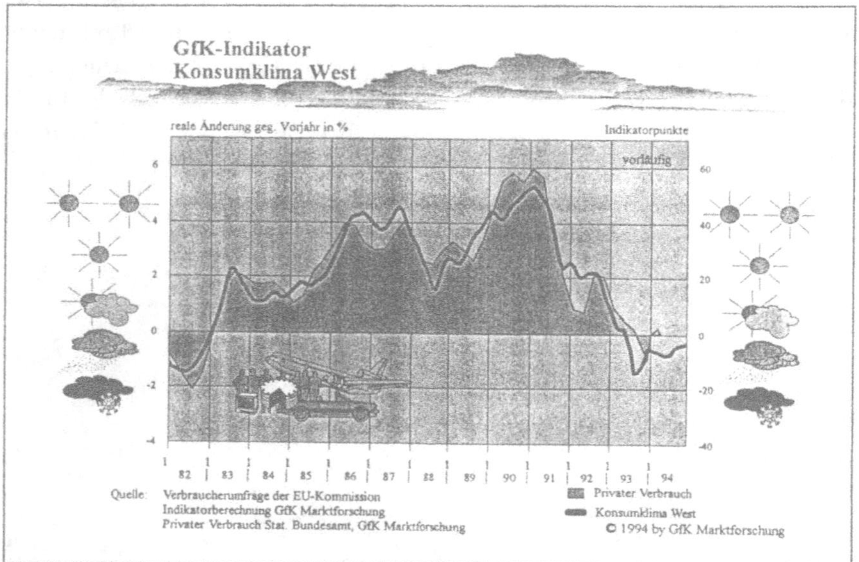

Abbildung 7.3.11: Konsumklima West

Im Vorfeld der Neuwahlen werden die Verbraucher von einem regelrechten „Hoffnungspush" erfaßt, der auch den privaten Verbrauch ansteigen läßt. Mitte 1983 verliert der Stimmungsaufschwung wieder an Fahrt, da die Einkommenserhöhungen mäßig bleiben und zusätzlich durch Einsparungen bei den Transfers sowie die Mehrwertsteuererhöhung beschnitten werden. Ab 1985 erhält die Stimmung neuen Auftrieb, und das Wachstum der privaten Ausgaben für Konsum und Dienstleistungen nimmt eine steile Wendung nach oben. Das Konsumklima wird jetzt ausgesprochen sonnig und das mit gutem Grund: Seit Jahresbeginn 1986 ist die erste Stufe der Einkommensteuerreform in Kraft, was zu beachtlichen Einkommenssteigerungen führt.

Zum Jahresende 1987 beginnt sich das Konsumklima jedoch erneut zu verschlechtern. Die skeptischen Konjunkturprognosen der Sachverständigen für das folgende Jahr haben die

Einkommenserwartung gedämpft. Durch den allmählichen Wiederanstieg der Lebenshaltungskosten fallen auch die realen Steigerungsraten der Nettoeinkommen wieder etwas geringer aus. So bildet sich die Konsumneigung im Verlauf des Jahres 1988 immerhin so stark zurück, daß sie zum Jahresende in den „milden“ Bereich gerät. Mit dem Konsumklima geht es dagegen erst 1989 wieder bergauf. Die Verbraucher gewinnen wieder an Zuversicht, und der Indikator beginnt einem neuen Höhepunkt zuzustreben. Im Verlauf des Jahres 1990 durchläuft der Indikator einen rasanten Aufschwung, den er im Herbst mit seinem bisherigen Rekordstand abschließt. Die Gründe dafür liegen auf der Hand: Die finanzielle Entlastung der privaten Haushalte durch die dritte Stufe der Steuerreform sowie die außergewöhnlich hohen Tarifabschlüsse führen zu einem erheblichen Kaufkraftzuwachs in der Bevölkerung. Die Wirtschaft erhält zusätzliche Impulse durch den wachsenden Einkaufstourismus aus den Neuen Bundesländern. 1990 entwickelt sich zum besten Konjunkturjahr seit über 10 Jahren.

Mit dem Beitritt der DDR zur Bundesrepublik erreicht das Konsumklima in Westdeutschland einen Wendepunkt. Die öffentlichen Diskussionen über die Finanzierung der Umstrukturierung in den neuen Bundesländern zeigen sofort negative Auswirkungen auf die Konsumfreudigkeit der westdeutschen Verbraucher. Mit der Erhöhung der Beitragszahlungen zur Arbeitslosenversicherung und der Solidaritätsabgabe ist der Absturz des Konsumklimas endgültig eingeleitet. Der Fall des Konsumklimas – nur kurz unterbrochen im Jahr 1992 – kommt erst Mitte 1993 an der Grenze zwischen „regnerischer“ und „unterkühlter“ Klimazone zum Stillstand. Danach setzte eine leichte Erholung ein, die zu Beginn des Jahres 1994 wieder gebremst wird. Bis zum Ende des Jahres 1994 ist eine weitere leichte Erholung zu erwarten. Der Indikator wird sich jedoch noch immer im negativen Bereich bewegen, was darauf schließen läßt, daß der private Verbrauch aufgrund der angespannten Einkommensentwicklung bei den Verbrauchern noch keinen nennenswerten Beitrag zum konjunkturellen Aufschwung leistet.

7.3.7 Weitere Entwicklungsmöglichkeiten

Sparklima

Neben dem Gesamtindikator Konsumklima, der im vorangegangenen Abschnitt näher erläutert wurde, ist es auf Grundlage des theoretischen Modells über das Verbraucherverhalten auch möglich, ein Sparklima herzuleiten. Dabei wird als Referenzzeitreihe die gesamtwirtschaftliche Sparquote (Deutsche Bundesbank) herangezogen. In das Modell gehen die gleichen Regressoren ein wie beim Konsumklima, nur wird die Sparneigung durch die Anschaffungsneigung ersetzt. Eine Regression über den Zeitraum von 1980 bis 1993 ergibt, daß sämtliche Regressoren mit einem Vorlauf von drei Monaten eingehen. Das Bestimmtheitsmaß r^2 beträgt 0,75. Unter Verwendung einer PDLR-Regression über 6 Monate erhöht sich das Bestimmtheitsmaß auf $r^2 = 0,91$.

Es ist zu vermuten, daß bessere Ergebnisse erzielt werden könnten, wenn die in Abschnitt 3 angesprochenen Zinsfragen zur Verfügung stehen würden, denn der Zins würde sicher-

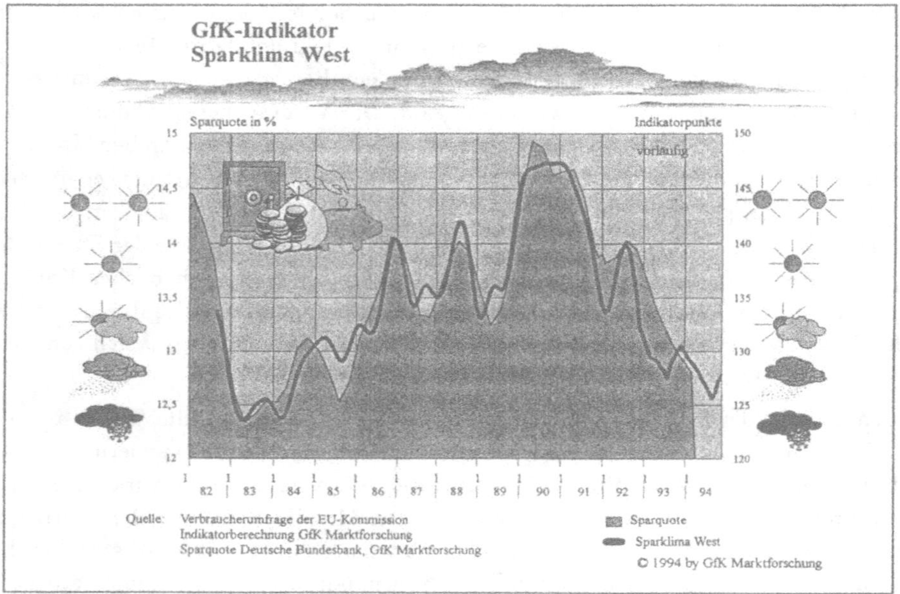

Abbildung 7.3.12: Sparklima West

lich noch zusätzliche Erklärungsansätze bieten. Auch die Verwendung einer geeigneteren Referenzzeitreihe, die die Neuersparnis ausweist, könnte zu noch besseren Ergebnissen führen.

Branchenklimata

Entsprechend der Konstruktion des Indikators Konsumklima ist es in einem weiteren Schritt möglich, von der Ebene des gesamten privaten Verbrauchs auf einzelne Einzelhandelsbranchen überzugehen und hier die Entwicklung mit den Stimmungsindikatoren darzustellen und zu prognostizieren. Dabei werden die gleichen Regressoren verwendet, die schon die Bildung des Konsumklimas ermöglichten. Als Referenzzeitreihe dient jeweils die reale Änderungsrate gegenüber dem Vorjahresmonat des Einzelhandelsumsatzes in der entsprechenden Branche. Diese werden als monatliche Indexwerte in konstanten Preisen vom Statistischen Bundesamt angeboten. Dabei differieren die Klimata der einzelnen Branchen einmal durch unterschiedliche Vorläufe der Regressoren und zum anderen durch eine unterschiedliche Gewichtung der Parameter. Im Verlauf der Untersuchungen stellte sich dabei heraus, daß Verbrauchsgüterbranchen in der Regel kürzere Vorläufe besitzen als Gebrauchsgüterbranchen. Dieses Ergebnis ist durchaus plausibel und einleuchtend, denn die Anschaffung von Gebrauchsgütern – wie z.B. Möbel – erfordert bei den Verbrauchern meist einen längeren Aktionshorizont. Als Beispiele für Branchen aus dem Ver- und Gebrauchsgüterbereich seien hier Nahrungs- und Genußmittel sowie Möbel graphisch dargestellt.

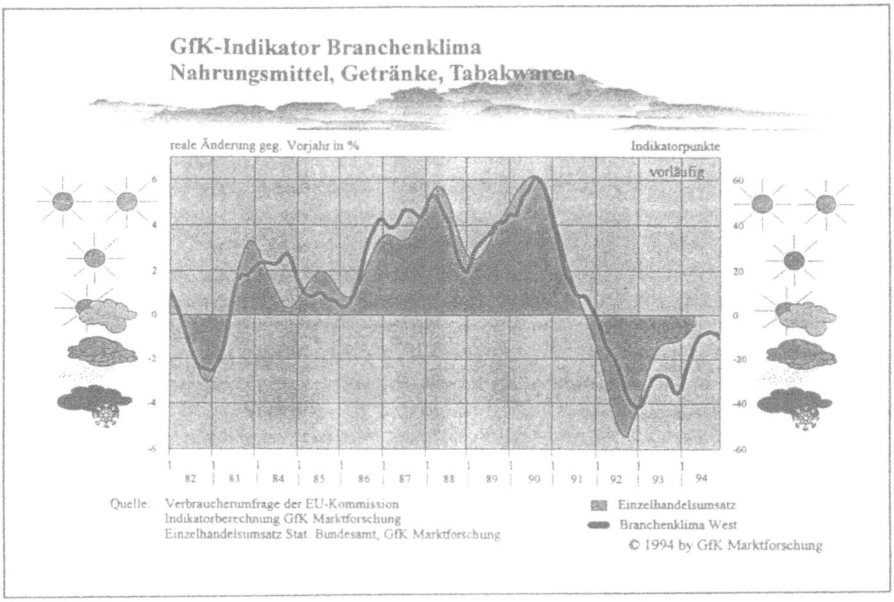

Abbildung 7.3.13: Branchenklima Nahrungsmittel etc.

Weitere Möglichkeiten der Indikatorbildung

Neben den Branchenklimata erlaubt die theoretische Fundierung des Ansatzes auch die Bildung sogenannter Markt- und Unternehmensklimata. Bei den Marktklimata dienen die Handels- bzw. Haushaltspanel, die der GfK in umfangreichem Maße vorliegen, als Grundlage. Unter der Voraussetzung des Vorliegens relativ enger Oligopolmärkte, also für Unternehmen mit einem relativ großen Marktanteil und/oder einer relativ homogenen Produktpalette, sollte es ferner möglich sein, unternehmensspezifische Umsatzprognosen durchzuführen und der betrieblichen Umsatz- und Ergebnisrechnung damit wertvolle Hinweise für den Planungsrahmen zu geben.

Das vorhandene Datenmaterial aus der Verbraucherbefragung würde außerdem eine Erweiterung auf „Regionalklimata" zulassen. Zudem sind spezielle Klimata nach soziodemographischen Gruppen möglich, so z.B. nach Alters-, Einkommens- und Berufsgruppen, um damit z.B. sogenannte „Trendleader" feststellen zu können. Zusammengefaßt bietet das vorhandene umfangreiche Datenmaterial in Verbindung mit einem theoretisch

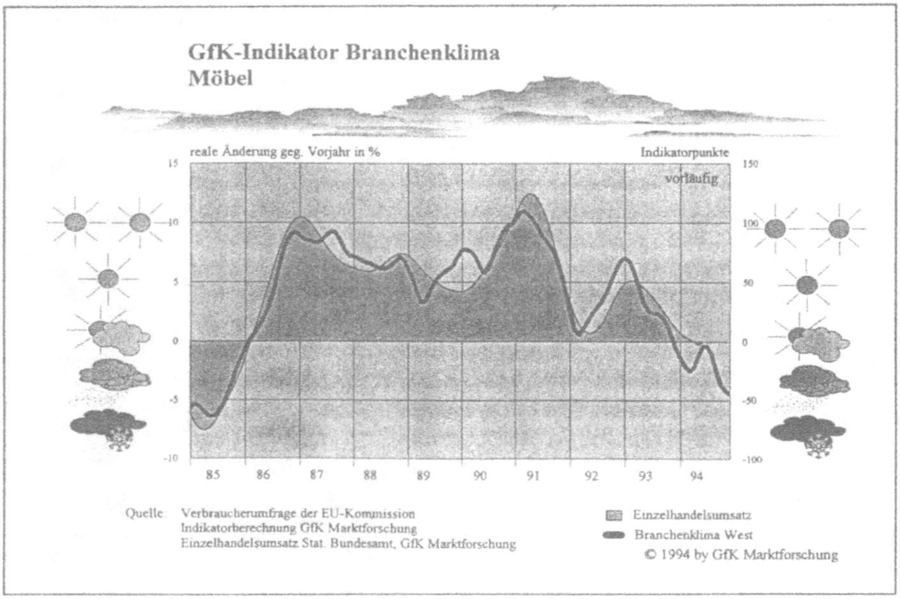

Abbildung 7.3.14: Branchenklima Möbel

fundierten Konzept vielfältigste Möglichkeiten, konjunkturelle Erklärungsansätze von der Nachfrageseite her zu beleuchten.

7.3.8 Zusammenfassung

Wie die vorangegangenen Ausführungen zeigen, ist das Modell in der Lage, mit einem Minimum an Parametern ein Maximum an Phänomenen zu erklären. Im Indikatorensystem enthalten ist die Erklärung des Zustandekommens von „Stimmungen" genauso wie die Erklärung und Beschreibung ihrer Auswirkungen. Es zeigt sich damit sehr klar, daß die Nachfrageseite der Volkswirtschaft nicht nur der Entwicklung harter Fakten unterliegt, sondern auch eine sehr entscheidende psychologische Komponente beinhaltet. Diese psychologische Komponente dürfte in Anbetracht des erreichten hohen Konsumniveaus und des hohen Sättigungsgrades in Zukunft noch eine erheblich größere Rolle spielen als in den vergangenen Jahrzehnten, die eher von einer scheinbar automatischen Wachstumsdynamik gekennzeichnet waren.

Die These von Friedman (1959) von der inhärenten Stabilität des privaten Sektors scheint damit bestätigt, denn wenn die Stimmung (im Modell) nicht durch exogene „Schocks" verändert (destabilisiert) würde, bliebe die Nachfrage in Termen der Veränderung konstant (stabil). Wurden wirtschaftliche Fehlsteuerungen in den vergangenen Jahrzehnten

	West			Ost		
	Feb 94	Apr 94	Jul 94	Feb 94	Apr 94	Jul 94
Freizeit-/Hobbyartikel	-27	-13	-15	-28	-18	-17
Genußmittel/Spirituosen	-33	-25	-25	-29	-28	-28
Haus-/Wohnungsbau oder -kauf	-43	-36	-38	-38	-35	-43
Haushaltsgeräte und -artikel	-42	-31	-31	-42	-43	-42
Haushaltsreiniger/Waschmittel	-19	-15	-15	-14	-9	-12
Kleidung, Schuhe, etc.	-20	-8	-8	-6	3	-1
Kosmetik-/Körperhygieneartikel	-22	-12	-11	-9	-6	-6
Kurzfristige Spareinlagen	-23	-15	-14	-16	-13	-19
Lotterie/Glücksspiele	-36	-27	-27	-41	-44	-43
Nahrungsmittel	-5	-1	-1	-5	1	-4
PKW	-35	-31	-27	-31	-29	-34
PKW-Zubehör	-43	-36	-35	-36	-30	-37
Renovierungen/Wohnungsumbau	-34	-25	-32	-18	-5	-17
Restaurant-/Gaststättenbesuche	-37	-22	-24	-31	-27	-30
Schmuck/Accessoires	-52	-43	-43	-50	-51	-49
Sparen für Zinserträge	-41	-31	-31	-34	-34	-37
Theater, Oper, Kino	-34	-23	-27	-29	-27	-28
Unterhaltungselektronik	-49	-37	-37	-43	-46	-50
Urlaub, Reisen	-19	-6	-6	0	0	-8
Vorsorgesparen	-25	-20	-19	-21	-22	-17
Weiterbildung	-29	-21	-21	-24	-11	-14
Wohnungseinrichtung	-43	-31	-36	-41	-36	-41
Durchschnitt aller Salden	-32	-23	-24	-27	-23	-26
Quelle: GfK Marktforschung				© 1994 by Gfk Marktforschung		

Abbildung 7.3.15: GfK-Strukturklima (Kontrapositionssalden) im Zeitablauf

noch durch die Wachstumsdynamik weitgehend überdeckt, dürften in Zukunft via zunehmende Bedeutung der psychologischen Komponenten Destabilisierungen (Konjunkturen) zunehmend kräftigere Auswirkungen haben. Der erstrebenswerte Zustand scheint demzufolge ein möglichst stabiles, psychisches Gleichgewicht zu sein. Müller-Armack und Eucken haben die Rahmenbedingungen dafür ausführlich dargelegt. Aufgrund der vorliegenden Untersuchung ergibt sich eindeutig, daß nicht nur die Fakten des Wirtschaftsprozesses sondern vielmehr auch das Empfinden desselben von ausschlaggebender Bedeutung sind. Speziell dieses Empfinden ist mit der EU-Verbraucherbefragung zwar zu erahnen, jedoch nicht zu konkretisieren (sozialpsychologische Einflußgrößen). Wollte man sie erfassen, wäre es nötig, eine regelmäßige Umfrage über die „Freuden und Sorgen“ der Verbraucher durchzuführen. Da mit dem auf Katona zurückgehenden Frageprogramm Untersuchungen zur Veränderung der Konsumstruktur nicht möglich sind, hat der Verfasser ab dem Jahresbeginn 1994 quartalsweise eine Strukturerhebung veranlaßt, um per direkter Messung feststellen zu können, wie die Verbraucher psychologisch auf Veränderungen der Konsum- und Sparstruktur reagieren. Hiermit wird sich eine fundierte Möglichkeit ergeben, bei wirtschaftspolitischen Entscheidungen auch die Präferenzen und Reaktionsschata der Verbraucher einzubeziehen.

Literatur

Anderson, O. (1957): Konjunkturtest und Statistik. *Allgemeines Statistisches Archiv*, 41, 235-241.

Anderson, O. (1982): Qualitative und quantitative Konjunkturindikatoren. *Sonderhefte zum Allgemeinen Statistischen Archiv*, Heft 20.

Buttler, G. (1992): *Der gefährdete Wohlstand.* Frankfurt.

Cagan, M. (1956): The Monetary Dynamics of Hyperinflation. In Friedman, M. (Hg.): *Studies in Quantitative Theory of Money.* Chicago. 23ff.

Deutsche Bundesbank: *Monatsberichte der Deutschen Bundesbank.* Frankfurt/M. Verschiedene Jahrgänge.

Eucken, W. (1959): *Die Grundzüge der Wirtschaftspolitik.* Hamburg.

Fischer, K. und Fischer, I. (1988): Konsumklimaforschung. Zur Analyse der privaten Nachfrage. *Jahrbuch für Absatz- und Verbrauchsforschung*, Jg. 34. 335f.

Friedman, M. (1959): *A Program for Monetary Stability.* New York.

Hübler, O. (1989): *Ökonometrie.* Stuttgart, New York.

Juster, F.T. (1964): *Anticipation and Purchases. An Analysis of Consumer Behavior.* Princeton.

Katona, G. (1960): *Das Verhalten der Verbraucher und Unternehmer. Über die Beziehungen zwischen Nationalökonomie, Psychologie und Sozialpsychologie.* Tübingen.

Katona, G. (1962): *Die Macht der Verbraucher.* Düsseldorf, Wien.

Keynes, J.M. (1936): *The General Theory of Employment, Interest and Money.* London.

Maaß, S., Mürdter, H. und Rieß, H. (1983): *Statistik für Wirtschafts- und Sozialwissenschaftler II: Induktive Statistik.* Berlin, Heidelberg, New York, Tokio.

Makridakis, S., Wheelwright, S.C. und McGee, J. (1983): *Forecasting, Methods and Applications.* New York.

Müller-Armack, A. (1941): *Genealogie der Wirtschaftsstile.* Stuttgart.

Muth, J.F. (1961): Rational Expectations and the Theory of Price Movements. *Econometrica*, 29, 315-335.

Nerb, G. und Strigel, W.H. (1974): *Konjunkturumfragen bei Konsumenten in verschiedenen Ländern.* München.

Neumann, M. (1990): *Zukunftsperspektiven im Wandel. Lange Wellen in Wirtschaft und Politik.* Tübingen.

Oppenländer, K.H. und Poser, G. (Hg.) (1989): *Handbuch der Ifo-Umfragen.* Berlin, München.

Schmölders, G. (1962): *Volkswirtschaftslehre und Psychologie: Mit einer Aussprache führender Wissenschaftler.* Berlin.

Schumpeter, J. (1939): *Business Cycles: A Theoretical, Historical and Statistical Analysis of Capitalistic Process*, Vol. I. New York, London.

Statistisches Bundesamt (Hg.): *Statisbund: Statistisches Informationssystem des Bundes, Datenbestand.* Wiesbaden. Verschiedene Jahrgänge.

7.4 Der Exportindikator

Georg Goldrian*

ifo Institut für Wirtschaftsforschung, München

7.4.1 Zielsetzung

Die regelmäßigen Befragungen von Unternehmern im Rahmen des ifo Konjunkturtests über ihre Geschäftslage und über ihre Erwartungen bezüglich der künftigen geschäftlichen Situation hat eine Datenbasis entstehen lassen, die einen wertvollen Beitrag zu Prognosemodellen zu leisten vermag. In zahlreichen Untersuchungen innerhalb und außerhalb des ifo Instituts konnten die prognostischen Einsatzmöglichkeiten von qualitativen Daten demonstriert werden.[1] So wurde u.a. versucht, aus den Unternehmerurteilen und -erwartungen einen Frühindikator für die Entwicklung des westdeutschen Exports zu konstruieren. Der Verfasser hat diese Aufgabe zunächst zusammen mit W.H. Strigel übernommen. Auf der 20. CIRET-Konferenz 1991 wurde ein Ansatz vorgestellt, der in der Lage ist, die Entwicklung des westdeutschen Exports mit einem stabilen Vorlauf anzuzeigen.[2] Das erzielte Ergebnis war so erfolgversprechend, daß seither ein deutsches Wirtschaftsjournal den Exportindikator regelmäßig veröffentlicht. Der praktische Einsatz veranlaßte den Autor dazu, das Prognoseinstrument weiter zu entwickeln.[3] Über das Ergebnis der Studie soll hier berichtet werden.

7.4.2 Die Exporterwartungen aus dem ifo Konjunkturtest

Innerhalb der monatlichen Befragungen von Unternehmern im Verarbeitenden Gewerbe werden auch die Erwartungen bezüglich der Entwicklung des Exportgeschäfts in den nächsten 3 Monaten, beschränkt auf die drei Kategorien „zunehmend", „gleich bleibend"

* Die Abbildungen sind am Ende dieses Beitrags zusammengefaßt.

[1] Vgl. beispielsweise Strigel (1984).

[2] Vgl. Goldrian und Strigel (1992).

[3] Vgl. Goldrian (1994).

und „abnehmend“, erfaßt. Der Anteil der Unternehmer, die einen zunehmenden Export erwarten, wird dem Anteil der Unternehmer, die mit einem abnehmenden Export rechnen, gegenübergestellt. Der Saldo aus den beiden Anteilen wird dann als eine Quantifizierung der Stärke der Exporterwartungen der Branche, der die befragten Unternehmer zugehören, betrachtet. Die ifo Exporterwartungen sind in dieser Form ein Indikator für das Ausmaß der künftigen Entwicklung des Exportgeschäfts. Die Zielgenauigkeit eines solchen Exportindikators hängt davon ab, wie gut die befragten Unternehmer ihre Ausfuhr zu prognostizieren vermögen, indem sie die Entwicklung ihres Exportgeschäfts aus der Vergangenheit in die Zukunft extrapolieren, Trends fortsetzen, ihre Exportanstrengungen berücksichtigen und wichtige Rahmendaten wie Wechselkurse würdigen.

Die Exporterwartungen aus dem ifo Konjunkturtest geben allein die Einschätzungen der deutschen Unternehmer wieder, also der von der ausländischen Nachfrage Betroffenen, und nicht die Einschätzungen der die Nachfrage effektiv auslösenden Akteure. Darum liegt es nahe, die Akteure im Ausland in einen alternativen Exportindikator einzubeziehen.

7.4.3 Ein alternativer Exportindikator

Einführende Überlegungen

Für alle wirtschaftlich bedeutenden Länder, insbesondere der westlichen Welt, liegen Klimaindikatoren über die wirtschaftliche Lage der Industrie und der Verbraucher vor. Diese sogenannten qualitativen Informationen sind, wie diese Veröffentlichung an vielen Beispielen demonstrieren kann, gut geeignete Frühindikatoren für die Entwicklung wirtschaftlicher Größen. Dieser Zusammenhang gilt grundsätzlich für die Volkswirtschaften aller Industrieländer, was zahlreiche Studien, die für CIRET-Konferenzen erarbeitet wurden, belegen.[4] Der Frühindikator für die künftige Entwicklungstendenz des deutschen Exports basiert auf der Überlegung, daß sich das wirtschaftliche Klima in den Hauptabnehmerländern deutscher Produkte auf den Import dieser Länder auswirkt. Das wirtschaftliche Klima beeinflußt die Investitionsbereitschaft der Unternehmer und die Kaufneigung der Verbraucher. Mit einer Verbesserung des Klimas müßte demnach die Nachfrage nach Investitions- und Konsumgütern und damit im Prinzip nach Importen aus Deutschland zunehmen, vorausgesetzt, die Wettbewerbsposition (Preise, Qualität, Service etc.) deutscher Anbieter hat sich nicht verschlechtert.

Konstruktion eines zusammengesetzten Exportklimaindikators

Die Basis des Indikators für das Exportklima stellen die Indikatoren für das Wirtschaftsklima in den Hauptabnehmerländern USA, Japan und EU (ohne Deutschland) dar. Diese Indikatoren sind jeweils aus einem Indikator für das Geschäftsklima in der Industrie und

---

[4] Vgl. hierzu auch Goldrian und Strigel (1985).

einem Indikator für das Vertrauen der Verbraucher zusammengesetzt; gemäß der Hypothese, daß das Geschäftsklima die Investitionen und das Konsumklima den privaten Verbrauch beeinflußt.[5] Als Gewichte werden die durchschnittlichen Anteile der Investitions- und Konsumgüter an den Importen aus Deutschland verwendet.[6]

Für die Länder USA, Japan und EU liegen die benötigten Klimaindikatoren in einer Form vor, wie sie auch im ifo Institut erhoben bzw. gebildet werden.[7] Sie sollten daher eine ähnliche Aussagekraft besitzen – und vorausgesetzt, daß die Repräsentativität der Indikatoren vergleichbar ist – in einem direkten Bezug zur Entwicklung der Importe deutscher Produkte stehen. In der Abbildung 7.4.1 sind für die drei Länder jeweils die Zeitreihen zum Wirtschaftsklima und zu den Importen aus Deutschland wiedergegeben. Das Wirtschaftsklima (dicke Kurve) läßt meistens eine gute zyklische Übereinstimmung mit der Entwicklung der Importe (dünne Kurve) erkennen. Das Wirtschaftsklima läuft in der Regel den Importen voraus, wobei die Länge des Vorlaufs allerdings im Zeitablauf stark schwankt. Das gilt insbesondere für das Wirtschaftsklima der EU und der USA. Auch ist beim Wirtschaftsklima der EU die Signifikanz der Anzeige eines Umbruchs nicht immer gegeben. Trotzdem zeigen alle drei Beispiele, daß bereits das Wirtschaftsklima einen erkennbaren Einfluß auf die Importe hat.

Die drei länderspezifischen Exportindikatoren werden standardisiert, mit den Exportanteilen dieser Länder gewichtet und zu einem Durchschnitt zusammengefaßt.[8] Die Standardisierung erfolgt durch eine Trendbereinigung[9] und eine Normierung der Dynamik der konjunkturellen Bewegung. Es wird damit eine Vereinheitlichung der dynamischen Stärke der zyklischen Komponente der drei Ausgangsreihen erzielt. Die Standardisierung schafft die Voraussetzung für eine gezielte Gewichtung der Komponenten.

Schließlich wird noch ein Indikator für die Konkurrenzfähigkeit der deutschen Produkte in den Exportklimaindikator miteinbezogen. Der durchschnittliche reale Außenwert der DM übernimmt diesen Part.[10] Die Gewichtung der beiden Durchschnitte von Wirtschaftsklimata und realem Außenwert wurde nicht nach empirischen Gegebenheiten vorgenommen. Aus Versuchen mit unterschiedlichen Gewichtungen ging ein Verhältnis von drei Teilen

[5] Dieser Zusammenhang wird in den betreffenden Ländern bestätigt; lediglich in Japan ist der Zusammenhang im Konsumbereich zwar schwach, trotzdem trägt er zu einer guten Übereinstimmung von Wirtschaftsklima und BSP bei (vgl. Uemura 1989 und Strigel 1990).

[6] Die Gewichte wurden der Datenbasis des im ifo Institut entwickelten HERMES-Modells entnommen. Die entsprechenden Zeitreihen ließen weitgehend konstante Anteile erkennen.

[7] Näheres hierzu findet sich in Goldrian und Strigel (1985).

[8] Nähere Informationen zur Vorbehandlung der Zeitreihen finden sich in dem Kapitel 4.2, „Datenaufbereitung und Zeitreihenanalyse“, dieses Bandes.

[9] Unter einem Trend wird hier bereits eine zyklische Bewegung verstanden, deren Schwingungsdauer länger ist als die für einen Konjunkturzyklus typischen fünf Jahre. Nach dieser Definition können auch Zeitreihen von qualitativen Größen, im Gegensatz zur allgemeinen an nicht-zyklischen Entwicklungen orientierten Vorstellungen, einen Trend aufweisen.

[10] Aus verschiedenen Sonderfragen im ifo Konjunkturtest ergab sich stets, daß der Angebotspreis am häufigsten als bestimmender Konkurrenzfaktor im Auslandsgeschäft genannt wurde.

Wirtschaftsklima und einem Teil Außenwert als überlegen hervor. Der Vorlauf des zusammengesetzten Exportklimaindikators ist nun weitgehend stabil, der Bewegungsablauf stimmt mit der Dynamik der Exportentwicklung gut überein.

Im praktischen Einsatz des Indikators für das Exportklima taten sich eine Reihe von Ansätzen zur Verbesserung auf. Das betraf im wesentlichen die Darstellung der Zielreihe westdeutsche Ausfuhr und die Ausdehnung der Klima-Basis auf weitere für die deutsche Ausfuhr wichtigen Länder.

Zielgrößenspezifische Gestaltung

Bislang wurde der Exportindikator an der saison- und trendbereinigten Reihe der westdeutschen Ausfuhr in die EU, nach USA und Japan ausgerichtet. Dazu sind die prozentualen Abweichungen der zyklischen Komponente vom Trend berechnet worden. Diese Form einer Trendbereinigung hat nicht nur die Eliminierung einer langfristigen Grundtendenz der Zielreihe, sondern auch eine trendbezogene Relativierung der Amplitude der zyklischen Komponente zur Folge. Diese Relativierung führt aber zu gewissen Interpretationsschwierigkeiten. Im Zusammenhang mit der Veröffentlichung des Indikators in einem Wirtschaftsjournal wurde darum der Wunsch laut, eine andere Art der Trendbereinigung zu wählen.[11] Es wurde die Transformation der saisonbereinigten Reihe in Wachstumsraten gegenüber dem Vorjahr vorgeschlagen.

Die Trendbereinigung einer Zeitreihe mittels der Berechnung von Wachstumsraten führt aber zu einer Phasenverschiebung. Diese Phasenverschiebung hat zur Folge, daß der Vorlauf des Exportindikators kürzer wird und damit der Exportindikator einen Teil seiner frühindikatorischen Aussagekraft einbüßt. Um die ursprüngliche Länge des Vorlaufs zu erhalten, bietet es sich an, auch den Exportindikator in Wachstumsraten zu transformieren. Da der Indikator aber Werte aufweist, die um den Nullpunkt schwanken, ergibt sich ein rechentechnisches Problem, wenn durch Null zu dividieren ist.

Um das Problem zu lösen, muß die Transformation in Wachstumsraten bereits an den Komponenten des Exportindikators vorgenommen werden. Die Methode zur Standardisierung der Komponenten bietet hierzu eine Möglichkeit. Hierzu ist lediglich die Trendbereinigung in Form der Berechnung von prozentualen Abweichungen zu ersetzen durch die Transformation in Wachstumsraten. Die modifizierte Standardisierung der Ausgangskomponenten des Exportindikators stellt die ursprüngliche Länge des Vorlaufs wieder her. Damit liegt zu beiden alternativen Darstellungsarten der Zielreihe ein passendes Verfahren zur Berechnung des Exportindikators vor.

In Abbildung 7.4.2 werden verschiedene Exportindikatoren für Westdeutschland gegenübergestellt. Die frühindikatorische Überlegenheit des zusammengesetzten Indikators für das Exportklima ist gut zu erkennen.

---

[11] Grundsätzlich weisen Klimaindikatoren, die aus Prozentanteilen von Befragungsergebnissen gewonnen werden, keinen Trend im Sinne einer längerfristigen Entwicklungstendenz auf. Darum müssen trendbehaftete quantitative Zielreihen von einem Trend bereinigt werden.

Ausdehnung auf weitere Industrieländer

Der Indikator für das Exportklima deckte bisher nur die Europäische Union, USA und Japan ab. Von diesen Ländern sind Informationen über das Geschäfts- und Konsumklima in die Konstruktion des Indikators einbezogen worden. Damit fehlen einige Aufnahmeländer für den Export, wie z.B. die skandinavischen Länder oder Österreich und die Schweiz, wenngleich deren Exportanteil in der Regel klein ist im Vergleich zu den bisher betrachteten Hauptabnahmeländern deutscher Produkte.

Eine wichtige Voraussetzung für den Einbezug zusätzlicher Länder ist das Vorhandensein von längeren Zeitreihen zum Geschäfts- und Konsumklima. Damit kommen schon die Transformationsländer Mittel- und Osteuropas nicht mehr in Betracht. Eine weitere Voraussetzung ist, daß die Klimadaten von potentiellen Beitrittskandidaten nicht wesentlich mit den Klimazeitreihen der Stammländer des Exportindikators korrelieren. Je enger die in Frage kommenden Länder mit den Stammländern wirtschaftlich verflochten sind, umso ähnlicher dürfte ihre wirtschaftliche Lage sein, wie sie in der Einschätzung der Unternehmer und Konsumenten zum Ausdruck kommt. Diese gewisse Parallelität der Wirtschaftsklimata in Stamm- und potentiellen Beitrittsländern ist insbesondere für die oben genannten Kandidaten zu erwarten. Versuche mit solchen Ländern bestätigen diese Vermutung grundsätzlich, zeigen aber auch, daß ihre jeweils kleinen Anteile am deutschen Export einen wesentlichen Erklärungsbeitrag verhindern.

Die Ergebnisse lassen erkennen, daß der Exportindikator über das Einbeziehen von zusätzlichen Ländern wohl nicht gravierend zu verbessern sein wird. Der Erklärungsbeitrag der einzelnen Länder ist im allgemeinen nicht so signifikant, daß sich der zusätzliche Aufwand der Beschaffung der Daten aus diesen Ländern lohnen würde.

Konstruktion eines übergeordneten Gesamtindikators

Der Exportindikator ist in seiner Aussage mit dem Geschäfts- und Konsumklima vergleichbar. Er beschreibt ein Klima, das die Entwicklung der Ausfuhr so beeinflußt, wie sich das Geschäftsklima auf die Investitionen und das Konsumklima auf den privaten Konsum auswirken. Insofern erweitert der Exportindikator die Aussage über das für die Entwicklung der Gesamtwirtschaft relevante wirtschaftliche Klima. In früheren CIRET-Studien konnte der Verfasser zusammen mit Strigel demonstrieren, daß durch eine geeignete Verknüpfung des Geschäfts- und Konsumklimas ein Gesamtindikator gebildet werden kann, der frühe Informationen über die Entwicklung des Sozialprodukts zu geben vermag.[12] Dieses Ergebnis veranlaßte die Autoren, dem Gesamtindikator den Namen *Wirtschaftsklima* zu geben.

Eine Erweiterung der Komponenten des Wirtschaftsklimas um den Exportindikator müßte die Aussagekraft des Gesamtindikators erhöhen, deckt er doch dann einen größeren Teil der Verwendungsseite des Bruttosozialprodukts ab. Der Einwand, daß im Geschäftsklima

[12] Vgl. beispielsweise Goldrian (1987).

bereits die Exportaussichten zum Ausdruck kämen, stört das Erweiterungskonzept nicht, gehen doch in den Exportindikator vom deutschen Geschäftsklima weitgehend unbeeinflußte Urteile und Erwartungen von ausländischen Akteuren ein. Gerade hinsichtlich der Notwendigkeit, Information zu verwenden, die der Realität möglichst früh vorauslaufen, dürfte der Einbezug des Exportindikators positive Effekte auslösen.

Zunächst ist wiederum eine geeignete Verknüpfung der drei Klimareihen zu finden. Ausgehend von einer empirischen Verknüpfung nach den Anteilen der jeweils beeinflußten Komponenten der Verwendungsseite des Sozialprodukts (privater Verbrauch, Investitionen, Export) wurden weitere Varianten, die auch verschiedene regressionstechnische Versuche der Bestimmung der Gewichte beinhalten, überprüft. Die letzteren Versuche berücksichtigten auch den Wunsch, einen Indikator für das zu Wachstumsraten transformierte Sozialprodukt zu erhalten. Wie oben dargestellt, verkürzt eine solche Transformation den Vorlauf, wenn nicht auch die einzelnen Komponenten des Indikators zu Wachstumsraten transformiert werden.

Im Gegensatz zu den Gewichten nach dem Sozialproduktsanteil weisen die bei einem Stützbereich von zehn Jahren regressionstechnisch gewonnenen Gewichte eine weitgehend gleiche Größe auf, was praktisch einem gewöhnlichen Durchschnitt entspricht. In dieser einfachen Form stimmt der das Wirtschaftsklima repräsentierende Indikator gut mit dem Verlauf der Wachstumsraten des Sozialprodukts überein. Wie das obere Teilbild der Abbildung 7.4.3 erkennen läßt, ist diese Übereinstimmung jedoch in den Jahren 1990 und 1991 unterbrochen. In diesen Jahren erfuhr die westdeutsche Wirtschaft eine Belebung, die aus der Wiedervereinigung der beiden deutschen Staaten und der damit einhergehenden ostdeutschen Nachfrage nach westdeutschen Produkten resultierte. Diese ostdeutsche Nachfrage wird aber durch keinen der verwendeten Klimaindikatoren vollständig erfaßt, so daß entweder ein entsprechender Klimaindikator gefunden oder die Sondereffekte durch eine Hilfsgröße neutralisiert werden müssen. Die erste Alternative ließ sich nicht realisieren. Zwar mißt das ifo Institut bereits das Geschäftsklima und die GfK das Konsumklima in Ostdeutschland, jedoch geben diese Indikatoren den speziellen Nachholbedarf an Westgütern infolge der Wiedervereinigung nicht wieder.

Es mußte der Weg der zweiten Alternative gegangen werden. Es wurde eine Dummy-Variable eingeführt, die den Wiedervereinigungseffekt in Zahlen ausdrückt. Aufgrund der Angaben von Experten erhielten die Monate mit vollem Vereinigungseffekt den Wert Eins zugeordnet; die Monate des beginnenden und endenden Effekts bekamen entsprechend kleinere Werte, alle anderen Monate den Wert Null. Dieser Hilfsgröße konnte kein empirisch begründetes Gewicht zugeordnet werden, so daß nur eine regressionstechnische Ermittlung des Gewichts in Frage kam. Die Regressionsanalyse ergab mit einem Stützbereich von zehn Jahren einen signifikanten Einfluß der Hilfsgröße. Die Anpassung des Gesamtindikators an die Entwicklung des Sozialprodukts war mit einem Vorlauf um ein Quartal am besten. Beachtliche 85% der Varianz der Wachstumsraten des Sozialprodukts werden von den Klima-Komponenten zusammen mit der Hilfsgröße erklärt. Das überraschend gute Ergebnis veranlaßte dazu, im unteren Teilbild der Abbildung 3 nicht nur die aus dem Wirtschaftsklima abgeleitete Schätzung des Sozialprodukts, sondern auch ein Konfidenzintervall für diese Schätzung darzustellen.

Bei der Beurteilung des Ergebnisses müssen zwei Punkte berücksichtigt werden: Der Vorlauf des Wirtschaftsklimas ist im unteren Teilbild (anders als im oberen) nicht zu erkennen, weil hier nicht das Wirtschaftsklima selbst, sondern der daraus abgeleitete Schätzwert dargestellt wird. Die Breite des Konfidenzintervalls signalisiert, daß mit 15% der Varianz der Zielgröße ein nicht zu vernachlässigender Bewegungsanteil unerklärt bleibt, der die prognostische Aussage des Gesamtindikators auf die Vorgabe einer Tendenz begrenzt.

7.4.4 Fazit

Am Beispiel von Exportindikatoren kann gezeigt werden, daß sich aus qualitativen Informationen wie dem Geschäfts- und Konsumklima aussagefähige Frühindikatoren konstruieren lassen. Auch die Hoffnung, daß sich aus dem Exportindikator zusammen mit dem Geschäfts- und Konsumklima ein zufriedenstellender Gesamtindikator konstruieren läßt, erfüllte sich. Es wurde ein Frühindikator gefunden, der mit einem einigermaßen stabilen Vorlauf an den Wendepunkten die tendenzielle Entwicklung des westdeutschen Sozialprodukts anzuzeigen vermag. Berücksichtigt man dazu noch, daß die Basisdaten früh vorliegen und nicht mehr rückwirkend korrigiert werden, so kann man bei dem gefundenen Gesamtindikator von einem guten frühindikatorischen Anzeigeinstrument sprechen, das keinen Vergleich mit anderen Instrumenten dieser Art zu scheuen braucht.

Literatur

Goldrian, G. (1987): *The Aggregation of Climate Indicators into a Composite Indicator.* Contributed Paper to the 18th CIRET Conference, Zürich 1987. München. Mimeo.

Goldrian, G.(1994): Development of Leading Indicators for German Exports. In Oppenländer, K.H. und Poser, G. (Hg.): *The Explanatory Power of Business Cycle Surveys.* Papers presented at the 21st CIRET Conference, Proceedings, Stellenbosch, 1993. Aldershot. 67-82.

Goldrian, G. und Strigel, W.H. (1985): An International Comparison of Cyclical "Climate"-Indicators. *CIRET-Studien*, 36, 85-119.

Goldrian, G. und Strigel, W.H. (1992): An Indicator for German Export Business. *CIRET-Studien*, 43, 173-201.

Strigel, W.H. (1984): Qualitative Business Cycle Indicators – An International Comparison. *ifo digest*, 7(3), 35-43.

Strigel, W.H. (1985): The Business Climate as Leading Indicator. *CIRET-Studien*, 36, 1-56.

Strigel, W.H. (1990): Business Cycle Surveys - A New Quality in Economic Statistics. In Klein, P.A. (Hg.): *Analyzing Modern Business Cycles – Essays Honoring Geoffrey H. Moore*. Armonk. 69-84.

Uemura, J. (1989): The Efficiency of the Consumer Sentiment Index in Japan. In Oppenländer, K.H. und Poser, G. (Hg.): *Business Cycle Surveys with Special Reference to Pacific Basin Economies*. Papers presented at the 19th CIRET Conference, Proceedings, Osaka, 1989. Aldershot. 715-731.

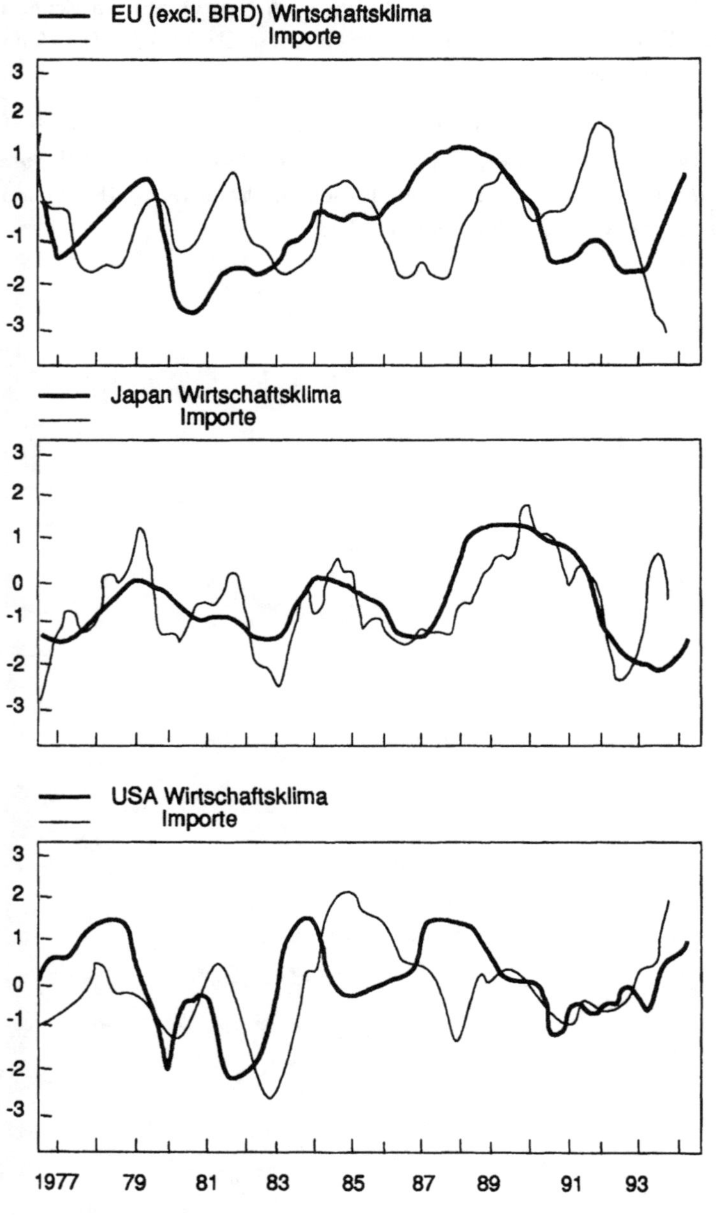

Alle Zeitreihen saisonbereinigt (Importe zusätzlich trendbereinigt) und normalisiert.

Quellen: Amtliche Statistik, Berechnungen des ifo Instituts.

Abbildung 7.4.1: Importe aus Westdeutschland, Wirtschaftsklima

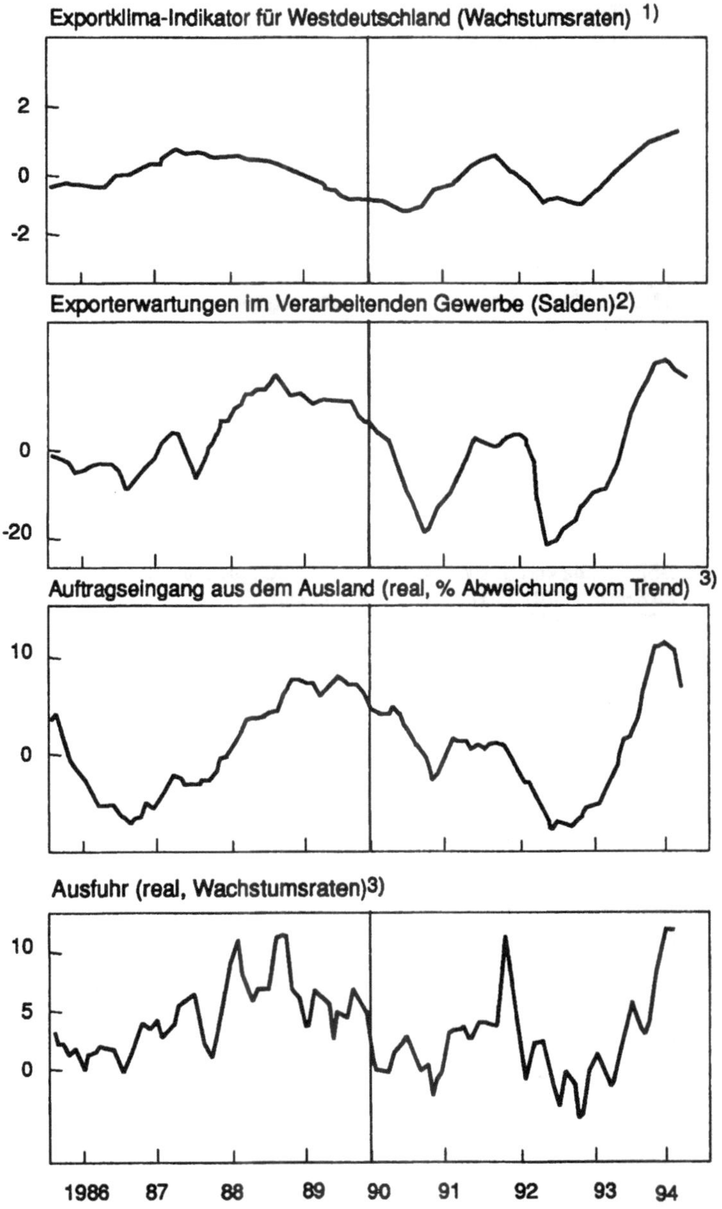

1) Berechnungen des ifo Instituts.
2) ifo Konjunkturtest, saisonbereinigt, geglättet.
3) Amtliche Statistik, saisonbereinigt, geglättet.

Abbildung 7.4.2: Westdeutscher Export

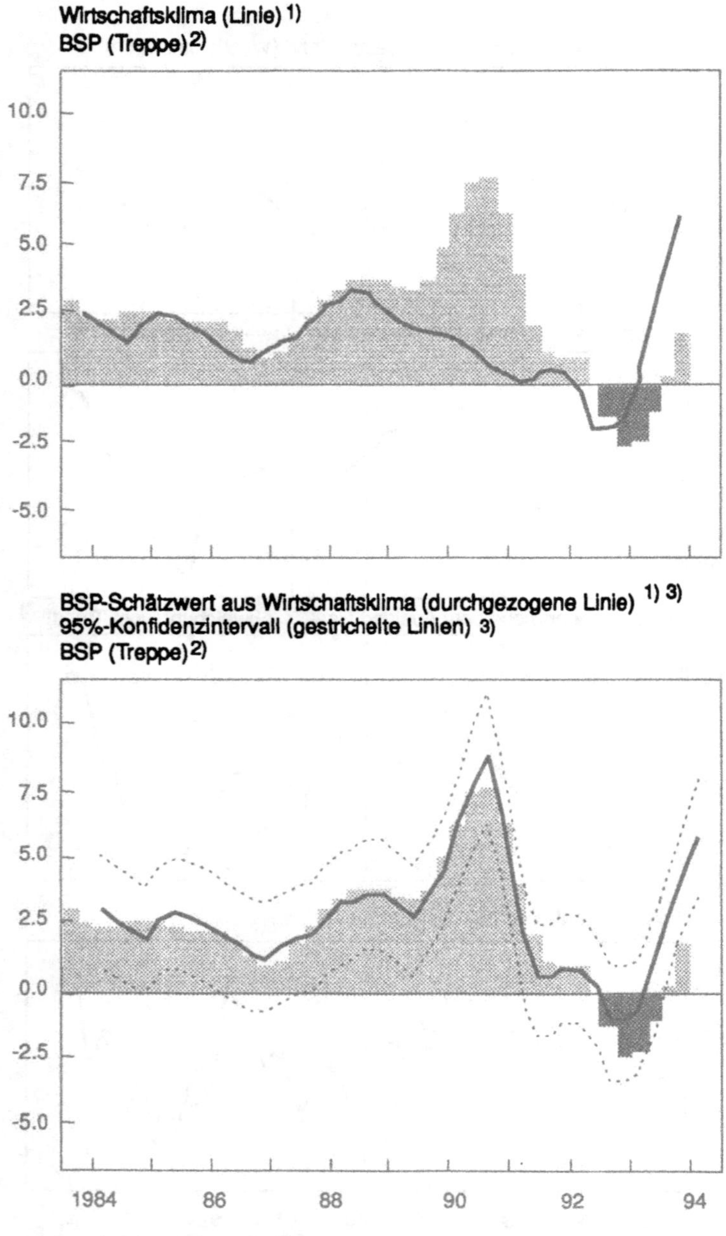

1) Aus saisonbereinigten Reihen.
2) Saisonbereinigt und Wachstumsraten.
3) Ergebnisse einer Regression.
Quellen: Amtliche Statistik, Berechnungen des ifo Instituts.

Abbildung 7.4.3: Wirtschaftsklima und reales Bruttosozialprodukt

Autorenverzeichnis

Diana Brand
ifo Institut für Wirtschaftsforschung
Poschingerstr. 5
D-81679 München

Wolfgang Caspers
GfK Marktforschung GmbH
Nordwestring 101
D-90319 Nürnberg

Horst Entorf
Universität Mannheim
Lehrstuhl für Volkswirtschaftslehre, insb. Ökonometrie
A5
D-68131 Mannheim

Peter Geil
Ludwig-Maximilians-Universität München
Seminar for Labor and Population Economics (SELAPO)
Ludwigstaße 28 RG
D-80539 München

Wolfgang Gerstenberger
ifo Institut für Wirtschaftsforschung
Poschingerstr. 5
D-81679 München

Georg Goldrian
ifo Institut für Wirtschaftsforschung
Poschingerstr. 5
D-81679 München

Michael Hammes
Technische Hochschule Darmstadt
Fachgebiet Wirtschaftspolitik
Fachbereich 1
Residenzschloß
D-64283 Darmstadt

Philip A. Klein
The Pennsylvania State University
Department of Economics
608 Kern Graduate Building
USA-University Park, PA 16802-3306

Annette G. Köhler
ifo Institut für Wirtschaftsforschung
Poschingerstr. 5
D-81679 München

Hans-Martin Krolzig
Humboldt-Universität zu Berlin
Wirtschaftswissenschaftliche Fakultät
Institut für Statistik und Ökonometrie
Spandauer Straße 1
D-10178 Berlin

Kajal Lahiri
State University of New York
Department of Economics
USA-Albany, NY 12222

Erich Langmantel
ifo Institut für Wirtschaftsforschung
Poschingerstr. 5
D-81679 München

Willi Leibfritz
OECD
2, rue André Pascal
F-75775 Paris-Cedex 16

Jürg D. Lindlbauer
ifo Institut für Wirtschaftsforschung
Poschingerstr. 5
D-81679 München

Helmut Lütkepohl
Humboldt-Universität zu Berlin
Wirtschaftswissenschaftliche Fakultät
Institut für Statistik und Ökonometrie
Spandauer Straße 1
D-10178 Berlin

Gernot Nerb
ifo Institut für Wirtschaftsforschung
Poschingerstr. 5
D-81679 München

Karl Heinrich Oppenländer
ifo Institut für Wirtschaftsforschung
Poschingerstr. 5
D-81679 München

Giuseppe Parigi
Banca d'Italia
via Nazionale 91
I-00184 Rom

Günter Poser
Technische Hochschule Darmstadt
Fachgebiet Wirtschaftspolitik
Fachbereich 1
Residenzschloß
D-64283 Darmstadt

Giuseppe Schlitzer
Banca d'Italia
via Nazionale 91
I-00184 Rom

Toshihiko Yoshino
Yamaichi Research Institute of Securities & Economics, Inc.
2-20-1 Shiohama, Koto-Ku
J-Tokio, 135

Victor Zarnowitz
Center for International Business Cycle Research (CIBCR)
Columbia University
USA-New York, NY 1002

Klaus F. Zimmermann
Ludwig-Maximilians-Universität München
Seminar for Labor and Population Economics (SELAPO)
Ludwigstaße 28 RG
D-80539 München

Stichwort- und Personenverzeichnis

www.ingramcontent.com/pod-product-compliance
Lightning Source LLC
LaVergne TN
LVHW081357011026
849161LV00013BA/2839

* 9 7 8 3 4 8 6 2 3 7 9 4 8 *